U0938948

青年必读古文手册

李世跃 谢康 主编

用最少的时间，熟读200篇经典古文

中国青年出版社

（京）新登字 083 号

图书在版编目（CIP）数据

青年必读古文手册/李世跃，谢康主编. —2 版. —北京：中国青年出版社，2011.9

ISBN 978-7-5153-0121-1

Ⅰ. ①青…　Ⅱ. ①李…②谢…　Ⅲ. ①古典散文-作品集-中国

Ⅳ. ①I262

中国版本图书馆 CIP 数据核字（2011）第 148646 号

责任编辑：万同林

*

中国青年出版社 出版 发行

社址：北京东四 12 条 21 号　邮政编码：100708

网址：www. cyp. com. cn

编辑部电话：（010）57350404　门市部电话：（010）57350370

三河市华润印刷有限公司印刷　新华书店经销

*

700×1000　1/16　32.25 印张　2 插页　530 千字

2000 年 1 月北京第 1 版

2011 年 11 月北京第 2 版　2011 年 11 月河北第 4 次印刷

印数：18001-26000 册　定价：43.00 元

本图书如有印装质量问题，请凭购书发票与质检部联系调换

联系电话：（010）57350337

前言

文章选集，发轫很早。晋人杜预的《善文》、李充的《翰林》、挚虞的《文章流别集》，虽早已亡佚，但都是现在所知较早的文学选集。自此而降，历代各种文选汉牛充栋，不计其数，进而成为中国目录学中一个重要部类，也成为中国古典文学千古流传、馀绪不绝的重要因素。

选集既多，就会因为选家的鉴裁品藻呈现出不同的特色：有的偏好辞采，有的侧重情致，有的致力风教，有的讲求理趣，千人千面，各具情貌。透过对文章的择取和评价，可以看出不同时代的政治倾向和审美趣味，也可以揣测出选家的眼光与好恶。虽然不能简单地对这些选本作出优劣高下的评价，但依据其流传程度和影响大小，人们还是会对其中的选本留下更多的印象。仅以近代而论，清人吴楚材、吴调侯所编的《古文观止》，无疑是众多古文选本中的翘楚。

一个好的文章选本，似乎应当包括以下几点内容：1. 选材广泛。即在选文标准上应兼收并蓄，应以公允平和的态度，对待不同的风格、不同的观点，尽量网罗历代公认的名篇佳作。2. 点评精当。鉴赏文章，虽见仁见知，但好的评论，仍可要言不烦，点睛破壁。三二短语之中，若能既交代作者文章的缘起隐衷，又可道出文外之旨、言外之意，实为作者幸事，读者福事。3. 篇幅适中。一个选本篇幅大小，虽然是个纯技术的问题，但也很重要。太烦则不便诵读，太简则难免沧海遗珠。《古文观止》流传甚广，篇幅适中也应是一个重要因素。

本书依照上述三个标准，在浩如烟海的古典散文中选取各体文章一百九十四篇，涉及从春秋到一八四〇年间作者一百二十三位。其中经、史、子、集，面面俱到；长篇短制，各取所宜。既有浅斟低吟，也有慷慨悲歌；既有烈士情怀，也有儿女情长。剖析事理，精细入微；记叙行踪，宏调壮丽。美韵丽辞，朗朗上口，繁文缛典，琳琅满目。通过此集，读者可以重温中国文学史上许多不朽篇章，也会对中国古代散文的发展全貌有一个大致的把握。考虑到青年读者在古典文学鉴赏上的具体情况，每篇之后所附的注释，也成为编者关注的重点，它应该成为读者朋友领会文章的帮助。

编　者

目录

先秦两汉编

魏晋南北朝编

唐宋编

元明清编

先秦两汉编

左　传

《左传》又名《春秋左氏传》，成书于东周初年。它的作者，司马迁和班固都说是和孔子同时稍后的史官左丘明，但唐以后的学者多有异议。真正作者，已难确定。

《左传》是一部文学价值很高的散文名著。它善于叙事，精于剪裁，叙述战争和复杂的历史事件有条不紊，重点突出，富于故事性。它还善于选取富有个性特征的语言、行动和细节来刻画人物，使历史人物生动形象，神采飞扬。语言丰阔优美，尤其是行文辞令，柔中有刚，从容委婉，意味深长。

郑伯克段于鄢[①]

初，郑武公娶于申，曰武姜[②]。生庄公及共叔段[③]。庄公寤生[④]，惊姜氏，故名曰“寤生”，遂恶之[⑤]。爱共叔段，欲立之[⑥]。亟请于武公，公弗许[⑦]。及庄公即位，为之请制[⑧]。公曰：“制，岩邑也，虢叔死焉，他邑唯命[⑨]。”请京，使居之，谓之京城大叔[⑩]。

祭仲曰：“都、城过百雉，国之害也[⑪]。先王之制，大都，不过参国之一，中，五之一，小，九之一[⑫]。今京不度，非制也[⑬]。君将不堪[⑭]。”公曰：“姜氏欲之，焉辟害[⑮]？”对曰：“姜氏何厌之有？不如早为之所，无使滋蔓！蔓，难图也[⑯]。蔓草犹不可除，况君之宠弟乎？”公曰：“多行不义，必自毙。子姑待之[⑰]。”

既而大叔命西鄙、北鄙贰于己[⑱]。公子吕曰[⑲]：“国不堪贰，君将若之何[⑳]？欲与大叔，臣请事之[㉑]；若弗与，则请除之。无生民心[㉒]。”公曰：“无庸，将自及[㉓]。”

大叔又收贰以为己邑，至于廪延[㉔]。子封曰：“可矣。厚将得众[㉕]。”公曰：“不义不暱，厚将崩[㉖]。”

大叔完聚，缮甲兵，具卒乘[㉗]，将袭郑，夫人将启之[㉘]。公闻其期[㉙]，曰：“可矣！”命子封帅车二百乘以伐京[㉚]。京叛大叔段。段入于鄢。公伐诸鄢[㉛]。五月辛丑，大叔出

奔共[32]。

遂置姜氏于城颍[33]，而誓之曰："不及黄泉，无相见也[34]！"既而悔之[35]。

颍考叔为颍谷封人，闻之，有献于公[36]。公赐之食。食舍肉[37]。公问之。对曰："小人有母，皆尝小人之食矣，未尝君之羹[38]，请以遗之[39]。"公曰："尔有母遗，繄我独无[40]！"颍考叔曰："敢问何谓也[41]？"公语之故，且告之悔[42]。对曰："君何患焉？若阙地及泉，隧而相见，其谁曰不然[43]？"公从之。公入而赋："大隧之中，其乐也融融[44]！"姜出而赋："大隧之外，其乐也泄泄[45]！"遂为母子如初[46]。

【注释】

①郑伯：指郑庄公。克：打败。鄢（yān）：郑地名，在今河南鄢陵县。

②初：追述往事的习惯用语。武姜：郑武公嫡夫人的称谓。春秋时诸侯嫡夫人的称谓，习惯上是以丈夫的谥号加上娘家的姓。

③庄公：武公之子。

④寤（wù）生：胎儿倒着生出，即难产。寤，倒着。

⑤恶（wù）：讨厌。

⑥立之：立作太子。

⑦亟（qì）：屡次。弗：不。

⑧及：等到。制：地名，即今虎牢关。

⑨岩邑：险要的城邑。虢叔：东虢国君，为郑武公所灭。焉：于此。

⑩京：郑邑名。大：同"太"。

⑪祭仲：郑国大夫。都：城邑。城：城墙。雉：衡量城墙的单位，一雉长三丈，高一丈。

⑫制：制度。参：同"三"。

⑬度：制度。

⑭堪：忍受。若之何：怎么办。

⑮辟：同"避"。

⑯厌：满足。所：处所。滋蔓：滋长蔓延。图：图谋，对付。

⑰毙：失败。姑：暂且。

⑱既而：不久。鄙：边邑。贰：两属，既属于郑庄公又属于太叔段。

⑲公子吕：字子封，郑大夫。

⑳国不堪贰：一个国家忍受不了两属的情况。若之何：怎么处理。

㉑与：给。指把国家交给太叔。事：侍奉。

㉒生民心：使人民产生怀疑的心理。

㉓无庸：不要紧。自及：自己惹上祸事。

㉔收：取。收贰以为己邑：把原来两属地方完全占为己有。廪延：郑地名，今河南延津县。

㉕厚：土地扩大。众：民心。

㉖昵：亲近。崩：山塌。这里指垮台。

㉗完：修筑。聚：集合民众。缮：修理，制造。甲：铠甲。兵：兵器。具：准备。乘：兵车。

㉘袭郑：袭击郑国都郤。启之：开城门做内应。

㉙期：约定的日子。

㉚帅：同"率"。

㉛诸："之于"的合音，意为"到"。

㉜五月辛丑：五月二十三日。出奔：逃往国外避难。

㉝置：安置，放逐。城颍：今河南临颍县。

㉞誓：发誓，赌咒。不及：不到。黄泉：阴间。

㉟既而：不久。有转折之意。

㊱颍考叔：郑人名。颍谷：地名。封人：管理疆界的官。有献：进献物品。

㊲舍：放下。

㊳羹：肉汤。

㊴遗（wèi）：赠与。

㊵尔：你。繄（yī）：发语词，无义。

㊶敢：谦敬副词。何谓：什么意思。

㊷语：告诉。告之悔：说出自己的悔意。

㊸患：担心。阙：通"掘"。隧：挖地道。然：这样，指黄泉相见。

㊹赋：吟诵。融融：和乐相得貌。

㊺泄泄（yì）：舒散快乐的样子。

㊻遂为母子：恢复母子关系。

【解析】

本文集中描述了郑庄公家庭的争权夺利，勾心斗角。文章结构完整，矛盾的开端、发展、高潮和结局紧密衔接，脉络清晰，主次分明，有头有尾。作者用烘托、对比和个性化的语言来表现人物性格，如太叔段作乱的行为一次比一次明显，祭仲、子封的劝谏一次比一次激切，而庄公却一直不露声色。由此造成强烈的矛盾气氛，形成了鲜明的对比，从而使不同的人物形象鲜明生动，正如清代魏禧所说："写姜氏之昏僻，太叔段之贪痴，祭仲之深稳，公子吕之迫切，庄公之奸狠，考叔之敏妙，情状一一如见。"（魏禧《左传经世钞》）

曹刿论战

十年春[①]，齐师伐我[②]。公将战。曹刿请见[③]。其乡人曰："肉食者谋之，又何间焉[④]？"刿曰："肉食者鄙，未能远谋。"乃入见[⑤]。

问："何以战[⑥]？"公曰："衣食所安，弗敢专也，必以分人[⑦]。"对曰："小惠未遍，民弗从也[⑧]。"公曰："牺牲玉帛，弗敢加也，必以信[⑨]。"对曰："小信未孚，神弗福也[⑩]。"公曰："小大之狱，虽不能察，必以情[⑪]。"对曰："忠之属也，可以一战。战则请从[⑫]。"

公与之乘，战于长勺[⑬]。公将鼓之[⑭]。刿曰："未可。"齐人三鼓[⑮]。刿曰："可矣。"齐师败绩[⑯]。公将驰之[⑰]。刿曰："未可。"下视其辙，登轼而望之[⑱]，曰："可矣。"遂逐

齐师[19]。

既克[20]，公问其故。对曰："夫战，勇气也[21]。一鼓作气，再而衰，三而竭[22]。彼竭我盈[23]，故克之。夫大国，难测也，惧有伏焉。吾视其辙乱，望其旗靡[24]，故逐之。"

【注释】

①十年：鲁庄公十年（前 684）。

②我：指鲁国。因作者为鲁国人，故称鲁国为我。

③公：指鲁庄公。曹刿：鲁国人。见：谒见。

④乡人：曹刿的同乡、邻居。肉食者：吃肉的人，指有权的官僚。间：参与。

⑤鄙：目光短浅。远谋：长远的考虑。入：进宫。

⑥何以：以何，凭什么。

⑦安：使生活安适的东西。专：独占。

⑧小惠：小恩小惠。遍：普及。从：跟从。

⑨牺牲：祭祀用的祭品。加：增加。这里指虚报。信：诚实。

⑩孚（fú）：信任，相信。福：保佑，赐福。

⑪狱：案件。察：查明白。情：实情。

⑫属：范围，职守。请从：请允许我跟从。

⑬与之乘：和曹刿同乘一车。长勺：鲁国地名，在今山东曲阜县。

⑭鼓：击鼓。

⑮三鼓：击了三次鼓。

⑯败绩：大败。

⑰驰：追赶。

⑱辙：车印。轼：车前用作扶手的横木。

⑲逐：追赶。

⑳既克：已经打了胜仗。

㉑夫：发语词，无义。

㉒作气：振作士气。再：第二次。竭：尽，用完。

㉓盈：满，盛。

㉔测：估计。伏：伏兵。靡：倒下。

【解析】

长勺之战是我国历史上一次以弱胜强的著名战役。本文记述了鲁国在长勺之战中的准备及作战过程，显示了曹刿杰出的政治军事才能。本文在选材上极具匠心，对战争起因、经过和结束略写，重点突出论战这一主题。详写曹刿论述决定战争胜负的几个主要因素，对取信于民、一鼓作气、待机反攻等战略原则进行了深刻详细的发挥。在材料组织方面，按战争的发生、经过和结局的自然顺序，"步步精详，著著精妙"（《古文观止》吴调侯、吴楚材评语）。写得井然有序。行文跌宕多姿，语言相当精练，其中曹刿的语言对刻画其沉着勇毅的形象，具有很好的作用。

烛之武退秦师

晋侯、秦伯围郑[①]，以其无礼于晋，且贰于楚也[②]。晋军函陵，秦军氾南[③]。

佚之狐言于郑伯曰[④]："国危矣，若使烛之武见秦君[⑤]，师必退。"公从之。辞曰[⑥]："臣之壮也，犹不如人；今老矣，无能为也已[⑦]。"公曰："吾不能早用子[⑧]，今急而求子，是寡人之过也。然郑亡，子亦有不利焉。"许之。

夜缒而出[⑨]，见秦伯，曰："秦、晋围郑，郑既知亡矣。若亡郑而有益于君，敢以烦执事[⑩]。越国以鄙远[⑪]，君知其难也。焉用亡郑以陪邻？邻之厚，君之薄也[⑫]。若舍郑以为东道主，行李之往来，共其乏困[⑬]，君亦无所害。且君尝为晋君赐矣[⑭]，许君焦、瑕，朝济而夕设版焉[⑮]，君之所知也。夫晋，何厌之有[⑯]？既东封郑，又欲肆其西封[⑰]。若不阙秦，将焉取之[⑱]？阙秦以利晋，唯君图之。"秦伯说，与郑人盟[⑲]。使杞子、逢孙、杨孙戍之[⑳]，乃还。

子犯请击之[㉑]。公曰："不可！微夫人之力不及此[㉒]。因人之力而敝之[㉓]，不仁；失其所与，不知[㉔]；以乱易整，不武[㉕]。吾其还也。"亦去之。

【注释】

①晋侯：晋文公，名重耳。秦伯：秦穆公。二人均名列春秋五霸。

②无礼于晋：重耳即位前曾在外流亡十九年，经过郑国时，郑文公没有礼遇他。贰于楚：对晋国怀有二心，而倾向楚国。

③军：驻扎。函陵：今河南新郑县。氾（fàn）南：今河南中牟县一带。

④佚之狐：郑国大夫。

⑤使：派遣。烛之武：郑国大夫。

⑥辞：推辞。

⑦无能为：不能做，没有能力做。

⑧子：你，先生。

⑨缒（zhuì）：用绳子系着人或物从高处往下送。出：出城。

⑩敢以烦执事：还值得麻烦你劳师远征。

⑪越国：跨过别的国家。秦与郑不相邻，中间隔着晋国。鄙远：使自己的边疆拉得太远。鄙，边邑。

⑫陪：增加。邻：指邻国晋。

⑬舍郑：放弃灭郑的打算。东道主：东方道上的主人。后来引申为"主人"。行李：使者。共：同"供"。乏困：

盘缠不足。

⑭尝为晋君赐：曾给过晋君恩惠。公元前645年，秦国俘获了晋惠公，但很快释放。

⑮许君焦、瑕：晋惠公答应割让焦、瑕两地给秦。济：渡河。指晋惠公从秦返回晋。设版：筑防御工事。

⑯何厌之有：哪里会有满足。厌，满足。

⑰封郑：把郑归入晋国的疆界，意为吞并郑国。封，疆界。肆：扩张。西封：西边的疆界。

⑱阙：同“缺”，此处的意思是侵占。将焉取之：到哪里获得土地呢？

⑲阙秦：损害秦国。唯：只看。图：考虑。

⑳说：同“悦”，心服。盟：结盟。

㉑杞子、逢孙、杨孙：三人皆秦大夫。戍：驻守。

㉒子犯：晋大夫狐偃的字。击：攻打（秦国）。

㉓公：晋文公。微：若非。夫人：那个人，指秦穆公。秦穆公曾助晋文公复国。

㉔因：凭借，依靠。敝：伤害。

㉕与：同盟。知：同“智”，明智。

㉖乱：互相攻击。整：整齐，指秦晋采取统一行动。不武：算不上勇武。

【解析】

本文记载了公元前630年在秦晋围郑的危急形势下，郑国老臣烛之武不计个人得失，以一番巧妙的外交辞令说退秦师的一段史事，反映了当时诸侯国之间复杂的外交斗争，表现了策士在政治斗争中举足轻重的作用。本文结构完整，对事件的叙述有条不紊而又波澜起伏。尤其是烛之武的一番说辞，摆事实，讲道理，步步紧逼。利用秦晋矛盾，站在秦的立场，直陈利害得失。析理极为透辟，又不卑不亢，曲折委婉中显示出一种骨力。

国　语

《国语》是我国第一部国别体史书，分卷记载了周、鲁、齐、晋、郑、楚、吴、越八个国家的史实，其作者已不能确考。司马迁和班固认为是左丘明所作，后世学者多有异议。从文风看，《国语》前后不尽一致，当是一部史料汇编，可能为后世史家依据当时各国史官原始资料编纂而成。

《国语》着重记叙了一些公卿士大夫的言论，也涉及一些历史事件。善于记言是它的特色，通过记言写出了一系列栩栩如生的人物形象。有的文章幽默生动，寓庄于谐，富含哲理，对后世散文产生了很大影响。

召公谏厉王弭谤[①]

厉王虐[②]，国人谤王。召公告王曰："民不堪命矣[③]！"王怒。得卫巫[④]，使监谤者。以告，则杀之[⑤]。国人莫敢言，道路以目[⑥]。

王喜，告召公曰："吾能弭谤矣，乃不敢言。"召公曰："是障之也[⑦]。防民之口，甚于防川。川壅而溃，伤人必多[⑧]。民亦如之。是故为川者决之使导，为民者宣之使言[⑨]。故天子听政，使公卿至于列士献诗[⑩]，瞽献曲[⑪]，史献书[⑫]，师箴[⑬]，瞍赋[⑭]，矇诵[⑮]，百工谏[⑯]，庶人传语[⑰]，近臣尽规[⑱]，亲戚补察[⑲]，瞽史教诲[⑳]，耆艾修之[㉑]，而后王斟酌焉[㉒]。是以事行而不悖[㉓]。民之有口也，犹土之有山川也，财用于是乎出[㉔]；犹其有原隰衍沃也，衣食于是乎生[㉕]。口之宣言也，善败于是乎兴[㉖]。行善而备败，所以阜财用衣食者也[㉗]。夫民虑之于心而宣之于口，成而行之，胡可壅也[㉘]？若壅其口，其与能几何[㉙]？"

王弗听。于是国人莫敢出言。三年，乃流王于彘[㉚]。

【注释】

①召（shào）公：即召穆公，名虎，西周卿士。弭（mǐ）：阻止，消除。谤：指责，批评。

②虐：暴虐。

③堪：能够忍受。命：这里指厉王的暴政。

④卫巫：卫国的巫。巫，古代认为能沟通天人的人。

⑤以告：以之告，把批评者告诉（厉王）。

⑥道路以目：在路上相遇，只用眼睛打招呼。形容暴政之下，人民谨小慎微的样子。

⑦障：本意为防水的堤坝，这里作"阻挡"解。

⑧甚：厉害。川：河流。壅（yōng）：堵塞。溃：崩溃，决口。

⑨是故：因此。为川者：治水的人。决：开掘。导：疏通。为民：治理人民。宣：宣泄。

⑩公卿：三公九卿。列士：指上士、中士、下士。献诗：进献讽谏之诗。诗，指反映百姓心声的歌谣。

⑪瞽（gǔ）：盲人。古代乐官皆由盲人充当。曲：表现民情的乐曲。

⑫史：史官。书：史籍。

⑬师：指少师，一种乐官。箴（zhēn）：一种富有劝诫意义的韵文。这里是规劝君王的箴言。

⑭瞍（sǒu）：无眸子的盲人。赋：

朗诵。

⑮矇：有眸子的盲人。诵：没有音律的诵读。这里的“诵”与上文“赋”，都有劝诫之意。

⑯百工：从事各种乐艺的人。

⑰庶人：老百姓。传语：反映意见。

⑱近臣：王的身边之人。尽规：努力规劝。

⑲亲戚：指与王同宗的大臣。补察：监督补充。

⑳瞽史：乐官和史官。史，掌礼之官。

㉑耆艾：王的师傅耆（qí），六十岁。艾，五十岁。修：整治，警告。

㉒斟酌：考虑取舍。

㉓悖（bèi）：违背（情理）。

㉔财用：财富。是：此，这，指山川。

㉕原：宽阔平坦的土地。隰（xí）：低下潮湿的地方。衍：低而平坦的地方。沃：有河流可供灌溉的地方。

㉖善败：好坏，治乱。兴：体现。

㉗备：防范。所以：因此。阜：丰富，增多。

㉘成：成熟。行：说出，流露。胡：如何，怎能。

㉙几何：多久。此句意为：能维持多久呢?

㉚流：放逐。流放。彘（zhì）：晋地，在今山西霍县。

【解析】

周厉王是西周后期一个著名的暴君，他不听劝谏，搜刮民财，国人难以忍受这种暴虐的统治，群起议论，怨声载道。而厉王却采取高压政策，使国人敢怒而不敢言。召公以“防民之口，甚于防川”的比喻劝谏厉王停止倒行逆施，但是厉王不听，终于激发了公元前 841 年的国人暴动，厉王被流放到彘地。

本文结构严谨，文字简明。整篇文章只有数百字，却完整地记述了国人暴动、厉王被逐这一历史事件。全文记事和记言交叉进行，却又浑然一体，言为事而发，事又为言验证。召公的谏辞为全文中心，所以写得详尽充分，且富于文采。文章的主要写作手法是引譬论证，“防民之口，甚于防川”，形象地说明钳民之口，必然会危身害国。文中的许多比喻和例证，把文章观点论述得极为充分。正如吴调侯、吴楚材在《古文观止》中所评论：“妙在将正意喻意，夹和成文，笔意纵横，不可端倪。”

战国策

《战国策》是继《左传》、《国语》之后的又一部史书，它记载了战国时代纵横家、策士、侠士们的言谈举止，表现了奔走于诸侯间进行游说的谋臣策士们的纵横捭阖之术，反映了他们

的思想和活动，从一个侧面记录了当时的政治斗争和社会生活，是研究战国史的重要资料。它的作者已不可考，可以肯定非一人所作，或者是各国史官和策士自己所记。原来书名也不统一，有《国策》、《国事》、《短长》、《事语》、《长书》、《修书》等名。西汉刘向整理考订后，才定名为《战国策》。

《战国策》也是一部文学性很强的历史散文作品，许多篇章笔调轻灵，手法多样，结构完整，情节曲折。全书塑造了许多风姿各异的历史人物，至今读起来仍感到神情毕现，如在眼前。语言酣畅流利，辞采华茂。又善用寓言，旨在说明事理，却给人以鲜明的形象。

邹忌讽齐王纳谏[1]

邹忌修八尺有余[2]，而形貌昳丽[3]。朝服衣冠[4]，窥镜[5]，谓其妻曰："我孰与城北徐公美[6]？"其妻曰："君美甚，徐公何能及君也！"城北徐公，齐国之美丽者也。忌不自信[7]，而复问其妾曰[8]："吾孰与徐公美？"妾曰："徐公何能及君也！"旦日[9]，客从外来，与坐谈，问之客曰："吾与徐公孰美？"客曰："徐公不若君之美也。"明日，徐公来，孰视之[10]，自以为不如。窥镜而自视，又弗如远甚。暮寝而思之[11]，曰："吾妻之美我者[12]，私我也[13]；妾之美我者，畏我也；客之美我者，欲有求于我也。"

于是入朝见威王，曰："臣诚知不如徐公美[14]。臣之妻私臣，臣之妾畏臣，臣之客欲有求于臣，皆以美于徐公[15]。今齐地方千里[16]，百二十城，宫妇左右莫不私王[17]，朝廷之臣莫不畏王，四境之内莫不有求于王[18]；由此观之，王之蔽甚矣[19]！"

王曰："善。"乃下令："群臣吏民，能面刺寡人之过者，受上赏[20]；上书谏寡人者，受中赏；能谤讥于市朝，闻寡人之耳者，受下赏[21]。"令初下，群臣进谏，门庭若市[22]；数月之后，时时而间进[23]；期年之后[24]，虽欲言，无可进者。燕、赵、韩、魏闻之，皆朝于齐[25]。此所谓战胜于朝廷[26]。

【注释】

①邹忌：齐人，因善鼓琴而得宠于齐威王，被用为相。讽：用含蓄的话规劝。齐王：齐威王。纳：接受。

②修：长，身材高。

③昳（yì）丽：光艳美丽。

④朝（zhāo）：早晨。服：穿戴。

⑤窥：原指从小孔或门缝里看，这里指对镜端详。

⑥孰：谁，哪个。

⑦不自信：自己不相信。

⑧妾：小老婆，地位比妻低。

⑨旦日：明日。

⑩孰：同“熟”，仔细。

⑪暮寝：晚上睡觉。

⑫美我：认为我美。

⑬私：偏爱。

⑭诚：实在，的确。

⑮美于：比……美。

⑯方：方圆，指面积。

⑰宫妇：君王侍妾。

⑱四境：四面疆界，指全国。

⑲蔽：（国王）所受的蒙蔽。甚：很，非常，这里是“严重”的意思。

⑳面刺：当面指摘。

㉑谤讥：背后指责。市朝：公共场所。

㉒门庭若市：形容人很多。

㉓间：偶尔。进：进谏。

㉔期（jī）年：一周年。

㉕朝：朝拜。

㉖战胜于朝廷：指不用武力，以政治修明使别国畏服。

【解析】

本文生动地记述了邹忌从与徐公比美中受到启发，并以之劝说齐威王去蔽纳谏，终使齐国大治的故事。从而说明了只有修明政治，广泛听取意见，才能巩固统治，称雄诸侯的道理。

这篇文章，笔调轻松自然而又富于变化，人物描写细腻逼真。作者用“形貌昳丽”、“窥镜而自视”、“孰视之”、“不自信”、“自以为不如”、“暮寝而思之”等句子，对邹忌的外貌、动作和心理活动，进行了细致入微的刻画，鲜明地表现了邹忌的性格特点。在叙述上，作者以朝、旦日、明日、暮为时间线索，叙次井然。这篇文章，以记事阐明事理，兼用暗示和比喻。以邹忌与徐公比美受蒙蔽，暗示“王之蔽甚矣”，比喻贴切，委婉含蓄，却又一针见血，令人信服。

唐雎不辱使命[①]

秦王使人谓安陵君曰[②]：“寡人欲以五百里之地易安陵[③]，安陵君其许寡人[④]！”安陵君曰：“大王加惠[⑤]，以大易小，甚善。虽然[⑥]，受地于先王[⑦]，愿终守之[⑧]，弗敢

易。”秦王不说。安陵君因使唐雎使于秦[9]。

秦王谓唐雎曰：“寡人以五百里之地易安陵，安陵君不听寡人，何也？且秦灭韩亡魏，而君以五十里之地存者，以君为长者[10]，故不错意也[11]。今吾以十倍之地，请广于君[12]，而君逆寡人者[13]，轻寡人与[14]？”唐雎对曰：“否，非若是也[15]。安陵君受地于先王而守之，虽千里不敢易也[16]，岂直五百里哉[17]？”

秦王怫然怒[18]，谓唐雎曰：“公亦尝闻天子之怒乎[19]？”唐雎对曰：“臣未尝闻也。”秦王曰：“天子之怒，伏尸百万，流血千里。”唐雎曰：“大王尝闻布衣之怒乎[20]？”秦王曰：“布衣之怒，亦免冠徒跣[21]，以头抢地尔[22]。”唐雎曰：“此庸夫之怒也[23]，非士之怒也[24]。夫专诸之刺王僚也[25]，彗星袭月[26]；聂政之刺韩傀也[27]，白虹贯日[28]；要离之刺庆忌也[29]，仓鹰击于殿上[30]。此三子者，皆布衣之士也。怀怒未发，休祲降于天[31]，与臣而将四矣[32]。若士必怒，伏尸二人，流血五步，天下缟素[33]，今日是也。”挺剑而起[34]。

秦王色挠，长跪而谢之[35]，曰：“先生坐，何至于此？寡人谕矣[36]：夫韩魏灭亡，而安陵以五十里之地存者，徒以有先生也[37]。”

【注释】

①唐雎（jū）：安陵君的臣。辱：辱没，辜负。这里指没完成使命。

②秦王：指秦王嬴政，即后来的秦始皇。安陵君：安陵国国君。安陵，一个小诸侯国，在今河南鄢陵县。

③其：语气词，表示强调。易：交换。

④许：答应。

⑤加惠：给予恩惠。

⑥虽然：尽管如此。

⑦受：继承，接受。

⑧终：始终，永远。

⑨说：同“悦”。因：于是。

⑩君：按安陵君。长者：老实厚道的人。

⑪错：同“措”，错意，在意。

⑫广：扩展，扩大。

⑬逆：违背，不顺从。

⑭轻：瞧不起。与：同“欤”，语气词。

⑮非若是：不是这样。

⑯虽：即使。

⑰岂直：岂但，岂止。

⑱怫然：生气的样子。

⑲公：你，对人的尊称。

⑳布衣：普通老百姓。

㉑亦：不过。徒跣（xiǎn）：光着脚。

㉒抢（qiāng）：撞。尔：而已，罢了。

㉓庸夫：平庸无能的人。

㉔士：这里指有本领有胆量的人。

㉕专诸：春秋时吴国勇士。王僚：吴国国君，公元前515年被吴公子光（即阖闾）的刺客专诸刺杀。

㉖彗星：星名，俗名扫帚星。袭月：彗星扫过月亮。

㉗聂政：战国时齐国勇士。韩傀：战国时韩国的国相，因与大夫严仲子有仇，被严仲子结交的勇士聂政刺死。

㉘贯：穿过。古人认为白虹穿过太阳是一种凶兆。

㉙要离：春秋时吴国勇士。庆忌：吴王僚的公子。公子光为了根除祸患，派要离把逃到卫国的庆忌刺杀。

㉚仓鹰：老鹰。击：这里作“扑”解。

㉛休：吉兆。祲（jìn）：不祥之气。休祲，这里代指征兆。

㉜此句意为：我将成为第四个布衣之士。

㉝缟、素：都是白色丝织品，这里代指丧服。天下缟素，意为天下臣民将为秦王服丧。

㉞挺：拔出。

㉟挠：屈服。长跪：挺直腰跪着，这里表示敬意。谢：道歉。

㊱谕：明白。

㊲徒：只，仅仅。以：因。

【解析】

本文记述了战国末期的一段故事，公元前230年秦灭韩，前225年又吞并了魏国。安陵是附属于魏的一个小国，秦王想通过外交手段，吞并安陵。唐雎受安陵君的委派，出使秦国。他不畏强暴，有勇有谋，终于折服秦王，胜利地完成了出使的任务。全文在写作上的特点，主要通过人物的对话，刻画人物性格，推动情节的发展。秦王与唐雎的对话，一方强词夺理，欲加之罪；一方义正辞严，据理争辩；一方恼羞成怒，威胁恐吓；一方针锋相对，毅然拼命。最后，秦王色挠，表示屈服。虽然全文以记言为主，但事件的发展过程十分连贯完整，情节紧张，富有戏剧性。在精彩的对话中，秦王的骄横、色厉内荏，唐雎不畏强暴的斗争勇气、据理答辩的机智才能，都鲜明生动地表现了出来。

触龙说赵太后[①]

赵太后新用事[②]，秦急攻之[③]。赵氏求救于齐。齐曰：“必以长安君为质[④]，兵乃出。”太后不肯，大臣强谏[⑤]。太后明谓左右[⑥]：“有复言令长安君为质者[⑦]，老妇必唾其面[⑧]！”

左师触龙言愿见太后[⑨]。太后盛气而胥之[⑩]。入而徐趋[⑪]，至而自谢曰[⑫]：“老臣病足，曾不能疾走[⑬]，不得见久矣。窃自恕[⑭]。而恐太后玉体之有所郄也[⑮]，故愿望见太

后。”太后曰：“老妇恃辇而行[16]。”曰：“日食饮得无衰乎[17]？”曰：“恃粥耳[18]。”曰：“老臣今者殊不欲食[19]。乃自强步[20]，日三四里，少益嗜食[21]，和于身也[22]。”太后曰：“老妇不能。”太后之色少解[23]。

左师公曰：“老臣贱息舒祺[24]，最少，不肖[25]；而臣衰，窃爱怜之[26]。愿令得补黑衣之数[27]，以卫王宫。没死以闻[28]！”太后曰：“敬诺[29]。年几何矣[30]？”对曰：“十五岁矣。虽少，愿及未填沟壑而托之[31]。”太后曰：“丈夫亦爱怜其少子乎[32]？”对曰：“甚于妇人[33]。”太后笑曰：“妇人异甚[34]。”对曰：“老臣窃以为媪之爱燕后[35]，贤于长安君[36]。”曰：“君过矣[37]，不若长安君之甚。”左师公曰：“父母之爱子，则为之计深远[38]。媪之送燕后也，持其踵，为之泣[39]，念悲其远也[40]，亦哀之矣。已行[41]，非弗思也。祭祀必祝之，祝曰：‘必勿使反[42]！’岂非计久长、有子孙相继为王也哉[43]？”太后曰：“然。”

左师公曰：“今三世以前，至于赵之为赵[44]，赵主之子孙侯者，其继有在者乎[45]？”曰：“无有。”曰：“微独赵[46]，诸侯有在者乎[47]？”曰：“老妇不闻也。”“此其近者祸及身，远者及其子孙[48]。岂人主之子孙则必不善哉[49]？位尊而无功，奉厚而无劳[50]，而挟重器多也[51]。今媪尊长安君之位[52]，而封之以膏腴之地[53]，多予之重器，而不及今令有功于国[54]，一旦山陵崩[55]，长安君何以自托于赵[56]？老臣以媪为长安君计短也，故以为其爱不若燕后[57]。”太后曰：“诺，恣君之所使之[58]。”于是，为长安君约车百乘[60]，质于齐，齐兵乃出。

【注释】

①触龙：人名。说（shuì）：用话说服别人。赵太后：即赵威后，赵惠文王的妻子。赵惠文王死后，赵成王年幼，赵太后执政。

②用事：掌权，执政。

③急：加紧。

④质：抵押品，这里指人质。

⑤强：竭力。

⑥明：明确。

⑦复：重复，再。

⑧老妇：太后自称。唾：吐唾沫。

⑨左师：官名。

⑩盛气：怒冲冲。胥：同“须”，等待。

⑪徐：缓慢。趋：小跑，当时臣见君的一种礼节。

⑫自谢：自己告罪。

⑬曾（céng）：竟，乃。疾：快。走：跑。

⑭窃：私下。自恕：原谅自己。

⑮郄：同“隙”，不舒服，劳倦。

⑯恃：凭借。辇（niǎn）：国君乘坐的车子。

⑰衰：减少。

⑱耳：罢了。

⑲今者：近来。殊：很。

⑳乃：却，但是。强步：勉强步行。

㉑益：增加。嗜食：喜好的食物。

㉒和：舒服。

㉓色：脸色。解：通“懈”，缓和。

㉔息：子。舒祺：触龙儿子的名字。

㉕少：年轻。不肖：不贤。

㉖衰：年老体衰。

㉗黑衣：卫士的代称。王宫卫士都穿黑衣。

㉘没（mò）死：冒死。闻：使知道。

㉙诺：允诺之辞。

㉚几何：多大。

㉛填沟壑：指死亡。

㉜丈夫：男子。

㉝甚：胜过，厉害。

㉞异：特别。

㉟媪（ǎo）：对老年妇女的尊称。燕后：赵太后的女儿，嫁给燕王为后。

㊱贤于：胜过。

㊲过：错。

㊳计：考虑，谋划。深远：长远。

㊴踵（zhǒng）：脚后跟。

㊵念：惦记。悲：伤心。其远：远嫁他乡。

㊶已行：走了以后。

㊷反：同“返”，回来。古代诸侯嫁女，只有被废或国灭，才返回本国。

㊸久长：长远。相继：不断。

㊹三世：三代。赵之为赵：前一“赵”为赵氏，后一“赵”为赵国。意为赵氏建立国家。

㊺侯者：被封为侯的。继：继承人。

㊻微：非，不但。

㊼诸侯：其他诸侯国。

㊽及：波及。

㊾善：好。

㊿奉：同“俸”，指俸禄。劳：功劳。

(51)挟：持有。重器：本意是青铜器，泛指珍宝。

(52)尊：使处于尊位。

(53)膏腴（yú）：肥沃。

(54)予：给。及：趁。今：现在。

(55)山陵崩：对赵太后死的婉称。

(56)何以：靠什么。托：托身。

(57)计短：考虑短浅。不若：不如。

(58)诺：好吧，表示答应。恣：任凭。

(59)约车：准备车。乘（shèng）：古代四马一车为一乘。

【解析】

本文记录了触龙说服赵太后让小儿子长安君去做人质的故事。文章一开始，气氛就十分紧张，一方面是长安君不得不去齐国做人质，一方面是爱子如命的赵太后坚决不同意。机智的触龙他顺着太后的心理，先以礼相见，从健康问题找谈话的突破口；再找出“爱子”的共同话题，指出“爱子”应“为之计深远”，最后归到谈话的最终目的：长安君应为

质于齐。触龙的劝说层层深入，细细道来，娓娓动听，情寓于理，理表于情，既不柔媚，亦不生硬，充分体现了他善于说辞的本领。而赵太后先是“盛气而胥之”，再是“色少解”，再是“笑”，与触龙的步步深入相映成趣。故吴调侯、吴楚材在《古文观止》中赞道：“左师悟太后，句句闲语，步步闲情，又妙在从妇人情性体贴出来”，增加了文章的文学色彩。

冯谖客孟尝君

齐人有冯谖者，贫乏不能自存[①]。使人属孟尝君[②]，愿寄食门下[③]。孟尝君曰：“客何好？”曰：“客无好也[④]。”曰：“客何能？”曰：“客无能也。”孟尝君笑而受之[⑤]，曰：“诺。”

左右以君贱之也[⑥]，食以草具[⑦]。居有顷[⑧]，倚柱弹其剑，歌曰：“长铗，归来乎！食无鱼[⑨]。”左右以告，孟尝君曰：“食之，比门下之客[⑩]。”居有顷，复弹其铗，歌曰：“长铗，归来乎！出无车！”左右皆笑之，以告。孟尝君曰：“为之驾，比门下之车客[⑪]。”于是乘其车，揭其剑[⑫]，过其友[⑬]，曰：“孟尝君客我。”后有顷，复弹其剑铗，歌曰：“长铗，归来乎！无以为家[⑭]。”左右皆恶之，以为贪而不知足。孟尝君问：“冯公有亲乎？”对曰：“有老母。”孟尝君使人给其食用，无使乏[⑮]。于是冯谖不复歌。

后孟尝君出记[⑯]，问门下诸客：“谁习计会[⑰]，能为文收责于薛者乎[⑱]？”冯谖署曰[⑲]：“能。”孟尝君怪之，曰：“此谁也？”左右曰：“乃歌夫‘长铗归来’者也[⑳]！”孟尝君笑曰：“客果有能也，吾负之[㉑]，未尝见也。”请而见之，谢曰[㉒]：“文倦于事[㉓]，愦于忧[㉔]，而性懧愚[㉕]，沉于国家之事，开罪于先生[㉖]。先生不羞[㉗]，乃有意欲为收责于薛乎？”冯谖曰：“愿之。”于是约车治装[㉘]，载券契而行，辞曰：“责毕收，以何市而反[㉙]？”孟尝君曰：“视吾家所寡有者。”

驱而之薛，使吏召诸民当偿者，悉来合券[㉚]。券遍合，起，矫命，以责赐诸民[㉛]。因烧其券，民称万岁[㉜]。

长驱到齐[33]，晨而求见。孟尝君怪其疾也，衣冠而见之[34]，曰："责毕收乎？来何疾也？"曰："收毕矣。""以何市而反？"冯谖曰："君云：'视吾家所寡有者。'臣窃计：君宫中积珍宝[35]，狗马实外厩[36]，美人充下陈[37]；君家所寡有者，以义耳[38]。窃以为君市义。"孟尝君曰："市义奈何？"曰："今君有区区之薛，不拊爱子其民[39]，因而贾利之[40]。臣窃矫君命，以责赐诸民，因烧其券，民称万岁。乃臣所以为君市义也[41]。"孟尝君不说，曰："诺，先生休矣[42]。"

后朞年，齐王谓孟尝君曰："寡人不敢以先王之臣为臣[43]！"孟尝君就国于薛[44]。未至百里[45]，民扶老携幼，迎君道中正日。孟尝君顾谓冯谖："先生所以为文市义者，乃今日见之！"

冯谖曰："狡兔有三窟，仅得免其死耳。今君有一窟，未得高枕而卧也[46]。请为君复凿二窟。"孟尝君予车五十乘，金五百斤。西游于梁[47]，谓惠王曰："齐放其大臣孟尝君于诸侯[48]。诸侯先迎之者，富而兵强。"于是梁王虚上位[49]，以故相为上将军[50]，遣使者黄金千斤，车百乘，往聘孟尝君。冯谖先驱[51]，诫孟尝君曰[52]："千金，重币也；百乘，显使也[53]，齐其闻之矣！"梁使三反，孟尝君固辞不往也[54]。

齐王闻之，君臣恐惧，遣太傅赍黄金千斤[55]，文车二驷，服剑一[56]，封书谢孟尝君曰[57]："寡人不祥，被于宗庙之祟[58]，沉于谄谀之臣[59]，开罪于君。寡人不足为也[60]，愿君顾先王之宗庙，姑反国统万人乎[61]？"冯谖诫孟尝君曰："愿请先王之祭器，立宗庙于薛[62]。"庙成，还报孟尝君曰："三窟已就，君姑高枕为乐矣。"

孟尝君为相数十年，无纤介之祸者[63]，冯谖之计也。

【注释】

①谖：音 xuān。存：生存，生活。

②属：同"嘱"，告诉。孟尝君：姓田，名文，齐国贵族，封于薛。孟尝君为他的封号。

③寄食：依附别人。

④好：爱好。

⑤受：接纳。

⑥以：因为。贱：卑贱。

⑦食（sì）：以食物给别人吃。草具：粗糙的食物。

⑧居：经过。有顷：不多时。

⑨长铗（jiá）：长剑。

⑩以告：把……告诉某人。

⑪为之驾：为他准备车马。比：比照。车客：孟尝君接待门客分为三等，上等车客，出可乘车。

⑫揭：举。过：拜访。

⑬无以为家：没有钱养家。

⑭恶（wù）：厌恶。

⑮食用：衣食日用。乏：缺乏。

⑯记：文告。

⑰习：熟悉。计会：会计。

⑱文：孟尝君自称。孟尝君姓田，名文。责：同“债”。

⑲署：签署，在文告上签名。

⑳乃：是。

㉑负：对不起。

㉒谢：道歉。

㉓倦：疲劳。

㉔愦：昏乱。此言因烦忧而昏口乱。

㉕懧：软弱。

㉖沉：沉溺。开罪：得罪。

㉗不羞：不以为羞耻。

㉘约车：套车。治装：整理行装。

㉙毕收：收完。市：买。

㉚当偿者：应该还债的人。悉：全部。合券：核对债券。古时债券写在竹片上，一分为二，债主与债户各执一半，核对时须二者相符。

㉛娇：假托。以责赐诸民：把百姓的债务全部免除。

㉜因：于是。民称万岁：百姓呼孟尝君“万岁”。

㉝长驱：一直驱车。

㉞窃计：私下考虑。

㉟积：聚集。

㊱实：充满。厩（jiù）：马棚。

㊲充：满。下陈：堂下。

㊳以：这里意为“只是”。义：信义，道义。

㊴区区：形容很小。拊：通“抚”。子其民：爱民如子。

㊵贾（gǔ）：做买卖。

㊶所以：用来……的方式。

㊷说：同“悦”。休矣：算了吧，表示不满。

㊸朞（jī）：同“期”，一年。不敢以先王之臣为臣：不敢把先王的大臣作为我的臣子。这是齐王废孟尝君的委婉说法。

㊹就国：回到自己封地。

㊺未至：距离。正日：整日。

㊻高枕：垫高枕头，形容放心的样子。

㊼梁：魏国都，今河南开封一带。

㊽放：放逐，罢免。

㊾虚：空出。上位：相国之位。

㊿故相：原来的国相。

51先驱：在前面领路。

52诫：提醒。

53重币：贵重的礼物。显使：显贵的使者。

54三反：往返三次。固辞：坚决推辞。

55太傅：大臣。赍（jī）：携带。

56文车：带花纹华丽的车，表示高贵。驷（sì）：一车四马。服剑：佩剑。

57谢：道歉。不祥：不吉利。

58被：覆盖，引申为“遭受。”祟（suì）：祸。

59沉：沉溺。这里意为“被蒙蔽”。谄谀（chǎn yú）：巴结，逢迎。

60不足：不值得。为（wèi）：值得效力。

61顾：顾及。姑：暂且。反：回到。

62立宗庙于薛：把先王的宗庙建在薛，以加重薛的地位。

63纤介：细微。介，同“芥”，小草。

【解析】

战国时代，各国贵族养士成风，尤其以齐国的孟尝君、赵国的平原君、楚国的春申君、魏国的信陵君最为著名，号为战国四公子。其中的孟尝君，门下有食客三千，冯谖即为其门客之一。这篇文章，作者以人物性格的发展为中心，组织情节，安排结构。开头，冯谖自称“无好”、“无能”，受到孟尝君的轻视和其他人的讪笑。正是这样的无能之客，却得陇望蜀，三次弹铗而歌，继而又以出人意料的“焚券市义”，突出了冯谖的与众不同。直到孟尝君罢相，回到封地薛这个地方，才显示出冯谖的远见卓识。文章接着更写冯谖为孟尝君“复凿二窟”，使孟尝君的地位坚实稳固，进一步显示出冯谖的卓越才能。情节此起彼伏，跌宕多姿，把冯谖恃才傲物、智谋不凡的策士风度表现得淋漓尽致。“通篇写来，波澜层出，姿态横生，能使冯公须眉，浮动纸上。沦落之士，遂尔顿增气色。”（《古文观止》吴调侯、吴楚材评语）

孔　子

孔子（前551～前479），名丘，字仲尼。鲁国陬邑（今山东曲阜东南）人，是春秋末期伟大的思想家、教育家，儒家创始人。孔子在政治上宗周，倡导仁礼学说。西汉以后，他被历代统治者奉为圣人，影响极大。他的言语行事被其后学记录在《论语》一书中，《礼记》等书中也有不少记载。《论语》主要记言，多为简短问答。语言精练，文意深远，往往能于简短对话中展示人物形象，且浅近易懂，接近口语，不少警句格言流传至今。

子路曾皙冉有公西华侍坐

子路、曾皙、冉有、公西华侍坐①。

子曰：“以吾一日长乎尔②，毋吾以也③。居则曰：‘不吾知也④。’如或知尔，则何以哉⑤？”

子路率尔而对曰⑥：“千乘之国，摄乎大国之间，加之以师旅⑦，因之以饥馑⑧。由也为之，比及三年，可使有勇，

且知方也[9]。”

夫子哂之[10]。

“求，尔何如？”

对曰：“方六七十，如五六十[11]，求也为之，比及三年，可使足民。如其礼乐，以俟君子[12]。”

“赤，尔何如？”

对曰：“非曰能之，愿学焉。宗庙之事，如会同[13]，端章甫[14]，愿为小相焉[15]。”

“点，尔何如？”

鼓瑟希，铿尔，舍瑟而作[16]。对曰：“异乎三子者之撰[17]。”

子曰：“何伤乎[18]？亦各言其志也！”

曰：“莫春者，春服既成[19]，冠者五六人，童子六七人[20]，浴乎沂，风乎舞雩，咏而归[21]。”

夫子喟然叹曰：“吾与点也[22]。”

三子者出，曾皙后[23]。曾皙曰：“夫三子者之言何如？”

子曰：“亦各言其志也已矣[24]！”

曰：“夫子何哂由也？”

曰：“为国以礼，其言不让[25]，是故哂之。唯求则非邦也与[26]？安见方六七十如五六十而非邦也者？唯赤则非邦也与？宗庙会同，非诸侯而何？赤也为之小，孰能为之大[27]？”

【注释】

①子路：仲氏，名由，字子路。曾皙：名点，字皙。冉有：名求，字子有。公西华：公西氏，名赤，字子华。四人均孔子学生。侍坐：陪侍孔子旁。

②长：年长。尔：你们。

③毋吾以：不要因我而停止（发言）。

④居：平时。不吾知：没有人了解、重用我。

⑤或：有人。何以：有什么作为。

⑥率尔：轻率匆忙的样子。对：下级回答上级的问话或晚辈回答长辈的询问。

⑦摄乎：处在……之间。师旅：代指战争。

⑧因：加上。饥馑：谷不熟为饥，菜不熟为馑。这里指荒年。

⑨为之：治理。比及：等到。知方：明辨是非。

⑩哂（shěn）：微笑。

⑪方：方圆。指国土面积。如：或，或者。

⑫足民：老百姓丰衣足食。如其礼乐：至于礼乐教化。俟：等待。君子：有

德行的人。

⑬宗庙之事：指祭祀礼仪。如：或者。会同：指诸侯会盟之事。

⑭端：礼服。章甫：礼帽。

⑮小相：主持司仪礼的低级官员。

⑯希：声音渐稀。铿尔：乐曲结尾的音。舍：放下。作：站起。

⑰撰：陈述。指上面子路等三人所说的话。

⑱何伤乎：有什么关系呢。

⑲莫：同“暮”。春服既成：穿着春天的服装。

⑳冠者：成年人。古时男子，二十岁加冠礼，表示已经成年。童子：未冠的少年。

㉑沂（yí）：水名，由鲁南流经江苏入海。风乎：春风吹拂。舞雩（yú）：地名，在山东曲阜，是古代祭天求雨之处。

㉒喟（kuì）然：长叹的样子。与：赞同。

㉓后：留在后面。

㉔各言其志：各人谈了自己的志向。也已矣：语助词，相当于“罢了”。

㉕为国：治国。让：谦逊，谦让。

㉖唯：语气助词，用于句首。此句意为：公西华说的不是邦国大事吗？

㉗孰：谁。大：大相。相对于公西华说的“小相”。

【解析】

本文选自《论语·先进篇》，这是其中文学意味较浓的一篇。它记述了孔子诱导学生畅谈个人志向及孔子对学生的评价，从中可以看出各自不同的志趣、思想和性格，表现了儒家以礼治国的思想，展示了孔子教育思想及教学方法的一个方面。本文成功地运用了个性化的语言，把子路的坦率，冉有、公西华的谦逊，曾皙的洒脱，以及孔子谆谆善诱的长者之风，都非常生动细致地描写了出来。

语录十则

子曰：“学而时习之，不亦说乎①？有朋自远方来，不亦乐乎？人不知而不愠，不亦君子乎②？”

曾子曰：“吾日三省吾身③：为人谋而不忠乎？与朋友交而不信乎？传而不习乎④？”

子曰：“吾十有五而志于学，三十而立⑤，四十而不惑，五十而知天命⑥，六十而耳顺，七十而从心所欲，不逾矩⑦。”

子曰：“温故而知新⑧，可以为师矣。”

子曰：“朝闻道，夕死可矣⑨。”

子曰："君子喻于义，小人喻于利⑩。"

子曰："贤哉，回也！一箪食，一瓢饮⑪，在陋巷，人不堪其忧⑫，回也不改其乐。贤哉，回也！"

子曰："知者乐水，仁者乐山⑬。知者动，仁者静；知者乐，仁者寿。"

子曰："默而志之，学而不厌⑭，诲人不倦，何有于我哉⑮？"

子曰："三人行，必有我师焉⑯：择其善者而从之，其不善者而改之。"

【注释】

①时：按时。习：实行，实践。说（yuè）：同"悦"。

②愠（yùn）：恼恨。

③曾子：即孔子的学生曾参。省（xǐng）：反思。

④信：诚信。传：指老师传授的知识。习：温习。

⑤志：立志。立：懂得礼义。

⑥惑：动摇，迷惑。天命：天道，命运。

⑦耳顺：能听得进各种意见。心从所欲：随心所欲。逾矩：超过规矩。

⑧温：温习。故：旧的东西。

⑨道：真正的道理。

⑩喻：明白。

⑪回：颜回，孔子的学生。箪（dān）：盛饭的容器。饮：水。

⑫陋巷：破旧的住处。堪：忍受。

⑬知者：智者。乐水：喜欢水。因为水变动不定。

⑭默：口中不语。识（zhì）：记住。厌：满足。

⑮诲人：教人。何有于我：我能做到哪一项。

⑯行（háng）：行列。焉：指代词，在其中。

【解析】

因为《论语》是学生记载孔子言行的语录，所以其中的段落大都短小精悍，甚至三言两语。这其中有的谈修身，有的谈治学，往往言简意赅，给人印象很深。更重要的是，千古流传之下，这其中的许多词语，已经成为我们日常语言中的成语、警语，甚至日常用语。这里选的十则语录，就是最突出的例子，它们分别选自《论语》中的《学而》、《为政》、《里仁》、《雍也》、《述而》五章。

墨　子

墨子（前468？～前376?），名翟（dí），鲁国人。出身于平民，创立了墨家学派，他的思想主要是兼爱和非攻，反对奢侈，重视功利，提倡节俭。他过着俭朴的生活，摩顶放踵，奔走呼号，为民请命。《墨子》一书不重文采，语言朴素，善用归纳类比来说明事物，逻辑性强，具有独特的风格。

公　输

公输盘为楚造云梯之械①，成，将以攻宋。子墨子闻之②，起于齐，行十日十夜，而至于郢③，见公输盘。

公输盘曰："夫子何命焉为④？"

子墨子曰："北方有侮臣者，愿藉子杀之⑤。"

公输盘不说⑥。

子墨子曰："请献千金。"

公输盘曰："吾义固不杀人⑦。"

子墨子起，再拜，曰："请说之⑧。吾从北方闻子为梯，将以攻宋。宋何罪之有？荆国有余于地，而不足于民，杀所不足而争所有余，不可谓智⑨；宋无罪而攻之，不可谓仁；知而不争，不可谓忠⑩；争而不得，不可谓强；义不杀少而杀众，不可谓知类⑪。"

公输盘服。

子墨子曰："然，胡不已乎⑫？"

公输盘曰："不可，吾既已言之王矣。"

子墨子曰："胡不见我于王⑬？"

公输盘曰："诺！"

子墨子见王，曰："今有人于此，舍其文轩，邻有敝舆⑭，而欲窃之；舍其锦绣，邻有短褐⑮，而欲窃之；舍其粱肉，邻有糠糟⑯，而欲窃之。此为何若人？"王曰："必为窃疾矣⑰。"

子墨子曰："荆之地方五千里，宋之地方五百里，此犹文轩之与敝舆也；荆有云梦，犀兕麋鹿满之，江、汉之鱼鳖鼋鼍[18]，为天下富，宋所为无雉兔鲋鱼者也[19]，此犹粱肉之与糠糟也；荆有长松、文梓、楩、枏、豫章[20]，宋无长木，此犹锦绣之与短褐也。臣以王吏之攻宋也，为与此同类。臣见大王之必伤义而不得[21]。"

王曰："善哉！虽然，公输盘为我为云梯[22]，必取宋。"

于是见公输盘[23]。子墨子解带为城，以牒为械，公输盘九设攻城之机变，子墨子九距之[24]；公输盘之攻械尽，子墨子之守圉有余[25]。

公输盘诎[26]，而曰："吾知所以距子矣，吾不言。"

子墨子亦曰："吾知子之所以距我，吾不言。"

楚王问其故。子墨子曰："公输子之意，不过欲杀臣；杀臣，宋莫能守，可攻也[27]。然臣之弟子禽滑厘等三百人，已持臣守圉之器，在宋城上而待楚寇矣[28]。虽杀臣，不能绝也[29]。"

楚王曰："善哉！吾请无攻宋矣。"

【注释】

①公输盘：鲁人，又称鲁班，善制奇巧器械。云梯：攻城时登城的木梯。

②子墨子：墨子先生。前面的子是夫子的意思。

③郢（yǐng）：楚国都城。

④命：命令，教导。

⑤藉：同"借"。

⑥说：同"悦"。

⑦固：本来，表示坚决的意思。

⑧再拜：拜了两次。说：陈说。

⑨荆国：指楚国，古代把楚国也叫荆楚。有余于地：多的是土地。

⑩争（zhèng）：同"诤"，据理力争。

⑪类：古代逻辑术语，即类推。知类：通晓事理。

⑫然：这样，那么。胡：为什么。

⑬见（xiàn）：介绍，引见。

⑭文轩：有花纹华丽的车子。敝舆：破车。

⑮锦绣：华丽的衣服。短褐：粗麻布衣。

⑯粱肉：小米和肉，富贵人家吃的东西。

⑰窃疾：嗜好偷窃的怪毛病。

⑱云梦：楚国大泽，在今湖北省，现大部分已淤积为陆地。兕（sì）：一种野兽，似野牛。鼋（yuán）：大鳖。鼍（tuó）：似鳄鱼，又名猪婆龙。

⑲所为：所谓。鲋（fù）：鲫鱼。

⑳文梓（zǐ）：即梓木。楩（pián）：黄楩木。枏：同"楠"，楠木。豫章：樟木。

㉑王吏：指楚王派出攻宋的军官。见：断定，预料。伤义：有损道义。

㉒为我为云梯：前一个“为”是替、给的意思，后一个“为”是做、造的意思。

㉓见：召见。

㉔带：腰带。牒：木片，一说筷子。九：多次。机变：变化。距：同“拒”。

㉕圉：同“御”。守圉：守城的办法。

㉖诎（qū）：通“屈”，穷尽。这里指无计可施。

㉗可攻：可以攻陷。

㉘禽滑（gǔ）厘：战国时魏国人。寇：进犯。

㉙绝：消灭（守城的人）。

【解析】

本篇选自《墨子·公输》。墨子生活的战国初期，战争频繁，生灵涂炭。楚是大国，宋为小国，为争霸中原，楚曾多次攻打宋国。本文所写就是墨子批驳公输盘，谴责楚王的侵略野心，制止楚国侵略宋国的动人事迹，塑造了一个机智勇敢的墨子形象。故事情节曲折，人物形象鲜明生动，详于记言而略于记事，在记言的关键处插入叙事，交代事件的发展经过，层次井然。作者有意识地运用由小到大的逻辑推理方法，使辩难析理具有严密的逻辑性，充分体现了墨子高超的论辩艺术。

孟　子

孟子（前370?～289?），名轲，字子舆，邹（今山东邹县）人，是孔子以后战国中期儒家学派最有权威的代表人物。他曾游梁，说惠王，不被重用。又到齐国见齐宣王，为客卿，宣王很尊敬他，但亦终不见用。于是归而述孔子之意，明先王之道，以教弟子。孟子在政治上提出“民贵君轻”的思想，反对兼并战争，反对暴虐统治，哲学上提出性善论。孟子的文章气势磅礴，感情强烈，辞锋犀利，擅长雄辩。苏洵说：“孟子之文，语约而意尽。不为巉刻斩绝之言，而其锋不可犯”（《上欧阳内翰书》），使文章引人入胜，富有文采，增强了论辩的说服力，有很高的文学价值。在文学史上，《孟子》对后世影响很大，唐以后的一些古文家，都学习和推崇孟子散文。

齐人有一妻一妾

齐人有一妻一妾而处室者[①]，其良人出，则必餍酒肉而

后反[②]。其妻问其所与饮食者，则尽富贵也[③]。其妻告其妾曰："良人出，则必餍酒肉而后反；问其与饮食者，尽富贵也。而未尝有显者来。吾将瞰良人之所之也[④]。"蚤起，施从良人之所之[⑤]，遍国中无与立谈者[⑥]。卒之东郭墦间之祭者乞其余[⑦]，不足，又顾而之他[⑧]。此其为餍足之道也。其妻归，告其妾曰："良人者，所仰望而终身者也[⑨]，今若此!"与其妾讪其良人[⑩]，而相泣于中庭。而良人未之知也，施施从外来[⑪]，骄其妻妾。

【注释】

①处室：住在屋里，意为住在一起。

②良人：古代妻子对丈夫的称呼。餍（yàn）：吃饱。

③所与饮食者：一同吃喝的人。

④显者：显贵之人。瞰（kàn）：窥视，侦察。之：往。

⑤蚤：同"早"。施（yí）：斜。从：跟随。所之：所去之处。

⑥国中：全城。立谈：打招呼。

⑦卒之：最后来到……东郭：东门城外。墦（fán）：坟墓。祭者：扫墓的人。其余：剩余的酒食。

⑧顾：四面张望。之他：到别处去。

⑨仰望：仰仗，依靠。终身：过一辈子。

⑩讪（shàn）：责骂，讥笑。中庭：院子。

⑪施施：得意洋洋的样子。骄：炫耀。

【解析】

本文选自《孟子·离娄下》。故事通过一个骗子的丑恶行为来讽刺追求功名富贵的无耻之徒。这个骗子靠乞讨而醉饱，靠说谎提高自己身价，回到家还对妻妾耍骄傲、摆威风。如果只是"乞"，那只显得可怜；再加上说谎，也不过可嫌；而他却以"乞"、"谎"而得来的醉饱、骗来的身价为资本而骄其妻妾，就不但可怜、可嫌，而又可恶了。他的一切行为已为人知，而他仍如往常一样，得意洋洋，这就不但更为人所不齿，而且显得滑稽可笑了。

天时不如地利，地利不如人和

孟子曰：天时不如地利，地利不如人和[①]。三里之城，七里之郭，环而攻之而不胜[②]。夫环而攻之，必有得天时者矣；然而不胜者，是天时不如地利也。城非不高也，池非不深也[③]，兵革非不坚利也[④]，米粟非不多也，委而去之[⑤]，是

地利不如人和也。故曰：域民不以封疆之界，固国不以山谿之险，威天下不以兵革之利[⑥]。得道者多助[⑦]，失道者寡助。寡助之至，亲戚畔之[⑧]；多助之至，天下顺之。以天下之所顺，攻亲戚之所畔，故君子有不战[⑨]，战必胜矣。

【注释】

①天时：指有利于作战的时令、气候、政治形势等条件。古人认为非人力所能及，或者以迷信观点来理解的因素，笼统地称为“天时”。地利：指有利于作战的地形。人和：指人心所向、上下团结等人的因素。

②三里之城：形容城小。郭：外城。环：包围。

③池：护城河。

④兵：兵器。革：用兽皮做的甲衣。兵革，泛指武力。

⑤委：放弃，丢弃。去：离开，离去，指城池失守。

⑥域：边界。域民，意为统治人民。封疆：国境的边界。固：巩固。山谿：泛指山川等地理条件。威：扬威。

⑦道：治国之道。这里指孟子的“王道”。

⑧亲戚：内外亲属。畔：同“叛”。

⑨君子：得道者。有：或。

【解析】

本篇选自《孟子·公孙丑下》，是论述战争的文章。它说明天时、地利都不如人和，得道者多助，失道者寡助，人心向背是决定战争胜负的关键。在写法上，先提出论点，接着用比较的方法，进行分析论证，再综合得出结论。在此基础上进一步就“人和”的重要性加以阐发，最后强调战则以道，有战必胜，使论题更加深化。全文文笔酣畅，语言遒劲，逻辑严密，内容充实。

鱼我所欲也

鱼，我所欲也[①]；熊掌[②]，亦我所欲也。二者不可得兼[③]，舍鱼而取熊掌者也。生[④]，亦我所欲也；义[⑤]，亦我所欲也。二者不可得兼，舍生而取义者也。生亦我所欲，所欲有甚于生者[⑥]，故不为苟得也[⑦]。死亦我所恶，所恶有甚于死者，故患有所不避也[⑧]。如使人之所欲莫甚于生，则凡可以得生者何不用也[⑨]？使人之所恶莫甚于死者，则凡可以避患者何不为也[⑩]？由是则生而有不用也，由是则可以避患而有不为也[⑪]。是故所欲有甚于生者，所恶有甚于死

者[12]。非独贤者有是心也，人皆有之，贤者能勿丧耳[13]。一箪食[14]，一豆羹[15]，得之则生，弗得则死。呼尔而与之[16]，行道之人弗受；蹴尔而与之[17]，乞人不屑也[18]。

【注释】

①欲：想要。
②熊掌：熊的脚掌，是珍贵的食物和补品。
③得兼：兼得，同时得到两种东西。
④生：生命，性命。
⑤义：礼义道德。
⑥有甚于：比……还重要。
⑦苟得：不正当地得到。
⑧恶（wù）：厌恶。患：灾难。
⑨何不用：为什么不用。
⑩何不为：为什么不做。
⑪由是：因此。
⑫是故：所以。
⑬是心：此心，指比生命还重要的礼义廉耻。丧：丧失。
⑭箪（dān）：古代盛饭的竹器。
⑮豆：古代盛汤的器皿。
⑯呼：大声地呼喊，带有轻蔑的意思。
⑰蹴（cù）：用脚踢。与：给。
⑱乞人：乞丐。不屑：不肯接受，不值得接受。

【解析】

本文选自《孟子·告子上》，文章集中论述了舍生取义是人的本性的问题。孟子认为，人人皆有羞耻之心，知道“所欲有甚于生者”、“所恶有甚于死者”，所以能舍生取义。本文是孟子散文中较成熟完整的论说文。作者在文章中运用了形式逻辑中判断、推理、证明、反驳等方法，思路缜密，说理透辟，笔锋恣肆，蕴含着凌厉的气势，显示出无可辩驳的逻辑力量。

生于忧患，死于安乐

舜发于畎亩之中[1]，傅说举于版筑之间[2]，胶鬲举于鱼盐之中[3]，管夷吾举于士[4]，孙叔敖举于海[5]，百里奚举于市[6]。故天将降大任于斯人也[7]，必先苦其心志，劳其筋骨，饿其体肤，空乏其身，行拂乱其所为，所以动心忍性，曾益其所不能[8]。人恒过，然后能改[9]；困于心，衡于虑，而后作[10]；征于色，发于声，而后喻[11]。入则无法家拂士，出则无敌国外患者，国恒亡[12]。然后知生于忧患而死于安乐也。

【注释】

①舜：传说中上古帝王名。发：发迹，兴起。畎（quǎn）：田间小沟。

②傅说（yuè）：殷武丁时人，后被武丁用为相。举：被举荐。版筑：指筑墙的工作。传说傅说曾是筑墙工人。

③胶鬲（gé）：殷纣王的大臣，后流落成鱼贩，被周文王发现。

④管夷吾：即管仲，辅助齐桓公成就了霸业。士：狱官，此处指监牢。管仲曾被囚禁牢中，被齐桓公作用。

⑤孙叔敖：楚国令尹，曾隐居于海滨。

⑥百里奚：秦穆公大臣，穆公以五张羊皮从楚人手中换得，举以为相。市：集市。

⑦斯人：这人，此人。

⑧空（kòng）乏：贫困，穷困。拂乱：扰乱，违背。动心：使心振奋。忍性：使性情坚韧。曾：同“增”。曾益，增加，增长。

⑨恒：常常。过：犯错。

⑩困：困扰。困于心，在心里纠结。衡：阻塞。虑：思考。衡于虑，反复思考。作：兴起。

⑪征：表现。喻：明白，理解。

⑫入：国内。法家：有法度的大臣。拂（bì）士：辅弼之臣。出：国外。敌国：敌对的国家。

【解析】

本文选自《孟子·告子下》。文章从归纳历史现象入手，认为有大成就、能担当重任的人，首先应受到艰苦环境的磨炼，在磨炼中增长自己的才干。只有具备了必要的素质，才能担当起历史赋予的重任。接着进一步分析了这种磨炼的必要性，自然而然地得出“生于忧患而死于安乐”的观点。文章观点鲜明，举证有力，笔锋矫健，行文酣畅，语言抑扬顿挫，读起来朗朗上口，有很强的节奏感。

列　子

列子，名御寇，春秋战国时郑国人，相传他曾遇仙人，学法术，能御风而行。《列子》原书已散佚，现流传的本子共八篇，是东晋张湛所辑注，保存了我国早期的一些神话。

愚公移山

太行、王屋二山[①]，方七百里，高万仞，本在冀州之南[②]，河阳之北[③]。

北山愚公者，年且九十[4]，面山而居[5]。惩山北之塞[6]，出入之迂也[7]，聚室而谋曰[8]："吾与汝毕力平险[9]，指通豫南[10]，达于汉阴[11]，可乎？"杂然相许[12]。

其妻献疑曰[13]："以君之力，曾不能损魁父之丘[14]，如太行、王屋何？且焉置土石[15]？"杂曰："投诸渤海之尾，隐土之北[16]。"遂率子孙荷担者三夫[17]，叩石垦壤[18]，箕畚运于渤海之尾[19]。邻人京城氏之孀妻[20]，有遗男，始龀，跳往助之[21]。寒暑易节，始一反焉[22]。

河曲智叟笑而止之[23]，曰："甚矣，汝之不惠[24]！以残年余力，曾不能毁山之一毛[25]，其如土石何？"北山愚公长息曰[26]："汝心之固，固不可彻[27]，曾不若孀妻弱子[28]。虽我之死，有子存焉；子又生孙，孙又生子；子又有子，子又有孙。子子孙孙，无穷匮也[29]，而山不加增，何苦而不平[30]？"河曲智叟亡以应[31]。

操蛇之神闻之，惧其不已也[32]，告之于帝。帝感其诚，命夸娥氏二子负二山[33]，一厝朔东[34]，一厝雍南[35]。自此，冀之南，汉之阴，无陇断焉[36]。

【注释】

①太行、王屋：两座山名。太行山在今山西和河北交界处。王屋山在今山西。

②冀州：古九州之一。这里主要指河北南部。

③河阳：泛指黄河北岸。

④且：将近。

⑤面：面向。

⑥惩：苦于。塞：阻塞。

⑦迂：绕远道。

⑧聚室：召集全家。

⑨毕力：尽一切力量。

⑩指通：即直通。豫南：豫州之南。豫州，古九州之一，今河南境内。

⑪汉阴：汉水南面。水的南面为阴。

⑫杂然：纷纷。许：赞同。

⑬献疑：提出疑问。

⑭曾：还。魁父：小山名。

⑮焉：哪里。置：放。

⑯尾：尾闾。传说是水聚集的地方。隐土：古代传说中的地名。

⑰荷：挑。荷担者，能挑担子的。

⑱叩石：凿石。垦壤：挖土。

⑲箕畚（běn）：运土的工具。

⑳京城：复姓。孀妻：寡妇。

㉑遗男：父亲去世后出生的孩子。始龀（chèn）：才换牙。

㉒易节：变换季节。反：通"返"，往返。

㉓河曲：地名。叟（sǒu）：老头。

㉔甚：过分。惠：通"慧"，聪明。

㉕残年：（愚公）晚年的岁月。毛：山上

草木。其如……何：能对……怎么样。

㉖长息：长叹。

㉗固：顽固。彻：通，明白。

㉘曾不若：还不如。

㉙穷匮（kuì）：穷尽。

㉚何苦：怕什么，何愁。

㉛亡：通“无”。应：回答。

㉜操蛇之神：传说中的山神。不已：不停止。

㉝帝：天帝。诚：诚意。夸娥氏：古代神话中的大力神。负：背。

㉞厝（cuò）：放置。朔东：朔方东部。今山西北部。

㉟雍南：雍州以南。雍州，古九州之一，今陕西、甘肃一带。

㊱陇断：高地，这里指阻碍的高山。

【解析】

这则故事表现了我国古代劳动人民移山填海、改造自然的伟大气魄和人定胜天的信念，歌颂了愚公不怕困难的英雄气概和大无畏精神，批评了智叟的守旧与安于现状。文章朴实无华，却情节完整，人物性格鲜明，给读者留下了深刻的印象。

孙 武

孙武，生卒年不详，春秋末期著名军事家。齐国人，以兵书见吴王阖闾，被拜为将，使吴国西破强楚，攻入郢都；北威齐、晋，显名诸侯。著有《孙子兵法》十三篇。今传的十三篇是由三国曹操整理编定的。《孙子兵法》是我国古代第一部重要的军事著作。它对战争的目的、性质、战略、战术、地形等问题，作了深刻而具体的论述，揭示了一般战争的规律，对后世具有很大影响。

谋 攻[①]

孙子曰：凡用兵之法，全国为上，破国次之；全军为上，破军次之；全旅为上，破旅次之；全卒为上，破卒次之；全伍为上，破伍次之[②]。是故百战百胜，非善之善者也；不战而屈人之兵，善之善者也[③]。

故上兵伐谋，其次伐交，其次伐兵，下政攻城[④]。攻城之法，为不得已。修橹轒辒，具器械[⑤]，三月而后成；距闉，又三月而后已[⑥]。将不胜其忿，而蚁附之，杀士卒三分

之一，而城不拔者，此攻之灾也[7]。故善用兵者，屈人之兵，而非战也；拔人之城，而非攻也；毁人之国，而非久也[8]。必以全争于天下，故兵不钝，而利可全，此谋攻之法也[9]。

故用兵之法，十则围之，五则攻之，倍则分之，敌则能战之，少则能逃之，不若则能避之[10]。故小敌之坚，大敌之擒也[11]。

夫将者，国之辅也。辅周则国必强，辅隙则国必弱[12]。

故君之所以患于军者三[13]：不知军之不可以进，而谓之进；不知军之不可以退，而谓之退[14]；是谓縻军[15]。不知三军之事，而同三军之政，则军士惑矣[16]。不知三军之权，而同三军之任，则军士疑矣[17]。三军既惑且疑，则诸侯之难至矣，是谓乱军引胜[18]。

故知胜有五[19]：知可以战与不可以战者胜；识众寡之用者胜；上下同欲者胜；以虞待不虞者胜；将能而君不御者胜[20]。此五者，知胜之道也。

故曰：知彼知己，百战不殆[21]；不知彼而知己，一胜一负；不知彼，不知己，每战必殆。

【注释】

①谋攻：这是《孙子》中的第三篇，论述进攻的谋略。

②全：保全。破：攻破。军、旅、卒、伍：古代军队编制单位。

③善之善者：最好的选择。屈：使屈服。

④上兵：上等的用兵策略。伐谋：以智谋取胜。交：联合，联盟。伐兵：击破军队。政：策略。

⑤修：制造。橹：盾牌。轒辒（fén wēn）：攻城用的四轮战车。具：准备。

⑥距闉（yīn）：堆土如山，使与城齐，以攻城或侦察城内敌人的活动。已：止，完毕。

⑦不胜：抑制不住。忿（fèn）：愤怒急躁。蚁附：像蚂蚁一样爬城。士：指士兵。拔：攻克，攻取。

⑧久：长久。

⑨钝：通“顿”，挫折，损失。

⑩十：十倍。五：五倍。倍：一倍。分：分散。敌：匹敌，旗鼓相当。少：少于。不若：比不过。

⑪坚：顽固，死拼硬打。这两句意思为：弱小的军队若死打硬拼，就会被强大的军队擒获。

⑫辅：辅佐。周：周密。隙：不周密。

⑬患：担心。

⑭谓：告诉，命令。

⑮是：此，这。谓：叫做。縻（mí）：牵制，扰乱。

⑯三军：古代军队分上、中、下三军。这里统称军队。同：参与，干涉。惑：思想混乱。

⑰权：权变。任：责任，作“指挥”解。

⑱难：灾难。乱军：使军队混乱。引胜：即失去胜机。

⑲知胜：预见胜利。

⑳虞：有准备。御：驾驭，引申作“牵制”、“干涉”解。

㉑彼：敌方，对手。殆：危险。

【解析】

这篇文章选自《孙子兵法》第三篇。主要讲谋划进攻、克敌制胜的原则和方法，对于谋攻的重要性、将帅作用、取胜条件都作了扼要的分析。文中提出的“知彼知己，百战不殆”的原则。由于作者的主要目的是总结事物的规律，因此文章虽然朴实无华，逻辑严密，但也注意到了句子的抑扬顿挫，读起来朗朗上口。

庄　子

庄子（前 369? ～前 286?），名周，宋国蒙（今河南商丘市东北）人，曾为漆园小吏，与孟子同时，是战国中期著名思想家，道家学派代表人物。政治上采取消极避世态度，蔑视礼法和权贵，不与统治者合作，主张在乱世中苟全性命，明哲保身。在哲学思想上，主张顺应自然，反对人为，齐万物，一死生，幻想一种绝对自由的主观精神世界。《庄子》是庄子和他的后学者的哲理性著作，现存三十三篇，分内篇七，外篇十五，杂篇十一。内篇大致是庄子自著，外、杂篇出自其门人或后学手笔。

庄子的散文想象丰富，意境雄阔，文笔汪洋恣肆，变化多端，具有浓厚的浪漫主义色彩。鲁迅对他评价很高：“其文则汪洋恣肆，仪态万方，晚周诸子，莫能先也。”（《汉文学史纲要》）庄文不仅在先秦诸子中独具一格，且后世古典散文亦罕与伦比。许多著名作家，如陶渊明、李白、苏轼等，都受到庄子文章的影响。

逍遥游

北冥有鱼，其名为鲲[①]。鲲之大，不知其几千里也。化

而为鸟，其名为鹏[②]。鹏之背，不知其几千里也。怒而飞，其翼若垂天之云[③]。是鸟也，海运则将徙于南冥——南冥者，天池也[④]。《齐谐》者，志怪者也[⑤]。《谐》之言曰："鹏之徙于南冥也，水击三千里[⑥]，抟扶摇而上者九万里[⑦]；去以六月息者也[⑧]。"野马也，尘埃也，生物之以息相吹也[⑨]。天之苍苍，其正色邪[⑩]？其远而无所至极邪[⑪]？其视下也，亦若是则已矣[⑫]。且夫水之积也不厚，则其负大舟也无力[⑬]。覆杯水于坳堂之上，则芥为之舟[⑭]；置杯焉则胶[⑮]，水浅而舟大也。风之积也不厚，则其负大翼也无力。故九万里，则风斯在下矣[⑯]，而后乃今培风[⑰]；背负青天，而莫之夭阏者[⑱]，而后乃今将图南。

蜩与鸴鸠笑之曰[⑲]："我决起而飞，枪榆枋[⑳]；时则不至，而控于地而已矣[㉑]。奚以之九万里而南为[㉒]？"适莽苍者[㉓]，三餐而反[㉔]，腹犹果然[㉕]；适百里者，宿舂粮[㉖]；适千里者，三月聚粮[㉗]。之二虫又何知[㉘]！小知不及大知，小年不及大年[㉙]。奚以知其然也？朝菌不知晦朔，蟪蛄不知春秋[㉚]，此小年也。楚之南有冥灵者[㉛]，以五百岁为春，五百岁为秋；上古有大椿者[㉜]，以八千岁为春，八千岁为秋，此大年也。而彭祖乃今以久特闻[㉝]，众人匹之[㉞]，不亦悲乎！

汤之问棘也是已[㉟]："穷发之北[㊱]，有冥海者，天池也。有鱼焉，其广数千里[㊲]，未有知其修者[㊳]，其名为鲲，有鸟焉，其名为鹏，背若泰山，翼若垂天之云；抟扶摇羊角而上者九万里[㊴]，绝云气[㊵]，负青天，然后图南，且适南冥也[㊶]。斥鴳笑之曰[㊷]："彼且奚适也[㊸]？我腾跃而上，不过数仞而下[㊹]，翱翔蓬蒿之间[㊺]，此亦飞之至也[㊻]。而彼且奚适也？"——此小大之辩也[㊼]。

故夫知效一官[㊽]，行比一乡[㊾]，德合一君[㊿]，而征一国者[51]，其自视也，亦若此矣[52]。而宋荣子犹然笑之[53]。且举世誉之而不加劝，举世非之而不加沮[54]，定乎内外之分，辩乎荣辱之境，斯已矣[55]。彼其于世，未数数然也[56]。虽然，犹有未树也[57]。夫列子御风而行[58]，泠然善也[59]，旬有五日而后反[60]，彼于致福者[61]，未数数然也。此虽免乎行，犹有

所待也。若夫乘天地之正，而御六气之辩，以游无穷者，彼且恶乎待哉[62]！故曰：至人无己，神人无功，圣人无名[63]。

【注释】

①北冥（míng）：北海。冥，同“溟”，本指海之深黑色，这里指大海。鲲（kūn）：本指鱼卵，这里被借作大鱼之名。

②鹏：传说中最大的鸟。

③怒：振奋，指鼓动翅膀。垂天：天边。

④海运：海上飞行。天池：天然造化的池子。

⑤齐谐：书名。志：记载。志怪，记录怪异。

⑥水击：击水，大鹏起飞时翅膀拍击水面。

⑦抟（tuán）：盘旋上飞。扶摇：风名，一名“飙”。由下而上的狂风。

⑧息：休息。鸟一飞，六月抵南溟，方才休息。

⑨野马：春天山林间游动的水气，蒸腾如奔马，故称。生物：生机之物。息：气息，微岁。

⑩苍苍：深蓝色。正色：本色。邪：同“耶”。

⑪至：到达。极：尽头。

⑫其：指大鹏。若是：像这样。则已：而已。

⑬厚：多。负：承载。

⑭覆：倒。坳（ào）：低洼的地方。芥：小草。

⑮置：放置。焉：于此。胶：胶着不能动。

⑯斯：于是。

⑰而后乃今：然后才开始。培风：即乘风。

⑱夭阏（è）：阻挡。阏，中止，阻碍。图南：想向南飞。

⑲蜩（tiáo）：蝉。鸴（xué）鸠：即斑鸠。

⑳决（xuè）：疾速地。枪：掠过。

㉑时：有时。则：或，或者。控：落下。

㉒奚以：哪里。之：到……去。

㉓适：到……去。莽苍：指近郊。

㉔三餐：三顿饭，代指一天。

㉕果然：饱的样子。

㉖宿舂粮：一夜捣米准备干粮。

㉗三月：需要三个月时间。聚粮：准备干粮。

㉘之：这。二虫：指蜩和鸴鸠。

㉙知：通“智”。不及：赶不上，不能企及。年：指寿命。

㉚朝菌：一种朝生暮死的菌类植物。晦朔：黑夜与白天。蟪蛄：寒蝉。寒蝉春生夏死，夏生秋死，故不知春。

㉛冥灵：大海中的灵龟，一说大树名。

㉜椿：即椿树。

㉝彭祖：传说中的长寿者，活了八百多岁。久特：长久实出。闻：闻名。

㉞匹：相比。

㉟汤：商朝开国君主商汤。棘（jí）：即夏革，商汤以之为师。

㊱穷发：传说中的极北地区，即不毛之地。发，草木。

㊲广：指鱼的身宽。

㊳修：指鱼的身长。

㊴羊角：盘旋而上的旋风。

㊵绝：超过。云气：云层。

㊶且：将要。

㊷斥鴳（yàn）：一种小鸟。

㊸彼：指大鹏。奚适：去哪儿。

㊹仞：古代度量单位，八尺或七尺为一仞。
㊺翱翔：逍遥自在地飞。
㊻至：极限。
㊼辩：通“辨”，区别。
㊽知：才智。效：胜任。
㊾比：同“庇”，保护的意思。
㊿合：投合。
51而：读如“能”，才能。征：信，取信于。
52此：指斥鴳。
53宋荣子：先秦思想家，学说接近墨子。犹然：笑的样子。
54誉：赞扬。加：更。劝：勉励，努力。非：责难。沮：沮丧。
55定：能区别。内：我，自身。外：外物。斯已矣：（宋荣子的修养）不过如此。
56数数然：很多，常见。
57未树：未能树立，没能达到（至德的水准）。
58列子：名御寇，春秋郑人。相传他曾得遇仙人，能御风而行。
59泠（líng）然：轻妙的样子。善：指御风的技术好。
60旬：十日为旬。有：通“又”。
61致福：达到无所不能的增界。福，无往不顺。
62免乎行：免于步行。待：依赖，依靠。
63乘：驾驭。正：真性，指事物的规律。六气：指阴、阳、风、雨、晦、明。辩：通“变”。无穷：无穷无尽的时空。
64至人：修养最高的人。无己：忘我。无功：不求功绩。无名：不求名位。

【解析】

本文是《庄子》第一篇，主旨在蔑视一切功名利禄，追求一种不受时空限制的超然物外的绝对自由。所谓逍遥游，在庄子看来，是外物与内我合二为一，在无穷的宇宙中自由自在，也就是绝对自由。他认为万物都有所待，即有所依靠，只有消灭物我界限，抛弃一切客观条件，无所待地自由驰骋，达到无己、无功、无名的境界，才算是真正的消遥游。本文具有很高的文学价值，语言生动活泼、挥洒自如。尤其突出的是，以夸张的笔法和丰富的想象表现神奇的景象，使文章充满了浪漫主义色彩，神思飞越，想落天外，出人意表。文章中比喻、寓言之多令人目不暇接，使文章说理生动形象，且有强烈的感染力。

庖丁解牛

庖丁为文惠君解牛[1]，手之所触，肩之所倚，足之所履，膝之所踦[2]，砉然响然[3]，奏刀騞然[4]，莫不中音[5]，合于《桑林》之舞，乃中《经首》之会[6]。文惠君曰：“嘻！善哉！技盖至此乎[7]？”

庖丁释刀对曰[8]："臣之所好者，道也，进乎技矣[9]。始臣之解牛之时，所见无非牛者[10]。三年之后，未尝见全牛也[11]。方今之时[12]，臣以神遇而不以目视[13]，官知止而神欲行[14]，依乎天理[15]，批大郤[16]，导大窾[17]，因其固然[18]；技经肯綮之未尝[19]，而况大軱乎[20]！良庖岁更刀[21]，割也；族庖月更刀，折也[22]。今臣之刀十九年矣，所解数千牛矣，而刀刃若新发于硎[23]。彼节者有间，而刀刃者无厚[24]；以无厚入有间，恢恢乎其于游刃必有余地矣[25]。是以十九年而刀刃若新发于硎。虽然，每至于族[26]，吾见其难为，怵然为戒[27]，视为止，行为迟[28]，动刀甚微[29]，謋然已解[30]，如土委地。提刀而立，为之四顾，为之踌躇满志[31]，善刀而藏之[32]。"

文惠君曰："善哉！吾闻庖丁之言，得养生焉"㉝。

【注释】

①庖丁：厨师。文惠君：战国时魏国国君，又称梁惠王。解：分解，肢解。

②触：接触，抓住。倚：依靠。履：踩。踦（yǐ）：用膝盖顶住。

③砉（huā）：皮骨相离声。响然："响应"的意思。

④奏：进。騞（huō）：刀割物声。

⑤中（zhòng）：符合。音：音律。

⑥合：合乎。《桑林》：商汤时的舞曲名。《经首》：尧乐《咸池》中的一章。会：节奏。

⑦盖：通"盍"，怎么。至此：达到如此程度。

⑧释：放下。

⑨道：高深的修养。进：超过。

⑩无非牛者：不过是牛而已。

⑪全牛：整体的牛。

⑫方今：现在。

⑬遇：接触。

⑭官：感官。神：精神活动。

⑮天理：天然的结构。

⑯批：击，砍，刺入。郤（xì）：通"隙"，骨缝。

⑰窾（kuǎn）：同"款"，指骨间的空穴。

⑱因：顺着。固然：本来的样子。

⑲技经：经络。肯：附在骨上的肉。綮（qìng）：筋肉聚集处。尝：碰到。

⑳軱（gū）：大的骨头。

㉑岁：每年。更：换。

㉒族庖：一般的厨师。折：用刀将骨头砍断。

㉓新发于硎：刚刚磨好的样子。硎（xíng），磨刀石。

㉔节：骨节。间：空隙。无厚：没有厚度，形容刃薄而锋利。

㉕恢恢然：宽绰的样子。游：活动，运转。

㉖虽然：尽管如此。族：筋骨交结处。

㉗怵然：害怕的样子，引申为紧张。戒：小心。

㉘视：视线。止：停留在某一点。迟：慢。

㉙微：轻。

㉚謋（huò）：象声词，骨肉相离的

声音。

㉛踌躇满志：志得意满的样子。

㉜善：拭，揩。藏之：把刀插入刀鞘。

㉝养生：养生之道。

【解析】

本文选自《庄子·养生主》。作者本来的意图是通过庖丁解牛时如何保护刀刃，来说明做事必须顺从自然的养生之道。而与世无争，善于钻空子，像庖丁解牛一样，不碰硬骨头，则是一种养性全身的处世哲学。本文以比喻、夸张和烘托等手法，对庖丁解牛的过程进行了生动形象而又细致入微的描绘，文章写得生动传神。庖丁解牛一段，手、肩、足、膝同时并用，触、倚、履、踦配合协调，把庖丁解牛时紧张而轻巧的动作，娴熟而高超的技巧生动地刻画了出来。接着又用“桑林”、“经首”两段音乐来比喻解牛发出的声响，仿佛把人们带入了一个轻歌曼舞的艺术境界，给人以美的艺术享受。

秋 水

秋水时至①，百川灌河②。泾流之大③，两涘渚崖之间，不辩牛马④。于是焉河伯欣然自喜，以天下之美为尽在己⑤。顺流而东行，至于北海，东面而视，不见水端⑥。于是焉河伯始旋其面目⑦，望洋向若而叹⑧，曰：“野语有之曰⑨：闻道百，以为莫己若者⑩，我之谓也⑪。且夫我尝闻少仲尼之闻，而轻伯夷之义者⑫，始吾弗信。今我睹子之难穷也⑬，吾非至于子之门，则殆矣⑭。吾长见笑于大方之家⑮。”

北海若曰：“井蛙不可以语于海者，拘于虚也⑯；夏虫不可以语于冰者，笃于时也⑰；曲士不可以语于道者⑱，束于教也⑲。今尔出于崖涘⑳，观于大海，乃知尔丑，尔将可语大理矣㉑。”

【注释】

①时：按时，按季节。

②川：河流。灌：汇集。河：黄河。

③泾流：河流。泾，直流的水波。

④涘（sì）：岸。渚（zhǔ）：水中小洲。辩：同“辨”，区分。

⑤河伯：传说中河神。

⑥水端：水尽头。

⑦旋：回转，扭转。

⑧望洋：又作“望羊”、“望阳”，远视迷茫的样子。若：海若，传说中的

海神。

⑨野语：俗语，谚语。

⑩莫己若：莫若己，没有比得上自己的。

⑪我之谓：谓之我，说的就是我。

⑫且夫：况且，再说。少：嫌少。仲尼：孔子的字。闻：见闻，学问。伯夷之义：伯夷、叔齐为孤竹君二子，反对武王伐纣，不食周粟，饿死首阳山之事。

⑬难穷：难以穷尽。

⑭殆：危险。

⑮长：长久。见：被。大方之家：明白大道理的人。

⑯拘：局限。虚：同“墟”，居住的地方。

⑰笃：固，固执。

⑱曲士：孤陋寡闻的人。道：真理。

⑲束：受束缚。教：泛指狭猛的观念。

⑳出于涯涘：走出河岸。

㉑丑：鄙陋。大理：大道理。

【解析】

本文选自《庄子·秋水》。《秋水》全文很长，它通过河伯与海神的互答，本意要说明宇宙的无穷。本文节选的这部分，通过河水与海水的大小对比，揭示了事物的相对性。

章学诚说：“战国之文深于比兴，即其深于取象者也。”（《文史通义·诗教上》）这对《庄子》来说，尤为恰当。这篇文章谈的是抽象的哲理，却蕴含丰富的形象性，带有浓厚的文学色彩。作者用两个假设的神话人物河伯和海若的问答来组织文章结构，赋予了神话人物丰富复杂的思想感情。如河伯“欣然自喜”的自大、“旋其面目”的惊异、“向若而叹”的羞愧，从神态到心态，都刻画得生动传神。特别是描写黄河涨水的情景，寥寥几笔，细致逼真。以“百川灌河”写水势汹涌澎湃的磅礴气象，以“泾流之大，两涘渚崖之间，不辩牛马”极写黄河的浩渺景象，“东面而视，不见水端”则更写出大海的浩瀚无边。深宏浑茫的意境中又蕴含有深邃的哲理，读后令人胸襟为之开阔。

荀　子

荀子（前313?～前238?），名况，又称荀卿，汉宣帝时因避帝讳而改称孙卿。他曾游学于齐，在临淄稷下学宫讲学，三为祭酒。后又到楚国，春申君任为兰陵令。春申君死后，他居住在兰陵，从事著作和教育。荀子是先秦唯物主义思想的集大成者，他肯定物质对精神的决定作用，又强调精神对物质的能动作用，树立了人定胜天的思想。《荀子》一书共三十二篇，除

书末六篇为其弟子附加的之外，其余均为荀子所写。荀子文章多为长篇大论，标志着先秦散文发展的最高阶段。

劝学（节选）

君子曰[1]：学不可以已[2]。青，取之于蓝，而青于蓝[3]。冰，水为之，而寒于水。木直中绳，𫐓以为轮，其曲中规[4]；虽有槁暴，不复挺者，𫐓使之然也[5]。故木受绳则直，金就砺则利[6]，君子博学而日参省乎己，则知明而行无过矣[7]。

故不登高山，不知天之高也；不临深谿[8]，不知地之厚也；不闻先王之遗言，不知学问之大也[9]。干、越、夷、貉之子，生而同声，长而异俗，教使之然也[10]。

吾尝终日而思矣，不如须臾之所学也[11]；吾尝跂而望矣，不如登高之博见也[12]。登高而招[13]，臂非加长也，而见者远[14]；顺风而呼，声非加疾也，而闻者彰[15]。假舆马者，非利足也，而致千里[16]；假舟楫者[17]，非能水也，而绝江河[18]。君子生非异也，善假于物也[19]。

南方有鸟焉，名曰蒙鸠[20]，以羽为巢，而编之以发，系之苇苕[21]。风至苕折，卵破子死。巢非不完也，所系者然也。西方有木焉，名曰射干[22]，茎长四寸，生于高山之上，而临百仞之渊[23]。木茎非能长也，所立者然也。蓬生麻中，不扶而直；白沙在涅，与之俱黑[24]。兰槐之根是为芷，其渐之滫，君子不近，庶人不服[25]，其质非不美也，所渐者然也。故君子居必择乡，游必就士[26]，所以防邪僻而近中正也[27]。

物类之起，必有所始。荣辱之来，必象其德[28]。肉腐出虫，鱼枯生蠹[29]。怠慢忘身[30]，祸灾乃作。强自取柱，柔自取束[31]。邪秽在身，怨之所构[32]。施薪若一，火就燥也[33]；平地若一，水就湿也。草木畴生[34]，禽兽群焉，物各从其类也。是故质的张而弓矢至焉，林木茂而斧斤至焉，树成荫而众鸟息焉，醯酸而蜹聚焉[35]。故言有招祸也，行有招辱

也。君子慎其所立乎[36]。

积土成山，风雨兴焉；积水成渊，蛟龙生焉；积善成德，而神明自得[37]，圣心备焉。故不积跬步[38]，无以至千里；不积小流，无以成江海。骐骥一跃[39]，不能十步；驽马十驾，功在不舍[40]。锲而舍之，朽木不折[41]；锲而不舍，金石可镂。螾无爪牙之利，筋骨之强，上食埃土，下饮黄泉，用心一也[42]。蟹八跪而二螯[43]，非蛇蟺之穴无可寄托者，用心躁也。是故无冥冥之志者，无昭昭之明[44]；无惛惛之事者，无赫赫之功[45]。行衢道者不至，事两君者不容[46]。目不能两视而明，耳不能两听而聪[47]。螣蛇无足而飞，鼫鼠五技而穷[48]。《诗》曰："尸鸠在桑，其子七兮[49]。淑人君子，其仪一兮[50]。其仪一兮，心如结兮[51]。"故君子结于一也[52]。

【注释】

①君子：有道德有学问的人。

②已：停止，废弃。

③青：一种深蓝色染料。蓝：蓝草，叶可制染料。

④中（zhòng）：合乎。𫐓（róu）：用火熏木使之弯曲。规：圆规。

⑤槁：枯。暴（pù）：同"曝"，晒。挺：直。

⑥砺（lì）：磨刀石。

⑦参：同"三"，多次，一说检验。省（xǐng）：反省。知：同"智"。过：过失。

⑧谿（xī）：山谷。

⑨遗言：先贤留下的经典。

⑩干：国名，为吴国所灭，这里指吴国。越：指越国。夷：古代东方少数民族。貉（mò）：古代北方民族。子：婴儿。同声：哭声相同。异俗：风俗不同。教：教育。

⑪须臾：片刻，一会儿。

⑫跂（qì）：踮起脚跟。博见：见识广。

⑬招：招手。

⑭见者远：很远的人都能看见。

⑮疾：指声音洪亮。彰：清晰。

⑯假：凭借。舆马：车马。

⑰楫：船桨。磐楫，舟船。

⑱能：同"耐"。绝：横渡。

⑲生：生性。物：外物。

⑳蒙鸠：一种鸟，善筑巢。

㉑苇苕（tiáo）：芦苇的嫩条。

㉒射（yè）干：一种草药。

㉓仞：古代七尺或八尺为一仞。

㉔涅（niè）：黑泥。

㉕兰槐：香草。渐：浸。滫（xiū）：臭水。服：佩带。

㉖择乡：选择（风俗好）的乡里。就士：接近贤人。中正：正直。

㉗邪僻：邪恶。中正：正直。

㉘起：兴起。象：依据。

㉙枯：腐烂。蠹（dù）：蛀虫。

㉚怠慢：轻慢疏忽。忘身：忘记利害。

㉛柱：同"祝"，断。束：束缚。

㉜构：聚集。

㉝施：摆列。就燥：往干燥的地方去。

㉞畴生：丛生。群：聚集。

㉟质的：靶子。醯（xī）：醋。蜹（ruì）：蚊类昆虫。

㊱审：谨慎。立：立身行事。

㊲神明：指智慧。圣心：圣人的思想。

㊳跬（kuǐ）：半步。

㊴骐骥：良马。

㊵驽马：劣马。驾：一日的行程。舍：停止，放弃。

㊶锲（qiè）：雕刻。折：切断。

㊷螾：同"蚓"，蚯蚓。利：锐利。一：专一。黄泉：地下的泉水。

㊸跪：脚。螯（áo）：螃蟹的第一对脚，形似钳。蟺：同"鳝"。寄托：安身。

㊹冥冥：这里指专心。昭昭：指智慧豁然贯通。

㊺惛惛：默默无闻。赫赫：盛大，明显。

㊻衢道：岔道，指歧路。不至：不能到达正确的目标。

㊼两视：同时看两个东西。聪：听清楚。

㊽螣（téng）蛇：传说中会飞的神蛇。鼫（shí）鼠：其形似兔，有飞、爬、游、穴、走五技，但都不是特长，因为不能专心。穷：困窘。

㊾尸鸠：布谷鸟。传说布谷鸟对自己的孩子能平均对待，始终如一。

㊿淑人：心地善良的人。仪：行为举止。

51结：稳定，不易变化。

52结于一：集中于一点。

【解析】

《劝学》是荀子的代表作，这里节选的是前半部分。作者旁征博引，对为学问题进行了深入的探讨，生动有力地阐明了学习的重要性以及专心致志对于学习的重要意义。本文以标题概括主旨，中心突出，观点明确，结构严谨，说理缜密，是立论文章的典范之作。

韩　非

韩非（前 280? ～前 233），韩国人，为韩国贵族公子。与李斯俱师荀子。曾多次上书韩王变法图强，都未被采纳。后发愤著书十余万言，深受秦始皇赏识。韩非入秦，秦留而不用，终为李斯谗害下狱而死。韩非是先秦法家思想的集大成者，他建立了以法为本，法、术、势融为一体的极权主义的法制学说体系。韩非的文章，论证严密，条理分明，辞锋犀利，风格峭拔严峻，具有强烈的批判精神。

扁鹊见蔡桓公

扁鹊见蔡桓公[①]，立有间[②]，扁鹊曰："君有疾在腠理，不治将恐深[3]。”桓侯曰：“寡人无疾。”扁鹊出，桓侯曰：“医之好治不病以为功[4]！”居十日[5]，扁鹊复见，曰：“君之疾在肌肤，不治将益深[6]。”桓侯不应。扁鹊出，桓侯又不悦。居十日，扁鹊复见，曰：“君之病在肠胃，不治将益深。”桓侯又不应。扁鹊出，桓侯又不悦。居十日，扁鹊望桓侯而还走[7]。桓侯故使人问之[8]。扁鹊曰：“疾在腠理，汤熨之所及也[9]；在肌肤，针石之所及也[10]；在肠胃，火齐之所及也[11]；在骨髓，司命之所属，无奈何也[12]。今在骨髓，臣是以无请也[13]。”居五日，桓侯体痛，使人索扁鹊[14]，已逃秦矣。桓侯遂死。

【注释】

①扁鹊：姓秦，名越人，战国名医。因其医术高明，人们认为他可与黄帝时的良医扁鹊相比，故称他为扁鹊。蔡桓公：蔡国国君，下文又称“桓侯”。

②有间：一会儿。

③腠（còu）理：皮肤与肌肉之间的组织。深：加重。

④寡人：古代诸侯的谦称，意为寡德之人。不病：没有病的人。

⑤居：过了。

⑥肌肤：这里指肌肉。益：更加。

⑦还走：转身就跑。还，同“旋”，回转身。

⑧故：特意。

⑨汤熨：用药敷。

⑩针石：金属的针和玉石的针，这里指针灸。

⑪火齐（jì）：火齐汤，治肠胃的汤药。

⑫司命：迷信中认为掌管生死命运的神。奈何：办法。

⑬无请：不问，意思是无话可说。请，问。

⑭索：寻找。

【解析】

本文选自《韩非子·喻老》，它通过蔡桓公讳疾忌医，最后病死的故事，生动地说明了一个道理：人如果总是自以为是，拒纳忠言，必定会得到可悲的下场。文章寓意深刻，人物形象刻画得也很生动。作者用朴素的对话语言进行勾画，使扁鹊与蔡桓公两个人物性格对比鲜明，给人留下很深的印象。

李　斯

李斯（？～前208），楚国上蔡（今河南上蔡）人。年少时做过郡小吏，后与韩非一起从荀子学习。学成后，西入秦，得到秦王器重，被拜为客卿。秦统一天下后，李斯为丞相，对旧的典章制度进行了一系列改革。秦始皇死后，赵高谋立胡亥，李斯被迫胁从，终为赵高所害，被腰斩于咸阳。李斯是现存作品的秦代唯一的作家，除了这篇文章以外，他还有《论督责书》、《泰山刻石文》等。

谏逐客书

臣闻吏议逐客，窃以为过矣[①]。

昔缪公求士[②]，西取由余于戎[③]，东得百里奚于宛[④]，迎蹇叔于宋[⑤]，来丕豹、公孙支于晋[⑥]。此五子者，不产于秦，而缪公用之，并国二十，遂霸西戎[⑦]。孝公用商鞅之法[⑧]，移风易俗，民以殷盛，国以富强，百姓乐用，诸侯亲服，获楚、魏之师，举地千里，至今治强[⑨]。惠王用张仪之计[⑩]，拔三川之地[⑪]，西并巴、蜀[⑫]，北收上郡[⑬]，南取汉中[⑭]，包九夷，制鄢郢[⑮]，东据成皋之险[⑯]，割膏腴之壤，遂散六国之从[⑰]，使之西面事秦，功施到今[⑱]。昭王得范睢[⑲]，废穰侯，逐华阳[⑳]，强公室，杜私门，吞食诸侯，使秦成帝业[㉑]。此四君者，皆以客之功。由此观之，客何负于秦哉？向使四君却客而不内，疏士而不用[㉒]，是使国无富利之实，而秦无强大之名也。[㉓]

今陛下致昆山之玉，有随、和之宝[㉔]，垂明月之珠[㉕]，服太阿之剑[㉖]，乘纤离之马[㉗]，建翠凤之旗[㉘]，树灵鼍之鼓[㉙]。此数宝者，秦不生一焉，而陛下说之，何也[㉚]？必秦国之所生然后可，则是夜光之璧不饰朝廷，犀、象之器不为玩好[㉛]，郑、卫之女不充后宫[㉜]，而骏良駃騠不实外厩[㉝]，江南金锡不为用，西蜀丹青不为采[㉞]。所以饰后宫、充下陈、娱心意、悦耳目者[㉟]，必出于秦然后可，则是宛珠之

簪、傅玑之珥、阿缟之衣、锦绣之饰不进于前[36]；而随俗雅化、佳冶窈窕，赵女不立于侧也[37]。夫击瓮叩缶，弹筝搏髀[38]，而歌呼呜呜快耳目者，真秦之声也[39]。郑、卫、桑间，韶虞、武象者[40]，异国之乐也。今弃击瓮叩缶而就郑、卫，退弹筝而取韶虞，若是者何也？快意当前，适观而已矣[41]。今取人则不然：不问可否，不论曲直[42]，非秦者去，为客者逐。然则是所重者，在乎色、乐、珠、玉，而所轻者，在乎人民也。此非所以跨海内、制诸侯之术也[43]。

臣闻地广者粟多，国大者人众，兵强则士勇。是以泰山不让土壤，故能成其大；河海不择细流，故能就其深[44]；王者不却众庶，故能明其德[45]。是以地无四方，民无异国，四时充美，鬼神降福，此五帝三王之所以无敌也。今乃弃黔首以资敌国，却宾客以业诸侯[46]，使天下之士退而不敢西向，裹足不入秦，此所谓藉寇兵而赍盗粮者也[47]。

夫物不产于秦，可宝者多；士不产于秦，而愿忠者众[48]。今逐客以资敌国，损民以益仇，内自虚而外树怨于诸侯，求国无危，不可得也[49]。

【注释】

①吏：指秦国大臣。议：建议。窃：私下。过：错误。

②缪公：即秦穆公，春秋五霸之一。缪，古通“穆”。求士：广招贤士。

③由余：春秋时晋人，为秦定计，征服了西戎。

④百里奚：楚国宛（今河南南阳）人，曾任虞国大夫，晋灭虞后，为晋俘虏，并作为晋献公女儿的陪嫁入秦。百里奚逃回楚国，秦穆公以五张羊皮把他赎回，授以国政，相秦七年，秦国大治。

⑤蹇（jiǎn）叔：岐（今陕西境内）人，寓居于宋，经百里奚举荐，秦穆公用为大夫。

⑥来：招。丕豹：晋国人，穆公用以为大将。公孙支：岐人，寓居于晋，穆公收为谋臣，任大夫。

⑦并：吞并。霸：称霸。西戎：对少数民族的称呼。

⑧孝公：即秦孝公。商鞅：战国时卫人，姓公孙，名鞅，又称卫鞅。因秦封他于商，故名商鞅。任秦相十年，先后两次变法，使秦强大起来。

⑨移风易俗：改变原来的风俗。殷盛：富足。乐用：愿为国家效力。亲服：听从。获楚魏之师：秦孝公二十二年（前340），商鞅侵楚伐魏，都获得了胜利。举：占领。治强：强大。

⑩惠王：秦孝公之子。张仪：魏国人，惠王时为相，用连横计破坏六国合纵，使秦对六国各个击破。

⑪拔：夺取。三川之地，在今河南黄河以南、灵宝以东一带，本属韩国。三川，指黄河、伊水、洛水。

⑫巴蜀：皆古国名。巴，今四川东部；蜀，今四川西部。

⑬上郡：魏地，今陕西北部、宁夏、内蒙一带地区。

⑭汉中：楚地，今陕西西南部。

⑮九夷：指当时楚国境内的少数民族。鄢郢：楚地名。鄢，今湖北宜城县。郢，楚国国都，今湖北江陵附近。

⑯据：占据。成皋：又名虎牢关，古代军事要地，今河南荥阳汜水镇。

⑰膏腴之壤：肥沃的土地。散：解散。从：同“纵”，即合纵。

⑱西面事秦：向西听命秦国。秦国在六国之西，故云。施（yì）：延续。

⑲昭王：即秦昭襄王，惠王之子。范雎：魏国人，为昭襄王相。

⑳穰侯：秦昭襄王母宣太后异父弟，为秦相，专政三十多年。 华阳：宣太后的同父弟，也因宣后关系在朝专权。昭王听从范雎劝告，废太后，逐穰侯、华阳侯等。

㉑公室：国家、朝廷。杜：杜绝，抑制。私门：豪门贵族。蚕食：慢慢地吞并。

㉒向使：当初假如。却：拒绝。内：同“纳”。疏士：疏远这些人才。

㉓国：指秦国。

㉔昆山：即昆仑山，以产玉著称。随和之宝：指随侯珠与和氏璧，都是古代著名的珠玉。

㉕垂：悬挂。明月之珠：夜间亮如明月的珠宝。

㉖服：佩戴。太阿：宝剑名。

㉗纤离：古骏马名。

㉘建：树立。翠凤之旗：用翠羽为凤形装饰起来的旗子。

㉙灵鼍（tuó）：江中的一种动物，皮可蒙鼓。

㉚生：出产。说：同“悦”。

㉛璧：美玉。犀象之器：犀牛角和象牙制成的器皿。玩好：作为玩赏的东西。

㉜郑、卫之女：古时认为郑、卫之女善歌舞，这里泛指能歌善舞的美女。充：充满。

㉝駃騠（juétí）：骏马名。厩（jiù）：马棚。

㉞丹青：两种颜料，即丹砂和青雘。采：彩绘。

㉟下陈：堂下。娱心意：使心情愉快。

㊱宛珠：宛地（今河南南阳）出产的珠子。傅玑：珍珠。珥：耳饰。阿缟：齐国东阿（今属山东）出产的白色丝绸。

㊲随俗雅化：随风气变化而打扮时髦。佳冶：美好艳丽。窈窕：体态妩媚。赵女：古代燕赵多美女，这里泛指他国美女。

㊳瓮、缶：均陶器，秦人兼用作乐器。搏髀（bì）：拍击大腿，指打拍子。

㊴歌呼呜呜：指浑厚豪放的歌声。真秦之声：那才是秦人本来的声音。

㊵郑、卫：指郑、卫两国的乐曲。桑间：卫国濮水之滨（今河南濮阳一带）的音乐。韶虞：相传为虞舜时的乐曲。武象：周武王时的乐曲。

㊶就：采纳。退：放弃。快意：心情愉快。适观：适合观赏。

㊷取人：用人。可否：有没有用。曲直：邪正。

㊸跨海内：统一全国。

㊹让：拒绝。择：挑选。就：成就。

㊺却：推却。众庶：普通人。明其德：

彰显他的德行。

㊻黔首：百姓。资：助。业：成就事业。

㊼裹足：停止不前。藉：通“借”。赍(jī)：给予，赠送。

㊽宝：珍贵，珍惜。愿忠：愿意效忠。

㊾益：帮助。自虚：使自己虚弱。树怨：结仇。

【解析】

本文写于秦王政十年（前237），是李斯的一个奏章，又名《上秦王书》。当时李斯已为客卿。在此之前，韩国派水工郑国入秦，劝秦王修筑一条灌溉渠，目的是使秦劳民伤财，不能对韩用兵。不久，秦发觉了韩国这一阴谋。于是，秦宗室大臣纷纷建议秦王驱逐外国来秦求官者，李斯也在被逐之列，于是上书劝谏。秦王采纳了李斯建议，取消了逐客令，并恢复了李斯的官职。这篇奏疏有两个显著特色。一是善用比喻，二是气势奔放，文采斐然。作者多用铺陈和夸饰手法，对偶句式，多选用华美的词藻。使文章文气充畅，音调谐美，体现了李斯成熟的策士风度。

宋　玉

宋玉，战国时期楚国郢都人，楚国大夫。关于他的生平，后人知之甚少，相传他是屈原的学生，在楚怀王、楚襄王时期做过侍从之类的官。宋玉主要以辞赋见长，后人常把他与屈原并称。他的作品主要有《九辩》、《招魂》、《风赋》、《高唐赋》、《神女赋》等辞赋之作。作为楚王的文学侍从，宋玉的作品中多为婉讽谲谏之辞，也常因个人的怀才不遇而有愤世嫉俗的情绪。在文学史上，宋玉的地位应不在屈原之下，只是他缺少屈原那种忧国忧民、坚贞不渝的精神，因而在人格魅力上，缺少足够的光彩，这一点，在他的辞赋中是不难看出的。

风　赋

楚襄王游于兰台之宫①，宋玉、景差侍②。

有风飒然而至，王乃披襟而当之③，曰：“快哉此风！寡人所与庶人共者邪④？”

宋玉对曰：“此独大王之风耳，庶人安得而共之！”

王曰：“夫风者，天地之气，溥畅而至⑤，不择贵贱高

下而加焉。今子独以为寡人之风，岂有说乎⑥？”

宋玉对曰：“臣闻于师，枳句来巢，空穴来风⑦，其所托者然，则风气殊焉⑧。”

王曰：“夫风，始安生哉？”

宋玉对曰：“夫风，生于地，起于青苹之末⑨，侵淫溪谷，盛怒于土囊之口⑩，缘泰山之阿，舞于松柏之下⑪，飘忽淜滂，激飏熛怒⑫，耾耾雷声，迴穴错迕⑬，蹶石伐木，梢杀林莽⑭。至其将衰也，被丽披离，冲孔动楗⑮，眴焕灿烂，离散转移⑯。故其清凉雄风，则飘举升降，乘凌高城，入于深宫⑰。邸华叶而振气，徘徊于桂椒之间，翱翔于激水之上⑱，将击芙蓉之精。猎蕙草⑲，离秦蘅，概新夷，被荑杨⑳，迴穴冲陵，萧条众芳㉑。然后倘佯中庭，北上玉堂㉒，跻于罗帷，经于洞房㉓，乃得为大王之风也。故其风中人，状直憯凄惏慄，清凉增欷㉔，清清泠泠，愈病析酲㉕，发明耳目，宁体便人㉖。此所谓大王之雄风也。”

王曰：“善哉论事㉗！夫庶人之风，岂可闻乎？”

宋玉曰：“夫庶人之风，塕然起于穷巷之间㉘，堀堁扬尘，勃郁烦冤，冲孔袭门㉙，动沙堁，吹死灰，骇溷浊，扬腐余㉚，邪薄入瓮牖，至于室庐㉛。故其风中人，状直憞溷郁邑，驱温致湿㉜，中心惨怛，生病造热㉝，中唇为胗，得目为蔑㉞，啗齰嗽获，死生不卒㉟。此所谓庶人之雌风也。”

【注释】

①楚襄王：这里是一个假设的人物。宋玉作品中往往以他为主角。兰台：楚王行宫。故址在今湖北钟祥。

②景差：楚国大夫，与宋玉并以擅长辞赋见称，但作品没有流传下来。侍：随从。

③飒（sà）然：风的声音。披襟：敞开衣襟。当：迎着。

④庶人：平民。共：共享。

⑤溥（pǔ）：普遍。畅：畅快。

⑥高下：尊卑。加：吹。子：你。指宋玉。说：说法，理由。

⑦枳句（zhǐ gōu）：枳树上弯曲的地方。来巢：鸟来做窝。空穴：空隙的地方。

⑧所托者然：所依托的东西是这样。风气：风的气势。

⑨青苹：水草。末：叶梢。

⑩侵淫：逐渐散开。溪谷：山谷。盛怒：形容风势猛烈。土囊：大的山洞。

⑪缘：沿着。阿（ē）：山凹。

⑫飘忽：来往不定。淜滂（píng páng）：风撞击东西的声音。激飏：疾飞的样子。熛（biāo）怒：像火一样怒号。

⑬耾（hóng）耾：很大的风声。逥穴：回旋。错迕：交错。迕（wǔ），相遇。

⑭蹶（jué）：摇动。伐木：吹断树木。梢杀：冲击。林莽：草木。

⑮被丽披离：四面分散的样子。冲孔动楗：只能冲击小孔和动摇门栓。楗（jiàn），门栓。

⑯眴（xuàn）焕：鲜明的样子。灿烂：指风息尘定之后，花草显得光彩。离散转移：形容风势轻微，四面飘浮。深宫：王宫深处。

⑰雄风：雄健之风。乘凌：上升。

⑱邸：同"抵"。华叶：花和叶。振气：散发香气。桂椒：桂树和椒树。两种有香气的树。激水：流动的水。

⑲芙蓉：即荷花。精：花。猎：掠过。蕙草：一种香草。

⑳离：分开。秦蘅：一种香草。概：吹平。新夷：即辛夷，香木名。被：披开。荑杨：初生的杨树。荑（tí），初生草木。

㉑冲陵：冲击山岩。萧条：凋零，飘落。

㉒倘佯（cháng yáng）：徘徊。中庭：院子。玉堂：宫殿的美称。

㉓跻（jī）：上升。罗帷：丝织的帐幔。洞房：高大的房屋。

㉔中（zhòng）：吹到。直：简直。憯凄：悲痛。惏慄（lín lì）：寒冷。增欷（xī）：抽咽声。

㉕泠泠（líng）：清凉。愈病：治好疾病。析酲：解醉醒酒。酲（chéng），酒醉。

㉖发明耳目：使人耳聪目明。宁体：身体健康。便人：对人有利。

㉗论事：分析事物。

㉘塕（wěng）然：风突然刮起的样子。穷巷：冷僻的小巷。

㉙堀（jué）：动。堁（kè），尘土。郁勃烦冤：形容风回旋的样子。袭：侵入。

㉚沙堁：沙土。死灰：久积的灰尘。骇：惊起。溷（hùn）浊：肮脏之物。腐余：腐烂的东西。

㉛邪薄：指风从旁边侵入。瓮牖（wèng yǒu）：用瓮口做的窗户。室庐：住屋。

㉜憞（duì）溷：烦浊的样子。郁邑：愁闷。驱温：带来了温湿之气。致湿：使人得了湿病。

㉝中（zhòng）心：进入内心。惨怛（dà）：忧伤。造热：发烧。

㉞中唇：碰到嘴唇。胗（zhěn），唇疮。得目：碰到眼睛。蔑：眼病。

㉟啗（dàn）：吃。齰（zé）：嚼。嗽：咂。获：同"嚄"，大叫。以上四种动作都是中风后的表现。死生不卒：不死不活。

【解析】

这是宋玉的一篇著名的赋。文章以宋玉和楚王的对话，描绘了"大王之风"与"庶人之风"的不同形态、特点，及其给人的感受。想象丰富，辞采缤纷，在出人意表的刻画之中，给人留下悠长的回味。赋家往往把"讽喻"和"谲谏"作为行文命意的出发点，宋玉在这篇文章所要

规劝或告诫楚王的主题，不同的人也许有不同的结论，但文中骚情雅思，络绎不绝；平空臆想，令人目不暇接。结尾处更是戛然而止，留下无穷揣想，的确显出作者不同凡响的才华与匠心。

登徒子好色赋

大夫登徒子侍于楚王①，短宋玉曰："玉为人体貌闲丽，口多微辞，又性好色。愿王勿与出入后宫②。"

王以登徒子之言问宋玉。玉曰："体貌闲丽，所受于天也③；口多微辞，所学于师也；至于好色，臣无有也。"王曰："子不好色，亦有说乎？有说则止，无说则退④。"

玉曰："天下之佳人莫若楚国，楚国之丽者莫若臣里，臣里之美者莫若臣东家之子⑤。东家之子，增之一分则太长，减之一分则太短；著粉则太白，施朱则太赤⑥。眉如翠羽，肌如白雪⑦；腰如束素，齿如含贝⑧；嫣然一笑，惑阳城，迷下蔡⑨。然此女登墙窥臣三年，至今未许也⑩。登徒子则不然：其妻蓬头挛耳，齞唇历齿⑪，旁行踽偻，又疥且痔⑫，登徒子悦之，使有五子。王熟察之，谁为好色者矣⑬。"

是时，秦章华大夫在侧，因进而称曰⑭："今夫宋玉盛称邻之女，以为美色，愚乱之邪臣，自以为守德，谓不如彼矣⑮。且夫南楚穷巷之妾，焉足为大王言乎⑯？若臣之陋，目所曾睹者，未敢云也。"

王曰："试为寡人说之。"大夫曰："唯唯。臣少曾远游，周览九土，足历五都⑰。出咸阳，熙邯郸，从容郑、卫、溱、洧之间⑱。是时向春之末，迎夏之阳⑲，鸧鹒喈喈，群女出桑⑳。此郊之姝，华色含光㉑，体美容冶，不待饰装㉒。臣观其丽者，因称诗曰：'遵大路兮揽子祛，赠以芳花辞甚妙㉓。'于是处子怳若有望而不来，忽若有来而不见㉔。意密体疏，俯仰异观㉕，含喜微笑，窃视流眄㉖。复称诗曰：'寤春风兮发鲜荣，洁斋俟兮惠音声，赠我如此兮不如无生㉗。'因迁延而辞避㉘。盖徒以微辞相感动，精神相依凭㉙。目欲其颜，心顾其义㉚，扬诗守礼，终不过差，

故足称也[31]。”

于是楚王称善。宋玉遂不退。

【注释】

①登徒子：作者虚构的人名。有人认为“登徒”即“左徒”，楚国官名。子：对人尊称，意为先生。

②短：诋毁。闲丽：闲雅秀丽。微辞：委婉和隐晦的话。后宫：嫔妃所住的地方。

③受于天：生来就有的。

④说：辩解。止：居原职。退：免官。

⑤莫若：比不上。里：乡里，街坊。古代五家为邻，五邻为里。

⑥著（zhuó）：搽。施：用，抹。朱：胭脂之类的化妆品。

⑦翠羽：乌黑色的羽毛。

⑧束素：一束绢帛。形容女子腰细。含贝：口含海贝。形容牙齿洁白。

⑨嫣然：动人的微笑。阳城、下蔡：县名。都是楚国贵族的封邑。

⑩窥：偷看。许：同意，意为接纳。

⑪蓬头：披头散发。挛耳：耳朵伸展不开。齞（yàn）唇：豁唇。历齿：牙齿稀疏。

⑫旁行：走路倾斜。踽偻（jǔ lǚ）：驼背。疥：疮。

⑬熟察：详察。

⑭秦章华大夫：楚国的章华人在秦国做大夫。章华是楚国的地名。作者虚构的人物。称：称赞。

⑮愚乱之邪臣：昏庸邪僻之臣，这是章华大夫的谦称。守德：保持德行。彼：代指宋玉。

⑯且夫：表示转折，相当于“但是”。南楚：楚国在南方，故称。穷巷：偏僻小巷，指小地方。

⑰周览：周游观看。九土：九州，此指各国，天下。历：经历。五都：五方之都。

⑱熙：游玩。从容：自在地游览。郑卫：国名。溱洧：二水名。《诗经》中的郑风与卫风多情诗，其中郑风中的《溱洧》即描写了郑国男女青年在溱水、洧水间游玩的情景。

⑲向：接近，快到。阳：太阳。

⑳鸧鹒（cāng gēng）：黄鹂，也作“仓庚”。喈喈：鸟鸣声。出桑：来到桑林。

㉑姝（shū）：美丽，美好。华色含光：容貌光艳。

㉒容冶（yě）：面容艳丽。

㉓遵：沿着，顺着。袪（qū）：袖口。

㉔处子：未嫁少女。恍若：仿佛，好像。有望：张望。

㉕意密体疏：虽然感情亲密，却保持着距离。俯仰：举止，表情。异观：（与送花之前）不一样。

㉖窃视流眄：偷着看，眼光一掠而过。

㉗复：回答。寤：睡醒。鲜荣：花朵。比喻少年的容颜焕发。洁斋：容颜洁净，神态庄重。俟（sì）：等待。惠音：动听的声音。

㉘迁延：犹豫，徘徊耽搁。辞避：回避。不如无生：表示遗憾的意思。

㉙徒：仅仅。感动：感发爱慕之情。依凭：依恋。

㉚欲：欣赏。颜：容貌。顾：顾及，义：礼法，规矩。

㉞扬诗：诵诗。礼：礼法。过差（cuō）：越轨，犯错。足称：值得称道。

【解析】

《登徒子好色赋》不是宋玉的代表作，但它却是历来为人传颂的佳篇。作者的原意似为了“惩淫”，但其华丽的文辞，虚实相间的章法，却最终成就了一篇对女性美给予充分展示的美文。而其中的“登徒子”、“增之一分则太长，减之一分则太短”又成为汉语中常见的语汇。

文章从登徒子攻击宋玉“好色”开始，为了自辩，宋玉讲述了一个“东邻之女”的故事，这位美妙动人的少女“窥臣三年”，不能打动宋玉，可见登徒子所言不实。接着，又借章华大夫之口，写出了宋玉的理想，即“目欲其颜，心顾其义，扬诗守礼，终不过差”。意思是心理上的欣赏应该与行为上的节制保持统一，只可远观，不能接近。

总体而言，这篇文章在思想内容上似乎没有太多的积极意义，它之所以流传，除了文辞上的典丽华美之外，其中传递的某些情绪或趣味，往往容易使后人产生不同的共鸣或感触。

贾　谊

贾谊（前 200～前 168），洛阳（今河南洛阳市）人，西汉初期著名政治家、辞赋家。二十岁被文帝召为博士，朝廷议事，对答如流，深受文帝赏识。后因受当时元老大臣周勃、灌婴等人忌恨，在文帝前共进谗言，文帝疏远了他，将他贬为长沙王太傅。后四年，为梁怀王太傅。怀王堕马死，贾谊自惭失职，抑郁悲伤而死，年仅三十三岁。

贾谊著文五十八篇，刘向编为《新书》十卷，明人辑有《贾长沙集》。他的文学成就，主要是辞赋和政论散文。

过秦论

秦孝公据殽函之固[①]，拥雍州之地[②]，君臣固守，以窥周室[③]。有席卷天下、包举宇内、囊括四海之意[④]，并吞八荒之心[⑤]。当是时也，商君佐之，内立法度，务耕织，修守战之备[⑥]；外连衡而斗诸侯[⑦]。于是秦人拱手而取西河之外[⑧]。

孝公既没，惠文王、武王、昭王蒙故业，因遗策[9]，南取汉中，西举巴蜀，东割膏腴之地，收要害之郡[10]。诸侯恐惧，会盟而谋弱秦。不爱珍器重宝肥饶之地，以致天下之士，合从缔交，相与为一[11]。当此之时，齐有孟尝，赵有平原，楚有春申，魏有信陵[12]：此四君者，皆明智而忠信，宽厚而爱人，尊贤而重士。约从离衡，兼韩、魏、燕、楚、齐、赵、宋、卫、中山之众[13]。于是六国之士，有宁越、徐尚、苏秦、杜赫之属为之谋[14]，齐明、周最、陈轸、召滑、楼缓、翟景、苏厉、乐毅之徒通其意[15]，吴起、孙膑、带他、倪良、王廖、田忌、廉颇、赵奢之伦制其兵[16]。尝以十倍之地，百万之师，叩关而攻秦。秦人开关而延敌，九国之师逡巡遁逃而不敢进[17]。秦无亡矢遗镞之费，而天下诸侯已困矣[18]。于是纵散约败，争割地而赂秦[19]。秦有余力而制其弊，追亡逐北，伏尸百万，流血漂橹[20]，因利乘便，宰割天下，分裂山河，强国请服，弱国入朝[21]。

施及孝文王、庄襄王，享国之日浅，国家无事[22]。及至始皇，奋六世之余烈[23]，振长策而御宇内，吞二周而亡诸侯[24]，履至尊而制六合[25]，执敲朴以鞭笞天下[26]，威震四海。南取百越之地，以为桂林、象郡[27]，百越之君俛首系颈，委命下吏[28]。乃使蒙恬北筑长城而守藩篱[29]，却匈奴七百余里，胡人不敢南下而牧马，士不敢弯弓而报怨[30]。

于是废先王之道，焚百家之言，以愚黔首[31]。堕名城，杀豪俊，收天下之兵聚之咸阳，销锋镝，铸以为金人十二，以弱天下之民[32]。然后践华为城，因河为池，据亿丈之城，临不测之渊以为固[33]。良将劲弩，守要害之处，信臣精卒，陈利兵而谁何[34]。天下已定，始皇之心，自以为关中之固，金城千里，子孙帝王万世之业也[35]。

始皇既没，余威振于殊俗[36]。然而陈涉瓮牖绳枢之子，甿隶之人，而迁徙之徒也[37]。才能不及中人，非有仲尼、墨翟之贤[38]，陶朱、猗顿之富也[39]。蹑足行伍之间，而俛起阡陌之中，率罢散之卒，将数百之众，转而攻秦[40]。斩木为兵，揭竿为旗，天下云集响应，赢粮而景从[41]，山东豪俊遂

并起而亡秦族矣[42]。

且夫天下非小弱也[43]；雍州之地，殽函之固，自若也[44]。陈涉之位，非尊于齐、楚、燕、赵、宋、卫、中山之君也；钼耰棘矜，非铦于勾戟长铩也[45]；适戍之众，非抗于九国之师也[46]；深谋远虑，行军用兵之道，非及曩时之士也[47]。然而成败异变，功业相反也。试使山东之国与陈涉度长絜大，比权量力，则不可同年而语矣[48]。然而秦以区区之地，致万乘之权[49]，序八州而朝同列[50]，百有余年矣。然后以六合为家，殽函为宫[51]。一夫作难而七庙堕[52]，身死人手，为天下笑者，何也？仁义不施，而攻守之势异也[53]。

【注释】

①秦孝公：秦国国君，他任用商鞅变法，使秦国强大起来。殽（xiáo）：殽山，在今河南洛宁县北。函：指函谷关，在今河南灵宝县西北。固：坚固，这里指形势险要。

②雍州：古九州之一，在今陕西中部、北部及甘肃一带。

③窥：从小孔或缝隙里偷看。此处引申为图谋、暗算。周室：周王室。

④席卷：像卷席一样全部卷去。包举：像打包袱一样全部包裹去。囊括：用口袋全部装去。都有吞并的意思。

⑤八荒：八方极边远的地方。荒，僻远。

⑥商君：即商鞅。佐：辅佐（秦孝公）。守战之备：战争的准备。

⑦连衡：即“连横”。即让六国听命秦国。斗诸侯：使诸侯争斗。

⑧拱手：两手合拢，这里形容轻而易举的样子。西河之外，指魏在黄河以西的土地。

⑨惠文王：孝公之子。武王：惠王之子。昭王：即昭襄王，武王异母弟。蒙故业：继承秦孝公的事业。因：遵循。遗策：遗留下来的政策。

⑩膏腴：肥沃。要害：地势险要。

⑪会盟：结成联盟。弱秦：削弱秦国。致：招集，网罗。合从（zòng）：联合六国对抗秦国。相与之一：联合为一个集体。

⑫孟尝：孟尝君田文，齐国贵族。平原：平原君赵胜，赵惠文王之弟。春申：春申君黄歇，楚国贵族。信陵：信陵君魏无忌，魏昭王的小儿子。这四人，皆爱养士，有战国四公子之称。

⑬约从：即合纵，联合六国抗秦。离衡：离散秦国的“连横”。兼：联合。

⑭为之谋：为六国出谋划策。

⑮通其意：互通意见，互相商量 。

⑯制其兵：训练、统率军队。

⑰叩：击，攻打。关：函谷关。延敌：迎战。

⑱矢：箭。镞：箭头。此句意为：秦人不费一枪一箭。

⑲纵散：六国的联合解体。约败：合约失效。争：争相。赂秦：收买秦国。

⑳制：掌握、控制。弊：弱点。亡：逃

跑。北：败军。流血漂橹：形容血流成河。橹，盾牌。

㉑因利乘便：利用有利形势。宰割：分割。请服：表示愿意顺服。入朝：入秦朝拜。

㉒施（yì）：及，到。孝文王：昭襄王之子，即位三日而死。庄襄王：孝文王之子，在位三年而死。享国：君王在位。日浅：时间短。

㉓始皇：庄襄王之子，名政，即后来的秦始皇。奋：发扬。六世：指秦孝公、惠文王、武王、昭襄王、孝文王、庄襄王。余烈：遗留下来的功业。

㉔振：挥动。策：马鞭。御：驾驭。宇内：天下。二周：指东周和西周。战国时周王朝分裂而成两个小国。秦昭襄王五十一年（前256）灭西周；秦庄襄王元年（前249）灭东周。

㉕履至尊：登上帝位。制：控制。六合：上下四方，指天下。

㉖敲朴：打人的刑具。鞭笞：鞭打。

㉗百越：古代对南方少数民族的总称。桂林、象郡：二郡名，为秦所置。桂林郡，现在广西北部及东部地区。象郡，广西西南一带地方。

㉘俛：同“俯”。俯首，即低头表示服从。系颈：脖子上系上绳索，表示臣服。委：付与。下吏：下等官吏。

㉙蒙恬：秦国大将。藩篱：篱笆，保卫国家的屏障，这里是指长城。

㉚却：使……退却。士：指胡人军兵。报怨：报仇。

㉛焚百家之言：指秦始皇焚书阬儒。黔首：百姓。

㉜隳（huī）：同“隳”，毁坏。销：销毁。鍉（dí）：箭镞，通“镝”，代指兵器。金人：秦始皇下令销毁天下兵器，在咸阳筑成十二个高的铜人像。

㉝践：踏上，这里指据守。华：华山。河：黄河。

㉞信臣：可靠的将官。谁何：谁敢问。

㉟关中：指秦地，在今陕西一带。金城：坚固的城池。

㊱没：去世。殊俗：风俗不同的地区，即边远地区。

㊲瓮牖绳枢：用瓦盆做窗，用草绳系户枢，形容房屋简陋。牖（yǒu）：窗。枢：门的转轴。甿（méng）：同“氓”，耕田的人。迁徙之徒：背井离乡的戍卒。

㊳中人：平常的人。仲尼：孔子的字。墨翟：墨子的名字。孔墨是汉人眼中的贤人。

㊴陶朱：春秋末越国大夫范蠡帮助勾践灭吴后，激流勇退，离开越国，定居陶（今山东定陶县西北）经商致富，自称“陶朱公”。猗顿：春秋时鲁国人，曾向陶朱公学致富之术，积累了许多财富。

㊵蹑（niè）：踩，这里有参加的意思。行伍：军队。俛起：进退、生活于。阡陌：田间小路。罢（pí）：通“疲”。散：散漫。

㊶斩木为兵：砍下树枝作兵器。云集：如云会集。响应：如响应声。赢：背负。景从：如影相随。景，通“影”。

㊷山东：殽函关以东，泛指六国。豪俊：英雄豪杰。并起：一同起义。

㊸小弱：变小变弱。

㊹自若：和从前一样。

㊺鉏：即“锄”字。耰（yōu）：碎土的农具。棘矜（qín）：棘树做的矛柄。铦（xiān）：锋利。铩（shā）：长矛。

㊻适：通“谪”。适戍之卒：指陈涉起义的戍卒们。

㊼曩时之士：六国合纵时的谋士们。曩(nǎng)，从前。

㊽絜（xié）：度量物体的粗细。不可同年而语：不能相提并论。

㊾区区：小貌。致：获得。万乘(shèng)：代指天子。

㊿八州：九州中雍州以外的八州。朝同列：使诸侯国来朝拜自己。同列，六国与秦原本同为诸侯，故称同列。

51六合为家：天下成为私人家产。

52一夫：一个人，指陈涉。七庙：指秦孝公至秦始皇七位秦王的宗庙，此处代指江山社稷。

53身死人手：指秦二世为赵高所杀、子婴为项羽所杀。异，变化。

【解析】

《过秦论》有上、中、下三篇，基本内容都是指斥秦之过失，分析貌似强大的秦王朝之所以迅速灭亡的原因，目的是为新兴的汉王朝提供历史鉴戒。这里选的是上篇。此文极善于层层铺垫，回环对比。如以六国人才之多，军容之盛，与秦的孤军作战对比；以秦统一天下后，雄心勃勃要经营子孙万世之业，与陈涉一瓮牖绳枢之子作对比；最后，更以六国百万之师，与陈涉率领的“罢散之众”作对比。这种精心对比，把秦的胜于强敌，败于弱者这一令人惊异的历史现象作了高度概括和集中。文章至此，蓄势饱满，“仁义不施，而攻守之势异也”的主题，自然被推出。全文热情洋溢，气势磅礴，文采斐然，一气贯注。鲁迅曾将其誉为“西汉鸿文”。

邹　阳

邹阳（？～前129），齐（今山东东部）人。与枚乘等为吴王刘濞郎中（官名，文学侍从），皆以文辩知名。曾上书吴王，谏阻谋反，吴王不纳，去而之梁。梁孝王与羊胜谋，求立为太子。邹阳以为不可，为羊胜中伤，被捕入狱，后幸获免。邹阳为人有智略，慷慨不苟合，有文八篇，所传辞赋，后人以为伪托。

狱中上梁王书

臣闻：忠无不报，信不见疑[①]。臣常以为然，徒虚语耳[②]。昔者荆轲慕燕丹之义，白虹贯日，太子畏之[③]。卫先生为秦画长平之事，太白食昴，昭王疑之[④]。夫精诚变天

地，而信不谕两主[5]，岂不哀哉！今臣尽忠竭诚，毕议愿知，左右不明，卒从吏讯，为世所疑[6]，是使荆轲、卫先生复起，而燕、秦不寤也。愿大王熟察之[7]！

昔玉人献宝，楚王诛之[8]。李斯竭忠，胡亥极刑[9]。是以箕子阳狂，接舆避世，恐遭此患[10]。愿大王察玉人、李斯之意，而后楚王、胡亥之听[11]，毋使臣为箕子、接舆所笑。臣闻比干剖心，子胥鸱夷[12]，臣始不信，乃今知之。愿大王熟察，少加怜焉。

语曰："白头如新，倾盖如故[13]。"何则？知与不知也。故樊於期逃秦之燕，藉荆轲首以奉丹事[14]；王奢去齐之魏，临城自刭，以却齐而存魏[15]。夫王奢、樊於期非新于齐、秦而故于燕、魏也，所以去二国、死两君者，行合于志，而慕义无穷也[16]。是以苏秦不信于天下，为燕尾生[17]。白圭战亡六城，为魏取中山[18]。何则？诚有以相知也。

苏秦相燕，人恶之于燕王，燕王按剑而怒，食以駃騠[19]。白圭显于中山，人恶之于魏文侯，文侯赐以夜光之璧[20]。何则？两主二臣，剖心析肝相信，岂移于浮辞哉[21]！故女无美恶，入宫见妒；士无贤不肖，入朝见嫉。昔者司马喜膑脚于宋，卒相中山[22]；范睢拉胁折齿于魏，卒为应侯[23]。此二人者，皆信必然之画，捐朋党之私，挟孤独之交，故不能自免于嫉妒之人也[24]。是以申徒狄蹈雍之河，徐衍负石入海，不容身于世[25]。义不苟取比周于朝，以移主上之心[26]。故百里奚乞食于路，穆公委之以政[27]；宁戚饭牛车下，而桓公任之以国[28]。此二人岂素宦于朝，借誉于左右，然后二主用之哉[29]！感于心，合于意，坚如胶漆，昆弟不能离，岂惑于众口哉[30]！

故偏听生奸，独任成乱[31]。昔鲁听季孙之说，逐孔子[32]；宋信子冉之计，囚墨翟[33]。夫以孔、墨之辩，不能自免于谗谀，而二国以危[34]。何则？众口铄金，积毁销骨[35]。是以秦用戎人由余，而霸中国；齐用越人子臧，而强威宣[36]。此二国岂拘于俗，牵于世，系奇偏之辞哉[37]？公听并观，垂明当世[38]。故意合，则吴越为昆弟，由余、子臧是

矣[39]；不合，则骨肉为仇敌，朱、象、管、蔡是矣[40]。今人主诚能用齐、秦之明，后宋、鲁之听，则五霸不足侔，三王易为比也[41]。

是以圣王觉寤，捐子之之心，而不悦田常之贤[42]，封比干之后，修孕妇之墓，故功业覆于天下。何则？欲善无厌也[43]。夫晋文公亲其仇，而强霸诸侯[44]；齐桓公用其仇，而一匡天下[45]。何则？慈仁殷勤，诚加于心，此不可以虚辞借也。

至夫秦用商鞅之法，东弱韩、魏，立强天下，而卒车裂之[46]。越用大夫种之谋，禽劲吴而霸中国，遂诛其身[47]。是以孙叔敖三去相而不悔；於陵子仲辞三公为人灌园[48]。今人主诚能去骄傲之心，怀可报之意，披心腹，见情素，隳肝胆，施德厚，终与之穷达[49]。无爱于士，则桀之狗可使吠尧，而跖之客可使刺由[50]，何况因万乘之权，假圣王之资乎[51]？然则荆轲湛七族，要离燔妻子，岂足为大王道哉[52]！

臣闻明月之珠，夜光之璧，以暗投人于道，众莫不按剑相眄者[53]，何则？无因而至前也。蟠木根柢，轮囷离奇，而为万乘器者，何则？以左右先为之容也。故无因而至前，虽出隋侯之珠，夜光之璧，只足结怨而不见德[54]。故有人先游，则枯木朽株，树功而不忘[55]。今天下布衣穷居之士，身在贫贱，虽蒙尧舜之术，挟伊管之辩，怀龙逢比干之意，欲尽忠当世之君[56]，而素无根柢之容，虽竭精神，欲开忠信，辅人主之治，则人主必袭按剑相眄之迹矣[57]。是使布衣之士，不得为枯木朽株之资也。

是以圣王制世御俗，独化于陶钧之上[58]，而不牵乎卑乱之语，不夺乎众多之口[59]。故秦皇帝任中庶子蒙嘉之言，以信荆轲之说，而匕首窃发[60]。周文猎泾渭，载吕尚而归，以王天下[61]。秦信左右而亡，周用乌集而王[62]。何则？以其能越拘挛之语，驰域外之义，独观于昭旷之道也[63]。今人主沈谄谀之辞，牵于帷墙之制，使不羁之士与牛骥同皂，此鲍、焦所以忿于世，而不留富贵之乐也[64]。

臣闻盛饰入朝者，不以私汙义；砥厉名号者，不以利

伤行[65]。故里名胜母，曾子不入；邑号朝歌，墨子回车[66]。今欲使天下恢廓之士，诱于威重之权，胁于位势之贵，回面汙行，以事谄谀之人，而求亲近于左右[67]，则士有伏死堀穴岩薮之中耳，安有尽忠信而趋阙下者哉[68]！

【注释】

①信：信义。见疑：被怀疑。

②然：对。徒：只不过。虚语：空话。

③荆轲：卫人，战国著名勇士。燕丹：燕太子丹。白虹贯日：荆轲谋刺秦王，临行前，天上白色的长虹穿过太阳，显示出他精诚动天。太子畏之：燕太子还担心荆轲变卦。

④卫先生：秦国人。画：谋划。长平：地名，秦将白起在此大破赵军之后，想趁势灭掉赵国，于是派遣卫先生去咸阳请求秦昭王调拨军粮，增派兵力。太白：金星。食：遮蔽。昴（mǎo）：星宿名。金星遮昴，说明赵国有战事。昭王疑之：秦昭王怀疑白起的用意。

⑤精诚：真诚。变：感动。谕：明白。

⑥毕议：尽其所思。愿知：希望大王知晓。左右：大王身边的人。实际上婉指大王。卒：最终。从吏讯：被刑吏审问。

⑦复起：再生，重新活过来。寤（wù）：醒悟。熟察：仔细考虑。

⑧玉人：指楚人卞和。诛之：卞和向楚王献玉，不被相信，被先后砍去两足。

⑨李斯：秦国丞相，为秦统一作出巨大贡献。胡亥：秦二世。极刑：杀死（李斯）。

⑩箕子：殷纣王叔父，因谏被囚，后装疯。阳：同"佯"，假装。接舆：楚贤人，因不满现实，佯狂避世。此患：卞和、李斯的遭遇。

⑪后楚王胡亥之听：先不要像楚王、胡亥那样偏听偏信。

⑫比干：殷纣王大臣。纣王淫乱，比干强谏，被纣王剖心。子胥：即伍子胥，吴王夫差大臣，谏夫差不听，自杀。夫差令人将子胥尸首装于马革囊中，抛入江中。鸱夷：革囊，指盛子胥尸首的皮囊。

⑬白头如新：一直到老，仍然像刚认识时一样。形容互不信任。倾盖如故：一见面就像老朋友一样。倾盖，古人的坐车上有伞状的车盖，两车相对，车盖碰在一起。比喻初次相逢。

⑭樊於（wū）期：秦将军，被谗，逃到燕国，秦国悬重金买他的人头。荆轲刺秦王时，缺少一件见秦王之礼，他为报仇，自愿借头给荆轲。藉：同"借"。奉：帮助。丹：燕太子丹。

⑮王奢：齐国大臣，逃至魏国，齐借故攻打魏国。王奢为了不给齐国攻打魏国借口，自杀。却：退。

⑯二国：指秦国和齐国。两君：燕太子和魏王。行合于志：行动符合理想。慕义：追求道义。

⑰苏秦：战国时纵横家。一生奔走于六国之间，鼓吹联合抗秦。为：成为。尾生：人名，传说他与一女子约会，久等不至，水涨，他抱柱而死，成为守信之人的代表。这里指苏秦对燕国忠诚，讲信用。

⑱白圭：本为中山国将军，丢了六座城，中山君欲杀之，逃至魏国。后为魏灭中山。

⑲相：任丞相。恶：进谗言。按剑而怒：手握剑柄，怒斥谗言。食以駃騠：杀駃騠给苏秦吃。形容十分信任。食（sì），喂，供应饭食。駃騠（jué tí），骏马名。

⑳显：显赫。璧：宝玉。

㉑剖心析肝：真心相待。相信：互相信任。移：动摇。浮辞：没有根据的流言。

㉒司马喜：战国时人，后为相中山国。膑脚：古代一种刑罚，挖去膝盖骨。

㉓范雎：战国魏人，魏相疑其叛国，对其迫害，后逃往秦国为相，被封为应侯。拉：折。胁：肋骨。

㉔画：计。捐：抛弃。朋党：小集团。挟（xié）：带着。孤独之交：很少的朋友。自免：躲避。

㉕申徒狄：殷末人，谏纣王不听，自沉于雍州河中。徐衍：周末人，不满现实，负石自沉于海。

㉖苟取：苟且获得。比周：结党。移：改变。

㉗百里奚：秦穆公大臣。百里奚闻穆公贤明，往而投之。因乏资财，一路乞讨而去。委之以政：把国家大事交付给他。

㉘宁戚：齐桓公大臣。为人喂牛，桓公经过时，叩牛角而歌，齐桓公闻之，举以为相。饭：喂养。

㉙素宦：一向为官。借誉：靠别人的赞扬。

㉚昆弟：兄弟。离：离间，挑拨。惑：迷惑。

㉛偏听：只听一方面意见。独任：把权力交给一个人。

㉜季孙：春秋鲁国大夫。孔子在鲁国任司寇时，齐国人担心鲁国强盛，便通过季孙诋毁孔子，使他离任而去。

㉝子冉：人名，即子罕，春秋宋国大夫，晚年大权独揽，曾囚禁墨子。

㉞辩：善辩。谗谀：谗毁和奉承。

㉟铄：熔化。毁：诋毁，攻击。销：熔化。

㊱由余：春秋晋人，逃到西戎后，被秦穆公招纳，助秦成霸业。子臧：春秋越人，被齐国重用。强威：强大的国威。

㊲拘：拘泥。牵：制约。系：听信。奇偏之辞：一面之辞。

㊳公听：广泛听取意见。并观：多方观察。垂：表现。明：英明。

㊴吴越：春秋吴、越两国。两国长期处于战争状态。是矣：就是意见一致的例子。

㊵朱：丹朱，尧之子。尧因其不肖，将他驱逐。象：舜之弟。因妒其兄，多次设法害舜。管、蔡：周武王的弟弟，均掌大权，但相互猜忌。

㊶五霸：春秋之际的五个著名君主：齐桓、宋襄、秦穆、晋文、楚庄。侔：相等。三王：上国之时的三个贤王，说法不一，常指尧、舜、禹。

㊷觉寤：醒悟。捐：丢掉，引申为扼杀。子之之心：子之的念头。子之是燕王哙的相。燕王哙欲效尧禅舜故事，禅位于子之，结果引起燕国大乱。说：同“悦”，引申为欣赏。田常：即陈恒，他以自己的才干引起齐简公的欣赏，但最终田常却弑君专权。

㊸封比干之后：武王灭殷后，封比干之子。孕妇：被殷王无故杀害，以观胎儿的女人。覆：遍及。厌：满足。

㊹晋文：晋文公。晋文公对以前伤害自己的人既往不咎。霸：称霸。

㊺齐桓公用其仇：管仲曾用箭射齐桓公，但桓公仍然封他为相。一匡：一举匡扶。

㊻商鞅：原为卫人，受秦孝公重用，变法图强，使秦国强大。但最终被车裂而死。东弱：向东削弱。

㊼大夫种：越国的大夫文种。他助勾践灭吴，但最终被谗赐死。禽：同"擒"，意为打败。

㊽孙叔敖：楚国相，三次去职而不悔。於陵子仲：楚国人，楚王闻其贤，想聘其为相，於陵子仲与其妻逃走而为人灌园。

㊾可报：值得报答的诚意。披：敞开。见（xiàn）：表现。情素：心志。隳（huī）肝胆：剖开肝胆。隳，毁。终与之穷达：无论穷困或发达，都与他始终相伴。

㊿无爱于士：对士没什么舍不得的。桀（jié）狗吠尧：与下面"跖（zhí）客刺由"同意，表示士受恩惠，什么事都可以做。桀，夏朝暴君。跖，春秋著名大盗。由，洁身自好的许由。

(51)因：利用。万乘：指天子。假：借。

(52)湛（chén）：与"沉"同，意为灭亡。荆轲刺秦王后，全族被杀。要离：战国吴国刺客。燔：烧死。要离为吴王刺杀庆忌，为消除对方怀疑，要离让吴王烧死自己的妻子。这两例都是效忠的典范。

(53)以暗：从暗处。投人：投向人。相眄（miǎn）：左右环视。眄，斜视。

(54)蟠木：屈曲之木。根柢：树根。轮囷（qūn）离奇：盘旋错综。囷，圆形谷仓。万乘器：天子车辆所用的东西。容：雕刻加工。隋侯之珠：传说中的珍珠。结怨：产生怨恨。

(55)先游：介绍，引荐。树功：建立功业。

(56)蒙：胸怀。伊管：伊尹、管仲，两位著名的辅佐之臣。龙逢：殷纣王的忠臣。

(57)根柢：这里指来历、背景。开：展示。袭：沿用。迹：旧的套路，老的办法。

(58)治世御俗：治理天下，统管百姓。化：随心所欲地应用。陶钧：制陶的工具。这里指规矩、制度。

(59)卑乱之语：谦卑错误的语言。夺：改变主意。

(60)秦皇帝：秦始皇。中庶子：官名。荆轲通过贿赂中庶子蒙嘉，才见到秦王。匕首窃发：指荆轲藏在地图中的匕首暴露出来。

(61)周文：周文王。泾渭：两条水名，在今陕西。周文王在此遇见吕尚。吕尚：即姜太公，是辅佐周武王灭殷的重臣。

(62)乌集：指偶然遇到的人。

(63)越：超过。拘挛：拘泥。昭旷：光明正大。

(64)沈：沉溺。帷墙：宫内，指宠臣。不羁之士：才气纵横的人。皂（zào）：喂牛马的器具，即槽。鲍焦：西周人，怨生不逢时，抱木而死。

(65)汙：同"污"，败坏。砥厉：勉励。这里指追求。

(66)里名胜母：名叫"胜母"的里巷。曾子：曾参，孔子学生，以孝闻名。朝歌：殷都的名字。墨子因邑名为朝歌，故回车不入。

(67)恢廓：胸怀宽广。胁：屈服。回面：改变脸色。汙行：不好的行为。

(68)伏死：老死。堀（kū）穴岩薮：指山

野，隐士隐居的地方。堀，同“窟”。薮，湖泽。趋：奔向。阙下：宫殿的台阶前，代指朝廷。

【解析】

邹阳为梁孝王宾客时，受羊胜等中伤下狱，在狱中给梁王写下这封信。忠而受谤，信而见疑，邹阳以一腔悲愤，征引前代君臣遇合之事，抒发冤屈之气，“辞虽不逊，然其比物连类，有足悲者”（司马迁《史记·鲁仲连邹阳列传》）。全文广譬长喻，不嫌繁复；辩析事理，颇中肯綮。情辞俱切，故能说动梁王，得以赦免。汉初之文多纵横气，本文巧于辞令，很好地体现了这一特色。

司马迁

司马迁（前 145? ～前 87?），字子长，夏阳龙门（今陕西韩城）人。其父司马谈在武帝时为太史令，有志写一部与《春秋》齐名的史书，未果而死。司马迁继任太史令，并承父志撰《史记》。后因李陵事件下狱，蒙受腐刑。但他隐忍苟活，以极大的勇气，终于完成了不朽的史书《史记》。

《史记》包容上自黄帝，下至武帝太初年间三千多年的史事，是我国第一部纪传体通史，全书五十二万多字。《史记》在忠于史实的基础上，选取具有典型性的情节，刻画出许多栩栩如生的历史人物形象，具有感人的艺术魅力。作者能寓论断于叙事之中，叙事往往又带有丰富的细节和浓厚的抒情色彩。它不但是一部杰出的史学著作，同时也是一部优秀的史传文学作品。被鲁迅先生誉为“史家之绝唱，无韵之离骚”。

鸿门宴

沛公军霸上[①]，未得与项羽相见。沛公左司马曹无伤使人言于项羽曰：“沛公欲王关中，使子婴为相，珍宝尽有之[②]。”项羽大怒，曰：“旦日飨士卒，为击破沛公军[③]。”当是时，项羽兵四十万，在新丰鸿门[④]，沛公兵十万，在霸上。范增说项羽曰：“沛公居山东时，贪于财货，好美姬。

今入关，财物无所取，妇女无所幸，此其志不在小[5]。吾令人望其气，皆为龙虎，成五采，此天子气也。急击勿失[6]！"

楚左尹项伯者，项羽季父也，素善留侯张良。张良是时从沛公[7]。项伯乃夜驰之沛公军，私见张良，具告以事[8]，欲呼张良与俱去。曰："毋从俱死也。"张良曰："臣为韩王送沛公，沛公今事有急，亡去不义，不可不语[9]。"良乃入，具告沛公。沛公大惊，曰："为之奈何？"张良曰："谁为大王为此计者？"曰："鲰生说我曰：'距关，毋内诸侯，秦地可尽王也[10]。'故听之。"良曰："料大王士卒足以当项王乎[11]？"沛公默然，曰："固不如也，且为之奈何？"张良曰："请往谓项伯，言沛公不敢背项王也[12]。"沛公曰："君安与项伯有故[13]？"张良曰："秦时与臣游，项伯杀人，臣活之。今事有急，故幸来告良[14]。"沛公曰："孰与君少长[15]？"良曰："长于臣。"沛公曰："君为我呼入，吾得兄事之[16]。"张良出，要项伯[17]。项伯即入见沛公。沛公奉卮酒为寿，约为婚姻[18]，曰："吾入关，秋毫不敢有所近，籍吏民，封府库，而待将军[19]。所以遣将守关者，备他盗之出入与非常也[20]。日夜望将军至，岂敢反乎！愿伯具言臣之不敢倍德也[21]。"项伯许诺，谓沛公曰："旦日不可不蚤自来谢项王[22]。"沛公曰："诺"。于是项伯复夜去，至军中，具以沛公言报项王。因言曰："沛公不先破关中，公岂敢入乎？今人有大功而击之，不义也，不如因善遇之[23]。"项王许诺。

沛公旦日从百余骑来见项王[24]，至鸿门，谢曰："臣与将军戮力而攻秦，将军战河北，臣战河南，然不自意能先入关破秦，得复见将军于此[25]。今者有小人之言，令将军与臣有郤[26]。"项王曰："此沛公左司马曹无伤言之，不然，籍何以至此。"项王即日因留沛公与饮。项王、项伯东向坐，亚父南向坐。亚父者，范增也[27]。沛公北向坐，张良西向侍。范增数目项王，举所佩玉玦以示之者三[28]，项王默然不应。范增起，出召项庄[29]，谓曰："君王为人不忍，若入前为寿，寿毕，请以剑舞，因击沛公于坐，杀之。不者，若属皆且为所虏[30]。"庄则入为寿。寿毕，曰："君王与沛公

饮，军中无以为乐，请以剑舞。”项王曰：“诺”。项庄拔剑起舞，项伯亦拔剑起舞，常以身翼蔽沛公[31]，庄不得击。于是张良至军门，见樊哙[32]。樊哙曰：“今日之事何如？”良曰：“甚急！今者项庄拔剑舞，其意常在沛公也。”哙曰：“此迫矣，臣请入，与之同命[33]。”哙即带剑拥盾入军门。交戟之卫士欲止不内，樊哙侧其盾以撞，卫士仆地，哙遂入，披帷西向立，瞋目视项王，头发上指，目眦尽裂[34]。项王按剑而跽曰[35]：“客何为者？”张良曰：“沛公之参乘樊哙者也[36]。”项王曰：“壮士，赐之卮酒。”则与斗卮酒[37]。哙拜谢，起，立而饮之。项王曰：“赐之彘肩[38]。”则与一生彘肩，樊哙覆其盾于地，加彘肩上，拔剑切而啖之[39]。项王曰：“壮士，能复饮乎？”樊哙曰：“臣死且不避，卮酒安足辞！夫秦王有虎狼之心，杀人如不能举，刑人如恐不胜[40]，天下皆叛之。怀王与诸将约曰：‘先破秦入咸阳者王之。’今沛公先破秦入咸阳，毫毛不敢有所近，封闭宫室，还军霸上，以待大王来。故遣将守关者，备他盗出入与非常也。劳苦而功高如此，未有封侯之赏，而听细说，欲诛有功之人，此亡秦之续耳，窃为大王不取也[41]。”项王未有以应，曰：“坐。”樊哙从良坐。坐须臾，沛公起如厕[42]，因招樊哙出。

沛公已出，项王使都尉陈平召沛公[43]。沛公曰：“今者出，未辞也，为之奈何？”樊哙曰：“大行不顾细谨，大礼不辞小让。如今人方为刀俎，我为鱼肉，何辞为[44]？”于是遂去，乃令张良留谢。良问曰：“大王来何操[45]？”曰：“我持白璧一双，欲献项王；玉斗一双[46]，欲与亚父。会其怒[47]，不敢献。公为我献之。”张良曰：“谨诺。”当是时，项王军在鸿门下，沛公军在霸上，相去四十里。沛公则置车骑，脱身独骑，与樊哙、夏侯婴、靳强、纪信等四人持剑盾步走，从郦山下，道芷阳间行[48]。沛公谓张良曰：“从此道至吾军，不过二十里耳。度我至军中[49]，公乃入。”沛公已去，间至军中[50]，张良入，谢曰：“沛公不胜杯杓，不能辞[51]。谨使臣良奉白璧一双，再拜献大王足下；玉斗一双，再拜奉

大将军足下。”项王曰：“沛公安在？”良曰：“闻大王有意督过之[52]，脱身独去，已至军矣。”项王则受璧，置之坐上。亚父受玉斗，置之地，拔剑撞而破之，曰：“唉！竖子不足与谋[53]。夺项王天下者，必沛公也。吾属今为之虏矣！”沛公至军，立诛杀曹无伤。

【注释】

①沛公：即刘邦。军：驻扎。霸上：地名，今陕西长安县东。

②左司马：官名，执行军法。王关中：在关中称王。子婴：秦二世胡亥的侄子，被赵高立为秦王。诛灭赵高。此时已降刘邦。

③旦日：明早。飨（xiǎng）：犒赏。

④鸿门：山坡名，在新丰东十七里，今名项王营。

⑤说：劝说。财货：财物。美姬：美女。幸：宠幸，亲近。志不在小：志向不小。

⑥气：古代人迷信，以为观望人头上的云气，可以推断吉凶祸福。为龙虎：指云气呈龙虎之状。

⑦素：平常。善：交好。张良：字子房，刘邦的谋士，后被封为留侯。从：跟随。

⑧之：到。军：军营。具：详细，

⑨去：逃走。毋从俱死：不可随刘邦一道死。韩王：韩王成。张良曾是韩王属下，后从刘邦。亡去：逃走。语（yù）：告知。

⑩鲰（zōu）生：人名，姓解。一说浅陋无知的小人。距：通“拒”，守。内：同“纳”。王：称王，意为归己所有。

⑪料：估计。当：抵挡。

⑫谓：对……说。背：背叛。

⑬安：如何。故：交情。

⑭游：交往。活：救。幸：幸亏。

⑮孰与君少长：他和你谁大谁小。

⑯兄事之：以兄长的礼节事奉他。

⑰要：通“邀”。

⑱卮（zhī）酒：一杯酒。卮，盛酒的器具。为寿：祝身体健康。约：约定。

⑲秋毫：极小的东西。籍：登记。籍吏民，登记户口。

⑳备：防备。非常：指意外变故。

㉑具言：详细说明。倍德：忘恩负义。倍，通“背”。

㉒蚤：通“早”。谢：谢罪，道歉。

㉓因：趁此。善遇：善待。

㉔骑（jì）：一人骑一马称为一骑。

㉕戮力：并力，努力。不自意：没料到。

㉖郤（xì）：通“隙”，嫌隙。

㉗东向坐：面向东坐。亚父：仅次于父，项羽对范增的尊称。

㉘数（shuò）：屡次。目：用眼光暗示。玦（jué）：玉器名，表示决断。

㉙项庄：项羽的堂弟。

㉚不忍：心软。若：你。不（fǒu）者：否则。若属：你们。

㉛翼蔽：如鸟张开翅膀一样保护。

㉜樊哙（kuài）：沛人，原以屠狗为业，随刘邦起义，屡建战功，封舞阳侯。

㉝迫：紧迫。同命：拼命。

㉞内：通“纳”。披帷：揭开帐篷。瞋（chēn）目：睁大眼睛。上指：直立。

眦（zì）：眼眶。

㉟跽（jì）：长跪。挺直上身，双膝着地。

㊱参乘：即骖乘，坐在车右负责护卫的人。

㊲斗：容量单位。

㊳彘肩：猪前腿。

㊴加彘肩上：把猪腿放在盾上。啖（dàn）：吃。

㊵如不能举：唯恐不能杀尽。如恐不胜：唯恐不能用尽。

㊶怀王：楚怀王。故：特意。细说：小人之言。亡秦之续：意为重蹈秦朝覆辙。

㊷未有以应：无话可答。须臾：很短时间。如：往。厕：厕所。

㊸陈平：刘邦谋士。当时在项羽军中，第二年归汉，后曾为汉丞相。

㊹大行：大事。细谨：细节。小让：琐碎的礼节。刀俎：刀和砧板。何辞为：还告什么辞。

㊺操：拿，带来。

㊻玉斗：玉制的盛酒器皿。

㊼会：正赶上。

㊽置：丢弃。夏侯婴：沛人，从刘邦起义，被封为汝阴侯。靳强：刘邦部属，后被封为汾阳侯。纪信：刘邦部将，为项羽所杀。步走：徒步跑。道：取道。芷阳：秦县名，在今西安东。间行：抄小路走。

㊾度（duó）：估计。

㊿间：抄小道。

51胜：禁得住。杯杓：代指饮酒。杓，取酒器。足下：对尊者的敬称。

52督：责备。过：过错。

53竖子：骂人的话，犹言“小子”。不足与谋：不能与他共谋大事。

【解析】

《鸿门宴》是《项羽本纪》中的一个重要事件，也是项羽由盛而衰的一个转折点，本文生动地记述了这一场面。为了表现人物，司马迁通过紧张的斗争场面，把人物推到矛盾冲突的尖端，让人物在紧张的斗争中，表现他们各自的优点和缺点。如刘邦的怯懦与机智，项羽的坦率少谋，张良的谋深而从容，范增的虑远而急躁等等，都传神尽相，如在目前，真是“千载而下，尚可想见”（洪迈《容斋随笔》卷五）。

陈胜起义

陈胜者，阳城人也，字涉①。吴广者，阳夏人也，字叔②。陈涉少时，尝与人佣耕③，辍耕之垄上④，怅恨久之，曰：“苟富贵，无相忘⑤。”佣者笑而应曰：“若为佣耕，何富贵也⑥？”陈涉太息曰⑦：“嗟乎！燕雀安知鸿鹄之志哉⑧！”

二世元年七月⑨，发闾左适戍渔阳九百人⑩，屯大泽乡⑪。陈胜、吴广皆次当行⑫，为屯长⑬。会天大雨，道不通，度已失期[14]。失期，法皆斩。陈胜、吴广乃谋曰："今亡亦死，举大计亦死[15]，等死，死国可乎[16]？"陈胜曰："天下苦秦久矣[17]！吾闻二世少子也，不当立[18]，当立者乃公子扶苏[19]。扶苏以数谏故，上使外将兵[20]。今或闻无罪，二世杀之[21]。百姓多闻其贤，未知其死也。项燕为楚将[22]，数有功，爱士卒，楚人怜之[23]。或以为死，或以为亡。今诚以吾众诈自称公子扶苏、项燕，为天下唱[24]，宜多应者[25]。"吴广以为然。乃行卜[26]。卜者知其指意[27]，曰："足下事皆成，有功[28]。然足下卜之鬼乎[29]？"陈胜、吴广喜，念鬼[30]，曰："此教我先威众耳[31]。"乃丹书帛曰"陈胜王"[32]，置人所罾鱼腹中[33]。卒买鱼烹食，得鱼腹中书，固以怪之矣[34]。又间令吴广之次所旁丛祠中[35]，夜篝火[36]，狐鸣呼曰："大楚兴，陈胜王。"卒皆夜惊恐。旦日，卒中往往语[37]，皆指目陈胜[38]。

吴广素爱人，士卒多为用者[39]。将尉醉[40]，广故数言欲亡，忿恚尉[41]，令辱之，以激怒其众[42]。尉果笞广[43]。尉剑挺，广起夺而杀尉。陈胜佐之，并杀两尉[44]。召令徒属曰："公等遇雨，皆已失期，失期当斩。藉弟令毋斩[45]，而戍死者固十六七。且壮士不死即已，死即举大名耳[46]，王侯将相宁有种乎[47]！"徒属皆曰："敬受命。"乃诈称公子扶苏、项燕，从民欲也[48]。袒右[49]，称大楚。为坛而盟，祭以尉首[50]。陈胜自立为将军，吴广为都尉[51]。

攻大泽乡，收而攻蕲[52]，蕲下。乃令符离人葛婴将兵徇蕲以东[53]，攻铚、酂、苦、柘、谯[54]，皆下之。行收兵[55]，比至陈[56]，车六七百乘，骑千余，卒数万人。攻陈，陈守、令皆不在[57]，独守丞与战谯门中[58]，弗胜，守丞死。乃入据陈。数日，号令召三老、豪杰与皆来会计事[59]。三老、豪杰皆曰："将军身被坚执锐，伐无道，诛暴秦，复立楚国之社稷[60]，功宜为王。"陈涉乃立为王，号为张楚[61]。当此时，诸郡县苦秦吏者，皆刑其长吏，杀之以应陈涉[62]。

【注释】

①阳城：地名，今河南登封东南。

②阳夏：地名，今河南太康县。

③尝：曾经。佣耕：为别人耕地。

④辍（chuò）：停止耕作。之：往，到。垄（lǒng）：田埂。

⑤怅恨：失望叹恨。苟：假使。无：通“勿”，不要。

⑥若：你。

⑦太息：长叹。

⑧嗟（jiē）：叹词。鸿鹄（hú）：天鹅。

⑨二世：秦朝第二代皇帝，即胡亥。二世元年：公元前209年。

⑩发：派遣。闾左：闾里左侧的居民。闾，秦朝的行政单位，二十五家为一闾。适戍：征遣去戍守。适，通“谪”。渔阳：地名，今北京密云西南。

⑪屯：驻扎。大泽乡：地名，在今安徽宿州境内。

⑫次：编次。当行：当在征发之列。

⑬屯长：戍边军中的小头领。

⑭会：遇到。度：估计。失期：误期。

⑮亡：逃跑。举：举行。大计：大事。指造反。

⑯等：相同。死国：为国而死。

⑰苦秦：为秦所苦。

⑱立：继承帝位。

⑲扶苏：秦始皇长子。

⑳数（shuò）：多次。将兵：带兵。

㉑或：有人。闻：听说。

㉒项燕：楚国贵族，项羽祖父，楚国大将。

㉓怜：同情。

㉔诚：果真。唱：同“倡”，发起，倡导。

㉕宜：应该。应：响应。

㉖以为然：认为……对。卜：占卜吉凶。

㉗指意：意图。指，通“旨”。

㉘足下：古时对别人的敬称。有功：能成功。

㉙卜之鬼：向鬼问吉凶。这是卜者暗示的话。

㉚念鬼：考虑卜鬼的事。

㉛威众：在群众中取得威信。

㉜丹书帛：在帛上用红色写。王（wàng）：称王。

㉝置：放在。罾（zēng）：鱼网。

㉞固：本来。以：同“已”，已经。怪：奇怪。

㉟间（jiàn）：暗中。次所：驻扎的地方。丛祠：树丛中的神庙。

㊱篝（gōu）火：在竹笼里点着火。篝：竹笼。狐鸣：装作狐狸叫。

㊲旦日：第二天。往往：处处。

㊳指目：用手指，注视。

㊴为用：替他效力。

㊵将尉：押送戍卒的军官

㊶故：故意。忿恚（huì）：激怒。

㊷令：使。

㊸笞（chī）：竹板，这里指用竹板打。

㊹挺：拔出。佐：帮助。并：一同。

㊺徒属：指众戍卒。藉：即使。弟：通“第”，仅仅。

㊻戍死：守边疆而死。举大名：做大事。

㊼宁：难道。种：天生的。

㊽受命：听命。从民欲：顺从民心。

㊾袒右：裸露右臂。称大楚：号称大楚军。

㊿为坛：筑坛。盟：宣誓。祭以尉首：把两个将尉的头当作祭品。

51都尉：武官名，次于将军。

52收：招收（降卒）。蕲（qí）：地名，在今安徽宿州市南。

53符离：地名，在今安徽宿州市。徇（xùn）：巡行。

54铚（zhì）：在今安徽宿州市西南。酂（cuó）：在今河南永城县西南。苦

(hù)：在今河南鹿邑县东。柘(zhè)：在今河南柘城县北。谯(qiáo)：在今安徽亳州市。

(55)下：功克。行：沿途。收兵：招兵。

(56)比：等到。陈：地名，在今河南淮阳县。

(57)守、令：郡守和县令。

(58)守丞：郡守的助理。谯门：城门。

(59)三老：掌教化的乡官。豪杰：有声望的人。会计：商议。

(60)被（pī）：通“披”。坚：指盾牌。锐：指兵器。诛：灭，讨伐。社稷：国家。

(61)张楚：陈涉国号，张大楚国之意。

(62)苦：苦于。刑：惩办。长吏：长官。应：响应。

【解析】

本文选自《史记·陈涉世家》，叙述了陈胜、吴广起义的过程，真实地刻画了陈胜与吴广的形象。叙事眉目清楚，特别善于选择某些典型场景细节以及人物语言加以描写，借以突出人物形象。如文中描写了陈胜少时“辍耕之垄上”，策划起义时“鱼腹藏书”、“篝火狐鸣”、“指目陈胜”等生动情节，记载了“燕雀安知鸿鹄之志”、“王侯将相宁有种乎”等语言，把陈胜及吴广的思想性格表现了出来。

将相和

廉颇者，赵之良将也。赵惠文王十六年①，廉颇为赵将伐齐，大破之，取阳晋②，拜为上卿，以勇气闻于诸侯③。蔺相如者，赵人也，为赵宦者令缪贤舍人④。

赵惠文王时，得楚和氏璧⑤。秦昭王闻之，使人遗赵王书，愿以十五城请易璧⑥。赵王与大将军廉颇诸大臣谋：欲予秦，秦城恐不可得，徒见欺；欲勿予，即患秦兵之来。计未定，求人可使报秦者⑦，未得。宦者令缪贤曰：“臣舍人蔺相如可使。”王问：“何以知之?”对曰：“臣尝有罪，窃计欲亡走燕⑧，臣舍人相如止臣⑨，曰：‘君何以知燕王⑩?’臣语曰：‘臣尝从大王与燕王会境上⑪，燕王私握臣手，曰：“愿结友⑫。”以此知之，故欲往。’相如谓臣曰：‘夫赵彊而燕弱，而君幸于赵王，故燕王欲结于君⑬。今君乃亡赵走燕⑭，燕畏赵，其势必不敢留君，而束君归赵矣⑮。君不如肉袒伏斧质请罪，则幸得脱矣⑰。’臣从其计，大王亦幸赦臣。臣窃以为其人勇士，有智谋，宜可使⑱。”

于是王召见，问相如曰："秦王以十五城请易寡人之璧，可予不[19]?"相如曰："秦强而赵弱，不可不许。"王曰："取吾璧，不予我城，奈何?"相如曰："秦以城求璧而赵不许，曲在赵[20]；赵予璧而秦不予赵城，曲在秦。均之二策，宁许以负秦曲[21]。"王曰："谁可使者?"相如曰："王必无人，臣愿奉璧往使[22]。城入赵而璧留秦；城不入，臣请完璧归赵[23]。"赵王于是遂遣相如奉璧西入秦。

秦王坐章台见相如。相如奉璧奏秦王[24]，秦王大喜，传以示美人及左右，左右皆呼万岁。相如视秦王无意偿赵城，乃前曰："璧有瑕，请指示王[25]。"王授璧。相如因持璧，却立，倚柱，怒发上冲冠[26]，谓秦王曰："大王欲得璧，使人发书至赵王，赵王悉召群臣议，皆曰：'秦贪，负其强[27]，以空言求璧，偿城恐不可得。'议不欲予秦璧。臣以为布衣之交尚不相欺，况大国乎？且以一璧之故逆强秦之欢[28]，不可。于是赵王乃斋戒五日，使臣奉璧，拜送书于庭[29]。何者？严大国之威以修敬也[30]。今臣至，大王见臣列观，礼节甚倨[31]，得璧，传之美人，以戏弄臣。臣观大王无意偿赵王城邑，故臣复取璧。大王必欲急臣[32]，臣头今与璧俱碎于柱矣!"相如持其璧睨柱，欲以击柱。秦王恐其破璧，乃辞谢固请[33]，召有司案图，指从此以往十五都予赵[34]。相如度秦王特以诈，详为予赵城[35]，实不可得。乃谓秦王曰："和氏璧，天下所共传宝也[36]，赵王恐，不敢不献。赵王送璧时，斋戒五日，今大王亦宜斋戒五日，设九宾于廷，臣乃敢上璧[37]。"秦王度之，终不可强夺，遂许斋五日。舍相如广成传舍[38]。相如度秦王虽斋，决负约不偿城，乃使其从者衣褐，怀其璧，从径道亡[39]，归璧于赵。

秦王斋五日后，乃设九宾礼于廷，引赵使者蔺相如[40]。相如至，谓秦王曰："秦自缪公以来二十余君，未尝有坚明约束者也[41]。臣诚恐见欺于王而负赵，故令人持璧归，间至赵矣[42]。且秦强而赵弱，大王遣一介之使至赵，赵立奉璧来[43]；今以秦之彊而先割十五都予赵，赵岂敢留璧而得罪于大王乎？臣知欺大王之罪当诛，臣请就汤镬。唯大王与群

臣孰计议之[44]！”秦王与群臣相视而嘻。左右或欲引相如去[45]，秦王因曰：“今杀相如，终不能得璧也，而绝秦赵之欢。不如因而厚遇之，使归赵，赵王岂以一璧之故欺秦耶[46]！”卒廷见相如，毕礼而归之[47]。相如既归，赵王以为贤大夫，使不辱于诸侯，拜相如为上大夫[48]。秦亦不以城予赵，赵亦终不予秦璧。

其后，秦伐赵，拔石城。明年，复攻赵，杀二万人。秦王使使者告赵王，欲与王为好会于西河外渑池[49]。赵王畏秦，欲毋行。廉颇、蔺相如计曰：“王不行，示赵弱且怯也。”赵王遂行，相如从[50]。廉颇送至境，与王诀曰[51]：“王行，度道里会遇之礼毕，还，不过三十日。三十日不还，则请立太子为王，以绝秦望[52]。”王许之。遂与秦王会渑池。

秦王饮酒酣，曰：“寡人窃闻赵王好音，请奏瑟。”赵王鼓瑟[53]。秦御史前书曰：“某年月日，秦王与赵王会饮，令赵王鼓瑟[54]。”蔺相如前曰：“赵王窃闻秦王善为秦声，请奉盆缻秦王，以相娱乐[55]。”秦王怒，不许。于是相如前进缻，因跪请秦王。秦王不肯击缻。相如曰：“五步之内，相如请得以颈血溅大王矣[56]。”左右欲刃相如，相如张目叱之，左右皆靡[57]。于是秦王不怿，为一击缻。相如顾召赵御史书曰[58]：“某年月日，秦王为赵王击缻。”秦之群臣曰：“请以赵十五城为秦王寿。”蔺相如亦曰：“请以秦之咸阳为赵王寿。”秦王竟酒，终不能加胜于赵。赵亦盛设兵以待秦[59]，秦不敢动。

既罢归国，以相如功大，拜为上卿，位在廉颇之右[60]。廉颇曰：“我为赵将，有攻城野战之大功，而蔺相如徒以口舌为劳[61]，而位居我上。且相如素贱人，吾羞，不忍为之下[62]。”宣言曰：“我见相如，必辱之。”相如闻，不肯与会[63]。相如每朝时，常称病，不欲与廉颇争列[64]。已而相如出，望见廉颇，相如引车避匿[65]。于是舍人相与谏曰：“臣所以去亲戚而事君者，徒慕君之高义也[66]。今君与廉颇同列，廉君宣恶言而君畏匿之，恐惧殊甚[67]。且庸人尚羞之，况于将相乎！臣等不肖[68]，请辞去。”蔺相如固止之，曰：

"公之视廉将军孰与秦王[69]？"曰："不若也。"相如曰："夫以秦王之威，而相如廷叱之，辱其群臣；相如虽驽，独畏廉将军哉[70]？顾吾念之，强秦之所以不敢加兵于赵者，徒以吾两人在也。今两虎共斗，其势不俱生[71]。吾所以为此者，以先国家之急而后私仇也[72]。"廉颇闻之，肉袒负荆，因宾客至相如门谢罪[73]，曰："鄙贱之人，不知将军宽之至此也[74]。"卒相与欢，为刎颈之交[75]。

【注释】

①赵惠文王：赵武灵王之子。

②阳晋：本卫邑，后属齐，在今山东荷泽西北。

③上卿：官名，最高等级的官职。闻：闻名。

④令：首领，头目。缪（miào）贤：人名。舍人：门客。

⑤和氏璧：相传楚人卞和发现的一块宝玉。

⑥秦昭王：即秦昭襄王。遗（wèi）：送。易：交换。

⑦予：给。徒：白白地。报：回答。

⑧计：打算。亡：逃跑。走燕：到燕国。

⑨止：劝阻。知：认识。

⑩语：告诉。

⑪从：跟随。会：相会，会盟。境上：边境，疆界。

⑫私：私下里。结友：交朋友。

⑬彊：同"强"。幸：宠爱。结：结交。

⑭亡赵：从赵国逃亡。

⑮束：捆绑。归：送还。

⑯肉袒：解衣露体。伏斧质：表示愿意接受惩罚。斧质，刑具。

⑰幸：侥幸。脱：免罪。

⑱宜：合适，相称。使：做使者。

⑲不：同"否"。

⑳曲：理亏。

㉑均：权衡。负秦曲：让秦国理亏。

㉒必：果真，确实。奉：同"捧"。

㉓完：完好无损。

㉔章台：秦台观之一，在渭河南岸。在此见赵使，表示轻视。奏：呈献。

㉕传：传递。呼万岁：表示祝贺。前：走上前。

㉖却：后退。怒发上冲冠：愤怒使头发直立，顶起帽子。

㉗发书：送信。悉：尽。负：倚仗，凭借。

㉘布衣：平民。况：何况。逆：伤害。欢：欢心。

㉙斋戒：戒绝欲望，洁净身体，以示虔诚与敬重。拜：下拜行礼。书：国书，即赵王给秦国的回信。庭：朝廷之上。

㉚严：敬重。修敬：增添敬意。

㉛列观：一般的宫殿。倨：傲慢。

㉜急：逼迫。

㉝睨（nì）：斜视。辞谢：道歉。固：一再。

㉞有司：主管部门。案：查阅。图：地图。都：城池。

㉟度：估计。特：不过。详：同"佯"，假装。

㊱共传：公认。

㊲九宾：即九仪，是当时最高的礼仪。

上：进献。

㊳许：答应。舍：安排住宿。传舍：宾馆。广成，里邑名。

㊴九宾：决：肯定。衣褐：穿上百姓的衣服。径道：小路。

㊵廷：正式的宫廷。引：迎接。

㊶缪公：即秦穆公。坚明：确切可信。约束：盟约，承诺。

㊷见欺：被骗。负：对不起。间：抄小路。

㊸一介：一个。立：立刻。

㊹就：走近。汤镬（huò）：实施烹刑的大鼎。孰计：仔细考虑。

㊺嘻：惊怪声。引：牵引，拉扯。

㊻绝：断绝。欢：好的关系。厚遇：优待。

㊼卒：结果。廷见：正式接见。毕礼：完成礼节。

㊽使：出使。不辱于诸侯：在别的诸侯（指秦国）面前不负使命。拜：任命，授予。

㊾为好：修好。会：会见。西河、渑（miǎn）池：地名。渑池在西河以南，对赵国而言，是“外”。

㊿毋行：不去。示：显示，暴露。

(51)境：国界线上。诀：告别。

(52)道里：路程。会遇之礼：会面时的礼仪。绝秦望：断绝秦国的幻想。

(53)酣：畅快。窃闻：听说。好音：喜欢音乐。瑟：一种乐器。鼓：弹奏。

(54)御史：史官。前书：上前书写（在史册）。会饮：聚会。

(55)善：擅长。秦声：秦地的歌曲。盆缻（fǒu）：盛酒的陶器，秦人也用作乐器。以相娱乐：彼此娱乐。

(56)前进：上前进献。颈血溅大王：意思是与秦王同归于尽。

(57)刃：以刀刺杀。张目：瞪眼。靡：后退。

(58)怿（yì）：高兴。顾：回头。召：召唤。

(59)寿：祝寿。竟酒：酒宴结束。加胜：占……上风。盛：大规模。调兵：设兵遣将。

(60)既罢：会面结束。右：秦汉人以右为上。此时，相如与廉颇同为上卿，但排序在前，故曰“右”。

(61)徒以：仅仅凭借。口舌为劳：靠说话取得功劳。素：一向。贱人：低贱之人。

(63)宣言：扬言。会：会面。

(64)朝时：上朝之际。争列：争位次。

(65)已而：后来，不久。引车：牵车。

(66)相与：共同，一起。去：离开。亲戚：亲属。事：侍奉。高义：崇高的道义。

(67)恶言：侮辱人的话。殊甚：很厉害，特别。

(68)庸人：普通人。不肖：无用，没出息。

(69)孰与：何如。驽（nú）：笨，无能。

(70)顾：但，只是。俱：同时，共同。

(72)先：重。后：轻。

(73)肉袒：脱去上衣。负荆：背着荆条。因：依靠，通过。

(74)鄙贱之人：廉颇自称。将军：此处指蔺相如。

(75)卒：终于。相与：彼此。刎颈之交：生死之交。

【解析】

本文选自《史记·廉颇蔺相如列传》，通过记叙“完璧归赵”、“渑池会盟”和“廉蔺交欢”三个故事，刻画了蔺相如机智勇敢、不畏强秦的

英雄形象和“先国家之急而后私仇”的高贵品质；同时也赞扬了廉颇忠心卫国、勇于改过的精神。故事情节曲折生动，语言疏宕有奇气，尤其是人物的对话，精练而富有个性。如蔺相如廷叱秦王和“五步之内，相如请得以颈血溅大王矣”的话语，固然表现了他的机智勇敢，他那“吾所以为此者，以先国家之急而后私仇也”的态度，更表现了他的明智、勇敢和宏大气度。廉颇的话则豪迈、坦率，与蔺相如的宽容交相辉映，显示出作者高超的艺术技巧。

西门豹治邺

魏文侯时，西门豹为邺令[①]。豹往到邺，会长老，问之民所疾苦[②]。长老曰：“苦为河伯娶妇，以故贫[③]。”豹问其故，对曰：“邺三老、廷掾常岁赋敛百姓，收取其钱得数百万，用其二三十万为河伯娶妇，与祝巫共分其余钱持归[④]。当其时，巫行视小家女好者，云是当为河伯妇，即聘取[⑤]。洗沐之，为治新缯绮縠衣，闲居斋戒[⑥]。为治斋宫河上，张缇绛帷，女居其中[⑦]。为具牛酒饭食，行十余日[⑧]，共粉饰之，如嫁女床席。令女居其上，浮之河中。始浮，行数十里乃没[⑨]。其人家有好女者，恐大巫祝为河伯取之，以故多持女远逃亡。以故城中益空无人，又困贫，所从来久远矣[⑩]。民人俗语曰：‘即不为河伯娶女，水来漂没，溺其人民’云[⑪]。”西门豹曰：“至为河伯娶妇时，愿三老、巫祝、父老送女河上，幸来告语之，吾亦往送女[⑫]。”皆曰：“诺。”

至其时，西门豹往会之河上。三老、官属、豪长者、里父老皆会，以人民往观之者三二千人[⑬]。其巫，老女子也，已年七十。从弟子女十人所，皆衣缯单衣，立大巫后[⑭]。西门豹曰：“呼河伯妇来，视其好丑。”即将女出帷中，来至前。豹视之，顾谓三老、巫祝、父老曰：“是女子不好，烦大巫妪为入报河伯，得更求好女，后日送之[⑮]。”即使吏卒共抱大巫妪投之河中。有顷，曰：“巫妪何久也？弟子趣之[⑯]！”复以弟子一人投河中。有顷，曰：“弟子何久也？复使一人趣之！”复投一弟子河中。凡投三弟子。西门

豹曰："巫妪、弟子，是女子也，不能白事，烦三老为入白之[17]。"复投三老河中。西门豹簪笔磬折，向河立待良久[18]。长老、吏、旁观者皆惊恐。西门豹顾曰："巫妪、三老不来还，奈之何？"欲复使廷掾与豪长者一人入趣之。皆叩头，叩头且破，额血流地，色如死灰。西门豹曰："诺。且留待之须臾[19]。"须臾，豹曰："廷掾起矣。状河伯留客之久，若皆罢去归矣[20]。"邺吏民大惊恐，从是以后，不敢复言为河伯娶妇[21]。

西门豹即发民凿十二渠，引河水灌民田，田皆溉。当其时，民治渠少烦苦，不欲也[22]。豹曰："民可以乐成，不可与虑始[23]。今父老子弟虽患苦我，然百岁后，期令父老子孙思我言[24]。"至今皆得水利，民人以给足富[25]。

【注释】

①魏文侯：战国初魏国国君，曾任用李悝、吴起等治国，使魏国逐渐强盛。西门豹：生卒年不详，魏国人。邺（yè）：县名，在今河北临漳县西南。

②长老：年高而有名望者。

③河伯：河神。以故：因此，所以。

④三老：掌管教化的官。廷掾（yuàn）：县令的佐吏。常岁：长年。祝巫：古代以搞迷信为职业者。持归：拿回家。

⑤行视：巡视。云：说。是：这。聘取：迎取。

⑥缯（zēng）：绸子。绮：有花纹的绸子，縠（hú）：有皱纹的轻纱。闲居：独住。斋戒：清心净身，以示尊敬。

⑦治斋宫：修筑斋戒用的房子。张：搭建。缇（tí）：黄红色的帛。绛：红色。帷：帐篷。

⑧具：准备。行：过了。

⑨粉饰：装饰打扮。没（mò）：沉没。

⑩持：带着。益：更加。所从来：由来。

⑪即：假如。漂没：淹没。

⑫幸：希望。告语：告诉，通知。

⑬会：聚会。豪长：即"长老"。里父老：乡亲。以：以及，还有。

⑭所：量词，大约，左右。

⑮顾：回过头。妪（yù）：老妇。报：传话。更求：重新找。

⑯有顷：过了一会儿。趣（cù）：催促。

⑰白：禀报。

⑱簪笔磬折：把笔像簪子一样插在头发上，身体像磬一样弯着，表示恭敬。簪（zān），用来绾住头发的一种首饰。磬（qìng），古代打击乐器，用玉或石做成，悬在架上，形略如曲尺。良久：很久，长时间。

⑲且：暂且。须臾：一会儿。

⑳状：看样子。若：你们。

㉑从是：从此。

㉒少烦苦：稍微厌烦劳苦。不欲：不想干。

㉓乐成：享受成功。虑始：开创时的谋划。

㉔患苦：怨恨。期令：一定会，必定。　㉕给（jǐ）：富裕，充足。

【解析】

本篇选自《史记·滑稽列传》附录。司马迁的《史记》，有几篇残缺，相传褚少孙进行了增补和增写，本篇即是。褚少孙，生卒年不详，西汉末年沛（今江苏沛县）人，汉元帝、成帝时博士，世称褚先生。本文描写了西门豹不事鬼神，严惩豪强，兴利除害，发展生产的生动事迹，显示了西门豹足智多谋、精明果断的政治才干。全文语言生动，情节曲折，引人入胜，人物性格十分鲜明。

报任少卿书①

太史公牛马走司马迁，再拜言②。

少卿足下：曩者辱赐书，教以慎于接物，推贤进士为务③。意气勤勤恳恳，若望仆不相师，而用流俗人之言④。仆非敢如此也。仆虽罢驽，亦尝侧闻长者之遗风矣。顾自以为身残处秽，动而见尤，欲益反损，是以独郁悒而与谁语⑤！谚曰：“谁为为之？孰令听之⑥？”盖钟子期死，伯牙终身不复鼓琴⑦。何则？士为知己者用，女为说己者容。若仆，大质已亏缺矣，虽才怀随和，行若由夷，终不可以为荣，适足以见笑而自点耳⑧。书辞宜答，会东从上来，又迫贱事，相见日浅，卒卒无须臾之间，得竭至意⑨。今少卿抱不测之罪，涉旬月，迫季冬，仆又薄从上雍，恐卒然不可为讳⑩。是仆终已不得舒愤懑以晓左右，则长逝者魂魄私恨无穷。请略陈固陋。阙然久不报⑪，幸勿为过。

仆闻之：“修身者，智之符也；爱施者，仁之端也；取与者，义之表也；耻辱者，勇之决也；立名者，行之极也。”士有此五者，然后可以托于世，而列于君子之林矣。故祸莫憯于欲利，悲莫痛于伤心，行莫丑于辱先，诟莫大于宫刑⑫。刑余之人，无所比数，非一世也，所从来远矣。昔卫灵公与雍渠同载，孔子适陈⑬；商鞅因景监见，赵良寒心⑭；同子参乘，袁丝变色⑮；自古而耻之！夫以中才之人，事有关于宦竖，莫不伤气，而况于慷慨之士乎？如今朝廷

虽乏人，奈何令刀锯之余，荐天下豪俊哉！仆赖先人绪业，得待罪辇毂下[16]，二十余年矣。所以自惟：上之，不能纳忠效信，有奇策才力之誉，自结明主；次之，又不能拾遗补阙，招贤进能，显岩穴之士；外之，又不能备行伍，攻城野战，有斩将搴旗之功；下之，不能积日累劳，取尊官厚禄，以为宗族交游光宠[17]。四者无一遂，苟合取容，无所短长之效，可见如此矣。向者，仆常厕下大夫之列，陪外廷末议，不以此时引维纲，尽思虑，今已亏形为扫除之隶，在阘茸之中[18]，乃欲仰首伸眉，论列是非，不亦轻朝廷、羞当世之士邪？嗟乎！嗟乎！如仆，尚何言哉！尚何言哉！

且事本末未易明也。仆少负不羁之行，长无乡曲之誉。主上幸以先人之故，使得奏薄伎，出入周卫之中。仆以为戴盆何以望天[19]，故绝宾客之知，亡室家之业，日夜思竭其不肖之才力，务一心营职，以求亲媚于主上。而事乃有大谬不然者。夫仆与李陵俱居门下，素非能相善也。趣舍异路，未尝衔杯酒，接殷勤之余懽[20]。然仆观其为人，自守奇士，事亲孝，与士信，临财廉，取与义，分别有让，恭俭下人，常思奋不顾身，以徇国家之急。其素所蓄积也，仆以为有国士之风[21]。夫人臣出万死不顾一生之计，赴公家之难，斯以奇矣。今举事一不当，而全躯保妻子之臣，随而媒孽其短，仆诚私心痛之[22]。且李陵提步卒不满五千，深践戎马之地，足历王庭，垂饵虎口，横挑强胡，仰亿万之师，与单于连战十有余日，所杀过当，虏救死扶伤不给[23]，旃裘之君长咸震怖，乃悉徵其左右贤王，举引弓之人，一国共攻而围之。转斗千里，矢尽道穷，救兵不至，士卒死伤如积。然陵一呼劳，军士无不起，躬自流涕，沫血饮泣，更张空拳，冒白刃，北向争死敌者[24]。陵未没时，使有来报，汉公卿王侯，皆奉觞上寿。后数日，陵败书闻，主上为之食不甘味，听朝不怡，大臣忧惧，不知所出。仆窃不自料其卑贱，见主上惨怆怛悼，诚欲效其款款之愚，以为李陵素与士大夫绝甘分少，能得人死力，虽古之名将，不能过也[25]。身虽陷败，彼观其意，且欲得其当而报于汉。事已无

可奈何，其所摧败，功亦足以暴于天下矣。仆怀欲陈之，而未有路，适会召问，即以此指推言陵之功。欲以广主上之意，塞睚眦之辞，未能尽明，明主不晓，以为仆沮贰师，而为李陵游说，遂于下理[26]。拳拳之忠，终不能自列，因为诬上，卒从吏议。家贫，货赂不足以自赎；交游莫救，左右亲近，不为一言。身非木石，独与法吏为伍，深幽囹圄之中，谁可告愬者！此真少卿所亲见，仆行事岂不然乎[27]？李陵既生降，隤其家声，而仆又佴之蚕室，重为天下观笑[28]。悲夫！悲夫！事未易一二为俗人言也。

仆之先，非有剖符丹书之功，文史星历，近乎卜祝之间，固主上所戏弄，倡优所畜，流俗之所轻也[29]。假令仆伏法受诛，若九牛亡一毛，与蝼蚁何以异？而世又不与能死节者，特以为智穷罪极，不能自免，卒就死耳。何也？素所自树立使然也[30]。人固有一死，或重于泰山，或轻于鸿毛，用之所趋异也。太上不辱先，其次不辱身，其次不辱理色，其次不辱辞令，其次诎体受辱，其次易服受辱，其次关木索、被箠楚受辱，其次剔毛发、婴金铁受辱，其次毁肌肤、断肢体受辱，最下腐刑极矣！传曰："刑不上大夫。"此言士节不可不勉励也[31]。猛虎在深山，百兽震恐，及在槛穽之中，摇尾而求食，积威约之渐也。故士有画地为牢，势不可入；削木为吏，议不可对，定计于鲜也。今交手足，受木索，暴肌肤，受榜箠，幽于圜墙之中。当此之时，见狱吏则头枪地，视徒隶则心惕息[32]。何者？积威约之势也。及以至是，言不辱者，所谓强颜耳，曷足贵乎？且西伯，伯也，拘于羑里[33]；李斯，相也，具于五刑[34]；淮阴，王也，受械于陈[35]；彭越、张敖，南面称孤，系狱抵罪[36]；绛侯诛诸吕，权倾五伯，囚于请室[37]；魏其，大将也，衣赭衣，关三木[38]；季布为朱家钳奴[39]；灌夫受辱于居室[40]。此人皆身至王侯将相，声闻邻国，及罪至罔加，不能引决自裁，在尘埃之中，古今一体，安在其不辱也？由此言之，勇怯，势也；强弱，形也。审矣，何足怪乎？夫人不能早自裁绳墨之外，以稍陵迟，至于鞭箠之间，乃欲引节，斯

不亦远乎！古人所以重施刑于大夫者，殆为此也[41]。夫人情莫不贪生恶死，念父母，顾妻子，至激于义理者不然，乃有所不得已也。今仆不幸，早失父母，无兄弟之亲，独身孤立，少卿视仆于妻子何如哉？且勇者不必死节，怯夫慕义，何处不勉焉？仆虽怯懦，欲苟活，亦颇识去就之分矣，何至自沈溺缧绁之辱哉！且夫臧获婢妾，由能引决，况仆之不得已乎？所以隐忍苟活，幽于粪土之中而不辞者，恨私心有所不尽，鄙陋没世，而文采不表于后也[42]。

古者富贵而名摩灭，不可胜记，唯倜傥非常之人称焉[43]。盖文王拘而演《周易》；仲尼厄而作《春秋》；屈原放逐，乃赋《离骚》；左丘失明，厥有《国语》；孙子膑脚，兵法修列；不韦迁蜀，世传《吕览》；韩非囚秦，《说难》、《孤愤》；《诗》三百篇，大底圣贤发愤之所为作也[44]。此人皆意有所郁结，不得通其道，故述往事，思来者。乃如左丘无目，孙子断足，终不可用，退而论书策，以舒其愤，思垂空文以自见[45]。仆窃不逊，近自托于无能之辞，网罗天下放失旧闻，略考其行事，综其终始，稽其成败兴坏之纪，上计轩辕，下至于兹，为十表，本纪十二，书八章，世家三十，列传七十，凡百三十篇。亦欲以究天人之际，通古今之变，成一家之言[46]。草创未就，会遭此祸。惜其不成，是以就极刑而无愠色。仆诚以著此书，藏之名山，传之其人，通邑大都，则仆偿前辱之责，虽万被戮，岂有悔哉？然此可为智者道，难为俗人言也[47]！

且负下未易居，下流多谤议。仆以口语遇遭此祸，重为乡党所笑，以污辱先人，亦何面目复上父母之丘墓乎[48]？虽累百世，垢弥甚耳！是以肠一日而九回，居则忽忽若有所亡，出则不知其所往。每念斯耻，汗未尝不发背沾衣也[49]！身直为闺阁之臣，宁得自引于深藏岩穴邪？故且从俗浮沈，与时俯仰，以通其狂惑。今少卿乃教以推贤进士，无乃与仆私心刺谬乎？今虽欲自雕琢，曼辞以自饰，无益于俗，不信，适足取辱耳。要之死日，然后是非乃定。书不能悉意，略陈固陋[50]。

谨再拜。

【注释】

①报：回复。任少卿：任安，字少卿，因卫青推荐，累迁至益州刺史。后因事下狱。他曾写信给司马迁，要他推荐贤人。几年后司马迁才写了这封回信。

②太史公：官名，即太史令，这里指司马迁的父亲司马谈。牛马走：像牛马一样供人驱使。是作者自谦之词。

③曩（nǎng）：从前，过去。辱：谦词，承蒙。慎于接物：待人处事要慎重。推贤进士：推举贤人。为务：当成自己的任务。

④意气：心意，情意。勤勤恳恳：诚恳。若：好像。望：怨。师：效法。流俗人：指世俗之人。

⑤罢（pí）驽：疲弱驽钝，自谦才能低下。侧闻：听说。长者：有德之人。遗风：风范。遗风：余音。顾：但是。身残：指身遭腐刑。处秽：处于污辱可耻的境地。见尤：被指责。欲益反损：想做好事反倒搞糟。郁悒（yì）：愁闷。

⑥谁为（wèi）为之：为谁去做事。孰令听之：让谁来听从。

⑦钟子期：春秋时楚人。伯牙：春秋时楚人。他善于弹琴，但只有钟子期能听懂（知音）。后来钟子期死了，他就破琴绝弦，终身不再弹琴。

⑧用：指出力。说：同“悦”，喜欢。容：修饰打扮。大质：身体。亏缺：残损。随和：指随侯珠、卞和璧，都是天下至宝。比喻美好的才德。行：品行。由夷：指许由、伯夷，都是品质高尚的典型。可以为荣：以此为荣。适：正好。自点：自取其辱。

⑨会：遇上。东从上来：这是指征和二年七月，因戾太子举兵，汉武帝自甘泉宫（在长安西）回长安。上：指汉武帝。迫贱事：忙于琐事。卒卒：十分忙碌。得竭至意：能够把内心的意思详尽地告诉您。

⑩不测之罪：死罪。征和二年（前91）七月，戾太子举兵。任安曾接受过他的命令，故有死罪。迫：近。季冬：夏历十二月。汉代法律规定，每年十二月处决犯人。这里意思是，过完了这个月，恐怕您就要被处决了。薄从上雍：忙于随皇上到雍地。雍，地名，在今陕西凤翔县南。卒然：突然间。不可为讳：意为任安被杀。

⑪终已：终于。懑：烦闷。晓：告知。左右：指任安。长逝者：死者，指任安。私恨：遗憾，指任安没有收到回信而遗憾。固陋：浅薄的想法。阙然：指时间相隔很久。

⑫符：信，体现。端：开端。表：标志。决：诱因。极：目标。憯（cǎn）：同“惨”，惨痛。诟（gòu）：耻辱。宫刑：亦称腐刑。

⑬刑余：受过宫刑。比数：相比。卫灵公：名允。雍渠：卫灵公的宦官。同载：同乘一辆车。孔子适陈：《史记·孔子世家》载，孔子看见卫灵公和宦官雍渠同乘一辆车，感到很可耻，于是就离开卫国。

⑭商鞅：秦国著名政治家。景监：秦孝公宠爱的宦官。他向秦孝公引见了商鞅。赵良：秦国的一个贤人。寒心：这里是警惕、担心的意思

⑮同子：汉文帝时的宦官赵谈。司马迁

因避父（司马谈）讳，故改称他为同子。参乘：即陪乘。袁丝：袁盎字丝，文帝时官至太常，以敢于直谏闻名。

⑯宦竖：宦官。竖，奴仆。慷慨之士：才能非凡、气概激昂的人。刀锯之余：受过刑的人。绪业：未完成的事业。指司马谈未完成的学术和事业。待罪辇毂下：在皇帝身边做官的委婉说法。指司马迁为了完成《史记》，忍辱出任太史令。

⑰惟：想。上之：最好的情况。效信：贡献自己的诚实之心。自结：取得皇帝的信任。拾遗补阙：发现问题，弥补过失。显岩穴之士：使隐居的人才显现出来。外之：对外。备行（háng）伍：参加军队。搴（qiān）旗：拔取敌人的旗帜。宗族交游：亲戚朋友。光宠：感到荣耀。

⑱向者：从前。厕：夹杂，参与，谦虚的说法。下大夫：太史令官秩六百石，位为下大夫。外廷：即外朝。汉朝官员分为外朝官和中朝官，太史令属外朝官。末议：无关重要的议论。引维纲：援引国家的大法。扫除之隶：打扫污秽的仆隶，谦指自己地位低下。阘茸（tà róng）：卑贱的人。

⑲负：依仗。不羁之行：行为豪放，不可约束。乡曲：乡里。周卫：宿卫环绕。指宫禁。戴盆何以望天：比喻一心不能二用。

⑳李陵：字少卿，名将李广的孙子，善骑射，率兵入匈奴，战败投降。俱居门下：都是能出入于宫殿门的官。趣舍异路：志趣不同。衔杯酒：即饮酒。余懽：很少的欢乐。懽同“欢”。这句是说，两个人没有什么私人交往。

㉑自守：能守节操。徇国家之急：为国家的危难牺牲自己。蓄积：言谈举止。

㉑自守：能守节操。徇国家之急：为国家的危难牺牲自己。蓄积：言谈举止。

㉒举事一不当：做事一旦不妥。全躯保妻子之臣：只顾保全自己和家人的大臣。媒孽：亦作媒蘖，指构陷酿罪。

㉓足历：经过，走进。王庭：单于居住的地方。垂饵虎口：意思是吸引敌人。仰：向上攻击。过当：超过自己部队人数。不给（jǐ）：顾不上。

㉔旃（zhān）裘：兽皮做的衣服，代指匈奴。引弓之人：善射的战士。矢尽：箭用完了。道穷：无路可退。沬（huì）血：血流满面。张空拳：拉开无箭的弓。拳，通“弮”。

㉕未没（mò）：没有失败。奉觞上寿：举杯祝贺。不怡：不高兴。惨怆怛悼：非常悲伤。怛（dá），悲苦。款款之愚：真诚的愚忠。绝甘分少：好的东西不吃，仅有的东西也要分给别人。

㉖得其当：等到机会合适。暴（pù）：显露。广：宽慰。塞：堵住。睚眦（yá zì）之辞：对李陵诬陷的话。沮：诋毁。贰师：李广利。李陵被围时，贰师将军李广利，拥兵不进，坐视失败。下理：交付刑狱。

㉗拳拳：诚恳，深切。自列：自己说明。诬上：欺骗皇上。吏议：狱吏拟定的罪名。货赂：钱财。自赎：用钱赎罪。囹圄（líng yǔ）：监狱。告愬：告诉。

㉘隤（tuí）：坠落，引申为败坏。佴（èr）：紧跟着。蚕室：不通风的屋子。观笑：看热闹、嘲笑。

㉙先：先人，即去世的父祖等。剖符：

用竹子作为信契（符），剖作两半，皇帝与功臣各执其半，上刻有同样的誓言。丹书：即用朱砂把誓词写在铁做成的契券上，保存在石室之中。凡有剖符丹书的功臣，其后人有罪也可赦免。文史星历：指史籍天文历算之学，即指太史令所掌管的事情。卜祝：主司占卜和祭祀的人。倡优所畜：像对待倡优一样。

㉚与：相提并论。死节：为气节而死。特：只不过。素所自树立：指平素所从事的职业和所处的地位。

㉛太上：最上，第一位。理色：情理，面子。诎体：即屈体，指被捆绑。易服：指换上罪人的衣服。关木索、被箠楚：戴上刑具，遭受板杖的拷打。关，穿。木索，指枷索。箠，同棰，杖。楚，荆条。婴：缠绕。传(zhuàn)：本文指《礼记》。刑不上大夫：大夫犯了法，可以不受刑罚。语见《礼记·曲礼上》："礼不下庶人，刑不上大夫。刑人不在君侧。"

㉜槛穽：牢笼。积威约之渐也：长期的威力制约，渐渐地把猛虎驯服下来。削木为吏，议不可对：面对木制的狱吏审罪，也不可去对质。定计于鲜：指事先打算得很明确。鲜，鲜明。圜(yuán)墙：即监狱，也称圜土。枪地：即抢地，头触地。惕息：恐惧得直喘气。

㉝西伯：周文王的封号。用文王曾被商纣王拘禁在羑里。羑(yǒu)里：古城名，一作牖里，在今河南汤阴北。

㉞李斯：战国末年楚上蔡（今河南蔡县西）人。入秦佐始皇统一中国，官至丞相。秦二世时，赵高专权，李斯被腰斩于咸阳。

㉟淮阴：淮阴侯韩信，曾封楚王。受械于陈：有人告发韩信谋反，高帝伪称游云梦，会诸侯于陈，韩信往会，遂被囚系。械，拘束手足的刑具。

㊱彭越：灭楚有功，封梁王。后因人诬告谋反，下狱定罪。张敖：张耳的儿子，继父立为赵王，因其臣下谋害高帝而被逮捕下狱。

㊲绛侯：周勃封号。诛诸吕：诛杀吕禄、吕产诸人，平定叛乱，迎立高帝次子代王恒为文帝。请室：囚禁有罪官吏的监狱。

㊳魏其(jī)：景帝时大将军窦婴，平定七国之乱有功，封魏其侯。赭(zhě)衣：古代囚犯所穿的赤褐色的衣服。三木：指加在颈、手、足三处的刑具。

㊴季布：楚国人，初为项羽将，屡困刘邦。项羽败后，刘邦重金悬赏捉他，他被迫匿于濮阳周氏。后髡钳（剃去头发叫髡，用铁圈束颈叫钳）为奴，卖身于鲁国的大侠朱家。

㊵灌夫：汉武帝时将军，因得罪丞相田蚡，被拘在居室。居室：汉代官署名，太初元年，改称保宫，是贵族犯罪后拘留之所。

㊲罔加：即受到法令的制裁。引决自裁：即自杀。绳墨之外：即法律制裁之前。绳墨，指法律。陵迟：同"陵夷"，衰落。引节：死节，指自杀。

㊳去就之分：取舍的界限，指舍生就死。缧绁(léixiè)：指监狱。臧获：古代对奴婢的贱称。由：同"犹"。没世：终生。

㊴摩灭：同"磨灭"。

㊵演：推演。相传周文王被纣拘禁于羑里后，推演《易经》的八卦为六十四卦，成为《周易》一书的主要内容。

㊶罔加：法律制裁。引决自裁：自杀。

尘埃：牢狱。势：形势。形：场合。绳墨之外：法律制裁之前。稍：渐渐。陵迟：衰落。引决：自杀。重：慎重。

㊷去就之分：取舍的界限，指舍生就死。缧泄（léixiè）：指监狱。臧获：古代对奴婢的贱称。由：同“犹”。没世：终生。幽于粪土：囚禁在肮脏的牢里。

㊸摩灭：泯灭。不可胜记：形容很多。倜傥非常：卓越不凡。

㊹拘：囚禁。厄：受困。放逐：流放。膑脚：古代刑罚之一，剜去膝盖骨。迁：流放。大底：大致。发愤：抒发忧愤。

㊺乃如：至于。垂：流传。空文：指文章。自见（xiàn）：表达自己的志向。

㊻不逊：不自量力。放失（yì）旧闻：散乱失传的文献。失，通“逸”，散失。稽：求，探究。纪：纲纪，指线索，道理。天人之际：指自然与人事的关系。

㊼草创：开始创建。愠色：怨恨之色。通邑大都：大的都市。责：同“债”。

㊽负下：在负罪受辱的情况下。未易居：不容易处世。下流：本为水的下游，这里指被歧视的位置。口语：指为李陵辩护。乡党：泛指乡里。复上父母之丘墓：死后葬在祖宗的墓地里。

㊾一日而九回：形容愁绪难解。忽忽若所亡：若有所失。

㊿直：通“值”。当：担任。闺阁之臣：指宦官一类的官职。深藏岩穴：指退居归隐。通其狂惑：抒解心中的狂乱。无乃：岂不。剌（là）谬：违异，完全相反。曼辞：美丽词句，动听话语。不信：不能被人相信。要之：总之。固陋：浅薄之见。

【解析】

《报任少卿书》是司马迁给他朋友任安的一封复信。司马迁因李陵之祸，被捕下狱，惨遭宫刑。出狱后，任中书令，为一般士大夫所鄙视。在这期间，任安写信给他，希望他利用中书令的地位“推贤进士”。鉴于自己的沉痛教训和对黑暗现实的深刻认识，司马迁觉得难以按任安的话去做，所以一直没有复信。后来，任安以重罪入狱，司马迁担心任安一旦被处死，就会永远失去给他回信的机会，于是写下了这篇《报任少卿书》。

全文可分六段。第一段主要说明自己迟迟未能回信的原因；第二段述说自己遭受的奇耻大辱；第三段回顾因为替李陵辩护而获罪的经过；第四段主要阐述作者的荣辱观和生死观，说明受辱不死的原因；第五段说自己已经著成《史记》，可偿前辱之债；最后一段总收全文，描写自己的痛苦和寂寞。全文笔法雄健，开阖自如，行文迂曲，跌宕起伏，文辞优美，瑰丽奇伟。作者熟练运用各种历史材料和民俗谚语，以高超的艺术技巧淋漓尽致地表达出非常复杂曲折的思想感情。全文文气伟壮，内蕴深厚，被后人誉为“千古奇文”。

班　固

班固（32～92），字孟坚，扶风安陵（今陕西咸阳市东）人。其父班彪，是汉光武帝时著名儒学大师，班固幼承家教，博学好文。以著作为郎。章帝诏诸儒讲论五经于白虎观，班固受命撰其事，作《白虎通义》。和帝时，随窦宪出击匈奴，后窦宪被迫自杀，班固亦被下狱至死。班彪曾为《史记》作《后传》数十篇，班固继之而撰《汉书》，未竟而卒，后由其妹班昭及马续奉诏完成。《汉书》记事，起于汉高祖，止于王莽末年，是我国第一部纪传体断代史。叙事详密严谨，语言整饬赡丽，具有鲜明的学者著述特色。

苏武传

武字子卿①，少以父任②，兄弟并为郎③，稍迁至栘中厩监④。时汉连伐胡，数通使相窥观⑤。匈奴留汉使者郭吉、路充国等前后十余辈⑥；匈奴使来，汉亦留之以相当。天汉元年，且鞮侯单于初立⑦，恐汉袭之，乃曰："汉天子，我丈人行也⑧。"尽归汉使路充国等。武帝嘉其义，乃遣武以中郎将使持节送匈奴使留在汉者，因厚赂单于，答其善意⑨。武与副中郎将张胜及假吏常惠等，募士斥候百余人俱⑩。既至匈奴，置币遗单于。单于益骄，非汉所望也⑪。

方欲发使送武等，会缑王与长水虞常等谋反匈奴中⑫。缑王者，昆邪王姊子也，与昆邪王俱降汉，后随浞野侯没胡中⑬。及卫律所将降者，阴相与谋劫单于母阏氏归汉⑭。会武等至匈奴，虞常在汉时素与副张胜相知，私候胜曰⑮："闻汉天子甚怨卫律，常能为汉伏弩射杀之。吾母与弟在汉，幸蒙其赏赐。"张胜许之，以货物与常⑯。后月余，单于出猎，独阏氏子弟在。虞常等七十余人欲发，其一人夜亡，告之。单于子弟发兵与战，缑王等皆死，虞常生得⑰。

单于使卫律治其事⑱。张胜闻之，恐前语发⑲，以状语

武[20]。武曰："事如此，此必及我，见犯乃死，重负国[21]。"欲自杀，胜、惠共止之。虞常果引张胜[22]。单于怒，召诸贵人议，欲杀汉使者。左伊秩訾曰："即谋单于，何以复加？宜皆降之[23]。"单于使卫律召武受辞[24]，武谓惠等："屈节辱命[25]，虽生，何面目以归汉！"引佩刀自刺。卫律惊，自抱持武，驰召医。凿地为坎，置熅火[26]，覆武其上，蹈其背以出血。武气绝，半日复息[27]。惠等哭，舆归营。单于壮其节，朝夕遣人候问武，而收系张胜[28]。

武益愈。单于使使晓武[29]，会论虞常[30]，欲因此时降武。剑斩虞常已，律曰："汉使张胜谋杀单于近臣，当死，单于募降者赦罪[31]。"举剑欲击之，胜请降。律谓武曰："副有罪，当相坐[32]。"武曰："本无谋，又非亲属，何谓相坐？"复举剑拟之[33]，武不动。律曰："苏君，律前负汉归匈奴，幸蒙大恩，赐号称王，拥众数万，马畜弥山，富贵如此。苏君今日降，明日复然。空以身膏草野[34]，谁复知之！"武不应。律曰："君因我降，与君为兄弟。今不听吾计，后虽欲复见我，尚可得乎？"武骂律曰："女为人臣子，不顾恩义，畔主背亲[35]，为降虏于蛮夷，何以女为见？且单于信女，使决人死生，不平心持正，反欲斗两主，观祸败[36]。南越杀汉使者，屠为九郡[37]；宛王杀汉使者，头悬北阙[38]；朝鲜杀汉使者，即时诛灭[39]；独匈奴未耳。若知我不降明[40]，欲令两国相攻，匈奴之祸从我始矣。"

律知武终不可胁，白单于。单于愈益欲降之，乃幽武置大窖中[41]，绝不饮食[42]。天雨雪[43]。武卧啮雪与旃毛并咽之[44]，数日不死。匈奴以为神，乃徙武北海上无人处[45]，使牧羝，羝乳乃得归[46]。别其官属常惠等，各置他所[47]。

武既至海上，廪食不至[48]，掘野鼠去中实而食之[49]。杖汉节牧羊，卧起操持，节旄尽落[50]。积五六年，单于弟於靬王弋射海上[51]。武能网纺缴，檠弓弩[52]，於靬王爱之，给其衣食[53]。三岁余，王病，赐武马畜、服匿、穹庐[54]。王死后，人众徙去[55]。其冬，丁灵盗武牛羊，武复穷厄[56]。

初，武与李陵俱为侍中。武使匈奴明年，陵降，不敢

求武[57]。久之，单于使陵至海上，为武置酒设乐，因谓武曰："单于闻陵与子卿素厚，故使陵来说足下[58]，虚心欲相待[59]。终不得归汉，空自苦亡人之地，信义安所见乎？前长君为奉车[60]，从至雍棫阳宫[61]，扶辇下除[62]，触柱折辕，劾大不敬[63]，伏剑自刎[64]，赐钱二百万以葬。孺卿从祠河东后土[65]，宦骑与黄门驸马争船[66]，推堕驸马河中溺死。宦骑亡，诏使孺卿逐捕不得，惶恐饮药而死。来时，太夫人已不幸[67]，陵送葬至阳陵[68]。子卿妇年少，闻已更嫁矣。独有女弟二人，两女一男[69]，今复十余年，存亡不可知。人生如朝露，何久自苦如此！陵始降时，忽忽如狂[70]，自痛负汉，加以老母系保宫[71]。子卿不欲降，何以过陵[72]？且陛下春秋高，法令亡常[73]，大臣亡罪夷灭者数十家[74]，安危不可知，子卿尚复谁为乎？愿听陵计，勿复有云[75]。"武曰："武父子亡功德，皆为陛下所成就，位列将，爵通侯[76]，兄弟亲近，常愿肝脑涂地[77]。今得杀身自效，虽蒙斧钺汤镬，诚甘乐之[78]。臣事君，犹子事父也，子为父死，亡所恨。愿勿复再言。"陵与武饮数日，复曰："子卿壹听陵言[79]。"武曰："自分已死久矣！王必欲降武，请毕今日之欢，效死于前[80]！"陵见其至诚，喟然叹曰："嗟乎，义士！陵与卫律之罪上通于天[81]！"因泣下沾衿，与武决去[82]。

陵恶自赐武，使其妻赐武牛羊数十头。后陵复至北海上，语武："区脱捕得云中生口，言太守以下吏民皆白服，曰上崩[83]。"武闻之，南乡号哭，欧血，旦夕临[84]。

数月，昭帝即位。数年，匈奴与汉和亲[85]。汉求武等，匈奴诡言武死。后汉使复至匈奴，常惠请其守者与俱，得夜见汉使，具自陈道[85]。教使者谓单于，言天子射上林中，得雁，足有系帛书，言武等在某泽中[86]。使者大喜，如惠语以让单于[87]。单于视左右而惊，谢汉使曰："武等实在。"于是李陵置酒贺武曰："今足下还归，扬名于匈奴，功显于汉室，虽古竹帛所载，丹青所画[88]，何以过子卿！陵虽驽怯，令汉且贯陵罪，全其老母，使得奋大辱之积志[89]，庶几乎曹柯之盟，此陵宿昔之所不忘也[90]。收族陵家，为

世大戮，陵尚复何顾乎[91]？已矣！令子卿知吾心耳。异域之人，一别长绝[92]！”陵起舞，歌曰：“径万里兮度沙幕，为君将兮奋匈奴。路穷绝兮矢刃摧，士众灭兮名已隤[93]。老母已死，虽欲报恩将安归！”陵泣下数行，因与武决。单于召会武官属，前以降及物故[94]，凡随武还者九人。

武以始元六年春至京师。诏武奉一太牢谒武帝园庙，拜为典属国，秩中二千石，赐钱二百万，公田二顷，宅一区[95]。常惠、徐圣、赵终根皆拜为中郎，赐帛各二百匹；其余六人老，归家，赐钱八十万，复终身[96]。常惠后至右将军，封列侯，自有传[97]。武留匈奴凡十九岁，始以强壮出，及还，须发尽白。

【注释】

①武：苏武。

②以父任：凭父亲苏建的保举。汉制，官吏任满一定年限可以保举子弟。

③兄弟：指苏武及其兄苏嘉、弟苏贤三人。郎：皇帝侍从官。

④稍迁：逐渐升官。移（yí）中厩监：管理宫中射猎用物的官。

⑤数（shuò）：多次。窥观：察看，侦察。

⑥郭吉：汉武帝元封元年（前110）出使匈奴，被扣留。路充国：汉武帝元封四年（前107）出使匈奴，被扣留。十余辈：十余批。

⑦天汉：汉武帝年号（前100～前97）。且鞮（jūdī）侯：匈奴王，公元前100年继位。单（chán）于：匈奴君主称号。

⑧丈人行（háng）：父辈，长辈。

⑨中郎将：官名。节：使臣所持信物。厚赂：送很多财物。

⑩假吏：临时兼任的官吏。斥候：侦察兵。

⑪置：安排。币：财物。遗（wèi）：赠送。望：希望。

⑫缑（gōu）王：匈奴的一个亲王。长水：地名，今陕西户县东。虞常：人名，长水人，后没入匈奴。

⑬昆邪（húnyé）王：匈奴亲王。浞（zhuó）野侯：汉将赵破奴，他曾率军击匈奴，兵败而降。所将降著：（卫律）带着投降匈奴的人。阴：暗地里。他曾率军击匈奴，兵败而降。

⑭卫律：生长在汉朝的胡人，后遂投降匈奴，被封为丁零王。阏氏（yānzhī）：匈奴王后称号。

⑮私：私下。候：拜访。

⑯伏弩：暗藏弓弩。货物：财物。

⑰发：发动，起事。生得：被活捉。

⑱治：处理。

⑲前语：和虞常说过的话。发：事发，泄露。

⑳状：情形。语：告诉。

㉑见犯：受侮辱。负国：有负国家。

㉒引：牵引，供出。

㉓诸贵人：匈奴的诸位贵族。左尹秩訾（zī）：匈奴的王号。即谋单于：假使要谋杀单于。

㉔受辞：审讯。

㉕屈节：丧失气节。

㉖坎：坑穴。煴火：无焰的火堆。

㉗蹈（tāo）：同“搯”，叩，轻敲。复息：恢复呼吸。

㉘舆：用车载。壮其节：赞赏苏武的气节。收系：囚禁。

㉙愈：身体恢复。晓：告知。

㉚会论：共同审判。

㉛当：判罪。募：招。

㉜副：副使。相坐：连带治罪。

㉝拟：比划。

㉞复然：也会这样（指富贵）。身膏草野：指死于荒野。

㉟女：通“汝”。畔：通“叛”。

㊱平心持正：居心平允，主持公道。二主：汉天子和匈奴单于。

㊲南越：汉代国名，今广东、广西一带。元鼎五年（前 112），南越大乱，汉使者被杀，汉武帝派兵讨伐，把南越改置为南海、苍梧、郁林、合浦、交趾、九真、日南、珠崖、儋耳九郡。

㊳宛：大宛，西域国名，产良马。武帝派人往求良马，所派使者被杀。武帝大怒，派贰师将军李广利率军讨伐，杀大宛国王。

㊴朝鲜：汉武帝元封二年，朝鲜王杀汉使涉何，武帝遣杨仆率军讨平朝鲜。

㊵若：你。明：明白。

㊶白：告诉。幽：囚，禁闭。窖：储藏物品的地穴。

㊷绝：断绝供应。

㊸雨雪：降雪，下雪。

㊹啮（niè）：同“啮”，咬，嚼。旃毛：同“毡毛”，毡上的毛。

㊺北海：今俄罗斯贝加尔湖。

㊻羝（dī）：公羊。乳：产子。这句意为：公羊产子才能回国。

㊼别：隔离。他所：别的地方。

㊽廪食：官家供应的粮食。

㊾去（jǔ），收藏。屮（chè）实：野生果实。

㊿汉节：汉朝的节杖。节旄：旄节上的旄牛尾。

51积：度过。於靬（wū jiān）王：且鞮侯单于之弟。弋（yì）射：打猎。

52网：织鱼网。纺缴（zhuó）：编箭缴。缴，箭尾的丝线。檠（qíng）：矫正，修理。

53给（jǐ）：供应。

54服匿：盛酒陶器。穹庐：圆顶帐篷。

55人众：於靬王的部下。徙：迁走。

56丁灵：匈奴部落名，这里指丁灵人。穷厄：贫困。

57李陵：字少卿，李广孙，出征匈奴，寡不敌众，战败投降。侍中：官名。明年：第二年。求：访。

58素厚：一向交情深厚。说（shuì）：劝说。

59虚心：谦恭。相待：对待苏武。

60亡人：无人。长君：苏武之兄苏嘉。奉车：奉车都尉，掌管皇帝车驾。

61从：随皇帝。雍：县名。今陕西凤翔县。棫（yù）阳宫：宫名，在雍县东北。

62辇：帝王坐的车。除：台阶。

63辕：车前的直木。劾（hé）：弹劾。

64伏剑：用剑。

65孺卿：苏武弟苏贤的字。从祠：跟从皇帝祭祀。河东：郡名，在今山西境内。后土：地神。

66宦骑：骑马的宦官。黄门驸马：皇帝的侍从人员。

67太夫人：此指苏武母亲。不幸：死的婉称。

⑱阳陵：长安东北文阳山，苏氏葬地。

⑲子卿妇：指苏武的夫人。更嫁：改嫁。女弟：妹妹。

⑳忽忽：精神恍惚。

㉑保宫：拘留贵族罪犯的地方。

㉒过：超过，比得上。

㉓春秋高：年纪大。亡常：即“无常”。

㉔夷灭：被诛杀，灭族。

㉕勿复有云：不要再说什么。

㉖列将：一般的将军。通侯：爵位名称。汉制，异姓功臣封侯叫通侯。

㉗亲近：为皇帝近臣。肝脑涂地：指杀身报效。

㉘自效：效忠国家。斧钺汤镬：指处以极刑。钺（yuè），一种斧状的兵器。甘乐：心甘情愿。

㉙壹：一定。

㉚自分：自己估计。王：指单于。毕：尽情。效死于前：就在你（李陵）面前。

㉛喟然：叹息的样子。上通于天：形容像天一样高。

㉜衿：衣襟。决：同“诀”，辞别。

㉝恶（wù）：不好意思。

㉝语：告诉。区脱：匈奴语，土堡哨所。云中：郡名，今内蒙古自治区南部一带。生口：活人。上崩：武帝死了。

㉞南乡：南向，面向南方。欧血：吐血。欧，同“呕”。临：哭奠。

㉟昭帝：武帝子。公元前 87 年继位。和亲：和好。

㊱诡言：谎称。守者：看管人。与俱：一起，一块。具有陈道：把自己的经历全部说了。帛书：写在帛上的信。上林：秦苑名，今陕西长安、周至、户县一带。某泽：指北海。

㊲让：责问。

㊳竹帛：史籍。丹青：图画。

㊴驽怯：笨拙怯懦。令：假使。贳（shì）：宽恕。全：保全。奋：抒发。大辱：投敌。积志：心中积蓄的愿望。

㊵庶几：也许。曹柯之盟：鲁庄公十三年（前 681），齐桓公与鲁庄公会盟于柯地，鲁人曹沫胁迫齐桓公归还鲁国失地。宿昔：朝夕。

㊶收族：收捕并族诛。戮：受辱。顾：留恋。

㊷已矣：算了。长绝：永别。

㊸径：度过，穿过。沙幕：同“沙漠”。将：带兵。隤（tuí）：坠落。

㊹召会：召集。以：通“已”。物故：死。

㊺太牢：以羊、牛、猪三牲作祭品。谒：祭告。园庙：皇帝陵墓处的祠庙。典属国：官名，主管少数民族事务。秩：俸禄的等级。

㊻复：免除赋税或徭役。

㊼列侯：即通侯。自有传：另有传记。

【解析】

本文选自《汉书·李广苏建传》。苏武在汉武帝天汉元年（前 100）奉命出使匈奴，被匈奴扣留十九年，历尽艰辛，始终忠于汉室，不肯降敌，最后得以回到汉朝。本文生动地记述了苏武出使的过程，波澜起伏，线索分明。以言写人，更见精神。卫律的说辞，崇富贵而贱节义，苏武的怒斥，义正辞严，千载之下，“读之犹凛凛有生气”（凌约言《汉书评林》）。李陵的劝降，混淆了个人恩怨和国家民族利益，与苏武的大义凛

然，形成了鲜明对比。但也借李陵之口，不动声色地批评了汉廷的刻薄寡恩。

李　固

李固（94～147），字子坚，东汉汉中南郑（今陕西南郑县）人。少好学，博古通今。州郡多次举孝廉、秀才，司空府召为属官，皆坚辞不就。顺帝阳嘉二年（133），对策，直陈外戚、宦官专权擅政弊病，任为议郎。后历任荆州刺史、大司农。冲帝时官至太尉，与大将军梁冀参录尚书事。及桓帝即位，梁冀构陷李固，下狱处死。有文十一篇，大都散佚。事见《后汉书》本传。

遗黄琼书

闻已度伊洛，近在万岁亭①，岂即事有渐②，将顺王命乎③？

盖君子谓："伯夷隘，柳下惠不恭④。"故传曰："不夷不惠，可否之间⑤。"盖圣贤居身之所珍也⑥。诚遂欲枕山栖谷⑦，拟迹巢由，斯则可矣⑧；若当辅政济民，今其时也⑨。自生民以来，善政少而乱俗多，必待尧舜之君，此为志士终无时矣⑩。

常闻语曰："峣峣者易缺，皎皎者易污⑪。"《阳春》之曲，和者必寡⑫。盛名之下，其实难副⑬。近鲁阳樊君，被征初至，朝廷设坛席，犹待神明⑭。虽无大异，而言行所守无缺⑮；而毁谤布流，应时折减者⑯，岂非观听望深，声名太盛乎⑰？自顷征聘之士胡元安、薛孟尝、朱仲昭、顾季鸿等⑱，其功业皆无所采⑲，是故俗论皆言处士纯盗虚声⑳。愿先生弘此远谟㉑，令众人叹服，一雪此言耳㉒！

【注释】

①伊洛：伊水和洛水，在河南洛阳附近。万岁亭：在洛阳附近，故地在今

河南登封市。

②即事：就事，指出来做官。渐：开端，进展。

③顺：顺从。

④君子：指孟子。这句话出自《孟子·公孙丑》。伯夷：孤竹君之子。武王伐纣，与其弟叔齐叩马而谏；殷灭，二人不食周粟，饿死于首阳山。隘：狭隘，固执。柳下惠：春秋中期鲁国大夫，姓展名获，字禽，食邑在柳下，故称柳下惠。柳下惠做鲁国典狱官时，三次被贬职，仍不离开鲁国国君。不恭：不严肃。

⑤这句话出自扬雄《法言·渊骞》。夷：指伯夷。惠：指柳下惠。可否之间：即取法乎中，不要走极端。

⑥居身：立身处世。所珍：所珍重，所应该持有的态度。

⑦诚：确实。遂欲：想要。枕山栖谷：隐居山林。

⑧拟迹：效仿别人的做法。巢由：指巢父和许由。相传尧要让位于二人，二人逃入深山，耕地而食。斯：此，指黄琼不欲做官的做法。

⑨辅政：辅佐皇上。济民：拯救百姓。其时：正是时候。

⑩生民以来：自古以来。终无时：永远没有机会。

⑪峣峣（yáo）：高峻的样子。缺：损坏，折断。皎皎：洁白。污：玷污。

⑫《阳春》：乐曲名，是公元前三世纪楚国的高雅乐曲。和（hè）：和唱，跟着唱。

⑬盛名：大的名气。副：相称。

⑭鲁阳樊君：鲁阳（今河南鲁山县）人樊英，习《易》，通《五经》，识灾异，隐居于壶山。朝廷多次征召，他都不去。汉顺帝令用车载之入京，又专为他设立高坛，以师礼待之，授五官中郎将之职。但他只知空谈，并无特别才能，颇失众望。

⑮大异：特殊的表现。言行所守：言行所遵循的原则。无缺：没有什么缺失。

⑯毁谤：诋毁，攻击。布流：到处流传。应时：马上。折减：（指声誉）降低。

⑰观听：观其行，听其言。望深：期望很高。

⑱自顷：不久前。征聘：受朝廷征召。胡元安：颍川颍阳（今河南许昌）人，居丧饥饿，县官送干粮于他，只取一半，以此得名。薛孟尝：汝南（今河南汝南）人，受后母虐待，号泣不去。后与兄弟子侄分家，推让财产，以此得名，被征拜郎中。朱仲昭：未详。顾季鸿：吴郡吴（今江苏苏州）人，官至颍川太守。

⑲无所采：没什么可取的。

⑳俗论：一般的舆论。处士：有才有德而未居官位的人，即隐士。纯盗虚声：完全是徒有虚名。

㉑弘此远谟：发扬光大朝廷征召处士这一意义深远的政策。弘，光大。谟，政策，策略。

㉒雪：洗刷。

【解析】

黄琼，字世英，江夏安陆（今湖北安陆）人。顺帝永建年间，朝廷征召进京做官，行至登封县，托病不进。时李固在京读书，写了这封信劝勉他。黄琼见信后进京，官拜仪郎，后位至司空、太尉。

文章一反“天下有道则仕，无道则隐”的古训，先说自古以来，“善政少而乱俗多”，有为之人，应当挺身而出，不应托辞清高，回避责任。然后，从反面引樊、胡等人行迹，揭露了“处士纯盗虚声”，于世无补的本质。最后，顺理成章地说出自己对黄琼扭转士风的厚望。文章既辗转设辞，韵味悠长，又语短意直，自有清拔之气，实开魏晋书简一体先声。

曹 操

曹操（155～220），字孟德，沛国谯郡（今安徽亳州市）人。年二十举孝廉，因镇压黄巾起义，迁为济南相。后起兵讨伐董卓，又进而剿灭袁绍，逐渐统一了北方，位至大将军、丞相，封魏王。曹丕称帝，追尊为武帝。曹操是三国时期杰出的政治家、军事家和文学家，雄才大略，文武兼资。他的诗全系乐府，真实地反映了汉末动乱的社会现实，表现了统一天下的远大抱负和顽强的进取精神。其诗古朴苍劲，豪雄悲壮，刘熙载《艺概·诗概》评云：“曹公诗气雄力坚，足以笼罩一切，建安诸子未有其匹也。”其文亦雄浑深健，充分展示其理想与心志，具有很高的艺术性。著有《曹操集》。

让县自明本志令[①]

孤始举孝廉，年少，自以本非岩穴知名之士[②]，恐为海内人之所见凡愚，欲为一郡守，好作政教[③]，以建立名誉，使世士明知之[④]。故在济南，始除残去秽，平心选举[⑤]，违迕诸常侍，以为强豪所忿，恐致家祸，故以病还[⑥]。

去官之后，年纪尚少，顾视同岁中，年有五十，未名为老[⑦]，内自图之，从此却去二十年，待天下清，乃与同岁中始举者等耳[⑧]。故以四时归乡里，于谯东五十里筑精舍[⑨]，欲秋夏读书，冬春射猎，求底下之地，欲以泥水自蔽，绝宾客往来之望，然不能得如意[⑩]。

后征为都尉，迁典军校尉[⑪]，意遂更欲为国家讨贼立功，欲望封侯作征西将军，然后题墓道言“汉故征西将军

曹侯之墓[12]”，此其志也。而遭值董卓之难，兴举义兵。是时合兵能多得耳[13]，然常自损，不欲多之；所以然者，兵多意盛，与强敌争，倘更为祸始[14]。故汴水之战数千，后还到扬州更募[15]，亦复不过三千人，此其本志有限也。

后领兖州，破降黄巾三十万众[16]。又袁术僭号于九江，下皆称臣[17]，名门曰建号门，衣被皆为天子之制，两妇预争为皇后[18]。志计已定，人有劝术，使遂即帝位，露布天下[19]。答言“曹公尚在，未可也”。后孤讨禽其四将，获其人众，遂使术穷亡解沮[20]，发病而死。及至袁绍据河北，兵势强盛，孤自度势，实不敌之[21]。但计投死为国，以义灭身，足垂于后。幸而破绍，枭其二子[22]。又刘表自以为宗室，包藏奸心，乍前乍却，以观世事，据有荆州[23]。孤复定之，遂平天下。身为宰相，人臣之贵已极，意望已过矣[24]。

今孤言此，若为自大，欲人言尽，故无讳耳。设使国家无有孤，不知当几人称帝，几人称王[25]。或者人见孤强盛，又性不信天命之事，恐私心相评，言有不逊之志[26]，妄相忖度，每用耿耿[27]。齐桓、晋文所以垂称至今日者，以其兵势广大，犹能奉事周室也[28]。《论语》云：“三分天下有其二，以服事殷，周之德可谓至德矣[29]。”昔乐毅走赵，赵王欲与之图燕[30]。乐毅伏而垂泣，对曰：“臣事昭王，犹事大王；臣若获戾，放在他国，没世然后已，不忍谋赵之徒隶，况燕后嗣乎[31]！”胡亥之杀蒙恬也，恬曰：“自吾先人及至子孙，积信于秦三世矣[32]。今臣将兵三十余万，其势足以背叛，然自知必死而守义者，不敢辱先人之教以忘先王也[33]。”孤每读此二人书，未尝不怆然流涕也[34]。孤祖、父以至孤身，皆当亲重之任，可谓见信者矣。以及子桓兄弟，过于三世矣[35]。孤非徒对诸君说此也，常以语妻妾，皆令深知此意。孤谓之言：“顾我万年之后，汝曹皆当出嫁，欲令传道我心[36]，使他人皆知之。”孤此言皆肝鬲之要也。所以勤勤恳恳叙心腹者[37]，见周公有《金縢》之书以自明[38]，恐人不信之故。

然欲孤便尔委捐所典兵众以还执事，归就武平侯国[39]，实不可也。何者？诚恐已离兵为人所祸也[40]。既为子孙计，

又已败则国家倾危，是以不得慕虚名而处实祸，此所不得为也。前朝恩封三子为侯，固辞不受，今更欲受之，非欲复以为荣，欲以为外援为万安计[41]。

孤闻介推之避晋封[42]，申胥之逃楚赏[43]，未尝不舍书而叹，有以自省也。奉国威灵，仗钺征伐[44]，推弱以克强，处小而禽大[45]，意之所图，动无违事[46]，心之所虑，何向不济[47]？遂荡平天下，不辱主命，可谓天助汉室，非人力也。然封兼四县，食户三万，何德堪之[48]！江湖未静，不可让位，至于邑土，可得而辞[49]。今上还阳夏、柘、苦三县户二万，但食武平万户，且以分损谤议，少减孤之责也[50]。

【注释】

①让县：推让皇帝赏赐的三个县。令：一种上告下的文体。孤：古代侯、王的自称谦词。举孝廉：被选为孝廉。孝廉，是汉代人才选拔的名称。岩穴知名之士：隐士。

②凡愚：平庸愚昧。郡守：太守，一郡的长官。好作政教：建立良好的政绩和风教。

④名誉：声望。世士：当代的士大夫。

⑤故在济南：指曹操在汉灵帝中平元年（184），曾任济南（今属山东）相。除残去秽：除去污浊的政治和愚昧的习俗。平心选举：公平地选拔人才。

⑥违迕（wǔ）：触犯，得罪。常侍：皇帝的侍从近臣，指宦官。以为：因而被……。强豪：恶霸忿：忿恨。病还：借口有病而辞官还乡。

⑦去官：辞官。同岁：指与自己同年被推荐为孝廉的人。未名为老：还不说自己已年老。名，称。

⑧内：内心。图：谋划。却去：往后。清：清平，太平。始举者：指才举孝廉的人。等：相等。

⑨以：于。四时：指春夏秋冬四季。谯：今安徽亳州市。精舍：聚徒读书、讲学的房舍。

⑩底下：指低下，僻远。以泥水自蔽：借躬耕田园以隐蔽自己。绝：断绝。望：念头。如意：如愿以偿。

⑪都尉：汉代掌郡国军事的武官。迁：指升官。校尉：掌管近卫兵的军官。曹操于中平五年（188），任典军校尉。

⑫欲望：希望。墓道：墓前的神道，指神道碑。

⑬董卓之难：中平六年（189），凉州豪强董卓率兵攻入洛阳，废少帝刘辨，立献帝刘协，自封相国，把持朝政。兴举义兵：曹操于初平元年（190）募集五千兵马率军讨伐董卓。合兵：纠集兵卒。

⑭自损：自己削减、限制。意盛：骄傲的意思。倘：可能。更：重新。祸：灾祸。

⑮汴水之战：指初平元年（190），曹操与董卓战于荥阳汴水而兵败之事。更募：重行招募。

⑯领兖（yǎn）州：曹操于初平三年

(192)做兖州牧。兖州，今属山东。破降黄巾：初平三年(192)，曹操率兵攻黄巾军于寿张，并追至济北，黄巾军三十万人投降。

⑰袁术：东汉末年士族出身的大军阀。僭(jiàn)号：盗用皇帝称号。九江：郡名，治所在寿春(今安徽寿县)，建安二年(197)袁术自封天子于此，并置百官，郊祀天地。

⑱名门：给门取名。衣被：衣冠服饰。两妇：指袁术的两个妻子。

⑲志计：计划。遂：就。露布：宣布，公告。

⑳讨禽：讨伐，擒获。禽，通“擒”。四将：袁术的四员大将桥蕤、李丰、梁纲、乐就。穷亡解沮(jǔ)：指崩溃瓦解。

㉑袁绍：大军阀，袁术从兄。据：占据。河北：黄河以北。度势：估量时势。敌：匹敌。计：考虑。投死：效死。

㉒以义灭身：因大义而牺牲。足垂于后：足以成为后世的榜样。枭(xiāo)：斩首。二子：指袁绍的儿子袁谭、袁尚。

㉓刘表：汉宗室鲁恭王刘余的后代，也是大军阀。乍前乍却：忽进忽退。以观世事：指观望局势的变化，伺机行事。

㉔极：达到顶点。意望已过：已超过原来的意想和愿望。

㉕若：好像。自大：自夸自大。欲人言尽：要使人无话可说。讳(huì)：隐瞒，避忌。设使：假如。

㉖私心相评：以主观的臆测来评议我。不逊之志：指做皇帝的想法。

㉗忖度：猜测。每用耿耿：常常因此内心不安。每，常。

㉘齐桓、晋文：指春秋时的两大霸主齐桓公、晋文公。垂称：英名流传。奉事周室：事奉周天子。

㉙周之德可谓至德：指周文王虽已有天下的三分之二，却仍臣服于殷，周文王的道德已达到了崇高的极点了。

㉚乐毅走赵：战国时期燕昭王拜乐毅为上将军，由他率领赵、楚、韩、魏、燕五国军队破齐七十余城。昭王死，其子惠王不识齐将田单的反间计，派人取代乐毅，乐毅被迫出走赵国。走：逃走。图燕：图谋攻打燕国。

㉛获戾(lì)：得罪。放：放逐。没世：一辈子。已：停止。徒隶：贱役，泛指身份低贱的人。后嗣：子孙后代。

㉜胡亥：秦始皇嬴政的小儿子，后即帝位，为秦二世。蒙恬：秦名将，曾率兵三十万北击匈奴，立下赫赫战功，始皇死后，被秦二世赐死。积信：蒙恬及其祖蒙骜、父蒙武三代均为秦名将，一直受到信任。

㉝将兵：统率军队。守义：遵守君臣的大义。辱：辱没，玷污。先人：指其祖、父辈。先王：指秦朝的前代君王。

㉞怆然：悲伤的样子。

㉟亲重之任：亲近皇帝的要职。曹操祖父曹腾曾为中常侍大长秋，封费亭侯；其父曹嵩又官至太尉，而曹操本人则为丞相，故云。见信：受到信任。子桓：曹丕的字。过：超过。三世：三代。

㊱徒：仅仅。之：指其妻妾。顾：看。万年之后：指死后。汝曹：你们。传道：传布，传播。

㊲肝鬲(gé)之要：肺腑之言。勤勤恳恳：至真至诚。心腹：内心。

㊳金縢(téng)：《尚书》的篇名。縢，

封缄。相传周公在周武王病危时，作策书告天以自请代死。事后将策书藏于金縢之柜。武王死后，成王即位，因其年幼，周公摄政。有流言诋毁周公，他因而离都避居于洛阳。成王后来见到金縢之书，方知道周公的忠贞。

㊴便尔：就此。委捐：放弃。典：掌管。执事：主管之人，此处指朝廷。归就：返回。武平：故城在今河南鹿邑县西。

㊵离兵：放弃军权。为人所祸：被人所谋害。计：着想。此所不得为：这是我所不可能做到的。

㊶封三子为侯：建安十六年（211），封曹植为平原侯，曹据为范阳侯，曹豹为饶阳侯。更：又。受：接受。以为外援：以此（指接受三子封侯一事）为外援。万安：万无一失。

㊷介推：介之推。春秋时人，曾随晋公子重耳逃亡十九年。重耳回国为君（即晋文公）后，随从皆有封赏而介之推独无。介之推不求封赏而与母隐居绵山。后晋文公焚山以逼其出来做官，他却抱树而死。

㊸申胥：申包胥。春秋时楚国大夫。伍子胥率吴兵伐楚，攻入郢都，申包胥求救于秦国，在秦廷痛哭七天七夜，秦王感其殷诚，出兵相救，击退吴兵。楚昭王回到郢都封赏功臣，申包胥逃而不受。

㊹舍：放下。自省（xǐng）：自我省察，反思。奉：承仗。威灵：声威。钺（yuè）：大斧。古时天子出征，仗黄钺。

㊺推：凭。克：战胜。禽：同“擒”。

㊻意之所图：只要心里想到。动：执行。无违事：无不顺心的事。

㊼何向不济：无往不胜。济，成功。

㊽四县：指武平、阳夏（今河南太康县）、柘（今河南柘城县）、苦（今河南鹿邑县东）四县。食户三万：受三万户人家所缴赋税供养。堪：承受。

㊾江湖：指天下。静：安定。可得而辞：可以辞让。

㊿上还：向朝廷退还。分损：减少。少：同“稍”。

【解析】

本文选自《三国志·武帝纪》裴松之注所引之《魏武故事》。题目是后人所加，或题作《述志令》。

汉献帝建安元年（196），曹操迎献帝都于许昌，受任为大将军，封武平侯。因位高权重，招致朝野非议，孙权、刘备亦攻击他“托名汉相，其实汉贼”。在这种背景下，曹操于建安十五年（211）十二月写下此文，以陈心志。在文中，他一方面借让县之机，表明自己无篡汉自立之心和对汉朝的耿耿忠诚，以反击政敌的责骂；另一方面又表示自己决不慕虚名而受实祸，决不放弃兵权，而使自己和国家蒙受灾难。从中可以看出其政治上的深谋远虑和精明干练。文章感情直率，正如鲁迅在《魏晋风度及文章与药及酒之关系》中所评的“他胆子很大，文章从通脱得力不少，做文章时又没有顾忌，想写的就写出来”。由此可见其为文的率直质

朴风格。

孔 融

孔融（153～208），字文举，鲁国（今山东曲阜）人，是孔子二十一世孙。汉献帝时任北海相。孔融当时文名很盛，被称为“建安七子”之首，当时人称其“体气高妙，有过人者”。孔融不仅文章很好，而且在政治上很有抱负，可惜身逢乱世，无力回天。后来因为曹操所忌而被杀害。有《孔北海集》。

论盛孝章书

岁月不居，时节如流[①]。五十之年，忽焉已至[②]。公为始满，融又过二[③]。海内知识，零落殆尽，惟会稽盛孝章尚存[④]。其人困于孙氏，妻孥湮没[⑤]，单孑独立，孤危愁苦[⑥]。若使忧能伤人，此子不得永年矣[⑦]。

《春秋传》曰：“诸侯有相灭亡者，桓公不能救，则桓公耻之[⑧]。”今孝章实丈夫之雄也，天下谈士，依以扬声[⑨]，而身不免于幽縶，命不期于旦夕[⑩]；是吾祖不当复论损益之友，而朱穆所以绝交也[⑪]。公诚能驰一介之使，加咫尺之书，则孝章可致，友道可弘矣[⑫]。

今之少年，喜谤前辈，或能讥评孝章[⑬]，孝章要为有天下大名，九牧之人所共称叹[⑭]。燕君市骏马之骨，非欲以骋道里，乃当以招绝足也[⑮]。惟公匡复汉室，宗社将绝，又能正之[⑯]。正之之术，实须得贤[⑰]。珠玉无胫而自至者，以人好之也，况贤者之有足乎[⑱]！昭王筑台以尊郭隗，隗虽小才而逢大遇，竟能发明主之至心[⑲]，故乐毅自魏往，剧辛自赵往，邹衍自齐往[⑳]。向使郭隗倒悬而王不解，临溺而王不拯[㉑]，则士亦将高翔远引，莫有北首燕路者矣[㉒]。

凡所称引，自公所知[㉓]；而复有云者，欲公崇笃斯义，因表不悉[㉔]。

【注释】

①不居：不停。时节：时光。

②忽焉：忽然。

③公：对曹操的称呼。始满：刚满五十。过二：五十二岁。

④海内：天下。知识：相知的朋友。零落：死亡。殆：几乎。

⑤困于孙氏：被孙策所困。孥（nú）：儿子。湮（yān）没：死亡。

⑥单孑（jié）：孤单。独立：一个人生活。孤危：孤立危急。

⑦此子：这个人。指盛孝章。永年：长寿。

⑧春秋传：指《春秋公羊传》，引文见“僖公元年”。相灭亡：互相攻打、灭亡。指邢国为狄所灭。桓公耻之：齐桓公应引以为耻。《公羊传》认为，齐桓公作为诸侯之长，不能避免诸侯之间的战争，应该引以为耻。

⑨谈士：清议人士，游谈之士。依以扬声：靠着他宣扬自己。

⑩幽絷（zhí）：囚禁。命不期于旦夕：生命随时有危险。

⑪是：指坐视盛孝章的遭遇而不救。假设之辞。吾祖：指孔子。复论：再谈。损益之友：孔子曾说过交友的利弊问题，见《论语·季氏》。朱穆：东汉人，他曾因当时人情淡薄，愤而写了一篇《绝交论》。

⑫驰：速派。一介：一个。咫尺之书：短信。致：招来。友道：朋友之道。弘：发扬，光大。

⑬少年：年轻人。讥评：批评。

⑭要为：确实是。九牧：原意是九州的长官，这里代九州，指全中国。

⑮燕君：燕昭王。市骏马之骨：昭王听从郭隗之计，用千金买下千里马的骨头。骋道里：跑远路。绝足：快马。人们听说昭王买马骨之事后，一年就献来三匹千里马。

⑯匡复：恢复。宗社：指汉朝天下。绝：倾覆。

⑰得贤：招至贤人。

⑱无胫：无腿。胫，足。语出《韩诗外传》。

⑲昭王筑台：燕昭王为招贤能，筑黄金台尊敬郭隗。大遇：隆重的待遇。发：启发。至心：诚心。

⑳乐毅：魏人，投奔燕国，被拜为上将军。剧辛：赵人，奔燕后，率兵屡破齐军。邹衍：齐人，是燕昭王的师傅。

㉑向使：假使。倒悬：形容非常困苦。语出《孟子·公孙丑》。临溺：即将落水，形容身处危境。

㉒高翔远引：远走高飞。北首：朝北方。首，向。燕国在战国七雄中，地处最北。

㉓称引：援引陈述的（古人言论和史实）。自：本来。

㉔有云：陈述。崇笃：重视。斯义：这个道理。因表：借此表达我的意见。不悉：信尾套语，意为不再一一细述了。

【解析】

盛孝章，名宪，三国吴会稽人，汉末任吴郡太守，他为人器量高雅，受人敬重。孙策平定江南后，妒忌他的盛名，把他囚禁起来。孔融与盛

孝章交情深厚，担心他的命运，便写了这封信给曹操，请他出面救盛孝章。曹操看信后，果然被打动，便以皇帝之命，征召盛孝章为骑都尉。可是任命未到，盛孝章已被杀害。

孔融在当时，“气盛于为笔”，他的书信非常有名。这封信更是写得恳切流畅，气韵高扬。句式以四言为主，但有不少对偶成分，在错落有致之际，既流畅自然，又有一种抑扬顿挫之美，而其中典故的运用化而不泥，浑然无迹，更显出作者的功力。《古文眉诠》称：“一副爱士爱交热肠，笔墨外神韵拂拂。”

魏晋南北朝编

曹　丕

曹丕（187～226），字子桓，曹操次子，沛国谯郡（今安徽亳州市）人。自幼随父征战，建安二十二年（217）立为太子，公元220年代汉即帝位，国号魏，在位凡七年，即魏文帝。他对诗歌、辞赋、散文均有所成就。曹丕是古代重要的政治家、文学家。其散文语言清新畅达，平实凝练。有辑本《魏文帝集》。

典论·论文[①]

文人相轻，自古而然[②]。傅毅之于班固，伯仲之间耳[③]，而固小之，与弟超书曰[④]："武仲以能属文为兰台令史，下笔不能自休[⑤]。"夫人善于自见，而文非一体，鲜能备善，是以各以所长，相轻所短。里语曰：家有弊帚，享之千金。斯不自见之患也[⑦]。

今之文人，鲁国孔融文举[⑧]、广陵陈琳孔璋[⑨]、山阳王粲仲宣[⑩]、北海徐幹伟长[⑪]、陈留阮瑀元瑜[⑫]、汝南应玚德琏[⑬]、东平刘桢公幹[⑭]，斯七子者，于学无所遗，于辞无所假[⑮]，咸以自骋骥騄于千里，仰齐足而并驰[⑯]。以此相服，亦良难矣[⑰]。盖君子审己以度人，故能免于斯累[⑱]。而作《论文》。

王粲长于辞赋，徐幹时有齐气，然粲之匹也[⑲]。如粲之《初征》、《登楼》、《槐赋》、《征思》[⑳]，幹之《玄猿》、《漏卮》、《团扇》、《桔赋》[㉑]，虽张、蔡不过也。然于他文，未能称是[㉒]。琳、瑀之章表书记，今之隽也[㉓]。应玚和而不壮[㉔]。刘桢壮而不密[㉕]。孔融体气高妙，有过人者[㉖]；然不能持论，理不胜辞[㉗]，至于杂以嘲戏，及其所善，扬、班俦也[㉘]。

常人贵远贱近，向声背实[㉙]，又患闇于自见，谓己为贤[㉚]。夫文本同而末异，盖奏议宜雅，书论宜理[㉛]，铭诔尚实，诗赋欲丽[㉜]。此四科不同，故能之者偏也；唯通才能备

其体[33]。

文以气为主，气之清浊有体，不可力强而致[34]。譬诸音乐，曲度虽均，节奏同检[35]，至于引气不齐，巧拙有素[36]，虽在父兄，不能以移子弟[37]。

盖文章，经国之大业，不朽之盛事[38]。年寿有时而尽，荣乐止乎其身[39]，二者必至之常期，未若文章之无穷[40]。是以古之作者，寄身于翰墨，见意于篇籍[41]，不假良史之辞，不托飞驰之势[42]，而声名自传于后。故西伯幽而演《易》，周旦显而制《礼》[43]，不以隐约而弗务[44]，不以康乐而加思[45]。夫然则古人贱尺璧而重寸阴，惧乎时之过已[46]。而人多不强力，贫贱则慑于饥寒，富贵则流于逸乐[47]，遂营目前之务，而遗千载之功[48]。日月逝于上，体貌衰于下，忽然与万物迁化[49]，斯志士之大痛也。融等已逝，唯幹著论，成一家言[50]。

【注释】

①典论：是曹丕所写的一部学术性论著，共二十篇，今仅存《自叙》和《论文》两篇。

②相轻：互相轻视。然：如此。

③傅毅：东汉文学家。班固：东汉文学家、史学家。两人曾共同主持整理朝廷藏书工作。伯仲：兄弟的次序，兄为伯，弟为仲。

④小之：小看、瞧不起。超：班超。

⑤武仲：傅毅字武仲。属（zhǔ）文：写文章。兰台令史：负责管理图书工作的官员。兰台，汉代宫中藏书之处。自休：自我控制。

⑥自见：指看到自己的长处。体：指体裁、样式。鲜：很少。备善：兼善。

⑦里语：俚语、俗语。弊帚：破扫帚。享：珍惜。斯：这。患：毛病。

⑧孔融：字文举，东汉鲁国（今山东曲阜市）人，献帝时为北海相，后为曹操所杀。

⑨陈琳：字孔璋，广陵（今江苏江都县）人。曾为何进主簿，后归向袁绍。袁绍失败后，又归向曹操。

⑩王粲：字仲宣，山阳高平（今山东邹县西南）人。曾归附袁绍，后又归曹操。

⑪徐幹：字伟长，北海（今山东寿光市）人。曹操任用为司空军谋祭酒掾属，后为五官将文学。

⑫阮瑀：字元瑜，陈留（今河南开封县东南人）。曹操任用为司空军谋祭酒，管记室。

⑬应玚：字德琏，汝南（今山东东平县）人。曹操任用为丞相掾属，后为五官将文学。

⑭刘桢：字公幹，东平（今山东东平县）人。曹操任用为丞相掾属。

⑮遗：遗漏。假：依傍。

⑯咸：都。骋：驰骋。骥騄（lù）：骏马。仰：凭借。齐足：并足。

⑰以此相服：用文章比优劣。良：确实。

⑱审己：审察自己。度人：衡量别人。斯：这种。累：毛病。

⑲时：有时。齐气：齐地之舒缓之气。匹：匹敌。

⑳粲：王粲。以下几篇为赋作之名，《征思》已佚，其余尚存。

㉑幹：徐幹。徐幹现存赋八篇，文中所提及的《漏卮》、《桔赋》两篇已佚。

㉒张、蔡：指东汉辞赋家张衡、蔡邕。过：超越。他文：其他体裁的文章。称：相称。是：指辞赋。

㉓琳、瑀：陈琳和阮瑀。章：臣子呈送给天子的奏章。表：大臣陈述事情的文章。书记：指一般的书信、公文。隽：同“俊”，优秀、杰出。

㉔和：气势舒缓。壮：雄壮。

㉕壮：骨气雄健。密：细密。

㉖体气：指文章的整体气韵。过人：超过一般人。

㉗持论：立论。理：指文章的思想主旨。辞：文辞。

㉘杂：夹杂。嘲戏：诙谐嘲讽。所善：写得好的文章。扬、班：扬雄和班固。俦（chóu）：匹敌。

㉙常人：普通人。贵远贱近：以古代和远方为贵，以当代和近地为贱。向声背实：追求虚名而不顾实际。

㉚闇于自见：难以看到自身的不足。闇（àn），暗。谓己为贤：认为自己的文章做得最好。

㉛本：根本，指文章的基本原理。末：末梢，指各种文体的具体特点。雅：典雅。理：条理、理致。

㉜实：朴实。丽：华丽。

㉝科：种类。通才：各方面均精通的人。备：精通。

㉞气：气质。清：清逸。浊：重浊。体：分别。强：勉强。致：达到。

㉟譬：比如。诸：之于。曲度：曲律。均：相同。同检：同一法度。

㊱引气：运气。不齐：不同。素：指自然本性。

㊲移：传授。

㊳经国：治国。大业：重要的事业。

㊴有时：有一定的时限。荣乐：荣誉、快乐。止乎其身：只限于其自身。

㊵二者：指年寿与荣乐。常期：一定的期限。

㊶翰墨：指文章。见（xiàn）意：表现意趣、思想。

㊷假：借。良史：正直的史官。托：依靠。飞驰之势：指地位显赫的权势。

㊸西伯：指周文王。幽：囚禁。演《易》：据史载，周文王曾被商纣王幽禁，于是推演《易》象而作卦辞。周旦：周公旦，周武王之弟。显：显达。

㊹隐约：失意。弗务：指不去从事著述活动。

㊺康乐：安逸享乐。加思：指改变从事著述的想法。

㊻贱尺璧：轻视一尺长的宝玉。重寸阴：看重一寸长的光阴。惧：担心、害怕。时之过已：时间在自己面前流逝。

㊼强力：努力。慑：害怕。流：放纵。

㊽营：经管。务：事务。遗：遗弃。千载之功：可以流传千古的功业。

㊾忽然：很短暂。万物：指自然。迁化：变化。

㊿融：孔融。幹：徐幹。著论：指徐幹所著《中论》二十篇。成一家言：形成有自己思想体系的言论。

【解析】

《典论·论文》是我国现存最早的一篇专门讨论文学的文章。它概要评价了“建安七子”的形式及特点，反映了建安时期的文学风尚，讨论了文学的批评态度、作家与作品的关系、各类文体的特征及文学的功用等问题。它指出了建安文学从两汉时期的朴质文风向词采华茂发展的动向，提出了“诗赋欲丽”的文学主张。而“文以气为主”的观点又展示了建安文学走向抒情性与个性化的发展趋向。把文章写作当作“经国之大业，不朽之盛事”，则标志了鲁迅所说的“文学的自觉时代”的到来。

曹 植

曹植（192～232），字子建，曹操第三子，曹丕同母弟，沛国谯（今安徽亳州市）人。封陈王，死后谥“思”，世称陈思王。少时聪慧好学，善诗文，性简易，甚为曹操钟爱，曾几次想立他为太子。由于他“任性而行，不自雕励，饮酒不节”（《三国志》本传），终于失宠。建安十六年（211）封平原侯，十九年徙临淄侯。曹丕称帝后，对他压抑迫害，屡被贬爵徙封，甚至闭门思过。曹睿继位后，他多次上疏求用，终不可得。年仅四十一岁便抑郁而亡。他是中国文学史上杰出的文学家。他文学创作的主要成就在诗歌，骨气奇高，悲凉慷慨，语言精练，词采华茂，善用比兴，工于起调，尤其对五言诗的发展作出了重要贡献。其辞赋创作或借物抒怀，或感叹身世，充分展现了自身的心灵路程。艺术风格也较前代更臻完美。有的苍凉悲壮，有的缠绵悱恻，有的潇洒自然，在魏晋作家及赋史上十分引人注目。有《曹子建集》。

与杨德祖书[①]

植白[②]：数日不见，思子为劳，想同之也[③]。

仆少小好为文章[④]，迄至于今二十有五年矣。然今世作者，可略而言也。昔仲宣独步于汉南[⑤]，孔璋鹰扬于河朔[⑥]，伟长擅名于青土[⑦]，公幹振藻于海隅[⑧]，德琏发迹于

大魏[9]，足下高视于上京[10]。当此之时，人人自谓握灵蛇之珠[11]，家家自谓抱荆山之玉[12]。吾王于是设天网以该之[13]，顿八纮以掩之[14]，今悉集兹国矣[15]。然此数子，犹复不能飞骞绝迹[16]，一举千里也。以孔璋之才，不闲于辞赋[17]，而多自谓能与司马长卿同风[18]，譬画虎不成反为狗者也[19]。前有书嘲之，反作论盛道仆赞其文[20]。夫钟期不失听[21]，于今称之[22]。吾亦不能妄叹者，畏后世之嗤余也[23]。

世人之著述，不能无病。仆常好人讥弹其文[24]，有不善者，应时改定[25]。昔丁敬礼常作小文，使仆润饰之[26]，仆自以才不过若人，辞不为也[27]。敬礼谓仆："卿何所疑难？文之佳恶，吾自得之，后世谁相知定吾文者邪[28]？"吾常叹此达言[29]，以为美谈。昔尼父之文辞[30]，与人通流[31]；至于制《春秋》[32]，游、夏之徒乃不能措一辞[33]。过此而言不病者[34]，吾未之见也。

盖有南威之容[35]，乃可以论其淑媛[36]；有龙泉之利[37]，乃可以议其断割[38]。刘季绪才不能逮于作者[39]，而好诋诃文章[40]，掎摭利病[41]。昔田巴毁五帝、罪三王、呰五霸于稷下，一旦而服千人[42]；鲁连一说[43]，使终身杜口[44]。刘生之辩，未若田氏[45]；今之仲连，求之不难，可无叹息乎？人各有好尚：兰茝荪蕙之芳[46]，众人之所好，而海畔有逐臭之夫[47]；咸池六茎之发[48]，众人所共乐，而墨翟有非之之论[49]，岂可同哉？

今往仆少小所著辞赋一通相与[50]。夫街谈巷说[51]，必有可采[52]；击辕之歌[53]，有应风雅[54]；匹夫之思[55]，未易轻弃也。辞赋小道，固未足以揄扬大义[56]、彰示来世也[57]。昔扬子云先朝执戟之臣耳[58]，犹称壮夫不为也[59]。吾虽德薄，位为蕃侯[60]，犹庶几戮力上国[61]，流惠下民[62]，建永世之业，流金石之功，岂徒以翰墨为勋绩，辞赋为君子哉[63]？若吾志未果[64]，吾道不行，则将采庶官之实录[65]，辩时俗之得失，定仁义之衷[66]，成一家之言。虽未能藏之于名山[67]，将以传之于同好[68]。非要之皓首[69]，岂今日之论乎？其言之不惭[70]，恃惠子之知我也[71]。

明早相迎，书不尽怀。曹植白。

【注释】

①杨德祖（175～219）：杨修，字德祖，弘农华阴（今陕西华阴县）人。为文有才气，但性格孤傲，被曹操借故杀死。

②白：陈述。

③思子为劳：意为十分想念。想：料想。同之：与我相同。

④仆：我。少小：自幼。

⑤仲宣：王粲，字仲宣。独步：成绩超群之意。汉南：汉水之南。王粲汉末在荆州依附刘表。而荆州治所在襄阳，位于汉水的南面，故云。

⑥孔璋：陈琳，字孔璋。鹰扬：比喻像鹰一样杰出。河朔：今河北一带。陈琳曾避难冀州，为袁绍的记室。当时袁绍的势力范围主要在河朔一带。

⑦伟长：徐幹，字伟长。擅名：扬名。青土：徐幹所居住的北海郡，属《禹贡》中所说的青州，故称青土。

⑧公幹：刘桢，字公幹。振藻：扬发辞藻。海隅：刘桢是东平宁阳（今山东宁阳县南）人，宁阳近海，故称海隅。

⑨德琏：应玚，字德琏。发迹：声名显赫。大魏：指魏之都域许昌；应玚是汝南（今河南汝南）人，汝南近许昌，故称。

⑩足下：指杨修。高视：众中杰出。上京：京城。

⑪灵蛇之珠：即隋侯之珠。传说隋侯见大蛇伤断，就以药救之，后来蛇从江中衔大珠以报。典出《淮南子·览冥训》。

⑫荆山之玉：即和氏之璧。典出《韩非子·和氏》。楚人卞和献玉给厉王，厉王以欺君之罪断其左足。武王即位后，卞和又献玉，哭于荆山之下。

⑬吾王：指曹操。该：同“赅”，搜罗无遗。

⑭顿：整顿。八纮（hóng）：八方极远之地。掩：搜求之意。

⑮悉：全都。兹国：指魏国。

⑯数子：指以上数人。飞骞（qiān）：高飞。绝迹：指高远到不见踪迹。一举千里：喻文章取得很高的成就。

⑰闲：同“娴”，熟练。

⑱司马长卿：西汉辞赋大家司马相如，字长卿。同风：同一风调。

⑲画虎不成反为狗：比喻好高骛远，一事无成，反闹笑话。

⑳嘲：嘲讽。之：指陈琳。论：议论。盛道：很称道。仆：我。

㉑钟期：春秋时的钟子期，以知音著称。失听：听觉有误。

㉒称：称道。

㉓妄叹：妄加赞叹。畏：怕。嗤：嗤笑。余：我。

㉔病：问题。好：喜欢。讥弹：批评。

㉕应时：随时。改定：修改、完善。

㉖丁敬礼：曹植之友，后为曹丕所杀。小文：短小的文章。润饰：修改。

㉗过：超过。若人：这个人。辞：推辞。

㉘相知：知道。定吾文者：修改过我的文章的人。

㉙达言：通达的话。

㉚尼父：孔子，字仲尼。

㉛通流：同流。

㉜制：修。《春秋》：我国最早的编年体史书，相传为孔子所撰。

㉝游、夏：孔子的学生子游、子夏。措一辞：修改一个字。

㉞过此：超过这个（指《春秋》）。不病：无毛病。

㉟南威：春秋时晋国的美女。容：容貌。

㊱乃：才。论：议论。淑媛：美女。

㊲龙泉：指宝剑。利：锋利。

㊳断割：切割。

㊴刘季绪：刘表之子，有赋、颂之作六篇。逮：达到。

㊵好：喜好。诋诃（hē）：批评。

㊶掎摭（jǐ zhí）：挑剔。利病：偏指弊病。

㊷田巴：战国时齐国的辩士。毁：诋毁。五帝：指黄帝、颛顼、帝喾、帝尧、帝舜。罪：责难。三王：指夏禹王、商汤王、周武王。呰（zí）：诋毁。五霸：指的齐桓公、晋文公、宋襄公、秦穆公、楚庄王。稷下：战国时齐都临淄（今山东淄博市）的讲学之地。一旦：一天。

㊸鲁连：鲁仲连，战国时齐国的高士。

㊹杜口：闭口（指田巴）。

㊺刘生：指刘季绪。辩：辩难之才。

㊻兰茝（chǎi）荪（sūn）蕙：均为香草。

㊼逐臭之夫：据《文选》李善注引《吕氏春秋》：人有大臭而其亲戚兄弟妻妾无能与其居，便自苦而居于海上，有一人悦其臭而追随他。

㊽咸池：黄帝的乐名。六茎：颛顼的乐名。发：指演奏。

㊾墨翟：即墨子。非之之论：非难音乐之论。墨子的《非乐》对音乐多有批评。

㊿往：寄送去。一通：一起，全部。相与：相赠。

51街谈巷说：指民间文学。

52采：采用，可用之处。

53击辕之歌：指民歌。辕，车上的横木。

54应：符合。风雅：指《诗经》中的“国风”和大、小“雅”。

55匹夫：指下层百姓。

56固：当然。小道：小的技艺。揄扬：宣扬。大义：大道理。

57彰示：昭示。来世：后代。

58扬子云：西汉辞赋家扬雄，字子云。先朝：指汉朝。执戟之臣：因扬雄做过郎官，执戟侍卫殿廷，故称。

59壮夫不为：大丈夫不做。语见扬雄《法言·吾子》，是扬雄对辞赋的批评之语。

60德薄：德行不足。蕃侯：指藩王。当时曹植封为临淄侯。

61庶几：希望。戮（lù）力：效力。上国：国家。

62流惠：流泽恩惠。下民：百姓。

63徒：只。翰墨：写文章。勋绩：成绩、功勋。君子：指君子之业。

64吾志：指效力国家的志向。果：实现。

65庶官：百官。实录：史官据实际记录而编订的史书。

66辩：辨别。定：确定。衷：中，即标准。

67藏之名山：古代著作家为避免书稿毁于战火而藏于名山古寺中，以流传于后世。

68传：流传。同好：有相同志趣的人。

69要：相约。皓首：白头。指至深之情。

70岂今日之论：意为不是一时冲动之言。惭：羞愧。

71恃：依仗。惠子：先秦思想家惠施。

庄子曾把惠子作为自己的知己，这里　　以惠子喻杨修。

【解析】

这封书信写于建安二十二年（217），曹植为临淄侯时。文章集中表明了作者对文学价值及文学批评的意见。作者与朋友杨修侃侃而论文坛风尚，尤其论文学功用和价值的观点比较瞩目，他认为文章为小道的说法与曹丕在《典论·论文》中的主张大不相同。鲁迅在《魏晋风度及文章与药及酒之关系》中认为“子建大概是违心之论”。由于他在政治上不得意便说文章无用。作为一篇散文则是优美之作，文中夹用骈偶、节奏顿挫，语言清新明快，读后如饮甘露。

洛神赋　并序

黄初三年，余朝京师，还济洛川[1]。古人有言，斯水之神，名曰宓妃[2]。感宋玉对楚王神女之事[3]，遂作斯赋。其辞曰：

余从京域，言归东藩[4]。背伊阙，越轘辕[5]。经通谷，陵景山[6]。日既西倾，车殆马烦[7]。尔乃税驾乎蘅皋，秣驷乎芝田[8]。容与乎阳林，流眄乎洛川[9]。于是精移神骇，忽焉思散[10]。俯则未察，仰以殊观[11]。睹一丽人，于岩之畔[12]。乃援御者而告之曰[13]：“尔有觌于彼者乎？彼何人斯，若此之艳也[14]！”御者对曰：“臣闻河洛之神，名曰宓妃。然则君王之所见也，无乃是乎[15]？其状若何？臣愿闻之。”

余告之曰：“其形也，翩若惊鸿，婉若游龙[16]。荣曜秋菊，华茂春松[17]。仿佛兮若轻云之蔽月，飘飖兮若流风之迴雪[18]。远而望之，皎若太阳升朝霞[19]。迫而察之，灼若芙蕖出渌波[20]。秾纤得衷，修短合度[21]。肩若削成，腰如束素[22]。延颈秀项，皓质呈露[23]。芳泽无加，铅华弗御[24]。云髻峨峨，修眉联娟[25]。丹唇外朗，皓齿内鲜[26]。明眸善睐，靥辅承权[27]。瑰姿艳逸，仪静体闲[28]。柔情绰态，媚于语言[29]。奇服旷世，骨象应图[30]。披罗衣之璀粲兮，珥瑶碧之华琚[31]。戴金翠之首饰，缀明珠以耀躯[32]。践远游之文履，曳雾绡之轻裾[33]。微幽兰之芳蔼兮，步踟蹰于山隅[34]。于是忽焉纵体，

以遨以嬉[35]。左倚采旄，右荫桂旗[36]。攘皓腕于神浒兮，采湍濑之玄芝[37]。”

余情悦其淑美兮，心振荡而不怡[38]。无良媒以接欢兮，托微波而通辞[39]。愿诚素之先达兮，解玉佩以要之[40]。嗟佳人之信修兮，羌习礼而明诗[41]。抗琼珶以和予兮，指潜渊而为期[42]。执眷眷之款实兮，惧斯灵之我欺[43]。感交甫之弃言兮，怅犹豫而狐疑[44]。收和颜而静志兮，申礼防以自持[45]。

于是洛灵感焉，徙倚彷徨[46]。神光离合，乍阴乍阳[47]。竦轻躯以鹤立，若将飞而未翔[48]。践椒途之郁烈，步蘅薄而流芳[49]。超长吟以永慕兮，声哀厉而弥长[50]。尔乃众灵杂遝，命俦啸侣[51]。或戏清流，或翔神渚[52]。或采明珠，或拾翠羽[53]。从南湘之二妃，携汉滨之游女[54]。叹匏瓜之无匹兮，咏牵牛之独处[55]。扬轻袿之猗靡兮，翳修袖以延伫[56]。体迅飞凫，飘忽若神[57]。凌波微步，罗袜生尘[58]。动无常则，若危若安[59]。进止难期[60]，若往若还，转眄流精，光润玉颜[61]。含辞未吐，气若幽兰。华容婀娜[62]，令我忘餐。

于是屏翳收风，川后静波[63]。冯夷鸣鼓，女娲清歌[64]。腾文鱼以警乘，鸣玉鸾以偕逝[65]。六龙俨其齐首，载云车之容裔[66]；鲸鲵踊而夹毂，水禽翔而为卫[67]。于是越北沚，过南冈，纡素领，回清阳[68]。动朱唇以徐言，陈交接之大纲[69]。恨人神之道殊兮，怨盛年之莫当[70]。抗罗袂以掩涕兮，泪流襟之浪浪[71]。悼良会之永绝兮，哀一逝而异乡[72]。无微情以效爱兮，献江南之明珰[73]。虽潜处于太阴，长寄心于君王[74]。忽不悟其所舍，怅神宵而蔽光[75]。

于是背下陵高，足往神留[76]。遗情想象，顾望怀愁[77]。冀灵体之复形，御轻舟而上溯[78]。浮长川而忘返，思绵绵而增慕[79]。夜耿耿而不寐，霑繁霜而至曙[80]。命仆夫而就驾，吾将归乎东路[81]。揽騑辔以抗策，怅盘桓而不能去[82]。

【注释】

①黄初：魏文帝曹丕的年号（220～226)。三年：当是“四年”之误。当

时曹植被封为雍丘王。朝：朝觐。京师：指洛阳。还：回来，返回。济：渡。洛川：洛水。

②斯水：指洛水。斯，此，代词。宓妃：传说是伏羲氏的女儿，溺死洛水，于是成了洛水之神。

③感：有感于。宋玉：战国末期楚国辞人。对楚王神女之事：指宋玉《高唐赋》和《神女赋》中所写的楚王梦见神女的故事。

④京域：京城洛阳。东藩：东方自己的藩国。曹植黄初三年入京前被封为鄄（juàn）城王，黄初四年徙封雍丘王，二者皆在洛阳东，故称东藩。藩：藩国，封建诸侯为王室屏藩，所以称藩国。

⑤背：离开。伊阙：山名，在洛阳附近。轘辕：山名，在湖南偃师市东南，巩义市西南，登封市西北。

⑥通谷：山谷名，在洛阳城南。陵：登。景山：山名，在河南偃师市南。

⑦西倾：向西偏斜。殆：通“怠”，劳累。烦：疲乏。

⑧尔乃：相当于“于是就”。税驾：停车。税，舍。乎：相当于“于”，在。蘅皋：长满杜蘅的河岸。蘅，杜蘅，一种香草。皋，河岸。秣驷：喂马。驷，一车四马，这里指马。芝田：种灵芝的田地。这里指野草繁盛之地。

⑨容与：从容安闲的样子。阳林：地名，或作“杨林”。流眄：放眼四处观望。

⑩精移神骇：意为精神恍惚。移，动摇；骇，散乱。忽焉：忽然，急速。思散：情思涣散。

⑪俯：从高处向下看。未察：没看到什么。仰：从低处向上看。殊观：奇异的景象。

⑫睹：看到。丽人：漂亮的女子。畔：旁边。

⑬援：扯，拉。御者：车夫。

⑭尔：你。觌（dí）：看见。彼者：那人。斯：语尾助词，无义。若此：如此。

⑮然则：那么。君王：指曹植。无乃：莫非就是。是：此，代指洛神。

⑯翩：摇曳飘忽的样子。惊鸿：受惊的大雁。婉：委曲柔转的样子。游龙：委曲游动的龙。这两句是形容洛神姿态柔美轻盈。

⑰荣曜秋菊：像秋菊一样繁盛而光彩照耀。荣，盛。华茂春松：像青松一样华美繁盛。这两句说洛神如秋菊春松，神采焕发。

⑱仿佛：若隐若现的样子。蔽：遮掩。飘飖：形容踪迹不定。迴雪：旋转的雪花。

⑲皎：洁白有光。太阳升朝霞：太阳从朝霞中冉冉升起。

⑳迫：近，接近。灼：鲜明繁盛的样子。芙蕖：荷花。渌波：清澈的水波。渌（lù），水清澈的样子。

㉑秾：此处指体态肥胖或丰满。纤：细小，此处指体态瘦小或苗条。衷：同“中”。修短：长短，此指高矮。合度：与“得衷”同义，意为恰到好处。

㉒削成：刻削而成，指两肩轮廓分明。束：缠束。素：白而细的绢。这两句显示了魏晋人的审美习惯。

㉓延颈秀项：长长的脖子。延、秀，长。颈、项，人的脖子，前为颈，后叫项。皓质：洁白的肌肤。

㉔芳泽：香脂。加：施加。铅华：化妆用的脂粉。弗御：不用。

㉕云髻：云状发髻。峨峨：高耸的样

子。修眉：长眉。联娟：微曲的样子。

㉖丹唇：朱红色的嘴唇。朗：明亮。皓齿：洁白的牙齿。鲜：鲜洁，鲜明。因唇在外，齿在内，所以称唇为外朗，齿为内鲜。

㉗明眸：明亮的瞳子。眸（móu），瞳子。善睐：顾盼多姿。睐（lài），旁视。靥（yè）辅：酒窝和面颊。承权：接着面颊骨。权，同“颧”。

㉘瑰（guī）：奇美，奇异。艳逸：美艳而高雅脱俗。仪静：举止文静。体娴：体态娴雅。

㉙绰态：绰约的神态。媚于言语：说话妩媚动人。媚，美好。

㉚旷世：举世无双。旷，空。骨像：骨法相貌。应图：符合图画中的样子。

㉛罗衣：绫罗制做的衣服。璀璨：明净。珥（ěr）：耳环，此作佩戴讲。瑶碧：美玉。华琚：雕饰有花纹的玉佩。

㉜金翠：指金质玉质的首饰。翠，翡翠，美玉。缀：点缀，连缀。耀躯：光照身躯。

㉝践：穿。远游：鞋名。文履：绣有花纹的鞋子。曳（yè）：拖。雾绡：像雾一样轻薄的丝纱。轻裾：轻盈的裙边。

㉞微：隐避。芳蔼：芳香，香气。踟蹰：徘徊。山隅：山角。

㉟纵体：飞耸身体，写洛神体态自如洒脱。以遨以嬉：一边漫步，一边游戏。

㊱采旄：彩旗。旄（máo），带有旄牛尾装饰的旗帜。荫：遮阴。桂旗：桂木为杆的旗。

㊲攘：捋起衣袖。皓腕：洁白的手腕。神浒：神所游的水边。湍濑：急流。玄芝：黑色的灵芝。

㊳情悦：心中爱慕。淑：善。振荡：动荡，不平静。不怡：不乐。

㊴接欢：互通情好。托：凭借。微波：水波，一作目光解。通辞：传达言辞。

㊵诚素：真情。素，通“愫”，情意。先达：首先向她表达。要：同“邀”，定约。

㊶信修：确实美好。羌：语助词，无义。习礼：熟习礼法。明诗：知诗，指善于辞令。

㊷抗：举起。琼、珶（tí）：都是美玉。和予：回答我。潜渊：深渊，指洛神居所。期：约会。

㊸眷眷：留恋的样子。款实：真诚，诚实。斯灵：此神，指洛神。我欺：即欺我，欺骗我。

㊹交甫：指郑交甫。李善注引《韩诗内传》说：郑交甫在汉水边遇见二神女，赠玉佩给他，但顷刻间神女和玉佩都不见了。弃言：指神女违背自己的诺言。狐疑：本指狐性多疑，此指犹豫、疑惑。

㊺收和颜：收敛和悦的脸色。静志：使情志平静。申：重申。礼防：礼法的约束。自持：自我控制。

㊻洛灵：即洛神。感：激动。徙倚彷徨：低首徘徊。

㊼神光离合：身影若隐若现，变幻不定。神光，指洛神的身影。离合，若隐若现。乍阴乍阳：忽暗忽明。

㊽竦：通“耸”，耸起。鹤立：像鹤一样站立。翔：盘旋地飞。

㊾践椒途：走在长满花椒的道路上。椒，花椒，有浓郁的香味。郁烈：香气浓烈。步蘅薄：漫步杜蘅丛中。流芳：散发香气。

(50)超：惆怅。长吟：深切咏叹。永慕：长久深切地思慕。哀厉：悲哀凄厉。弥长：更长，深长，意为声音持久不息。

(51)杂遝（tà）：众多的样子。命俦啸侣：呼朋唤友。

(52)清流：清清的河水。渚：水中高地。

(53)翠羽：翠鸟的羽毛。

(54)南湘之二妃：指湘水女神娥皇、女英。汉滨：汉水边。游女：指汉水女神。

(55)匏（páo）瓜：星名，又叫天鸡，在河鼓星东。因其独自一星，所以用来比喻没有配偶。无匹：没有配偶。牵牛：星名。它与其配偶织女星隔河相望，故也用以比喻“独处”。

(56)袿（guī）：女子的上衣。猗靡：随风飘忽的样子。翳（yì）：遮掩。修袖：长袖。延伫：久立。

(57)体迅：身体活动迅速。凫（fú）：野鸭。

(58)凌波微步：在水波上细步行走。罗袜生尘：丝袜仿佛扬起了尘土。

(59)常则：一定的规则。若危若安：好像很危险可惧又显得很安闲。

(60)进止难期：进退难料。期，预料。

(61)转眄：转动眼睛，四周顾盼。流精：目光神采奕奕。光润：光彩照人。玉颜：指洛神的面容。

(62)辞：言辞。华：同“花”。婀娜：轻盈柔美的样子。

(63)屏翳：神话中的风神。川后：传说中的水神。

(64)冯夷：传说中的河伯名。女娲：即女娲氏，古代神话中炼石补天的女皇，相传她始作笙簧。

(65)腾：飞升。文鱼：鳐鱼。警乘：保卫车乘。玉鸾：玉制的形状如鸾的车铃。偕逝：同往。偕，一起。

(66)六龙：语出《春秋命历序》，神农“驾六龙出辅”。俨（yǎn）：矜持庄重的样子。齐首：齐头并进。云车：以云为车。容裔：悠然安闲地行进。

(67)鲸鲵：鲸类水栖动物，似鱼，雄的叫鲸，雌的叫鲵。踊：跳跃。夹毂（gǔ）：夹护着车。卫：护卫，卫士。

(68)沚（zhǐ）：水中小洲。纡（yū）：回转。素领：白皙的脖子。清扬：眉目清秀状。

(69)徐言：慢慢地说话。陈：陈述。交接：交往。大纲：礼节纲常。

(70)道殊：环境不一样。盛年：年轻时。莫当：无法相守。

(71)抗：举起。罗袂：罗袖。袂（mèi）：衣袖。掩涕：擦泪。浪浪：泪流滚滚的样子。

(72)悼：伤悼，伤心。良会：美好的聚会。永绝：永久断绝。一逝：一旦分手。异乡：谓天各一方。

(73)微情：薄情。效爱：表达爱慕。明珰：明珠制成的耳饰。珰（dāng），耳珠。

(74)太阴：鬼神所居的地方，此指洛神居住的地方。寄心：寄托心意。君王：曹植自指。

(75)不悟：看不见。其所舍：洛神所在的地方。舍，止。神霄：神消。霄，暗冥。蔽光：光彩隐退。

(76)背下陵高：走下高岗。

(77)遗情：留下情思，意即情思留恋。顾望：回头看。

(78)冀：希望。灵体：洛神的形体。复形：再现。形，出现。御轻舟：驾小船。溯（sù）：逆流而上。

(79)长川：长河，此指洛水。绵绵：连续不断的样子。增慕：加深思慕之情。

⑧⓪耿耿：心神不安的样子。霑：沾湿。至曙：到天明。

⑧①仆夫：车夫。就驾：上车。东路：返回封地的道路。雍丘在洛阳的东边，故云。

⑧②揽：执。騑（fēi）：车辕两边的马。古代驾车之马，中间的叫服，外边的叫騑或骖。辔：马缰绳。抗策：举起马鞭。盘桓：徘徊不前的样子。

【解析】

曹植现存赋四十多篇，《洛神赋》是其中最著名的一篇。洛神，传说是宓（fú）羲氏之女宓妃，溺死洛水而成为其水之神。旧说曹植曾向甄氏女求婚，不成，后为曹丕所得，立为后。及甄后被谗死，作者有感而赋，所以初名《感甄赋》。其实，从序文可知，作者是因理想破灭才借洛神以寓其难言之悲的。作品写诗人在洛水之滨与美丽的洛神相遇、相爱，但因人神相隔，无从结合，终于含恨分离。

实际上此赋深有寄托，它借神人相恋而又无缘结合的悲剧，寄寓作家对君王的忠贞之情，以及他忧谗畏祸、怀才被黜和政治抱负不得实现的彷徨苦闷。全赋充满神话传说的气氛和强烈的抒情色彩，成功地塑造了一个娇媚动人而气质高雅、飘忽无踪的女神形象。通篇结构严谨，层次分明，文辞华美而不堆砌，感情真挚而强烈，想象丰富而不离奇，比喻、烘托神妙，语句参差变化得宜。在大赋向小赋转变的汉魏时期，它是写得非常出色的一篇小赋。

诸葛亮

诸葛亮（181～234），字孔明，琅玡阳都（今山东沂水县南）人。汉末避乱，隐居南阳隆中。后应刘备邀请而出山，佐助刘备联吴拒曹，西取益州，建立蜀汉政权，与魏、吴形成三足鼎立之势。刘备称帝，拜为丞相。刘备死后，受遗诏辅佐后主刘禅，总领军国大事。他曾先后六次北伐曹魏都未成功，终卒于五丈原军中。死后谥“忠武”。诸葛亮是中国历史上著名的政治家、军事家。其散文情意真挚，周密畅达。有《诸葛亮集》。

出师表[①]

臣亮言[②]：先帝创业未半[③]，而中道崩殂[④]。今天下三

分，益州疲弊[5]，此诚危急存亡之秋也[6]。然侍卫之臣不懈于内，忠志之士忘身于外者[7]，盖追先帝之殊遇[8]，欲报之于陛下也[9]。诚宜开张圣听，以光先帝遗德，恢弘志士之气[10]；不宜妄自菲薄，引喻失义，以塞忠谏之路也[11]。

宫中府中，俱为一体，陟罚臧否，不宜异同[12]。若有作奸犯科及为忠善者，宜付有司，论其刑赏，以昭陛下平明之治；不宜偏私，使内外异法也[13]。侍中、侍郎郭攸之、费祎、董允等[14]，此皆良实，志虑忠纯，是以先帝简拔以遗陛下[15]。愚以为宫中之事[16]，事无大小，悉以咨之[17]，然后施行，必能裨补阙漏[18]，有所广益[19]。将军向宠[20]，性行淑均[21]，晓畅军事[22]，试用于昔日，先帝称之曰“能”；是以众议举宠为督[23]。愚以为营中之事，悉以咨之，必能使行陈和睦[24]，优劣得所也[25]。亲贤臣，远小人[26]，此先汉所以兴隆也[27]；亲小人，远贤臣，此后汉所以倾颓也[28]。先帝在时，每与臣论此事，未尝不叹息痛恨于桓、灵也[29]。侍中、尚书、长史、参军[30]，此悉贞良死节之臣也[31]，愿陛下亲之信之，则汉室之隆，可计日而待也[32]。

臣本布衣[33]，躬耕于南阳[34]，苟全性命于乱世[35]，不求闻达于诸侯[36]。先帝不以臣卑鄙[37]，猥自枉屈[38]，三顾臣于草庐之中[39]，咨臣以当世之事，由是感激，遂许先帝以驱驰[40]。后值倾覆，受任于败军之际，奉命于危难之间[41]，尔来二十有一年矣[42]。先帝知臣谨慎，故临崩寄臣以大事也[43]。受命以来，夙夜忧叹[44]，恐付托不效[45]，以伤先帝之明[46]。故五月渡泸[47]，深入不毛[48]。今南方已定，兵甲已足[49]，当奖帅三军[50]，北定中原[51]。庶竭驽钝[52]，攘除奸凶[53]，兴复汉室，还于旧都[54]，此臣之所以报先帝，而忠陛下之职分也[55]。至于斟酌损益[56]，进尽忠言[57]，则攸之、祎、允之任也。愿陛下托臣以讨贼兴复之效；不效，则治臣之罪，以告先帝之灵[58]。若无兴德[59]之言，则责攸之、祎、允之慢[60]，以彰其咎[61]。陛下亦宜自谋[62]，以咨诹善道[63]，察纳雅言[64]，深追先帝遗诏[65]，臣不胜受恩感激[66]。今当远离，临表涕零[67]，不知所言[68]。

【注释】

①出师表：军队出征前的奏疏。表，臣子向主上奏事的公文。

②臣亮言：这是表文开头的常用格式。

③先帝：去世的皇帝，此指刘备。创业未半：统一天下的大业尚未完成。刘备公元221年建立蜀汉政权，三年后即死去。

④中道：半道。崩殂（cú）：皇帝死亡。

⑤益州：代指蜀汉的疆域。疲弊：困乏，此指国力贫弱。

⑥危急存亡：十分危急，关系到存亡。秋：时，时候。

⑦侍卫之臣：指宫廷内的官员。内：指宫廷以内。忘身：奋不顾身。外：战场。

⑧追：追怀。殊恩：特殊的宠遇。

⑨报：报答。陛下：古代对皇帝的尊称，此指后主刘禅。

⑩诚：确实。宜：应该。开张圣听：扩大圣明的听闻。恢弘：振奋。

⑪妄自菲薄：随便地看轻自己。引喻：指说话。失义：不合大义。塞：堵塞。

⑫宫中：内廷。府中：朝廷。陟（zhì）：晋升官吏。臧（zāng）：赞美。否（pǐ）：责备。异同：标准不一。

⑬作奸犯科：营私舞弊，违法乱纪。有司：有专职的官员。平明：公平和严明。

⑭侍中侍郎：皇帝的高级侍从官，可出入宫廷。郭攸之：南阳人。有器识才学，先任侍郎，后为侍中。费祎：江夏人。原任黄门侍郎。曾出使吴国，回国后升为侍中。董允：枝江人。先任侍郎，后为侍中。

⑮良实：贤良、诚实之士。志虑忠纯：志向思虑、忠诚纯正。简拔：选拔。遗（wèi）：留给，赠与。

⑯愚：愚拙之人，自谦之称。

⑰悉：全部。咨：征询。

⑱裨（bì）补阙漏：弥补过失和不足。阙，同“缺”。

⑲广益：更多的好处。

⑳向宠：宜城人。刘备时任牙门将，刘禅时封为都亭侯，后为中部督，统率近卫部队。

㉑性行淑均：性情和善，品德公正。

㉒晓畅：通晓。

㉓督：即中部督，禁卫军的统帅。

㉔行（háng）陈：军队的行列，指军队。

㉕优劣得所：将士才能的高低和兵力强弱，都能得到合理安排。

㉖远（yuàn）：疏远。

㉗先汉：西汉。

㉘后汉：东汉。倾颓：倾覆衰败。

㉙痛恨：痛心，憾恨。桓：东汉桓帝刘志，在位凡二十一年，任用宦官，滥杀官僚、士人。灵：东汉灵帝刘宏，在位二十二年，宠信宦官，专权乱政，大兴党狱。

㉚尚书：汉代为主管朝廷军政要务的高官。这里指陈震。长史：汉代在丞相府及三公府（即太尉、司徒、司空）协助管理政务的高官。这里指张裔。参军：汉代后期在军中的参谋人员。这里指蒋琬。

㉛贞良：坚贞可靠。死节：以死殉节。

㉜隆：昌盛。计日：计算着日子。

㉝布衣：平民。

㉞躬耕：亲自耕种。借指隐居山林。南

阳：郡名。在今河南南阳市一带。

㉟苟全：苟且保全。乱世：战乱的时代。

㊱闻达：被人称誉而地位显赫。闻(wèn)：取得声誉。达，获得高官。

㊲卑鄙：指出身微贱。

㊳猥（wěi）：辱。自：亲自。枉屈：屈就。

㊴三顾：指公元207年刘备三度拜请诸葛亮出山。

㊵感激：感动。许：应许。先帝：指刘备。驱驰：奔走效劳。

㊶值：遇到。倾覆：兵败。指公元208年刘备被曹操所败而派诸葛亮联吴抗曹。

㊷尔来：自那以来。二十有一年：二十一年。指从建安三年（207）刘备到隆中请出诸葛亮到蜀汉建兴五年(227) 诸葛亮上表请求北伐讨魏这二十一年。

㊸临崩寄臣以大事：指公元223年刘备在永安病危托付诸葛亮辅佐刘禅之事。

㊹夙（sù）：早。

㊺效：有效果。

㊻伤：有损。明：英明。

㊼五月渡泸：蜀汉建兴三年（225），刘备死后，益州郡的豪强及各地少数民族首领叛乱，诸葛亮率军南征，七擒七纵孟获，使其诚心归服，从而稳定了西南。泸：泸水，金沙江的一部分。

㊽不毛：指今缅甸境内的八莫一带。

㊾兵甲：指兵员和装备。

㊿奖：奖励。三军：军队的通称。

51定：平定。中原：指当时曹魏占领的中原地区。

52庶：或可。驽（nú）：劣马。钝(dùn)：刀刃不锋利。驽钝，代指浅薄的能力。

53攘（rǎng）：铲除，消灭。奸凶：指曹操。

54兴复：恢复。还于旧都：指把蜀汉国都迁回东汉旧都洛阳。

55报：报答。职分：职责。

56斟酌损益：衡量政务得失，决定取舍增减。

57进尽：充分进献。

58效：任务，功效。告：告慰。

59兴德：发扬德行。

60慢：怠慢，疏忽。

61彰：明，揭示。咎（jiù）：过失。

62自谋：自己认真考虑。

63咨诹（zōu）：征询。善道：治国的良策。

64察；分析。纳：采纳。雅言：正确的意见。

65深追：深切追怀，指遵循之意。遗诏：指刘备的临终诏书。

66不胜（shēng）受恩感激：受恩不尽，感激也不尽。

67临：面对。表：指此表文。涕零：落泪。

68不知所言：不知自己都说了什么。指前面的话未必考虑得当。

【解析】

本文选自《三国志·蜀志·诸葛亮传》，又名《前出师表》。此表为诸葛亮于公元227年驻军汉中（今属陕西）准备北伐曹魏时向后主刘禅所上。文章针对刘禅平庸的弱点，鼓励他奋发图强、广开言路、严明赏

罚、亲贤远佞、修明内政，使汉室重兴。同时表白自己的忠心，叙述自己出庐以来以兴复汉室为己任，兢兢业业的献身精神。文章一字一句，都可见作者的一片苦心，感情深厚，出自肺腑，表现了其“鞠躬尽瘁，死而后已”的忠贞气节，刘勰在《文心雕龙·章表》中评其“志尽而文畅”。

陈　寿

陈寿（233～297），字承祚，巴西安汉（今四川南充）人。少好学，仕蜀，历官东观秘书郎、散骑侍郎、黄门侍郎。蜀亡入晋，为著作郎，编撰《魏书》、《蜀书》、《吴书》共六十五卷，北宋时合刊为《三国志》。时人称赞陈寿“善叙事，有良史之才”。刘宋元嘉年间，裴松之为《三国志》作注，兼采众书，补充了大量史料。《三国志》与《史记》、《汉书》、《后汉书》合称“四史”，是古代重要的史籍和史传文学著作。

隆中对[1]

亮躬耕陇亩[2]，好为《梁父吟》[3]。身长八尺[4]，每自比于管仲、乐毅[5]，时人莫之许也[6]。惟博陵崔州平、颍川徐庶元直与亮友善[7]，谓为信然[8]。

时先主屯新野。徐庶见先主，先主器之[9]，谓先主曰：“诸葛孔明者，卧龙也，将军岂愿见之乎[10]？”先主曰：“君与俱来。”庶曰：“此人可就见[11]，不可屈致也，将军宜枉驾顾之[12]。”

由是先主遂诣亮，凡三往乃见[13]。因屏人曰[14]：“汉室倾颓，奸臣窃命[15]，主上蒙尘[16]。孤不度德量力，欲信大义于天下[17]；而智术浅短，遂用猖蹶[18]，至于今日，然志犹未已，君谓计将安出[19]？”

亮答曰：“自董卓已来，豪杰并起，跨州连郡者不可胜数[20]。曹操比于袁绍，则名微而众寡[21]。然操遂能克绍，以弱为强者，非惟天时，抑亦人谋也[22]。今操已拥百万之众，挟

天子以令诸侯，此诚不可与争锋[23]。孙权据有江东，已历三世，国险而民附，贤能为之用[24]，此可以为援而不可图也[25]。荆州北据汉、沔，利尽南海[26]，东连吴、会，西通巴、蜀[27]，此用武之国，而其主不能守，此殆天所以资将军，将军岂有意乎[28]？益州险塞，沃野千里，天府之土，高祖因之以成帝业[29]。刘璋暗弱，张鲁在北，民殷国富而不知存恤，智能之士思得明君[30]。将军既帝室之胄，信义著于四海，总揽英雄[31]，思贤如渴，若跨有荆、益，保其岩阻[32]，西和诸戎，南抚彝越[33]，外结好孙权，内修政理[34]，天下有变，则命一上将将荆州之军以向宛、洛，将军身率益州之众出于秦川[35]，百姓孰敢不箪食壶浆以迎将军者乎[36]？诚如是，则霸业可成，汉室可兴矣。”

先主曰：“善。”于是与亮情好日密[37]。

关羽、张飞等不悦，先主解之曰：“孤之有孔明，犹鱼之有水也。愿诸君勿复言！”羽、飞乃止。

【注释】

①隆中：山名，在今湖北襄阳县西。诸葛亮隐居在这里。对：对策。本指臣下对帝王的策问，这里是借指诸葛亮回答刘备的询问。

②亮：诸葛亮。躬耕：亲自耕作。陇亩：田地。

③好（hào）：喜好。为：指吟咏。《梁父吟》：古曲名，其调悲慨。

④八尺：汉代八尺约合今五尺多。

⑤管仲：春秋时政治家，为齐国相，辅佐齐桓公，建立霸业。乐（yuè）毅：战国时名将，为燕昭王联合五国大破齐国，贡献显著。

⑥莫之许：没有人相信他。

⑦博陵；汉郡名，治所在今河北安平县。颍川：汉郡名，在今河南禹州市一带。崔州平：名不详，州平是字。东汉末年的隐士。徐庶：字元直，做过刘备的谋士，后投奔曹操。

⑧信然：的确如此。

⑨时：当时。指汉献帝建安十二年（207）。先主：指刘备。屯：驻兵。新野：今河南新野县。器：器重。

⑩卧龙：喻指隐居的贤哲。岂：能否之意。

⑪俱：一起。就见：前去拜访。屈：使委屈。致：来。

⑬枉：屈尊。驾：车马。顾：拜访。

⑬诣（yì）：往。凡：共。乃：才。

⑭因：于是。屏（bǐng）人：使左右侍从回避开。

⑮倾颓：衰落颓败。奸臣窃命：指董卓、曹操先后挟天子以令诸侯的行径。

⑯主上蒙尘：皇帝遭难。指董卓把汉献帝胁迫至长安，献帝逃归洛阳后又被

曹操胁迫至许都（今河南许昌）。

⑰孤：刘备的自谦用语。度（duó）：估量。信：同“伸”。大义：正义。刘备为汉室宗亲，他以复兴汉室为号召，这即是所说的“大义”。

⑱遂：终。用：因。猖蹶：指跌倒、受挫。

⑲未已：没有完，不放弃。计：指谋略。安：如何。

⑳董卓：东汉末大军阀。东汉末年，董卓进京，杀死少帝刘辩，独掌大权。已来：以来。跨州连郡者：指割据一方的军阀。胜：尽。

㉑名微：名望很低。众寡：人数很少。

㉒克：胜。

㉓挟（xié）：挟制。令：号令。诸侯：指各割据者。争锋：争胜。

㉔孙权：字仲谋。他继承父亲孙坚及哥哥孙策的遗业，占据江南六郡的土地，后建立吴国。江东：江南，指长江下游一带。国险：指地势险要。民附：百姓归附。贤能为之用：贤能之士被孙权所用。

㉕以为援：把东吴作为外援。不可图：不可图谋它。

㉖荆州：包括今湖南、湖北一带。汉、沔（miǎn）：汉水、沔水，指汉水中下游一带。利尽南海：直到南海的物产都能得到。南海，泛指南方近海的地方。

㉗吴、会（guì）：吴郡和会稽郡的合称。巴、蜀：巴郡和蜀郡的合称。

㉘用武之国：兵家相争之地。其主：指当时荆州牧刘表。殆：大概。资：资助。

㉙益州：包括今四川、云南东部、陕西南部地区。险塞：形势险要。天府：险要而富庶之地。高祖：汉高祖刘邦。刘邦被项羽封为汉王，以巴、蜀、汉中作为根据地，最后打败项羽，建立汉王朝。

㉚刘璋：当时的益州牧。暗弱：昏庸无能。张鲁：当时拥兵于汉中。殷：多、蕃盛。存恤：爱惜、安抚。

㉛胄（zhòu）：后代。刘备是汉景帝儿子中山靖王刘胜之后。著于四海：天下闻名。总揽：广泛地延揽收罗。

㉜跨有：同时兼有。保其岩阻：守住两州的险要。

㉝西和诸戎：联合西部地区的诸少数民族。彝越：泛指南方各少数民族。

㉞修：治理。政理：政治。

㉟上将：大将。将（jiàng）：率领。宛、洛：指中原一带。身：亲自。秦川：关中，今甘肃东南部及陕西中南部。

㊱箪（dān）食（sì）壶浆：用筐盛着干饭、用壶盛着酒。形容非常欢迎。

㊲情好日密：感情日益加深。

【解析】

本文节选自《三国志·诸葛亮传》。叙写的是诸葛亮未出山之前与身在荆州的刘备的一次谈话。文章先写诸葛亮自比管仲、乐毅的抱负，徐庶向刘备的推荐，为下文蓄势。正面叙写诸葛亮对天下大势的精辟分析，暗示天下之分的前景，成功地表现了诸葛亮具有远见卓识的政治家形象，显示出他雄姿英发、运筹帷幄的精神风貌，着墨不多，却跃然纸上。文章最后的点染，绝非闲笔，写出刘备对诸葛亮的无比信任和器重。

嵇 康

稽康（223～262），字叔夜，谯郡（今安徽宿迁市）人，早孤，有奇才，博览群书，尤好老、庄。与魏宗室通婚，拜为中散大夫，世称嵇中散。与阮籍、山涛、向秀、刘伶、王戎及阮咸，世称“竹林七贤”。政治上拒绝与司马氏合作，终因其刚直疾恶，被司马氏集团杀害。嵇康擅文能诗，尤其是散文，见解精辟新颖，笔锋犀利。

与山巨源绝交书[①]

康白[②]：足下昔称吾于颍川，吾尝谓之知言[③]。然经怪此，意尚未熟悉于足下，何从便得之也[④]？前年从河东还[⑤]，显宗、阿都说足下议以吾自代[⑥]；事虽不行，知足下故不知之[⑦]。足下傍通，多可而少怪[⑧]；吾直性狭中，多所不堪，偶与足下相知耳[⑨]。间闻足下迁[⑩]，惕然不喜[⑪]；恐足下羞庖人独割，引尸祝以自助[⑫]，手荐鸾刀，漫之羶腥。故具为足下陈其可否[⑬]。

吾昔读书，得并介之人，或谓无之，今乃信其真有耳。性有所不堪，真不可强[⑭]。今空语同知有达人，无所不堪，外不殊俗，而内不失正，与一世同其波流，而悔吝不生耳[⑮]。老子、庄周，吾之师也，亲居贱职[⑯]；柳下惠、东方朔[⑰]，达人也，安乎卑位，吾岂敢短之哉[⑱]！又仲尼兼爱，不羞执鞭[⑲]；子文无欲卿相，而三登令尹[⑳]，是乃君子思济物之意也[㉑]。所谓达则兼善而不渝，穷则自得而无闷[㉒]。以此观之，故尧舜之君世[㉓]，许由之岩栖[㉔]，子房之佐汉[㉕]，接舆之行歌[㉖]，其揆一也[㉗]。仰瞻数君，可谓能遂其志者也[㉘]。故君子百行，殊涂而同致，循性而动，各附所安[㉙]。故有处朝廷而不出，入山林而不反之论[㉚]。且延陵高子臧之风[㉛]，长卿慕相如之节[㉜]，志气所托，不可夺也[㉝]。

吾每读尚子平、台孝威传[㉞]，慨然慕之，想其为人[㉟]。少加孤露，母兄见骄[㊱]，不涉经学[㊲]，性复疏懒，筋驽肉

缓[38]，头面常一月十五日不洗，不大闷痒，不能沐也[39]。每常小便，而忍不起，令胞中略转，乃起耳[40]。又纵逸来久[41]，情意傲散[42]。简与礼相背，懒与慢相成[43]，而为侪类见宽[44]，不攻其过[45]。又读庄、老，重增其放[46]。故使荣进之心日颓[47]，任实之情转笃[48]。此犹禽鹿，少见驯育，则服从教制[49]；长而见羁，则狂顾顿缨，赴蹈汤火[50]；虽饰以金镳，飨以嘉肴，愈思长林，而志在丰草也[51]。

阮嗣宗口不论人过[52]，吾每师之，而未能及。至性过人，与物无伤，唯饮酒过差耳[53]！至为礼法之士所绳，疾之如雠，幸赖大将军保持之耳[54]。吾不如嗣宗之贤，而有慢驰之阙[55]，又不识人情，暗于机宜[56]；无万石之慎[57]，而有好尽之累[58]。久与事接，疵衅日兴，虽欲无患，其可得乎[59]？

又人伦有礼，朝廷有法，自惟至熟[60]，有必不堪者七，甚不可者二[61]。卧喜晚起，而当关呼之不置[62]，一不堪也。抱琴行吟，弋钓草野[63]，而吏卒守之，不得妄动，二不堪也。危坐一时，痹不得摇，性复多虱，把搔无已，而当裹以章服，揖拜上官[64]，三不堪也。素不便书，又不喜作书[65]，而人间多事，堆案盈机[66]，不相酬答，则犯教伤义[67]，欲自勉强，则不能久，四不堪也。不喜吊丧，而人道以此为重[68]，已为未见恕者所怨，至欲见中伤者[69]，虽瞿然自责，然性不可化[70]，欲降心顺俗，则诡故不情，亦终不能获无咎无誉[71]，如此，五不堪也。不喜俗人，而当与之共事，或宾客盈坐，鸣声聒耳，嚣尘臭处，千变百伎，在人目前[72]，六不堪也。心不耐烦，而官事鞅掌[73]，机务缠其心[74]，世故繁其虑[75]，七不堪也。又每非汤、武而薄周、孔，在人间不止此事，会显世教所不容[76]，此甚不可一也。刚肠疾恶，轻肆直言，遇事便发[77]，此甚不可二也。以促中小心之性[78]，统此九患，不有外难，当有内病，宁可久处人间邪[79]？又闻道士遗言，饵术、黄精[80]，令人久寿，意甚信之。游山泽，观鱼鸟，心甚乐之。一行作吏，此事便废[81]，安能舍其所乐，而从其所惧哉[82]！

夫人之相知，贵识其天性，因而济之[83]。禹不逼伯成子

高[84]，全其节也[85]。仲尼不假盖于子夏[86]，护其短也。近诸葛孔明不逼元直以入蜀[87]，华子鱼不强幼安以卿相[88]，此可谓能相终始，真相知也。足下见直木必不可以为轮[89]，曲者必不可以为桷[90]，盖不欲以枉其天才[91]，令得其所也。故四民有业[92]，各以得志为乐，唯达者为能通之[93]，此足下度内耳[94]。不可自见好章甫，强越人以文冕也[95]；己嗜臭腐，养鹓雏以死鼠也[96]。吾顷学养生之术，方外荣华，去滋味，游心于寂寞，以无为为贵[97]。纵无九患，尚不顾足下所好者[98]；又有心闷疾，顷转增笃[99]，私意自试[100]，不能堪其所不乐。自卜已审，若道尽涂穷则已耳[101]，足下无事冤之，令转于沟壑也[102]。

吾新失母兄之欢[103]，意常凄切。女年十三，男年八岁，未及成人，况复多病，顾此悢悢[104]，如何可言！今但愿守陋巷[105]，教养子孙，时与亲旧叙离阔[106]，陈说平生[107]。浊酒一杯，弹琴一曲，志愿毕矣。足下若嬲之不置，不过欲为官得人，以益时用耳[108]。足下旧知吾潦倒麤疏，不切事情[109]，自惟亦皆不如今日之贤能也[110]。若以俗人皆喜荣华，独能离之，以此为快，此最近之，可得言耳[111]。然使长才广度，无所不淹，而能不营，乃可贵耳[112]。若吾多病困，欲离事自全，以保余年，此真所乏耳[113]。岂可见黄门而称贞哉[114]！若趣欲共登王涂，期于相致，共为欢益，一旦迫之，必发其狂疾[115]。自非重怨[116]，不至此也。野人有快炙背而美芹子者，欲献之至尊[117]，虽有区区之意，亦已疏矣[118]。愿足下勿似之。其意如此，既以解足下，并以为别[119]。嵇康白。

【注释】

①山巨源：名涛，字巨源。“竹林七贤”之一，四十岁以后出仕，依附司马氏。

②白：禀告，旧时书信用语。

③足下：旧时对人的敬称。称：称赞，夸奖。颖川：指山嵚，山涛的叔父，曾任颖川太守，这里用官职称呼他。尝：曾。知言：知己之言。

④经：常常。怪：奇怪。意：心想。

⑤河东：地名，在今山西永济市一带。

⑥显宗：公孙崇，字显宗，曾为尚书郎。阿都：即吕安，字仲悌，小名阿都，嵇康朋友。以吾自代：让我代替您的官职。当时山涛任选曹郎。

⑦不行：没有实现。故：原来。

⑧傍通：善于随机应变。可：认可，不较真。

⑨直性狭中：性格耿直，心地狭窄。不堪：不能忍受。

⑩间：最近。迁：升官。

⑪惕然：忧惧的样子。

⑫庖人：厨师。尸祝：祭师。这两句的意思是：怕您不好意思做官，又要接我去做助手。

⑬荐：执，持。鸾刀：屠宰用刀。漫：沾染。陈：陈述。可否：指原因。

⑭并介之人：既兼善天下又耿介孤直的人。强：强迫。

⑮空语：空谈。同知：都知道。达人：通达之人。处不殊俗：外表上与世俗一样。内不失正：内心没有失去正道。悔吝：悔恨。

⑯老子：老聃，曾为柱下史，庄周曾为漆园吏，都是从事低贱的职业。

⑰柳下惠：即展获，春秋时鲁人。东方朔：汉武帝时人。二人职位都较低。

⑱卑位：低下的位置。短之：批评他们的短处。

⑲仲尼：孔子。执鞭：替人赶车。

⑳子文：又称令尹子文，春秋时楚成王的令尹。无欲：没有欲望。令尹：春秋时楚国的官名。

㉑济物：救济世人。

㉒达：显达。渝：改变。穷：仕途闭塞。无闷：无忧。

㉓君世：君临天下，做帝王。

㉔许由：尧时隐士，传说尧欲让位给他，他逃进山里。岩栖：隐居山林。

㉕子房：张良，字子房，刘邦重要谋臣。

㉖接舆：楚国隐士，曾唱着歌从孔子身边走过，劝他归隐。

㉗揆（kuí）：原则，道理。

㉘仰瞻：仰望。遂：实现。

㉙行（háng）：行业。殊涂：道路不同。涂，同“途”。同致：同一方向。循性：按照本性。附：归附。

㉚不出：不去隐居。反：同“返”。引语出自《韩诗外传》。

㉛延陵：春秋时吴国公子，姓延陵，名季札。吴君死后，吴人欲立季札，季札辞而不受。高：羡慕，学习。子臧：曹国公子，曹宣公死后，曹人准备立臧为国君，子臧离国出走。

㉜长卿：西汉司马相如的字。相如：战国时赵国名相蔺相如，长卿因仰慕他，也改名为相如。

㉝托：寄托。夺：改变。

㉞尚子平：东汉人，弃官回家，以打柴为业。台孝威：东汉人，隐居武安山，以采药为业。

㉟慨然：赞叹的样子。

㊱加：遭遇。孤露：父亲早逝，身体瘦弱。见骄：被宠爱。

㊲不涉：不涉及，不读。经学：儒家经典。

㊳筋驽肉缓：筋骨迟钝，肌肉松弛。

㊴头面：指头。能（nài）：通“耐”，愿意。

㊵胞：这里指膀胱。略转：意为控制不住。

㊶纵逸：放纵。来久：已久。

㊷傲散：孤傲散漫。

㊸简：简略，随便。慢：轻慢。相成：互相适应，互相促成。

㊹侪（chái）类：同辈，朋友。见宽：被宽容。

㊺攻：指责。其：指代“我”。

㊻重增：更助长。放：狂放。

㊼荣进：做官求荣。颓：减弱。

㊽任实：放任本性。笃：厚，强。

㊾禽鹿：捉来的鹿。禽，同“擒”。少：从小。教制：管教制约。

㊿长：长大后。羁：束缚。狂顾：乱跳。顿缨：挣脱绳索。

(51)镳（biāo）：笼头。飨（xiǎng）：用酒食款待。长林：茂密的树林。丰草：丰盛的草地。

(52)阮嗣宗：阮籍，字嗣宗，陈留（今河南尉氏县）人，“竹林七贤”之一。不论人过：不谈别人的缺点。

(53)至性：天性纯真。过差：过分。

(54)绳：绳墨、准则。雠：同“仇”。大将军：指司马昭。保持：保护。

(55)慢驰：傲慢懒散。阙：同“缺”，过错。

(56)暗：不了解。机宜：事理。

(57)万石：汉代石奋和他的四个儿子都得官俸两千石，合共万石，号称“万石君”。慎：(一家人）都十分小心。

(58)尽：尽情直言。累：毛病。

(59)疵衅：事端。其：岂。

(60)人伦：社会关系。自惟：自己考虑。至熟：烂熟。

(61)不堪：不愿忍受。不可：不能做。

(62)当关：看门人。不置：不放过。

(63)弋：用带着绳子的箭射鸟。

(64)危坐：端坐。痹：麻。性：指身体。章服：礼服。揖拜：迎接。

(65)素：平常。不便：不擅长。书：写信。

(66)机：同“几”，案。

(67)酬答：应酬。犯教伤义：违反礼教，不通人情。

(68)人道：世俗人情。

(69)己为：自己的行为。未见恕者：不宽恕的人。中伤：攻击加害。

(70)瞿（jù）然：惊恐的样子。化：改变。

(71)降：抑制。诡故：违背本性。咎：怪罪。

(72)聒耳：声杂乱耳。百伎：各种手段。

(73)鞅掌：事务繁忙。

(74)机务：官府要事。缠：纠缠。

(75)世故：世俗人情。繁：烦扰。

(76)每：经常。非：非难。薄：轻视。会：将。显：显然。世教：礼教。

(77)刚肠：性情倔强。轻肆：轻率放肆。发：发作。

(78)促中：心胸狭隘。

(79)宁：岂。久处人间：活得长久。

(80)遗言：传言。饵：服食。术、黄精：药名，传说久服可以延年。

(81)一行：一旦。此事：指游山水，观鱼鸟。

(82)舍：放弃。从：从事。

(83)济：扶助。

(84)伯成子高：传说尧时为诸侯。尧传位于舜，舜传位于禹，伯成子高辞去诸侯，禹也没迫他出来做官。

(85)全：成全。节：操守。

(86)盖：雨伞。孔子因子夏吝啬，不向他借伞，以免他为难。

(87)诸葛孔明：即诸葛亮。元庶：徐庶，字元直，先辅佐刘备，后曹操俘徐母以要挟，徐庶只得转而投奔曹操。诸葛亮没劝刘备强留徐庶。

(88)华子鱼：华歆，字子鱼，魏文帝时拜相。幼安：管宁，字幼安。华歆向魏文帝推荐管宁，管宁坚辞不受，华歆也不勉强。

(89)轮：车轮。

(90)桷（jué）：方形的椽子。

(91)枉：委屈。

(92)四民：指士、农、工、商。

(93)通：了解，理解。

(94)度内：识度之内，应该知道。

㊵章甫：礼帽。文冕：饰有文彩的华冠。
㊶鹓（yuān）雏：凤类的鸟。以：用。
㊷顷：近来。外：排斥。去：抛弃。
㊸不顾：不屑一顾。
㊹笃：病沉重。顷：近来。
⑩⓪自试：盘算。
⑩①卜：考虑。审：确定。已：止。
⑩②无事：无故。冤：委屈。转于沟壑：流离而死。
⑩③顾：想到。失母兄之欢：指母兄死去。
⑩④顾：想到。悢悢（liàng）：悲伤。
⑩⑤守陋巷：过贫寒生活。
⑩⑥叙离阔：叙离别之情。
⑩⑦陈说：闲谈。
⑩⑧嬲（niǎo）：纠缠。时用：当世所用。
⑩⑨潦倒：颓废的样子。麤疏：即粗疏。切：近乎。
⑪⓪自惟：自认为。贤能：贤能之人。
⑪①离：放弃。近之：接近我的性情。
⑪②长才：大才。广度：度量大。淹：贯通。营：谋求。
⑪③真：天性。
⑪④黄门：宦官。贞：守贞洁。
⑪⑤趣（cù）：催促。王涂：即“王途”，仕途。相致：招致。欢益：欢乐。迫之：强迫。狂疾：疯狂。
⑪⑥自非：若不是。重怨：深仇大恨。
⑪⑦炙背：太阳晒脊梁。芹子：芹菜。至尊：君王。
⑪⑧区区：诚意。疏：不合实际。
⑪⑨解：使了解。别：绝交。

【解析】

山涛曾与嵇康、吕安等人为友，在魏末统治集团内部激烈的斗争中，他投靠了司马氏集团，改变了隐身自晦的初衷，后又荐举嵇康出来做官，嵇康写了这封信，不仅痛骂山涛不该纠缠自己出来做官，而且提出了自己做官“七必不堪”、“二甚不可”的理由，淋漓尽致地表达了他蔑视世俗礼法的态度，字里行间蕴蓄着对投靠权门、热衷仕进的山涛的鄙夷。在娓娓叙说中，时而引经据典，比况现实；时而嬉笑怒骂，冷嘲热讽；时而婉转譬喻，旁敲侧击，全篇文笔生动泼辣，妙语连珠，形象突出，意味深厚，充分显示了作者刚直疾恶、轻肆直言的个性，故刘勰称这封书信“志高而文伟”（《文心雕龙·书记》）。

向　秀

向秀（227～277），字子期，怀县（今河南武陟县一带）。他是魏晋之际的文学家。“竹林七贤”之一。他的作品只有《思旧赋》和《难嵇叔夜养生论》存世。

思旧赋 并序

余与嵇康、吕安居止接近[①]。其人并有不羁之才[②]。然嵇志远而疏，吕心旷而放[③]，其后各以事见法[④]。嵇博综技艺，于丝竹特妙[⑤]；临当就命，顾视日影，索琴而弹之[⑥]。余逝将西迈，经其旧庐[⑦]。于时日薄虞渊[⑧]，寒冰凄然。邻人有吹笛者，发声寥亮[⑨]。追思曩昔游宴之好[⑩]，感音而欢，故作赋云：

将命适于远京兮[⑪]，遂旋反而北徂[⑫]。济黄河以泛舟兮，经山阳之旧居[⑬]。瞻旷野之萧条兮，息余驾乎城隅[⑭]。践二子之遗迹兮[⑮]，历穷巷之空庐。

叹《黍离》之愍周兮，悲《麦秀》于殷墟[⑯]。惟古昔以怀今兮[⑰]，心徘徊以踌躇。栋宇存而弗毁兮，形神逝其焉如[⑱]？

昔李斯之受罪兮，叹黄犬而长吟[⑲]；悼嵇生之永辞兮[⑳]，顾日影而弹琴。托运遇于领会兮，寄余命于寸阴[㉑]。

听鸣笛之慷慨兮，妙声绝而复寻[㉒]。停驾言其将迈兮，遂援翰而写心[㉓]。

【注释】

①居止：居所。

②其人：这两人。并：俱。不羁：不可羁绊。指其才华超众。

③志远而疏：志向高远，对世俗事务疏略。心旷而放：心胸开朗，外表放逸。

④以事见法：因事被处死刑。嵇康与吕安相交甚深。吕安妻徐氏很美，其兄吕巽与之发生奸情。吕安知道后想揭露此事，先告诉嵇康，嵇康劝其忍之。吕巽反诬吕安不孝，使其获罪徒边。吕安在途中写信给稽康，有不满时政之语。司马昭怒而收吕安下狱。嵇康愤而与吕巽绝交。吕巽时为司马昭属官，很受宠，于是与钟会一起造谣诋毁嵇康，不仅言论放荡，而且有逆反之心。司马昭于是将嵇康、吕安一并杀之。

⑤博综技艺：能从事多种技艺。丝竹：指音乐。

⑥临当：临刑。就命：终命。嵇康临刑时，弹了一曲《广陵散》。

⑦逝：语助词，无义。西迈：往西方去，指洛阳。旧庐：旧居。

⑧日薄虞渊：太阳将要落了。虞渊，又称“虞泉”，传说中的日落之处。

⑨寥亮：嘹亮。

⑩曩（nǎng）昔：从前。游宴之好：与嵇、吕昔日游乐宴饮时的场景。

⑪将命：奉命。适：往。京：指洛阳。

⑫旋反：反回来。反：同“返”。北徂（cú）：向北去。

⑬济：渡过。山阳：在今河南焦作市境。

⑭瞻：遥望。息：停。驾：车。城隅：城边。

⑮践：踏上。二子：指嵇康、吕安。

⑯《黍离》：《诗经》中《王风》的一篇。旧说周室东迁后，周大夫路经周朝故都时，见到宗庙宫室都生了禾黍，于是悲悯周之衰亡，作了这首诗。愍（mǐn）：同“悯”。《麦秀》：也叫《麦秀歌》。箕子经过殷朝故都，见宫室毁坏并长出了禾黍，十分伤感，作《麦秀歌》以悲之。殷墟：殷朝故都的废墟。

⑰惟：思。古昔：古代。这里代指嵇、吕的往事。

⑱形神逝其焉如：形体和精神到哪里去了呢？

⑲李斯：秦朝的丞相。后为赵高所陷，以谋逆罪下狱。公元前208年，腰斩于咸阳。临刑前，对其儿子说：“吾欲与若复牵黄犬俱出上蔡东门逐狡兔，岂可得乎？”

⑳嵇生：嵇康。永辞：永远辞别人世。

㉑托运遇于领会：把命运寄托在偶然的遭遇上。领会，偶然相会。余命：残余的生命。寸阴：短暂的时间。指嵇康临刑前的时刻。

㉒慷慨：悲凉。妙声：指往日嵇康的琴声。寻：继续。绝而复寻：断断续续。

㉓停驾：停下车子。言、其：语助词，无义。将迈：将要走了。援翰：拿笔。写心：写出内心的怀念。

【解析】

此文选自《文选》。这是一篇抒写怀念旧友之情的短赋。作者与嵇康、吕安是志趣相投的朋友。在当时司马氏政权的高压下，他们都对社会强烈不满。后来嵇、吕被人诬陷，被司马昭杀害。作者对他们的遭遇寄予了深切的同情，但在当时政治形势下，他又不得不写得含蓄、写得很短。文章的主旨意在揭露统治者残酷杀戮反对其统治的知识分子的罪恶。这点是表现无遗的。鲁迅先生在国民党的恐怖统治下写作的《为了忘却的纪念》中有这样的话：“年青时读向子期《思旧赋》，很怪他为什么只有寥寥几行，刚开头却又煞了尾。然而，现在我懂得了。”他所懂得的正是文章的主旨。

李　密

李密（224～287），字令伯，犍为武阳（今四川彭山县东）

人。年轻时跟随著名学者谯周学习。先仕蜀汉，蜀亡后，晋武帝征他为太子洗马，他以奉养祖母为由，辞命不赴。祖母死后，出任尚书郎，转为汉中太守。最后以怀怨被谗，免官老死家中。

陈情表[①]

臣密言：臣以险衅，夙遭闵凶[②]。生孩六月，慈父见背[③]；行年四岁，舅夺母志[④]。祖母刘，愍臣孤弱，躬亲抚养[⑤]。臣少多疾病，九岁不行；零丁孤苦，至于成立[⑥]。既无伯叔，终鲜兄弟[⑦]。门衰祚薄，晚有儿息[⑧]。外无期功强近之亲[⑨]，内无应门五尺之僮[⑩]。茕茕孑立，形影相吊[⑪]。而刘夙婴疾病，常在床蓐[⑫]。臣侍汤药，未曾废离[⑬]。

逮奉圣朝，沐浴清化[⑭]。前太守臣逵，察臣孝廉[⑮]；后刺史臣荣[⑯]，举臣秀才。臣以供养无主，辞不赴命[⑰]。诏书特下，拜臣郎中[⑱]；寻蒙国恩，除臣洗马[⑲]。猥以微贱，当侍东宫[⑳]，非臣陨首所能上报。臣具以表闻，辞不就职[㉑]。诏书切峻，责臣逋慢[㉒]；郡县逼迫，催臣上道[㉓]；州司临门，急于星火[㉔]。臣欲奉诏奔驰，则刘病日笃[㉕]；欲苟顺私情，则告诉不许[㉖]。臣之进退，实为狼狈[㉗]。

伏惟圣朝以孝治天下[㉘]，凡在故老，犹蒙矜育[㉙]，况臣孤苦，特为尤甚[㉚]。且臣少仕伪朝，历职郎署[㉛]，本图宦达，不矜名节[㉜]。今臣亡国贱俘，至微至陋[㉝]，过蒙拔擢，宠命优渥[㉞]，岂敢盘桓，有所希冀[㉟]。但以刘日薄西山，气息奄奄[㊱]，人命危浅，朝不虑夕[㊲]。臣无祖母，无以至今日；祖母无臣，无以终余年[㊳]。母孙二人更相为命，是以区区不能废远[㊴]。

臣密今年四十有四，祖母刘今年九十有六。是臣尽节于陛下之日长，报养刘之日短也[㊵]。乌鸟私情，愿乞终养[㊶]。臣之辛苦，非独蜀之人士及二州牧伯所见明知[㊷]，皇天后土，实所共鉴[㊸]。愿陛下矜愍愚诚，听臣微志[㊹]。庶刘侥幸保卒余年，臣生当陨首，死当结草[㊺]。臣不胜犬马怖惧之情，谨拜表以闻[㊻]。

【注释】

①陈情：陈述衷情。

②言：禀告。险衅：命运不好。夙：指幼年时。闵（mǐn）：同“悯”，忧患。凶：指死丧之事。

③生孩六月：出生六个月。见背：死去。

④行年：长到。夺：强行改变。志：寡妇守节之志。指舅父强迫母亲改嫁。

⑤愍（mǐn）：怜惜。躬亲：亲自。

⑥不行：不会走路。零丁：孤单。至于：一直到。成立：成人。

⑦终：终于。鲜：少，这里指没有。

⑧门衰：家门衰微。祚（zuò）薄：福分浅薄。息：子，后代。

⑨外：指自己一房之外。期（jī）：服丧一年。功：服丧九个月叫大功，服丧五个月叫小功。强（qiǎng）近：勉强有些亲戚关系。

⑩应门：照看门户，接待客人之事。五尺之僮：未成年的人。那时五尺只相当于现在的三尺。

⑪茕茕（qióng）孑（jié）立：孤独。形影相吊：身和影互相安慰。形容孤单。

⑫婴：缠绕。蓐（rù）：草席。

⑬侍：服侍。废离：停止侍奉，离开。

⑭逮：及至。圣朝：指晋朝。清化：清明的教化。

⑮太守：指犍为郡太守。逵：犍为郡太守的名字。察：考察推荐。孝廉：指孝顺父母、品行方正之人。汉代曾在全国实行选举孝廉之士到朝廷做官的制度，晋时仍袭旧制。

⑯刺史：指益州刺史。荣：益州刺史的名字。举：举荐。秀才：优秀的人才，汉代也是由州郡推举入朝做官。

⑰供养无主：无人供养。辞不赴命：推辞而不去报到。

⑱诏书：皇帝命令。拜：任命。郎中：官名。

⑲寻：不久。蒙：受到。除：授职。洗马：官名，即太子洗马，太子侍从官。

⑳猥：自谦的词。当：充当。侍：侍奉。东宫：太子居住的地方，借指太子。

㉑陨首：砍头。上报：报答皇恩。具：都。表闻：上表陈述。

㉒切峻：急切而严厉。逋（bū）：逃避。慢：轻慢。

㉓郡县：地方官。逼迫：催逼。上道：动身。

㉔州司：地方官。临门：上门催促。急于星火：像流星一样紧急。

㉕奉诏：接受命令。奔驰：进京赴任。日笃（dǔ）：一天比一天加重。

㉖苟顺：姑且迁就。告诉：报告，请求。不许：不被允许。

㉗进退：出仕与隐居。狼狈：进退两难。

㉘伏惟：俯伏于地思考。旧时下对上表示恭敬的用语。圣朝：指晋朝。

㉙故老：前朝旧臣。矜育：怜惜，供养。

㉚尤甚：更加厉害。

㉛伪朝：指蜀汉政权。历职：历任，曾做过。郎署：官名，尚书郎。

㉜本图：本来只是为了。宦达：做官显贵。矜：顾惜。名节：名声气节。

㉝亡国贱俘：低贱的亡国俘虏。李密是蜀国的降臣。微：渺小。陋：卑贱。

㉞过蒙：承蒙过多。拔擢：提拔。宠命优渥：优宠任命，恩泽优厚。

㉟盘桓：犹豫不进。希冀：非分的企图。
㊱日薄西山：太阳迫近西山。奄奄：气息微弱。
㊲危浅：危险，不久长。不虑：不能预料。
㊳无以：无法，不能。余年：剩下的岁月。
㊴更相：互相。为命：维持生命。区区：自己的谦称。废远：远行。
㊵有：同“又”。尽节：效力。
㊶乌鸟私情：相传小乌鸦长大能喂养老乌鸦，此用以比喻孝亲。终养：送终养老。
㊷辛苦：苦衷。二州牧伯：指前文提到的刺史逵、荣二人。明知：了解。
㊸皇天后土：指天地神明。鉴：明察。
㊹矜愍：怜悯。愚诚：指孝养祖母的诚心。听：答应，允许。
㊺庶：希望。卒：度过。结草：报答。报《左传》记载，晋大夫魏武子临死时，令其子魏棵将爱妾杀死殉葬，魏棵将其改嫁。后来魏棵与人交战，见一老人结草绊倒敌将，夜里梦见结草老人，自称乃其父爱妾之父，来报不杀他女儿之恩。
㊻不胜：非常，十分。犬马怖惧：臣下谦卑语。拜表：上奏章。

【解析】

这是李密于晋泰始三年（267）写给晋武帝的表章，请求朝廷允许自己留在家乡供养祖母享尽天年。李密的辞命不赴有其政治原因。作为蜀汉旧臣，仕晋便无法保住名节。但一味顽抗，得到的只能是杀戮。因此，文中采取铺叙手法，尽情渲染了祖孙相依为命的关系和自己进退两难的苦衷，情透理足，使人感到确实“臣无祖母，无以至今日；祖母无臣，无以终余年”，委婉地表达出自己不能赴京就职，决非出于怀念旧主。文章凄恻婉转，情文并茂，扣人心弦，连武帝司马炎看了也很受感动，说“士之有名，不虚然哉”。

陶渊明

陶渊明（365～427），又名潜，字元亮，一说字渊明，卒后友朋私谥“靖节”，浔阳柴桑（今江西九江市）人。出身于没落的官宦之家。少好读书，博通儒玄佛，善属文。出仕先为江州祭酒，不久辞归。后为荆州刺史桓玄幕僚，未几趁丁母忧归田。镇威将军刘裕控国，又为其参军，不久改任建威将军刘敬宣参军，很快又归隐。405年八月，出仕彭泽令，仅八十余日，因不愿为五斗米折腰，解印归家，至死未仕。陶渊明是东晋杰出的文学家，尤以诗著，辞赋、散文也很好，现存十一篇，大都是

历来传诵的名篇，写得感情真挚，词句精练，形象生动，清新自然，意境深远，对后世也有很大影响。有《陶渊明集》。

归去来兮辞 并序

余家贫，耕植不足以自给①。幼稚盈室，瓶无储粟；生生所资，未见其术②。亲故多劝余为长吏，脱然有怀，求之靡途③。会有四方之事，诸侯以惠爱为德；家叔以余贫穷，遂见用于小邑④。于时风波未静，心惮远役⑤。彭泽去家百里，公田之利，足以为酒，故便求之⑥。及少日，眷然有归欤之情⑦。何则？质性自然，非矫厉所得⑧；饥冻虽切，违己交病⑨。尝从人事，皆口腹自役⑩。于是怅然慷慨，深愧平生之志。犹望一稔，当敛裳宵逝⑪。寻程氏妹丧于武昌，情在骏奔，自免去职⑫。仲秋至冬，在官八十余日。因事顺心，命篇曰《归去来兮》⑬。乙巳岁十一月也⑭。

归去来兮，田园将芜胡不归⑮！既自以心为形役，奚惆怅而独悲⑯？悟已往之不谏，知来者之可追⑰。实迷途其未远，觉今是而昨非⑱。舟遥遥以轻飏，风飘飘而吹衣。问征夫以前路，恨晨光之熹微⑲。

乃瞻衡宇，载欣载奔⑳。童仆欢迎，稚子候门。三径就荒，松菊犹存㉑。携幼入室，有酒盈樽。引壶觞以自酌，眄庭柯以怡颜㉒。倚南窗以寄傲，审容膝之易安㉓。园日涉以成趣，门虽设而常关㉔。策扶老以流憩，时矫首而遐观㉕。云无心以出岫，鸟倦飞而知还㉖。景翳翳以将入，抚孤松而盘桓㉗。

归去来兮，请息交以绝游㉘。世与我而相违，复驾言兮焉求㉙！悦亲戚之情话，乐琴书以消忧㉚。农人告余以春及，将有事于西畴㉛。或命巾车，或棹孤舟㉜。既窈窕以寻壑，亦崎岖而经丘㉝。木欣欣以向荣，泉涓涓而始流㉞。善万物之得时，感吾生之行休㉟。

已矣乎，寓形宇内复几时[36]！曷不委心任去留，胡为乎遑遑欲何之[37]？富贵非吾愿，帝乡不可期[38]。怀良辰以孤往，或植杖而耘耔[39]。登东皋以舒啸，临清流而赋诗[40]。聊乘化以归尽，乐夫天命复奚疑[41]！

【注释】

①耕植：耕种田地，植养桑蚕。自给：维持自己的生活。

②盈：满。瓶：储存粮食的器具，如瓮之类。粟：小米。生生：维持生活。前一个“生”为动词，后一个“生”为名词。资：凭借。术：维持生计的本领。

③亲故：亲戚和老朋友。长吏：指俸禄较高的下层官员，如县丞、县尉等。汉以后把秩二百石至四百石的官员叫长吏。脱然：轻快的样子。怀：想法。靡途：没有门路。

④会有：恰逢。四方之事：出使之事，此指陶渊明接受建威将军刘敬宣的命令自江陵出使建康（当时京都）的事。诸侯：地方割据势力的军政长官。惠爱：指爱惜人才。家叔：指陶夔，他是陶潜的叔叔，时任太常卿。见用：被任用。邑：县。

⑤风波未静：军阀间的战争没有平息。惮（dàn）：害怕。远役：去远处任职。

⑥彭泽：县名，在今江西湖口县东。去：距离。公田之利：俸田的收益。为酒：酿酒。求之：求做彭泽令。

⑦及：等到。少日：不几天。眷然：思念的样子。归欤之情：辞官归隐的情怀。欤，无义。

⑧何则：什么原因呢。质性：天性，本性。矫厉：造作勉强。

⑨切：迫切，急迫。违己：违背自己的质性。交病：身心都感到痛苦。

⑩尝：曾经。从人事：出仕做官。口腹自役：为了养家糊口而役使自己。

⑪怅然：失意的样子。慷慨：情绪激动。平生之志：指归田隐居之志。一稔：谷物收获一次，此指陶渊明公田收获一次。稔（rèn），谷物成熟。敛裳：收拾行装。宵逝：星夜离去。

⑫寻：不久。程氏妹：陶渊明嫁到姓程人家的妹妹。骏奔：像骏马奔驰一样，喻急迫。自免：自己辞官。去职：离开职位。

⑬仲秋：八月。因事顺心：因辞官而顺随心意。命篇：写文章。

⑭乙巳岁：晋安帝义熙元年（405）。以上为序。

⑮归去来兮：即归去。来、兮，都是语助词。芜：荒废。胡：为什么。

⑯心为形役：心神被形体所役使。指不想做官，而被迫出仕。奚：为何。惆怅：感伤的样子。

⑰悟：体察，认识到。已往：过去的行为，指自己违心出仕的错误行为。谏：止，此作挽回讲。来者：未来的事。追：补救。

⑱迷途：迷失路途。今是：指归隐生活。昨非：指出仕为官。

⑲飏（yáng）：飞扬，形容船行驶得轻快。征夫：行人。前路：回家的路。熹微：天色微明。熹（xī），同“熙”，光明。

⑳瞻：望见。衡宇：以横木为门的简陋房屋，此指陶渊明家的旧宅。载欣载奔：又高兴，又奔跑。

㉑稚子：小孩。候门：在门口等候。三径：西汉末年的蒋诩免官在家，于院中开了三条小路，只与少数友人往来，后人便以"三径"作为隐士所居的地方。就：接近于。犹：尚，还。

㉒樽：饮酒器。引：取。觞（shāng）：酒杯。自酌：自斟自饮。眄（miǎn）：斜视。庭柯：庭院中的树枝。怡颜：使脸上泛出喜悦的神色。

㉓寄傲：寄托傲然自得的情志。审：明察，明白。容膝：仅能容纳膝腿的住处，形容住室狭小。易安：容易令人安乐。

㉔日涉：天天散步。涉，涉足。

㉕策：拄着。扶老：手杖。流：周流。憩（qì）：休息。矫首：举头。遐观：向远处眺望。

㉖无心：无意。岫（xiù）：岩穴，这里指山峰。

㉗景：同"影"，日光。翳翳（yì）：阴暗貌。盘桓：形容流连不忍离去。

㉘息交、绝游：意思都是断绝与外面世俗世界交往游来。

㉙相违：情志不合。驾言：驾车出游。言，语助词。焉求：获求什么。

㉚悦：喜欢。情话：心里话，知心话。琴书：弹琴读书。消忧：消解愁闷。

㉛农人：农民。春及：春天到了。有事：开展农业生产活动。畴：田地。

㉜命：驾着。巾车：有帷幕的车子。棹（zhào）：船桨，这里用作动词，作划船讲。

㉝窈窕：深远的样子。寻壑：探寻山涧。崎岖：形容山路高低不平。经丘：寻访山丘。

㉞欣欣：茂盛的样子。涓涓：形容水细流不断的样子。

㉟善：羡慕。得时：逢时。行休：将要死亡。

㊱已矣乎：算了吧。寓形宇内：活在世上。

㊲曷：通"何"。委心：随心。任去留：听任生死寿命的发落。遑遑：匆匆忙忙、心神不安的样子。何之：何往，到什么地方去。

㊳帝乡：天帝的家乡，即仙境。期：希望。

㊴良辰：好时光。孤往：独自出游。植杖：放掉手杖。

㊵东皋：东边山冈。皋，田泽旁的高地。舒啸：舒气长啸。赋诗：吟诗。

㊶聊：姑且，暂且。乘化：顺随自然变化。归尽：归于生命的尽头，即死亡。乐：以……为乐。复何疑：还有什么疑虑呢！

【解析】

本篇是晋安帝义熙元年（405）十一月陶渊明辞去彭泽令归家之初所写。篇名取自篇首的"归去来兮"四字。文中叙述了他辞官归田途中的解脱、喜悦之情和隐居田园的生活乐趣及感受，表达了作者对官场污浊的厌恶及与仕宦生活彻底决裂的感情，也表现了作者热爱田园隐逸生活的情操。作者通过具体的景物和活动描写，将情、景、理和谐、完善统一，创造出了一种闲适宁静、乐天自在的意境，从中传达和寄托了其生活理想。全文文气平和，诗意浓郁，境界幽远，词句简妙，形象生动，

语言清新自然，声韵整齐多变，音调铿锵婉转，有着很强的感染力。欧阳修甚至说：“晋无文章，惟陶渊明《归去来兮辞》而已。”可见它在后人心目中的地位和影响。

五柳先生传

先生不知何许人也①，亦不详其姓字②，宅边有五柳树，因以为号焉③。闲静少言，不慕荣利。好读书，不求甚解④；每有会意⑤，便欣然忘食。性嗜酒，家贫不能常得。亲旧知其如此⑥，或置酒而招之⑦。造饮辄尽⑧，期在必醉⑨；既醉而退，曾不吝情去留⑩。环堵萧然⑪，不蔽风日，短褐穿结⑫，箪瓢屡空⑬，晏如也⑭。常著文章自娱，颇示己志⑮。忘怀得失⑯，以此自终。

赞曰⑰：黔娄之妻有言⑱：“不戚戚于贫贱⑲，不汲汲于富贵⑳。”其言兹若人之俦乎㉑？酬觞赋诗㉒，以乐其志。无怀氏之民欤㉓？葛天氏之民欤㉔？

【注释】

①何许：何处。
②详：详细了解。姓字：姓名。
③号：别号。
④甚解：明确的解释，指拘泥于字句。
⑤会意：心得体会。
⑥亲：亲戚。旧：旧友。
⑦置：办。招：相邀。
⑧造：至、到。辄：就。
⑨期：希望。
⑩曾不：一点也不。吝情：挂心。
⑪环堵：四壁，指房屋。萧然：空寂的样子。
⑫短褐（hè）：粗布短衣。穿结：指衣服破烂。穿，磨穿。结，补缀连结。
⑬箪瓢屡空：指经常缺少饮食。箪（dān），放食物的竹制器具。瓢，盛水的饮器。
⑭晏如：安乐自在的样子。
⑮颇示己志：很能表达自己的志趣。
⑯忘怀：忘却。自终：终生过着这样的生活。
⑰赞：史传体文章最后对所叙人物的评论。
⑱黔娄：春秋时鲁国人，清贫自守，不愿出仕。死后，曾子到其家吊丧，问其妻：“何以为谥?”其妻说宜谥“康”。曾子认为黔娄在世时日子过得并不好，死后又不很荣耀，不宜谥“康”。其妻答道：“彼先生者，甘天下之淡味，安天下之卑位，不戚戚于贫贱，不忻忻于富贵，求仁而得仁，求义而得义，其谥为‘康’，不亦宜乎！”事见刘向《列女传》。
⑲戚戚：忧愁的样子。
⑳汲汲：急迫的样子。
㉑其言：指黔娄妻的话。兹：这个。若人：此人，即五柳先生。俦：同类。

㉒酬觞：饮酒。
㉓无怀氏：传说中的远古帝王。
㉔葛天氏：传说中的远古帝王。据说，远古时期民风淳朴，人们安居乐业，老死不相往来。

【解析】

本文是陶渊明托名五柳先生而写的自传体文章。萧统在《陶渊明传》中说："渊明少有高趣……尝著《五柳先生传》以自说，时人谓之实录。"

本文先写五柳先生的高趣，继而对其赞叹。五柳先生既是陶渊明的自说，也是作者心目中的理想人物。作者写他不以贫贱而忧心戚戚，以文自娱，忘怀得失。这些正是作者心志的展露。就文章写作而言，写得极平淡自然。看似随意之笔，却是传神之处。清人吴楚材、吴调侯在《古文观止》中赞道："潇洒澹逸，一片神行之文。"

桃花源记

晋太元中[①]，武陵人捕鱼为业[②]。缘溪行[③]，忘路之远近。忽逢桃花林，夹岸数百步，中无杂树，芳草鲜美，落英缤纷[④]。渔人甚异之[⑤]。复前行，欲穷其林[⑥]。

林尽水源[⑦]，便得一山。山有小口，仿佛若有光。便舍船，从口入。初极狭，才通人[⑧]；复行数十步，豁然开朗[⑨]。土地平旷[⑩]，屋舍俨然[⑪]，有良田美池桑竹之属[⑫]；阡陌交通[⑬]，鸡犬相闻。其中往来种作[⑭]，男女衣着，悉如外人[⑮]。黄发垂髫[⑯]，并怡然自乐[⑰]。

见渔人，乃大惊，问所从来[⑱]，具答之[⑲]。便要还家[⑳]，设酒杀鸡作食[㉑]。村中闻有此人，咸来问讯[㉒]。自云先世避秦时乱[㉓]，率妻子邑人[㉔]，来此绝境[㉕]，不复出焉，遂与外人间隔。问今是何世，乃不知有汉，无论魏晋[㉖]。此人一一为具言所闻[㉗]，皆叹惋[㉘]。余人各复延至其家[㉙]，皆出酒食。停数日，辞去。此中人语云[㉚]："不足为外人道也[㉛]。"

即出，得其船，便扶向路[㉜]，处处志之[㉝]。及郡下[㉞]，诣太守[㉟]，说如此[㊱]。太守即遣人随其往，寻向所志[㊲]，遂迷[㊳]，不复得路。

南阳刘子骥[㊴]，高尚士也，闻之，欣然规往[㊵]。未果[㊶]，

寻病终[42]。后遂无问津者[43]。

【注释】

①太元：东晋孝武帝的年号（376～396）。
②武陵：郡名，治所在今湖南常德市。
③缘：沿。
④落英：飘落的桃花。缤纷：繁盛而散乱的样子。
⑤异之：感到很奇怪。
⑥复：又。穷：尽。
⑦林尽水源：桃花林的尽处便是溪水的源头。
⑧才通人：仅能容一人通过。
⑨豁然：开阔的样子。
⑩平旷：平坦空旷。
⑪俨（yǎn）然：整齐的样子。
⑫属：类。
⑬阡陌：田间的小路。南北叫阡，东西叫陌。交通：交叉相通。
⑭种作：耕种劳作。
⑮悉：都。外人：桃花源外的人。
⑯黄发：指老人。老年人头发转黄，故称。垂髫（tiáo）：指儿童。小孩头发下垂，故称。
⑰怡（yí）然：愉快的样子。
⑱所从来：从何而来。
⑲具：同“俱”，详尽。
⑳要（yāo）：同“邀”，邀请。
㉑作食：准备饭食。
㉒咸：都。问讯：打听。
㉓先世：先祖。
㉔妻子：妻与子女们。邑人：乡人。
㉕绝境：与外界隔绝的地方。
㉖无论：更不用说。
㉗此人：指渔人。为具言：向桃花源中人详细说出外间的情形。
㉘叹惋：叹息。
㉙复：又。延：请。
㉚此中人：指桃花源中人。
㉛不足：不值得。为：向。外人：外界的人。
㉜扶：沿着。向：原先。
㉝志：做标记。
㉞及：来到。郡下：郡城，指武陵城。
㉟诣（yì）：前往、拜见。太守：指郡的行政长官。
㊱说如此：告诉这些情况。
㊲向：原来。所志：所做的记号。
㊳遂：竟。迷：迷路。
㊴南阳：郡名，今河南南阳市。刘子骥：晋代隐士，喜游山水。
㊵规往：计划前去。
㊶未果：没有实现。
㊷寻：不久。
㊸问津：问路。指探访桃花源。

【解析】

本文是《桃花源诗》前面的小记。一般认为作于陶渊明晚年。文章假借一个渔人的奇遇，虚构了一个没有压迫和剥削，人人自得其乐的世外桃源，表现了作者对安居乐业的太平盛世的理想追求。作者笔下的桃花源虽是纯粹的虚构，但也有一定的现实基础。汉末至晋宋年间，战乱不断，各地人民为了逃避战争带来的灾难，往往被迫逃向深山幽谷。另一方面，作者本人也长期过着贫困的生活，又有着农耕生活的体验。所

以，文中描绘的丰衣足食、自由自在、和平安乐的生活图景，正是人们追求美好生活的反映，也是作者对社会黑暗与政治残酷的批判。从艺术上看，本文在叙事、写景、状物方面有很高的技巧。它叙事首尾完整，情节曲折新奇，具有一些小说的意味。它写景多用白描手法渲染桃源生活的安祥宁静，状写出恬静幽美的意境，充满了诗情画意。它是古代散文的优秀代表。

王羲之

王羲之（321～379），字逸少，琅玡（今属山东）人。曾为右军将军，会稽内史，后人称为王右军。王羲之是东晋著名的书法家、散文家、诗人，他的书法，真、行、草、隶俱擅，后人尊为“书圣”。论者认为其书势“飘若浮云，矫若惊蛇”。他的散文多写自然山水之胜，风格疏朗简淡，韵味隽永。有《王右军集》。

兰亭集序①

永和九年，岁在癸丑，暮春之初②，会于会稽山阴之兰亭③，修禊事也④。群贤毕至⑤，少长咸集⑥。此地有崇山峻岭，茂林修竹⑦，又有清流激湍⑧，映带左右⑨。引以为流觞曲水⑩，列坐其次⑪，虽无丝竹管弦之盛⑫，一觞一咏⑬，亦足以畅叙幽情⑭。是日也⑮，天朗气清，惠风和畅⑯，仰观宇宙之大，俯察品类之盛⑰，所以游目骋怀，足以极视听之娱，信可乐也⑱。

夫人之相与，俯仰一世⑲，或取诸怀抱，晤言一室之内⑳；或因寄所托，放浪形骸之外㉑。虽取舍万殊㉒，静躁不同㉓，当其欣于所遇，暂得于己，快然自足，曾不知老之将至㉔。及其所之既倦，情随事迁，感慨系之矣㉕。向之所欣，俯仰之间已为陈迹，犹不能不以之兴怀㉖；况修短随化，终期于尽㉗。古人云：“死生亦大矣㉘。”岂不痛哉！

每览昔人兴感之由，若合一契㉙，未尝不临文嗟悼，不能喻之于怀[30]。固知一死生为虚诞，齐彭殇为妄作[31]。后之视今，亦犹今之视昔，悲夫！故列叙时人，录其所述[32]。虽世殊事异，所以兴怀，其致一也。后之览者，亦将有感于斯文[33]。

【注释】

①集：聚会。序：一种文体。

②岁在癸丑：这年的干支纪年属于癸丑年。暮春之初：古人将农历正月作为初春，二月为仲春，三月为暮春。这里指三月初三，上巳日。

③会（guì）稽：郡名，包括今江苏东南部及浙江东部一带。郡治在山阴（今浙江绍兴市）。兰亭：在今绍兴市东南的兰渚山麓，兰溪江畔。现存兰亭是明嘉靖二十七年（1548）由郡守沈启主持，从古兰亭遗址（天章寺）迁移过来的，清代曾三度重建。

④修禊：古代风俗，三月三日到水边洗濯，以清除不祥。禊（xì）：一种祭礼。

⑤群贤：众位贤达人士。毕至：都到了。

⑥少：晚辈。长：长辈。咸：都。

⑦修：长。

⑧激湍（tuān）：流势急猛的水。

⑨映带：景物互相衬托。

⑩流觞（shāng）：把盛酒的杯子放在渠中，让其顺流而下，流到谁面前停下就取杯饮酒。觞，酒杯。曲水：环曲的小渠。

⑪列坐其次：依次排列坐下。

⑫丝、弦：指琴瑟一类弦乐器。竹、管：指箫笛一类管乐器。

⑬咏：指赋诗。

⑭幽情：深远的感情。

⑮是日：此日。

⑯惠风：和煦的风。

⑰品类：指万物种类。

⑱游目：四处观望。骋怀：抒发胸怀。信：真，确实。

⑲相与：互相交往。指生活在一起。俯仰：抵头、抬头之间，形容时间短暂。

⑳或：有人。怀抱：思想抱负。晤言：对面谈话。

㉑寄：寄托于。所托：指所喜好的东西。放浪形骸：不受约束的放纵生活。形骸，身体。

㉒取舍万殊：指人们的生活方式、爱好兴趣千差万别。

㉓静躁：静与动。

㉔欣其所遇：为遇到的东西感到欣喜。暂得于己：暂时为自己所有。曾：竟、简直。

㉕所之：所追求的东西。倦：厌倦。情随事迁：情感会随事情的变化而改变。

㉖向之：原来。所欣：所感到高兴的。兴怀：产生感慨。

㉗修短：人寿的长短。随化：听凭造化。终期于尽：终归要走到尽头。

㉘“死生亦大矣”：死生都是大事啊。这是庄子的话。

㉙契：一种合同文书，左右二分，中间切断，双方各执其一，作为凭信。这是比喻人同此心，心同此理。

㉚喻之于怀：说出心中的感悟。临文：

看着（前人）的文章。嗟卓：感叹，感伤。

㉛一死生一生死：把生死同样看待。齐彭殇：长寿和短命都不重要。彭，彭祖，传说生活在尧、夏、商三朝，活了八百岁。殇（shāng），幼年而死去的人。

㉜列叙：一一记下。时人：参加此次聚会的人。录：记录。所述：所写的诗歌。

㉝世殊事异：时代和情况不同。致：情怀。一：相同。斯文：本文。

【解析】

本文记叙的是晋穆帝永和九年（353）暮春在兰亭举行的一次文人雅聚。当时王羲之和谢安、孙绰等四十二个名士集于山阴兰亭修禊，临流饮酒赋诗。

本文很能代表王羲之的散文特点。作者以清新朴素的语言，叙写了山水嬉游之乐，展现出了一幅春禊郊游的画卷。同时，在面对良辰美景的诗酒唱和中，作者又转入到对社会人生的思索，从“向之所欣，俯仰之间，已为陈迹”的抚今追昔中，表现出深沉的历史与人生感慨，呈现出浓厚的哲理韵味，体现出那个时代的特点。写景绘声绘色，情景交触，充满诗情画意。议论深而不晦，显而不露，文笔隽爽，洒脱不拘。总之，这是一篇熔情、景、理于一炉的优秀之作。由于此文的艺术，加之王羲之的书法影响，兰亭已成为历代文人雅士朝拜的书法圣地。陆游在《兰亭》诗中感叹的“江左诸贤嗟未远，感今怀昔使人愁”，代表了后人对永和九年那次千秋韵事的无限缅怀之情和人世沧桑之感。

刘　勰

刘勰（465？～520），字彦和，祖籍山东莒县，后寄居京口（今江苏镇江）。刘勰少孤，家贫不能婚娶，在定林寺博学佛经、儒典和历代文学，专心学问。梁初始仕，由于昭明太子深爱文学，后奉命与慧震共整佛经。整理毕，即请出家，改名慧地，不到一年而终。他是一位杰出的文学理论家，同时也是一位文学家。三十多岁时写成的《文心雕龙》，是他的熔理论性与文学性于一炉的代表作，颇得时贤和后人的珍爱推重。它分总论、文体论、创作论、批评论四个部分，总结了自先秦、两汉至齐梁以来的创作经验，并继承和发展了先秦以来文学批评的成果，建立起了完整、严密的文学理论体系。全书体大思精，结构细密，说理透辟，辞采华茂。

情　采

圣贤书辞，总称“文章”，非采而何[1]？夫水性虚而沦漪结，木体实而花萼振，文附质也[2]。虎豹无文，则鞹同犬羊[3]；犀兕有皮，而色资丹漆，质待文也[4]。若乃综述性灵，敷写器象[5]，镂心鸟迹之中，织辞鱼网之上[6]，其为彪炳，缛采名矣[7]。故立文之道，其理有三：一曰形文，五色是也[8]；二曰声文，五音是也[9]；三曰情文，五性是也[10]。五色杂而成黼黻[11]，五音比而成韶夏[12]，五情发而为辞章[13]，神理之数也[14]。

《孝经》垂典，丧言不文[15]，故知君子常言未尝质也[16]。老子疾伪，故称“美言不信[17]”；而五千精妙，则非弃美矣[18]。庄周云：“辩雕万物”，谓藻饰也[19]。韩非云：“艳乎辩说”，谓绮丽也[20]。绮丽以艳说，藻饰以辩雕，文辞之变，于斯极矣[21]。研味《孝》、《老》，则知文质附乎性情[22]；详览《庄》、《韩》，则见华实过乎淫侈[23]。若择源于泾渭之流，按辔于邪正之路，亦可以驭文采矣[24]。夫铅黛所以饰容，而盼倩生于淑姿[25]；文采所以饰言，而辩丽本于情性[26]。故情者文之经，辞者理之纬[27]；经正而后纬成，理定而后辞畅[28]，此立文之本源也。

昔诗人什篇，为情而造文[29]；辞人赋颂，为文而造情[30]。何以明其然[31]？盖风雅之兴[32]，志思蓄愤[33]，而吟咏情性，以讽其上[34]，此为情而造文也；诸子之徒，心非郁陶，苟驰夸饰，鬻声钓世[35]，此为文而造情也。故为情者要约而写真，为文者淫丽而烦滥[36]。而后之作者，采滥忽真[37]，远弃风雅，近师辞赋，故体情之制日疏，逐文之篇愈盛[38]。故有志深轩冕，而泛咏皋壤[39]；心缠几务，而虚述人外[40]。真宰弗存，翩其反矣[41]。夫桃李不言而成蹊，有实存也[42]；男子树兰而不芳，无其情也[43]。夫以草木之微，依情待实；况

乎文章，述志为本，言与志反，文岂足征[44]？

是以联辞结采，将欲明理[45]；采滥辞诡，则心理愈翳[46]。固知翠纶桂饵，反所以失鱼[47]。“言隐荣华”，殆谓此也[48]。是以衣锦褧衣，恶文太章[49]；《贲》象穷白，贵乎反本[50]。夫能设模以位理，拟地以置心[51]，心定而后结音，理正而后摛藻[52]。使文不灭质，博不溺心[53]，正采耀乎朱蓝，间色屏于红紫[54]。乃可谓雕琢其章，彬彬君子矣[55]。

赞曰[56]：言以文远，诚哉斯验[57]。心术既形，英华乃赡[58]。吴锦好渝，舜英徒艳[59]。繁采寡情，味之必厌[60]。

【注释】

①圣贤：指周公、孔孟等古代圣指贤德之士。书辞：著作。采：文采。

②性：性质。虚：虚浮。沦漪：波纹。木体：树木。实：坚实。萼（è）：花朵下面的绿片。振：开放。文附质也：文采依附于内容。

③无文：没有皮毛上的花纹。文，通“纹”。鞹（kuò）：去毛的皮革。

④犀兕（xīsì）：似牛的野兽，雄性为犀，雌性为兕，皮坚韧，可以制战甲。资：凭借。丹漆：红色的漆。质待文：是说内容也有待于文采来表现。

⑤若乃：至于。综述性灵：抒写情感。敷写：铺陈描写。器象：即物象。

⑥镂心：表现思想感情。镂，雕刻，引申为刻画，表现。鸟迹：文字。织辞：安排文辞。鱼网：代指纸。

⑦彪炳：光彩鲜明的样子。缛采：丰富的文采。缛，繁盛。名：分明。

⑧立文：构成文采。道：途径。理：方法。形文：表形态的文采。五色：指青、黄、赤、白、黑五种颜色。

⑨声文：表声音（指音乐性）的文采。五音：指宫、商、角、徵、羽五种音阶。

⑩情文：表感情的文采。五性：指喜、怒、欲、惧、忧。一说指从心、肝、脾、肺、肾产生出的静、躁、力、坚、智五种性情。

⑪杂：错杂。黼黻（fǔfú）：古代礼服上的花纹。黑白相间的花纹叫黼，黑青相间的花纹叫黻。

⑫比（bì）：并列，这里指互相配合连缀在一起。韶夏：皆古乐曲名。《韶》，舜时乐名，《夏》，禹时乐名。这里代指音乐。

⑬五情：当作“五性”。发：表达出来。辞章：文章。

⑭神理：自然之道。数：规律。

⑮《孝经》：一部宣扬封建孝道的书，十三经之一。垂：流传下来。典：法则，法度。丧言不文：为父母居丧期间，说话要不加文采。

⑯常言：平时讲话。未尝：未曾，不曾。质：质朴，没有文采。

⑰疾：痛恨，憎恶。伪：虚假。美言不信：美丽的言辞不真实。信，真实。

⑱五千：指《老子》书，全书共五千多字，所以举整数而代之。弃美：抛弃

文词的华美。

⑲庄周：即庄子。辩雕万物：用巧妙的言词来描绘万物。辩，巧言。雕，雕饰。藻饰：词藻的修饰。

⑳艳乎辩说：用艳丽的言词来进行辩说。乎，一作“采”。辩说，巧妙的辩词。绮丽：华丽，有文采。

㉑绮丽句：用艳丽的言辞使文词达到华丽。藻饰句：用巧言的雕辩使文章有词采。于斯：于此。极：顶点。

㉒研味：穷究体会。味，体会。《孝》：指《孝经》。《老》：指《老子》。文质：文章的华丽或朴素。附乎性情：即取决于作家的性情。

㉓详览：细看。《庄》、《韩》：指《庄子》和《韩非子》。华实：此处指文章的华彩。淫侈：过分。

㉔择源：从源上分清。泾渭：泾水和渭水。泾水清，渭水浊。按辔：骑马缓行的样子。辔（pèi），马缰。邪正之路：邪路是采过于情；正路是情与采不偏废。驭：驾驭。

㉕铅黛：指化妆品。铅，铅粉。黛，画眉用的青黑色颜料。饰容：修饰容貌。盼倩：动人的眼波。盼，眼睛黑白分明。倩，口颊含笑之状。淑姿：善美的仪姿。

㉖辩丽：巧妙华丽的言辩。情性：思想感情。

㉗文、辞：文词。经、纬：织布所用直线叫经，横线叫纬，先有直线才能织，所以经被看得比纬重要。理：指作品的思想情感内容。

㉘理定：思想情感内容确定了。辞畅：文词通畅。

㉙诗人：指《诗经》的作者们。什篇：又叫篇什。《诗经》的“雅”、“颂”皆以十篇为什，所以后人泛称诗篇为“篇什”或“什篇”。为情而造文：为了表达思想感情而写文章。

㉚辞人：泛指汉以来以铺陈辞藻为能事的辞赋家。为文而造情：为了创作而去虚构感情。

㉛何以：即以何，凭什么。明其然：知道它们是这样。明，了解。然，这样。

㉜风雅：《诗经》中的《国风》和《大雅》、《小雅》。这里用以代指全部《诗经》。兴：产生。

㉝志思蓄愤：情志中充满愤懑。志思，志趣情思。愤：郁闷，愤懑。

㉞吟咏性情：即言志抒情。讽：讽刺。上：统治者。

㉟诸子之徒：指上文所说的“辞人”，即汉以后的辞赋家。郁陶：忧思郁结的样子。苟驰：随意卖弄。夸饰：夸大修饰之辞。鬻声钓世：欺骗世人而求得声誉。鬻（yù），卖。声，名。

㊱为情者：指为表达思想感情而写成的文章。要约：扼要简约。写真：表达的思想感情真实可信。为文者：指为炫耀文采写成的文章。烦滥：杂乱而虚浮不实。烦，多而乱。滥，虚浮不实。

㊲采滥忽真：采用虚夸不实的辞藻，忽视表达真情实感。

㊳师：模效，学习。体情：表现真情实感。制：作品。日疏：一天天减少。逐文：片面追求华丽辞藻。

㊴志深：非常向往。轩冕：借指高官厚禄。泛咏皋壤：指泛泛空谈尘世之外的闲情隐趣。皋壤，指山野隐居之地。

㊵心缠：心里装满了。几务：即机务，机密的军政大事。虚述：空谈。人外：尘世之外。

㊶真宰：这里指内心的真情。翩其反：适得其反。翩，“偏”的假借字。

㊷桃李二句：原意是说桃李虽不会说话，而人们常到树下去，因而走出路来，那是因为树上有果实存在。这里借喻为有真实情感的文章，自会让人百读不厌。蹊：小径。实：果实。

㊸“男子”句：这里借喻为情意虚假不实的文章，便没有动人的力量。树：种植。兰，兰花。芳：花香。

㊹述志为本：以抒情言志为根本。言与志反：即口是心非。足征：足以取信于人。征，即信，真实。

㊺联辞结采：组织词藻写成有文采的文章。明理：表现情理。

㊻采滥：文采过分。辞诡：言辞怪异不实。心理：作者心中要表达的情理。翳（yì）：隐蔽。

㊼“固知”二句：说鲁国有个好钓鱼的人，以桂肉作饵，以黄金作钩，错以银碧，垂翡翠之纶，然得鱼无望。这里借喻文采过盛，反而达不到目的。翠纶：用翡翠鸟毛制成的钓鱼线。桂饵：丹桂做的鱼饵。失鱼：钓不到鱼。

㊽言隐荣华：言辞的意义被繁茂华丽的文采所掩盖。隐，掩盖，埋没。荣华，这里借喻文采。殆：大概。谓此：说的是这种情况。

㊾“是以”二句：衣（yì）锦：穿着锦绣的衣服。褧（jiǒng）衣：麻制的罩衣。章：鲜明，鲜艳。

㊿《贲》（bì）：指《周易》的贲卦。象：卦象象辞。穷白：探究到最终归为白色。贲卦的最后一爻（即上九）爻辞说：“白贲无咎。”象辞说：“白贲无咎，上得志也。”贵乎返本：贵在返璞归真。

51设模：建立一个合理的格式规范。模，规范。位：安置。理：指思想感情。拟地：拟定一个合适的地方。

52结音：调协声律，此指组成篇章。摛藻：辅陈辞藻。摛（chī），传布。

53博：指辞采繁盛。溺心：淹没情理内容。此二句反用《庄子·缮性》“文灭质，博溺心”之语意。

54正采：正色。古代以青、黄、赤、白、黑五色为正色。这里的朱、蓝即青色、赤色，属正色。间色：杂色。古以绿、红、碧、紫为间色。这里的红紫即红色、紫色，属间色。屏：弃。

55章：此指文章。彬彬：意思是文质相宜。君子：这里指作家。

56赞：是文体的一种。刘勰用它来概括全篇大意，作为简短结论。

57言以文远：言辞文章要依靠文采才能传之久远。验：证明。

58心术：指思想内容。形：形成；表现。英华：指文藻，华美的文词。赡：充裕，丰富。

59吴锦：吴地产制的锦绣，指非常华贵的锦绣。好渝：容易变色。渝，变化。舜英：朝开暮落的木槿花。徒艳：白白地艳丽。

60繁采寡情：指文章只有繁茂华美的文采而缺乏真情实感。味：体会，欣赏。厌：厌烦。

【解析】

本篇是《文心雕龙》的第三十一篇，作于刘勰三十岁前后。他创作此文前的宋齐时代，文坛盛行“为文而造情”的形式主义创作风气。针对此

种文学现实，他写作了这篇理论文章以大声疾呼，匡正文坛。文章主要论述了情与采的辩证关系："采"决定于"情"，"情"又离不开"采"，只有"情"、"采"相得益彰的作品才是真正的好作品。围绕二者的关系，文章还论述了"为文而造情"和"为情而造文"两种不同的创作路线，及"文不灭质，博不溺心"的文学批评标准。全文观点鲜明，层次清晰，逻辑严密，论证充分，分析透辟。在论理过程中，时时用典，常拈比喻。用典典雅含蓄，比喻形象生动。另外，文章躬行己见，注重情理，理中含情，同时又不废文采，全文以大量骈偶句为之，整齐有致，而骈中贯以散文之气。使人读之，不仅可以领略文理，而且也能获得艺术审美享受。

孔稚珪

孔稚珪（447～501），南朝齐文学家。《南史》作孔珪。字德璋，会稽山阴（今浙江绍兴县）人。出身仕宦家庭，他少以博学闻名。宋时为太守王僧虔主簿，州举秀才，任安成王车骑曹参军，转尚书殿中郎。入齐后，历任骁骑将军、右丞、御史中丞、南郡太守等职。永元元年（499）擢太子詹事，加散骑常侍。他为人旷达，风韵清朗，饮酒无节，好文咏，性耽山水，不乐世务。文章甚好，宋时曾与江淹对掌辞笔，尤以骈体的讽刺移文《北山移文》著称于世。诗以《白马篇》较著名。原有集十卷，已散佚。现仅存明人所辑的《孔詹事集》一卷。

北山移文[①]

钟山之英[②]，草堂之灵[③]。驰烟驿路，勒移山庭[④]。

夫以耿介拔俗之标，潇洒出尘之想[⑤]，度白雪以方洁，干青云而直上[⑥]，吾方知之矣[⑦]。若其亭亭物表，皎皎霞外[⑧]，芥千金而不盼[⑨]，屣万乘其如脱[⑩]，闻凤鸣于洛浦[⑪]，值薪歌于延濑[⑫]，固亦有焉[⑬]。岂期终始参差，苍黄翻覆。泪翟子之悲，恸朱公之哭[⑭]。乍回迹以心染，或先贞而后黩[⑮]，何其谬哉[⑯]！呜呼！尚生不存[⑰]，仲氏既往[⑱]，山阿寂寥，千载谁赏[⑲]？

世有周子[⑳]，俊俗之士[㉑]。既文既博[㉒]，亦玄亦史[㉓]。然

而学遁东鲁，习隐南郭[24]；偶吹草堂，滥巾北岳[25]；诱我松桂，欺我云壑[26]。虽假容于江皋，乃缨情于好爵[27]。其始至也[28]，将欲排巢父，拉许由[29]，傲百氏[30]，蔑王侯，风情张日，霜气横秋[31]。或叹幽人长往[32]，或怨王孙不游[33]。谈空空于释部[34]，核玄玄于道流[35]。务光何足比[36]，涓子不能俦[37]。及其鸣驺入谷[38]，鹤书赴陇[39]，形弛魄散，志变神动。尔乃眉轩席次，袂耸筵上[40]；焚芰制而裂荷衣[41]，抗尘容而生俗状[42]。风云凄其带愤，石泉咽而下怆。望林峦而有失，顾草木而如丧[43]。

至其纽金章，绾墨绶[44]；跨属城之雄，冠百里之首[45]；张英风于海甸[46]，驰妙誉于浙右[47]。道帙长殡[48]，法筵久埋[49]；敲扑渲嚣犯其虑[50]，牒诉倥偬装其怀[51]。琴歌既断，酒赋无续[52]；常绸缪于结课[53]，每纷纶于折狱[54]。笼张、赵于往图[55]，架卓、鲁于前录[56]。希踪三辅豪[57]，驰声九州牧[58]。使我高霞孤映，明月独举，青松落荫，白云谁侣[59]？涧户摧绝无与归[60]，石径荒凉徒延伫[61]。至于还飙入幕[62]，写雾出楹[63]，蕙帐空兮夜鹤怨[64]，山人去兮晓猿惊[65]。昔闻投簪逸海岸[66]，今见解兰缚尘缨[67]。

于是南岳献嘲，北陇腾笑，列壑争讥，攒峰竦诮[68]。慨游子之我欺[69]，悲无人以赴吊[70]。故其林惭无尽，涧愧不歇，秋桂遣风，春萝罢月[71]。骋西山之逸议，驰东皋之素谒[72]。今又促装下邑[73]，浪拽上京[74]，虽情投于魏阙[75]，或假步于山扃[76]。岂可使芳杜厚颜，薜荔蒙耻，碧岭再辱，丹崖重滓[77]，尘游躅于蕙路[78]，污渌池以洗耳[79]。宜扃岫幌[80]，掩云关[81]，敛轻雾[82]，藏鸣湍[83]，截来辕于谷口[84]，杜妄辔于郊端[85]。于是丛条瞋胆[86]，迭颖怒魄[87]，或飞柯以折轮，乍低枝而扫迹[88]。请回俗士驾，为君谢逋客[89]。

【注释】

①北山：又名钟山，即今紫金山，因在南京城北，故名“北山。”移文：古代文书的一种，与檄文类似，是一种宣告式文体，用于晓谕或责备。

②英：钟山山神。

③草堂：指周颙在钟山隐居的草堂寺。周颙曾游览蜀地草堂寺，后在钟山仿造了一座。灵：指钟山周颙所造草堂

寺的神灵。

④驰烟：驱使着烟雾。驿路：即驿道，古代驿马传递公文所走的大道。勒：刻。庭：堂阶前，这里指山前。

⑤耿介：正直光明。拔俗：超脱世俗。标：标格。出尘：超出尘世。想：志向。

⑥度（dúo）：衡量。方：比。干：犯，凌驾。青云：高空，比喻隐逸之志。

⑦方：正。知：了解。

⑧若其：至于。亭亭：高耸挺立的样子。物表：世外。皎皎：洁白明亮的样子。

⑨芥千金：把千金视如草芥。芥，小草，这里用作动词。盼：顾。

⑩屣（xǐ）：草鞋，此处用作动词。万乘（shèng）：一万辆兵车，借指天下、帝位。

⑪凤鸣：吹笙作凤鸟的叫声。洛浦：洛水岸边。洛，即洛水。浦，水边。

⑫值：遇上。薪歌：打柴人唱的歌。薪，即薪者，樵夫，喻隐士，高士。延濑：长河。濑（lài），流在沙滩上的浅水。

⑬固：本来。有：存在。

⑭岂期：哪里料想到。终始参差（cī）：开始和结尾表现不一致。苍黄：青色和黄色。翻覆：变化不定。泪，用作动词，流泪。翟子，指墨翟。恸：哭。朱公，指杨朱。

⑮乍：暂时。回迹：躲藏形迹，指隐居。心染：内心为世俗熏染，即不能忘怀世俗想趋名逐利。贞：正直，洁白。黩（dú）：变得污浊。

⑯何其：多么。谬：虚伪，欺诈。

⑰尚生：指尚长，即向长，字子平，东汉初年隐士，他一直隐居不仕。

⑱仲氏：指仲长统，字公理，性情疏狂，家居不仕，每当州郡征召他时，常称病不就。既往：已经过去。

⑲阿：山的隐曲处。谁赏：谁还欣赏。

⑳周子：指周颙。

㉑俊俗之士：才智超过世俗中的人。

㉒既文既博：既有文采又博学。

㉓玄：即玄学。史：史学。

㉔学遁东鲁：学习颜阖的隐居不仕。习隐南郭：学习南郭子綦超然物外，忘情一切。

㉕偶吹：和众人混在一起吹奏乐器，即滥竽充数之意。滥巾：穿着隐士的服饰冒充隐士。北岳：即北山，这两句都是说周颙假充隐士。

㉖“诱我”二句：意为北山的山水树木都以为周颙真的要做隐士。

㉗假容：假装隐者的样子。江皋：江边高地，此泛指隐士居所。缨情：系心。缨，系。好爵：高官厚禄。

㉘其始至也：周颙刚到北山的时候。

㉙排：排斥，这里引申为超过。拉：摧折，此处引申为压倒。巢父、许由：相传都是尧时隐士

㉚傲：傲视。百氏：诸子百家。

㉛风情：气概。张（zhàng）：这里是遮挡的意思。霜气：像霜一样严肃的神气。横：盖住。秋：秋气，指秋天的肃杀之气。

㉜叹：赞叹。幽人：隐士。长往：隐遁不归。

㉝怨：抱怨。王孙：泛指贵族子弟。游：指游憩于山林，即避世。

㉞空空：代指佛学。佛教认为一切事物都没有实体叫空。而空是假名，假名也是空，所以称“空空”。释部：佛经。

㉟核：考核，这里是研究的意思。玄玄：代指玄学，是“玄之又玄”的省

略。道流：道家人物。

㊱务光：夏商之际的隐士。据说商汤得天下后，想把帝位让给务光，务光赶紧逃起来隐居。

㊲涓子：古时齐国高士，隐于宕山。俦(chóu)：匹敌。

㊳鸣驺（zōu)：指古代达官贵人出行时前后随从的骑卒。

㊴鹤书赴陇：皇帝征召的诏书送到钟山山中。鹤书，指征召的诏书。古代诏书的书体形似鹄头，故名。陇：山冈。

㊵尔乃：这就。眉轩：眉飞色舞的样子。轩，扬起。席次：座中。袂耸：手舞足蹈的样子。袂（mèi)，衣袖。筵上：筵席上。

㊶芰（jì）制、荷衣：用荷叶或菱制的服饰，此指隐士穿的衣服。此句是说他决心放弃隐士生活。

㊷抗：高举，此为显现出。尘容：世俗的仪容。走：驰赴。

㊸凄：悲痛。咽（yè)：呜咽。怆(chuàng)：悲伤。此四句说风云、石泉、林峦、草木都因周颙而悲愤失望。

㊹纽：佩带。金章：铜印。绾（wǎn)：系。墨绶：挂印用的黑色丝带。汉制，铜印、墨绶，都是县令一级官吏所佩用的。这里用以指代县令。

㊺跨：占据。属城：指一郡下面所属的各县。雄：长，此指一郡中最大的县。百里：县。汉制，县大约纵横方百里。

㊻张：传扬。英风：美好声望。海甸：滨海地区，此处指海盐县。

㊼驰：与上句的“张”同意。妙誉：美誉。浙右：浙水（水名）之北，海盐县就在此域。

㊽道帙：道家的书。帙（zhì)，书套。殡：抛弃。

㊾法筵：讲佛法的座席。埋：废弃。上二句是说周颙放弃了研习佛、道的旧业。

㊿敲扑：打人用的木杖，这里是“鞭打”的意思。諠嚣：即“喧嚣”，指打犯人时的喧闹声。犯：扰乱。虑：心思。

51牒诉：公文及诉讼。倥偬：事多，繁忙。怀：心里。

52琴歌、酒赋：指弹琴、唱歌、饮酒及赋诗等，此借指隐士高雅的生活。

53绸缪（móu)：纠缠。结课：考核官员政绩功过，以定升降。

54纷纶：繁乱的样子。折狱：判决诉讼案件。

55笼：笼盖。张、赵：指西汉时的张敞和赵广汉，二人都是当时知名的能吏。往图：指记载张、赵功绩的过去的簿籍。

56架：通“驾”，超越。卓、鲁：指东汉时的卓茂和与鲁恭。两人都是当时颇有政绩的遵理守法之吏。前录：与上句的“往图”意同，指记载卓、鲁政绩的前代典籍。

57希踪：仰慕（前贤）踪迹。三辅豪：治理三辅一带的杰出官吏。三辅，汉代把京城附近分成京兆、左冯翊(yì)、右扶风，以辅卫京城，称为三辅。

58驰声：扬名。九州牧：管理九州的地方长官，代指天下地方长官。

59此四句是写周颙离开钟山后，山间荒废凄清，云霞明月无人玩赏，青松白云没有伴侣。落：荒废。谁侣：以谁为伴侣。

60涧户：涧边两山之间像门户的道路。

摧绝：崩塌，破坏。无与归：没有人与它同归。

㉑径：小道。徒：空，白白地。延伫：久立等候。

㉒还飙（xuán biāo）：旋风。幕：指周颙草堂寺内的帐幕。

㉓写雾：云雾。写，同“泻”。楹：堂前柱子。

㉔蕙帐：用蕙草做的帐子。蕙，一种香草。

㉕山人：隐士，这里指周颙。

㉖投簪：指弃官归隐。簪，贵人的冠饰。逸：隐遁。

㉗解兰：解除隐士的兰佩，此指放弃隐居生活。兰，兰佩，隐士常佩。缚尘缨：意思是走上仕途。尘缨，官服。尘，尘世，官场。缨，系冠的带子。

㉘献嘲：嘲笑。腾笑：哄笑。攒峰：聚集在一起的山峰。竦（sǒng）诮：引领举足来讥诮。此四句是说钟山周围的峰壑争相讥笑北山误把周颙当作真隐士收容，以致受骗。

㉙游子：远游的人，此指周颙。我欺：欺骗了我。我，北山自称。

㉚赴吊：前来慰问。吊，慰问。

㉛遣：打发……回去。萝：女萝。这四句的意思是说山林石涧都为他惭愧不已，秋桂春萝也因此变得心境不好而把风月打发回去。

㉜骋、驰：疾速传扬。西山：首阳山，商代逸民伯夷、叔齐隐居的地方。逸议：隐士的言论。东皋：东边近水的耕地，此处泛指隐居之地。素谒：心地纯朴、安于贫贱的议论。

㉝促装：急促地整理行装。下邑：这里指海盐县。古时对国都而言，县称下邑。

㉞浪拽：快速划船。浪，放。拽（yè），船楫。上京：此指国都建业（今南京）。

㉟魏阙：指朝廷。魏，同“巍”，高大。阙，宫门两边的门楼。

㊱或：又。假步：借道。山扃（jiōng）：山门，指周颙想再游的北山。

㊲芳杜：杜若，一种香草。薜（bì）荔：也是一种香草名。滓（zǐ）：污秽。

㊳尘：作“污染”讲。游躅（zhuó）：隐者的足迹。蕙路：长着蕙草的路。

㊴渌池：清水池。渌（lù）：水清。此句意思是周颙来到北山，听了他的话必须洗耳，那会把清水池玷污了。

㊵扃：名词动用，作“关上”讲。岫幌：山洞口的帷幔。岫（xiù）：山穴。

㊶掩：关上。云关：云雾封锁的山道。

㊷敛：收起。

㊸鸣湍：响声震动山谷的飞流急湍。

㊹截：捂住。来辕：指周颙乘坐的车。

㊺杜：堵住。妄辔：不该来而擅自来的车马，此处指周颙的车马。郊端：郊野的边缘。

㊻丛条：丛生的树枝。丛，聚在一起。条，树枝。瞋胆：肝胆都被气坏了。瞋（chēn），同“嗔”，发怒。

㊼叠颖：重重叠叠的草叶。怒魄：魂魄发怒。

㊽飞柯：扬起树枝。乍：忽然。扫迹：扫尽周颙的痕迹。

㊾回：挡回。俗士驾：俗士的车驾，文中指周颙的车驾。逋客：逃亡之客，指周颙。

【解析】

此文是六朝骈文中广为传诵的佳作，也是一篇绝妙的讽刺文字。《文选》李善注及吕向注说，它讽刺的是南朝宋、齐间的周颙（yóng）。周颙曾隐居北山，后应诏出任海盐县令。期满返京，再经过北山。孔稚珪便假借山神之意，写此文声讨他，不许他再来北山。但据后人考证，此与周颙行事之史实并不相符。因此有人认为此文是朋友间的戏谑之作。文章借周颙对当时许多士大夫表面退隐山林、清高自芳而内心趋名嗜利的肮脏灵魂给予了无情的揭露，戳穿了他们以隐居作为出仕手段的真正目的，表现了作者对假隐士的深恶痛绝。文章运用拟人化手法，假托北山写移文，使山有爱憎喜怒等情感，从而也使文章感情细腻，态度鲜明，讽刺性增强。同时运用了对比手法，把周颙隐居时和出仕后判若两人的行为作鲜明对比，层层揭露其虚伪，描绘其丑恶，极尽嘲笑、讽刺之能事。全文文辞工丽，对仗工切，音韵和谐，用典妥帖，写法独具匠心，想象奇特，难怪《古文观止》编选者称赏它：“读之令人赏心留盼，不能已也。”

鲍　照

鲍照（413? ～466），字明远，本居上党（今山西长治一带），后移居东海（今江苏涟水）。出身寒微，少有才华，曾从事农耕。以诗为临川王刘义庆赏识，被擢为国侍郎。孝武帝即位后，迁升太学博士，兼中书舍人。历任海虞、秣陵、永嘉等县令。最后为临海王刘子项参军，故世称鲍参军。宋明帝泰始二年，临海王谋反赐死，鲍照在江陵为乱兵所杀。他是继陶渊明之后南朝刘宋文坛最有成就的文学家，是汉魏六朝中能够继承汉乐府传统和建安风骨的不可多得的作家。其辞赋今存十篇，内容充实，抒情性浓，气势多变，风骨动人，在中国辞赋史上具有重要地位。有《鲍参军集》。近人黄节有注本。

芜城赋[①]

沵迆平原[②]，南驰苍梧、涨海[③]，北走紫塞、雁门[④]，柂以漕渠[⑤]，轴以昆岗[⑥]。重江复关之隩[⑦]，四会五达之

庄[8]。当昔全盛之时[9]，车挂轊[10]，人驾肩[11]，廛闬扑地[12]，歌吹沸天[13]，孳货盐田[14]，铲利铜山[15]，才力雄富，士马精妍[16]。故能侈秦法，佚周令[17]，划崇墉[18]，刳浚洫[19]，图修世以休命[20]。是以板筑雉堞之殷[21]，井干烽橹之勤[22]，格高五岳，袤广三坟[23]，崪若断岸，矗似长云[24]。制磁石以御冲[25]，糊赪壤以飞文[26]，观基扃之固护[27]，将万祀而一君[28]。出入三代[29]，五百余载，竟瓜剖而豆分[30]。

泽葵依井，荒葛罥涂[31]。坛罗虺蜮，阶斗麏鼯[32]。木魅山鬼，野鼠城狐，风嗥雨啸，昏见晨趋[33]。饥鹰砺吻，寒鸱吓雏[34]。伏虣藏虎[35]，乳血飡肤[36]。崩榛塞路，峥嵘古馗[37]。白杨早落，塞草前衰[38]。棱棱霜气[39]，蔌蔌风威[40]，孤蓬自振[41]，惊沙坐飞[42]。灌莽杳而无际，丛薄纷其相依[43]。通池既已夷[44]，峻隅又已颓[45]。直视千里外[46]，惟见起黄埃[47]。凝思寂听，心伤已摧[48]？

若夫藻扃黼帐[49]，歌堂舞阁之基；璇渊碧树[50]，弋林钓渚之馆[51]，吴蔡齐秦之声[52]，鱼龙爵马之玩[53]，皆熏歇烬灭[54]，光沉响绝[55]。东都妙姬[56]，南国丽人，蕙心纨质[57]，玉貌绛唇[58]，莫不埋魂幽石，委骨穷尘[59]。岂忆同舆之愉乐[60]，离宫之苦辛哉[61]？

天道如何，吞恨者多[62]。抽琴命操[63]，为芜城之歌。歌曰："边风急兮城上寒[64]，井径灭兮丘陇残[65]。千龄兮万代，共尽兮何言[66]。"

【注释】

①芜城：荒芜的城，这里指广陵城，故城在今江苏省扬州市东北。

②沵迆（mǐ yǐ）：相连渐平之貌。平原：指广陵地带的平原。

③南驰：向南连接。苍梧：郡名，治所在今广西梧州市。涨海：古代南海的别称。

④北走：向北通向。紫塞：长城。秦筑长城，土色都是紫的，所以称紫塞。雁门：郡名，治所在今山西代县西北。

⑤柂（tuó）：同"柁"，拖引。漕渠：漕运河道。此指邗沟，即今江苏江都至淮安一段的运河。

⑥轴：轴心。昆岗：又名阜岗、广陵岗、昆仑岗，广陵城建筑在岗上。

⑦重（chóng）江：众多的水道。复关：指广陵城的内外二城。隩（ào），深曲之处。

⑧四会：四方会合。五达、庄：均指大

道。《乐雅》云："五达谓之康，六达谓之庄。"

⑨全盛之时：指吴王刘濞叛乱之前的一段富庶时期。

⑩车挂轊：车轴相撞。挂，碰撞，妨碍。轊（wèi），车轴的末端。

⑪驾肩：肩膀被挤得抬起来。驾，驾起，陵驾。

⑫廛（chán）：居民区。闬（hàn）：里门。扑地：满地。扑，遍，满。

⑬歌吹：歌声和管乐之声。吹，这里指管乐器发出的声音。沸天：意指歌乐之声直达云天，声音之大，连整个天空都沸腾了。

⑭孳货盐田：即孳货于盐田，意思是从盐田中滋殖财富。孳（zī）：同"滋"，繁殖，滋生。货，财富。

⑮铲利：获利，得到。铲，铲除，削平。这里有获取意。铜山：富有铜矿的山。

⑯士马精妍：兵强马壮。精，精锐。妍，美好。

⑰侈秦法：超出秦代法制。侈，这里是超越的意思。佚周令：超过周代的法令。佚（yì），同"轶"，超过。

⑱划：建造。崇墉：高峻的城墙。墉（yōng），城墙。

⑲刳（kū）：挖。浚洫（jùn xù）：深水沟。

⑳图：谋求，图谋。修世：好世道。修，善，美。休命：美好的命运。

㉑是以：因此。板：古代筑墙用的夹板。筑：夯土用的杵头。雉堞（zhì dié）：城墙。雉，古代以城墙高一丈长三丈为一雉。堞，指城上凹凸的墙，又叫女墙。殷：盛，大。

㉒井干：指建筑城楼时所构筑的脚手架。烽橹：烽火台和守城的望楼。

㉓格高：格局高度。格，格局。五岳：指东岳泰山、西岳华山、南岳衡山、北岳恒山、中岳嵩山。袤：南北的长度。广：东西的长度。三坟：代指广阔的土地。

㉔崒（zú）：高峻陡峭。断岸：陡峭的河岸。矗：高耸。

㉕磁石：这里指磁石门。据《三辅黄图》说，秦时的阿房宫以磁石为门，磁石吸铁，因此能防御带刀入宫的人。御冲：防御突然袭击。

㉖糊：涂，粘。赪（chēng）壤：红色的土壤。飞文：流光溢彩的图案。文，指墙上的图案。

㉗基：城基。扃（jiōng）：门闩。固护：牢固的守护。

㉘将：希望，打算。万祀：万年。一君：一姓君主，指一姓的统治。

㉙出入：即经历。三代：指汉、魏、晋三代。

㉚瓜剖：像瓜一样被切割。豆分：像豆一样被割分。

㉛泽葵：莓苔。依井：依附在井边生长。葛：蔓草。罥（juàn）：挂绕。途：道路。

㉜坛罗虺蜮：庭堂里布满了毒蛇短狐。坛，庭堂。罗，罗列，布列。虺（huǐ），毒蛇。蜮（yù），短狐，传说能含沙射人为灾。阶斗麏鼯：庭阶上有獐鼠格斗。麏（jūn），獐。鼯（wú），鼠类动物，昼伏夜出。

㉝魅：精怪。嗥（háo）：豺狼等野兽吼叫。见：同"现"。趋：奔走。

㉞饥鹰：饥饿的鹞鹰。砺吻：磨嘴。鸱（chī）：鹞鹰。吓：怒呼威胁。雏：小鸟。

㉟虣（bào）：古"暴"字，白虎。

㊱乳血：以血为乳，即饮血。飡肤：以

肉为食，即吃肉。飧（sūn）：晚餐。

㊲崩榛：摧折的树木。榛，丛生的树木。峥嵘：幽深阴暗貌。古馗：古老的大道。馗（kuí），同“逵”，四通八达的大道。

㊳塞草：城垣上的草。前衰：早枯。

㊴棱棱：寒气锐劲的样子。

㊵蔌蔌（sù）：形容风声疾劲。

㊶孤蓬：蓬草。自振：自动飘飞。

㊷坐飞：无缘无故而飞。

㊸灌莽：丛生的草木。杳而无际：幽深辽远，没有边际。丛薄：草木丛杂处。

㊹通池：护城河。夷：平。

㊺峻隅：高峻的城角楼。颓：倒塌，坍塌。

㊻直视：直直地远眺，意思是直看去没有阻挡。

㊼起黄埃：黄尘飞腾。

㊽凝思寂听：聚神静听。摧：极度悲伤。

㊾若夫：至于。藻扃：彩绘的门户。黼（fǔ）：古代礼服上绣有半白半黑的花纹。

㊿璇（xuán）渊：玉池。碧树：玉树。

(51)弋林：射猎的山林。钓渚：垂钓的水洲。

(52)吴蔡齐秦之声：泛指东西南北各地的音乐。

(53)鱼龙爵马之玩：指各种精彩的技艺游戏。鱼龙、爵马，皆古代杂技的名称。爵，同“雀”。

(54)熏歇烬灭：香气不存，灰烬也无。熏，香气。歇，停歇。烬，指广陵城被烧毁的灰烬。

(55)光沉响绝：光华沉逝，音声断绝。

(56)东都妙姬：指洛阳的美女。东都，即洛阳。

(57)蕙心：内心芳洁如兰蕙。纨质：姿质美好如细绢。纨，丝织的细绢。

(58)绛唇：红唇。绛，大红。

(59)委骨：弃骨。穷尘：深土。

(60)忆：回想。同舆：指后妃与皇帝同车，以表宠爱。

(61)离宫：此处指失宠的妃子所住的冷宫。

(62)如何：什么样。吞恨：抱恨，饮恨。

(63)抽琴：取琴。命操：谱曲。操，琴曲名。

(64)急：疾劲。一作“起”。

(65)井径：田间小道。井，井田，此泛指田亩。丘陇：田间坟墓。

(66)千龄：千秋，千年。共尽：指人与万物都同归于尽。

【解析】

此赋历来被视为六朝骈赋中脍炙人口的佳作，约写于刘宋孝武帝大明三、四年（459～460）间。它是作者有感于广陵（在今江苏扬州）的兴衰变化而作的。广陵是西汉吴王刘濞的都城，汉初以来，是东南一带有名的繁华城市，吴王刘濞曾据此富饶之地进行叛乱，后被镇压，广陵初遭劫难。南朝宋文帝元嘉二十七年（450）十二月，北魏太武帝南犯，兵至瓜步（今江苏六合县），广陵太守刘怀之烧城府逃跑，广陵再遭破坏。事隔不到十年，竟陵王刘诞于大明三年四月据广陵谋反。同年七月，沈庆之平定叛乱，入城后，大肆屠杀，广陵遭到空前浩劫，几乎变成一片废墟。鲍照客游此

地，目睹其荒凉旷废，遂有感而作此赋。赋通过对广陵形胜、其昔日繁华景象和今日荒废气象的渲染夸张，抒发了作者对今昔兴亡、人事无常的感慨。文章极度夸张，对比强烈，形象鲜明，文辞遒丽，感慨淋漓，气脉流转，波澜起伏，句法整齐而错落，语言浓郁而奇峭。尤其广陵今日衰飒景象的一段描写，泼墨如云，荒凉可怖，读后令人气骨悚然，心惊魄动，深为其苍凉劲健的风骨所感动。姚鼐评之云："驱迈苍凉之气，惊心动魄之辞，皆赋家之绝境。"（《古文辞类纂》）确实一语中的。

江 淹

江淹（444～505），字文通，济阳考城（今河南兰考县东）人。出身庶族，家世寒微，少孤贫好学，六岁能诗，早有文誉。宋武帝时，起家南徐州从事。后仕齐，历御史中丞，弹劾不避权贵。梁天监中，官运亨通，迁金紫光禄大夫，封醴陵侯。其创作主要在宋齐时，晚年位显，才思减退，世谓：江郎才尽。他是南朝卓有成就的文学家，其诗幽深奇丽，长于拟古，缺少独创，但因此在一定程度上摆脱了绮丽风气的影响。其赋以抒情小赋见长，尤以《恨赋》、《别赋》著名。其辞采华美，慷慨悲凉，接近鲍照文风而更加苍劲、含蓄。他著作甚丰，曾自撰为前后集，已散佚，今存有明翻宋本《江文通集》，共保存诗百余首，赋近四十篇。

别 赋

黯然销魂者，唯别而已矣①！况秦、吴兮绝国，复燕、宋兮千里②。或春苔兮始生，乍秋风兮暂起③。是以行子肠断④，百感凄恻⑤。风萧萧而异响，云漫漫而奇色⑥。舟凝滞于水滨⑦，车逶迟于山侧⑧。棹容与而讵前⑨，马寒鸣而不息⑩。掩金觞而谁御⑪，横玉柱而沾轼⑫。居人愁卧⑬，怳若有亡⑭。日下壁而沉彩⑮，月上轩而飞光⑯。见红兰之受露⑰，望青楸之离霜⑱。巡层楹而空掩⑲，抚锦幕而虚凉⑳。知离梦之踯躅，意别魂之飞扬㉑。

故别虽一绪，事乃万族㉒。

至若龙马银鞍，朱轩绣轴[23]，帐饮东都[24]，送客金谷[25]。琴羽张兮箫鼓陈[26]，燕、赵歌兮伤美人[27]，珠与玉兮艳暮秋[28]，罗与绮兮娇上春[29]。惊驷马之仰秣，耸渊鱼之赤鳞[30]。造分手而衔涕[31]，感寂寞而伤神[32]。

乃有剑客惭恩，少年报士[33]，韩国赵厕[34]，吴宫燕市[35]。割慈忍爱[36]，离邦去里[37]，沥泣共诀[38]，抆血相视[39]。驱征马而不顾，见行尘之时起[40]。方衔感于一剑[41]，非买价于泉里[42]。金石震而色变[43]，骨肉悲而心死[44]。

或乃边郡未和，负羽从军[45]。辽水无极[46]，雁山参云[47]。闺中风暖[48]，陌上草薰[49]。日出天而曜景[50]，露下地而腾文[51]。镜朱尘之照烂[52]，袭青气之烟煴[53]，攀桃李兮不忍别[54]，送爱子兮沾罗裙[55]。

至如一赴绝国，讵相见期[56]？视乔木兮故里[57]，决北梁兮永辞[58]。左右兮魂动[59]，亲宾兮泪滋[60]。可班荆兮赠恨，惟樽酒兮叙悲[61]。值秋雁兮飞日，当白露兮下时[62]。怨复怨兮远山曲，去复去兮长河湄[63]。

又若君居淄右，妾家河阳[64]，同琼佩之晨照，共金炉之夕香[65]。君结绶兮千里[66]，惜瑶草之徒芳[67]。惭幽闺之琴瑟[68]，晦高台之流黄[69]。春宫閟此青苔色[70]，秋帐含此明月光[71]，夏簟清兮昼不暮[72]，冬釭凝兮夜何长[73]！织锦曲兮泣已尽，回文诗兮影独伤[74]。

傥有华阴上士[75]，服食还山[76]。术既妙而犹学，道已寂而未传[77]。守丹灶而不顾[78]，炼金鼎而方坚[79]。驾鹤上汉[80]，骖鸾腾天[81]。暂游万里，少别千年[82]。惟世间兮重别，谢主人兮依然[83]。

下有芍药之诗[84]，佳人之歌[85]，桑中卫女[86]，上宫陈娥[87]。春草碧色[88]，春水渌波[89]，送君南浦[90]，伤如之何[91]！至乃秋露如珠，秋月如珪[92]，明月白露，光阴往来[93]，与子之别，思心徘徊[94]。

是以别方不定[95]，别理千名[96]，有别必怨，有怨必盈[97]。使人意夺神骇[98]，心折骨惊[99]，虽渊、云之墨妙[100]，严、乐之笔精[101]，金闺之诸彦[102]，兰台之群英[103]，赋有凌云之称[104]，

辩有雕龙之声[105]，谁能摹暂离之状，写永诀之情者乎[106]？

【注释】

①黯然：心情沮丧、容颜惨淡的样子。销魂：失魂落魄的样子。销，也作“消”。别：离别。

②秦：古国名，在今陕西一带。吴：古国名，在今江苏、浙江一带。绝国：相距极远交通隔绝之地。燕：古国名，在今河北一带。宋：古国名，在今河南一带。燕在北，宋在南，相距亦甚远。

③春苔：春天里生长的苔草。苔，苔藓类植物。乍：忽然。暂：初，刚，与“始”互文见义。

④是以：因此。行子：远行在外的人。

⑤百感凄恻：百倍地感到哀伤。

⑥萧萧：风声。异响：异常的响声。漫漫：无边无际的样子。

⑦凝滞：停滞不前。水滨：水边。

⑧逶（wēi）迟：行进缓慢的样子。

⑨棹（zhào）：船桨，这里代指船。容与：徘徊不前的样子。讵前：岂能前进。讵（jù），岂，哪里。

⑩寒鸣：悲凉地嘶叫。不息：不止。

⑪掩：覆盖。金觞：金酒杯，精美华丽的酒盅。御：饮用。

⑫横：横放。玉柱：琴弦上系弦的小柱，此指代琴瑟。沾轼：泪水浸湿车前的横木。

⑬居人：留在家里的人，即闺中思妇。

⑭怳若有失：神思不定，若有所失。怳（huǎng），失意的样子。亡：丢失。

⑮日下壁：太阳落下西墙。壁，墙壁。沉彩：夕阳隐没了光彩。

⑯月上轩：月亮升上栏杆。轩，栏杆。飞光：光芒四射。

⑰红兰：即朱兰，秋后色红。受露：点缀着露珠。

⑱楸（qiū）：乔木，干高叶大，夏天开黄绿色细花，古时多栽道旁。离：同“罹”，遭受。

⑲巡：边走边看。层楹（yíng）：高大的厅柱，此借代房屋。空掩：屋中无人，门关着。

⑳锦幕：锦锻制作的帐帷。虚凉：空虚凄凉。

㉑离梦：指游子在外做的离别之梦。踯躅（zhí zhú）：徘徊不前的样子。意：想。别魂：离别的心情。飞扬：心神不安。

㉒一绪：同样的情绪，此指离别引起的愁绪。事：指离别的具体情事。族：类。

㉓至若：表转折的连词。龙马：高头大马。古人把八尺以上的马称龙马。银鞍：镶有银饰的马鞍。朱轩：红色的车子，显贵所乘。绣轴：画有彩色的车轴。

㉔帐饮东都：在东都门外设帐饯别。古代在城郊设帐宴别，叫做“帐饮”。东都，指长安东都门。

㉕送客金谷：金谷，地名，在今洛阳西北，晋石崇曾在此建金谷园别墅。

㉖琴羽：琴曲中的羽声。羽，五音之一，其声比较慷慨悲伤。张：弹奏。陈：列。

㉗燕赵歌：燕、赵二地的美人唱歌相和。古代燕赵（今河北北部和南部一带）二国多美女。伤美人：指歌唱的歌妓自己为其所唱悲伤。

㉘珠与玉句：是说歌妓打扮非常华美，镶珠佩玉，使得晚秋景色更显娇艳。

暮秋：晚秋。

㉙罗与绮句：是讲歌妓穿着鲜艳的绫罗绸缎，使初春风光更加绚丽。上春：初春。

㉚惊：使……受惊。驷马：古时一辆车有四匹马拉，称驷马。仰秣：昂头吃草。秣（mò），草料，这里用如动词。耸：通“悚”，惊动。赤鳞：红色的鳞，这里是露出红鳞的意思。

㉛造：到。衔涕：含泪。

㉜伤神：心伤神悲，即由于离别而使精神极其痛苦。

㉝剑客：精通剑术的侠客。惭恩：因未能报恩而惭愧。报士：报答别人知遇之恩的侠士。

㉞韩国：指聂政刺杀韩相侠累为严仲子报仇事。赵厕：指晋豫让埋伏在厕所行刺赵襄子以报智伯知遇之恩事。

㉟吴宫：指吴公子光为谋王位，派专诸置匕首于鱼腹，在吴宫宴席上刺杀吴王僚事。燕市：指战国时荆轲与高渐离在燕国市井饮酒高歌，后为燕太子丹刺秦王事。

㊱割慈忍爱：忍痛与双亲妻儿分别。慈，双亲。爱，指妻子儿女。

㊲离邦去里：离开故国告别故乡。去，离开。

㊳沥泣：洒泪。共诀：与众人（亲朋）永别。诀，永别。

㊴抆（wěn）血：擦拭血泪。

㊵驱：策使。征马：远行的马。不顾：不回头看。行尘：马蹄扬起的尘土。

㊶衔感：衔恩感德。一剑：凭一把剑为知遇者报仇。

㊷买价：以死换取身后美名。泉里：黄泉之中，即地下。

㊸金石震：指金鼓齐鸣。色变：惊恐得变了脸色。此句用秦舞阳故事。秦舞阳随荆轲入见秦王时，秦王使卫士持戟夹陛而立，既而钟鼓齐鸣，群臣都喊万岁，“舞阳大恐，面如死灰色。”

㊹骨肉悲：系亲人死别之悲。心死：形容悲哀到了极点。

㊺边郡：边境的郡县。未和：不安定。负羽：带箭。

㊻辽水：即辽河，在今辽宁西部。无极：没有边际。

㊼雁门：指雁门山，在山西北部，上有雁门关，自古为军事要地。参云：高入云霄，极言山高。

㊽闺中：女子的卧室。

㊾陌上：田野里。陌，田间小路。薰：香。

㊿耀景：闪耀着光辉。景，日光。

51腾文：指露珠闪烁着光彩。文，文彩。

52镜：用作动词，作“照”解。朱尘：红尘，即飞扬的尘土，此指大地。照烂：明丽灿烂。

53袭：披上，笼罩。青气：春天之气。烟煴（yīn yūn），同“氤氲”，烟云笼罩貌盛。。

54攀桃李：攀折桃李枝条送给行人。

55沾：泪水濡湿。

56绝国：遥远的国家。讵相见期：岂有相见重逢的日期。讵，同“岂”。

57视乔木：目睹高大的乔木。乔木，高大的树木，古人用它作故乡或故国的标志。

58决：通“诀”，死别。北梁：北面的桥梁，古习用来送别的地方。永辞：永别。

59左右：指近侍的仆从。魂动：感伤。

60亲宾：亲戚宾朋。泪滋：泪水横溢。滋，生出。

61班荆：铺开荆条，席地而坐，倾诉离

恨。班，布列，铺陈。赠恨：以恨别诗相赠。叙悲：叙说离别之悲。

(62)值：正当。飞日：南飞之日。

(63)远山曲：远山的曲折处。那里挡住了送行者的视线。长河湄：长河岸边。湄，水草交接的地方，即岸边。

(64)君居淄右：丈夫家在山东淄川。淄右，淄水（在今山东淄博地区）的西边。古代水东为左，西为右。河阳：黄河的北面，古时山南水北都称阳。一说县名，在今河南孟县一带。

(65)琼珮：美玉的佩饰，这里指梳妆打扮。金炉：铜制的香炉。夕香：晚上用的熏香。此二句是回想离别之前夫妻的美好生活情景。

(66)结绶：出仕做官。绶，系官印的带子。千里：指丈夫游宦之处距家很远。

(67)瑶草：香草，这里是少妇自比。徒芳：白白地散发香气。比喻虚度青春。

(68)幽闺：深闺。

(69)晦：昏暗不明。流黄：黄绢，此指帷幕。

(70)春宫：春闺。閟（bì）：关闭。

(71)秋帐：秋天的帷帐。指少妇的闺帐。

(72)簟（diàn）：竹席。清：清爽。昼不暮：指夏天白日长，怨天老不黑。

(73)凝：灯光凝滞不亮。釭（gāng），灯。夜何长：夜多么漫长。

(74)织锦曲：在锦上写了回文诗。回文诗：指纵横反复去读都通顺有意义的诗。这两句是用苏蕙的故事写思妇的孤独忧伤。

(75)傥（tǎng）：或。华阴上士：在华阴山下修行得道的人。华阴，县名，今陕西省华阴县，附近有华山，是道教圣地。上士，得道之士。

(76)服食还山：指道士炼丹吃药，进山修练。

(77)术：道术。妙：高明，高深。学：修行。道已寂：道术修养已达到很高境界。未传：没得真传。

(78)丹灶：炼丹药的炉灶，即金鼎。不顾：不顾念人世。

(79)炼金鼎：在金鼎里炼丹药。方坚：意志正坚定。方，正。

(80)驾鹤上汉：乘鹤飞上天河。意指成仙升天。汉，天河。

(81)骖鸾（cān luán）：乘鸾鸟。骖，车辕两侧驾车的马，此作“乘”解。腾天：升天。

(82)这两句是说仙界的时间、空间和凡界不同，仙界短暂的出游在人间已是万里之遥，仙界稍微分别一会儿就等于是人间的上千年。

(83)世间：人间。重别：重视离别。谢主人句：指求道的人不依恋家，但他们一旦成仙升天，仍不免要辞别世人，而依恋不舍。谢，辞别。依然，依恋难舍的样子。

(84)下有：其他还有。芍药之诗：即《诗经·郑风》中的《溱洧》，此诗描写男女青年上巳节在水边游玩，赠香草香花表示爱情。这里指表现男女之情的恋歌。

(85)佳人之歌：指汉武帝时宫廷音乐家李延年所歌：“北方有佳人，绝世而独立。一顾倾人城，再顾倾人国。宁不知倾城与倾国，佳人难再得。”此亦指咏男女相爱的情歌。

(86)桑中卫女：指约会于桑中的卫国女子。

(87)上宫：男女幽会之地。陈娥：陈国（今河南淮阳一带）的美女。此泛指少女。

⑧碧色：青绿色。

⑧渌波：清波。渌（lù），水清。

⑨南浦：送别之处。浦，水边。

⑨伤如之何：拿忧伤怎么办呢？

⑨珪（guī）：上圆下方的玉，比喻秋月的洁白。

⑨光阴往来：年华流逝。

⑨子：指心爱的人。思心：思念的心情。徘徊：这里形容连绵难遣。

⑨是以：因此。别方不定：离别的种类不一样。方，种类。

⑨别理：离别的原因、情理。千名：各种各样的名目。

⑨盈：满，指离怨幽深充满胸臆间。

⑨意夺神骇：指离别使丧魂失魄，黯然销魂。

⑨心折骨惊：实际是“心惊骨折”，形容心情极度伤悲。

⑩渊：西汉辞赋家王褒，字子渊。云：西汉末著名辞赋家扬雄，字子云。墨妙：文笔精妙。

⑩严、乐：指西汉武帝时的严安和徐乐。两人都是当时知名的文章家。笔精：笔法精深。

⑩金闺：指汉代宫中的金马门，是当时宫中文学侍从待诏的地方。诸彦：才学出众的文士们。

⑩兰台：汉代宫中藏书及讨论学术的地方，当时由御史中丞掌管，后设置兰台令史，典校图籍，治理文书。

⑩此句是说写赋有司马相如那样的才气。凌云之称：称赞赋写得脱俗有气势。凌云，直上九霄。

⑩辩：论辩才能。雕龙之声：善于修辞的美名。

⑩谁：指上面提到的那些学士英才。摹：描绘。暂离之状：短暂离别的情景。永诀之情：永别的伤痛心情。

【解析】

《别赋》是江淹的代表作之一，也是一篇历来脍炙人口的骈赋。江淹生活的刘宋末期，战乱频仍，民不聊生，许多人被迫离乡背井，乃至流离失所。《别赋》大约作于作者被贬为建安吴兴（今福建浦城）令期间。此前他一直仕途蹭蹬，过着颠沛流离、寄人篱下的幕僚生活，饱尝人世的艰辛；在吴兴任职的两年中，其妻子及次子离他而去，给他带来了巨大的精神痛苦。正是由于这种经历和遭际，使得他对人世间的离愁别恨有较深的感受，并把它们形象深刻地表现出来，创为此赋。这篇赋通过对富贵者、刺客、从军者、远赴异国者、夫妇、求仙学道者、恋人等七种不同类型人物离情别绪的描写，生动形象地刻画了他们各自的心理状态和不同特色，集中表现了“黯然销魂者，唯别而已”的主旨。赋文层次清晰，跌宕有致，大量运用双句偶语，句式工整，声韵和谐，华美流畅，已启唐人律赋先声。在语言运用上，熔铸古诗词句法成为骈偶句，多姿多彩，声律谐美，丽而不艳，畅而不俗。作者还善于描写环境，渲染气氛，借以刻画人物，突出主题。最突出的是作者情感结构法的首创和他真实情感的抒发，使全赋不仅别有情趣，而且慷慨悲凉，苍劲含蓄，深为后人赏效。明张溥称它“音制一变”、“能写胸臆”（《汉魏六朝百三

家集题辞注》)，实为中肯之评。

丘 迟

丘迟（464～508），字希范，吴兴乌程（今浙江湖州市）人。齐时历任太学博士、大司马行参军、殿中郎等，后仕梁，拜散骑侍郎，迁中书侍郎，领吴兴邑中正，为永嘉太守，选为临川王萧宏中军咨议参军。拜中书郎，迁司徒从事中郎。丘迟在齐、梁间以文才闻名于当世。《诗品》称其诗："点缀映媚，似落花依草。"与江淹共列于中品。

与陈伯之书

迟顿首陈将军足下[①]：无恙，幸甚幸甚[②]！将军勇冠三军，才为世出，弃燕雀之小志，慕鸿鹄以高翔[③]。昔因机变化，遭遇明主，立功立事，开国称孤，朱轮华毂，拥旄万里，何其壮也[④]！如何一旦为奔亡之虏，闻鸣镝而股战，对穹庐以屈膝，又何劣邪[⑤]！

寻君去就之际，非有他故，直以不能内审诸己，外受流言，沉迷猖獗，以至于此[⑥]。圣朝赦罪责功，弃瑕录用，推赤心于天下，安反侧于万物[⑦]。将军之所知，不假仆一二谈也[⑧]。朱鲔涉血于友于，张绣剸刃于爱子，汉主不以为疑，魏君待之若旧[⑨]。况将军无昔人之罪，而勋重于当世。夫迷途知反，往哲是与；不远而复，先典攸高[⑩]。主上屈法申恩，吞舟是漏[⑪]。将军松柏不翦，亲戚安居，高台未倾，爱妾尚在[⑫]，悠悠尔心，亦何可言[⑬]？

今功臣名将，雁行有序；佩紫怀黄，赞帷幄之谋；乘轺建节，奉疆埸之任[⑭]，并刑马作誓，传之子孙。将军独靦颜借命，驱驰毡裘之长，宁不哀哉[⑮]！夫以慕容超之强，身送东市；姚泓之盛，面缚西都[⑯]。故知霜露所均，不育异类；姬汉旧邦，无取杂种。北虏僭盗中原，多历年所，恶积祸盈，理至焦烂[⑰]。况伪孽昏狡，自相夷戮；部落携离，

酋豪猜贰[18]。方当系颈蛮邸，悬首藁街[19]。而将军鱼游于沸鼎之中，燕巢于飞幕之上，不亦惑乎[20]！

暮春三月，江南草长，杂花生树，群莺乱飞。见故国之旗鼓，感平生于畴日，抚弦登陴，岂不怆悢[21]！所以廉公之思赵将，吴子之泣西河，人之情也[22]。将军独无情哉！

想早励良规，自求多福[23]。当今皇帝盛明，天下安乐，白环西献，楛矢东来[24]。夜郎、滇池，解辫请职[25]；朝鲜昌海，蹶角受化[26]。唯北狄野心，崛强沙塞之间，欲延岁月之命耳[27]！中军临川殿下，明德茂亲，总兹戎重；吊民洛汭，伐罪秦中[28]。若遂不改，方思仆言；聊布往怀，君其详之[29]。丘迟顿首。

【注释】

①顿首：叩拜。古人书信中首尾常用的客套话。陈将军：陈伯之，齐末为江州刺史，降梁后任原职，后起兵反梁，兵败投奔北魏，任平南将军。公元505年，临川王萧宏率军北伐，陈伯之在寿阳与梁军相抗，萧宏命记室丘迟写信劝其投降。陈伯之得书，即倒戈降梁。

②无恙：问候语。恙，疾病。幸甚：表示庆幸，是书信中的习语。

③冠：为首。世出：当代杰出。燕雀：比喻庸俗小人。鸿鹄：志向远大。

④因机：顺应时机，顺应形势。明主：指梁武帝萧衍。孤：古时王侯自称。朱轮华毂：装饰华丽的车子。毂(gǔ)，车轮中心的圆木。拥旄：古代将军持节统制一方。旄（máo)，用牦牛尾装饰的旗子。

⑤奔亡：叛逃。鸣镝（dí)：响箭。镝，箭头。穹庐：帐篷，是少数民族常用的住处，这里指北魏的军营。股战：大腿发抖。

⑥寻：考察。去就之际：叛梁投魏的时候。直以：只因为。内审诸己：自己认真考虑。沉迷：迷惑。猖獗：狂妄、强横。

⑦赦罪责功：要求被赦免的人戴罪立功。责，求，要求。弃瑕录用：不计较过失而任用。瑕，过错。赤心：诚心。安：安定。反侧：疑惧不安。

⑧不假：不用，不消。一二谈：一一叙说。

⑨朱鲔（wěi)：王莽末年绿林军将领，曾参与杀刘秀胞兄，后在洛阳被刘秀包围，刘秀保证对他不咎既往，朱鲔开城投降。涉血：流血。友于：兄弟。张绣：东汉末年据守宛城，投降曹操，不久反悔，袭击曹操，混乱中曹操长子曹昂和侄儿曹安民被杀。两年后，张绣又投降曹操，被封为列侯。剚（zì)：用刀刺进去。

⑩往哲：以前圣哲。是与：赞赏。先典：古代典籍。攸（yōu）高：所推崇。

⑪主上：指梁武帝。屈法：改变法律。申恩：申明恩惠。吞舟是漏：能吞下

船的大鱼也被漏掉，喻法网宽疏。

⑫松柏不翦：祖坟未被破坏。高台：指住宅。

⑬悠悠：深思的样子。亦何可言：还有什么可说的呢？

⑭雁行有序：雁飞成行列，喻尊卑有序。佩紫：佩带紫色绶带。怀黄：怀揣金印。赞：协助。帷幄：军帐。轺(yáo)：古代使臣所乘两匹马拉的轻车。节：符节，使臣所持凭证。疆场：战场。

⑮刑马作誓：杀马饮血盟誓。传之子孙：(功名爵位)可以传给子孙。靦颜：强颜。靦(tiǎn)，惭愧的样子。借命：偷生。驱驰：效力。毡裘之长(zhǎng)：北方游牧部落首领，此指北魏皇帝。宁：难道。

⑯慕容超：鲜卑人，南燕君主，为刘裕所杀。东市：泛指刑场。姚泓：羌人，后秦君主，亦为刘裕所杀。面缚：缚手于背，面部向前。西都：指长安，时为后秦首都。

⑰均：分布。异类：这里指外族。姬汉：汉族。姬，西周国姓。北虏：指北方少数民族。僭盗：窃据。年所：多年。恶积祸盈：罪恶太多。理至：理应。焦烂：崩溃灭亡。

⑱伪孽：指北魏宣武帝元恪。夷戮：屠杀。携离：分裂。酋豪：酋长，此指北魏皇族。猜贰：因猜疑而有二心。

⑲系颈：投降时以绳系颈请罪。蛮邸(dǐ)：古代汉族接待其他民族首领、使臣的宾馆。悬首：把砍下的头挂起来。藁(gǎo)街：汉朝京城长安街名。

⑳“鱼游”二句：形容处境危险。沸鼎，沸腾的锅里；飞幕：摇晃的帷幕。

㉑故国：梁朝。畴日：昔日。陴(pí)：城墙上的矮墙。怆悢(liàng)：悲伤。

㉒廉公：廉颇，战国时赵国名将，被人离间而奔魏，但时常想回赵国效力。吴子：吴起，战国时为魏守西河(今陕西郃阳一带)，后魏武侯听信谗言将其召回。

㉓励：勉励，引申为做出。良规：好的打算。自求多福：求助自己能得到更多的幸福。

㉔白环：玉圈，相传虞舜时西王母来朝，献白环及佩。楛(hù)矢：楛木制成的箭，相传武王灭商，东方肃慎氏来献楛矢。这两句形容各国来朝。

㉕夜郎、滇池：古国名，夜郎在今贵州桐梓。滇池在云南昆明。解辫请职：解下发辫，改穿汉服，请求封给官职。

㉖昌海：蒲昌海，即今罗布泊，这里借指西域诸国。蹶角：叩头。受化：接受教化。

㉗北狄：指北魏。倔强：顽抗。沙塞：沙漠边塞。

㉘中军：中军将军。即统帅。明德：好的德行。茂亲：皇室至亲。总兹：持此，掌握着。戎重：军事重任。吊民：安慰受苦人民。洛汭：洛水入黄河处，在今巩县一带。汭(ruì)，河流汇合处。伐罪：讨伐有罪者。秦中：指关中，今陕西省中部地区。

㉙遂：仍旧。方思仆言：好好考虑我说的话。聊布：姑且陈述。往怀：旧日的情怀。详：好好地考虑。

【解析】

这是一封非常著名的劝降信，据《梁书·陈伯之传》记载，伯之得书，“乃于寿阳拥众八千归”，可见此信影响。书信用当时流行的骈体文写成，文辞优美，典故精当。其中陈说利害，晓以大义，写得义正辞严而又娓娓动听；“暮春三月，江南草长，杂花生树，群莺乱飞”，不仅描写江南风景如画，而且淋漓尽致地抒发了故国之思、乡关之情，对叛国降将做到了晓之以理、动之以情，无怪乎陈伯之见信后即拥众而归。

吴　均

吴均（469～520?），字叔庠，吴兴故彰（今浙江安吉县西北）人。在南朝梁代官至奉朝请（一种闲散的文职），后来在撰《齐春秋》时因据实记录了梁武帝佐齐明帝夺帝位及诛杀高武子孙事而遭到了焚其书、免其职的处罚。后又奉诏编修上自三皇下至齐代的《通史》，未成而死。其诗清拔有古气，时人效之，谓为“吴均体”。其文多为短小的信札，以描写山水景物见长，风格清新明快，语言流畅自然，虽用骈体而无浮艳之气。有明人辑本《吴朝请集》一卷传世。

与宋元思书①

风烟俱净②，天山共色③。从流飘荡④，任意东西⑤。自富阳至桐庐⑥，一百许里⑦，奇山异水，天下独绝⑧。水皆缥碧⑨，千丈见底；游鱼细石，直视无碍⑩。急湍甚箭⑪，猛浪若奔⑫。夹岸高山，皆生寒树⑬，负势竞上⑭，互相轩邈⑮，争高直指⑯，千百成峰。泉水激石，泠泠⑰作响。好鸟相鸣⑱，嘤嘤成韵⑲。蝉则千转⑳不穷，猿则百叫无绝。鸢飞戾天者㉑，望峰息心㉒；经纶世务者㉓，窥谷忘反㉔。横柯上蔽，在昼犹昏㉕；疏条交映，有时见日。

【注释】

①宋元思：一本作“朱元思”。

②风烟：指云雾之气。俱尽：都消散尽。

③天山：蓝天与青山。

④从流：随着江流。

⑤东西：富春江的走向是由西南流至东北。

⑥富阳：汉代旧名富春，今浙江富阳市。桐庐：今浙江桐庐县。

⑦许：左右。

⑧独绝：绝无仅有。

⑨缥（piǎo）碧：淡青色。

⑩直视无碍：一直看下去没有任何遮挡。

⑪湍（tuān）：急流。

⑫奔：奔马。

⑬夹岸：两岸。寒树：使人感到寒意的树。

⑭负势竞上：依傍着山势争相向上伸展。

⑮轩邈（miǎo）：争比高下。

⑯直指：笔直地向上。

⑰泠泠（líng）：形容水声清越。

⑱相鸣：相向和鸣。

⑲嘤嘤（yīng）：形容鸟鸣声。韵：和谐的声音。

⑳千转：指长久不断地叫。

㉑鸢飞戾天：这里喻指有大志或有野心的人。鸢（yuān），像鹰的猛禽。戾（lì），到。

㉒息心：平息追名逐利的念头。

㉓经纶世务者：专心政治的人。经纶，筹划、治理。

㉔反：同“返”。

㉕昏：黄昏、傍晚。

【解析】

本文见于《艺文类聚》卷七，是原信的节录。它生动形象地描绘了自富阳到桐庐一段的富春江风光。作者从“奇山”和“秀水”两个方面状写秀丽的山川景物，描绘得生动逼真，使人读后如置身其间，令人神往。文中字里行间也透露出超脱现实的意味。在语言上，多用骈体句法，辞句工整，但却以白描为主，所以虽精美细巧，却字句清新，是六朝山水小品的优秀之作。许梿《六朝文絜》评云：“扫除浮艳，淡然无尘。”

陶弘景

陶弘景（456～536），字通明，自号华阳隐居。丹阳秣陵（今江苏南京）人。齐武帝时官奉朝请。永明年间辞官，归隐于句容茅山。梁武帝即位，恩礼愈优，也不肯出。但国有大事，均参询问，人号“山中宰相”。卒后谥贞白先生。明人辑录有《陶隐居集》。

答谢中书书[①]

山川之美，古来共谈。高峰入云，清流见底。两岸石壁，五色交辉。青林翠竹，四时俱备。晓雾将歇[②]，猿鸟乱鸣；夕日欲颓[③]，沈鳞竞跃[④]。实是欲界之仙都[⑤]。自康乐以来[⑥]，未复有能与其奇者[⑦]。

【注释】

①谢中书：名徵，曾做豫章王记室，兼中书舍人。好学，善属文。

②歇：尽散。

③颓：落下。

④沈鳞：潜游在水中的鱼。沈，同“沉”。

⑤欲界：佛教的三界之一，为地狱、饿鬼、畜生、修罗、人间及六欲天的总称。此界的芸芸众生多贪于食、色、眠诸欲，故称欲界。这里指人间。仙都：仙人居住的地方。

⑥康乐：谢灵运，袭封康乐公，其生平多喜纵游山水。

⑦与：指投身其中之意。奇：奇妙。

【解析】

此文是一封给朋友的书信。南朝盛行以书信写山川景物，本篇叙写的江南山水正是当时文人们所欣赏的。文中以平实自然的笔触写出了清丽幽美的山水风光。用词不多，却能描绘真切，使人有如临其境之感。

郦道元

郦道元（？～527），字善长，范阳（今河北涿州市）人。曾为冀州镇东府长史、东荆州刺史，以为政严酷免官，后为河南尹，又受谗出为关右大使，在赴任途中为叛乱的雍州刺史萧宝夤所杀。《水经》是一部记载全国水道的地理书，相传为汉代桑钦所作，原书非常简单。郦道元根据自己的游历见闻和搜集的资料，为《水经》作注释，叙述了我国古代河流两岸的地理古迹、人物故事、神话传说以及风俗习惯，对秀美的山川景物作了生动描绘，文笔优美，对后代游记文学影响很大。

三　峡

自三峡七百里中，两岸连山，略无阙处①。重岩叠嶂，隐天蔽日，自非亭午夜分，不见曦月②。

至于夏水襄陵，沿溯阻绝③。或王命急宣，有时朝发白帝，暮到江陵，其间千二百里，虽乘奔御风，不以疾也④。

春冬之时，则素湍绿潭，回清倒影⑤。绝巘多生怪柏，悬泉瀑布，飞漱其间，清荣峻茂，良多趣味⑥。

每至晴初霜旦，林寒涧肃⑦，常有高猿长啸，属引凄异⑧，空谷传响，哀转久绝⑨。故渔者歌曰："巴东三峡巫峡长，猿鸣三声泪沾裳⑩"。

【注释】

①略无阙处：简直没有空缺中断的地方。阙，同"缺"。

②自非：若非。亭午：正午。夜分：半夜。

③襄陵：漫上丘陵。襄，上。沿：顺流而下。溯：逆流而上。

④宣：发布。白帝：城名，在今四川奉节县东白帝山上。江陵：今湖北江陵县。不以疾：没有这样快。

⑤素：白色。湍：急流。回清：清波回旋。

⑥绝巘（yǎn）：极高的山峦。飞漱：飞流冲刷。良：甚，实在。

⑦霜旦：下霜后的早晨。肃：清冷，肃杀。

⑧属引：连续不断。凄异：凄凉，异样。

⑨哀转：哀伤婉转。绝：消失。

⑩巴东：郡名，治所在今四川奉节县东。

【解析】

《江水·三峡》写长江上游四川、湖北两省之间的瞿塘峡、巫峡和西陵峡。作者按江水奔流方向，描写三峡壮丽景色，有声有色，极富诗意。作者在描写四时景物时，先写夏季，再写春冬，最后写秋，匠心独运地描写了夏季江水暴涨、春冬风平浪轻、秋天水少谷空的特点，文字简洁生动而优美，柳宗元的山水游记正由此化出，故刘熙载说："郦道元叙山水，峻洁层深，奄有《楚辞·山鬼》、《招隐士》胜境，概柳州游记，此其先导耶？"（《艺概·文概》）

庾 信

庾信（513～581），字子山，小字兰成，南阳新野（今河南新野县）人。父庾肩吾，梁东宫通事舍人，宫体诗大家。信少有才名，博通群书。起家湘东王国常侍，转安南府参军。后曾出使东魏，归任东宫学士，领建康令。元帝即位，任右卫将军，封武康侯，加散骑常侍。承圣三年（554），奉命使西魏，被留不遣。北周代魏后，累迁骠骑将军、开府仪同三司，故世称"庾开府"，从此滞留北方至死。他是南北朝诗文创作成就很高的作家。其创作以侯景之乱为界分前后两期。前期他由公子而进为宫廷宠臣，诗文对仗工整，声韵和谐，流丽自然，但内容空虚，境界不高，风格也多流于绮艳纤弱。后期由于变乱和被羁留异国，心情矛盾痛苦，眼界也为之大开，诗文风格由流丽清新而变得苍凉悲凄，充满故国之痛和乡关之思，深得时人和后人的推赏，杜甫称"庾信文章老更成"、"暮年诗赋动乡关"，就是指他后期的作品而言的。有《庾子山集》传世。

哀江南赋序[①]

粤以戊辰之年[②]，建亥之月[③]，大盗移国[④]，金陵瓦解[⑤]。余乃窜身荒谷[⑥]，公私涂炭[⑦]。华阳奔命[⑧]，有去无归[⑨]。中兴道销，穷于甲戌[⑩]。三日哭于都亭[⑪]，三年囚于别馆[⑫]，天道周星，物极不反[⑬]。傅燮之但悲身世，无处求生[⑭]；袁安之每念王室，自然流涕[⑮]。昔桓君山之志事，杜元凯之平生，并有著书，咸能自序[⑯]。潘岳之文采，始述家风[⑰]；陆机之辞赋，先陈世德[⑱]，信年始二毛，即逢丧乱[⑲]，藐是流离，至于暮齿[⑳]。燕歌远别[㉑]，悲不自胜[㉒]；楚老相逢，泣将何及[㉓]。畏南山之雨[㉔]，忽践秦庭[㉕]；让东海之滨[㉖]，遂餐周粟[㉗]。下亭漂泊，高桥羁旅[㉘]。楚歌非取乐之方，鲁酒无忘忧之用[㉙]。追为此赋，聊以记言[㉚]。不无危苦之辞，唯以悲哀为主[㉛]。

日暮途远[㉜]，人间何世[㉝]！将军一去，大树飘零[㉞]；壮

士不还，寒风萧瑟[35]。荆璧睨柱，受连城而见欺[36]；载书横阶，捧珠盘而不定[37]。钟仪君子，入就南冠之囚[38]；季孙行人，留守西河之馆[39]。申包胥之顿地，碎之以首[40]；蔡威公之泪尽，加之以血[41]。钓台移柳，非玉关之可望[42]；华亭鹤唳，岂河桥之可闻[43]！

孙策以天下为三分[44]，众才一旅[45]；项籍用江东之子弟，人唯八千[46]。遂乃分裂山河，宰割天下[47]。岂有百万义师[48]，一朝卷甲[49]，芟夷斩伐[50]，如草木焉！江淮无涯岸之阻[51]，亭壁无藩篱之固[52]。头会箕敛者，合纵缔交；锄耰棘矜者，因利乘便[53]。将非江表王气[54]，终于三百年乎[55]？是知并吞六合[56]，不免轵道之灾[57]；混一车书[58]，无救平阳之祸[59]。呜呼！山岳崩颓[60]，既履危亡之运[61]；春秋迭代[62]，必有去故之悲[63]。天意人事，可以凄怆伤心者矣[64]！况复舟楫路穷，星汉非乘槎可上；风飚道阻，蓬莱无可到之期[65]。穷者欲达其言，劳者须歌其事[66]。陆士衡闻而抚掌，是所甘心；张平子见而陋之，固其宜矣[67]！

【注释】

①哀江南：取自《楚辞·招魂》中的“魂兮归来哀江南”句。

②粤：发语辞。以：在。戊辰之年：梁武帝太清二年（548）。

③建亥之月：夏历十月。

④大盗：指侯景。侯景原居魏为官，后降梁。太清二年八月又叛梁，十月攻陷梁国都金陵。移国：易国，篡国。

⑤金陵：即梁国都建邺。瓦解：陷落，崩溃。

⑥余：我，作者自称。窜：逃避。荒谷：指江陵。

⑦公私：公家和私门。涂炭：陷在泥水炭火之中，比喻遭遇极端困苦的灾难。

⑧华阳：地名，在今陕西商州市，此处借指西魏。奔命：指奉王命出使西魏。

⑨有去无归：指庾信出使西魏被扣留长安，不得返回南方。

⑩中兴：指梁元帝平侯景乱后，在江陵即位，梁亡而复兴。道销：国运消亡。此指梁元帝刚刚中兴，江陵又被西魏攻陷，中兴的希望破灭了。穷：极，尽。甲戌：即梁元帝承圣三年。这一年，西魏命于瑾攻梁，江陵陷落，梁元帝被杀。

⑪都亭：城郭附近的亭舍。此句用三国蜀将罗宪的典故。三国蜀亡时，永安城守将罗宪听到后主刘禅投降的消息后，率部下在都亭哭了三天。

⑫别馆：使馆之外的客馆。馆，使馆，使者所居。庾信出使西魏被扣留，成了囚徒，不能居于使臣正馆，而住

别馆。

⑬天道：天象的规律。周星：岁星（木星）大约十二年绕天一周，所以又称周星。物极不反：作者据“物极必反”所造的反语，指自己的命运难以改变。

⑭傅燮：字南容，东汉末年灵州（今宁夏灵武县）人，为汉阳太守。王国、韩遂等围攻汉阳时，城中兵少粮绝，他的儿子劝他弃城归乡，他慨然不从，于是率兵战死阵前。这里用傅燮来比喻自己的遭遇可悲可叹，无处求生。

⑮袁安：东汉人，字邵公，汝阳（今河南商水）人。官至司徒。和帝时，外戚窦宪兄弟专权，袁安每朝会或与人谈及国事，往往呜咽流涕。此二句以袁安自比，表明自己常为梁的灭亡而悲叹。

⑯桓君山：名谭，东汉初年人，著《新论》二十九篇。志事：有志于事业。杜元凯：名预，西晋人，著有《春秋左氏经传集解》。平生：一生。咸：都，皆。自序：自己作序文。古人自序常叙述自己的身世和志趣。

⑰潘岳：字安仁，西晋著名文学家。家风：潘岳作有《家风诗》，叙述其家族的世风。

⑱陆机：字士衡，华亭（今上海市松江县）人，西晋著名文学家。其祖父陆逊，父陆抗，都是东吴名将，世有功勋。他擅长诗赋，曾作《祖德赋》、《述先赋》，歌颂其祖先的功德。陈：陈述。

⑲二毛：黑白两色头发相间，指半老。侯景之乱时庾信仅三十六岁，头上已有白发。

⑳藐：远。流离：离开故乡，流落他乡。暮齿：晚年。

㉑燕歌：指《燕歌行》，一般都是伤别之作，梁时王褒曾作《燕歌行》，梁元帝和庾信等均有和作。

㉒悲不自胜：悲痛得自己无法控制。

㉓楚老：指吊慰龚胜的老父。西汉末，王莽篡汉，派人征召楚人龚胜，胜忠于汉室，不肯以一身事二姓，绝食而死。死后有老父来吊，哭得非常伤心。

㉔“南山之雨”句：意思是说自己当初本想隐藏远害，却忽然奉命出使。此句典出《列女传》，据说：南山有玄豹，雾雨七日而不下山觅食，为的是保护皮毛，全身避害。

㉕忽践：快速来到。秦庭：借喻魏都长安。此句用申包胥哭秦庭典故。楚昭王时吴兵攻陷楚都，申包胥到秦庭乞师救楚，才得复楚。

㉖让：让君位。此句用田和代齐典故。战国时的田和把齐康公迁到东海之滨，自立为齐国国君。这里借指宇文觉篡夺西魏建立北周。

㉗餐周粟：用的是殷商遗民伯夷、叔齐的典故。此处借指自己没有像伯夷、叔齐那样以身殉“义”，而做了西魏的官。

㉘下亭：地名。东汉时孔嵩被征召去京城，路宿此地，马被盗去。高桥：又作皋桥，在今江苏苏州阊门内。汉皋伯通居住在此桥边，梁鸿曾在他家做过佣工。这两句写他乡漂泊的艰苦。

㉙楚歌：楚地之歌，音调凄怆。庾信生长于江南，留居秦地，听楚歌易引起乡关之思，所以说楚歌不是取乐之方。鲁酒：薄酒。相传楚会诸侯，鲁国所献的酒味薄，由此而引起邯郸之围。此言薄酒不能浇忧，而更引起故

国哀思。

㉚为：作。此赋：指《哀江南赋》。记言：记录自己所经历的事及言辞。

㉛危苦：危难愁苦。悲哀：悲伤国事。

㉜日暮：喻年老岁晚。途远：乡路遥远。

㉝人间何世：江南故乡已不知变成怎样。

㉞将军：指庾信自己。一去：一旦离开。大树飘零：喻故国沦陷。

㉟壮士：用行刺秦王的荆轲，借指庾信。萧瑟：形容秋风吹拂树木所发出的声音。这两句意思是说自己出使西魏如同荆轲入秦，一去不复返。

㊱荆璧：和氏璧。睨：斜视。连城：相连的城。见欺：被欺骗。这里反用了蔺相如完璧归赵的故事，说自己出使西魏却不能回乡。

㊲载书：盟书。珠盘：诸侯盟誓时所用的器具。此二句反用毛遂的故事，说自己不能像毛遂一样定盟而还，保住故国。

㊳钟仪：春秋时楚国人，虽被囚于晋国，但仍戴楚冠，奏南音，被晋范文子称为“君子。”

㊴季孙：指季孙如意，春秋时鲁国大夫，曾随鲁昭公参加平丘会盟，晋侯不许鲁国参加，并扣留季孙，留在西河（今陕西省东境）。行人：掌管朝觐聘问的官。这两句以季孙自比，说自己出使被扣留西魏。

㊵申包胥：春秋时，吴伐楚，攻陷楚都。楚大夫申包胥到秦求救兵，在秦庭痛哭了七天七夜，秦哀公方愿出兵相助，申九叩首而坐。顿地：叩头至地。这两句说自己不能像申包胥那样求得救兵。

㊶蔡威公：春秋时人，他知道自己国家将亡，闭门哭泣三日三夜，泪尽而继之以血。庾信此处借蔡威公故事表明自己只能像蔡威公一样为故国痛哭。

㊷钓台：在武昌，此指江南。移柳：柳树。东晋陶侃为武昌太守时，曾命人在钓台种过许多柳树。移，一作“栘”，柳的一种。玉关：玉门关，在今甘肃敦煌西北，这里指北方。这两句意思是说自己身在北国，江南风物不可企望。

㊸华亭：在今上海市松江县，西晋诗人陆机故宅在此。唳（lì）：鸣叫。河桥：陆机战败的地方，在今河南孟县南。陆机为成都王颖带兵与长沙王乂战于河桥，兵败被杀，临刑叹息说：“华亭鹤泪，岂可复闻乎？”此处以陆机语表明故乡不可见。

㊹三分：指魏、蜀、吴三国鼎立。

㊺一旅：五百人。这句说孙策起兵创业时，才不过数百人马。

㊻项籍：即项羽。江东：长江下游南岸地方。人唯八千：项羽起兵时拥有江东子弟八千。

㊼分裂：瓜分。宰割：称霸一方。

㊽百万义师：指梁军。侯景叛乱时，梁号称有百万雄师。

㊾卷甲：收起甲兵，形容军队溃败。

㊿芟夷斩伐：比喻侯景叛军杀人如割草伐木。芟（shān），割草。夷，削平。

51江淮：长江和淮河。涯岸：河岸。涯，水边。此句说梁空有江、淮之险，却起不到阻挡叛军和敌人的作用。

52亭壁：防御敌人用的军营壁垒。藩篱：用竹木编的屏障。

53头会箕敛者：指下层主管征收赋税的官吏。头会箕敛，秦时按人头抽税，用簸箕收租谷，以充军费。会、敛，

抽税。合纵缔交：联盟结约。锄耰棘矜者：指以农具为武器的农民。耰(yōu)，碎土用的农具。棘，戟。矜，矛柄。因利乘便：乘着便利的时势。这几句的意思是各地武装势力及百姓乘梁衰乱之机，纷纷起事。

⑭将非：恐怕是。江表：江南，此指梁都建邺。王气：帝王之气。

⑮三百年：从孙权在建康称帝，历经东晋、宋、齐到梁敬帝太平二年(557)，计二百九十二年，作者于此举整数言之。

⑯并吞六合：统一天下。六合，天地四方，即天下。

⑰轵道之灾：刘邦入关，秦子婴素车白马奉皇帝玉玺符节在轵道旁投降事。轵道：亭名，在今陕西咸阳市东北。

⑱混一车书：秦始皇统一中国后实行的车同轨、书同文措施，此处指西晋的统一全国。

⑲平阳之祸：指晋怀帝、愍帝先后在平阳被杀事。平阳，在今山西临汾市。

⑳崩颓：倒塌，坍塌，此指王朝灭亡。

㉑履：经遇。

㉒春秋迭代：年季更替。此处指朝代更易。

㉓去：离别，告别。故：故国，故土。

㉔天意：上天的意旨，此言梁的覆亡是天意。人事：指梁亡及陈代梁，也有人的因素。凄怆：悲伤。

㉕舟楫：船和桨。路穷：无路可走。星汉：天河。槎（chá）：竹木筏子。古代传说大海与天河相通，有人乘槎去来。蓬莱：传说中的仙山。

㉖穷者：处境危困的人。达：表达。劳者：劳苦的人。歌：歌咏。作者以此说明其作赋之志。

㉗士衡：西晋文学家陆机。他初到洛阳，拟作《三都赋》，听说左思也在作同题赋，便拍手嘲笑。平子：东汉文学家张衡。班固作《两都赋》，张衡轻视其文，因而另作《两京赋》。这几句的意思是说自己写的这篇《哀江南赋》，即使被人讥笑，也是心甘情愿的。

【解析】

本篇是庾信晚年有名的长赋《哀江南赋》的序文。庾信晚年滞留北朝，位虽高显，甚受优待，但是思念故国，因而作《哀江南赋》以致意。赋以自己的遭遇为线索，叙述梁朝的兴亡及百姓所遭受的苦痛，抒发其亡国之痛、乡关之思。赋前的这篇序文，主要交代了赋写作的背景、主旨和原因，概略回顾了自己在丧乱中的遭遇，表现了对故国败亡的哀叹，与赋文密切配合，抒发了作者深沉的故国哀思。序文宫商抑扬，绣错绮交，语句整饬，对称妥帖，用典繁密，委曲自然。风格流丽而悲凉，有浓郁的骚情和华茂文采，“华实相扶，情文兼至”（纪昀《四库全书总目提要》），典型地表现了庾信晚年老成的文风。

颜之推

颜之推（529？～591），字介，祖籍琅琊临沂（今山东临沂市），生于江宁（今江苏江宁县）。初仕梁为散骑侍郎，后流亡到北齐，官至黄门侍郎，平原太守。后又在北周、隋做过官。颜之推对沟通南北文化和革除齐梁浮艳文风起了积极的作用。作者身历乱世，感到士族的特权不可常保及士族生存能力的衰退，于是著《颜氏家训》，以希冀士族子孙自强自立。《颜氏家训》不独对治家有益，对政治、道德、风俗、文化方面都有认识价值。

涉　务①

夫君子之处世，贵能有益于物耳②，不徒高谈虚论③，左琴右书，以费人君禄位也④。

国之用材，大较不过六事⑤：一则朝廷之臣，取其鉴达治体，经纶博雅⑥；二则文史之臣，取其著述宪章⑦，不忘前古；三则军旅之臣，取其断决有谋，强干习事⑧；四则藩屏之臣⑨，取其明练风俗⑩，清白爱民；五则使命之臣⑪，取其识变从宜⑫，不辱君命；六则兴造之臣⑬，取其程功节费，开略有术⑭。此则皆勤学守行者所能办也⑮。人性有长短⑯，岂责具美于六涂哉⑰！但当皆晓指趣⑱，能守一职，便无愧耳。

吾见世中文学之士⑲，品藻古今，若指诸掌⑳，及有试用，多无所堪㉑。居承平之世，不知有丧乱之祸㉒；处庙堂之下㉓，不知有战阵之急；保俸禄之资，不知有耕稼之苦；肆吏民之上㉔，不知有劳役之勤：故难可以应世经务也㉕。

晋朝南渡㉖，优借士族㉗，故江南冠带有才干者㉘，擢为令、仆以下㉙，尚书郎、中书舍人已上㉚，典掌机要㉛。其余文义之士㉜，多迂诞浮华㉝，不涉世务，纤微过失，又惜行捶楚㉞，所以处于清名㉟，盖护其短也。至于台阁令史、主书㊱，监帅诸王签省㊲，并晓习吏用㊳，济办时须㊴。

纵有小人之态，皆可鞭杖肃督[40]，故多见委使[41]，盖用其长也[42]。人每不自量，举世怨梁武帝父子爱小人而疏士大夫[43]，此亦眼不能见其睫耳[44]。

梁世士大夫皆尚褒衣博带[45]，大冠高履，出则车舆，入则扶侍。郊郭之内[46]，无乘马者。周弘正为宣城王所爱[47]，给一果下马[48]，常服御之[49]，举朝以为放达[50]。至乃尚书郎乘马[51]，则纠劾之[52]。及侯景之乱[53]，肤脆骨柔，不堪行步，体羸气弱[54]，不耐寒暑，坐死仓猝者，往往而然[55]。

古人欲知稼穑之艰难[56]，斯盖贵谷务本之道也[57]。夫食为民天[58]，民非食不生矣[59]。三日不粒[60]，父子不能相存[61]。耕种之，茠鉏之[62]，刈获之[63]，载积之，打拂之[64]，簸扬之[65]，凡几涉手而入仓廪[66]，安可轻农事而贵末业哉[67]！江南朝士因晋中兴而渡江，本为羁旅[68]，至今八九世，未有力田[69]，悉资俸禄而食耳[70]。假令有者，皆信僮仆为之[71]，未尝目观起一墢土[72]，耘一株苗，不知几月当下[73]，几月当收，安识世间余务乎[74]？故治官则不了[75]，营家则不办[76]，皆优闲之过也。

【注释】

①涉务：从事实际事务。

②处世：生活在社会上。

③徒：只。高谈虚论：指魏晋以来士大夫崇尚清谈，不务实际，回避现实的风气。

④左琴右书：原意是：指古代士人的理想生活，这里有不做实事的意思。费：浪费。人君禄位：君主赏赐给的俸禄和官位。

⑤大较：大概。事：指职务。

⑥鉴达：明察通达。治体：治国之本。经纶：政治上的筹划。博雅：广博而雅正。

⑦宪章：指朝廷的诏令及史书。

⑧强干：精明干练。习事，熟悉军事。

⑨藩屏之臣：指地方官。藩屏，喻指地方护卫中央。

⑩明练：熟悉。

⑪使命之臣：指奉命到外国或属地从事交际活动的官员。

⑫识变从宜：见机处理。

⑬兴造之臣：指主管工程营造的官员。

⑭程功节费：善于计量工程的进度和节约费用。程，考核。开：开创。略：谋划。

⑮守行：行为严谨。办：做到。

⑯人性：这里指人的资质。长短：各有不同。

⑰责：要求。具：同“俱”，完全。涂：通“途”，方面。

⑱指趣：同“旨趣”，宗旨、要义。

⑲世中：社会上。文学之士：指一般学

习经史、能作诗文的知识分子。

⑳品藻：评点批评。若指诸掌：像指手掌中的东西一样容易。诸，之于。

㉑试用：实际操作。无所堪：没有什么能承担的。

㉒承平：持续的太平。丧乱：亡国动乱。

㉓庙堂：指朝廷。战阵：战场。

㉔肆：盘踞。

㉕应世经务：应付社会，处理事务。

㉖晋朝南渡：指西晋灭亡，晋元帝渡江，在江南建国。

㉗优借：优待。借，通“藉”，宽待。士族：垄断官位、享有封建特权的阶层。

㉘冠带：士大夫的服饰，指士族。

㉙擢（zhuó）：提拔。令：尚书令、中书令。射（yè）：尚书仆射。

㉚尚书郎：尚书省的属官。中书舍人：中书省属官。已上：以上。

㉛典掌：掌管。机要：机密要事。

㉜文义之士：指闲散的文职官员。

㉝迂诞：言语不合事理。浮华：虚浮不实。

㉞不涉世务：不懂世事。纤微：细小。惜行捶楚：舍不得对他们鞭打、刑罚。

㉟处于清名：处在名声清高的地位。

㊱台阁：指枢府。令史、主书：均是主管文书的官。

㊲监帅诸王签省：指各藩王配备的典签帅。

㊳晓习：通晓。吏用：官吏的职务。

㊴济办时须：按时办好朝廷交办的事。

㊵肃督：严厉督促。

㊶多见委使：多被委任。

㊷用其长：用他的长处。

㊸疏：疏远。

㊹眼不能见其睫：意为没有自知之明。

㊺褒（bāo）衣：宽大的衣服。博带：长腰带。

㊻郊郭：郊野和外城。

㊼周弘正：梁陈之际的清谈家。宣城王：梁简文帝萧纲的封号。

㊽果下马：一种辽东出产的矮马。

㊾服御：骑乘。

㊿放达：意为不检束。

51至乃：至于。

52纠劾（hé）：弹劾、揭发。

53侯景之乱：侯景原为北朝东魏武将，后投降梁朝。武帝太清二年（548）造反，攻破都城建康，梁武帝被困至死。

54羸（léi）：瘦弱。

55仓猝：事出突然。往往：到处。然：这样。指坐以待毙。

56稼穑（sè）：指农事。

57斯：此。贵谷：重农。务本：致力于农业。

58天：指所重视和仰赖的事物。

59生：活。

60粒：指吃粮。

61相存：互相保全。

62茠（hāo）：同“薅”，拔杂草。组：通“锄”，锄草。

63刈（yì）：收割。

64打拂：指脱粒。

65簸（bǒ）扬：指扬去粮食中的糠皮尘土。

66涉手：经手。廪（lǐn）：粮仓。

67末业：指工商业，古代重农轻商，故称。

68羁旅：寄居。

69力田：致力于种田。

70资：依靠。

71信：听凭。

⑫一拨（bá）土：一耦耕起来的土。
⑬下：下种。
⑭余务：其他事务。
⑮不了：做不好。
⑯营家：理家。不办：治不好。

【解析】

本文选自《颜氏家训·涉务篇》。“涉务”的意思是要注重接触及致力于实际事务，反对清谈。作者在文中批评了南朝的士族除养尊处优、夸夸其谈外，一事不能的状态，主张士大夫必须学会务实的精神。作者还特别强调“知稼穑之艰难”的重要性，批评了当时贵族阶层虚浮柔弱的本性。本文文风平实流畅，说理叙事，融合无间，推心置腹，娓娓如话家常，恳切动人。明万历甲戌颜嗣慎刻本序云：“其识该，其辞微，其心危，其虑详，其称名小而其指大，举类迩而见义远。”虽就全书概言之，对本篇也是允当的。

唐　宋　编

魏 徵

魏徵（580～643），字玄成，钜鹿曲城（今河北晋县）人，后迁居相州内黄（今河南内黄县）。隋朝末年，参加李密的义军，后投降唐朝。唐太宗时官拜谏议大夫、检校侍中。因敢于直谏，深受唐太宗器重。后进左光禄大夫，封郑国公。曾参与周、隋各史的编纂，有《魏郑公诗集》、《魏郑公文集》传世。唐吴兢所撰的《贞观政要》中记载了他的许多言论。

谏太宗十思疏

臣闻求木之长者①，必固其根本；欲流之远者，必浚其泉源②；思国之安者，必积其德义。源不深而望流之远，根不固而求木之长，德不厚而思国之安，臣虽下愚③，知其不可，而况于明哲乎④！人君当神器之重⑤，居域中之大⑥，不念居安思危⑦，戒奢以俭⑧，斯亦伐根以求木茂，塞源而欲流长也。

凡百元首⑨，承天景命⑩，善始者实繁，克终者盖寡⑪。岂取之易守之难乎？盖在殷忧必竭诚以待下⑫，既得志则纵情以傲物⑬；竭诚则吴越为一体⑭，傲物则骨肉为行路⑮。虽董之以严刑⑯，振之以威怒⑰，终苟免而不怀仁⑱，貌恭而不心服。怨不在大，可畏惟人⑲；载舟覆舟⑳，所宜深慎㉑。

诚能见可欲则思知足以自戒㉒，将有作则思知止以安人㉓，念高危则思谦冲而自牧㉔，惧满溢则思江海下百川㉕，乐盘游则思三驱以为度㉖，忧懈怠则思慎始而敬终㉗，虑壅蔽则思虚心以纳下㉘，惧谗邪则思正身以黜恶㉙，恩所加则思无因喜以谬赏㉚，罚所及则思无因怒而滥刑㉛：总此十思，宏兹九德㉜，简能而任之㉝，择善而从之，则智者尽其谋，勇者竭其力，仁者播其惠，信者效其忠㉞；文武并用，垂拱而治㉟。何必劳神苦思，代百司之职役哉㊱！

【注释】

①长：高大。

②浚（jùn）：疏通。

③下愚：愚笨的人。这是作者自谦之语。

④明哲：明智、贤能的人。

⑤人君：君主。当：主持，掌握。神器：古人把帝王之位称为神器。

⑥居域中之大：作为天地间最重要的人。

⑦居安思危：身处平安，不忘危难。

⑧戒奢：除去奢侈的风气。

⑨凡百：所有。元首：君主。

⑩承天景命：承担上天赋予的使命。景，大。

⑪实繁：实在很多。克终：能够完成（使命）。克，能。盖寡：很少。

⑫殷忧：忧患深重之时。殷，深。竭诚：竭尽诚意。

⑬纵情：放纵自己的欲望。傲物：看不起别人。

⑭吴越：战国时的吴国和越国。两个国家互相仇视，长期敌对。

⑮骨肉：代指亲人。行路：路人。代指陌生之人。

⑯董：督促。

⑰振：恐吓。

⑱苟免：侥幸免于责罚。怀仁：归服于（皇帝的）仁德。怀，归向。

⑲可畏惟人：可怕的在于引起公愤。人，众人。

⑳载舟覆舟：化用《荀子·王制篇》语："君者舟也，庶人者水也。水则载舟，水则覆舟。"

㉑所宜深慎：这是应当深刻警惕的。

㉒可欲：自己想要的东西。自戒：警戒自己。

㉓有作：有所作为。指兴建宫室、征伐游猎之事。安人：使百姓安宁。

㉔高危：形容君王身处高处的危险。谦冲：谦虚。自牧：培养自己的德行。

㉕满溢：自满而招致的失败。江海下百川：以江海处百川之下而不会满溢的现象，说明谦虚的必要。

㉖盘游：游乐忘返。这里特指打猎。三驱：三面合围，网开一面。表示对猎物有仁德之心。

㉗慎始而敬终：做事要始终小心，不能懈怠。

㉘壅（yōng）蔽：堵塞，蒙蔽。纳下：采纳下属的意见。

㉙谗邪：爱说别人坏话的小人。正身：端正自身的品行。黜恶：斥退邪恶之人。黜（chù），罢免。

㉚谬赏：奖赏不当。

㉛滥刑：滥用刑罚。

㉜宏：弘扬。九德：君子的九种德行，即，宽而栗，柔而立，愿而恭，乱而敬，扰而毅，直而温，简而廉，刚而塞，强而义。

㉝简：选拔。能：贤能之人。

㉞信者：忠诚的人。

㉟垂拱：垂衣敛手。比喻不用操劳。

㊱百司：百官。职役：职务，工作。

【解析】

本文选自《贞观政要》，《旧唐书·本传》也有记载，文章作于贞观十一年（637）。唐太宗即位后，国泰民安，经济繁荣，面对着升平之世，唐太宗已不愿再过创业时那种俭朴谨慎的生活，骄怠之意时常流露。针

对这种情况，魏徵上奏这篇疏文，规劝太宗居安思危，戒奢以俭，积德行义，善始善终。文章气势酣畅，跌宕起伏，语气恳切，说理透彻，堪称历代臣子谏书的楷模。

王　勃

王勃（650?～675），字子安，绛州龙门（今山西稷山）人。祖父王通是隋朝著名的学者，人称“文中子”。王勃六岁时就擅写文章，十四岁时举幽素科（唐代科举考试的科目之一），授朝散郎，后又任章怀太子李贤的王府撰修。后因杀官奴得罪，其父受牵连贬为交趾（今越南北部）令。王勃于上元二年前往交趾探望父亲时，渡海溺水，受惊而死，年仅二十七岁。王勃才气天纵，名噪一时，与杨炯、卢照邻、骆宾王齐名，时称“四杰”。有《王子安集》。

滕王阁序

南昌故郡，洪都新府[①]。星分翼轸，地接衡庐[②]。襟三江而带五湖，控蛮荆而引瓯越[③]。物华天宝，龙光射牛斗之墟[④]，人杰地灵，徐孺下陈蕃之榻[⑤]。雄州雾列，俊彩星驰[⑥]。台隍枕夷夏之交，宾主尽东南之美[⑦]。都督阎公之雅望，棨戟遥临[⑧]，宇文新州之懿范，襜帷暂驻[⑨]。十旬休假，胜友如云[⑩]，千里逢迎，高朋满座[⑪]。腾蛟起凤，孟学士之词宗[⑫]；紫电清霜，王将军之武库[⑬]。家君作宰，路出名区[⑭]；童子何知，躬逢胜饯[⑮]。

时维九月，序属三秋[⑯]。潦水尽而寒潭清，烟光凝而暮山紫[⑰]。俨骖騑于上路；访风景于崇阿[⑱]。临帝子之长洲，得仙人之旧馆[⑲]。层峦耸翠，上出重霄[⑳]；飞阁流丹，下临无地[㉑]。鹤汀凫渚，穷岛屿之萦回[㉒]。桂殿兰宫，列岗峦之体势[㉓]。披绣闼，俯雕甍[㉔]，山原旷其盈视，川泽盱其骇瞩[㉕]。闾阎扑地，钟鸣鼎食之家[㉖]；舸舰弥津，青雀黄龙之轴[㉗]。虹销雨霁，彩彻区明[㉘]。落霞与孤鹜齐飞，秋水共长天一色[29]。渔舟唱晚，响穷彭蠡之滨[30]；雁阵惊寒，声断衡阳之浦[31]。

遥襟俯畅，逸兴遄飞[32]。爽籁发而清风生，纤歌凝而白云遏[33]。睢园绿竹，气凌彭泽之樽[34]；邺水朱华，光照临川之笔[35]。四美具，二难并[36]。穷睇眄于中天，极娱游于暇日[37]。天高地迥，觉宇宙之无穷[38]；兴尽悲来，识盈虚之有数[39]。望长安于日下，指吴会于云间[40]。地势极而南溟深，天柱高而北辰远[41]。关山难越，谁悲失路之人[42]？萍水相逢，尽是他乡之客[43]。怀帝阍而不见，奉宣室以何年[44]？

嗟乎！时运不齐，命途多舛[45]。冯唐易老，李广难封[46]。屈贾谊于长沙，非无圣主[47]；窜梁鸿于海曲，岂乏明时[48]？所赖君子安贫，达人知命[49]。老当益壮，宁移白首之心[50]？穷且益坚，不坠青云之志[51]。酌贪泉而觉爽，处涸辙以犹欢[52]。北海虽赊，扶摇可接[53]；东隅已逝，桑榆非晚[54]。孟尝高洁，空余报国之情[55]；阮籍猖狂，岂效穷途之哭[56]？

勃三尺微命，一介书生[57]，无路请缨，等终军之弱冠[58]；有怀投笔，慕宗悫之长风[59]。舍簪笏于百龄，奉晨昏于万里[60]。非谢家之宝树，接孟氏之芳邻[61]。他日趋庭，叨陪鲤对[62]；今晨捧袂，喜托龙门[63]。杨意不逢，抚凌云而自惜[64]；钟期既遇，奏流水以何惭[65]？

呜呼！胜地不常，盛筵难再[66]，兰亭已矣，梓泽丘墟[67]。临别赠言，幸承恩于伟饯[68]；登高作赋，是所望于群公[69]。敢竭鄙诚，恭疏短引[70]，一言均赋，四韵俱成[71]。请洒潘江，各倾陆海云尔[72]。

【注释】

①故郡：南昌在汉朝是豫章郡的属县。新府：唐初改豫章郡为洪州，新设都督府。这两句是点明滕王阁所处的位置。

②星分翼轸（zhěn）：对应在天上，是翼、轸的分野。古人认为天上的星辰与地上的州郡是对应的。翼、轸，天上的两个星宿。地接衡庐：洪州与南边的衡山与北面的庐山相连。

③襟：衣领。引申为位于三江上游。带：衣带。引申为被五湖环绕。控：控制。蛮荆：湖南湖北一带。引：连接。瓯越：浙江地区。

④物华天宝：人间有宝物，天上就会出

现光华。龙光射斗牛之墟：相传豫章郡曾有两把宝剑，一名龙泉，一名太阿，使得天上牛、斗两星之间常有紫气照射。龙光，剑气。墟，地区。

⑤人杰地灵：古人认为人间的英杰是大地灵秀之气的产物。徐孺下陈蕃之榻：形容东汉豫章人徐孺子人品高洁，受到太守陈蕃的敬重。

⑥雄州雾列：形容城市众多。俊彩：人才。星驰：形容很多。

⑦台隍：城池，指洪州府。枕：位于。夷夏之交：古代楚地与扬州地区的交界。夷，指楚地。夏，指扬州。尽：囊括。东南之美：东南地区的俊杰。

⑧雅望：好名声。棨戟：仪仗。棨（qǐ），古时用木头做的通行证，形状如戟。

⑨“宇文”句：意为“一位姓宇文的新州刺史路过洪州，也光临今晚盛宴”。懿范：美好的风范。懿（yì），美好。襜帷：遮车的帷幔。代指刺史所乘车子。襜（chān），帷幕。

⑩休暇：休假。胜友：才华出众的朋友。如云：形容很多。

⑪千里：千里之外的客人。逢迎：迎接。高朋：尊贵的朋友。

⑫腾蛟起凤：形容文章非常华美。孟学士：当指在座的一位姓孟的客人。词宗：文坛大师。

⑬紫电清霜：形容兵器的锋利。王将军：在座的一位王姓客人。武库：原意是藏兵器的地方，这里形容王将军的威武。

⑭家君作宰：因为我去探望在交趾做令宰的父亲。家君，对自己父亲的尊称。出：路过。名区：著名的地方。这里指洪州。

⑮童子何知：童子：作者自称。躬：亲身。胜饯：盛大的宴会。

⑯维：判断词，相当于“是”。序：时序。三秋：秋季。

⑰潦水：蓄积的雨水。烟光凝：烟雾在阳光中仿佛凝固不动。

⑱俨（yǎn）：庄严、齐整。骖騑：（cān fēi）：驾车的马。上路：大路。崇阿：高峻的山陵。

⑲帝子之长洲：指滕王阁所在的江洲。滕王阁是唐高祖李渊之子所建，故曰：“帝子。”仙人之旧馆：指滕王阁。

⑳层峦耸翠：形容翠绿的山峦重叠高耸。重霄：云霄。

㉑飞阁流丹：凌空飞架的亭阁上，彩饰的红彩鲜艳欲滴。下临：往下看。无地：看不到地面。

㉒鹤汀凫渚：鹤和野鸭栖息的地方。汀，水边平地。渚，小洲。穷岛屿之萦回：意为分布在岛屿的各个地方。萦回，曲折回环。

㉓桂殿兰宫：对寺观殿宇的美称。列岗峦之体势：随着山势错落分布。

㉔披：开。绣闼：精美的门。闼（tà），门。俯：俯视。雕甍：雕刻精美的屋脊。甍（méng），屋脊。

㉕山原旷其盈视：山岭平原尽收眼底。旷，开阔。盈视，极目所见。盱（xū）：张目望。骇瞩：惊讶于所见之物。

㉖闾阎扑地：形容到处都是房屋。闾阎，门。钟鸣鼎食：古代的贵族鸣钟列鼎而食。这里代指大家贵族。

㉗舸舰：泛指各种船舶。弥津：布满渡口。青雀黄龙之轴：各种精美华丽的船。轴（zhú），通“舳”船尾。

㉘虹销：彩虹消散。霁（jì）：雨停。彩：阳光。区：天空。

㉙鹜（wù）：野鸭。
㉚唱晚：晚归的歌声。穷：到达。彭蠡（lí）：鄱阳湖的古名。
㉛惊寒：古人以为大雁的叫声是因寒冷而发。衡阳之浦：相传大雁到了衡阳就不再南飞，故衡阳有回雁峰。
㉜遥襟俯畅：宽阔的胸怀因登高远眺而舒畅。逸兴遄飞：飘逸的兴致非常高涨。遄（chuán），快速。
㉝爽籁：排箫的声音。爽，参差不齐。纤歌：悠扬的歌声。凝：形容歌声缭绕。白云遏：用“响遏行云”之典，形容白云为之驻足。
㉞睢（suī）园：西汉梁孝王在睢阳的兔园，那里是文士相聚之处。此处代指当日之滕王阁宴会。凌：超过。彭泽之樽：晋人陶潜的酒杯。陶潜好酒。常饮酒赋诗。
㉟邺水朱华：代指曹魏时代的建安文士。邺是曹魏的都城。朱华，代指文彩。临川之笔：指南朝宋谢灵运的文笔。
㊱四美：良辰、美景、赏心、乐事。二难：贤主，嘉宾。
㊲睇眄（dì miǎn）：看。中天：遥远的天际。娱游：欢乐嬉游。暇日：闲暇。
㊳迥：远。宇宙：时空。天地四方曰宇，古往今来曰宙。
㊴兴尽：欢乐之余。盈虚：成败。月满曰盈，月亏曰虚。
㊵日下：京城。古人以京城为天子脚下，故称。吴会：吴、会两地，即今江、浙一带。云间：吴地的古称。
㊶地势极：地势向东南倾斜。南溟：南海。天柱：指昆仑山。北辰：北极星。暗指皇帝。
㊷失路之人：不得志的人。
㊸萍水相逢：像浮萍一样时聚时散，漂泊不定。
㊹帝阍：君王的宫门人。引申为朝廷。阍（hūn），宫门。奉宣室：侍奉君王。宣室，汉未央宫前殿的正室，这里指君王。
㊺不齐：不好。多舛（chuǎn）：不顺利。舛，乖违。
㊻冯唐：汉文帝时任中郎署长，历文、景、武三帝，到九十多岁仍没得到重用。李广：汉武帝时的名将，一生战功无数，却始终没得到封邑。
㊼贾谊：汉文帝时任长沙王太傅，因不得志，郁郁而终。圣主：圣明的君王。
㊽窜：使……出逃。梁鸿：东汉章帝时人，因作《五噫歌》讽刺朝政，被迫隐姓埋名，逃居齐鲁。海曲：海边。明时：昌明的时代。
㊾安贫：安于贫困。达人：通达事理的人。知命：懂得事物变化由天命所决定的道理。
㊿老当益壮：年老更应有雄心壮志。宁：难道。移：改变。
(51)穷：不得志，困厄。不坠：不改变。青云之志：高远的志向。
(52)酌贪泉而觉爽：在污浊的环境中保持纯洁的操守。酌，饮。贪泉，传说在广州附近，一饮此泉，人就会变得贪婪。处涸辙而犹欢：身处穷困仍然保持乐观的态度。涸辙，干涸的车辙，比喻穷困的环境。
(53)北海：即北冥，极远的大海。赊（shē）：遥远。扶摇：上行的风。鲲鹏就是乘此飞到北冥。
(54)东隅：日出之处。桑榆：日落之处。从“失之东隅，收之桑榆”化出。
(55)孟尝：东汉人，曾任合浦太守，人称

“清行出俗，能干绝群”，然而终于不被重用。空余：白白拥有。

(56)阮籍：晋朝诗人，生性放任。猖狂：任性，不拘礼法。穷途之哭：阮籍曾驾车独行，走到路尽之处，痛哭而返。

(57)三尺：指小儿。作者自称。与前“童子何知”相同。微命：低贱的身份。一介：一个。

(58)请缨：寻找为国效力的机会。终军：汉武帝时人，受命赴南越和亲。弱冠：古时以二十岁为弱冠。终军请缨时才二十多岁。

(59)有怀：有所感触。投笔：用汉班超投笔从戎的故事。宗悫（què）之长风：南朝宋时，叔父问少年宗悫的志向，他答道：“愿乘长风破万里浪。”

(60)簪笏（zānhù）：古代官员的冠簪、手版，代指官职。晨昏：即晨昏定省。指侍奉父母。这两句是说王勃离职去交趾探亲。

(61)谢家之宝树：比喻良家子弟。孟氏之芳邻：比喻在场的嘉宾。用孟母三迁的故事。

(62)趋庭：到父亲跟前。叨陪鲤对：像孔子的儿子孔鲤一样聆听教诲。叨陪，追随。

(63)捧袂（mèi）：举起双袖。这是晋见之礼。托龙门：即登龙门。比喻受到名人的接见，提高了自己的身价。

(64)杨意：杨得意。汉武帝时人，是他向汉武帝推荐了司马相如。凌云：指自己的文章。司马相如献《大人赋》，汉武帝读后，“飘飘有凌云之意。”

(65)钟期：钟子期，春秋时人，伯牙的知音。流水：代指伯牙的琴曲。

(66)胜地不常：好的地方不能常来。

(67)兰亭：在今浙江绍兴。晋人王羲之曾与朋友在此宴集，写下了著名的《兰亭集序》。已矣：已经成为陈迹。梓泽：晋朝石崇的花园金谷园。丘墟：废墟。

(68)承恩：承蒙阎公的恩惠。

(69)所望：寄希望于。群公：诸位嘉宾。

(70)竭：竭尽。鄙诚：谦词，自己的诚意。恭疏：恭敬地写。短引：短序。

(71)均赋：大家都作诗。四韵：即一首七律。

(72)潘江陆海：像潘岳、陆机那样的文才。《诗品》：“陆才如海，潘才如江。”云尔：语气助词。

【解析】

本文又名《滕王阁诗序》。滕王阁是唐高祖李渊之子滕王李元婴任洪州都督时所建，位于江西南昌的赣江之畔。唐高宗上元二年，王勃赴交趾省亲路过南昌，恰逢都督阎某在滕王阁举办的宴会。王勃应邀赴宴，在席间写下一首七律，诗云：

滕王高阁临江渚，佩玉鸣鸾罢歌舞。
画栋朝飞南浦云，朱帘暮卷西山雨。
闲云潭影日悠悠，物换星移几度秋。
阁中帝王今何在？槛外长江空自流。

本文便是这首七律的序文。文章由洪州的地势、人才，写到盛大的宴会，由壮阔的景致写到人生的际遇，最后抒发了自己的抱负和怀才不遇的心情。虽是应酬之文，却写得内容充实，感情浓郁。全篇用骈体写成，音调铿锵，韵律流畅，词藻繁富，文字华丽，充分体现了骈体文的艺术特色。传说阎公听完此文，“矍然而起，曰：此真天才，当垂不朽矣”（见《唐摭言》）。唐代著名散文家韩愈对此文也十分推崇。

骆宾王

骆宾王（？～684），婺州义乌（今浙江义乌）人。据说七岁即能作诗，与王勃、杨炯、卢照邻并称“四杰”，历任武功、长安主簿、临海丞。后弃官而去。徐敬业起兵反武则天，骆宾王代为起草檄文，并任府属。徐敬业失败后，骆宾王不知所终。骆宾王擅长七言歌行，其流利华彩的文字在初唐尤显突出，后人称其“缀绵贯珠，滔滔洪远”（王世贞语）。有《骆临海集》。

为徐敬业讨武曌檄①

伪临朝武氏者，性非和顺，地实寒微②。昔充太宗下陈，曾以更衣入侍③。洎乎晚节，秽乱春宫④。潜隐先帝之私，阴图后房之嬖⑤。入门见嫉，蛾眉不肯让人⑥；掩袖工谗，狐媚偏能祸主⑦。践元后于翚翟，陷吾君于聚麀⑧。加以虺蜴为心，豺狼成性⑨；近狎邪僻，残害忠良⑩；杀姊屠兄，弑君鸩母⑪。人神之所同嫉，天地之所不容⑫。犹复包藏祸心，窥窃神器⑬；君之爱子，幽之于别宫⑭；贼之宗盟，委之以重任⑮。呜呼！霍子孟之不作，朱虚侯之已亡⑯。燕啄皇孙，知汉祚之将尽⑰；龙漦帝后，识夏庭之遽衰⑱。

敬业皇唐旧臣，公侯冢子⑲，奉先君之成业，荷本朝之厚恩⑳。宋微子之兴悲，良有以也㉑；袁君山之流涕，岂徒然哉㉒！是用气愤风云，志安社稷㉓，因天下之失望，顺宇内之推心㉔，爰举义旗，以清妖孽㉕。南连百越，北尽三河㉖；铁骑成群，玉轴相接㉗；海陵红粟，仓储之积靡穷㉘；

江浦黄旗，匡复之功何远[29]？班声动而北风起，剑气冲而南斗平[30]；喑呜则山岳崩颓，叱咤则风云变色[31]。以此制敌，何敌不摧？以此图功，何功不克？

公等或居汉地，或叶周亲[32]；或膺重寄于话言，或受顾命于宣室[33]；言犹在耳，忠岂忘心。一抔之土未干，六尺之孤何托[34]？倘能转祸为福，送往事居[35]，共立勤王之勋，无废大君之命[36]，凡诸爵赏，同指山河[37]。若其眷恋穷城，徘徊歧路[38]，坐昧先几之兆，必贻后至之诛[39]。请看今日之域中，竟是谁家之天下[40]！

【注释】

①徐敬业：唐朝开国功臣徐世勣之子。公元684年，起兵讨伐武则天，失败身死。檄（xí）：古代的一种文体，多用于征召或声讨。

②伪临朝：不合法地君临朝政。武则天在唐高宗晚期，就以“二圣”之一的身份干预朝政，高宗死后，她更是大权独揽。武氏：即武则天，名武曌（zhào）。和顺：和善温顺。寒微：指出身低贱。

③下陈：下等人。唐太宗曾封武则天为“才人”。更衣：换衣服的机会。入侍：伺候太宗。

④洎（jì）：到，及。晚节：这里指后来。秽乱春宫：指武则天被当时的太子李治看中。春宫，即东宫，太子所居。

⑤潜隐：隐藏。先帝之私：曾为太宗才人的情况。阴图：暗地里谋得。后房之嬖：高宗的宠爱。

⑥入门：入宫。唐太宗死后，武则天在感业寺为尼，后被高宗接出，拜为昭仪。见嫉：宫中的美女都被武则天嫉恨。蛾眉：美女，指武则天。

⑦工谗：擅长进谗言。狐媚：以阴柔的手段迷惑人。惑主：迷惑高宗。

⑧践元后：登上皇后的宝位。武则天入宫后第二年，高宗就废王皇后，立武则天为后。翚翟（huī dí）：指皇后的衣服，上有雉羽的图案。聚麀：多头牡鹿共有一头牝鹿。这是指太宗和高宗父子都宠爱武则天，是不合礼法的。麀（yōu）：牝鹿。

⑨虺蜴（huǐ yì）：毒蛇和蜥蜴。

⑩狎（xiá）：接近。邪僻：奸邪小人。残害忠良：褚遂良、长孙无忌等人都先后被流放。

⑪杀姊屠兄：武后因嫌其姐韩国夫人争宠，设计杀之。又陷害堂兄武惟良至死。弑君：或疑高宗之死与武后有关系。鸩母：当指武后杀王皇后事。鸩（zhèn）：鸟名，其羽有毒，浸酒，饮之即死。

⑫嫉：痛恨。容：容忍。

⑬祸心：作恶的念头。窥窃：伺机窃取。神器：帝王之位。

⑭君之爱子：指中宗李显。幽：囚禁。别宫：别的宫殿。武后废中宗为庐陵王，囚于房州。

⑮宗盟：亲戚，党羽。

⑯霍子孟：西汉霍光。汉昭帝死后，他受命辅佐幼主。朱虚侯：汉高祖的孙子刘章，被封朱虚侯。他同陈平、周勃一道平定了诸吕之乱。

⑰燕啄皇孙：指汉成帝后赵飞燕尽杀宫中皇子之事。当时民谣称："燕飞来，啄王孙。"汉祚：汉朝的天下。祚(zuò)：帝位。

⑱龙漦帝后：传说夏后将龙的涎沫藏在木盒中，历代相传。周厉王时，涎沫流出，被一个宫女踩上，于是怀孕生下一女，这便是后来使西周灭亡的周幽王后褒姒。漦（lí）：涎沫。遽：迅速。

⑲皇唐旧臣：徐敬业祖父徐世勣因追随唐高祖征战，功勋卓著，封英国公，赐李姓，唐太宗时任并州都管，高宗时拜尚书左仆射。冢子：嫡系继承人。徐世勣死后，因子徐震早卒，爵位由敬业继承。

⑳先君：祖先。成业：事业。荷：蒙受。

㉑宋微子之兴悲：殷商灭后，殷纣王的庶兄微子被封于宋。他路过殷朝旧都时，百感交集，作《麦秀歌》。有以：有道理。

㉒袁君山之流涕：东汉袁安，字君山，当时外戚专权，每当谈及国事，他都呜咽流泪。徒然：偶然。

㉓是用：因此。气愤风云：豪情冲天。愤，充满。

㉔天下之失望：天下人对武后的失望。宇内：全国。推心：信任。

㉕爰（yuán）：于是。妖孽：指武后。

㉖百越：泛指南方沿海地区。三河：河东、河内、河南。相当于今天中原一带。

㉗玉轴相接：车轴相连，形容战车之多。

㉘海陵：海陵仓，在今江苏泰县东，为西汉吴王濞所建，以仓容巨大而著名。江粟：原指储藏日久而变红的陈米，这里形容粮食丰足。靡：不。

㉙黄旗：天子的仪仗。徐敬业起兵，是以拥戴被废中宗为号召的。匡复：恢复。

㉚班声：马声。南斗：星宿名，代指南方地区。

㉛喑（yīn）呜：悲咽。叱咤：怒吼。

㉜公等：泛指在朝及各地方官员。居汉地：任唐朝的官吏。叶周亲：属于皇室至亲。叶：即"协"，合。

㉝膺（yīng）重寄：肩负重任。膺，担当。话言：指皇帝的嘱托。顾命：皇帝临终前的遗命。宣室：朝廷的正殿。

㉞一抔之土：指高宗的坟墓。抔(póu)：捧。六尺之孤：指中宗李显。

㉟转祸为福：转武氏之祸为福。送往：送别高宗。事居：侍奉中宗。

㊱勤王：起兵救助王室。无废大君之命：不要使高宗的遗嘱落空。

㊲凡诸：所有。同指山河：山河可以作证。

㊳穷城：没有后援的孤城。徘徊：犹豫不决。歧路：错误的道路。

㊴坐昧：白白地失去。先几：事先的征兆。贻（yí）：给予。后至之诛：禹在会稽召集群臣，防风氏后至，被禹杀了。

㊵域中：寰宇间，天地间。竟：究竟。

【解析】

公元683年，唐高宗死，其子李显即位为中宗。然而，此时武则天已大权在握。两个月后，武则天废李显为庐陵王。后又逼废太子李贤自杀，一时唐宗室人心惶惶。唐朝开国元勋徐世勣之孙徐敬业乘机起兵扬州，自号匡复府上将，移檄声讨武后。骆宾王的这篇檄文就是为此而作。因徐敬业之祖受唐太宗赐姓，所以也有将命名为《代李敬业传檄天下文》。檄，是一种古代文体，多用来表示晓谕或谴责之意，要求“事昭而理辨，气盛而辞断”（刘勰语）。骆宾王的这篇檄文以强烈的感情色彩和慷慨激昂的语气，声讨了武则天的种种罪恶（其中不乏夸大和揣测），显示其罪不容诛，同时极其夸张地渲染了起兵讨伐的声势，最后对所有观望者晓之以大义，动之以刑赏，号召他们加入讨武的阵营。全文一气贯注，遒劲逼人，语调铿锵，抑扬顿挫，是历代檄文中之上品。据说连武则天听后也为之动容。

王　维

王维（701～761），字摩诘，太原祁（今山西祁县）人。开元十九年进士，天宝年间任给事中。安史之乱后，王维被叛军掳至洛阳。唐军平定安史之乱后，王维因曾受伪职，而被降职处分。后官至尚书右丞，世称王右丞。王维是一位具有多方面才能的艺术家，他工书善画，擅长音乐，山水诗更是刻画传神，韵味悠长，被后人称为“诗中有画，画中有诗”。有《王右丞集》。

山中与裴秀才迪书

近腊月下①，景气和畅②，故山殊可过③。足下方温经④，猥不敢相烦⑤。辄便往山中，憩感配寺⑥，与山僧饭讫而去⑦。

北涉玄灞，清月映郭⑧。夜登华子岗，辋水沦涟，与月上下⑨。寒山远火，明灭林外⑩。深巷寒犬，吠声如豹⑪。村墟夜舂，复与疏钟相间⑫。此时独坐，僮仆静默，多思曩昔携手赋诗，步仄径[13]，临清流也。

当待春中，草木蔓发，春山可望[14]，轻鲦出水，白鸥矫翼[15]，露湿青皋，麦陇朝雊[16]；斯之不远，傥能从我游乎[17]？非子天机清妙者，岂能以此不急之务相邀[18]？然是中有深趣矣！无忽[19]。因驮黄檗人往，不一[20]。

山中人王维白[21]。

【注释】

①腊月下：阴历十二月末。

②景气：景物气候。和畅：温和舒畅。

③故山：旧居之山。即辋川。殊：很。过：游赏。

④足下：对人的尊称。温经：温习经书。

⑤猥：发语词，无义。相烦：打扰。

⑥辄：就。憩（qì）：休息。感配寺：寺庙名。

⑦饭讫：吃完饭。

⑧玄灞：即长安东南的灞水。玄，黑色。郭：城郭。

⑨华子冈：辋川风景地之一。沦涟：形容微风吹过，水面波动的样子。与月上下：指水中的月影随水波浮动。

⑩远火：远处的灯火。明灭：一闪一闪的。

⑪吠声如豹：写犬吠声之凶猛。

⑫夜舂（chōng）：夜晚的捣米声。疏钟：寺院里稀疏的钟声。相间：相互交替。

⑬曩（nǎng）昔：往日。仄径：狭窄的小路。

⑭蔓发：形容草木生长茂盛。

⑮轻鲦（tiáo）：轻盈的白鲦鱼。矫翼：展开翅膀。

⑯青皋：长满青草的河岸。皋（gāo）：水边的高地。朝雊：清晨鸟的鸣叫。雊（gòu）：原意是雄雉的鸣叫。

⑰斯：代之春游的日子。傥：同“倘”，这里有询问的意思。

⑱天机清妙：天性清远超妙，不同凡俗。不急之务：无关紧要的事情。

⑲是中：其中。无忽：不要忘记。

⑳驮黄檗人：从山里往外运黄柏的人。黄檗，一种药材。不一：古人书信结尾的常用语，意思是不一一多说了。

㉑山中人：王维隐居山里，以此自称。

【解析】

王维在蓝田辋川有别墅，此地风景优美，他常与朋友裴迪等人“浮舟往来，弹琴赋诗，啸咏终日”。裴迪是关中人，曾与王维隐居终南山。本文是王维给裴迪的一封信，先写自己独游辋川的所见所感，再邀他在春和景明之日，同游辋川。文章描写山中景物，语言平易自然，描绘传神，与其诗作有神韵相通之处。昔人称“摩诘诗中有画，画中有诗，此文幽隽华妙，有画所不到之处”。

李　白

李白（701～762），字太白，祖籍陇西（今甘肃秦安），后迁寓蜀郡昌明（今四川绵阳）的青莲乡，故后人亦称其为“青莲居士”。李白性情豪放，才气纵横。年轻时任侠好剑，云游四方，以其文章诗篇赢得广泛的赞扬。唐玄宗天宝初年入长安，经贺知章推荐，被玄宗封为翰林供奉，后因奸人所谗，离开京城。安史之乱后，永王李璘邀李白做幕僚，在永王叛乱被平息后，李白也涉嫌获罪，流放夜郎（今贵州桐梓），半途遇赦，返回鄱阳，最后死在安徽当涂。

李白是唐代伟大的诗人，其诗想象瑰丽，语言华美，格调高扬，气势奔放，是唐诗艺术成就的最高典范。他的文章虽然传世不多，但也写得笔力恣肆，语调轩昂。著有《李太白集》。

与韩荆州书

白闻天下谈士相聚而言曰[①]：“生不用封万户侯，但愿一识韩荆州[②]。”何令人之景慕，一至于此耶[③]！岂不以有周公之风，躬吐握之事[④]，使海内豪俊[⑤]，奔走而归之，一登龙门[⑥]，则声誉十倍，所以龙蟠凤逸之士，皆欲收名定价于君侯[⑦]。君侯不以富贵而骄之，寒贱而忽之[⑧]，则三千宾中有毛遂，使白得颖脱而出，即其人焉[⑨]。

白陇西布衣，流落楚汉[⑩]。十五好剑术，遍干诸侯[⑪]；三十成文章，历抵卿相[⑫]。虽长不满七尺，而心雄万夫[⑬]。王公大人，许与气义[⑭]。此畴曩心迹，安敢不尽于君侯哉[⑮]！

君侯制作侔神明，德行动天地[⑯]，笔参造化，学究天人[⑰]。幸愿开张心颜，不以长揖见拒[⑱]。必若接之以高宴，纵之以清谈[⑲]，请日试万言，倚马可待[⑳]。今天下以君侯为文章之司命，人物之权衡[㉑]，一经品题，便作佳士[㉒]；而君侯何惜阶前盈尺之地[㉓]，不使白扬眉吐气，激昂青云耶[㉔]！

昔王子师为豫州[㉕]，未下车即辟荀慈明；既下车又辟孔文举[㉖]。山涛作冀州，甄拔三十余人，或为侍中尚书，先代

所美[27]。而君侯亦一荐严协律，入为秘书郎[28]；中间崔宗之、房习祖、黎昕、许莹之徒，或以才名见知，或以清白见赏。白每观其衔恩抚躬[29]，忠义奋发。以此感激[30]，知君侯推赤心于诸贤腹中[31]，所以不归他人，而愿委身国士[32]。傥急难有用，敢效微躯[33]。

且人非尧舜，谁能尽善？白谟猷筹划，安能自矜[34]？至于制作，积成卷轴，则欲尘秽视听[35]。恐雕虫小技[36]，不合大人。若赐观刍荛[37]，请给纸墨，兼之书人[38]。然后退扫闲轩，缮写呈上[39]。庶青萍、结绿，长价于薛、卞之门[40]。幸推下流，大开奖饰[41]。惟君侯图之[42]！

【注释】

①白：李白自称。谈士：谈论世事之人。

②万户侯：食邑万户的侯爵。这里代指高官。韩荆州：指韩朝宗。古人常用某人为官所在的地名作为对他的尊称。韩朝宗曾任荆州长史，故有此称。

③景慕：景仰爱慕。一至于此：竟然到这种程度。

④周公之风：周公的风范。周公是西周武王之弟，辅佐武王灭商建周。据说周公礼贤下士，为了不怠慢来访的贤者，曾一沐三握发，一饭三吐哺。躬：躬行，亲自去做。吐握之事：形容放下日常生活中的小事去处理公务。

⑤海内：天下。豪俊：有才德的人。

⑥登龙门：比喻受到名人接见而身价百倍。

⑦龙蟠凤逸：蛰伏等待。收名定价：得到名誉和评价。君侯：此指韩朝宗。

⑧骄之：重视。忽之：轻视，疏慢。

⑨三千宾中有毛遂：战国时，赵国受到秦的围攻，赵王派平原君去楚国求救。平原君从三千宾客中选二十人同行，其中有毛遂。颖脱而出：比喻有才能的人得到机会，展示才能。即其人焉：就是毛遂那样的人。

⑩陇西：即今甘肃。布衣：平民。楚汉：指襄阳。襄阳为楚国故地，汉水之滨。

⑪遍干：四处拜访。诸侯：代指各地长官。

⑫历抵：逐个求见。卿相：泛指朝中官员。

⑬七尺：古人以七尺为普通成人的身高。心雄万夫：心志高于一般人。

⑭许与气义：赞许我的气概和精神。

⑮畴曩（chóu nǎng）：从前。“安敢”句：怎敢不全部告诉您呢？

⑯制作：政绩。侔（móu）神明：与神灵相当。比喻符合天意。动：感动。

⑰笔参造化：文章阐述了天地法则。学究天人：学问研究了天人之间的深奥规律。

⑱幸愿：希望。开张：展开。心颜：心情与脸色。长揖：宾主相见时比较随便的礼节。见拒：拒绝我。

⑲高宴：盛大的宴席。清谈：这里指纵情的畅谈。

⑳倚马可待：靠着马背上就可以写完。形容文思敏捷。

㉑司命：星名。也叫“文昌星”，传说是主管文运的星。这里解作“评定者”。权衡：称东西的器具。也是评定的意思。

㉒品题：评价，评论。佳士：品学俱佳的人。

㉓盈尺之地：很小的地方。

㉔激昂青云：比喻飞黄腾达，获得高官。

㉕王子师：东汉王允，汉灵帝时曾拜豫州刺史。

㉖下车：即官员到任。辟：征召，任用。荀慈明：东汉人荀爽，以通晓经术闻名一时。孔文举：东汉人孔融，才学过人。

㉗山涛：晋人，字巨源，曾任冀州刺史。在任时，搜访贤人，考察才能，先后任用三十多人。先代：前朝。美：赞美。

㉘严协律：即唐人严武，字季鹰。协律，掌管音乐的官。入：入朝。

㉙衔恩抚躬：形容严武等人感恩戴德的样子。抚躬，手按自己的胸口。

㉚感激：感动，鼓舞。

㉛推赤心于诸贤腹中：以真心对待贤能之士。诸贤，指严武等人。

㉜委身：把自己托付给某人。国士：国中的贤士，这里指韩朝宗。

㉝傥（tǎng）：同“倘”，假如。急难（nàn）有用：紧迫需要用人之际。微躯：微贱的身躯。这是自谦之语。

㉞谟猷（mó yóu）：筹划，打算。自矜：自夸。这两句是说自己并不擅长计谋筹划。

㉟制作：这里是“文章诗赋”的意思。卷轴：代指著作。尘秽视听：污染耳目，请人过目，谦词。

㊱雕虫小技：微不足道的技能。

㊲刍荛（chú ráo）：原意指割草打柴。这里代指自己的文章。

㊳书人：抄录文章的人。

㊴闲轩：空的小房子。缮写：抄写。

㊵庶：或许。青萍：良剑。结绿：美玉。长价：抬高身价。薛卞：薛是薛烛，是春秋越国的识剑之人。卞是卞和，是春秋楚国辨玉之人。

㊶幸推下流：幸而推举到我。下流，谦称。奖饰：奖励。

㊷惟：希望。图之：考虑。

【解析】

本文作于唐玄宗开元二十年左右。这时，三十出头的李白正满腹抱负，希望“奋其智能，愿为辅弼，使寰区大定，海县清一”。当他在襄阳遇到当时以提拔后进而著名的荆州长史韩朝宗后，写下了这封自荐信。在信中他赞扬了韩朝宗的道德文章，希望能得到赏识与推荐。虽然这是一篇干谒求人的文章，却无一丝寒酸乞怜的意味，纵横开合，抑仰自如，在文气奔放之际，一展诗人那睥睨天下、宏图在握的自许和豪情。

春夜宴桃李园序

夫天地者，万物之逆旅[①]；光阴者，百代之过客[②]。而浮生若梦，为欢几何[③]？古人秉烛夜游，良有以也[④]。况阳春召我以烟景，大块假我以文章[⑤]。会桃李之芳园，序天伦之乐事[⑥]，群季俊秀，皆为惠连[⑦]；吾人咏歌，独惭康乐[⑧]。幽赏未已，高谈转清[⑨]；开琼筵以坐花，飞羽觞而醉月[⑩]，不有佳作，何伸雅怀[⑪]？如诗不成，罚依金谷酒数[⑫]。

【注释】

①逆旅：客站，旅店。

②过客：形容时光匆匆，穿过各个时代。

③浮生：像浮云一样飘忽不定的人生。为欢：欢乐的时候。

④秉烛夜游：为了珍惜时光，点着蜡烛，彻夜游玩。良有以也：很有道理。

⑤阳春：温暖的春天。烟景：特指春天的美景。大块：指天地。文章：交织的锦绣。此处亦指美景。

⑥会：相会。序：同“叙”，表达，叙述。天伦：兄弟之情。

⑦群季：各位兄弟。惠连：即谢惠连，南朝宋的文学家，十岁能作诗文。

⑧吾人：犹言“我”。惭：意为比不上。康乐：南朝宋的文学家谢灵运。因其世袭康乐公，世称谢康乐。

⑨幽赏：静静地观赏。高谈：高谈阔论。转清：变得清远高雅。

⑩琼筵：丰盛的宴会。坐花：伴着鲜花。羽觞：鸟形的酒杯。觞(shāng)：酒杯。醉月：醉于月下。

⑪不有：没有。伸怀：抒发情怀。

⑫金谷酒数：晋石崇在其金谷园中宴饮，席中赋诗，“或不能者，罚酒三斗”。

【解析】

这是一篇赋体的序文。文章为春夜桃李园的宴集而作。不同一般的是，作者在文中没有叙写宴集的缘起、人物，也没有把笔墨用在描摹景物上，而是以酣畅淋漓的气势，抒发了作者身处良辰、面对美景时欢乐的心情。文章语调轻快，落笔恣肆，不仅读来朗朗上口，而且有很强的艺术感染力。明代著名画家仇英还据此创作了一幅《春夜宴桃李园图》。

李　华

李华（715？～766），字遐叔，赵州赞皇（今河北赞皇县）人。唐玄宗开元二十三年进士，曾任监察御史、吏部员外郎等职。晚年隐居山阳（今江苏淮安）。李华以文学名重天宝年间，与萧颖士等人致力于文风改革，反对文坛上六朝以来华而不实的倾向，是唐代古文运动的先驱之一。

吊古战场文

浩浩乎平沙无垠，夐不见人①；河水萦带，群山纠纷②；黯兮惨悴，风悲日曛③；蓬断草枯，凛若霜晨④；鸟飞不下，兽铤亡群⑤。亭长告余曰："此古战场也。常覆三军，往往鬼哭，天阴则闻⑥。"

伤心哉！秦欤？汉欤？将近代欤？吾闻夫齐魏徭戍，荆韩召募⑦，万里奔走，连年暴露⑧。沙草晨牧，河冰夜渡；地阔天长，不知归路；寄身锋刃，腷臆谁诉⑨？秦汉而还，多事四夷；中州耗斁，无世无之⑩。古称戎夏，不抗王师⑪；文教失宣，武臣用奇⑫；奇兵有异于仁义，王道迂阔而莫为⑬。

呜呼噫嘻！吾想夫北风振漠，胡兵伺便⑭；主将骄敌，期门受战⑮；野竖旄旗，川迴组练⑯；法重心骇，威尊命贱⑰；利镞穿骨，惊沙入面⑱；主客相搏，山川震眩⑲；声析江河，势崩雷电⑳。至若穷阴凝闭，凛冽海隅㉑；积雪没胫，坚冰在须；鸷鸟休巢，征马踟蹰㉒；缯纩无温，堕指裂肤㉓。当此苦寒，天假强胡㉔；凭陵杀气，以相剪屠㉕；径截辎重，横攻士卒㉖；都尉新降，将军覆没㉗；尸填巨港之岸，血满长城之窟㉘。无贵无贱，同为枯骨，可胜言哉㉙！鼓衰兮力尽，矢竭兮弦绝㉚，白刃交兮宝刀断，两军蹙兮生死决㉛。降矣哉，终身夷狄；战矣哉，骨暴沙砾㉜。鸟无声兮山寂寂，夜正长兮风淅淅㉝，魂魄结兮天沉沉，鬼神聚兮

云幂幂[34]。日光寒兮草短，月色苦兮霜白。伤心惨目，有如是耶？

吾闻之，牧用赵卒，大破林胡，开地千里，遁逃匈奴[35]。汉倾天下，财殚力痡，任人而已，其在多乎[36]？周逐猃狁，北至太原，既城朔方，全师而还[37]；饮至策勋，和乐且闲，穆穆棣棣，君臣之间[38]。秦起长城，竟海为关，荼毒生灵，万里朱殷[39]。汉击匈奴，虽得阴山，枕骸遍野，功不补患[40]。

苍苍蒸民，谁无父母？提携捧负，畏其不寿[41]。谁无兄弟，如足如手；谁无夫妇，如宾如友。生也何恩？杀之何咎[42]？其存其没，家莫闻知；人或有言，将信将疑[43]。悁悁心目，寝寐见之；布奠倾觞，哭望天涯[44]；天地为愁，草木凄悲。吊祭不至，精魂何依？必有凶年，人其流离[45]。呜呼噫嘻！时耶命耶？从古如斯，为之奈何？守在四夷[46]。

【注释】

①平沙：平旷的沙漠。敻（xiòng）：辽远。

②萦带：萦绕如带。纠纷：交错。

③黯（àn）：暗淡。惨悴：忧伤憔悴。曛（xūn）：日光昏暗。

④蓬：蓬草。凛：寒冷。

⑤铤（tǐng）：疾走的样子。亡群：失散。

⑥亭长：管理地方治安的小吏。覆：覆灭。往往：常常。

⑦齐魏：战国时的齐国（在今山东）魏国（在今山西）。徭：劳役。戍：守边。荆韩：战国时的楚（在今湖北）韩（在今河南）。召募：召募士兵。

⑧奔走：指民夫、士兵为应付战争东奔西忙。暴（pù）露：漂泊野外，无所遮蔽。

⑨寄身：身处。腷（bì）臆：郁结在心中的怨愤。

⑩而还：以来，以后。多事四夷：常常用财物安抚少数民族。中州：中原。耗斁：财力匮乏。斁（dù），败坏。

⑪戎夏：中原和四境的少数民族。不抗王师：不敢抵抗君王的军队。

⑫文教：教化。失宣：得不到推广。奇：谋略计策。

⑬奇兵有异于仁义：用兵之术与仁义之道不同。王道：以仁义治天下的措施。迂阔：不切实际。

⑭振漠：在沙漠吹动。伺便：寻找机会。

⑮骄敌：轻敌。期门：军营之门。受战：迎战。

⑯旄（máo）旗：用牦牛尾作装饰的旗子。组练：铠甲和战袍。代指士兵。

⑰法：军法。威：将帅之威。命：士卒之命。

⑱利镞（zú）：锋利的箭矢。镞，箭头。

入面：扑面。

⑲主客：作战双方。震眩：战鼓震耳，兵器炫目。

⑳声析江河：声音之大，足以使江河分流。势崩雷电：势头之猛如雷鸣电闪。

㉑穷阴：非常阴沉的天气。凝闭：阴云密布。凛冽：严寒。

㉒鸷鸟休巢：连鸷鸟都躲在巢中不肯出来。征马：战马。踟蹰（chí chú）：犹豫不前。

㉓缯（zēng）：丝织品。纩（kuàng）：棉絮。

㉔天假强胡：老天给强悍的胡人提供方便。

㉕凭陵：横行，猖獗。剪屠：屠杀。

㉖辎重：运输粮草的车。

㉗都尉：比将军略低的武官。此处指汉武帝时都尉李陵，以战败投降匈奴。将军：汉武帝征和三年，派李广利率军士万人击匈奴，战败投降。

㉘巨港：大河。窟：洞穴。

㉙胜言：尽言。

㉚鼓衰：鼓声低落。弦绝：弓弦断绝。

㉛蹙：接近。

㉜降矣哉：如果投降。下句“战矣哉”句法相同。

㉝澌澌：萧瑟凄凉。

㉞沉沉：昏暗。幂幂（mì）：阴惨。

㉟牧：战国时赵国良将李牧。林胡：当时的少数民族。开地：开拓疆土。遁逃：使……逃跑。

㊱汉倾天下：汉武帝用尽天下的财力。殚（dān）：尽。痡（pū）：疲劳。任人而已：关键在于任用良将。

㊲猃狁（xiǎn yǔn）：周时的少数民族。周宣王时，猃狁入侵，尹吉甫率兵将其逐到太原以北。既城：筑城。朔方：指今山西大同一带。

㊳饮至：出征奏凯，在宗庙宴饮庆功之礼。策勋：把功劳记在史册上。和乐：和睦安乐。闲：熟悉。穆穆：形容天子的庄重仪态。棣棣：娴雅大方。

㊴起：建造。竟：直到。荼（tú）毒：残害。荼，一种有毒的草。朱殷：血干后的黑红色。

㊵汉击匈奴：汉武帝时，卫青、霍去病出击匈奴，杀虏数万，封狼居胥山（在今蒙古国境内）。枕骸：尸骨堆积。

㊶苍苍蒸民：天生百姓。蒸民，百姓。提携捧负：指父母对孩子的百般呵护。不寿：不能长寿。

㊷生也何恩：（天生百姓），并不是帝王的恩惠。杀之何咎：死于战场的人究竟有什么罪。

㊸存没：生死。人或有言：别人的议论、传言。

㊹悁悁（juān）：忧愁。布奠倾觞：指在死者灵前凭吊致哀。哭望天涯：因为不知道亲人死在何方，只能遥望天涯而哭祭。

㊺凶年：荒年。《老子》说：“大军之后，必有凶年。”流离：穷困无依，流落路上。

㊻守在四夷：四夷为帝王守土。

【解析】

唐朝立国之后，开边之战连绵不绝。终唐太宗一世，南征北战，几无宁日。安史之乱前，这种开边之战一直是唐代政治生活中的重要内容，这一特定的历史环境形成了唐代文学史上著名的“边塞诗风”。无穷的战争固然扩大了疆界，也给从军者带来了沙场立功的机遇，但更多的却是人民的流离失所，士兵的丧身边关，“可怜无定河边骨，犹是春闺梦里人”就是诗人对战争之苦的有力控诉。李华的《吊古战场文》吊古伤今，通过对过去战争的否定，批评了唐朝穷兵黩武的政策。文章从阴森恐怖的古战场景象，写到历史上频繁无尽的战争；从战争惊心动魄的场面写到士兵们绝望悲凉的心情；最后，以感情充沛的议论，表达了作者为士兵不平，为百姓鸣冤的非战观点。

全篇以四句式为主，吸收了骈文的许多优点，感情深切，节奏鲜明。各种反问、设问、比喻、夸张手法的运用，有效地渲染了全文咄咄逼人的气势，使读者在诵读之中，不自觉地与作者的观点形成共鸣。

元　结

元结（719～772），字次山，自号浪士。河南府（今河南洛阳）人。唐玄宗天宝年间进士，唐肃宗时任右金吾兵曹参军，迁水部员外郎，后任道州刺史，进授容管经略使。元结是唐朝著名的文学家，其诗反映现实生活，质直朴重，颇受时人推崇。他的散文创作格调高远，一扫排偶绮靡之习。著有《元次山集》。

右溪记

道州城西百余步，有小溪，南流数十步，合营溪[①]。水抵两岸[②]，悉皆怪石，欹嵌盘屈[③]，不可名状[④]。清流触石，洄悬激注[⑤]。佳木异竹，垂阴相荫[⑥]。

此溪若在山野，则宜逸民退士之所游处[⑦]；在人间[⑧]，则可为都邑之胜境、静者之林亭[⑨]。而置州已来[⑩]，无人赏爱；徘徊溪上，为之怅然[⑪]。

乃疏凿芜秽[⑫]，俾为亭宇[⑬]，植松与桂，兼之香草，以裨形胜[⑭]。为溪在州右，遂命之曰右溪。刻铭石上[⑮]，彰示来者[⑯]。

【注释】

①合：汇合。营溪：即营水，发源于湖南省宁远县南，往西北经道县入湘水。
②抵：触，流经。
③欹嵌盘屈：形容岸边怪石的样子。欹（qī）：倾斜；嵌，陷入。
④不可名状：不能用语言形容。
⑤洄悬激注：形容水流湍急的样子。
⑥垂阴：树木投在地上的阴影。荫：遮蔽。
⑦逸民退士：隐居遁世的人。游处：游玩居处。
⑧人间：城市。与上句“山野”相对。
⑨都邑：城市。静者：爱好清净的人。林亭：园林。
⑩置州：建立道州府。道州本属营州所辖，唐太宗贞观八年（634）才改为道州。
⑪怅然：失落、不愉快。
⑫芜秽：残枝败叶，荒草杂物。
⑬俾为亭宇：在溪边建起了亭子。俾，使。
⑭裨：增加，帮助。形胜：美好的风景。
⑮铭：一种纪念文体，多为韵文。
⑯彰示：清楚地告诉。来者：后来的人。

【解析】

本文是元结任道州（今湖南道县）刺史时所作。右溪在道州城西，本无名，元结以其地处城西，遂命名为右溪。因为古人以东为左，以西为右。本文就是记载右溪风景及命名经过。文章语言精练，刻画生动，已有柳宗元山水小品的意味。清人吴汝纶评曰：“次山放恣山水，实开柳子厚先声。文字幽渺芳洁，亦能自成情趣。”

韩　愈

韩愈（768～824），字退之，邓州南阳（今河南南阳县）人。自幼刻苦学习，二十四岁考中进士，历任监察御史，国子博士，史馆修撰，潮、袁州刺史，兵部侍郎，吏部侍郎，京兆尹等职，卒谥“文”，后人称“韩文公”。宋朝元丰年间，被追封为“昌黎伯”，世称“韩昌黎”。

韩愈在文学上的最大成就和功绩，便是成功地倡导并实践了唐代的古文运动。唐朝文章承袭六朝遗风，尚骈俪，病纤弱，形式华丽而内容空洞。韩愈明确提出：以儒家学说为内容，以三代两汉的文章为楷模，力求创造一种融合古人词汇语法而又适合反映现实的文学语言，并用这种语言创造出一种自由流畅、

直言散行的新的文体形式，即后人所说的“古文”。韩愈的文章才力雄浑，刚健恣肆，奥衍闳深，大气磅礴，是中国散文史上里程碑式的人物。

师　说

古之学者必有师。师者，所以传道受业解惑也[①]。人非生而知之者，孰能无惑？惑而不从师，其为惑也，终不解矣[②]。生乎吾前，其闻道也，固先乎吾，吾从而师之[③]；生乎吾后，其闻道也，亦先乎吾，吾从而师之。吾师道也，夫庸知其年之先后生于吾乎[④]？是故无贵无贱，无长无少，道之所存，师之所存也[⑤]。

嗟乎！师道之不传也久矣！欲人之无惑也难矣[⑥]！古之圣人，其出人也远矣，犹且从师而问焉；今之众人，其下圣人也亦远矣，而耻学于师[⑦]。是故圣益圣，愚益愚[⑧]。圣人之所以为圣，愚人之所以为愚，其皆出于此乎？爱其子，择师而教之；于其身也，则耻师焉，惑矣[⑨]。彼童子之师，授之书而习其句读者，非吾所谓传其道解其惑者也[⑩]。句读之不知，惑之不解，或师焉，或不焉，小学而大遗，吾未见其明也[⑪]。巫医乐师百工之人，不耻相师[⑫]。士大夫之族，曰师曰弟子云者，则群聚而笑之[⑬]。问之，则曰：“彼与彼年相若也，道相似也，位卑则足羞，官盛则近谀[⑭]。”呜呼！师道之不复，可知矣[⑮]。巫医乐师百工之人，君子不齿，今其智乃反不能及，其可怪也欤[⑯]！

圣人无常师[⑰]。孔子师郯子、苌弘、师襄、老聃。郯子之徒，其贤不及孔子[⑱]。孔子曰：“三人行，则必有我师[⑲]。”是故弟子不必不如师，师不必贤于弟子，闻道有先后，术业有专攻[⑳]，如是而已。

李氏子蟠，年十七，好古文，六艺经传皆通习之[㉑]，不拘于时，学于余[㉒]。余嘉其能行古道，作《师说》以贻之[㉓]。

【注释】

①学者：求学的人。传道：传授道理。受业：教授学业。解惑：解决疑难。

②其为惑也：那些疑难问题。

③生乎吾前：出生在我前面的人。闻道：掌握真理。固：本来。从而师之：跟随他，拜他为师。

④吾师道也：我学习的是道理。庸知：哪管。

⑤道之所存：道理所在的地方，即谁掌握了道理。师之所存：谁就是我的老师。

⑥师道：从师的风气。欲人：想让别人。

⑦出人：超过一般人。犹且：尚且。下圣人：不如圣人。

⑧圣益圣：圣人更加圣明。愚益愚：愚人更加愚蠢。

⑨于其身：对于自己。惑矣：奇怪啊。

⑩童子之师：给儿童上课的老师。授之书：教授书上的知识。句读（dòu）：断句。

⑪或师焉，或不（fǒu）焉：不懂句读知道求师，遇到问题却不肯求教。小学而大遗：小问题还知道学习，大的问题反而放过不管。未见其明：看不出他们的高明之处。

⑫巫医：巫师和医师。巫师是接神除邪，医师是治疗疾病。百工：各种手艺人。相师：互相学习。

⑬之族：那一类人。群聚而笑：聚在一起嘲笑。

⑭年相若：年纪差不多。道相似：水平差不多。位卑则足羞，官盛则近谀：以地位低的人为师，不免羞耻，以地位高的人为师，则有阿谀的嫌疑。

⑮不复：难以再现。不齿：不屑与之为伍。

⑯欤（yú）：表示感叹的语气。

⑰常师：固定的老师。

⑱郯（tán）子：春秋时郯国的国君。苌（cháng）弘：周敬王时的大夫。师襄：春秋时鲁国的乐官。老聃（dān）：即老子。之徒：这些人。

⑲三人行则必有我师：三个人的行列中，一定有可当我老师的人。

⑳业术：学业。专攻：专门的研究。

㉑六艺：诗、书、礼、易、乐、春秋六种经典。传（zhuàn）：解释经典的著作。

㉒不拘于时：不受时俗的束缚。学于余：向我拜师求学。

㉓嘉：赞赏。古道：古人的好习惯。贻（yí）：赠与。

【解析】

这是一篇论述从师之道的议论文。韩愈针对当时不重视从师学习的现象，提出了“学者必有师”的观点，并论述了“师之所存”的必要性。文中许多论点在今天看来也是很有价值的。

全篇围绕“传道授业解惑”立论，骈散结合，排比变化，不仅在行文上显得灵活飞动，而且使辩难中感情充沛，具有很强的说服力。作为议论文，本篇不以气势逼人，不以闳阔见长，然而却逻辑严密，立论精辟，结构紧凑，处处扎实，很能见韩愈议论文的长处。清人吴汝纶称其“句句硬接逆转，而气体浑灏自然”，正是由此立论。

进学解

国子先生晨入太学，招诸生立馆下[①]，诲之曰："业精于勤荒于嬉，行成于思毁于随[②]。方今圣贤相逢，治具毕张[③]。拔去凶邪，登崇畯良[④]。占小善者率以录，名一艺者无不庸[⑤]。爬罗剔抉，刮垢磨光[⑥]。盖有幸而获选，孰云多而不扬[⑦]？诸生业患不能精，无患有司之不明；行患不能成，无患有司之不公[⑧]。"

言未既，有笑于列者曰[⑨]："先生欺余哉！弟子事先生，于兹有年矣[⑩]。先生口不绝吟于六艺之文，手不停披于百家之编[⑪]；记事者必提其要，纂言者必钩其玄[⑫]；贪多务得，细大不捐[⑬]；焚膏油以继晷，恒兀兀以穷年[⑭]。先生之业，可谓勤矣。觝排异端，攘斥佛老[⑮]；补苴罅漏，张皇幽眇[⑯]；寻坠绪之茫茫，独旁搜而远绍[⑰]；障百川而东之，迴狂澜于既倒[⑱]。先生之于儒，可谓有劳矣[⑲]。沉浸醲郁，含英咀华[⑳]。作为文章，其书满家[㉑]。上规姚姒，浑浑无涯[㉒]，周诰殷盘，佶屈聱牙[㉓]，《春秋》谨严，《左氏》浮夸[㉔]，《易》奇而法，《诗》正而葩[㉕]，下逮《庄》、《骚》，太史所录[㉖]，子云相如，同工异曲[㉗]。先生之于文，可谓闳其中而肆其外矣[㉘]。少始知学，勇于敢为；长通于方，左右具宜[㉙]。先生之于为人，可谓成矣[㉚]。然而公不见信于人，私不见助于友[㉛]。跋前踬后，动辄得咎[㉜]。暂为御史，遂窜南夷[㉝]。三年博士，冗不见治[㉞]。命与仇谋，取败几时[㉟]。冬暖而儿号寒，年丰而妻啼饥。头童齿豁，竟死何裨[㊱]？不知虑此，而反教人为[㊲]？"

先生曰："吁！子来前[㊳]！夫大木为宲，细木为桷，欂栌侏儒，椳闑扂楔，各得其宜[㊴]，施以成室者，匠氏之工也[㊵]。玉札丹砂，赤箭青芝[㊶]，牛溲马勃，败鼓之皮[㊷]，俱收并蓄，待用无遗者，医师之良也[㊸]。登明选公，杂进巧拙[㊹]，纡余为妍，卓荦为杰[㊺]，校短量长，惟器是适者，宰相之方也[㊻]。昔者孟轲好辩，孔道以明，辙环天下，卒老于

行[47]；荀卿守正，大论是弘，逃谗于楚，废死兰陵[48]。是二儒者，吐辞为经，举足为法[49]，绝类离伦，优入圣域，其遇于世何如也[50]？今先生学虽勤而不繇其统，言虽多而不要其中[51]，文虽奇而不济于用，行虽修而不显于众[52]。犹且月费俸钱，岁靡廪粟[53]；子不知耕，妇不知织；乘马从徒，安坐而食[54]；踵常途之促促，窥陈编以盗窃[55]。然而圣主不加诛，宰臣不见斥，兹非其幸欤[56]？动而得谤，名亦随之，投闲置散，乃分之宜[57]。若夫商财贿之有亡，计班资之崇庳[58]，忘己量之所称，指前人之瑕疵[59]，是所谓诘匠氏之不以杙为楹，而訾医师以昌阳引年，欲进其豨苓也[60]。”

【注释】

①国子先生：国子学的老师。唐国子监下设七学：国子学、太学、广文馆、四门学、律学、书学、算学。太学：即国子学。馆：教室。

②诲：教导。业：学业。荒：荒废。嬉(xī)：游乐。行：德行。思：考虑，慎重。随：轻易，随便。

③方今：如今。圣贤相逢：圣君和贤臣同时出现。治具：法令。毕张：完全建立。

④拔去：除掉。凶邪：坏人。登崇：录用，提拔。畯良：有才能的和善良的人。畯（jùn）：同“俊”。

⑤占小善：有一点优点。率：全都。录：录用。名：有。一艺：一技之长。庸：使用。

⑥爬罗：整理搜罗。剔抉：区分挑选。刮垢磨光：磨练培养，使他们的潜能得到发挥。

⑦有幸而获选：（连学问不多的人）都能幸运被录用。多：学识渊博。扬：推举。

⑧有司：主管部门。不明：缺乏判断力。不公：不公正。

⑨既：完。列：行列。

⑩弟子：学生的自称。事：侍奉，从师。于兹：到如今。有年：有好几年了。

⑪六艺：六经，即诗、书、礼、乐、易、春秋。披：翻阅。百家之编：诸子百家的书籍。

⑫记事者：记事的书。提其要：归纳要点。纂言者：记录言论的书。纂(zuǎn)：编辑。勾其玄：探求精妙。

⑬贪多务得：不知满足地追求各种知识。细大不捐：任何东西都不放弃。捐，弃。

⑭膏油：指灯烛。晷（guǐ）：日影，代指白天。恒：长期。兀兀：勤劳的样子。穷年：终年。

⑮觝（dǐ）排：抵制、排斥。异端：不合正统的学说。攘斥：反对、排斥。佛老：佛学和道教。

⑯补苴：修补，弥合。苴（jū）：草。罅漏：缝隙，漏洞。罅（xià）：缝。张皇：发扬光大。幽眇：精深微妙之处。

⑰坠绪：将要失传的儒学。旁搜：广为

搜寻。远绍：继承先人的传统。绍，继承。

⑱障：堵截。东之：使之向东流。迴：挽转。既倒：已经倾倒。

⑲之于儒：对于儒学。有劳：有功劳。

⑳酖郁：比喻深邃博大的古典著作。含英咀华：比喻欣赏体会其中的精华。咀（jǔ），含在嘴里仔细玩味。

㉑作为：写出。其书满家：形容写出很多文章。

㉒规：遵循，取法。姚姒：指《尚书》中的《虞书》和《夏书》。姚，虞舜的姓。姒（sì）：夏禹的姓。浑浑无涯：深远无边。

㉓周诰：《尚书》中的《周书》，包括《大诰》、《康诰》、《酒诰》、《召诰》等篇。殷盘：指《尚书》中的《盘庚》篇，它是商代文学的代表。佶（jié）屈聱（áo）牙：形容文字简古，难以卒读。

㉔春秋：相传为孔子编纂的鲁国史书。谨严：文字简洁，修辞严格。左氏：即《左传》。传为左丘明所作。浮夸：指记事详细，文字铺张。

㉕易：《易经》。奇而法：奇妙而不失规律。诗：《诗经》。正而葩：内容雅正，文采华美。

㉖逮：及，到。庄：《庄子》。骚：《离骚》。太史所录：指司马迁的《史记》。

㉗子云：西汉辞赋家扬雄，字子云。相如：西汉辞赋家司马相如，字长卿。同工异曲：虽然各有特点，但都同样高超精妙。

㉘文：文章。闳其中：内容博大。闳（hóng）：大。肆其外：形式多样。肆，奔放。

㉙知学：知道学习。勇于敢为：敢作敢为。长通于方：长大后通晓了为人之道。方，道理。左右具宜：能做好各方面的工作。

㉚之于为人：在做人方面。成：完美。

㉛见信：被人信任。见助：得到帮助。

㉜跋前踬后：进退两难，处境困难。跋，踩。踬（zhì），绊倒。说老狼前进时会踩到自己领下的赘肉，后退时又会踩到自己的尾巴。动辄得咎：一动就要被怪罪。

㉝暂：短时间。御史：监察御史。韩愈任御史不到一年，就因上疏获罪。窜：放逐。南夷：南方边远地区。当时韩愈被贬为连州阳山（今广东阳山）令。

㉞三年博士：韩愈从元和元年六月到元和四年六月，一直任国子博士。冗（rǒng）：闲散，指国子博士的职位。治：治事的才能。

㉟命与仇谋：命运在与仇敌打交道。取败：遭到失败。几时：时时。

㊱头童：头发脱落。童，山不长草木。齿豁：牙齿脱落。竟死何裨：就是死了又有什么帮助呢。

㊲虑：考虑。而……为：表示疑问，相当于“为什么”。

㊳吁：（xū）：叹词。子来前：你过来。

㊴宎（máng）：梁。桷（jué）：椽。欂（bó）：壁柱。栌（lú）：斗拱。侏儒：梁上的短木。椳（wēi）：门枢。闑（niè）：门中部的短柱。扂（diàn）：门闩。楔：（xiè）：门框两边的木柱。各得其宜：各自得到合适的安排。

㊵施之成室：运用它们建成房屋。匠氏：工匠。

㊶玉札：草药，又名地榆。丹砂：药名，即朱砂。赤箭：草药，即天麻。青芝：草药，又名龙芝。

㊷牛溲：牛尿，可入药。马勃：草菌，可入药。败鼓之皮：敲破的鼓皮。中医认为也可以入药。

㊸俱收并蓄：都收集储藏起来。待用无遗：全都能派上用场。

㊹登明：晋用贤能的人。登，提拔。选公：选举公正的人。杂进：同时使用。巧拙：优秀的和较差的。

㊺纡（yū）余：形容人的性格从容舒缓。妍：美好。卓荦（luò）：形容人的性格豪放慷慨。杰：杰出。

㊻校（jiào）短量长：比较各自的特点。惟器是适：根据不同人的特点，安排最合适的工作。方：方略。

㊼孟轲好辩：孟子自许为孔子的正宗传人，极力驳斥杨朱、墨子之学，人称其“好辩”。孔道：孔子的学说。以明：因此得到彰显。辙环天下：周游列国。孟子去各国游说，但始终不被重用。辙，车轮印。老于行：在周游途中衰老。

㊽荀卿：指荀子。守正：坚守正道。大论是弘：写下了许多儒学文章。弘，扩大。逃谗于楚：荀子在齐国任祭酒，开馆讲学。因为有人向齐王说他的坏话，使他被迫逃到楚国。废死兰陵：荀子到楚国后，春申君任他为兰陵令。春申君死后，荀子被废，死在兰陵。

㊾吐辞为经：他们的言论都可作为经典。举足：行为。

㊿绝类离伦：出类拔萃。优入圣域：可以升华到圣人的境界。遇于世：他们生前的遭遇。

51不繇其统：不属于正统的范围。繇（yóu）：同“由”。不要其中：不得要领，说不到关键之处。要（yāo），切合。

52不济于用：于事无补。修：检点。不显于众：不为众人所知。

53靡（mí）：浪费。廪粟：朝廷分发的禄米。

54从徒：跟随的仆人。安坐而食：不劳而食。

55踵（zhǒng）：跟随。常途：常人所走的路。促促：拘谨的样子。陈编：旧书。盗窃：意为剽窃前人的思想或文字。

56加诛：给予责罚。诛，责备，惩罚。见斥：被斥责。兹非其幸欤：这不是很幸运了吗？

57谤：攻击，诋毁。随之：同时受到伤害。投闲置散：安放在闲散的位置。分之宜：本分应当。

58商：计较。财贿：俸禄。亡（wú）：同“无”。班资：地位，官职。崇庳：高低。庳，同“卑”。

59己量：自己的能力。称：适合。指：指摘，挑。前人：比自己显贵的人。瑕疵：小毛病。

60诘：责怪。以杙为楹：拿小木桩作柱子。杙（yì），小木桩。訾（zǐ）：讥笑。昌阳：草药名，即昌蒲。引年：延年益寿。进：推荐。豨（xī）苓：草药名，又名猪苓。

【解析】

本文作于元和八年，韩愈当时被贬为国子博士。“既才高数黜，官又下，乃作《进学解》以自谕。”（《新唐书·本传》）“进学”即使学业进步，而“解”则是辨明解析的意思。作者在文中虚拟了国子先生与学生的对话，说明了进德修业的道理，并抒发了自己不受重用的牢骚。

本文在形式上模仿了汉朝的赋体，字里行间可以感受到东方朔的《答客难》和扬雄《解嘲》的影响。文章多处用韵，句式对偶，这在散文创作上是不多见的。但韩愈写来得心应手，游刃有余。特别值得一提的是，本文的语言精悍凝练，形象传神，充分体现了韩愈“唯陈言之务去”的创作追求和镕铸新词的卓越才能。正如皇甫湜所称，“及其酣放，毫曲快字，凌纸怪发，鲸铿春丽，惊耀天下。然而栗密窈眇，章妥句适，精能之至，入神出天”（《韩文公墓志铭》）。清人李光地说：“此文与《解嘲》千载称绝，‘谨严’、‘正葩’等字，并极群经要妙。故未有不精经术而能行此文者。”

杂说之四

世有伯乐，然后有千里马①。千里马常有，而伯乐不常有。故虽有名马，只辱于奴隶人之手②，骈死于槽枥之间，不以千里称也③。

马之能千里者，一食或进食一石，饲马者，不知其能千里而饲也④。是马也，虽有千里之能，食不饱，力不足，才美不外现，且欲与常马等不可得，安求其能千里也⑤？策之不以其道，饲之不能尽其材，鸣之而不能通其意⑥，执策而临之曰：“天下无马。”呜呼！其真无马耶？其真不知马也⑦？

【注释】

①伯乐：春秋时秦国人，名孙阳，以善于相马出名。

②名马：有名的好马。辱：受屈辱。奴隶人：地位低贱的人。这里指无知的养马者。

③骈死：与普通的马一同老死。骈(pián)，并列。槽枥：马棚。不以千里称：不被人当作千里马。

④一食（sì）：一顿。或：有时。

⑤是马也：这匹千里马。才美不外现：才能无法表现出来。欲与常马等：想和普通的马一样表现。

⑥策之：驱赶。以其道：按照对待千里马的特殊方法。尽其材：满足它的特殊需要。通其意：了解它的意思。

⑦执策：手持马鞭。临之：面对着千里马。其：语气词，表示诘问。

【解析】

《杂说》是韩愈的一组短论，这里选的是第四篇。因为是论千里马，所以也有人称其为《马说》。

在这篇杂论中，作者由伯乐相马的寓言引申出一个常见却易被人忽视的观点：千里马常有，而伯乐不常有。正因为缺少伯乐式的人物，才使得很多有才之士沉沦下层，才能得不到施展。作者以此立论，尽情抒发了胸中的不平之气，也道出了无数怀才不遇者的千古之恨。文章虽然短小，但却写得曲折畅达，真情毕现，给人一种酣畅淋漓的痛快之感。

送董邵南序

燕赵古称多感慨悲歌之士①。董生举进士，连不得志于有司②。怀抱利器，郁郁适兹土③。吾知其必有合也。董生勉乎哉④！

夫以子之不遇时，苟慕义强仁者，皆爱惜焉⑤。矧燕赵之士，出乎其性者哉⑥？然吾尝闻风俗与化移易，吾恶知其今不异于古所云邪⑦？聊以吾子之行卜之也⑧。董生勉乎哉！

吾因子有所感矣。为我吊望诸君之墓⑨，而观于其市，复有昔时屠狗者乎⑩？为我谢曰：明天子在上，可以出而仕矣⑪！

【注释】

①燕赵：春秋时的燕国、赵国。其地在今山西、河北到辽宁一带。这里代指河北。感慨悲歌之士：指那些慷慨激昂的豪侠之士。感慨，感情激昂。悲歌，悲壮地唱歌。荆轲刺秦之前，燕人高渐离等人在易水边为其送行，击筑悲歌。

②连：连续，多次。不得志：没有考取。有司：考官。

③利器：比喻杰出的才能。郁郁：心情苦闷。适：去。兹土：那个地方。指河北。

④有合：能遇到意气相投的人。勉：努力。

⑤苟：如果。慕义强（qiǎng）仁：仰慕正义，力行仁道。

⑥矧（shěn）：况且。出乎其性：发自天性。

⑦化：教化。移易：改变。恶（wū）：同“乌”，哪里。

⑧聊：姑且。卜：推测。

⑨感：感想，感慨。吊：凭吊。望诸君：燕国名将乐毅。他因害怕燕惠王杀他，叛逃到赵国，被封“望诸君”，墓在邯郸。

⑩屠狗者：高渐离。荆轲在燕国与高渐

离等人天天在街上饮酒高歌。这里代指那些怀才不遇的人。

⑪谢：告诉，致意。明天子：圣明的天子。出而仕：走出隐居之所去做官。

【解析】

董邵南，寿州安丰（今安徽寿县西）人。因没有考上进士，准备到藩镇割据的河北去谋求出路。韩愈是反对藩镇割据的，也不赞成董邵南去那里，于是，就写下了这篇序文。

文章先祝董生河北之行能有机会，因为燕赵之地自古多“感慨悲歌之士”。接着，笔锋一转，以“吾恶知”暗示藩镇割据下的河北恐怕已不是有志之士所应去的地方。作者唯恐心意未彰，又引出战国时燕国逃将乐毅的故事，提醒董生三思；再劝昔日高渐离这样的“屠狗者”投奔“明天子”，以反衬董生选择的不明智。韩愈的确为董邵南的怀才不遇而深表同情，他还写过一篇题为《嗟哉董生行》的诗。正因为如此，他才对董生的北行显得又不安又无奈。这种复杂的心态造成了本文委婉含蓄、欲言又止、沉郁往复、词约意丰的艺术特色。清人刘大櫆评曰：“退之以雄奇胜，独此篇及送王含序深微屈曲，读之觉高情远韵，可望不可及。”

送李愿归盘谷序

太行之阳有盘谷①，盘谷之间，泉甘而土肥，草林丛茂，居民鲜少②。或曰：谓其环两山之间，故曰盘谷③。或曰：是谷也，宅幽而势阻，隐者之所盘旋④。友人李愿居之。

愿之言曰：“人之称大丈夫者，我知之矣：利泽施于人，名声昭于时⑤。坐于庙朝，进退百官，而佐天子出令⑥。其在外，则树旗旄，罗弓矢，武夫前呵，从者塞途⑦；供给之人，各执其物，夹道而疾驰⑧。喜有赏，怒有刑；才俊满前，道古今而誉盛德，入耳而不烦⑨。曲眉丰颊，清声而便体，秀外而惠中⑩。飘轻裾，翳长袖，粉白黛绿者，列屋而闲居⑪，妒宠而负恃，争妍而取怜⑫。大丈夫之遇知于天子，用力于当世者之所为也。吾非恶此而逃，是有命焉，不可幸而致也⑬。

“穷居而野处，升高而望远⑭，坐茂树以终日，濯清泉以自洁⑮。采于山，美可茹；钓于水，鲜可食⑯，起居无时，

惟适之安[17]。与其有誉于前，孰若无毁于其后[18]；与其有乐于身，孰若无忧于其心[19]。车服不维，刀锯不加[20]；理乱不知，黜陟不闻[21]。大丈夫不遇于时者之所为也，我则行之。

“伺候于公卿之门，奔走于形势之途[22]，足将进而趑趄，口将言而嗫嚅[23]，处秽污而不羞，触刑辟而诛戮[24]，徼幸于万一，老死而后止者，其于为人贤不肖何如也[25]？”

昌黎韩愈闻其言而壮之，与之酒而为之歌曰[26]：“盘之中，维子之宫[27]；盘之土，可以稼；盘之泉，可濯可沿[28]；盘之阻，谁争子所[29]？窈而深，廓其有容[30]；缭而曲，如往而复[31]。嗟盘之乐兮，乐且无央[32]；虎豹远迹兮，蛟龙遁藏[33]；鬼神守护兮，呵禁不祥[34]。饮且食兮寿而康，无不足兮奚所望[35]？膏吾车兮秣吾马，从子于盘兮，终吾生徜徉[36]”。

【注释】

①太行：山脉名，主峰在今山西晋县南。阳：山之南。盘谷：地名，在今河南济源。

②丛茂：繁密茂盛。鲜少：稀少。

③环：围绕。

④宅幽：地势幽深。势阻：山势险峻。盘旋：流连居处。

⑤利泽：（给予百姓的）利益恩泽。昭：显赫。

⑥庙朝：朝廷。进退：指挥。出令：发布政令。

⑦旄（máo）：旗帜的一种。罗：排列。前呵：指吆喝开道。塞途：堵塞道路，形容很多。

⑧供给之人：指各种随从、侍者。夹道：在道路两旁。

⑨才俊：人才。满前：充满左右。道古今：谈古论今。誉盛德：称赞德行功业。入耳：悦耳，中听。

⑩曲眉丰颊：形容颜貌俊美。丰，丰满。清声：声音清朗。便体：身体轻盈。秀外：外表秀美。惠中：内心智慧。

⑪裾（jū）：衣襟或裙角。翳：掩。引申为舞动。粉白黛绿：以粉搽脸，以黛画眉。黛，古代女子画眉的青黑色颜料。列屋：一间屋挨着一间屋。

⑫妒宠：嫉妒别的女子得宠。负恃：有所凭借的资本。取怜：谋取欢爱。

⑬遇知：受到赏识重用。用力：施展才能。幸：侥幸。致：获取。

⑭穷居：隐仕不出。野处：居住在乡间。升高：登高。

⑮茂树：大树。濯（zhuó）：洗涤。

⑯美可茹：鲜美的山珍可以食用。茹，吃。鲜：鱼虾一类水产。

⑰无时：不按时间。惟适之安：只求舒适安逸。

⑱有誉于前：生前受到赞誉。无毁于其后：死后不受攻击诋毁。

⑲有乐于身：得到肉体享受。无忧于其心：没有精神负担。

⑳车服：车舆礼服。代指做官的待遇。

维：系，意为享用。刀锯：指刑罚。

㉑理乱：国家的治理或混乱。黜陟（chù zhì）：官吏的升迁。

㉒伺候：等候，等待。奔走：趋赴，迎合。形势：权贵。

㉓趑趄（zī jū）：行走困难的样子。嗫嚅（niè rú）：吞吞吐吐，欲言又止。

㉔秽污：喻丑恶的事物。刑辟：刑法。辟，法律。

㉕徼幸于万一：希望万一得到幸运的机会。老死而后止：即至死不休。其为人贤不肖何如：这种人是贤还是不贤呢？

㉖壮：推崇，赞许。

㉗维：是。宫：家。

㉘沿：顺着漫步。一本作“湘”，意为洗涤。

㉙阻：险阻。谁争子所：意为无人打搅。

㉚窈（yǎo）：深远曲折。廓（kuò）：空阔。有容：有足够的空间。

㉛缭：屈曲盘绕。如往而复：形容婉转曲折。

㉜无央：无穷无尽。央，尽。

㉝远迹：逃往远方。遁藏：隐藏不出。

㉞呵禁：喝止。不祥：泛指各种邪物。

㉟奚：何。所望：希望。

㊱膏：给车轴上油（以便行驶轻快）。秣（mò）：喂牲口。徜徉（cháng yáng）：自由地漫步。

【解析】

李愿，生平不详，唐人所写的《跋盘谷序后》称：“陇西李愿，隐者也。不干誉以求进，每韬光而自晦，迹寄人世。”本文是韩愈为李愿送行而作，时在贞元十七年。此时韩愈三十四岁，正在京城谋官，属于郁郁不得志之际。在这篇序文中，他借李愿之口描绘出建功立业的丈夫、自得其乐的隐士和委曲求生的俗人三种不同的生活境界，对李愿的归隐表示赞赏，从而婉转传达了作者愤世嫉俗的情怀。

这篇序文在章法上别出心裁，跌宕起伏，文中精华全借李愿之口写出，更见其屈曲盘旋、委婉不尽之意，至于词采典丽，进退自如，化用六朝文采而不侈靡呆板，更显巨匠身手不凡。苏轼曾说：“欧阳公言：晋无文章，唯陶渊明《归去来辞》而已。余谓唐无文章，唯韩退之《送李愿归盘谷序》而已。平生欲效此作，执笔辄罢，因自笑曰：‘不若且放，教退之独步。’”其推重若此。晚近论者常从文字着眼，或称：“行文浑浑，藏蓄不露”（刘大櫆），或言“字字有本，句句自造，事事披根”（恽敬）。而韩愈在章法结构上的苦心孤诣，却被有意无意忽视，无怪高步瀛叹曰：“今日不知文者，妄加排斥，良可慨已。”

祭十二郎文

年月日，季父愈闻汝丧之七日[①]，乃能衔哀致诚，使建中远具时羞之奠[②]，告汝十二郎之灵：

呜呼！吾少孤，及长[3]，不省所怙，惟兄嫂是依[4]。中年，兄殁南方[5]，吾与汝俱幼，从嫂归葬河阳[6]；既又与汝就食江南，零丁孤苦，未尝一日相离也[7]。吾上有三兄，皆不幸早世，承先人后者[8]，在孙惟汝，在子惟吾，两世一身，形单影只[9]。嫂常抚汝指吾而言曰："韩氏两世，惟此而已！"汝时尤小[10]，当不复记忆；吾时虽能记忆，亦未知其言之悲也。

吾年十九，始来京城。其后四年而归省汝[11]。又四年，吾往河阳省坟墓，遇汝从嫂丧来葬[12]。又二年，吾佐董丞相于汴州[13]，汝来省吾，止一岁，请归取其孥[14]。明年，丞相薨，吾去汴州，汝不果来[15]。是年，吾佐戎徐州，使取汝者始行，吾又罢去[16]，汝又不果来。吾念汝从于东，东亦客也，不可以久[17]；图久远者，莫如西归，将成家而致汝[18]，呜呼，孰谓汝遽去吾而殁乎[19]！吾与汝俱少年，以为虽暂相别，终当久相与处[20]，故舍汝而旅食京师，以求斗斛之禄[21]，诚知其如此，虽万乘之公相，吾不以一日辍汝而就也[22]！

去年，孟东野往[23]，吾书与汝曰：吾年未四十，而视茫茫，而发苍苍，而齿牙动摇[24]。念诸父与诸兄，皆康强而早世，如吾之衰者，其能久存乎[25]？吾不可去，汝不肯来。恐旦暮死，而汝抱无涯之戚也[26]。孰谓少者殁而长者存，强者夭而病者全乎[27]！呜呼！其信然耶？其梦耶？其传之非其真耶[28]？信也，吾兄之盛德而夭其嗣乎？汝之纯明而不克蒙其泽乎[29]？少者强者而夭殁，长者衰者存全乎？未可以为信也。梦也，传之非其真也，东野之书，耿兰之报，何为而在吾侧也[30]？

呜呼，其信然矣！吾兄之盛德夭其嗣矣！汝之纯明宜业其家者[31]，不克蒙其泽矣！所谓天者诚难测，而神者诚难明矣[32]！所谓理者不可推，而寿者不可知矣[33]！虽然，吾自今年来，苍苍者或化而为白矣，动摇者或脱而落矣，毛血日益衰，志气日益微，几何不从汝而死也[34]！死而有知，其几何离；其无知，悲不几时，而不悲者无穷期矣[35]！汝之子始一岁，吾之子始五岁，少而强者不可保，如此孩提者，又可冀其成立耶[36]？呜呼哀哉！呜呼哀哉！

汝去年书云“比得软脚病，往往而剧[37]”。吾曰：“是疾也，江南之人，常常有之。”未始以为忧也[38]。呜呼，其竟以此而殒其生乎？抑别有疾而至斯乎[39]？汝之书，六月十七日也，东野云，汝殁以六月二日，耿兰之报无月日。盖东野之使者不知问家人以月日；如耿兰之报，不知当言月日。东野与吾书，乃问使者，使者妄称以应之耳[40]。其然乎，其不然乎[41]？今吾使建中祭汝，吊汝之孤与汝之乳母[42]，彼有食可守以待终丧，则待终丧而取以来[43]；如不能守以终丧，则遂取以来[44]。其余奴婢，并令守汝丧。吾力能改葬，终葬汝于先人之兆，然后惟其所愿[45]。

呜呼！汝病吾不知时，汝殁吾不知日，生不能相养以共居，殁不得抚汝以尽哀[46]，殓不凭其棺，窆不临其穴[47]。吾行负神明而使汝夭，不孝不慈[48]，而不得相养以生、相守以死，一在天之涯，一在地之角，生而影不与吾形相依，死而魂不与吾相接，吾实为之，其又何尤[49]！彼苍者天，曷其有极[50]！自今以往，吾其无意于人世矣，当退求数顷之田于伊、颍之上，以待余年[51]：教吾子与汝子，幸其成；长吾女与汝女，待其嫁[52]。如此而已。呜呼！言有穷而情不可终，汝其知也耶，其不知也耶？呜呼哀哉，尚飨[53]！

【注释】

①年月日：祭文中的日期在写作时暂空，到祭灵时现填。季父：叔父。闻汝丧：听到你的死讯。

②衔哀：含着悲痛。致诚：表达心意。建中：人名。时羞：应时菜肴。奠：祭礼。

③少孤：从小丧父。及长：长大后。

④省（xǐng）：知道。怙（hù）：依靠。惟兄嫂是依：只有依靠兄嫂。

⑤中年：指兄韩会卒年，当时四十二岁。殁（mò）：死。南方：韩会死于韶州刺史任上。

⑥从：跟随。归葬：把死者灵柩送回故乡安葬。河阳：今河南孟县。韩氏祖墓在此。

⑦就食：外出谋生。江南：宣州。唐德宗建中二年，中原动乱，韩氏避乱宣州。零丁：孤单。

⑧上：前面。三兄：长兄韩会，次兄韩介，还有一兄死时尚幼，未及命名。早世：过早去世。承先人后者：能够承续家族血脉的晚辈。

⑨两世一身：两代都只剩一人。只：单独。

⑩汝时尤小：你当时特别小。

⑪京城：长安。韩愈于贞元二年到长安游学。省（xǐng）：探望。

⑫从嫂丧：陪送死去的大嫂灵柩归葬河阳。韩愈大嫂贞元九年在宣州去世。

⑬佐：辅佐。董丞相：董晋。他曾任同中书门下平章事（相当于宰相），兼宣武节度使。汴州：今河南开封。是宣武节度使官衙所在地。当时韩愈任董晋的观察推官。

⑭止：只。孥（nú）：妻子，家属。

⑮薨（hōng）：死。董晋贞元十五年去世。去：离开。不果：没有成为事实。

⑯佐戎：协助军务。贞元十五年，徐州节度使张建封任命韩愈为节度推官。取汝者：接你的人。罢去：罢官离去。贞元十六年，张建封病故，韩愈回到洛阳。

⑰从于东：跟着我到东方（指汴州、徐州）。韩愈是邓州南阳人，徐、汴在南阳之东。客：客居他乡。

⑱西归：指回老家邓州。成家致汝：安家接你。

⑲孰谓：谁料到。遽（jù）：突然。

⑳少年：年纪不大。相与：共同，一道。

㉑旅食：在外谋生。斗斛之禄：很少的俸禄。斛（hú）：十斗为一斛。

㉒诚知：如果早知道。万乘之公相：比喻高官厚禄。辍（chuò）：中途离开。就：赴任。

㉓孟东野：孟郊，字东野，与韩愈交往甚密，诗与韩愈齐名，时称“韩孟”。往：指孟郊出任溧阳县尉。

㉔视茫茫：视线模糊。发苍苍：头发花白。

㉕诸父：指父辈。康强：健康强壮。早世：同“早逝”，过早地去世。其能：岂能。

㉖旦暮：很短时间内。语出《庄子·齐物论》。无涯之戚：无穷的伤悲。

㉗少者：指十二郎。下文“强者”同。长者：指韩愈自己。下文“病者”同。

㉘信然：真是这样。传之非其真：传来的消息是假的。

㉙盛德：崇高的德行。夭其嗣：他的后代不能长寿。纯明：纯朴聪明。克：能。蒙其泽：承受他的恩惠。

㉚东野之书：大概孟郊写信告诉韩愈关于十二郎病逝的消息。耿兰：家人名。

㉛宜：应当。业其家：继承他的家业。

㉜天者诚难测：天意真是难以测度。神者诚难明：神意真是难以理解。

㉝推：推测。寿：长寿。

㉞苍苍者：指毛发。动摇者，指牙齿。毛血：指人的毛发与气血。志气：精神。微：衰微。

㉟几何：不久。其几何离：相别不会太久。不悲者：不悲伤的日子。指死后。

㊱始：刚刚。孩提：幼儿。冀：希望。成立：长大成人。

㊲比（bì）：近来。剧：加重。

㊳是疾：这种疾病。未始：未曾。

㊴殒其生：送掉性命。抑：或。至斯：到这种地步。指死亡。

㊵妄称：随便说。以应：作为答复。

㊶其然乎：是这样吗？

㊷吊：慰问。孤：失去父亲的孩子。乳母：奶妈。

㊸彼：他们。有食：意为能维持生活。

守：守丧。古制：父死。守丧三年。终丧：守丧期满。取以来：接到我这里。

㊹遂：随即，马上。

㊺力能改葬：只要有能力为你迁葬。十二郎此时当葬在宣州。兆：坟地。惟其所愿：听凭他们的意愿。指上面所指的奴婢。

㊻尽哀：表达哀思。

㊼殓（liàn）：尸体入棺。凭：靠近。窆（biǎn）：下葬。穴：墓穴。

㊽行负神明：行为对不起神明。不孝：对不起父母。不慈：对不起晚辈。

㊾形相依：指生活在一起。梦相接：指在梦中相见。我实为之：这些遗憾都是我自己造成的。何尤：怪谁。

㊿彼苍者天：那个苍茫的上天。曷其有极：什么时候才算是完。

51无意：没有兴趣。人世：指官场仕途。伊颍：伊水和颍水，在河南境内。以待余年：度过余生。

52幸：希望。成：成才。长：抚养。

53终：尽。尚飨：祭文的结束语，意思是希望死者来享用祭品。

【解析】

十二郎，韩愈大哥韩会之子，名老成。原是韩愈二哥韩介之子，因韩会无子，过继韩会。韩愈从小丧父，靠韩会抚养长大，因而与十二郎从小相处，感情深厚。后来，韩家众人陆续丧亡，只剩韩愈与十二郎。叔侄俩虽分居两地，但互相牵挂，情意眷重。唐德宗贞元十九年，在京城任监察御使的韩愈突然接到十二郎病故的消息，百感交集，情难自禁，写下了这篇情深意切的祭文。文章历数家事，追今忆往，在不尽的悲苦中传达出作者满腹伤痛和一往深情。用清人马其昶的话说："斯文盖公所谓'喜往复善自道'者，在当时无对。后二百七十年，欧阳文忠公为其父作《泷冈阡表》，始足以追配公斯作。"

古代的祭文大都以韵文形式出现，句式整齐，韵律和谐。然而，韩愈此文却一改旧轨，用长短错落的句式，自由而淋漓畅快地宣泄着自己的感情，颇有以气驭文、意到文止的特色，曾国藩对此文的评价是："述哀之文，究以用韵为宜，韩公如神龙万变，无所不可。"可称是推崇备至了。

张中丞传后序

元和二年，四月十三日夜，愈与吴郡张籍阅家中旧书，得李翰所为《张巡传》[①]。翰以文章自名，为此传颇详密[②]。然尚恨有缺者，不为许远立传，又不载雷万春事首尾[③]。

远虽材若不及巡者，开门纳巡，位本在巡上，授之柄而处其下[④]，无所疑忌，竟与巡俱守死、成功名[⑤]。城陷而

虏，与巡死先后异耳[⑥]。两家子弟材智下，不能通知二父志，以为巡死而远就虏，疑畏死而辞服于贼[⑦]。远诚畏死，何苦守尺寸之地，食其所爱之肉[⑧]，以与贼抗而不降乎？当其围守时，外无蚍蜉蚁子之援[⑨]，所欲忠者，国与主耳，而贼语以国亡主灭[⑩]。远见救援不至，而贼来益众，必以其言为信[⑪]。外无待而犹死守，人相食且尽，虽愚人亦能数日而知死处矣[⑫]，远之不畏死亦明矣。乌有城坏，其徒俱死，独蒙愧耻求活？[⑬]虽至愚者不忍为，呜呼，而谓远之贤而为之耶[⑭]？说者又谓远与巡分城而守，城之陷，自远所分始，以此诟远[⑮]，此又与儿童之见无异。人之将死，其脏腑必有先受其病者；引绳而绝之，其绝必有处[⑯]。观者见其然，从而尤之，其亦不达于理矣[⑰]！小人之好议论，不乐成人之美如是哉[⑱]！如巡、远之所成就，如此卓卓，犹不得免[⑲]，其他则又何说！

当二公之初守也，宁能知人之卒不救，弃城而逆遁[⑳]？苟此不能守，虽避之他处何益？及其无救而且穷也，将其创残饿羸之余[㉑]，虽欲去，必不达。二公之贤，其讲之精矣[㉒]。守一城，捍天下，以千百就尽之卒，战百万日滋之师[㉓]，蔽遮江、淮，沮遏其势[㉔]，天下之不亡，其谁之功也！当是时，弃城而图存者，不可一二数[㉕]；擅强兵坐而观者，相环也[㉖]。不追议此，而责二公以死守，亦见其自比于逆乱，设淫辞而助之攻也[㉗]。

愈尝从事于汴、徐二州，屡道于两府间[㉘]，亲祭于其所谓“双庙”者，其老人往往说巡、远时事云[㉙]。

南霁云之乞救于贺兰也，贺兰嫉巡、远之声威功绩出己上[㉚]，不肯出师救，爱霁云之勇且壮，不听其语，强留之。具食与乐，延霁云坐[㉛]。霁云慷慨语曰：“云来时，睢阳之人不食月余日矣，云虽欲独食，义不忍！虽食，且不下咽[㉜]！”因拔所佩刀断一指，血淋漓，以示贺兰。一座大惊，皆感激为云泣下[㉝]。云知贺兰终无为云出师意，即驰去，将出城，抽矢射佛寺浮图，矢着其上砖半箭，曰：“吾归破贼，必灭贺兰，此矢所以志也[㉞]！”愈贞元中过泗州，船上人犹指以相语[35]。城陷，贼以刃胁降巡[36]，巡不屈，即牵去，将斩之。又降霁云，霁云未应。巡呼云曰："南八，男儿死耳，不可为不义屈[37]！"云笑曰："欲将以有为也。公有言，云敢不死！"即不屈[38]。

张籍曰：有于嵩者，少依于巡[39]，及巡起事，嵩常在围中[40]。籍大历中于和州乌江县见嵩，嵩时年六十余矣。以巡初尝得临涣县尉[41]。好学，无所不读。籍时尚小，粗问巡、远事，不能细[42]也。云：巡长七尺余，须髯若神[43]，尝见嵩读《汉书》，谓嵩曰："何为久读此？"嵩曰："未熟也。"巡曰："吾于书，读不过三遍，终身不忘也。"因诵嵩所读书，尽卷不错一字[44]。嵩惊，以为巡偶熟此卷，因乱抽他帙以试，无不尽然[45]。嵩又取架上诸书试以问巡，巡应口诵无疑。嵩从巡久，亦不见巡常读书也。为文章，操纸笔立书，未尝起草。初守睢阳时，士卒仅万人，城中居人亦且数万[46]，巡因一见问姓名，其后无不识者。巡怒，须髯辄张。及城陷，贼缚巡等数十人，坐；且将戮，巡起旋[47]，其众见巡起，或起或泣。巡曰："汝勿怖，死，命也。"众泣不能仰视。巡就戮时，颜色不乱，阳阳如平常[48]。远宽厚长者，貌如其心[49]。与巡同年生，月日后于巡，呼巡为兄。死时年四十九。

嵩贞元初死于亳、宋间。或传嵩有田在亳宋间，武人夺而有之，嵩将诣州讼理，为所杀[50]。嵩无子。——张籍云

【注释】

①元和二年：公元807年。张籍：字文昌，原籍吴郡，是唐中期的著名诗人，与韩愈交往甚密。李翰：唐玄宗时人，与张巡为友。至德年间，撰《张巡传》一篇进献肃宗，详述张巡事迹，使张巡许远的事迹大白于天下。

②以文章自名：因文章出众而闻名。李翰天宝末年与房琯等人同为史官。详密：翔实周密。

③缺：遗漏。许远：字令威，睢阳太守。安史之乱后，与张巡同守睢阳，历时十月。城破被俘，送至洛阳杀害。雷万春：张巡部将。有人认为就是文中提到的南霁云。首尾：始末。

④开门纳巡：打开城门接纳张巡。张巡原守雍丘，因睢阳危急，应许远之召，驰援睢阳。位本在巡上：许远是太守，张巡是县令。授之柄而处其下：张巡入城后，许远把指挥权交给

他。柄，权力。

⑤疑忌：怀疑，猜忌。竟：最终。守死：守城而死。成功名：成就了功业和名节。

⑥虏：被俘。与巡死先后异耳：和张巡只是死的时间先后不同。睢阳城陷，张巡等三十六人被杀，而许远被送往洛阳报功，途中被杀。

⑦两家子弟：张巡、许远两家的儿子。通知：了解。就虏：被俘。辞服：请求投降。唐代宗大历年间，张巡儿子张去疾听信谣言，上书皇帝指责许远，要求剥夺许远官职。代宗令张去疾与许远儿子许岘和百官论辩。

⑧诚：假如。尺寸之地：形容睢阳城很小。所爱之肉：睢阳被围断粮，张巡杀了自己的爱妾，许远杀了自己的家奴，给士兵们吃。

⑨蚍蜉蚁子之援：形容很小的援军。蚍蜉（pí fú），大蚂蚁。

⑩国亡主灭：当时安禄山占领长安、洛阳，唐玄宗逃亡蜀中，存亡不知。故有此说。

⑪益众：更多。叛军围睢阳达十多万人。信：真实。

⑫无待：没有援军。相食且尽：睢阳军民近七万，城破之后仅存四百。且，将。数（shǔ）日而知死处：知道死的日子不远了。

⑬乌有：哪有。其徒：他的部属。独蒙：自己蒙受。

⑭至愚：最蠢的人。远之贤：像许远这样的贤人。

⑮说者：议论的人。分城而守：当时许远守西南城，张巡守东北城。自远所分始：叛军最早从西南城攻入。诟（gòu）：诋毁。

⑯受其病：发病。引：拉。绝：断。其绝必有处：肯定会有一个地方发生断裂。

⑰其然：如此的结果。尤：归罪。达：通。

⑱成人之美：成全别人好的名声。

⑲卓卓：杰出。不得免：免于攻击。

⑳宁能：哪能。卒：终于。逆遁：事先逃走。逆，预测。

㉑及其：等到。穷：弹尽粮绝。将：率领。创残饿羸之余：伤病饥饿的残兵。羸（léi），瘦弱。

㉒讲之精矣：考虑得很周密。

㉓捍：保卫。就尽之卒：快死的士兵。日滋之师：每天增加的敌军。

㉔蔽遮：掩护。江淮：长江淮河地区。这是当时唐军的给养来源。沮遏（jǔè）：阻止遏制。其势：叛军的势头。

㉕图存：谋求自己生存。不可一二数：不是一个两个。

㉖擅强兵：统率大军。相环：遍布睢阳周围。

㉗追议：追究指责。自比（bì）于逆乱：把自己与叛乱的人等同起来。淫辞：歪曲事实的言论。

㉘从事：担任公务。道：经过。

㉙双庙：唐肃宗至德二年下诏，赠张巡为扬州大都督，许远为荆州大都督，并在睢阳为二人建庙。

㉚南霁云：张巡的部将。贺兰：贺兰进明。当时任河南节度使，他带大军救睢阳，行至临淮，观望不前。出己上：在自己之上。

㉛不听其语：不理南霁云救援的请求。强：努力。具食与乐：准备宴会和歌舞。延：请。

㉜义不忍：从道义上说不忍心。且：却。

㉝一座：满座的人。感激：感动。

㉞浮图：佛塔。矢着其上砖半箭：箭射入塔砖半箭深。志：标志。

㉟指以相语：指着佛塔说这件事。

㊱胁降：威胁招降。

㊲南八：唐朝人多以排行相称。南霁云行八，故称。为不义屈：向不义之人屈服。

㊳有为：有所作为（指诈降叛军，伺机报仇）。敢不死：岂敢不死。不屈：指牺牲。

㊴少依于巡：从小跟随张巡。

㊵起事：起兵抗击安史叛军。围：围城。

㊶以巡：因为跟随张巡守城的缘故。县尉：负责治安的官吏。

㊷粗：大致。细：详细。

㊸须髯若神：形容胡须很长。

㊹诵：背诵。尽卷：背完整卷书。

㊺偶熟：碰巧熟悉。他帙（zhì）：另外一卷。帙，包书的套子。尽然：都是这样。

㊻仅：近。且：将近。

㊼旋：小便。

㊽颜色：脸色。阳阳：安详镇定。

㊾貌如其心：指容貌宽厚。

㊿诣（yì）：到。讼理：告状。为所杀：被武人所杀。

【解析】

此文作于元和二年，当时韩愈任国子博士。文中提及的《张中丞传》是五十年前左补阙李翰为张巡写的一篇传记，它详细记录了张巡在安史之乱中与睢阳太守许远共赴国难的悲壮事迹。张巡原为真源县令，在坚守睢阳时，被朝廷加封为御史中丞，故李翰以“张中丞”称之。

安史之乱爆发后，唐朝廷措手不及，各地守将或降或逃，使得叛军势如破竹，直指长安。在这种情形下，张巡和许远以不足万人之师，坚守睢阳，抗击着十多万叛军，直至弹尽粮绝，全军覆灭，张巡和许远也慷慨就义。然而，朝中有人对此却颇多非议，或诬张巡降敌，或责许远怕死，或认为张、许二人不该坚守睢阳。于是，李翰作为张巡的朋友，写下一篇翔实的《张巡传》，表彰张巡的气节和功业，反驳种种无稽之谈。时隔四十多年，韩愈重读此文，有感而发，写下了这篇《后序》，不仅补充了许多史实，而且逐一批驳了种种诬蔑之辞，歌颂了张、许二人的高尚品格。

本文采取夹叙夹议的写法，内容丰实，叙述灵活，在似不经意的结构之中，充溢着一种内在气蕴，给人一种浑成之感，用清人张裕钊的话说，“其屈盘道劲，雄岸自喜处，仍系退之本色”。同时，作者在叙事状物之际所表现出的雄健笔力和简洁传神的语言，都给人以深刻的印象。

柳宗元

柳宗元（773～819），字子厚，河东（今山西永济县）人，故世称“柳河东”。二十六岁考取博学鸿词科，授集贤殿正字、监察御史里行。公元805年，唐顺宗即位，王叔文主政，力主改革，柳宗元也积极参与，任礼部员外郎。王叔文被黜之后，柳宗元也被贬为永州司马，后又转为柳州刺史。在湘桂一带的蛮荒之地度过了他最后的十几年岁月。

柳宗元是唐代杰出的文学家，他和韩愈并称“韩柳”，是唐代古文运动的杰出代表。柳宗元的散文创作丰富多样，其中讽刺寓言和山水游记是最具创造性的两类。他的寓意委婉生动，寓言深刻，通俗而不失警策；他的山水游记更是刻画传神，意境高远，不仅用凝练而精准的语言赋予山水以鲜活的生命，而且在其中蕴含了诗人自己的情怀。史称柳文“精裁密致，灿若珠贝”（《旧唐书·本传》），前者是就结构而言，后者是论及语言特色，都是比较中肯的评价。有《柳河东集》。

捕蛇者说

永州之野产异蛇，黑质而白章[①]；触草木，尽死；以啮人，无御之者[②]。然得而腊之以为饵，可以已大风、挛踠、瘘、疠[③]，去死肌，杀三虫[④]。其始，太医以王命聚之，岁赋其二[⑤]。募有能捕之者，当其租入。永之人争奔走焉[⑥]。

有蒋氏者，专其利三世矣[⑦]。问之，则曰：“吾祖死于是，吾父死于是。今吾嗣为之十二年，几死者数矣[⑧]。”言之，貌若甚戚者[⑨]。

余悲之，且曰：“若毒之乎[⑩]？余将告于莅事者，更若役，复若赋[⑪]，则何如？”

蒋氏大戚，汪然出涕曰：“君将哀而生之乎[⑫]？则吾斯役之不幸，未若复吾赋不幸之甚也[⑬]。向吾不为斯役，则久已病矣[⑭]。自吾氏三世居是乡，积于今六十岁矣，而乡邻之生日蹙[⑮]。殚其地之出，竭其庐之入[⑯]，号呼而转徙，饥渴而顿踣[17]，触风雨，犯寒暑，呼嘘毒疠，往往而死者相藉也[18]。曩与吾祖居者，今其室十无一焉；与吾父居者，今其室十无二三焉；与吾居十二年者，今其室十无四五焉[19]。非死则徙尔，而吾以捕蛇独存。悍吏之来吾乡，叫嚣乎东西，隳突乎南北[20]，哗然而骇者，虽鸡狗不得宁焉[21]。吾恂恂而起，视其缶，而吾蛇尚存，则弛然而卧[22]。谨食之，时而献焉[23]。退而甘食其土之有，以尽吾齿[24]。盖一岁之犯死者二焉；其余，则熙熙而乐。岂若吾乡邻之旦旦有是哉[25]！今虽死乎此，比吾乡邻之死则已后矣，又安敢毒耶？"

余闻而愈悲。孔子曰："苛政猛于虎也[26]。"吾尝疑乎是。今以蒋氏观之，犹信[27]。呜呼！孰知赋敛之毒，有甚是蛇者乎[28]！故为之说，以俟夫观人风者得焉[29]。

【注释】

①野：野外。黑质：黑色的肤色。白章：白色的花纹。

②尽死：（草木）全部被毒死。啮（niè）：咬。御：治疗。

③腊（xī）：风干。饵：药饵。已：治疗。大风：麻疯病。挛踠（luán wǎn）：手脚不能伸展的病。瘘（lòu）：肿脖子。疠（lì）：恶疮。

④死肌：腐烂的肌肉。三虫：三种寄生虫。历来说法不一。

⑤太医：皇帝的医生。王命：皇帝的命令。聚：征集。岁赋其二：每年征收两次。

⑥募：招募。当其租入：抵他应交的租税。奔走：忙着去做。

⑦专其利：享受捕蛇抵税的好处。三世：三代。

⑧死于是：死于捕蛇。嗣：继承。几死者：差点死在这件事。数（shuò）：多次。

⑨貌若甚戚者：脸上表情很痛苦。戚，悲痛。

⑩悲之：为他感到悲哀。若：你。毒：怨恨。

⑪莅事者：地方官。莅（lì），临，视。更：改变。复：恢复。赋：给官府缴纳财物。

⑫汪然：热泪盈眶的样子。哀而生之：同情并让我活下去。

⑬斯役：捕蛇这项工作的不幸。未若：不像。甚：厉害。

⑭向：假使。病：困苦不堪。

⑮居是乡：居住在这里。积于今：迄今。生：生活。日蹙：越来越困难。蹙（cù），窘迫。

⑯殚（dān）：尽。出：出产。庐：全家。入：收入。

⑰号呼：哭喊。转徙：到处迁居。顿踣（bó）：摔倒。

⑱触：顶着。犯：冒着。呼嘘：呼吸。毒疠：疫气。往往：常常。相藉：互相压着。藉（jiè），压在下面。

⑲曩（nǎng）：从前。其室：他们的家。

⑳悍吏：凶暴的官吏。叫嚣：吵嚷。隳突：乱喊乱闯。隳（huī），喧闹。

㉑哗然而骇者：喧哗而吓人的架势。虽：即使。

㉒恂恂（xún）：小心翼翼。缶（fǒu）：（养蛇的）瓦罐。弛然：放心的样子。

㉓食之：喂养它。时而献焉：到时候就把蛇交上去。

㉔退：（交蛇）回来。甘食：很有滋味地品尝。其土之有：自己田里所产的东西。以尽吾齿：以此度过我的岁月。

㉕犯死者：冒着死亡的危险。其余：其他时间。熙熙：快乐的样子。旦旦：天天。有是：有这种死的危险。

㉖苛政猛于虎：严酷的统治比老虎还凶狠。

㉗疑乎是：怀疑这句话。犹信：可以相信。

㉘赋敛：官府向百姓搜刮的钱粮。有甚：更厉害。

㉙为之说：写下这篇文章。俟：留给。观人风：视察民情。人风，即民风，因避唐太宗李世民之讳而改。

【解析】

本文是柳宗元任永州（今湖南零陵）司马时所作。作者通过蒋氏一家宁可死于毒蛇也不愿死于苛政的事件，深刻揭露了当时官府的横征暴敛给百姓带来的苦难，具有很大的积极意义。

文章先写捕蛇之苦，预作铺垫，然后笔锋陡转，更写赋税的惨酷，从而自然引出了“苛政猛于虎”的结论，正所谓“前后起伏抑扬，含无限悲惨凄婉之态”（吴楚材语）。全篇语言凝练，给人很强的感染力。

送薛存义序

河东薛存义将行①，柳子载肉于俎，崇酒于觞②，追而送之江浒，饮食之③。

且告曰：凡吏于土者，若知其职乎④？盖民之役，非以役民而已也⑤。凡民之食于土者，出其十一佣乎吏，使司平于我也⑥。今我受其直，怠其事者，天下皆然⑦。岂唯怠之，又从而盗之⑧。向使佣一夫于家，受若直，怠若事，又盗若货器，则必甚怒而黜罚之矣⑨。以今天下多类此，而民莫敢肆其怒与黜罚⑩，何哉？势不同也，势不同而理同，如吾民何⑪！有达于理者，得不恐而畏乎⑫？

存义假令零陵二年矣⑬。早作而夜思，勤力而劳心⑭，讼者平，赋者均，老弱无怀诈暴憎⑮。其为不虚取直也的矣，其知恐而畏也审矣[16]。

吾贱且辱，不得与考绩幽明之说[17]。于其往也，故赏以酒肉而重之以辞[18]。

【注释】

①河东：即山西永济县。薛存义是柳宗元的同乡。

②柳子：作者自称。载肉于俎：把肉放在俎中。俎（zǔ），古代盛肉的器具。崇：装满。觞（shāng）：盛酒的器具。

③江浒：江边。饮食（yìn sì）：作动词，喝，吃。

④吏于土者：在地方上做官的人。若：你。知其职：知道官吏的职责。

⑤民之役：人民的仆役，指官吏。役民：役使人民。

⑥民之食于土者：依靠土地生活的农民。出其十一：拿出自己收入的十分之一。佣乎吏：雇用官吏。司平于我：给人民办事。司，管理。平，治理。我，以百姓的口吻自称。

⑦我：此处的“我”代指官吏。受其直：收取百姓的报酬。直，通“值”，指俸禄。怠：轻慢。

⑧岂唯：哪里只是。盗之：贪污，敲诈。

⑨向使：假如。货器：财物。黜（chù）：罢免，驱逐。

⑩以：而。类此：与此相似。肆：表露。

⑪势：形势。指民与官的关系。如吾民何：应该怎样对待百姓呢。

⑫达于理：明白事理。得不：能不。恐而畏：惶恐而畏惧。

⑬假令：代理县令。假，代。

⑭早作而夜思：即昼夜辛劳。劳心：费神。

⑮讼者平：打官司的得到公正的处理。赋者均：赋税缴纳得公平。怀诈：内怀欺诈。暴憎：表现憎恨。

⑯虚取直：白拿俸禄。的：确实。审：确实。

⑰贱：官位低。辱：指自己被贬黜。与：参与。考绩幽明：考核官吏的贤能与否。幽，暗，指不贤的官吏。明，亮，指贤能的官员。说：意见。

⑱于其往：在薛存义临行之际。重（chóng）：加上，辞：指这篇序文。

【解析】

本文一名《送薛存义之任》，作于永州。在这篇文章中，柳宗元提出了“吏为民之佣”的进步观点。他指出：官吏的存在，并不是为了役使百姓，而是百姓出钱养官，让官吏为自己服务。而官吏们不为百姓服务，则是应该受到“黜罚”的。这种观点不仅发扬了自孟子以来“民贵君轻”的民主主义思想，而且以更强烈的关怀态度，对官民关系作出崭新的界定。这种观点即使在今天也是很有现实意义的。

柳宗元的创作主张是深而不晦，明而不露，畅而不浅，含蓄而不滞塞。本文说理明白，文字显豁，很好地体现了他的创作理想。

三戒 并序

吾恒恶世之人不知推己之本，而乘物以逞[①]，或依势以干非其类，出技以怒强，窃时以肆暴，然卒殆于祸[②]。有客谈麋、驴、鼠三物，似其事，作《三戒》。

临江之麋

临江之人畋得麋麑，畜之[③]。入门，群犬垂涎，扬尾皆来。其人怒，怛之[④]。自是日抱就犬，习示之，使勿动，稍使与之戏[⑤]。积久，犬皆如人意。麑稍大，忘己之麋也，以为犬良我友，抵触偃仆，益狎[⑥]。犬畏主人，与之俯仰甚善，然时啖其舌[⑦]。

三年，麋出门外，见外犬在道甚众，走欲与为戏[⑧]，外犬见而喜且怒，共杀食之，狼藉道上。麋至死不悟[⑨]。

黔之驴

黔无驴，有好事者船载以入[⑩]。至则无可用，放之山下。虎见之，庞然大物也，以为神，蔽林间窥之[⑪]，稍出近之，慭慭然，莫相知[⑫]。

他日，驴一鸣，虎大骇，远遁，以为且噬己也，甚恐[⑬]。然往来视之，觉无异能者[⑭]。益习其声，又近出前后，终不敢搏[⑮]。稍近，益狎，荡倚冲冒。驴不胜怒，蹄之[⑯]。虎因喜，计之曰："技止此耳[⑰]！"因跳踉大㘎，断其喉，尽其肉，乃去[⑱]。

噫！形之庞也类有德，声之宏也类有能[⑲]。向不出其技，虎虽猛，疑畏，卒不敢取[⑳]；今若是焉，悲夫！

永某氏之鼠

永有某氏者，畏日，拘忌异甚[㉑]。以为己生岁直子，

鼠，子神也，因爱鼠，不畜猫犬，禁僮勿击鼠[22]。仓廪庖厨悉以恣鼠[23]，不问。由是鼠相告，皆来某氏，饱食而无祸[24]。某氏室无完器，椸无完衣，饮食大率鼠之余也[25]。昼累累与人兼行，夜则窃啮斗暴，其声万状[26]，不可以寝。终不厌。

数岁，某氏徙居他州。后人来居，鼠为态如故[27]。其人曰："是阴类恶物也，盗暴尤甚，且何以至是乎哉[28]？"假五六猫，阖门，撤瓦，灌穴，购僮罗捕之[29]。杀鼠如丘，弃之隐处，臭数月乃已[30]。

呜呼！彼以其饱食无祸为可恒也哉[31]？

【注释】

①恒恶（wù）：一向反感。推：推究。本：本质。乘物：依靠外物。逞：卖弄，逞强。

②干非其类：向不是同类的人求欢讨好。出技：拿出自己的手段。怒强：激怒强者。窃时：趁机。肆暴：放肆地做坏事。卒：最终。殆：及，到。

③临江：地名，今江西清江县。畋（tián）：打猎。麋麑（mí ní）：小鹿。畜：养。

④垂涎：流口水。扬尾：摇着尾巴。怛（dá）：吓唬。

⑤就犬：接近狗。习视之：经常给狗看，让它们习惯。稍：渐渐。

⑥积久：时间一长。忘己之麋：忘记自己是麋鹿。良：真是。抵触：相互碰撞。偃仆：翻滚。偃（yǎn）：倒下。益狎：越来越亲热。

⑦俯仰：这里指相处。啖（dàn）：此处意为伸出。

⑧外犬：野外的狗。走：上前。为戏：嬉戏。

⑨狼藉：（尸骨）散乱的样子。

⑩黔：贵州。好事者：多事的人。船载以入：用船运进。

⑪庞然：很大的样子。蔽：躲。

⑫稍出近之：渐渐出来接近驴。慭慭（yìn）然：小心谨慎的样子。

⑬他日：一天。骇：害怕。且：将。噬（shì）：咬。

⑭往来：来回。异能：特殊本领。

⑮益习：越来越习惯。进出：接近。

⑯荡倚：接近碰撞。冲冒：冲撞冒犯。不胜（shēng）：不堪。蹄之：用蹄子踢。

⑰因：因而。计：思量。止此：不过如此。

⑱跳踉（láng）：跳跃。㘚（hǎn）：吼叫。

⑲类有德：好像有德行。类有能：好像有本事。

⑳向：如果。出：显示。卒：终究。

㉑永有某氏者：永州有个人。畏日：害怕每日禁忌。拘忌：遵守禁忌。异甚：非常严格。

㉒生岁：出生的年份。直子：正逢鼠年。子神：（鼠）是子年的神物。僮：仆人。

㉓仓廪：仓房。廪（lǐn），米仓。庖厨：厨房。悉：全部。恣鼠：任由老鼠咬食。

㉔皆来某氏：都来到这个人家里。

㉕椸（yí）：衣架。大率：大都。鼠之余：老鼠咬剩下的。

㉖累累：一个接一个。兼行：同行。窃啮：暗地咬坏。啮（niè）：咬。斗暴：打闹。

㉗后人：后来的人。为态：行为表现。

㉘阴类：古人认为蛇、鼠之类洞居动物为阴类。盗暴：盗窃破坏。何以至是：怎能到如此程度。

㉙假：借。阖：关。撤瓦：掀开屋顶上的瓦（以防老鼠做穴）。灌穴：往鼠洞灌水。购：奖励。罗捕：四面围捕。

㉚杀鼠如丘：死鼠堆积如山。隐处：无人之处。已：消散。

㉛可恒：永远不变。

【解析】

本文是一组寓言，题为“三戒”，意谓其中包含着对人世的三点警诫，而贯穿三个寓言的思想是：讽刺某些倚仗权贵而得意忘形、“出技以强怒”、“窃时以肆暴”的小人。从这一点上看，本文的批判矛头是十分明确的。也许柳宗元心目中确有实指的对象，但后人读来，却可以涵盖所有外强中干、仗势炫耀，而一旦失势，终不免可悲下场的丑类。

三个小故事写得短小精悍，饶有兴味。文末冷隽的一句议论，既点出文章主旨，又表现出作者鄙视的态度。

始得西山宴游记

自余为僇人，居是州，恒惴栗[①]。其隙也，则施施而行，漫漫而游[②]。日与其徒上高山，入深林，穷回溪[③]；幽泉怪石，无远不到。到则披草而坐，倾壶而醉，醉则更相枕以卧[④]。卧而梦，意有所极，梦亦同趣[⑤]。觉而起，起而归。以为凡是州之山水有异态者，皆我有也，而未始知西山之怪特[⑥]。

今年九月二十八日，因坐法华西亭，望西山，始指异之[⑦]。遂命仆人过湘江，缘染溪[⑧]，斫榛莽，焚茅茷，穷山之高而止[⑨]。攀援而登，箕踞而遨[⑩]，则凡数州之土壤，皆在衽席之下[⑪]。其高下之势，岈然洼然，若垤若穴[⑫]，尺寸千里，攒蹙累积，莫得遁隐[⑬]。萦青缭白，外与天际，四望如一[⑭]。然后知是山之特立，不与培塿为类[⑮]。悠悠乎与颢气俱而莫得其涯，洋洋乎与造物者游而不知其所穷[⑯]。

引觞满酌，颓然就醉，不知日之入[17]。苍然暮色，自远而至。至无所见，而犹不欲归[18]。心凝形释，与万化冥合[19]。然后知吾向之未始游，游于是乎始[20]。故为之文以志。是岁元和四年也[21]。

【注释】

①僇人：遭受刑辱的罪人。这里指受到贬斥。僇（lù）：侮辱。是州：指永州。惴栗：忧惧不安。惴（zhuì）：愁怕。

②隙：闲暇。施施（yí）：慢步徐行。漫漫：随意，没有目的。

③日：每日。其徒：同伴。穷：尽。即走到尽头。回溪：曲折的溪流。

④披草：分开草丛。相枕：互相倚靠。

⑤意有所极：脑子里能想到的。同趣：同样的内容。

⑥异态：奇异的形像。皆我有：我都到过。怪特：奇特。

⑦法华西亭：法华寺西边的亭子。法华寺在零陵东山。寺西原是竹丛，柳宗元用自己的俸禄在此修建了西亭。指：用手指着。异之：觉得奇怪。

⑧缘：沿着。染溪：即冉溪，在零陵县西南。柳宗元《愚溪诗序》：“灌水之阳有溪焉，东流入潇水，或曰冉氏尝居也，故姓是溪为冉溪。或曰可以染也，名之以其能，故曰染溪。”

⑨斫（zhuó）：砍。榛莽：丛生的草木。茅茷：茅草。茷（fá），草叶茂盛的样子。穷山之高：登到山顶。

⑩攀援：抓住某物而上升。箕踞：两腿伸开，坐在地上。遨：眺望四周。

⑪土壤：土地。衽（rèn）席：坐席。

⑫岈然：山谷深邃的样子。岈（xiā）：深。洼然：山谷低凹的样子。垤（dié）：小土堆。

⑬尺寸千里：眼前的尺寸之地实际上相距千里。攒蹙（cuàn cù）：聚集。累积：收拢。遁隐：掩藏。

⑭萦青缭白：青山白水萦绕相伴。外与天际：向外与天相连结。四望如一：四周的景色浑然一体。

⑮特立：挺立。培塿（pǒu lǒu）：小土丘。为类：做伙伴。

⑯悠悠乎：悠远的样子。颢气：清新盛大之气。颢（hào）：白。涯：边际。洋洋乎：广大的样子。造物者：创造万物的大自然。

⑰引：持，拿。觞（shāng）：酒杯。满酌：满斟。颓然：沉醉的样子。日之入：日落。

⑱苍然：苍茫昏暗的样子。至无所见：暮色降临，什么也看不见。归：下山回家。

⑲心凝形释：形神俱忘。万化：万物。冥合：融合。

⑳向：以前。于是乎始：从游西山开始。

㉑志：记录。元和四年：公元 809，这年柳宗元三十七岁。

【解析】

唐顺宗永贞元年，柳宗元自礼部员外郎被贬为永州司马，且一待就是十年。永州地处荒远，但自然风景很好。在永州的日子里，柳宗元为排遣郁闷，游山泛水，搜奇选胜，写下了不少记录山水的文字，其中最

有名的就是《永州八记》，其中包括《始得西山宴游记》，《钴鉧潭记》、《钴鉧潭西小丘记》、《小石潭记》、《袁家渴记》、《石渠记》、《石涧记》、《小石城山记》八篇。

西山在湖南零陵县西五里，绵延数里，景色秀丽。本篇是《永州八记》的第一篇。文中记述了发现西山和在西山宴饮的过程，构思绝妙，撰语绝工，寄兴旷远，状物精准，文势跌宕起伏，飘忽莫定。沈德潜评论道：此文“从始得著意，人皆知之；苍劲秀削，一归元化；人巧既尽，浑然天之矣”。

钴鉧潭西小丘记

得西山后八日，寻山口西北道二百步，又得钴鉧潭。潭西二十五步[①]，当湍而浚者为鱼梁[②]，梁之上有丘焉，生竹树。其石之突怒偃蹇，负土而出，争为奇状者，殆不可数[③]：其嵚然相累而下者，若牛马之饮于溪[④]；其冲然角列而上者，若熊罴之登于山[⑤]。

丘之小不能一亩，可以笼而有之[⑥]。问其主，曰：“唐氏之弃地，货而不售[⑦]。”问其价，曰：“止四百。”余怜而售之。李深源、元克己时同游，皆大喜，出自意外[⑧]。即更取器用，铲刈秽草，伐去恶木，烈火而焚之[⑨]。嘉木立，美竹露，奇石显[⑩]。由其中以望，则山之高，云之浮，溪之流，鸟兽鱼之遨游，举熙熙然回巧献技，以效兹丘之下[⑪]。枕席而卧，则清泠之状与目谋，潆潆之声与耳谋[⑫]，悠然而虚者与神谋，渊然而静者与心谋[⑬]。不匝旬而得异地者二，虽古好事之士，或未能至焉[⑭]。

噫！以兹丘之胜，致之沣、镐、鄠、杜[⑮]，则贵游之士争买者，日增千金而愈不可得[⑯]。今弃是州也，农夫渔父过而陋之。价四百，连岁不能售[⑰]。而我与深源、克己独喜得之，是其果有遭乎[⑱]？书于石，所以贺兹丘之遭也。

【注释】

①寻：沿着。道：走。步：长度单位，每步五尺。钴鉧潭：在西山西。钴鉧，熨斗。因潭形似熨斗，故名。

②当：面对。湍（tuān），急流。浚

(jùn)：深。鱼梁：用来截流捕鱼的石坝。

③突怒：耸起的样子。偃蹇（yǎn jiǎn)：傲慢的样子。负土：背土，指石上有土。殆：几乎。不可数：数不清。

④嵚（qīn）然：倾斜的样子。相累：重叠拥挤。

⑤冲然：突起向上的样子。角列：争先排列。罴（pí)：熊的一种。

⑥不能：不足。笼而有之：形容很轻易地拥有。

⑦弃地：废弃的地方。货：出售。不售：没有人买。

⑧怜而售之：欣赏它并把它买下。时：当时。

⑨更：轮换。器用：工具。刈（yì)：割。秽草：杂草。恶木：生长不好的树木。烈：作动词，把火烧得很旺。

⑩嘉木：树形挺拔的树木。美竹：修长的竹子。奇石：形状怪异的石头。

⑪举：全都。熙熙然：欢乐的样子。回巧献技：呈献出各种本领和技艺。效：表现。兹丘：这座小丘。

⑫枕席：作动词，指垫枕铺席。清泠(líng)：形容水的清凉。与目谋：映入眼帘。瀯瀯（yíng)：水流的回旋声。与耳谋：传入耳中。

⑬悠然而虚：悠远而虚空。渊然而静：深邃而宁静。

⑭匝：周。超过的意思。旬：十日为一旬。异地：景致奇特之处。虽：即使。未能至焉：没有这样的收获。

⑮胜：胜景。致之：把它放在。沣(fēng)：水名，在长安县。镐(hào)：地名，在长安县西南。鄠(hù)：地名，在长安西南。杜，即杜曲，在长安东南。

⑯贵游之士：喜好游玩的贵族子弟。愈：越发。

⑰陋：轻视。连岁：多年。

⑱其：难道。遭：遭际，遇合。

【解析】

本篇是《永州八记》之三。本文的最大特点是，在描绘自然景物的同时，抒发了自己身世沦落的感慨，宋人洪迈早就指出：“钴鉧复埋没不可识，士之处世，遇与不遇，其亦如是哉!”(《容斋三笔》) 可见，柳宗元所写，不仅是他个人的遭际，也是那个时代所有知识分子的共同命运。

文章在结构上也颇具匠心，前半部分写小丘形胜，后半部分则写弃掷之叹，转折自然，不见丝毫人工痕迹。而且写景状物之际，分明看到了作者的影子，文字间气韵清劲，感情深切，读来别有一番幽冷凄清之感。清人徐幼铮所言：“结语哀怨之音，反用一‘贺’字托出，在诸记中，尤令人泪随声下。”正是点破其中心之语。

小石潭记

从小丘西行百二十步，隔篁竹，闻水声，如鸣珮环，心乐之①。伐竹取道，下见小潭，水尤清冽②。全石以为底，

近岸，卷石底以出[③]，为坻，为屿，为嵁，为岩[④]。青树翠蔓[④]，蒙络摇缀，参差披拂[⑤]。

潭中鱼可百许头，皆若空游无所依[⑥]。日光下澈，影布石上[⑦]，佁然不动；俶尔远逝[⑧]，往来翕忽，似与游者相乐[⑨]。

潭西南而望，斗折蛇行，明灭可见[⑩]。其岸势犬牙差互，不可知其源[⑪]。

坐潭上，四面竹树环合，寂寥无人，凄神寒骨，悄怆幽邃[⑫]。以其境过清，不可久居，乃记之而去[⑬]。

同游者：吴武陵，龚古，余弟宗玄。隶而从者，崔氏二小生[⑭]：曰恕己，曰奉壹。

【注释】

①篁（huáng）竹：成片的竹林。珮环：玉制的饰品。乐：喜欢。

②取道：开路。清冽：形容潭水清凉。

③全石以为底：潭底是整块的大石。卷石底而出：形容岸边的石块与潭底连为一体。

④为：成为。坻（chí）：水中高地。屿（yǔ），小岛。嵁（kān）：不平的岩石。

⑤青树翠蔓：绿的树，青的藤蔓。蒙络摇缀：遮掩缠绕，摇动下垂。参差披拂：长短不齐，迎风飘动。

⑥可：大约。空游：游在空中。极写潭水之清。

⑦澈：通“彻”，穿过。布：映在。

⑧佁（yǐ）然：呆呆的样子。俶（chù）尔：忽然。远逝：向远处游去。

⑨翕（xī）忽：疾速的样子。

⑩斗折蛇行：形容溪水蜿蜒曲折。明灭可见：或明或暗。源：源头。

⑪岸势：岸边的石势。犬牙差（cī）互：高低交错。

⑫环合：围绕。凄神寒骨：神情凄冷，寒气透骨。悄怆：寂静得令人感伤。幽邃：幽深。

⑬以：因为。过清：太过凄冷。居：留。

⑭隶而从：作为随从同行的。小生：年轻人。

【解析】

本文是《永州八记》的第四篇，又名《至小丘西小石潭记》。与前面两篇不同的是，本文纯粹写景，未置议论；但在写景之中，自然流露出情绪，仍与前文一脉相承。本篇为历来选家所重，主要是因为它集中体现了柳宗元山水游记中那种穷微尽妙、镌刻造化的笔力和词旨精妙、语意神远的文才。很多评论家把柳宗元与郦道元相比，其实，除了状物逼真、刻画传神之外，“子厚山水诸作，其寄兴之旷远，状物之工妙，直合

陶谢之诗、扬马之赋，熔为一炉，洵属文家绝境”（李光地语）。具体到本篇，读者不仅可以读到那亲切可喜的描绘，也能感受到其悄怆幽邃的冰雪境界。

白居易

白居易（772～846），字乐天，祖籍太原，后迁居下邽（今陕西渭南）。唐德宗贞元年间进士，授秘书省校书郎。唐宪宗元和年间任翰林学士，迁左拾遗、左赞善大夫。后因得罪权贵，被贬为江州司马。后陆续任杭州刺史、苏州刺史，政绩显著。以刑部尚书致仕。晚年退居洛阳香山，自号香山居士。

白居易是唐朝伟大的诗人之一。他的诗作关注民生，通俗易懂，流传很广。《长恨歌》、《琵琶行》等长诗更是情致绵长，婉转多姿。他的散文也写得清雅精巧，流畅明丽。有《白香山集》。

庐山草堂记

匡庐奇秀，甲天下山①。山北峰曰香炉峰，北寺曰遗爱寺②，介峰寺间，其境胜绝，又甲庐山③。元和十一年秋，太原人白乐天见而爱之，若远行客过故乡，恋恋不能去，因面峰胁寺，作为草堂④。

明年春，草堂成。三间两柱，二室四牖，广袤丰杀，一称心力⑤。洞北户，来阴风，防徂暑也⑥。敞南甍，纳阳日，虞祁寒也⑦。木，斫而已，不加丹⑧。墙，圬而已，不加白⑨。甗阶用石，幂窗用纸⑩，竹帘纻帏，率称是焉⑪。堂中设木榻四，素屏二，漆琴一张，儒道佛书，各三两卷⑫。

乐天既来为主，仰观山，俯听泉，傍睨竹树云石，自辰及酉，应接不暇⑬。俄而物诱气随，外适内和⑭。一宿体宁，再宿心恬，三宿后颓然嗒然，不知其然而然⑮。

自问其故。答曰：是居也，前有平地，轮广十丈；中有平台，半平地；台南有方池，倍平台⑯。环池多山竹野

卉，池中生白莲白鱼。又南抵石涧，夹涧有古松老杉，大仅十人围，高不知几百尺[17]。修柯戛云，低枝拂潭，如幢竖，如盖张，如龙蛇走[18]。松下多灌丛，萝茑叶蔓，骈织承翳[19]，日月光不到地，盛夏风气如八九月时。下铺白石，为出入道。堂北五步，据层崖积石，嵌空垤块[20]，杂木异草盖覆其上。绿荫蒙蒙，朱实离离[21]，不识其名，四时一色。又有飞泉植茗，就以烹燀，好事者见，可以永日[22]。堂东有瀑布，水悬三尺，泻阶隅，落石渠，昏晓如练色，夜中如环佩琴筑声[23]。堂西倚北崖右趾，以剖竹架空，引崖上泉[24]，脉分线悬，自檐注砌[25]，累累如贯珠，霏微如雨露，滴沥飘洒，随风远去[26]。其四傍耳目杖屦可及者，春有锦绣谷花，夏有石门涧云，秋有虎溪月，冬有炉峰雪[27]。阴晴显晦，昏旦含吐，千变万状，不可殚纪覙缕而言[28]，故云甲庐山者。噫！凡人丰一屋，华一箦，而起居其间，尚不免有骄稳之态[29]，今我为是物主，物至致知[30]，各以类至，又安得不外适内和，体宁心恬哉！昔永、远、宗、雷辈十八人同入此山，老死不反，去我千载，我知其心以是哉[31]！

矧予自思，从幼迨老[32]，若白屋，若朱门[33]，凡所止虽一日二日，辄覆篑土为台，聚拳石为山，环斗水为池，其喜山水病癖如此[34]。一旦蹇剥，来佐江郡[35]，郡守以优容而抚我，庐山以灵胜待我[36]，是天与我时，地与我所，卒获所好，又何以求焉[37]！尚以冗员所羁，余累未尽，或往或来，未遑宁处[38]。待予异时弟妹婚嫁毕，司马岁秩满，出处行止，得以自遂[39]，则必左手引妻子，右手抱琴书，终老于斯，以成就我平生之志。清泉白石，实闻此言[40]！

时三月二十七日，始居新堂；四月九日，与河南元集虚，范阳张允中，南阳张深之，东西二林长老湊公、朗满、晦坚等凡二十有二人具齐，施茶果以落之[41]。因为草堂记。

【注释】

①匡庐：庐山的总称。据说在商周之际，有一位匡裕先生来庐山隐居，故名。甲：第一。

②香炉峰：在庐山西北，山峰尖圆，烟

云聚散之际，状如香炉。遗爱寺：即东林寺。晋僧慧远所建。

③介：位于。胜绝：非常美丽。

④面峰胁寺：面对香炉峰，紧靠遗爱寺。作为：建造。

⑤牖（yǒu）：窗户。广：东西的距离。袤（mào）：南北的距离。丰杀：宽窄。一称：完全符合。心力：自己的设想。

⑥洞北户：打开北面的门。户，门。阴风：北风。徂暑：酷暑。徂（cú）：开始。

⑦甍（méng）：屋梁。阳日：太阳光。虞：担心，预防。祁寒：严寒。祁（qí），大。

⑧斫（zhuó）：削皮修整。丹：红色的油漆。

⑨圬（wū）：用泥涂抹墙壁。白：石灰之类的白色涂料。

⑩碱（qì）：台阶。幂（mì）：覆盖。

⑪苎纬：麻布做的帐子。苎（zhù），麻。率称是焉：都与此相称。率，都。

⑫素屏：未加彩绘的屏风。儒道佛书：儒家、道家、佛教的著作。

⑬为主：做草堂的主人。睨（nì）：斜视。自辰及酉：从早到晚。辰，相当于上午七点至九点。酉，相当于下午五点到七点。

⑭物诱：景物的吸引。气随：心神相随。外适内和：身体舒适，内心平和。

⑮一宿：住了一夜。体宁：身体舒适。心恬：心境安宁。颓然嗒（tà）然：无拘无束，身心俱泰的境界。不知其然而然：一切随心所欲，顺其自然。

⑯轮广：方圆。南北叫“轮”，东西叫“广”。半平地：其中一半是平地。倍平台：比平台大一倍。

⑰夹涧：沿着山涧两边。仅（jìn）：将近。

⑱修柯：高大的树枝。戛（jiá）：击打。幢（chuáng）：织物围成的圆柱状。盖：伞。如龙蛇走：形容树枝屈曲的样子。

⑲茑（niǎo）：一种寄生的草本植物。骈织承翳：形容植物枝叶交织的样子。骈织，纵横交错。承翳，相互遮盖。

⑳据：靠着。层岩：层层山崖。嵌空：有孔的大石。垤块：大土块。垤（dié），突起的土。

㉑蒙蒙：密布的样子。朱实：红色的果实。离离：众多。

㉒植茗：种植茶叶。引申为灌溉茶树。就以烹焯：就着飞泉烹茶。焯（chǎn）：炊。永日：终日，从早到晚。

㉓昏晓：黄昏和拂晓。练：白色的丝织物。环佩：圆形的玉制装饰。琴筑：弦乐器。

㉔右趾：右边山角。剖竹：剖开的竹管。架空：凌空飞架。

㉕脉分线悬：指泉水在竹管的引导下像血脉一样错综分布，像线一样滴落下来。注砌：滴落在石阶上。

㉖累累：连续不断。贯珠：串起来的珠子。霏微：细微的水点。滴沥：点点滴滴。

㉗杖屦可及：步行可以到达的地方。杖，拐杖；屦（jù），鞋。锦绣谷：绵绣峰下的山谷。石门涧：庐山马耳峰下有一中空巨石，俗称“石门”。其前有涧，故名。虎溪：在东林寺下。传说慧远法师每送客至此，就听到虎叫，故名。炉峰：香炉峰。

㉘显晦：明暗。含吐：指云烟聚散。殚纪：逐一地记录。殚（dān），尽。觌

(luó)缕：详细叙述。这里意为“总而言之”。

㉙丰一屋：有一间宽敞的房屋。华一箦：有一领漂亮的席子。箦（zé），席子。骄稳：即“骄傲”。

㉚是物：指庐山草堂。物至：指各种美好的景物尽现眼前。致知：推究万物之理。

㉛永、远、宗、雷辈十八人：东晋僧人慧远在庐山建东林寺后，与慧永、宗炳、雷次宗等人结社念佛，号十八贤。老死不返：至死不再出山。去我：距我。以是哉：就是因为这一点。

㉜矧（shěn）：况且。洎：及。

㉝白屋：穷苦人家的房舍。朱门：富贵人家的住宅。

㉞蒉土：很少的土。蒉（kuì），筐。拳石：像拳头大小的石块。斗水：很少的水。病癖：很深的嗜好。

㉟蹇剥：遭遇不好的命运。蹇（jiǎn）：六十四卦之一，“蹇，难也。险在前也。”（《易经》）来佐江郡：来江州做司马。

㊱优容：宽容优待。抚：安慰。灵胜：奇异的景致。

㊲天与我时：上天给我悠闲的时间。地与我所：大地给我浏览的场所。卒获：最终得到。

㊳冗员：闲散的官职。羁：束缚。余累：各种公务的拖累。未遑：没有时间。遑，闲暇。宁处：安静地过日子。

㊴异时：以后。秩满：任职期满。出处（chǔ）：出仕或隐退。行止：行动。自遂：按自己的意愿。

㊵终老：在此度过余生。成就：实现。实闻此言：意为“可以作证”。

㊶东西二林：东林寺和西林寺。具斋：准备斋饭。落之：庆祝草堂的落成。

【解析】

唐宪宗元和十年，白居易任左赞善大夫，因越职言事，被贬为江州（州治在今江西九江）司马。司马是一个无职无权的闲官，白居易在江州时思想苦闷，情绪低落，于是便流连山水，消遣郁闷。元和十一年秋，白居易前往庐山，在东林寺住了几天。庐山的清幽风景、奇峰古寺给他留下极好的印象。于是在此营造草堂，准备将来在此养老。本文便是草堂落成之际写下的。

文章首先描写草堂的建筑及室内的陈设，然后描写了草堂周围的景色，最后抒发了对人生无常的感慨和乐天安命的情绪。全篇观察细致，描写准确，加以议论，层次清晰，给人一种从容宁静、清丽安详的感受。

冷泉亭记

东南山水，余杭郡为最；就郡言，灵隐寺为尤；由寺观言，冷泉亭为甲①。亭在山下，水中央，寺西南隅。高不倍寻，广不累丈②，而撮奇得要，地搜胜概，物无遁形③。

春之日，我爱其草熏熏，木欣欣[4]，可以导和纳粹，畅人血气[5]。夏之夜，我爱其泉渟渟，风泠泠[6]，可以蠲烦析酲，起人心情[7]。山树为盖，岩石为屏，云从栋生，水与阶平[8]，坐而玩之者，可濯足于床下；卧而狎之者，可垂钓于枕上[9]。矧又潺湲洁沏，粹冷柔滑[10]，若俗士，若道人，眼耳之尘，心舌之垢，不待盥涤，见辄除去[11]。潜利阴益，可胜言哉[12]！斯所以最余杭而甲灵隐也。

杭自郡抵四封，丛山复湖，复湖：众多的湖泊。易为形胜[13]。先是领郡者，有相里君造虚白亭[14]，有韩仆射皋作候仙亭[15]，有裴庶子棠棣作观风亭[16]，有卢给事元辅作见山亭[17]，及右司郎中河南元藇最后作此亭[18]。于是五亭相望，如指之列，可谓佳境殚矣，能事毕矣[19]。后来者虽有敏心巧目，无所加焉[20]。故吾继之，述而不作[21]。

长庆三年八月十三日记。

【注释】

①余杭郡：杭州。最、尤、甲，都是“最好”的意思。

②水：指石门涧。寺：灵隐寺。高不倍寻：高度不超过两寻。一寻相当于八尺。累丈：两丈。

③撮奇得要：抓住精华和关键的部分。地搜胜概：地势上包罗了各种美好的特征。物无遁形：各种景致表露无遗。

④薰薰：花草的芳香。欣欣：茂盛的样子。

⑤导和纳粹：疏导心中的和气，吸收自然的精华。畅血气：使人心情舒畅。

⑥渟渟（tíng）：泉水轻缓的流动。泠泠（líng）：清凉的样子。

⑦蠲烦：除去烦恼。蠲（juān）：免除。析酲：解酒。酲（chéng）：醉酒。起：愉悦。

⑧云从栋生：云雾仿佛从屋顶升起。

⑨濯（zhuó）：洗。床：可侧卧的坐榻。

⑩潺湲（chán yuán）：水流缓缓的样子。洁沏：清澈的泉水。沏（qiè）：水流的样子。粹冷柔滑：形容泉水的清凉洁净。

⑪若俗士，若道人：意为不论是百姓或修道的人。盥（guàn）涤：洗去。

⑫潜利阴益：无形的好处。可胜言哉：哪能说完啊。胜（shēng）：尽。

⑬四封：四郊。复湖：众多的湖泊。易为形胜：容易形成美丽的景观。

⑭领郡：担任余杭郡长官。相里君：不详。相里，复姓。

⑮韩仆射皋：唐穆宗长庆年间的左仆射韩皋。他曾在德宗时任杭州刺史。仆射（yè），尚书省长官。

⑯裴棠棣：不详。庶子：官职名。

⑰卢元辅：字子望，曾任杭州刺史。给事：即给事中，官职名。

⑱元藇（xù）：唐宪宗元和十五年前后

任杭州刺史。

⑲如指之列：像五个手指一样并列。能事：所能做的事情。

⑳敏心：心思聪慧。巧目：想尽办法。

㉑继之：继任杭州刺史。白居易是接替元藇的职位。述而不作：只写这篇文章，不再新建亭子了。

【解析】

冷泉在杭州灵隐寺飞来峰下，是西湖胜景之一。泉水从潭底石缝中涌出，在山脚下环绕奔流。冷泉亭是唐宪宗元和十五年时任杭州刺史的元藇所建，亭在水中，四面隔水，实为赏景胜地。明以后，水道阻塞，冷泉亭也和岸连为一体，无法再现白居易文中所描绘的景象。

白居易是唐穆宗长庆二年任杭州刺史，本文作于次年八月。文章虽是为冷泉亭而作，但作者略写了亭的位置、体貌，而把重点放在登亭观景时的种种感受，情随景生，境与意谐，从另一个角度展现了冷泉亭的独特魅力。结尾一段，列举周围数亭，更加强调了冷泉亭的绝佳地位。全篇构思精巧，落笔轻灵，虽然是一篇景物小记，却写得别具匠心，风神俊爽。

刘禹锡

刘禹锡（772～842），字梦得，洛阳人，因曾任太子宾客，世称刘宾客。贞元间擢进士第，登博学鸿词科，授监察御史，因参加王叔文集团，被贬朗州司马，迁连州刺史。后又任夔州、和州刺史，晚年回到洛阳任太子宾客。刘禹锡的诗雄浑俊朗，节奏和谐响亮，时人称之为“诗豪”。其《竹枝词》、《柳枝词》富有民歌特色，开唐诗新生面。有《刘梦得文集》。

陋室铭

山不在高，有仙则名；水不在深，有龙则灵[①]；斯是陋室，惟吾德馨[②]。苔痕上阶绿，草色入帘青[③]；谈笑有鸿儒，往来无白丁[④]。可以调素琴、阅金经[⑤]。无丝竹之乱耳，无案牍之劳形[⑥]。南阳诸葛庐、西蜀子云亭[⑦]，孔子曰：何陋之有[⑧]。

【注释】

①名：著名。灵：显灵。

②斯：这。陋室：简陋的居室。馨

(xīn)：香。这里指品德优秀。

③苔痕上阶绿：正常的语序是“绿苔痕上阶”。阶，台阶。草色入帘青：正常的语序是“青草色入帘”。入，映入。

④鸿儒：大儒，博学者。白丁：平民。

⑤调（tiáo）：演奏。素琴：没有装饰的琴。金经：道教的书籍。

⑥丝竹：弦乐和管乐。代指浮华的音乐。案牍：官场公文。劳形：使身体感到疲倦。

⑦南阳诸葛庐：三国诸葛亮未出山时，隐居于南阳的草屋中。西蜀子云亭：西汉文学家扬雄，字子云，家在成都西南，取名“草玄亭”。

⑧何陋之有：有什么简陋不简陋呢？

【解析】

唐顺宗永贞元年，王叔文执政，刘禹锡和柳宗元等人积极参与了王叔文的政治改革。后来，王叔文被贬，刘禹锡也谪往朗州（今湖南常德），在巴山楚水之间蛰伏九年。然而，刘禹锡并没有消极颓唐，而是依然保持着开朗乐观的精神。这篇短文就是写于这一时期。文章韵散结合，通篇押韵，读起来朗朗上口。整饬而富于变化的句式之中，营造出抑扬顿挫的音乐氛围。在文中，作者把自己艰苦的生活环境描绘成清静脱俗、逸豫高雅的世界，从而寄寓了他志存高远、不肯随波逐流的思想感情。虽然其中不乏自慰自遣的情绪，但文中充溢的那种身处逆境、不改夙愿的境界还是难能可贵的。

杜　牧

杜牧（803～852），字牧之，京兆万年（今陕西长安县）人。唐文宗太和二年进士，复举贤良方正，授弘文馆校书郎。历任黄州、池州、睦州刺史，后迁中书舍人。史称其“刚直有奇节，不为龊龊小谨，敢论列大事，指陈病利尤切至”（《新唐书·本传》）。他的咏史诗就突出体现了这一特色，例如《赤壁》、《题乌江亭》等。杜牧的诗情致豪迈、语言清丽，人称“小杜”。有《樊川集》。

阿房宫赋

六王毕，四海一①，蜀山兀，阿房出②。覆压三百余里，隔离天日③；骊山北构而西折，直走咸阳④。二川溶溶，流

入宫墙[5]；五步一楼，十步一阁，廊腰缦回，檐牙高啄[6]；各抱地势，勾心斗角[7]。盘盘焉，囷囷焉[8]，蜂房水涡，矗不知其几千万落[9]。长桥卧波，未云何龙[10]？复道行空，不霁何虹[11]？高低冥迷，不知西东[12]。歌台暖响，春光融融[13]；舞殿冷袖，风雨凄凄[14]；一日之内，一宫之间，而气候不齐[15]。

妃嫔媵嫱，王子皇孙，辞楼下殿，辇来于秦[16]，朝歌夜弦，为秦宫人[17]。明星荧荧，开妆镜也[18]；绿云扰扰，梳晓鬟也[19]；渭流涨腻，弃脂水也[20]；烟斜雾横，焚椒兰也[21]；雷霆乍惊，宫车过也[22]；辘辘远听，杳不知其所之也[23]。一肌一容，尽态极妍[24]，缦立远视，而望幸焉。有不得见者，三十六年[25]。燕赵之收藏，齐楚之精英，几世几年，剽掠其人，倚叠如山，一旦不能有，输来其间[26]。鼎铛玉石，金块珠砾，弃掷逦迤[27]，秦人视之，亦不甚惜。

嗟呼！一人之心，千万人之心也。秦爱纷奢，人亦念其家[28]。奈何取之尽锱铢，弃之如泥沙[29]？使负栋之柱，多于南亩之农夫[30]；架梁之椽，多于机上之工女[31]；钉头磷磷，多于在庾之粟粒[32]；瓦缝参差，多于周身之帛缕[33]；直栏横槛，多于九土之城郭[34]；管弦呕哑，多于人市之言语[35]。使天下之人，不敢言而敢怒，独夫之心，日益骄固[36]。戍卒叫，函谷举[37]，楚人一炬，可怜焦土[38]。

呜呼！灭六国者，六国也，非秦也；族秦者，秦也，非天下也[39]。嗟夫！使六国各爱其人，则足以拒秦[40]；秦复爱六国之人，则递三世可至万世而为君，谁得而族灭也[41]？秦人不暇自哀，而后人哀之[42]；后人哀之而不鉴之，亦使后人而复哀后人也[43]。

【注释】

①六王：战国后期齐、楚、燕、韩、赵、魏六国之王。四海：全中国。一：统一。

②兀：形容山的光秃（树林都被砍光，用以建造阿房（ē páng）宫。

③覆压：掩盖。隔离：遮蔽。

④骊山北构而西折：阿房宫从骊山北边建起，弯转向西。走：通向。

⑤二川：渭水和樊川。溶溶：水盛大的样子。

⑥廊腰：建筑之间的回廊。缦回：舒缓曲折。檐牙：突起的屋檐，状如牙齿。

⑦各抱地势：指各个建筑因地势而起。勾心斗角：形容各个建筑杂然交错。

⑧盘盘焉：盘结的样子。囷（qūn）囷焉：曲折的样子。

⑨蜂房水涡：形容建筑像蜂巢一样交错，像漩涡一样旋转。矗：耸立。落：座，所。

⑩未云何龙：《易·乾·文言》："云从龙，风从虎。"

⑪复道：在空中架起的走道。霁（jì）：雨过天晴。

⑫冥迷：分辨不清。

⑬歌台暖响：台上歌声悠扬，充满暖意。

⑭舞殿冷袖：殿中舞女的长袖仿佛带来凉意。

⑮不齐：不一致。

⑯妃嫔媵嫱：六国的宫妃。媵（yìng）：陪嫁的女人。嫱（qiáng）：比妃子地位略低的妇官。辇（niǎn）来：乘车来到。

⑰弦：这里指弹琴。宫人：宫女、佣人。秦灭六国后，把各国的美女王孙都送入秦宫。

⑱荧荧：闪光。妆镜：化妆用的铜镜。

⑲扰扰：浮动。鬟（huán）：发髻。

⑳涨腻：水面上浮起一层油腻。脂水：含有胭脂的洗脸水。

㉑椒兰：椒和兰是两种芳香植物。

㉒雷霆乍惊：形容车队经过时的巨大声响。

㉓辘辘远听：车声越来越远。杳（yǎo）：无声无息。所之：所去的方向。

㉔一肌一容：每一块肌肤，每一副容颜。尽态极妍：竭尽娇丽妩媚。

㉕缦立：久久地伫立。望幸：希望得到皇帝的宠爱。三十六年：是秦始皇在位的总年数。

㉖收藏：金玉珍宝。下文中的"精英"亦同此义。剽掠：掠夺。其人：他们（指六国）的人民。倚叠：积累。输来其间：运进阿房宫。

㉗鼎铛玉石：把宝鼎看作铁锅，把美玉当成石头。铛（chēng）：锅。块：土块。砾（lì）：石子。逦迤（lǐ yǐ）：连接不断。比喻到处都是。

㉘一人之心，千万人之心：即"人同此心"。纷奢：奢华。人：指百姓。念其家：牵挂自己的家业。

㉙奈何：怎么能。锱铢（zī zhū）：古时的重量单位，这里比喻细微。

㉚负栋之柱：承担栋梁的柱子。南亩：农田。

㉛架梁之椽：架在梁上的椽子。椽（chuán）：承接屋顶的木条。机上：织机。

㉜磷磷：形容木建筑上众多的钉子。庾（yǔ）：仓库。

㉝参差（cēn cī）：错综交织。帛缕：衣服上的纱线。

㉞槛（jiàn）：栏杆。九土：全国。

㉟呕哑：乐器发出的声音。

㊱独夫：无道之君。这里指秦始皇。骄固：骄傲顽固。

㊲戍卒：戍边的士兵。这里指首举义旗的陈涉、吴广。函谷：关名，在今河南灵宝，是秦的东关。举：攻占。

㊳楚人：指项羽。他是楚将项燕的后代，故名。一炬：公元前206年，项羽入咸阳，焚烧秦国宫殿，大火三月不息。

㊴族：灭族。这里是亡国之义。

㊵各爱其人：各自爱护自己的人民。拒：抗拒。

㊶递三世可至万世：嬴政之所以自号始皇，是想秦国的江山可以一代一代传下去，直到万世。递，传。

㊷不暇：顾不上。哀之：为他感到悲哀。

㊸鉴之：从中吸取教训。后人复哀后人：将来的人又要为今天的人悲哀。

【解析】

阿房宫是秦朝的著名宫殿群，秦始皇三十五年，在渭南上林苑中开始营造，前后征发劳力七十五万之多。据说，阿房宫东西五百步，南北五十丈，庭院中可坐上万人。宫殿的四周是阁道，从殿下直达南山。项羽攻入咸阳后，放火烧毁这座宫殿。

唐敬宗宝历年间，敬宗大造宫室，穷奢极欲，杜牧有感而发，写下了这篇文章。文章前半部分铺写阿房宫的壮丽繁盛，以及始皇骄奢的生活，后半部分则论述了秦朝覆亡的根源在于不爱其民，从而点明了以古鉴今的主旨。全文虽称赋体，但气势飞动，句法错综，笔意流转，一气呵成。不仅文采华丽，而且有强烈的现实关注，的确是一篇佳作。所以李缦堂称："樊川文章风概，卓绝一代。其学问识力，亦复如此。予向推为晚唐第一人，非虚诬也。"

孙　樵

孙樵，字可之，又字隐之，生卒年不详，大致生活在唐末。唐宣宗大中九年考中进士，授中书舍人，迁职方郎中。孙樵的古文在晚唐颇有名气，他自称"藏书五千卷，常自探讨，幼而工文，得之真诀。"清人储欣曾评道："可之之文，幽怀孤愤，章章激烈，生乎懿、僖，每念不忘贞观、开元之盛，其言不得不激，不得不愁。按其词意渊源之自出，信昌黎先生嫡传也。"他的《书何易之》一文深得欧阳修推重，把它全文收入《新唐书·何易之传》。有《孙樵集》。

书褒城驿壁

褒城驿号天下第一①。及得寓目，视其沼，则浅混而茅②；视其舟，则离败而胶③。庭除甚芜，堂庑甚残④。乌睹其所谓宏丽者⑤。

讯于驿吏[6]，则曰："忠穆公尝牧梁州，以褒城控二节度治所[7]，龙节虎旗，驰驿奔轺[8]，以去以来，毂交蹄劘[9]，由是崇侈其驿，以示雄大，盖当时视他驿为壮[10]。且一岁宾至者不下数百辈[11]，苟夕得其庇，饥得其饱，皆暮至朝去，宁有顾惜心耶[12]。至如棹舟，则必折篙破舷碎鹢而后止[13]；渔钓，则必枯泉汨泥尽鱼而后止[14]。至有饲马于轩，宿隼于堂[15]，凡所以污败室庐，糜毁器用[16]。官小者，其下虽气猛，可制[17]；官大者，其下益暴横，难禁[18]。由是日益破碎，不与曩类[19]。某曹八九辈，虽以供馈之隙，一二力治之，其能补数十百人残暴乎[20]？"

语未既，有老甿笑于旁[21]，且曰："举今州县皆驿也。吾闻开元中，天下富蓄，号为理平[22]。踵千里者不裹粮，长子孙者不知兵[23]。今者天下无金革之声，而户口日益破[24]；疆场无侵削之虞，而垦田者日益寡[25]，生民日益困，财力日益竭[26]。其何故哉？凡与天子共治天下者，刺史县令而已，以其耳目接于民，而政令速于行也[27]。今朝廷命官，既已轻任刺史县令，而又促数于更易[28]。且刺史县令，远者三岁一更，近者一二岁再更[29]，故州县之政，苟有不利于民，可以出意革去其甚者[30]，在刺史则曰：'明日我即去，何用如此！'在县令亦曰：'明日我即去，何用如此！'当愁醉醲，当饥饱鲜[31]；囊帛椟金，笑与秩终[32]。"

呜呼！州县真驿耶？矧更代之隙，黠吏因缘恣为奸欺，以卖州县者乎[33]？如此而欲望生民不困，财力不竭，户口不破，垦田不寡，难哉！予既揖退老甿，条其言，书于褒城驿屋壁[34]。

【注释】

①褒城驿：唐代褒城的驿站，在今陕西省褒城东南。它是由关中入蜀的要道上的著名驿站。号：号称。

②寓目：亲眼看到。沼：水池。浅混：水浅且浑浊。茅：长满茅草。

③离败而胶：船板破裂，船身搁浅在泥泞中。

④庭除：庭院和台阶。芜：长满荒草。堂庑：堂屋的走廊。

⑤乌睹：哪能看到。宏丽，宏伟壮丽。

⑥讯：问。驿吏：主管驿站的官吏。

⑦忠穆公：唐德宗时的山南西道节度史

严遵。忠穆是他的谥号。牧梁州：任梁州刺史。牧，古时称一州之长。这里作动词。控：控制。二节度治所：指凤翔节度使治所凤翔府和山南西道节度使治所兴元府。节度，即节度使，唐代官制，统管一道或数州军、民大政。治所，驻地。

⑧龙节：刻有龙纹的符节。虎旗：绘有虎纹的旌旗。驰驿：奔驰的驿马。奔轺（yáo）：飞跑的车子。

⑨以去以来：在这里来来往往。毂交：车辆交错。毂（gǔ），在车轮中心插轴的地方。蹄劘：马蹄相碰。劘（mó），摩擦。

⑩崇侈：扩大。视他驿为壮：比其他的驿站雄伟壮观。

⑪宾至者：来的客人。辈：相当于“个”。

⑫苟：只要。夕得其庇：晚上有地方住。得其饱：能吃饱饭。宁：哪里。顾惜：爱护。

⑬棹舟：划船，棹（zhào）：桨。鹢（yì）：画有鹢鸟图案的船头。

⑭枯泉：把泉水放干。汩泥：搅起泥浆。汩（gǔ）：搅乱。尽鱼：把鱼捕干。

⑮饲马于轩：在亭廊上喂马。轩，有顶无墙的建筑。宿隼于堂：把鹰带到屋里过夜。隼（sǔn），苍鹰。

⑯凡所以：这些都是造成……的原因。污败：弄脏弄坏。糜毁：损坏。器用：器物。

⑰其下：他的手下。气猛：脾气大。可制：可以管束。

⑱暴横：凶暴蛮横。

⑲破碎：损坏。曩（nǎng）：从前。类：相同。

⑳某曹：我们（驿吏）。供馈：供应，服务。馈（kuì），膳食。隟（xì）：同“隙”，空闲。一二力：较少的力量。残暴：破坏。

㉑既：完。甿：农民。唐人避太宗李世民讳，将“民”多称为“氓”或“甿”。

㉒举：所有。开元：唐玄宗年号，历时二十八年。富蕃：富裕、繁荣。理平：治理，太平。

㉓踵：脚跟，这里作“走”。裹粮：携带干粮。长：养育。兵：兵器，代指战争。

㉔金革：军中的锣鼓。亦指战争。户口：代指人口。破：少。

㉕侵削：被侵占、吞食。虞：忧患。垦田：种地。

㉖生民：百姓。困：艰难。财力：国家财力。

㉗耳目接与民：与百姓接触较多。政令速于行：国家的政令能较快地得到执行。

㉘朝廷命官：朝廷委派官吏。既已：已经是。轻任：随意派人，任用不慎重。促数：时间短，次数多。更易：调换。

㉙一更：一换。再更：两换。

㉚州县之政：州县的行政措施。苟：即使。出意：想办法。革去其甚：改掉其中不好的部分。

㉛当愁醉醲：愁的时候喝酒。醲（nóng）：美酒。饱鲜：饱餐鲜美食品。

㉜囊帛：把绸帛装进口袋。椟金：把金银装进盒子。椟（dú），木盒。笑与秩终：喜笑颜开，直到官满卸任。秩，为官的任期。

㉝矧：况且。更代：新旧官员交替。黠吏：狡猾的小吏。黠（xiá）：奸猾。

因缘：找出借口。恣为奸欺：任意做奸诈欺瞒之事。卖州县：指损害公家利益以利自己。

㉞揖退：拱手送客。条其言：整理他的议论。

【解析】

这是一篇有寓言意味的文章，作者通过曾显赫一时的褒城驿的兴衰，借用老农之口，分析了唐末政治败坏、国家衰落的原因。“所谓今州县皆驿也”的主题，指出了封建制度下根深蒂固的弊病在于“既已轻任刺史县令，而又促数于更易”。清人高士奇曾对此评论道：“因驿而发明郡县迁代不宜促数之故，可谓深达物情，有关治体。”

这篇文章体制严谨，论述绵密，由“褒城驿号天下第一”着笔，层层推理，继而分析了其衰落的原因；然后，宕开一笔，以老农之口点出文章主旨。结尾抒发感慨，点出题壁。这种章法不仅匠心独具，而且文气贯注，一脉相承，具有很强的说服力。

罗　隐

罗隐（833～909），字昭谏，曾自号“江东生”，杭州新城（今浙江富阳）人。本名罗横，虽屡试不第，遂改为“隐”。罗隐少有文才，但命运蹇滞，一生十几次考试未得一第，不得不四海宦游。晚年归隐吴地，却受到吴越王钱镠的重用，官至给事中。

罗隐生活于唐末，困厄的个人经历固然令他沮丧，衰败没落的国事更增添了他的愤怒和绝望。反映在他的作品中，不仅有不平之鸣和忠愤之气，还有许多批判和讽刺的内容，这就决定了他寓意深刻、表现隐晦、笔法曲折和情绪激愤的创作特色。这种特色，尤其表现在他的小品文集《谗书》之中。也正因如此，罗隐及其杂文成为晚唐散文创作中的一个亮点。有《罗隐集》。

英雄之言

物之所以有韬晦者，防乎盗也[①]。故人亦然。

夫盗亦人也，冠履焉，衣服焉[②]。其所以异者，退逊之

心、正廉之节，不常其性耳[3]。视玉帛而取之者，则曰牵于饥寒[4]；视国家而取之者，则曰救彼涂炭[5]。牵于饥寒者，无得而言矣[6]；救彼涂炭者，则宜以百姓心为心[7]。而西刘则曰："居宜如是[8]！"楚籍则曰："可取而代[9]！"意彼未必无退逊之心、正廉之节。盖以视其靡曼骄崇，然后生其谋也[10]。

为英雄者犹若是，况常人乎？是以峻宇逸游，不为人所窥者，鲜矣[11]。

【注释】

①韬晦：收敛光芒，隐藏踪迹。防乎盗者：为了防止小偷。

②冠履：帽、鞋。这里作动词，指戴帽穿鞋。下文"衣服焉"同此用法。

③退逊：退让，谦逊。正廉：廉洁正直。不常其性：不能保持这些品德。

④牵于饥寒：受饥寒的拖累。牵，牵扯。

⑤救彼涂炭：救民于痛苦。彼，代指百姓。涂炭：比喻困苦的境遇。

⑥无得而言：没什么可说。

⑦宜以百姓心为心：应该为百姓考虑。宜，应当。

⑧西刘：指汉高祖刘邦。楚汉相争，楚东汉西，故称。居宜如是：应该像这样。刘邦年轻时见秦始皇出巡的仪仗，曾感叹道：大丈夫就应像这样。

⑨楚籍：指楚霸王项羽。可取而代：即取而代之。秦始皇游会稽时，项羽望着他说：我应取代这个人。

⑩意彼：我想他们。靡曼：奢侈、淫侈。骄崇：骄傲狂妄。生其谋：产生想法。

⑪峻宇：华美的屋室。逸游：恣情游玩。鲜：很少。

【解析】

本文选自《谗书》。文章借刘邦和项羽的"英雄之言"，揭露封建社会的野心家们假借"救彼涂炭"阴谋窃取政权、窃国盗民的丑恶嘴脸，辛辣地讽刺那些觊觎帝位者欲盖弥彰的自私和虚伪，并警告他们，谎言是不能长久骗人的。唐末，群雄并起，战乱频仍，罗隐此文正是针对当时社会现实的批判。

文章笔法犀利，语言峭劲，读来给人以突兀跳动之感，简洁之中流露出的冷峻和尖锐，充分体现了作者的激愤和嘲讽。

皮日休

皮日休（834？～883），字逸少，后改为袭美，襄阳（今属湖北）人。因隐居鹿门山，自号鹿门子。唐懿宗咸通八年进士，先后任著作郎和国子博士等职。广明元年（880），出为毗陵副使，赴任途中，参加了黄巢的义军。同年十二月，黄巢入长安称帝，皮日休被封为翰林学士。黄巢失败后，皮日休被杀。

皮日休的散文高于他的诗歌，在晚唐文学中，皮日休、陆龟蒙、罗隐是少数以文名世的作者。尤其是皮日休，他的文章常运用借古讽今的手法，对统治阶级进行大胆的揭露和激烈的抨击，这种极端的态度在封建文人中是很少见的。他的文章观点鲜明，笔触辛辣，论述雄辩，颇有匕首与投枪的风范。有《皮子文薮》。

原谤

天之利下民，其仁至矣[①]。未有美于味而民不知者，便于用而民不由者，厚于生而民不求者[②]。然而，暑雨亦怨之，祁寒亦怨之[③]，己不善而祸及亦怨之，己不俭而贫及亦怨之[④]。是民事天，其不仁至矣[⑤]。天尚如此，况于君乎？况于鬼神乎？是其怨訾恨讟，蓰倍于天矣[⑥]。有帝天下，君一国者，可不慎欤[⑦]？故尧有不慈之毁[⑧]，舜有不孝之谤[⑨]。殊不知尧慈被天下而不在于子，舜孝及万世而不在于父[⑩]。

呜呼！尧、舜，大圣也，民且谤之；后之王天下有不为尧、舜之行者[⑪]，则民扼其吭，捽其首，辱而逐之，折而族之，不为甚矣[⑫]。

【注释】

①利下民：给百姓谋利。其仁至矣：仁爱到了极点。至，极点。

②便于用：使用方便。由：使用。厚于生：丰衣足食。

③祁寒：严寒。

④祸及：灾祸降临。贫及：陷入贫穷。

⑤民事天：百姓对上天。

⑥怨訾：怨责。訾（zǐ），诋毁。恨讟：仇怨。讟（dú），诽谤。蓰（xǐ）：五倍。

⑦帝天下：称帝于天下。君一国：做一国的君王。

⑧不慈之毁：尧因自己的儿子丹朱无德，故把天下传给了舜。所以有人说尧为父不慈。毁，批评。

⑨不孝之谤：舜因为得不到父亲的喜爱，所以无论他怎样努力，还是有人说他为子不孝。

⑩被天下：普及到天下每个人。及万世：成为后代万世的楷模。

⑪且：尚且。王天下有不为尧舜之行者：贵为天子却没有像尧舜那种美德的人。

⑫吭（háng）：咽喉。捽（zuó）：揪。折：推翻。族：杀掉全族亲属。不为甚：不算过分。

【解析】

本文题为《原谤》，其实并不是在探究诽谤，作者以“尧舜大圣也，民且谤之”为铺垫，为百姓诅咒帝王，推翻昏君的行为作出辩护，从而鲜明地表现了作者对现实的批判态度。这种态度既可以看作是对于统治者的警告，又可以看作是对农民起义的认可或者是作者与旧王朝决绝的宣言。能写出这样的文字，对于一个封建文人来说，是十分难得的。或许正因为这一类文章的存在，后人有理由想象皮日休之加入黄巢义军可能不是被迫的。

陆龟蒙

陆龟蒙（？～881），字鲁望，姑苏（今江苏苏州）人。因曾居于松江甫里（今江苏吴县），又号甫里先生。其祖陆象先曾任宰相，而陆龟蒙却一生未第，虽曾入幕为僚，但终于拂袖而去，归隐乡间，直到老死。陆龟蒙的诗文在生前就很有名气，与皮日休并称“皮陆”。但他的作品多有散佚，现有《笠泽丛书》和《松陵集》传世。

白鸥诗序

乐安任君尝为泾尉，居吴城中[①]。地才数亩，而不佩俗物[②]。有池，池中有岛屿。池之南、西、北边合三亭，修篁嘉木[③]，掩隐隈隩，处其一，不见其二也[④]。

君好奇乐异，喜文学名理之士[⑤]，所得皆清散凝莹。袭美知而偕诣[⑥]。既坐，有白鸥翩然驯于砌下，因请浮而玩

之[7]。主人曰："池中之族老矣，每以豪健据有[8]。鸥之始浮，辄逐而害之，今畏不敢入[9]。"

吁！昔人之心蓄机事，犹或舞而不下，况害之哉[10]？且羽族丽于水者多矣，独鸥为闲暇，其致不高哉[11]？一旦水有鲸鲵之患，陆有狐狸之忧[12]，俦侣不得命啸，尘埃不得澡刷[13]，虽蒙人之流赏，亦天地之穷鸟也[14]。

【注释】

①乐安任君：籍贯乐安的任君。这是作者虚构的人物。下面的"泾尉"、"吴城"均为虚构。而之所以提到乐安，则是因为乐安在今浙南，临海；而鸥鸟本在海上，《列子》所谓"海上之人有好鸥鸟者"云云。

②不佩俗物：指任君住处没有俗气的陈设。佩，在这里作"装饰"，"点缀"解。

③合：共计。修篁：美好的竹子。嘉木：美好的树木。

④掩隐：遮蔽。隈隩（wēi yù）：山水弯曲处。处其一不见其二：在任何一个地方都看不见别处。形容树木茂密。

⑤好奇乐异：喜欢新奇之物。文学名理：写文章或善谈论。

⑥所得：所结交的人。清散凝莹：比喻清雅淡泊的品性。袭美：皮日休字。偕诣：一同来到。

⑦驯：顺服。砌：台阶。浮而玩之：让鸥鸟到池中游水玩耍。

⑧池中之族：指生长在池中的鱼鳖之类。每：总是。以豪健据有：以自己的强悍霸占水池。

⑨始浮：一下水。辄：就。

⑩"昔人"两句：《列子·黄帝》："海上之人有好鸥鸟者，每日之海上从鸥鸟游，鸥鸟之至者百数而不止。其父曰：'吾闻鸥鸟皆从汝游，汝取来，吾玩之。明日之海上，鸥鸟舞而不下。'"机事：欺诈之事。

⑪羽族：鸟类。丽：依附。闲暇：悠闲从容。意为独往独来。致：品格，情操。

⑫鲸鲵：即鲸，雄的曰鲸，雌的曰鲵。狐狸之忧：担心狐狸的侵害。

⑬俦侣：伙伴。命啸：呼唤。澡刷：洗刷。

⑭蒙：受到。流赏：欣赏。穷鸟：困顿窘迫、无处栖身的鸟。

【解析】

本文是一篇借物咏怀的小品，出自《全唐诗》。作者以鸥鸟身遭排斥、无栖身之所为喻，影射自己困顿窘迫、穷困潦倒的境遇，从而进一步批判了封建制度下对许多怀才不遇者的扼杀和窒息。

借物咏怀是中国文学的传统，作者在这里把自然界的物竞天择赋予了人生的象征意义。而且作者别出机杼，把鸥鸟故事的隐逸内涵引申到深刻的社会意义层面，使读者透过失意者的不幸遭际，窥见到更深的社会根源。文章意旨新颖，回味绵长。

王禹偁

王禹偁（954～1001），字元之，济州钜野（今山东巨野）人。宋太宗太平兴国八年进士，历任左司谏、翰林学士、知制诰等职。因遇事直言，曾屡遭贬谪，最终死于黄州知州任上，世称“王黄州”。

王禹偁是北宋初期文坛上著名的人物之一，他提倡诗学杜甫、白居易，文学韩愈、柳宗元，其作品风格朴实自然，内容切近生活，被当时人誉为“纵横吾宋是黄州”（林和靖语），有力地促进了北宋初期的文学革新。著有《小畜集》和《小畜外集》。

黄冈竹楼记

黄冈之地多竹，大者如椽[①]。竹工破之，刳去其节，用代陶瓦[②]。比屋皆然，以其价廉而工省也[③]。

子城西北隅，雉堞圮毁，榛莽荒秽[④]，因作小楼二间，与月波楼通[⑤]。远吞山光，平挹江濑[⑥]，幽阒辽夐，不可具状[⑦]。夏宜急雨，有瀑布声；冬宜密雪，有碎玉声；宜鼓琴，琴调虚畅[⑧]；宜咏诗，诗韵清绝[⑨]；宜围棋，子声丁丁然；宜投壶，矢声铮铮然[⑩]：皆竹楼之所助也。

公退之暇，披鹤氅，戴华阳巾[⑪]，手执《周易》一卷，焚香默坐，消遣世虑[⑫]。江山之外，第见风帆沙岛、烟云竹树而已。待其酒力醒，茶烟歇，送夕阳，迎素月，亦谪居之胜概也[⑬]。

彼齐云、落星[⑭]，高则高矣，井干、丽谯[⑮]，华则华矣，止于贮妓女，藏歌舞，非骚人之事[⑯]，吾所不取。

吾闻竹工云：“竹之为瓦仅十稔，若重覆之[⑰]，得二十稔。”噫！吾以至道乙未岁，自翰林出滁上[⑱]，丙申移广陵，丁酉又入西掖[⑲]，戊戌岁除日，有齐安之命，己亥闰三月到郡[⑳]。四年之间，奔走不暇，未知明年又在何处，岂惧竹楼之易朽乎！幸后之人与我同志，嗣而葺之，庶斯楼之不朽也[㉑]！

咸平二年八月十五日记。

【注释】

①黄冈：今湖北黄冈县。椽（chuán）：承受屋瓦的木条。

②刳（kū）：刮掉，挖空。用代陶瓦：用竹子代替屋顶的瓦。

③比屋：每一个房屋。皆然，都是这样。以：因。工省：省力。

④子城：主城墙外的小城，用以防护主城。也叫瓮城、月城。雉堞：城上的矮墙。圮（pǐ）毁：倒塌毁坏。榛莽：丛生的草木。荒秽：杂乱污浊。

⑤月波楼：在黄州城西北角。王禹偁《月波楼咏怀诗序》称："月波之名，不知得于谁氏，图经故老，皆无闻焉。"

⑥远吞山光：登楼远望山中风光尽收眼底。平挹江濑：平视时好像可以舀到江水。挹（yì），汲取。濑，沙滩上的流水。

⑦幽阒（qù）：清幽静寂。辽夐（xiòng）：遥远。具状：完全描写出来。

⑧鼓琴：弹琴。鼓，弹。虚畅：清虚和畅。

⑨咏诗：朗读诗歌。清绝：非常清幽。

⑩丁丁（zhēng zhēng）：棋子落在棋盘上的声音。投壶：古代的一种游戏，将箭投入壶中。中者胜，负者罚酒。铮铮然：箭与壶相碰发出的声响。

⑪退之暇：办完公务后的闲暇。鹤氅：鸟羽做成的披风。此处代指道士穿的道袍。华阳巾：道士戴的帽子。此处用鹤氅、华阳巾，都寓意主人公远离尘嚣、退隐江海的心情。

⑫消遣：消除。世虑：尘世的烦恼。第：只。

⑬酒力：酒劲。茶烟：煮茶的烟火。素日：皎洁的月亮。谪居：贬谪之处。胜概：胜事，美景。

⑭齐云：楼名，在吴县，唐朝的曹恭王所建。落星：楼名，在吴都建业，为三国孙权所建。

⑮井干：楼名。汉武帝建于长安，高五十余丈。丽谯：魏武帝曾筑一楼，名丽谯。

⑯歌舞：歌使舞女。骚人：文人。

⑰稔（rěn）：年。重覆：盖两层。

⑱至道：宋太宗年号。乙未：即至道元年。出滁州：王禹偁获罪由翰林学士贬为滁州刺史。出，离京赴外地。

⑲丙申：至道二年。移广陵：由滁州调往扬州。丁酉：至道三年。西掖：中书省。

⑳戊戌：咸平元年。岁除日：除夕。齐安之命：贬往黄州的命令。黄冈在宋属黄州齐安郡。己亥：咸平二年。

㉑不暇：不停。幸：希望。同志：意趣相同。嗣而葺之：继续修理这座竹楼。葺（qì）：修。庶：或许。

【解析】

本文又名《黄州新建小竹楼记》，选自《小畜集》，是宋真宗咸平二年王禹偁贬为黄州刺史时所作。文章从用竹建屋谈起，中间写登楼远眺的种种景致和主人公萧散闲静的襟怀，最后借对小楼命运的关切引发出对自己未来的感慨。

文章寓情于景，文字清丽流畅，生动活泼，尤其是文中景致描写，境雅韵高，落笔如画，已显出宋代散文简淡平易、委婉从容的特征。

范仲淹

范仲淹（989～1052），字希文，苏州吴县（今属江苏）人。宋真宗大中祥符八年进士，被晏殊推荐为秘阁校理，以后历任吏部员外郎，权知开封府。宋仁宗时，西夏屡犯边境，范仲淹以龙图阁直学士任陕西经略安抚副使镇守边关，有效地遏制了西夏的侵略。还朝后升为枢密副使、参知政事。后又出为陕西河东宣抚使兼陕西四路安抚使，历知邓、杭、青诸州。卒谥“文正”。范仲淹是一位内刚外和、正直清廉的官员，年轻时即胸怀大志，以天下为己任，史家对他评价甚高。在文学上，范仲淹涉猎不多，但也独具特色，他的词引入边塞生活，在宋词中颇为瞩目。有《范文正公集》行世。

岳阳楼记

庆历四年春，滕子京谪守巴陵郡①。越明年，政通人和，百废俱兴②。乃重修岳阳楼，增其旧制，刻唐贤今人诗赋于上。属予作文以记之③。

予观夫巴陵胜状，在洞庭一湖④。衔远山，吞长江，浩浩汤汤，横无际涯⑤；朝晖夕阴，气象万千。此则岳阳楼之大观也⑥。前人之述备矣⑦。然则北通巫峡，南极潇湘⑧，迁客骚人，多会于此⑨，览物之情，得无异乎⑩？

若夫霪雨霏霏，连月不开⑪，阴风怒号，浊浪排空⑫，日星隐耀，山岳潜形⑬；商旅不行，樯倾楫摧⑭；薄暮冥冥，虎啸猿啼⑮。登斯楼也，则有去国怀乡，忧谗畏讥⑯，满目萧然，感极而悲者⑰矣。

至若春和景明，波澜不惊⑱，上下天光，一碧万顷⑲；沙鸥翔集，锦鳞游泳⑳，岸芷汀兰，郁郁青青㉑。而或长烟一空，皓月千里㉒，浮光跃金，静影沉璧㉓；渔歌互答，此

乐何极[24]！登斯楼也，则有心旷神怡，宠辱偕忘[25]，把酒临风，其喜洋洋者矣[26]。

嗟夫！予尝求古仁人之心，或异二者之为[27]，何哉？不以物喜，不以己悲[28]；居庙堂之高则忧其民，处江湖之远则忧其君[29]。是进亦忧，退亦忧[30]。然则何时而乐耶？其必曰先天下之忧而忧，后天下之乐而乐乎[31]？噫！微斯人，吾谁与归[32]！

时六年九月十五日。

【注释】

①谪守：被贬到某地做长官。守，太守，代指知州。巴陵郡：代指岳州。岳州古属巴陵郡。

②越：到。明年：第二年。政通人和：政治昌明，百姓和乐。百废俱兴：所有荒废的事务全都恢复起来。

③旧制：原有的规模和形制。唐贤：唐代诗人。滕子京在给范仲淹的信中说，他命人把韩愈、柳宗元、刘禹锡、白居易、杜甫、杜牧等人登岳阳楼的诗句摘出，刻于楼上。属：同“嘱”。

④胜状：美丽的景物。洞庭一湖：岳阳楼西面洞庭湖，湖中有许多岛屿。

⑤衔远山：远处与群山相连。吞：形容洞庭湖包容长江的气势。浩浩汤汤（shāng）：水势盛大。际涯：边际。

⑥朝晖夕阴：早上阳光灿烂，傍晚阴云密布。气象：景象。大观：壮观的风景。

⑦前人之述：指“唐贤今人”的赞咏。备：详尽。

⑧巫峡：在四川巫山县，是长江三峡中最长的一峡，这里代指长江。极：到。潇湘：指湖南境内的潇水和湘水。

⑨迁客：被贬谪的官员。骚人：诗人。

⑩览物：观赏风景。得无异乎：能没有区别吗。

⑪霪雨：连绵的阴雨。霏霏：细雨纷飞的样子。不开：天不放晴。

⑫阴风：阴天的风。浊浪：浑浊的浪。排空：冲向高空。

⑬隐耀：掩藏了光芒。潜：隐蔽。

⑭樯（qiáng）：船桅。楫（jí）：桨。摧：折。

⑮薄暮：傍晚。薄，接近。冥冥：幽暗的样子。

⑯去国：离开国都。忧谗：担心小人的谗言。畏讥，害怕别人的指责。讥：诽谤，批评。

⑰萧然：萧条寂寥的样子。感极而悲：百感交集，悲上心头。

⑱春和：春风和暖。景明：阳光明媚。波澜不惊：风平浪静。

⑲上下天光：上面的天色和下面的湖光。一碧万顷：一片广阔无边的碧蓝色。

⑳沙鸥：鸟名。翔集：或飞或集。集，鸟停。锦鳞：鱼的美称。

㉑岸芷：岸边的草。芷（zhǐ）：一种香草。汀兰：汀上的兰花。汀，水中的小洲。郁郁：形容香气浓重。

㉒长烟：弥漫空中的雾气。一空：完全

消失。皓月：明月。皓(hào)：明亮。

㉓浮光跃金：水面上阳光闪烁，像金光耀眼。静影沉璧：静静的月影映在湖水中，像沉在水中的璧玉。

㉔互答：互相应和。何极：无穷无尽。

㉕心旷神怡：心胸开阔，精神愉快。宠辱：荣耀和屈辱。

㉖把酒临风：对着湖风端起酒杯。把，持。洋洋：形容很多。

㉗求：探求。仁人：品德高尚的人。或异二者之为：也许与以上两种感情不同。

㉘不以物喜：不因外物变化而高兴。不以己悲：不因个人的沉浮而悲伤。

㉙庙堂：指朝廷。江湖：朝廷之外的地方。

㉚进：进仕，做官。退：退处，不做官。

㉛先天下之忧而忧：先于天下之人为国家担忧。后天下之乐而乐：等天下所有人都安居乐业后，自己才会快乐。

㉜微：无，没有。斯人：这样的人。吾谁与归：我将效法谁呢。归，归附，归心。

【解析】

本文是范仲淹的名篇，也是宋代文学中的精品。宋仁宗庆历三年，范仲淹入朝主政，他与富弼等人“日夜谋虑，思致太平”，提出了一系列“新政”措施，但终因阻力太大，改革未及一年即告失败，范仲淹、韩琦、富弼等人也因此外放，庆历六年，范仲淹调往邓州任知州，本文即写于此时。

滕子京，字宗谅，与范仲淹为同年进士。庆历三年，被人诬告浪费公款，滕子京从庆州知府贬为权知凤翔府，当时范仲淹曾上书为他辩诬。庆历四年春，滕子京被再贬为岳州刺史。在岳州，他兴利除弊，为百姓做了许多好事。庆历五年，滕子京重修岳州名胜岳阳楼，并请范仲淹作序。于是，范仲淹写下了这篇文字。

文章想象登临岳阳楼的观感，写景抒情，表达了作者坦荡的襟怀和忠君忧民的思想。“先天下之忧而忧，后天下之乐而乐”的警策，不仅是全篇的主旨，也是范仲淹人生的追求。这种境界，在古代文人中是非常少见的。全文辞采璀璨，写景华丽，赋体手法的巧妙运用，更使字里行间充满着走丸流珠的音乐感和错落有致的节奏。虽然有些古文家讥其不够典雅，但并不妨碍这篇文章成为古往今来众口传诵的佳作。

欧阳修

欧阳修（1007～1072），字永叔，庐陵（今江西吉安）人。早孤，自幼好学，二十四岁进士，先后任馆阁校勘、龙图阁直学士。历知滁、扬、颍、应天府诸州，至和元年任翰林学士，

后升任枢密院副使。因厌倦官场的倾轧，告老退休，隐居颍州。卒谥“文忠”，世称欧阳文忠公。

欧阳修是北宋文坛的领袖人物，他在经学、史学、金石学各方面都很有建树。作为诗人，他的诗清新自然，雍容平易，初开宋诗散文化之风气。他的词，疏隽深婉，亲切如话，在宋词中自成大家。他的散文更是继承韩、柳传统，身体力行，破除“西昆体”流弊，形成了自己“纡徐委备，往复百折，条达舒畅，容与闲易”的艺术风格。对宋代散文的发展与繁荣，起到了巨大的表率作用。清人吴兆江曾说：“欧公之文，丰采敷腴，风华掩映，神韵之美，冠绝百代。盖公之得于天也，非可仿效而袭似也。自此体易为人所慕悦，而学步者益多。”

伶官传序

呜呼！盛衰之理，虽曰天命，岂非人事哉[①]！原庄宗之所以得天下，与其所以失之者，可以知之矣[②]。

世言晋王之将终也，以三矢赐庄宗而告之曰[③]：“梁，吾仇也[④]；燕王，吾所立[⑤]，契丹与吾约为兄弟[⑥]，而皆背晋以归梁。此三者，吾遗恨也。与尔三矢，尔其无忘乃父之志[⑦]！”庄宗受而藏之于庙[⑧]，其后用兵，则遣从事以一少牢告庙[⑨]，请其矢，盛以锦囊，负而前驱，及凯旋而纳之[⑩]。

方其系燕父子以组[⑪]，函梁君臣之首[⑫]，入于太庙，还矢先王，而告以成功，其意气之盛，可谓壮哉！及仇雠已灭，天下已定，一夫夜呼，乱者四应[⑬]，仓皇东出，未及见贼而士卒离散，君臣相顾，不知所归，至于誓天断发，泣下沾襟，何其衰也[⑭]！岂得之难而失之易欤？抑本其成败之迹，而皆自于人欤[⑮]？《书》曰：“满招损，谦得益[⑯]。”忧劳可以兴国，逸豫可以亡身[⑰]，自然之理也。

故方其盛也，举天下之豪杰，莫能与之争[⑱]；及其衰也，数十伶人困之，而身死国灭，为天下笑[⑲]。夫祸患常积于忽微[⑳]，而智勇多困于所溺，岂独伶人也哉[㉑]！

【注释】

①天命：上天的意志。人事：人力所能及的事。

②原：审查，推究。庄宗：李存勖，李克用之子。天祐十九年（923）称帝，建元同光，史称后唐。

③世言：世人传说。晋王：李克用，沙陀族人（原姓朱邪，其父归唐后赐姓李）。因助唐朝镇压黄巢起义有功，封晋王。死后，其子李存勖继承王位，灭后梁而称帝，追谥李克用为武皇帝，庙号太祖。矢：箭。

④梁吾仇也：后梁太祖朱温，原是黄巢起义军将领，后叛变归唐，唐僖宗赐名“全忠”，封为梁王。他曾企图谋杀李克用，李克用也屡次上表请求讨伐他。后来朱温篡唐自立，建立后梁，李克用与他仇怨很深。

⑤燕王吾所立：燕王，指刘仁恭，他曾是幽州李可举部将，后逃归李克用。李克用破幽州后，保举刘仁恭为卢龙节度史。乾宁四年（895），刘仁恭叛晋，并大败李克用，归附朱温。

⑥契丹与我约为兄弟：契丹是北方一游牧民族。天祐二年（905），李克用与契丹酋长阿保机相会于云中（今山西大同），约为兄弟。后阿保机背约，与后梁合兵反对李克用。

⑦其：表示祈使语气的副词，相当于“应当”。乃：你。

⑧庙：太庙，帝王供奉祖先神位的庙宇。

⑨从事：原指地方长官属下的僚员，这里泛指一般办事官员。少牢：祭品，一般用羊和猪。告庙：古代帝王或诸侯出巡或用兵时祭告祖庙的仪式。

⑩“请其矢”三句：意为将晋王所遗的三支箭装入锦囊，背着走在队伍的前面。凯旋之后再将箭放回太庙。

⑪方其系燕父子以组：天祐十年（913），李存勖率兵击幽州，生俘刘仁恭父子。方，当。组，绳子。

⑫函梁君臣之首：同光元年（923），李存勖率兵灭梁。梁末帝朱友贞（朱温之子）及谋臣部将多于城破时自杀。函，木匣。

⑬一夫夜呼乱者四应：李存勖称帝后，耽于逸乐，重用伶官和宦官，滥杀功臣，将士离心。同光四年（926），贝州指挥使赵在礼作乱，邢、沧诸州驻军也相继作乱。

⑭“仓皇东出”八句：为了平定诸州叛乱，李存勖派李克用的养子李嗣源征讨。不料，李嗣源自立为皇帝，联合诸叛将向京城洛阳进军。李存勖率军东奔汴州，前去镇压。刚到半途，听说李嗣源已占领汴州，于是仓皇逃回，一路士卒纷纷逃亡。逃到洛阳城东石桥时，“帝置酒悲涕，谓李绍荣等诸将曰：‘卿辈事吾以来，急难富贵靡不同之。今致吾于此，皆无一策相救乎?’诸将百余人，皆截发置地，誓以死报。因相与号泣。”（《资治通鉴》后唐纪三）

⑮抑：然而，或。本：推究。迹：事迹，引申为根源。

⑯“书曰”三句：意思是自满的人就会受到损害，谦虚的人就能获得助益。语出《尚书·大禹谟》。

⑰逸豫：安逸舒适。

⑱盛：强大。豪杰：英雄

⑲“数十伶人”句：李存勖逃回洛阳后，马直指挥使郭从谦（本系伶人），

煽动军士杀入宫中，李存勗中流矢而死。随后李嗣源进入洛阳，正式继承后唐皇位。由于李嗣源是李克用养子，与李存勗不是同一血统的兄弟，等于换了王朝，所以说“国灭”。

⑳积于忽微：由小的原因积累而成。忽微，形容细小。

㉑所溺：所偏爱（的东西）。岂独：不仅仅。

【解析】

欧阳修任翰林学士时，曾奉旨与宋祁合修《新唐书》。同时，他因不满于宋初宰相薛居正所修《五代史》的杂芜混乱，又独力修撰了《新五代史》，本篇即选自其中的《伶官传》。

伶官是宫廷中的乐工和艺人，欧阳修仿《史记》中《滑稽列传》的体例，特创《伶官传》，记录了后唐庄宗四个宠臣的事迹，其中是很有深意的。本文作为全传的总结，就是为了阐发这种深意。通过庄宗李存勖兴亡成败的典型事例，总结出“忧劳可以兴国，逸豫可以亡身”的历史教训。

本文把叙事和议论融为一体，语言婉转畅达，节奏抑扬顿挫，一唱三叹，余味无穷。刘大櫆称其“跌宕遒逸，风神绝似史迁”。明人茅坤更是赞曰：“横空而来，如风水相搏，洪涛巨浪忽起忽落，极天下之壮观，而声情之沉郁，气势之淋漓，正是千古绝调。”

秋声赋

欧阳子方夜读书，闻有声自西南来者，悚然而听之①，曰：“异哉！”初淅沥以萧飒，忽奔腾而砰湃②，如波涛夜惊，风雨骤至。其触于物也，鏦鏦铮铮，金铁皆鸣③；又如赴敌之兵，衔枚疾走④，不闻号令，但闻人马之行声。余谓童子：“此何声也？汝出视之。”童子曰：“星月皎洁，明河在天⑤，四无人声，声在树间。”

余曰：“噫嘻悲哉！此秋声也，胡为而来哉⑥？盖夫秋之为状也：其色惨淡，烟霏云敛⑦；其容清明，天高日晶⑧；其气栗冽，砭人肌骨⑨；其意萧条，山川寂寥⑩。故其为声也，凄凄切切，呼号愤发⑪。丰草绿缛而争茂，佳木葱茏而可悦⑫；草拂之而色变，木遭之而叶脱⑬。其所以摧败零落者，乃其一气之余烈⑭。

“夫秋，刑官也，于时为阴[15]；又兵象也，于行用金[16]。是谓天地之义气，常以肃杀而为心[17]。天之于物，春生秋实[18]，故其在乐也，商声主西方之音，夷则为七月之律[19]。商，伤也，物既老而悲伤；夷，戮也，物过盛而当杀[20]。

“嗟乎！草木无情，有时飘零[21]。人为动物，惟物之灵[22]；百忧感其心，万事劳其形，有动于中，必摇其精[23]。而况思其力之所不及，忧其智之所不能，宜其渥然丹者为槁木[24]，黟然黑者为星星[25]。奈何以非金石之质，欲与草木而争荣[26]？念谁为之戕贼，亦何恨乎秋声[27]！”

童子莫对，垂头而睡[28]。但闻四壁虫声唧唧，如助余之叹息[29]。

【注释】

①欧阳子：作者自称。方：正在。西南：《太平御览》卷九：“立秋，凉风至。”注：“西南方风。”悚（sǒng）然：惊恐不安的样子。。

②淅沥（xīlì）：雨声。萧飒：风声。砰湃（pēng pài）：波涛汹涌声。

③鏦鏦（cōng）铮铮：金属撞击声。

④衔枚：古时行军，为了保持队伍肃静，常令士兵口中含着一根筷子一样的小棍，使他们不能说话。

⑤明河：即银河。

⑥噫嘻：感叹词。胡为：为什么。

⑦秋之为状：秋天的形状。惨淡：阴暗无色。烟霏云敛：烟气弥漫，云雾聚集。敛，聚集。

⑧容：形象。清明：晴朗。晶：明亮。

⑨栗洌（lìliè）：寒冷。砭（biǎn）：古代用来治病的石针，这里是刺的意思。

⑩萧条：寂寞冷落，凋零。寂寥：冷落萧条。指万木凋谢。

⑪愤发：发怒。形容秋风劲急。

⑫缛（rù）：繁茂。葱茏：草木青翠茂盛的样子。

⑬拂之：被秋风吹拂。下句“遭之”亦是此意。

⑭一气：指秋气。余烈：余威。古人认为秋主杀，摧残草木是杀气之威。

⑮夫秋刑官也：周朝设官，以天地四时为名，掌管刑法和诉讼的为秋官。于时为阴：古人以阴阳配合四时，春夏为阳，秋冬为阴。《汉书·律历志》：“秋为阴中，万物以成。”

⑯兵象：战争的征象。《汉书·刑法志》：“秋治兵以狝。”颜师古注：“治兵，观威武也。狝，应杀气也。”于行用金：古人把五行（木火土金水）对应于四季，秋天属金。

⑰天地之义气：天地肃杀之气，从西南方开始，到西北方时极盛，此天地之义气也。肃杀：严厉摧残。

⑱春生秋实：春天生长，秋天结果。

⑲其在乐也：对应于音乐。商声主西方之音：古代将乐声分为宫、商、角、徵、羽五声；与五行相配，商属金；与四时相配，商属秋；与四方相配，

商为西。夷则：古代十二乐律之一。《礼记·月令》："孟秋之月，其音商，律中夷则。"

⑳商伤也："商"与"伤"音同，故有这种附会。夷，戮也：则是因"夷"和"戮"同意而对"夷则"的附会。《太平御览》卷二十四引《释名》："七月谓夷则何？夷者，伤也；则，法也。言万物始伤被刑法也。"也是类似的附会。

㉑飘零：凋零，凋谢。

㉒惟物之灵：是万物中最有灵性的。

㉓有动于中，必摇其精：意思是心有所感，必然会影响其精神。

㉔渥然丹者：红润的容貌。指年轻人。渥（wò）：湿润。槁木：枯木。这里形容衰老。

㉕黟（yī）：黑色。这里形容黑发。星星：形容须发花白。

㉖金石之质：坚固不坏的质地。《古诗十九首》："人生非金石，焉能长寿考。"

㉗念：思考。戕（qiāng）贼：残害。这句的意思是应想想是谁在残害人类自身。亦何恨乎秋声：意思是人的衰老是因为自己忧劳太甚，不应怨怪秋天。

㉘对：应答。

㉙唧唧：虫鸣声。助：陪伴。

【解析】

此文是欧阳修嘉祐四年所作，当时，他正在致力编修《新唐书》。也许是治史过程的许多感触，引发了这篇叹天地之盛衰，感人生之荣枯的抒情小赋。

文章以生动的笔触，把无形秋声写得形色宛转，情态百出，虽然气氛萧瑟，境界肃杀，但真切而准确地揭示了大自然生息消长的规律。接着，笔锋一转，作者由此联想到人生。草木无情，尚且飘零；人生有情，更多了几分忧劳伤苦。人生在大自然背景下的这种渺小和虚弱的形象于是显现无遗。而人类却往往意识不到这一点，"以非金石之质，欲与草木而争荣"，其可悲的结局自然不待细说了。

从整篇文章的主旨来看，作者抒发的是一种客观但不无消沉、深刻而带有孤独的思想感情。文末的"童子莫对"和"虫声唧唧"正是这种感情的生动注释。虽然这脱不了封建士大夫常有的那种感天伤怀的情调，但还不至于流入颓唐自怜的境地。加之文章起伏跌宕，错落有致；文辞精妙，情溢言表，很自然地使它成为一篇广为流传的名作。

朋党论

臣闻朋党之说，自古有之，惟幸人君辨其君子、小人而已①。

大凡君子与君子以同道为朋，小人与小人以同利为朋，

此自然之理也[②]。然臣谓小人无朋，惟君子则有之，其故何哉？小人所好者禄利也，所贪者财货也，当其同利之时，暂相党引以为朋者，伪也[③]；及其见利而争先，或利尽而交疏，则反相贼害[④]，虽其兄弟亲戚不能相保。故臣谓小人无朋，其暂为朋者，伪也。君子则不然，所守者道义，所行者忠信，所惜者名节。以之修身，则同道而相益；以之事国，则同心而共济[⑤]，终始如一。此君子之朋也。故为人君者，但当退小人之伪朋，用君子之真朋[⑥]，则天下治矣。

尧之时，小人共工、讙兜等四人为一朋[⑦]，君子八元、八凯十六人为一朋[⑧]；舜佐尧退四凶小人之朋，而进元凯君子之朋[⑨]，尧之天下大治。及舜自为天子，而皋、夔、稷、契等二十二人并列于朝廷[⑩]，更相称美，更相推让[⑪]，凡二十二人为一朋，而舜皆用之，天下亦大治。《书》曰："纣有臣亿万，惟亿万心；周有臣三千，惟一心[⑫]。"纣之时，亿万人各异心，可谓不为朋矣，然纣以亡国。周武王之臣三千人为一大朋，而周用以兴。后汉献帝时，尽取天下名士囚禁之，目为党人[⑬]；及黄巾贼起，汉室大乱，后方悔悟，尽解党人而释之，然已无救矣[⑭]。唐之晚年，渐起朋党之论[⑮]，及昭宗时，尽杀朝之名士，咸投之黄河，曰：此辈清流，可投浊流。而唐遂亡矣[⑯]。

夫前世之主，能使人人异心不为朋，莫如纣；能禁绝善人为朋，莫如汉献帝；能诛戮清流之朋，莫如唐昭宗之世，然皆乱亡其国。更相称美推让而不自疑，莫如舜之二十二臣，舜亦不疑而皆用之。然而后世不诮舜为二十二人朋党所欺[⑰]，而称舜为聪明之圣者，以辨君子与小人也[⑱]。周武之世，举其国之臣三千人共为一朋，自古为朋之多且大莫如周，然周用此以兴者，善人虽多而不厌也。

夫兴亡治乱之迹，为人君者可以鉴矣[⑲]。

【注释】

①幸：希望。人君：皇上。

②大凡：大概，大致。同道为朋：以共同的理想作为交友的准则。同利为朋：以追求利益作为交友的标准。

③相党：互相勾结，结成一伙。

④贼害：伤害，残害。

⑤相益：互相帮助。共济：共渡难关。

⑥退：斥退。用：进用。

⑦尧：传说中的帝王，儒家所推崇的圣君之一。共工驩兜：传说中的凶恶之徒。

⑧八元八凯：指传说上古十六个有德才的人。《左传·文公十八年》："昔高阳氏有才子八人：苍舒、隤敳、梼戭、大临、尨降、庭坚、仲容、叔达，齐圣广渊，明允笃诚，天下之民谓之八凯。高辛氏有才子八人：伯奋、仲堪、叔献、季仲、伯虎、仲熊、叔豹、季貍、忠肃共懿，宣慈惠和，天下之民谓之八元。"元，善良。凯，忠诚。

⑨"舜佐尧"三句：《尚书·尧典》载：舜"流共工于幽州，放驩兜于崇山，窜三苗于三危，殛鲧于羽山"。又《史记·五帝本纪》载："舜举八凯，使主后土，以揆百事，莫不时序；举八元，使布五教于四方，父义、母慈、兄友、弟恭、子孝，内平外成。"

⑩皋陶夔（kuí）稷（jì）契：都是传说中舜的贤臣，分别掌管刑法、音乐、农业和教育。

⑪更相：互相。称美：赞扬。推让：谦让。事见《史记·五帝本纪》：派禹治水，"禹拜稽首，让于稷、契与皋陶"，任益任虞，"益拜稽首，让于诸臣朱虎、熊罴"，任伯夷掌秩宗，"伯夷让夔、龙"等。

⑫"书曰"五句：语出《尚书·泰誓》，原文为"纣有臣亿万维亿万心，予有臣三千惟一心"。这是周武王伐纣时在孟津发表的誓词。

⑬"后汉献帝"三句：汉桓帝、灵帝时，宦官专权，一些知识分子如李膺、范滂等人被当作党人而被杀，各州郡"死、徙、废、禁者六七百人"，这就是历史上著名的"党锢之祸"。此处误为汉献帝事。

⑭黄巾贼：指公元 184 年张角领导的黄巾起义。已无救矣：黄巾起义被镇压不久，东汉亦亡。

⑮"唐之晚年"两句：唐穆宗至宣宗年间，以李德裕和以牛僧孺为首的两党互相倾轧，势不两立，形成持续四十年的"牛李党争"。

⑯"及昭宗时"六句：唐哀帝天祐二年（905），权臣朱全忠在白马驿诱杀朝廷降职的宰相裴枢等三十余人，"投尸于河。初，李振屡举进士，竟不中第，故深疾缙绅之士，言于全忠曰：'此辈常自谓清流，宜投之黄河，使为浊流！'全忠笑而从之。"（《资治通鉴》唐纪八十一）两年以后，朱全忠篡夺帝位，唐朝遂亡。昭宗应为昭宣帝之误。

⑰诮（qiào）：责备。

⑱聪明：耳聪目明。喻天资超凡，能力很强。以：因为。

⑲迹：事迹，史实。鉴：戒鉴。

【解析】

宋仁宗庆历三年，范仲淹、韩琦、杜衍等人主政，因为力主改革，得罪了一些人。第二年，被罢免的枢密使夏竦串通一些人，指责范、韩等人结党营私。作为谏官的欧阳修愤而上书，代为辩诬，这就是《朋党论》。

在文章中，作者结合历史经验，纵论了"君子之朋"与"小人之党"

的本质区别，从兴亡治乱的高度，阐发了其中蕴含的深刻意义，从而驳斥了夏竦一伙的恶意攻击。通篇反复曲畅，婉切真挚，辨析透辟，错落有致，是论说文中的佳构。

醉翁亭记

环滁皆山也①。其西南诸峰，林壑尤美②。望之蔚然而深秀者，琅邪也③。山行六七里，渐闻水声潺潺，而泻出于两峰之间者，酿泉也④。峰回路转，有亭翼然临于泉上者⑤，醉翁亭也。作亭者谁？山之僧智仙也。名之者谁？太守自谓也⑥。太守与客来饮于此，饮少辄醉⑦，而年又最高，故自号曰醉翁也。醉翁之意不在酒，在乎山水之间也。山水之乐，得之心而寓之酒也⑧。

若夫日出而林霏开，云归而岩穴暝⑨，晦明变化者，山间之朝暮也⑩。野芳发而幽香，佳林秀而繁阴，风霜高洁，水落而石出者，山间之四时也⑪。朝而往，暮而归，四时之景不同，而乐亦无穷也。

至于负者歌于途，行者休于树，前者呼，后者应，伛偻提携⑫，往来而不绝者，滁人游也。临溪而渔，溪深而鱼肥；酿泉为酒，泉香而酒洌⑬；山肴野蔌，杂然而前陈者⑭，太守宴也。宴酣之乐，非丝非竹⑮。射者中，弈者胜⑯，觥筹交错，起坐而喧哗者⑰，众宾欢也。苍颜白发，颓然乎其间者⑱，太守醉也。

已而，夕阳在山，人影散乱，太守归而宾客从也。树林阴翳⑲，鸣声上下，游人去禽鸟乐也。然而禽鸟知山林之乐，而不知人之乐；人知从太守游而乐，而不知太守之乐其乐也⑳。醉能同其乐，醒能述以文者，太守也。太守谓谁？庐陵欧阳修也㉑。

【注释】

①环滁皆山也：滁县四周都是山。按，此句应是夸张的写法，滁州只有西南部有山。

②林壑：林木山谷。壑（hè），深沟。

③蔚然：树木茂盛的样子。深秀：幽深秀丽。琅邪（láng yá）：山名，在滁

县西南。相传东晋元帝为琅邪王时，曾居此山，故得名。

④酿泉：泉水名，琅邪溪的溪头之一，又名醴泉。

⑤峰回路转：山势回转，道路也随之拐弯。翼然：指亭子四角翘起，像鸟翅一样。

⑥太守：原意是郡太守，汉代郡级长官。宋代有州无郡，一州长官叫知州，这里作者用太守代指自己。

⑦饮少辄醉：意思是酒量很小，每每喝醉。

⑧“山水之乐”二句：意思是欣赏山水的乐趣，是心领神会的，喝酒只是一种寄托方式。寓，寄托。

⑨林霏：树林中的雾气。云归：云气聚拢。暝（míng）：昏暗。霏（fēi）：云气。

⑩晦明变化：或明或暗，变化不一。

⑪“野芳发”五句：写山中四时景色。

⑫负者：挑担或背物的人。休：休息。伛偻（yǔ lǚ）：腰弯背曲的样子，指老年人。提携：搀着手，指小孩。

⑬洌：清澈。

⑭山肴（yáo）：山中野味。蔌（sù）：野菜。杂然：纷纷。陈：摆。

⑮非丝非竹：意思是有泉水之声相伴，用不着乐器的演奏。丝，弦乐器。竹，管乐器。

⑯射：投壶。古代宴会间的一种游戏。弈（yì）：下棋。

⑰觥（gōng）筹交错：酒杯和酒筹交互错杂。觥，盛酒的器具。筹，计算饮酒数量的筹码。起坐：或起或坐。

⑱颓（tuí）然：倒下的样子。

⑲阴翳（yì）：树阴遮盖。翳，遮盖。

⑳太守之乐其乐也：太守因为他们的快乐而感到快乐。

㉑述以文：用文章记述这些事。

【解析】

本文作于宋仁宗庆历六年，此时，作者因为范仲淹等人辩护而被贬知滁州已经是第二个年头了。醉翁亭位于今安徽滁县西南。欧阳修在这篇游记中，描绘了醉翁亭四周的景致风光，借以抒发自己寄兴山水、以遣愁怀的情绪，当然其中不乏安贫固穷、夫子自道的意味。但更重要的是，作者还试图表现一种关爱民生、与民同乐的感情，正如清人过珙所言：“‘醉翁之意不在酒’及‘太守之乐其乐’两段，有无限乐民之乐意隐见言外，若止认作风月文章，便失千里。”

关于《醉翁亭记》，人们谈论最多的是欧阳修对它的字斟句酌，反复修改。《朱子语类》称：“有人买得他《醉翁亭记》稿，初说‘滁州四面有山，凡数十字，末后改定，只曰‘环滁皆山也’五字而已。”本文结构谨严，前后呼应；描写生动，意境优美；语言精粹，音调润朗。其成就远非“炼字”所能概括，前人谓“文家之创调”（吴楚材语），毫不为过。

丰乐亭记

修既治滁之明年夏，始饮滁水而甘①。问诸滁人，得于州南百步之近。其上丰山耸然而特立，下则幽谷窈然而深藏，中有清泉，滃然而仰出②。俯仰左右，顾而乐之③。于是疏泉凿石，辟地以为亭，而与滁人往游其间。

滁于五代干戈之际，用武之地也④。昔太祖皇帝尝以周师破李景兵十五万于清流山下，生擒其将皇甫晖、姚凤于滁东门之外，遂以平滁⑤。修尝考其山川、按其图记，升高以望清流之关，欲求晖、凤就擒之所，而故老皆无在者⑥。盖天下之平久矣。自唐失其政，海内分裂，豪杰并起而争，所在为敌国者⑦，何可胜数！及宋受天命，圣人出而四海一⑧。向之凭恃险阻，铲削消磨⑨，百年之间，漠然徒见山高而水清。欲问其事，而遗老尽矣⑩。

今滁介于江淮之间，舟车商贾、四方宾客之所不至⑪。民生不见外事，而安于畎亩衣食，以乐生送死⑫。而孰知上之功德，休养生息，涵煦百年之深也⑬！

修之来此，乐其地僻而事简，又爱其俗之安闲⑭。既得斯泉于山谷之间，乃日与滁人仰而望山，俯而听泉。掇幽芳而荫乔木，风霜冰雪，刻露清秀，四时之景无不可爱⑮。又幸其民乐其岁物之丰成，而喜与予游也。因为本其山川，道其风俗之美，使民知所以安此丰年之乐者，幸生无事之时也⑯。夫宣上恩德，以与民共乐，刺史之事也。遂书以名其亭焉。

庆历丙戌六月日，右正言知制诰知滁州军州事欧阳修记⑰。

【注释】

①治滁：到滁做知州。治，治理。明年：第二年。饮滁水而甘：《滁州志》引吕元中记："欧阳修谪守滁上，明年，得醴泉于醉翁亭东南隅。一日，会僚属于州廨，有以新茶献者。公敕吏汲泉未至，而汲者仆出水，且虑后期，遽酌他泉以进。公已知其非醴泉也，穷问之，乃得他泉于幽谷山下。

文忠博学多识而又好奇，既得是泉，乃作亭以临泉上，名之曰丰乐。”

②丰山：《清一统志》：“滁州丰山在州西南五里。”特立：独立。窈（yǎo）然：幽深的样子。滃（wēng）然：水沸涌翻腾的样子。仰出：由地下向上涌出。

③俯仰左右：意思是环顾上下左右的环境。顾：看着。

④五代：唐代之后，中原地区相继建立过后梁、后唐、后晋、后汉、后周五个朝代，时称五代。干戈之际：战争时期。

⑤“昔太祖”三句：宋太祖赵匡胤在后周时曾任殿前都虞侯，显德三年，周世宗“命太祖皇帝倍道袭清流关，皇甫晖等陈于山下，方与前锋战。太祖皇帝引兵出山后，晖等大惊，走入滁州，欲断桥自守。太祖皇帝跃马麾兵涉水，直抵城下……手剑击晖中脑，生擒之，并擒姚凤，遂克滁州”（《通鉴》后周纪三）。李景：南唐中主，原名璟，避周庙讳而改为景。

⑥图记：指地理图书。清流之关：清流关在滁县西北清流山，宋时曾在此建清流县。故老：年高且见识多的人。

⑦失其政：政治混乱。所在为敌国：到处都割据称王。所在，处处。

⑧宋受天命：宋朝承受上天赋予的使命。圣人，指宋太祖赵匡胤。四海一：全国统一

⑨向之：以前。凭险恃阻：指那些凭借险阻割据一方的人。铲削消磨：有的被诛杀，有的已老死。

⑩漠然：广阔无际。遗老：经历世变的老人。

⑪介：处在，位于。江淮：长江与淮河。

⑫外事：外面的事。畎亩：田地。畎（quǎn）：田间小沟。乐生：活得愉快。送死：为父母送终。

⑬上：皇帝。涵煦：滋润化育。煦（xù），温暖。

⑭事简：公务简单。安闲：安逸悠闲

⑮掇（duō）：拾取。荫：遮阴。刻露：形容秋冬之际水落石出，草枯石现。

⑯无事之时：太平之世。

⑰庆历丙戌：即庆历六年。六月日：六月某日。右正言知制诰知滁州军州事：欧阳修当时的官衔全称。

【解析】

本文作于庆历六年，是欧阳修在滁州的第二年。《清一统志》称：“安徽滁州丰乐亭在州西南琅玡山幽谷泉上。”这篇文章稍后于《醉翁亭记》，但表达的内容和思想感情却完全不同。在这篇文章中，欧阳修抚今追昔，感慨万千。这块曾是干戈蔽日的用武之地，如今已变成百姓乐生送死，休养生息的乐土。在逆笔腾挪之中，在若即若离的对比之间，人们仿佛从当年战马嘶鸣的战场，步入和熙升平的安乐盛世，从而自然引申出皇上功德。然而，就在这冲神虚邈的祥和之气中，作者隐约流露出对国家武备不修、经世无方的担忧。整篇文字跌宕起伏，浓淡相宜，气韵雍容，兴象超远，较之《醉翁亭记》更多出一份抑扬自如、胸襟阔大、忧深思远、含而不露的魅力。

祭石曼卿文

维治平四年七月日，具官欧阳修，谨遣尚书都省令史李敭，至于太清[①]，以清酌庶羞之奠，致祭于亡友曼卿之墓下，而吊之以文[②]。曰：

呜呼曼卿！生而为英，死而为灵[③]。其同乎万物生死而复归于无物者，暂聚之形；不与万物共尽而卓然其不朽者，后世之名[④]。此自古圣贤莫不皆然，而著在简册者，昭如日星[⑤]。

呜呼曼卿！吾不见子久矣，犹能仿佛子之平生。其轩昂磊落、突兀峥嵘而埋藏于地下者[⑥]，意其不化为朽壤，而为金玉之精[⑦]。不然，生长松之千尺，产灵芝而九茎[⑧]。奈何荒烟野蔓，荆棘纵横，风凄露下，走磷飞萤？但见牧童樵叟，歌吟而上下，与夫惊禽骇兽，悲鸣踯躅而咿嘤[⑨]。今固如此，更千秋而万岁兮，安知其不穴藏狐貉与鼯鼪[⑩]！此自古圣贤亦皆然兮，独不见夫累累乎旷野与荒城[⑪]！

呜呼曼卿！盛衰之理，吾固知其如此，而感念畴昔，悲凉凄怆[⑫]，不觉临风而陨涕者[⑬]，有愧乎太上之忘情[⑭]。尚飨[⑮]！

【注释】

①治平四年：公元 1067 年。治平是宋英宗年号。四年具官：唐宋以后，在公文函牍或其他应酬文字上，常把应写明的官爵品级简写为“具官”。欧阳修当时的官职是观文殿学士、刑部尚书、知亳州军知事。太清：河南永城县太清乡，石曼卿墓葬于此。

②以清酌庶羞之奠：用清酒肴馔的祭品。吊：祭奠死者

③英：杰出的人物。《淮南子·泰族训》：“智过万人者谓之英。”灵：神灵。《尸子》“天神曰灵。”

④“其同乎万物”四句：意为与万物一样消散无形的是石曼卿的躯体，但他的名声却一样不会泯灭，将流传后世。卓然：超群出众的样子。

⑤简册：史书。昭：明亮。

⑥仿佛：隐约可以想见。轩昂：高峻、壮伟。磊落：襟怀坦荡。突兀峥嵘：豪放不羁。这都是形容石曼卿生前豪放洒脱的性格。

⑦意：想象。朽壤：腐土。金玉之精：金玉的精华。

⑧灵芝：芝草，是寄生于枯木上的菌类

植物，古人认为是灵异之物。

⑨“奈何荒野野蔓”八句：想象中石曼卿墓地中荒凉破败的景象。踯躅（zhí zhú）：徘徊不前的样子。咿嘤：鸟兽的啼叫声。

⑩安知其不穴藏狐貉与鼯鼪：怎知它不会成为鼠类的巢穴呢？貉（hé），小兽，昼伏夜出。鼯鼪（wú shēng），鼠类，这里指黄鼬。

⑪“此自古”二句：意思是身后的凄凉衰败，古往今来的圣贤也难免如此。荒域：荒坟。

⑫畴昔：往日。这里指两人相处交往之时。凄怆：凄凉悲伤。

⑬临风：迎风。陨（yǔn）涕：流泪。

⑭太上之忘情：道家所提倡的那种无喜怒哀乐之情的境界。太上，意为最高、最上。这里指道家所说的“圣人”。

⑮尚飨：祭文的结语。意为请死者享用祭品。飨（xiǎng），食品。

【解析】

石曼卿，字延年，宋城（今河南商丘）人。能诗知兵，当时有“天下奇才”之誉。一生不得志，浪迹四海，交结甚广，意气纵横，好酒自肆，死于庆历元年。当时，与之交游甚密的欧阳修曾为之撰写墓表。时隔二十多年，欧阳修于治平四年被罢参知政事，以尚书左丞出知亳州（今安徽亳县），本文即写于此时。

石曼卿一生坎坷，虽才华出众，但终不免郁郁而终。欧阳修正是从这一悲剧命运中生发出无限的感慨。因为这是一篇事过多年的祭文。所以文中没有过多描述石曼卿的行状，而是开门见山，直抒胸臆，宣泄了思念故友的伤感和对万物生息的慨叹，其中不仅包含了对不公正社会现实的批判，也寄托了个人历经宦海的沧桑之感。全文情感真挚，语言沉痛，较好地表现了作者的思想感情。同时，通篇用韵的形式，也使此文读来朗朗上口，充满节奏与韵律。明人茅坤赞其“凄清逸调”，正是从内容与语言两个方面着眼的。

苏　洵

苏洵（1009～1166），字明允，眉州眉山（今四川眉山县）人。宋代著名古文家，与其子苏辙、苏轼合称“三苏”，同列“唐宋八大家”。相传其二十七岁才开始发愤，参加过进士、茂才异等的考试，都不中。退而读书，用功十年，学识文章大进。再赴京城，受到欧阳修等人的赏识，并将他的文章推荐给皇帝，一时名声大起。宰相韩琦奏于朝廷，召苏洵应试舍人院，他因

自己年事已长，不愿屈就，便借故推辞，后被任命为校书郎，并参加了礼书的修撰，书成而卒。苏洵文章周婉曲折，风神流畅，颇得战国纵横家遗韵，虽成就不及苏轼，仍别具特色。有《嘉祐集》传世。

六国论

六国破灭，非兵不利，战不善，弊在赂秦①。赂秦而力亏，破灭之道也②。或曰：六国互丧，率赂秦耶③？曰：不赂者以赂者丧，盖失强援，不能独完④。故曰弊在赂秦也。

秦以攻取之外，小则获邑，大则得城⑤。较秦之所得与战胜而得者，其实百倍⑥；诸侯之所亡与战败而亡者，其实亦百倍⑦。则秦之所大欲，诸侯之所大患，固不在战矣。思厥先祖父，暴霜露，斩荆棘，以有尺寸之地⑧。子孙视之不甚惜，举以予人，如弃草芥⑨。今日割五城，明日割十城，然后得一夕安寝。起视四境，而秦兵又至矣。然则诸侯之地有限，暴秦之欲无厌，奉之弥繁，侵之愈急⑩。故不战而强弱胜负已判矣。至于颠覆，理固宜然⑪。古人云："以地事秦，犹抱薪救火，薪不尽，火不灭。"此言得之⑫。

齐人未尝赂秦，终继五国迁灭，何哉？与嬴而不助五国也⑬。五国既丧，齐亦不免矣。燕赵之君始有远略，能守其土，义不赂秦⑭。是故燕虽小国而后亡，斯用兵之效也。至丹以荆卿为计，始速祸焉⑮。赵尝五战于秦，二败而三胜。后秦击赵者再，李牧连却之⑯。洎牧以谗诛，邯郸为郡，惜其用武而不终也⑰。且燕、赵处秦革灭殆尽之际，可谓智力孤危，战败而亡，诚不得已⑱。向使三国各爱其地，齐人勿附于秦，刺客不行，良将犹在⑲，则胜负之数，存亡之理，常与秦相较，或未易量⑳。

呜呼！以赂秦之地封天下之谋臣，以事秦之心礼天下之奇才，并力西向，则吾恐秦人食之不得下咽也㉑。悲夫！有如此之势，而为秦人积威之所劫㉒，日削月割，以趋于亡。为国者无使为积威之所劫哉㉓！

夫六国与秦皆诸侯，其势弱于秦，而犹有可以不赂而胜之之势。苟以天下之大，而从六国破亡之故事，是又在六国下矣[24]。

【注释】

①六国：战国时的齐、楚、燕、韩、赵、魏。兵：武器。赂秦：把钱财或土地割让给秦国。

②力亏：国力衰弱。破灭：灭亡。

③互丧：相继灭亡。率：都是。

④独完：独自保全。

⑤攻取之外：除了战争夺取的土地。邑：市镇，指六国主动割让的土地。

⑥秦之所得：六国送给秦国的土地。战胜而得：靠战争夺取的土地。

⑦诸侯之所亡：各国因赂秦而失去的土地。战败而亡：各国因战败而丧失的土地。其实：实际上。亦：也。

⑧思：发语词，无义。厥：其。指六国。暴（pù）：冒着。尺寸之地：很少的土地。

⑨举以予人：拿来送给别人。草芥：比喻轻微的东西。

⑩厌：满足。奉：奉送。弥：越，更加。

⑪判：分辨清楚。颠覆：灭亡。理固宜然：理所应该的。

⑫古人云：以下这句话是战国苏代对魏安釐（xī）王所说的话。薪：柴。得之：有道理。

⑬迁灭：亡国。与嬴：与秦国交好。嬴，秦王的姓，代指秦国。

⑭远略：长远的打算。义：坚持原则。

⑮丹以荆卿为计：指燕太子丹派荆轲刺秦王。为计，作为策略。速：招。

⑯再：两次。李牧：赵国良将。却之：击退秦兵。

⑰洎（jì）：到了。牧以谗诛：秦人设计诬称李牧谋反，被赵王所杀。谗，谗言。邯郸：赵国首都。为郡：成为秦国的属地。李牧被杀后，秦兵很快进攻，俘获赵王。

⑱处：身处，位于。革灭殆尽：差不多全部灭亡。革灭，灭亡。孤危：无援危险。诚不得已：实在没有办法。

⑲向使：假使。三国：韩、魏、楚。附：投靠。刺客：荆轲。良将：李牧。

⑳数：命运。相较：相抗衡。量：判定。

㉑礼：敬重。并力：合力。西向：对付秦国。秦位于陕西，地处六国之西。

㉒积威：积累的威势。劫：胁迫。

㉓为国者：治理国家的人。无使：不要让自己。

㉔从：重蹈。故事：前例，旧事。在六国之下：不如六国。

【解析】

本文选自苏洵的《权书》。《权书》是欧阳修推荐给皇帝的著作之一，全书十篇，都是论述治世之道或历史事件的。文章以六国灭亡的原因在于赂秦为主题，层层剖析，反复论证，充分而周详地揭示了赂秦的弊端，使文章的主旨得到淋漓尽致地展开。最后联系实际，点出了作此文的深

刻动机。

宋朝立国之后，一直处于积弱的地位。从宋真宗开始，宋朝对于北方的辽国，西方的夏国采取输币割地的求和政策，每年纳银数十万两，绢数十万匹，而且还将晋阳一带十县之地割让辽国。这种屈辱退让的外交政策，一直受到宋朝许多有识之士的反对。苏洵的这篇策论，实际上是以古鉴今，借历史悲剧唤起世人对现实危机的警惕。

送石昌言使北引

昌言举进士时，吾始数岁，未学也[1]。忆与群儿戏先府君侧，昌言从旁取枣栗啖我[2]；家居相近，又以亲戚故，甚狎[3]。昌言举进士，日有名[4]。吾后渐长，亦稍知读书，学句读、属对、声律，未成而废[5]。昌言闻吾废学，虽不言，察其意，甚恨[6]。后十余年，昌言及第第四人，守官四方，不相闻[7]。吾日以壮大，乃能感悔，摧折复学[8]。又数年，游京师，见昌言长安，相与劳苦，如平生欢[9]。出文十数首，昌言甚喜称善。吾晚学无师，虽日为文，中甚自惭[10]；及闻昌言说，乃颇自喜。

今十余年，又来京师[11]，而昌言官两制，乃为天子出使万里外强悍不屈之虏[12]，建大旆，从骑数百，送车千乘，出都门，意气慨然[13]。自思为儿时，见昌言先府君旁，安知其至此[14]？富贵不足怪，吾于昌言独有感也[15]：丈夫生不为将，得为使，折冲口舌之间足矣[16]。

往年彭任从富公使还[17]，为我言曰："既出境，宿驿亭[18]。闻介马数万骑驰过，剑槊相摩，终夜有声，从者怛然失色[19]。及明，视道上马迹，尚心掉不自禁[20]。凡虏所以夸耀中国者，多类此[21]。中国之人不测也，故或至于震惧而失辞，以为夷狄笑[22]。呜呼！何其不思之甚也。昔者奉春君使冒顿，壮士健马皆匿不见，是以有平城之役[23]。今之匈奴，吾知其无能为也[24]。

孟子曰："说大人，则藐之[25]。"况于夷狄？请以为赠。

【注释】

①进士时：指宋真宗祥符年间。未学：尚未开始学习。

②先府君：即先父。指苏洵父亲苏序。啖（dàn）：吃。

③家居：家住的地方。亲戚：苏洵的姐姐嫁给了石扬休的弟弟。狎：亲近。

④日：越来越。

⑤稍：渐。句读（dòu）：断句。属对：对仗。声律：讲平仄。属对、声律是作诗的基本功。未成而废：苏洵小时不肯学习，“已壮，犹不知书”。废，荒废。

⑥察：观察。恨：遗憾。

⑦及第第四人：以第四名的身份考中进士。守官四方：石扬休先后历官同州观察推官、中牟县令、秘书阁校理、开封府推官、三司度与盐铁判官、宿州知州。相闻：相互联系。

⑧壮大：长大。感悔：受到触动而悔改。摧折：犹言发誓。

⑨游京师：庆历五年至六年，苏洵第一次游京城。相与：相互。劳苦：慰问。平生欢：老朋友。

⑩出文：拿出（自己的）文章。中：内心。

⑪又来京师：嘉祐元年，苏洵带苏辙、苏轼第二次来京城。

⑫官两制：身兼两职。当时石扬休以刑部员外郎知制诰。强悍不屈之虏：指契丹。

⑬大旆（pèi）：大旗。从骑（jì）：骑马的随从。送车：送行的车子。都门：京城之门。意气：神情。慨然：慷慨振奋。

⑭至此：有今天这种场面。

⑮不足怪：这里是“不用提”的意思。独有感：得出另外的结论。

⑯使：使节。折冲：制敌。口舌之间：指通过言辞。

⑰彭任：蜀人，曾跟从富弼出使契丹。富公：富弼，曾于庆历二年出使契丹。

⑱为：对。出境：指辽、宋边境。

⑲介马：带甲的马。相摩：相撞击。怛（dá）：惊。

⑳及明：等到天亮。心掉：心中震动。自禁：控制自己。

㉑夸耀：炫耀。

㉒不测：不了解。失辞：说不出话。夷狄：代指契丹人。

㉓奉春君：西汉刘敬，号奉春君。曾受刘邦之命出使匈奴。冒顿（mò dú）：汉时匈奴君主之号。平城之役：匈奴听说刘敬来，便隐藏了壮士肥马，使汉朝使者以为匈奴无力作战。唯独刘敬认为这是匈奴之诈，力劝刘邦。刘邦不听，结果在平城被匈奴围困七天。

㉔无能为：不会有什么作为。

㉕说（shuì）：游说。藐之：轻视他。

【解析】

石昌言，名扬休，能诗，当时颇有名。宋仁宗嘉祐元年八月，刑部员外郎、知制诰石扬休作为特使北上，祝贺契丹国母寿辰。本文就是苏洵为送石扬休而作的序文。因苏洵父名序，为避家讳，改称为“引”。

契丹国号称辽，是北宋北方的强大敌国。自宋真宗澶渊之盟以后，

宋与辽国交好，每年纳银二十万两，绢三十万匹。同时，每至节候，都要遣使致意。当时，出使辽国是一件颇为棘手的任务。苏洵的这篇文章则是为了鼓励石扬休而作的。

文章从与石扬休的多年交游，显示出石扬休的不凡才识，以证明他有能力不辱使命。然后通过两则事例，揭露了辽人虚张声势的伎俩，鼓励石扬休不必畏惧。结语引孟子之言，画龙点睛，神气毕现。通篇文字迂曲变化，层层递进，似从闲处落笔，却处处照应主旨，在闲聊漫谈之中，蕴含出雄壮不凡的气魄，真可谓匠心独具，笔意老成。宋人楼钥早就赞其："议论好，笔力顿挫雄伟，曲尽事情物状。"

周敦颐

周敦颐（1017～1073），原名敦实，字茂叔，因避宋英宗赵曙旧讳，改名敦颐，道州营道（今湖南道县）人。宋仁宗景祐三年，承舅父之荫出仕，历任洪州分宁县主簿、南安军习理参军、郴州桂阳县令、合州判官等职。嘉祐六年，在赴虔州通判路上，经过庐山，因爱其风景，在莲花峰筑书堂。晚年遂定居于此。因堂前有溪，故以家乡濂溪之名命名此堂，后人称其为"濂溪先生"。

周敦颐是宋朝理学的开山之祖，著有《太极图说》、《通书》等理学著作。程颐、程颢都是他的弟子。有《周子全书》行世。

爱莲说

水陆草木之花，可爱者甚蕃[①]。晋陶渊明独爱菊[②]；自李唐来，世人甚爱牡丹[③]；予独爱莲之出淤泥而不染，濯清涟而不妖[④]，中通外直，不蔓不枝[⑤]，香远益清，亭亭净植，可远观而不可亵玩焉[⑥]。

予谓菊，花之隐逸者也[⑦]；牡丹，花之富贵者也[⑧]；莲，花之君子者也[⑨]。噫！菊之爱，陶后鲜有闻[⑩]；莲之爱，同予者何人[⑪]？牡丹之爱，宜乎众矣[⑫]！

【注释】

①蕃：多。

②陶渊明：东晋著名诗人，名陶潜，字渊明。独爱菊：陶渊明爱菊，所居东篱广种菊花，诗中多有咏菊之句，其“采菊东篱下，悠然见南山”尤为著名。

③李唐：唐朝皇帝姓李，故称。爱牡丹：唐朝人酷爱牡丹，有“惟有牡丹真国色，花开时节动京城”（刘禹锡诗）之称。

④不染：没有被污泥所染。濯（zhuó）：洗。不妖：妖艳。暗喻不苟同时俗的品格。

⑤中通外直：莲花的枝中间是空的，通体挺直。这里暗喻着虚心而正直的品格。不蔓（wàn）不枝：没有一点分枝。

⑥香远益清：花香飘得越远，就越觉得清幽。亭亭：直立的样子。净植：洁净地直立。亵玩：随便地摆弄。亵（xiè），不庄重。

⑦花之隐逸者：菊花开在秋天，是孤芳自赏。如同隐士一样，故称。

⑧花之富贵者：牡丹备受喜爱，身价百倍，有“一丛深色花，十户中人赋”（白居易诗）之谓。故称富贵者。

⑨花之君子：君子应该立世而不随俗，虚心正直，卓然自立，不可轻侮，这也是莲花的特点，故有此说。

⑩菊之爱：爱菊的人。鲜有闻：很少听说。

⑪同予者何人：与我相同的人是谁？

⑫宜乎众矣：当然是很多的了。

【解析】

本文将菊、莲、牡丹三种花卉作一对比，象征性地写出了三种不同的品格，从而歌颂了莲花所代表的清高傲世、洁身自好的情操，同时也传达了作者孤芳自赏、不肯苟随流俗的思想感情。

周敦颐作为一个理学家，并不以文章名世，但他的《爱莲说》却成为后人广为传诵的名篇。除了文章本身的简洁洗练、文约意丰的风格之外，其立意独到，可以在不同的人群得到不同角度的认可，这不能不说是本文的一个特点。

司马光

司马光（1019～1080），字君实，陕州夏县涑水乡人，世称涑水先生。宋仁宗宝元初年进士，神宗时为翰林学士，因反对王安石变法，离朝长达十五年。宋哲宗即位后，召司马光为宰相，在短短的八个月中，他尽废新法、新人，全面恢复了旧法。

司马光用十九年的时间主编的《资治通鉴》是我国历史上

第一部编年体史书，该书内容翔实，体例精当，考据严谨，叙述流畅，是一部史学与文学价值都很高的巨著。此外，尚有《温国文正司马公文集》传世。

训俭示康

吾本寒家，世以清白相承[①]。吾性不喜华靡，自为乳儿，长者加以金银华美之服，辄羞赧弃去之[②]。二十忝科名，闻喜宴独不戴花[③]。同年曰："君赐不可违也。"乃簪一花[④]。平生衣取蔽寒，食取充腹，亦不敢服垢弊以矫俗干名，但顺吾性而已[⑤]。

众人皆以奢靡为荣，吾心独以俭素为美。人皆嗤吾固陋，吾不以为病[⑥]，应之曰："孔子称'与其不逊也宁固[⑦]。'又曰：'以约失之者鲜矣[⑧]。'又曰：'士志于道，而耻恶衣恶食者，未足与议也[⑨]。'古人以俭为美德，今人乃以俭相诟病，嘻，异哉[⑩]！"

近岁风俗，尤为侈靡[⑪]：走卒类士服，农夫蹑丝履[⑫]。吾记天圣中，先公为群牧判官[⑬]，客至，未尝不置酒，或三行五行，多不过七行[⑭]。酒酤于市，果止于梨、栗、枣、柿之类，肴止于脯、醢、菜羹，器用瓷、漆[⑮]。当时士大夫家皆然，人不相非也[⑯]。会数而礼勤，物薄而情厚[⑰]。近日士大夫家，酒非内法，果、肴非远方珍异，食非多品，器皿非满案，不敢会宾友[⑱]；常数月营聚，然后敢发书[⑲]。苟或不然，人争非之，以为鄙吝。故不随俗靡者盖鲜矣[⑳]。嗟乎！风俗颓弊如是，居位者虽不能禁，忍助之乎[㉑]！

又闻昔李文靖公为相[㉒]，治居第于封丘门内，厅事前仅容旋马[㉓]。或言其太隘，公笑曰："居第当传子孙，此为宰相厅事诚隘[㉔]，为太祝、奉礼厅事已宽矣[㉕]。"参政鲁公为谏官[㉖]，真宗遣使急召之，得于酒家。既入，问其所来，以实对[㉗]；曰："卿为清望官，奈何饮于酒肆[㉘]？"对曰："臣家贫，客至无器皿、肴、果，故就酒家觞之[㉙]。"上以无隐，益重之[㉚]。张文节为相[㉛]，自奉养如为河阳掌书记时[㉜]；所

亲或规之曰："公今受俸不少，而自奉若此，公虽自信清约[33]，外人颇有公孙布被之讥。公宜少从众[34]。"公叹曰："吾今日之俸，虽举家锦衣玉食，何患不能？顾人之常情，由俭入奢易，由奢入俭难[35]。吾今日之俸，岂能常存？一旦异于今日，家人习奢已久，不能顿俭，必致失所[36]。岂若吾居位、去位、身在、身亡，常如一日乎[37]？"呜呼！大贤之深谋远虑，岂庸人所及哉[38]！

御孙曰："俭，德之共也；侈，恶之大也[39]。"共，同也，言有德者皆由俭来也。夫俭则寡欲。君子寡欲则不役于物，可以直道而行[40]；小人寡欲则能谨身节用，远罪丰家[41]。故曰："俭，德之共也。"侈则多欲。君子多欲则贪慕富贵，枉道速祸[42]；小人多欲则多求妄用，败家丧身[43]；是以居官必贿，居乡必盗[44]。故曰："侈，恶之大也。"

昔正考父饘粥以糊口，孟僖子知其后必有达人[45]。季文子相三君，妾不衣帛，马不食粟，君子以为忠[46]。管仲镂簋朱纮，山节藻棁，孔子鄙其小器[47]。公叔文子享卫灵公，史鳍知其及祸。及戌，果以富得罪出亡[48]。何曾日食万钱，至孙以骄溢倾家[49]。石崇以奢靡夸人，卒以此死东市[50]。近世寇莱公，豪侈冠一时，然以功业大，人莫之非，子孙习其家风，今多穷困[51]。其余以俭立名，以侈自败者多矣，不可遍数[52]，聊举数人以训汝。汝非徒身当服行[53]，当以训汝子孙，使知前辈之风俗云。

【注释】

①寒家：贫寒的家庭。司马光父司马池虽历任州县官，但居官廉洁，家无余财。清白：指清白的家风。

②华靡：生活豪华奢侈。自为乳儿：从幼儿时起。长者：长辈。羞赧（nǎn）：害羞。

③忝科名：名列进士的科名。忝（tiǎn）谦辞，有辱。闻喜宴：又名"琼林宴"，皇帝为新科进士赐宴。戴花：宋制，赴闻喜宴的新科进士，皆赐簪花。

④同年：同榜登科的人。簪（zān）：插，戴。

⑤充腹：吃饱。垢弊：肮脏破烂的衣服。矫俗干名：故意与世俗相背以求沽名钓誉。顺吾性：顺从我的天性。

⑥俭素：节俭朴素。固陋：顽固鄙陋。病：缺点。

⑦与其不逊也宁固：与其骄纵不逊，宁可简陋寒酸。不逊，骄傲。固，

固陋。

⑧以约失之者鲜矣：对自己有所约束的人，很少会犯错的。约，约束。鲜，少。

⑨士志于道而耻恶衣恶食者未足与议：志于道，有志于追求道。未足，不值得。议，谈论。

⑩诟病：讥议，批评。异：奇怪。

⑪近岁：指宋神宗元丰年间。

⑫走卒：当差的。类：大都。蹑(niè)：穿。丝履：丝织的鞋。

⑬天圣：宋仁宗年号（1023～1032)。先公：司马光的父亲司马池。群牧判官：群牧司判官。群牧司，主管国家马匹的机构。

⑭置酒：摆酒席。行：行酒，主人为客人斟酒。

⑮酤(gū)：买酒。脯(fǔ)：干肉。醢(hǎi)：肉酱。羹(gēng)：汤。瓷漆：瓷器和漆具。

⑯皆然：都这样。非：认为不对。

⑰会：聚会。数(shuò)：多次。礼勤：礼意殷勤。物薄：食物简单。

⑱内法：宫内酿酒之法。远方珍异：来自远方的奇珍异果。品：种类。皿(mǐn)：盘、盆之类器具。

⑲营聚：张罗，准备。发书：发出请柬。

⑳苟或：如果有人。鄙吝：小气，没见过世面。随俗靡：跟风随俗。靡，倾，倒。

㉑颓弊：败坏。居位者：有权势的人。忍：忍心。

㉒李文靖公：李沆，字太初，洺州肥乡人，宋真宗时任宰相，死后谥“文靖”。

㉓治：修建。居第：住宅。封丘门：汴京城门之一。厅事：办公或接待宾客的厅堂。旋马：马转身，形容狭小。

㉔隘(ài)：狭窄。诚：确实。

㉕太祝奉礼：太常寺的两个官职，主管祭祀。常由功臣子孙担任。

㉖参政鲁公：鲁宗道，字贯之，亳州谯人。宋真宗时为右正言，仁宗时拜参知政事。谏官：右正言为谏官。

㉗得于酒家：在酒馆找到。所来：从何处来。以实对：把实情说出。

㉘卿：皇帝对大臣的称呼。清望官：名声清正的官员。酒肆：酒馆。

㉙就：借着。觞之：请人喝酒。

㉚无隐：坦言，不隐瞒。盖：更加。

㉛张文节：张知白，字用晦，沧州清池人，宋真宗时为河阳判官，宋仁宗时官至宰相，谥“文节”。

㉜自奉养：自己养活自己。掌书记：唐朝官名，相当于宋代判官，故以此代称。

㉝所亲：亲近的人。规：劝。受俸：俸禄收入。清约：清廉节约。

㉞公孙布被：汉武帝时，公孙弘任丞相，封平津侯，但他盖着布被，吃肉很少，被当时人认为是故意作伪。少：稍微。从众：和众人一样。

㉟锦衣玉食：形容很奢侈的生活。顾：但。

㊱顿：马上。失所：饥寒无靠。

㊲岂若吾居位去位身在身亡常如一日乎：还不如我不论做官与否，人在与否，家里生活始终如一，保持不变。

㊳大贤：指上述李、鲁、张这样的人。庸人：凡人，平常人。

㊴御孙：春秋时鲁国大夫。共(gōng)：相同。

㊵寡欲：欲望很少。不役于物：不受外物的牵扯、制约。直道而行：行正直之道。

㊶小人：指普通百姓。谨身节用：约束自己，节约用度。远罪丰家：避免犯罪，使家庭富裕。

㊷枉道：不按正道行事。速祸：招致祸患。速，招。

㊸多求：多方搜求。妄用：浪费。

㊹居官：做官时。贿：贪赃受贿。居乡：不做官时。

㊺正考父：春秋时宋国的上卿，孔子的祖先。饘（zhān）：稠粥。孟僖子：春秋时鲁国大夫。其后：他的后代。达人：显达的人。

㊻季文子：春秋时鲁国大夫季孙行父，曾在宣公、成公、襄公三朝执政。以为忠：认为他忠于王室。

㊼管仲：春秋时齐国之相。镂：刻花。簋（guǐ）：古代盛食物的器具。纮（hóng）：帽带。山节：刻有山形的斗拱。藻棁：在梁柱上绘画。棁（zhuó）：梁上的短柱。小器：气量狭小。

㊽公叔文子：春秋时卫国大夫公叔发。享：宴请。史鳅：卫国大夫。及祸：遭到灾祸。史鳅对公叔文子说：你有钱，卫灵公很贪婪，你一定会给子孙惹下麻烦。戌：公叔文子的儿子公孙戌。得罪：惹上罪名。出之：逃亡别国。

㊾何曾：晋阳夏人，曾官至太尉，生活奢侈，每天吃饭花费万钱还说“无处下筷”。骄溢：骄横豪侈。倾家：家族败亡。到晋怀帝时，何家已“灭亡无遗”。

㊿石崇：晋渤海南皮人，极其富裕，常与贵戚争奢斗富。夸人：炫耀。卒：终于。东市：刑场。石崇有一妓绿珠，孙秀求之不得，便唆使赵王司马伦杀石崇。

51寇莱公：寇准，字平仲，华州下邽人。宋真宗时任宰相，封莱国公。冠：领先。功业大：寇准曾拥真宗打败辽兵进犯。习：染上。

52立名：树立名声。

53非徒：不仅。身：自身。服行：实行。

【解析】

这是司马光写给儿子司马康的一篇家训。所谓“训俭”，意为谈谈俭朴的问题，“示康”，自然是说给儿子司马康看的。作者在文中阐述了俭朴与奢华的利害，议论精到，举例翔实，表现了一个史学家的见识与眼光。全文看似信手所书，但却脉络清晰，观点鲜明，其中许多观点在今天看来仍有借鉴意义。

李愬雪夜入蔡州

李愬谋袭蔡州[①]。每得降卒，必亲引问委曲[②]，由是贼中险易远近虚实尽知之。李祐言于李愬曰：“蔡之精兵皆在洄曲及四境拒守[③]，守州城者皆羸老之卒。可以乘虚直抵其城。”愬然之[④]。

命李祐、李忠义帅突将三千为前驱[5]，自将三千人为中军，命李进诚将三千人殿其后[6]。行六十里，夜至张柴村，尽杀其戍卒，据其栅[7]。命士少休，食干糒，整羁靮。留五百人镇之，以断洄曲及诸道桥梁[8]。复夜引兵出门，诸将请所之，愬曰："入蔡州，取吴元济。"诸将皆失色[9]。

时大风雪，旌旗裂，人马冻死者相望[10]。天阴黑，自张柴村以东道路皆官军所未尝行[11]，人人自以为必死，然畏愬，莫敢违。夜半，雪愈甚。行七十里，至州城。近城有鹅鸭池，愬令击之以混军声[12]。四鼓，愬至城下，无一人知者[13]。李祐、李忠义钁其城为坎以先登，壮士从之[14]。守门卒方熟寐，尽杀之，而留击柝者，使击柝如故，遂开门纳众[15]。及里城，亦然，城中皆不之觉。

鸡鸣，雪止，愬入居元济外宅。[16]。或告元济曰："官军至矣！"元济尚寝，笑曰："俘囚为盗耳，晓当尽戮之[17]。"又有告者曰："城陷矣！"元济曰："此必洄曲子弟就吾求寒衣也[18]。"起，听于廷，闻愬军号令，应者近万人，始惧，帅左右登牙城拒战[19]。愬遣李进诚攻牙城，毁其外门，得甲库，取器械。烧其南门，民争负薪刍助之，城上矢如猬毛[20]。晡时，门坏，元济于城上请罪，进诚梯而下之[21]。愬以槛车送吴元济诣京师[22]。

【注释】

①袭：乘敌不备的攻击。蔡州：今河南汝南。自唐代宗大历十四年（779）李希烈自任淮西节度使后，一直是淮西割据军阀的首府。

②引：招来。委曲：底细，详情。

③李祐：原为淮西骑将。被李愬俘虏后，感其精诚，愿效力官军，李愬力排众议，任命他为六院兵马使。洄曲：地名，在蔡州西北。四境：蔡州四周。当时官军从东西南北四面与吴元济军对峙。

④州城：蔡州城。羸（léi）：瘦弱。然：同意。

⑤李忠义：原名李宪，为淮西将吴秀琳部下，投降后，李愬为其改名李忠义。帅：同"率"。突将：李愬招募了三千敢死队，号称"突将"。前驱：先锋。

⑥自将：自己率领。李进诚：唐州刺史。殿：在最后。

⑦张柴村：在蔡州西。据：占领。栅（zhà）：营寨。

⑧干糒：干粮。糒（bèi），干饭。羁（jī）：马笼头。靮（dí）：马缰。诸

道：各路。吴元济在蔡州四面设有许多营寨。

⑨请所之：请示部队前进的方向。失色：惊恐的样子。

⑩旌旗裂：大风把军旗吹裂。相望：彼此望见。比喻随处可见。

⑪未尝行：没有走过。因为蔡州被割据近四十年，官军从未能进入这一地区。

⑫甚：厉害，大。鹅鸭池：鹅鸭栖息的池塘。混：掩盖。军声：部队前进的脚步声。

⑬四鼓：即四更天，相当于凌晨三四点。

⑭镢（jué）：用镢头挖。坎：坑。壮士：即前面提到的“突将”。

⑮方：正。寐：睡。击柝（tuò）：打更。柝，打更用的梆子。如故：照旧。纳众：让李愬大军进城。

⑯鸡鸣：五更天。居：占据。外宅：牙城之外的外衙。

⑰俘囚：俘虏。晓：天亮。戮（lù）：杀。

⑱子弟：当时各镇军阀都将自己的部队称作“子弟兵”。就吾：来我这里。

⑲廷：同“庭”，院子。牙城：卫护节度使的内城。

⑳甲库：兵器仓库。负：背。薪刍：柴草。刍（chú）：喂牲畜的草。矢：箭。猥：刺猬。

㉑晡（bū）：申时，相当于下午三至五点。梯而下之：用梯子接下来。

㉒槛车：囚车。诣：到。京师：京城。

【解析】

本篇是《资治通鉴》中的一段，选自唐宪宗元和十二年。安史之乱后，各地节度使常拥兵自重，不服从中央调遣，而中央也因无力征讨，只好委曲求全。唐宪宗元和九年，彰义节度使吴少阳死，其子吴元济秘不发丧，自继其位，并四处出兵劫掠。元和十年，朝廷发十六道兵征讨吴元济。吴元济在平卢节度使李师道、成德军节度使王承宗的支持下，与朝廷抗衡数年，甚至派人刺杀了宰相武元衡。元和十二年，宰相裴度亲任淮西宣慰处置使，统率各路部队。十月，唐、随、邓节度使李愬率兵夜袭蔡州，生俘吴元济，彻底结束了蔡州长达三十余年的割据局面。

本文描写了李愬夜袭蔡州的过程，文字有所删节。司马光在历史著作中运用带有感情色彩的笔调不着痕迹地描绘了两军人物，褒贬鲜明。全文叙事完整，描写生动，简洁之中体现出丰富的形象，既见史家之长，又有文学特色，较好地表现出《资治通鉴》的特色。

曾　巩

曾巩（1019～1083），字子固，建昌南丰（今江西南丰县）人。自幼好学，深受欧阳修的赏识与提携。嘉祐二年进士，历

任太平州司法参军、馆阁校勘、越州通判、济州知州、福州知州、史馆修撰，以中书舍人卒，谥号为“文定”，后人称其“南丰先生”。

曾巩很早便以文章著名，史称其“一出其力为文章，上下驰骤，愈出而愈工，本原六经，斟酌于司马迁、韩愈，一时工作文词者，鲜能过也”（《宋史·本传》）。曾巩的文章雍容沉着，平易深厚，雄浑郁勃之气，往往见诸笔端，是“唐宋八大家”中以含蓄厚重风格见长的作家。有《南丰类稿》传世。

寄欧阳舍人书

巩顿首载拜舍人先生[①]：去秋人还，蒙赐书及所撰先大父墓碑铭[②]，反复观诵，感与惭并[③]。

夫铭志之著于世，义近于史，而亦有与史异者[④]。盖史之于善恶，无所不书；而铭者，盖古之人有功德材行志义之美者，惧后世之不知，则必铭而见之，或纳于庙，或存于墓，一也[⑤]。苟其人之恶，则于铭乎何有[⑥]？此其所以与史异也。其辞之作，所以使死者无有所憾，生者得致其严[⑦]。而善人喜于见传，则勇于自立；恶人无有所纪，则以愧而惧[⑧]。至于通材达识，义烈节士，嘉言善状，皆见于篇，则足以为后法[⑨]。警劝之道，非近乎史，其将安近[⑩]？

及世之衰，人之子孙者，一欲褒扬其亲而不本乎理[⑪]。故虽恶人，皆务勒铭，以夸后世[⑫]。立言者既莫之拒而不为，又以其子孙之所请也，书其恶焉，则人情之所不得。于是乎，铭始不实[⑬]。后之作铭者，常观其人，苟托之非人，则书之非公与是，则不足以行世而传后[⑭]。故千百年来，公卿大夫至于里巷之士，莫不有铭，而传者盖少。其故非他，托之非人，书之非公与是故也。

然则孰为其人，而能尽公与是欤[⑮]？非畜道德而能文章者，无以为也[⑯]。盖有道德者之于恶人，则不受而铭之，于众人则能辨焉[⑰]。而人之行，有情善而迹非，有意奸而外淑；有善恶相悬，而不可以实指[⑱]；有实大于名，有名侈于

实。犹之用人，非畜道德者，恶能辨之不惑，议之不徇[19]？不惑不徇，则公且是矣；而其辞之不工，则世犹不传，于是又在其文章兼胜焉[20]。故曰：非畜道德而能文章者，无以为也。岂非然哉[21]？

然畜道德而能文章者，虽或并世而有，亦或数十年或一二百年而有之。其传之难如此，其遇之难又如此[22]。若先生之道德文章，固所谓数百年而有者也。先祖之言行卓卓，幸遇而得铭其公与是，其传世行后无疑也[23]。而世之学者，每观传记所书古人之事，至其所可感，则往往衋然不知涕之流落也[24]，况其子孙也哉？况巩也哉？其追睎祖德，而思所以传之之繇，则知先生推一赐于巩而及其三世，其感与报，宜若何而图之[25]？

抑又思，若巩之浅薄滞拙，而先生进之[26]；先祖之屯蹶否塞以死，而先生显之[27]。则世之魁闳豪杰不世出之士，其谁不愿进于门[28]？潜遁幽抑之士，其谁不有望于世[29]？善谁不为？而恶谁不愧以惧？为人之父祖者，孰不欲教其子孙？为人之子孙者，孰不欲宠荣其父祖[30]？此数美者，一归于先生。既拜赐之辱，且敢进其所以然[31]。所谕世族之次，敢不承教而加详焉[32]？

愧甚。不宣。巩再拜[33]。

【注释】

①顿首：叩头。载拜：即“再拜”。这两个词都是旧时书信中常见的署名方式。

②去秋：去年秋天。人还：派去的人回来。先大父：故去的祖父。曾巩的祖父名曾致尧。墓碑铭：即墓志铭，是颂扬死者的文体。多用韵文刻石后置于墓中，不同于立在墓前的碑文。

③观诵：阅读朗诵。感与惭并：又感激又惭愧。并，兼。

④铭志：统指墓志铭和碑文。义：意义，作用。

⑤铭：刻。见（xiàn）：彰显。纳于庙：安置在家庙。一：同样，相同。

⑥于铭乎何有：有什么需要铭刻。

⑦其辞：铭志之辞。致其严：表达他的尊敬。严，敬重。

⑧自立：培养自己的德行。

⑨通材：有多方面才能的人。达识：见识通达的人。义烈：忠义之人。节士：讲气节之人。嘉言：美好的言辞。善状：好的行为。法：榜样、准则。

⑩警劝：警戒劝谕。安近：与什么相似。

⑪一：一味，只管。本：依据。

⑫务：力求。夸：炫耀。

⑬不得：不合乎，有失于。不实：不真实。

⑭其人：作铭文的人。非人：不适当的人。公与是：公正与真实。

⑮孰为其人：谁是这样的人。尽：完全。

⑯蓄：怀有。无以为：无法做到。

⑰不受：不接受委托。辨：分辨。

⑱迹：表现。淑：善，好。相悬：悬殊。不可以实指：难以切实指出。

⑲侈：超过。恶：不。惑：疑惑。徇：有失公正。

⑳工：工整，精致。兼胜：都优秀。

㉑岂非然哉：难道不是这样吗？

㉒并世：同时代。传：承传，继承。遇：碰到。

㉓先祖：指曾巩祖父。卓卓：高尚不凡。行后：流传后世。

㉔衋（xì）然：激动。涕：泪。

㉕追睎（xī）：追思。繇（yóu）：原因。推：给。一赐：指欧阳修写的墓志铭。三世：三代，从祖父到曾巩。感与报：感激与报答。宜若何而图之：应该想什么样的办法。图，谋划。

㉖抑：表示进一步的连词，无义。浅薄：指学问不深。滞拙：指才能低下。进：提携。

㉗屯蹶（zhūn jué）：坎坷不顺。否塞（pǐ sè）：境遇困难。曾致尧生前仕途坎坷，屡遭降职。显：彰显。

㉘魁闳：俊伟杰出。闳（hóng）：大。不世出：世所罕见。进于门：投靠到欧公的门下。

㉙潜遁：隐逸。幽抑：被埋没。有望于世：有望得到社会的重视。

㉚宠荣：光显。

㉛数美：指以上所提到的好现象。拜：接受。赐之辱：谦语，指欧阳修赐铭。进：进言，陈述。所以然：指感谢的原因。

㉜谕：指示。世族之次：氏族的次序。欧阳修来信询问曾氏族系的几个问题。承教：接受命令。加详：认真审核。

㉝不宣：犹言“书不尽意”。这是书信结尾的套语。

【解析】

宋仁宗庆历六年夏，曾巩写信请当时任知制诰的欧阳修为其祖父曾致尧作墓志铭，同年秋天，曾巩就收到了欧阳修的文章。本文是一封答谢文字，所以又被称为“上欧阳公谢为作志铭书”。因宋人习惯上把“掌行命令，为制词”的职务通称“中书省舍人”，故信中将当时知制诰的欧阳修称为舍人先生。

本文主旨是要表示对欧阳修的感谢，却不涉虚泛套语。文章从碑铭的价值入手，由碑铭所系之重引出撰写之难，再由撰写之难写到对作者道德文章的高标准要求，最后落到欧阳修及其所撰之文，环环相扣，曲折郑重，既使所表达的谢意真切厚重，也使文章显得波澜起伏，摇曳多姿。明代散文学家茅坤就称赞“此书纡徐百折，而感慨呜咽之气，博大幽深之识，溢于言表”。

墨池记

临川之城东，有地隐然而高，以临于溪，曰新城[①]。新城之上，有池洼然而方以长，曰王羲之之墨池者[②]，荀伯子《临川记》云也[③]。羲之尝慕张芝，临池学书，池水尽黑，此为其故迹，岂信然邪[④]？方羲之之不可强以仕[⑤]，而尝极东方，出沧海，以娱其意于山水之间[⑥]，岂有徜徉肆恣，而又尝自休于此耶[⑦]？羲之之书晚乃善[⑧]，则其所能，盖亦以精力自致者，非天成也[⑨]。然后世未有能及者，岂其学不如彼邪[⑩]？则学固岂可以少哉！况欲深造道德邪[⑪]？

墨池之上，今为州学舍[⑫]。教授王君盛恐其不章也，书"晋王右军墨池"之六字于楹间以揭之[⑬]，又告于巩曰："愿有记。"推王君之心，岂爱人之善，虽一能不以废，而因以及乎其迹邪[⑭]？其亦欲推其事以勉其学者邪[⑮]？夫人之有一能，而使后人尚之如此[⑯]，况仁人庄士之遗风余思，被于来世者何如哉[⑰]。

庆历八年九月十二日，曾巩记。

【注释】

①临川：抚州临川郡，在今江西临川县。隐然：突起的样子。

②洼然：低深之貌。王羲之：字逸少，东晋著名书法家，因曾官右军将军，人称"王右军"。墨池：洗笔砚的水池。传说为王羲之墨池的遗迹甚多，除临川外，还有会稽、永嘉、庐山、蕲水等地。

③荀伯子：南朝宋时人。他所写的六卷《临川记》是关于临川风物的著作，但今已不传。

④张芝：字伯英，东汉时人，善草书，号"草圣"，王羲之非常佩服他的书法。信然：真的。"临池学书，池水尽黑"八字本是王羲之说张芝的，后人讹传，加到王羲之身上。

⑤方：当。不可强以仕：不愿意做官。王羲之在任会稽内史时，以不愿屈居王述之下而称病离职。

⑥极：穷尽。王羲之辞官后，游山玩水，以弋钓为乐，遍游附近诸郡，并泛舟出海。娱其意：使自己愉悦。

⑦徜徉：徘徊。肆恣：任意，放纵。休：休息，停止。

⑧晚乃善：据史载，王羲之早年书艺平平，晚年才表现出惊人的成就。

⑨所能：所以能在书法上取得成就。以精力自致：靠自己的努力实现的。天成：天赋所成。

⑩能及：书法水平能赶上。学：学习的

功夫。

⑪深造：达到很高的造诣。

⑫州学舍：州学的校舍。

⑬章：显著。楹：房屋正面两侧的柱子。揭：显示。

⑭推：推想，猜测。一能：一技之长。废：埋没。及乎其迹：连他的遗迹也受到推崇。

⑮其：莫非。推：推崇。

⑯尚：尊敬。指后人对墨池的推重。

⑰仁人庄士：有德行的庄重之士。遗风余思：流传下来的作风和美德。被：影响。

【解析】

本文是曾巩应临川州学教授王某之请而作。文章以临川地方上传说为王羲之学书之墨池为缘由，从王羲之勤学苦练推而及所有道德学问，鼓励学者专心致志，努力上进。全篇文字纡缓绵长，一唱三叹，宛转流畅，饶有兴味。虽是一篇以小见大的短文，作者仍写得变化多端，沉着顿挫，气脉贯注，光彩自现。

王安石

王安石（1021～1086），字介甫，号半山，临川（今江西临川县）人。因其被封为荆国公，后人又称其为“王荆公”。二十二岁进士，曾任度支判官等职。有感于国家积贫积弱的局面，王安石很早就“慨然有矫世变俗之志”。宋神宗即位后，立志改革，任王安石为相。王安石立即着手大规模地推行新法，在一定程度上限制了大地主、大官僚的特权，促进了生产的发展与国防的加强。但由于新法触动了一批官僚阶层的利益，自推行之初，就受到了来自所谓“旧党”的反对，加上新法实行过程中的缺陷和弊病，王安石不得不接受失败的命运。熙宁七年被罢相，改知江宁府。后来虽有短暂的复出，但终于又辞职而去。神宗死后，新法即被全部废除，王安石也在郁愤中死去。谥“文”，后人又称其为王文公。

王安石不仅是一位出色的政治家，也是一位优秀的文学家。他的诗词语言清健，意境开朗，并常常寓含哲理，在宋人中颇具特色。他的散文拗折峭劲，笔力雄健，结构严谨，说理透彻。在“唐宋八大家”中，王安石的散文是以其咄咄逼人的气势和尖锐深刻而见长的。著有《临川先生集》。

祭欧阳文忠公文

夫事有人力之可致，犹不可期[1]，况乎天理之溟漠，又安可得而推[2]？惟公生有闻于当时，死有传于后世[3]，苟能如此足矣，而亦又何悲？

如公器质之深厚，智识之高远，而辅学术之精微[4]，故充于文章，见于议论[5]，豪健俊伟，怪巧瑰琦[6]。其积于中者，浩如江河之停蓄[7]；其发于外者，烂如日星之光辉[8]。其清音幽韵，凄如飘风急雨之骤至[9]；其雄辞闳辩，快如轻车骏马之奔驰[10]。世之学者，无问乎识与不识，而读其文则其人可知[11]。

呜呼！自公仕宦四十年[12]，上下往复[13]，感世路之崎岖，虽屯邅困踬，窜斥流离[14]，而终不可掩者，以其公议之是非[15]。即压复起，遂显于世[16]，果敢之气，刚正之节，至晚而不衰[17]。

方仁宗皇帝临朝之末年，顾念后事[18]，谓如公者可寄以社稷之安危[19]；及夫发谋决策，从容指顾[20]，立定大计，谓千载而一时[21]。功名成就，不居而去[22]，其出处进退，又庶乎英魄灵气[23]，不随异物腐散，而长在乎箕山之侧与颍水之湄[24]。然天下之无贤不肖，且犹为涕泣而歔欷[25]，而况朝士大夫，平昔从游，又予心之所向慕而瞻依[26]？

呜呼！盛衰兴废之理自古如此，而临风想望不能忘情者，念公之不可复见而其谁与归[27]？

【注释】

①致：做到。期：必定，期望。

②天理：天道。溟漠：幽深广远。推：推想，捉摸。

③闻：声望，名声。传：流传。

④器质：器局、资质。智识：智慧，才识。精微：精粹深邃。

⑤充：充满。见（xiàn）：表现。

⑥瑰琦（guī qí）：美好，奇特。

⑦积于中：蕴蓄在胸中。停蓄：汇聚。

⑧发于外：表现在文章议论中。烂：光彩四射。

⑨清音幽韵：清幽的音韵。飘风：疾风。

⑩闳辩：雄阔的议论。闳（hóng），宏大。

⑪识：认识（欧阳修）。其人可知：知道他的为人。

⑫仕宦：做官。四十年：欧阳修于天圣八年（1030）进士，到熙宁四年（1071）以太子少师致仕。中间共四十年。

⑬上：升官。下：降职。往：外贬。复：回朝。世路：人生道路。崎岖：高低不平。比喻处境艰难。

⑭屯邅（zhūn zhān）：遭遇困难。困踬：事情不顺利。踬（zhì），绊倒。窜斥：贬逐。流离：四处漂泊。

⑮掩：掩盖。公议之是非：公论。

⑯压：压抑。指欧阳修多次被贬外放。显：显达。

⑰节：气节，操守。衰（cuī）：减少。

⑱临朝之末年：在位的最后几年。后事：身后之事。仁宗无子，一直为皇嗣问题伤神。

⑲寄：托付。社稷之安危：关系国家安危的大事。指立皇嗣之事。欧阳修在仁宗临死前两年奏请仁宗立其侄赵曙为皇子。

⑳发谋决策：出谋划策，作出决断。仁宗病故，事出仓促，当时赵曙尚未立为太子。欧阳修与韩琦当机立断，请太后下诏迎皇子继位，避免了国家的混乱。指顾：指挥。

㉑大计：指立英宗为帝之事。千载而一时：在一瞬之间定下千年大业。

㉒不居而去：不以功自居，主动要求退休。欧阳修为请退休，前后上书五次。

㉓出：出来做官。处：隐居在家。英魄灵气：指死者的精神。

㉔异物：尸体。箕山之侧：箕山下。许由不肯接受尧传给他的帝位，逃到箕山下耕地为生。颍水之湄：颍水边。许由曾用颍水洗耳，表示不听尧的劝告。

㉕无贤不肖：无论贤德与否。歔欷（xū xī）：抽泣。

㉖平昔：过去。从游：交游往来。向慕而瞻依：仰慕，崇敬。

㉗其谁与归：归依谁，和谁引为同志。

【解析】

宋神宗熙宁五年八月，退休在家的欧阳修去世，谥“文忠”。此时已身居相位的王安石写下了这篇祭文。

欧阳修与王安石渊缘颇深，早在王安石“布衣屏处，未为人知”的时候，欧阳修就“游其声誉，谓必显于世”。神宗即位时，欧阳修又推荐王安石为相。而王安石虽自视甚高，不愿求知于人，但也认为“非欧公无足以知我。”两人虽交往不多，但书信唱和之作不少。王安石变法后，欧阳修根据自己多年在州县的经验，认为青苗法有问题，不仅上书反对，而且于熙宁三年在本州停止施行青苗法。原本欧阳修一直在请求退休，王安石多次挽留，此时便顺水推舟，同意欧阳修退休。这事还引起了关于两人交恶的猜测。其实，从王安石的这篇文章和熙宁四年欧阳修祝贺王安石为相的信中（“高步儒林，著一朝甚重之望；晚登文陛，受万乘非常之知”）不难看出：这两位文坛政坛均有声望的大师，虽有不同之见，但惺惺相惜，还是彼此敬重的。

这篇文章感情充沛，语气真诚，在王安石的散文中，是为数不多的

率性之作。文章集中概括了欧阳修坎坷而不凡的一生，高度赞扬了他的文章道德和才识襟怀，表现了作者对欧阳修的无限景仰和缅怀。全篇文字瑰丽，气势酣畅，句式错综，音韵铿锵，被誉为“欧阳公祭文，此篇为第一”（茅坤语）。

答司马谏议书

某启：昨日蒙教[①]，窃以为与君实游处相好之日久，而议事每不合，所操之术多异故也[②]。虽欲强聒，终必不蒙见察[③]，故略上报，不复一一自辩[④]。重念蒙君实视遇厚，于反复不宜卤莽[⑤]，故今具道所以，冀君实或见恕也[⑥]。

盖儒者所重，尤在于名实。名实已明，而天下之理得矣[⑦]。今君实所以见教者，以为侵官、生事、征利、拒谏，以致天下怨谤也[⑧]。某则以谓：受命于人主，议法度而修之于朝廷，以授之于有司，不为侵官[⑨]；举先王之政，以兴利除弊，不为生事[⑩]；为天下理财，不为征利[⑪]；辟邪说，难壬人，不为拒谏[⑫]。至于怨诽之多，则固前知其如此也[⑬]。

人习于苟且非一日，士大夫多以不恤国事、同俗自媚于众为善[⑭]。上乃欲变此，而某不量敌之众寡，欲出力助上以抗之，则众何为而不汹汹然[⑮]？盘庚之迁，胥怨者民也，非特朝廷士大夫而已[⑯]。盘庚不罪怨者，亦不改其度[⑰]。盖度义而后动，是而不见可悔故也[⑱]。

如君实责我以在位久，未能助上大有为，以膏泽斯民，则某知罪矣[⑲]；如曰今日当一切不事事，守前所为而已，则非某之所敢知[⑳]。无由会晤，不任区区向往之至[㉑]。

【注释】

①某启：即“安石启”。用某代名，是起草时的写法。后人据书稿编文集，也把“某”字保留下来。蒙教：承蒙赐教。指接到来信。

②君实：司马光的字。游处：交往。操：采用。术：做法，方法。

③强聒：硬要说给对方听。聒（guō），语声嘈杂。不蒙见察：不能得到你的理解。

④上报：回信。不复：不再。

⑤重（chóng）念：又想到。视遇：看待。厚：重视。司马光与王安石以前关系很好。反复：书信往来。卤莽：粗疏草率。

⑥具道：详尽地说。所以：道理。冀：希望。见恕：原谅。

⑦名：名称，概念。实：实际，事实。名实已明：指名与实相符。

⑧侵官：谓增设新官，侵犯原有官吏的职权。生事：惹事生非。指朝野到处除旧布新，纷扰混乱。征利：与民争利。拒谏：拒绝接受意见。致：招来。怨谤：怨恨和诋毁。

⑨以谓：以为，认为。修：修改。有司：有关部门。

⑩举：倡导，实行。兴利除弊：兴办有利的事，除去有害的陋习。

⑪为天下理财：王安石的均输、市易等法主要为限制大商人的发展而增加国家收入，故云。

⑫辟：除去，抨击。邪说：不正确的言论。难：驳斥。壬（rén）人：善于狡辩的人。

⑬固前知：事先早已料到。

⑭苟且：得过且过，不作长远打算。恤：忧，顾。同俗自媚于众：附和世俗观点，讨好众人。

⑮不量：不考虑。汹汹然：大吵大闹的样子。

⑯盘庚之迁：商主盘庚即位后，为避免自然灾害和商朝的长远发展，将都城从奄迁到殷。当时受到贵族和百姓的反对。胥（xū）：与，互相。特：仅仅。

⑰罪：惩罚。改其度：改变自己的计划。

⑱度义：考虑好行动的合理性。是：坚信自己，肯定自己。

⑲大有为：做出大的成绩。膏泽斯民：给人民带来益处。

⑳不事事：什么事都不该做。守前所为：按照前人的法度办事。非某之所敢知：不是我敢领教的。

㉑不任：不胜。区区向往之至：心里非常仰慕。这是信中套语。

【解析】

宋神宗熙宁二年春，王安石以参知政事，实行新法，引起了以司马光为代表的“旧党”的激烈反对。熙宁三年，当时任谏议大夫的司马光写了一封长达三千余字的《与王介甫书》，从侵官、生事、争利、拒谏四个方面，全面批判了王安石的新法及改革思路。王安石便写了这封复信。

在信中，王安石概括而绝然地反击了司马光的批评，语气强悍，笔法劲折，充分显示了作者傲岸倔强，自用慷慨的性格。逐层辩驳之中，给人一种酣畅淋漓、不容置疑的气势。清人吴汝纶评论此文说：“固由傲兀性成，究亦理足气盛。故劲悍廉厉无枝叶如此。”可作此文特色的概括。

伤仲永

金溪民方仲永，世隶耕[①]。仲永生五年，未尝识书具，忽啼求之[②]。父异焉，借旁近与之，即书诗四句，并自为其名[③]。其诗以养父母、收族为意，传一乡秀才观之[④]。自是，

指物作诗立就，其文理皆有可观者[⑤]。邑人奇之，稍稍宾客其父，或以钱币乞之[⑥]，父利其然也，日扳仲永环丐于邑人，不使学[⑦]。

予闻之也久，明道中，从先人还家，于舅家见之，十二三矣[⑧]。令作诗，不能称前时之闻[⑨]。又七年，还自扬州，复到舅家，问焉。曰："泯然众人矣[⑩]！"

王子曰：仲永之通悟，受之天也[⑪]。其受之天也，贤于材人远矣[⑫]。卒之为众人，则其受于人者不至也[⑬]。彼其受之天也，如此其贤也，不受之人，且为众人[⑭]。今夫不受之天，固众人；又不受之人，得为众人而已邪[⑮]？

【注释】

①金溪：在今江西临川县东。世：世代。隶耕：佃农，给地主种地。

②书具：文具。

③异：感到奇怪。旁近：邻居。书诗：写出诗。自为其名：给自己取了名字。

④以养父母、收族为意：（诗的）主旨是奉养父母、团结宗族。收族，按尊卑亲疏组织同族的人。

⑤指物作诗：指定题目令其咏作。立就：马上完成。可观：值得欣赏。

⑥邑人：同乡之人。稍稍：渐渐。宾客：按宾客的礼节招待。乞（qì）：给予。

⑦利：以为这样可以获利。扳（pān）：牵引，带着。环丐：四处乞求财物。

⑧明道：宋仁宗年号。先人：指自己过世的父亲。明道二年，王安石跟随父亲回临川奔祖父之丧。舅家：王安石母亲姓吴，家居金溪县。

⑨称（chèng）：相符。前时之闻：以前有关他的传闻。

⑩还自扬州：从扬州回老家临川。当时王安石在扬州任淮南判官。泯然：完全消失（指方仲永的天资）。众人：指普通人。

⑪通悟：聪明，通晓颖悟。受之天：上天赋予。

⑫贤：好，优。材人：后天培养的人才。

⑬卒：最终。受于人者：人工的培养教育。不至：没有做到。

⑭"彼其"四句：像方仲永这样天赋如此之高的人，由于没有后天的教育，尚且变成普通人。

⑮固众人：当然是普通人。得为众人而已邪：还能成为普通人吗？意为还不如普通人。

【解析】

本文作于宋仁宗庆历三年，进士一年的王安石被任命为鄞县知县，这是他早期的作品。文章通过方仲永天资聪慧而终因不学泯然众人的事例，阐述了必须重视学习，重视后天教育的道理。全篇立

论确凿，笔意曲折，语言简洁，论证有力，字里行间有一种不容置疑的断然口气。

游褒禅山记

褒禅山亦谓之华山，唐浮图慧褒始舍于其址，而卒葬之，以故其后名之曰："褒禅[①]。"今所谓慧空禅院者，褒之庐冢也[②]。距其院东五里，所谓华山洞者，以其乃华山之阳名之也[③]。距洞百余步，有碑仆道，其文漫灭[④]，独其为文犹可识，曰"花山"。今言"华"如"华实"之"华"者，盖音谬也。

其下平旷，有泉侧出，而记游者甚众，所谓前洞也[⑤]。由山以上五六里，有穴窈然，入之甚寒[⑥]。问其深，则其好游者不能穷也，谓之后洞。余与四人拥火以入，入之愈深，其进愈难，而其见愈奇[⑦]。有怠而欲出者，曰："不出，火且尽[⑧]。"遂与之俱出。盖予所至，比好游者尚不能十一，然视其左右，来而记之者已少[⑨]。盖其又深，则其至又加少矣。方是时，予之力尚足以入，火尚足以明也。既其出，则或咎其欲出者，而予亦悔其随之，而不得极夫游之乐也[⑩]。

于是予有叹焉：古人之观于天地、山川、草木、虫鱼、鸟兽，往往有得，以其求思之深，而无不在也[⑪]。夫夷以近，则游者众[⑫]；险以远，则至者少。而世之奇伟瑰怪非常之观，常在于险远，而人之所罕至焉[⑬]。故非有志者，不能至也。有志矣，不随以止也[⑭]，然力不足，亦不能至也。有志与力而又不随以怠，至于幽暗昏惑，而无物以相之，亦不能至也[⑮]。然力足以至焉，于人为可讥，而在己为有悔[⑯]。尽吾志也而不能至者，可以无悔矣，其孰能讥之乎？此予之所得也[⑰]。

余于仆碑，又以悲夫古书之不存，后世之谬其传而莫能名者，何可胜道也哉！此所以学者不可以不深思而慎取之也[⑱]。

四人者：庐陵萧君圭君玉，长乐王回深父，余弟安国平父、安上纯父⑲。至和元年七月某甲子，临川王某记⑳。

【注释】

①褒禅山：在今安徽含山县。浮图：梵语，僧寺。这里指“僧人”。慧褒始舍于其址：据载慧褒定居在褒禅山脚下。舍，筑庐定居。卒：最终。

②禅院：寺院。庐冢：庐舍和坟墓。冢(zhǒng)，墓。

③阳：山的南面。

④仆：倒在。漫灭：磨损，模糊。

⑤其下：指山洞下面。记游者：游人的题字。

⑥窈然：幽暗深邃。

⑦拥火：指手持火把。见愈奇：见到的景观越发奇异。

⑧怠：松懈。且：将要。

⑨尚不能十一：还不到十分之一。左右：指两侧石壁。

⑩咎：责怪，埋怨。悔其随之：后悔自己跟着别人出来。极：尽情享受。

⑪有得：心有所得，有收获。求思之深：考虑深入。无不在：考虑全面广泛。

⑫夷：平坦。至：到。

⑬奇伟：壮丽。瑰怪：美丽奇异。非常之观：不同寻常的景观。

⑭随以止：附和别人而停止。

⑮相：帮助。

⑯于人为可讥：在别人看来是可以讥笑的。在己为有悔：对自己来说则是会后悔的。

⑰予之所得：我的体会、心得。

⑱谬其传：以讹传讹。莫能名：不能正确认识。名，识其本名。何可胜道：难以尽数，说不完。慎取：慎重选择。

⑲庐陵：今江西吉安。萧君圭：字君玉。长乐：今福建长乐。王回：字深父。安国安上：均为王安石之弟。

⑳至和元年：公元1054年。

【解析】

本文作于宋仁宗至和七年，王安石任度支判官。此时的王安石还没有写出那篇充满改革意味的《上仁宗书》，但从这时的文字中，已不难发现这个年轻的官员身上有一种与众不同的气质和强烈的自信心。

本文属游记，大略记述了游褒禅山的过程和观感。比较特别的是，作者没有在记录风光、描摹景物上用心；也不曾在借景抒怀、宣泄情感上着力——这两点是一般游记的常见形式——而是以游山所见，引发议论，表达了作者对人生、对世事的基本态度，即：不盲从、不轻信；认准目标，坚定不移。这种态度在若干年后王安石任宰相期间，得到了很好地展现。就文章本身而言，记事和议论并不显得牵强生硬，而是“意之所至，笔亦随之，逸兴满眼，余音不绝，可谓极文章之乐”（吴楚材语）。

读孟尝君传

世皆称孟尝君能得士[①]，士以故归之[②]，而卒赖其力以脱于虎豹之秦[③]。嗟乎！孟尝君特鸡鸣狗盗之雄耳，岂足以言得士[④]？不然，擅齐之强，得一士焉，宜可以南面而制秦[⑤]，尚何取鸡鸣狗盗之力哉？夫鸡鸣狗盗之出其门，此士之所以不至也[⑥]。

【注释】

①孟尝君能得士：史称：孟尝君在薛招纳诸侯宾客和亡命之徒，其门下食客曾达数千人。得士，招纳贤才。

②以故归之：士人因此而投靠他。归，投靠。

③卒：最终。赖其力以脱于虎豹之秦：秦王请孟尝君到秦国为相，后听信谗言，想杀掉他。孟君在门客的帮助下逃离秦国。其：指孟尝君所得之“士”。

④特：只不过。鸡鸣狗盗：形容一些只有低俗手段的人。雄：首领。

⑤擅齐之强：掌握着齐国的强大力量。擅，独掌。南面：坐北朝南，这是君王之位。意为使秦国称臣。

⑥此士之所以不至：这恰恰是贤士不到孟尝君门下的原因。

【解析】

孟尝君，姓田名文，是战国齐国的公子，封于薛，号孟尝君，与赵之平原君、楚之春申君和魏之信陵君并称“战国四公子”。孟尝君好养士，门下食客数千人。本文别出心裁，一反历代称颂孟尝君的观点，句句紧逼，层层批驳，从而彻底否定了“孟尝君能得士”的说法。

做翻案文章或借古寓今本是古人作文的常用手法，而本文的突出之处更在其写作手法。全文不满百字，却一波三折，跌宕多姿，语气峭拔，字字有力。历代论家对此文都赞不绝口，宋人楼钥就曾说过：“转折有力，首尾百余字，严劲紧束，而宛转凡四五处，此笔力之绝。”清人沈德潜称：“语语转，笔笔紧，千秋绝调。”清人吴北村更赞道：“此文乃短篇中之极则，雄迈英爽，跌宕变化，故能尺幅中具有万里波涛之势。”

苏 轼

苏轼（1037～1101），字子瞻，号东坡居士，四川眉山人。少时博通经史，二十一岁时中进士。因不满王安石的“新政”，自愿外放，先后历任杭州通判，密州、徐州、湖州知事。元丰二年，四十三岁的苏轼因涉嫌“以诗讪谤”，被捕入狱，这就是“乌台诗案”。出狱后，被贬黄州任团练副使。八年之后，旧党司马光为相，召苏轼回京，继任中书舍人、翰林学士兼侍读，旋以龙图阁学士出知杭州等地。绍圣元年，新党复政，又以“讥讪先帝”为名贬苏轼至英州。其后一贬再贬，直到以琼州别驾身份流落海南。宋徽宗即位后，才将他召还，次年即死于常州。

苏轼是一位具有多方面才能的艺术家。他的诗浪漫瑰丽，气势不凡；他的词境界高远，开启宋词豪放一派；他的书法大气淋漓，并列“宋四家”之一；他的绘画也自成一家，为后人所称道。在散文方面，作为“唐宋八大家”之一，苏轼不仅创作数量很大，而且以气势纵横，舒卷自如，变化多姿，畅达明快形成了自己独特的风格。史称其文“其体浑涵光芒，雄视百代，有文章以来，盖亦鲜矣”（《宋史·本传》）。

超然台记

凡物皆有可观。苟有可观，皆有可乐，非必怪奇伟丽者也[①]。铺糟啜醨，皆可以醉[②]，果蔬草木，皆可以饱。推此类也，吾安往而不乐[③]？

夫所谓求福而辞祸者，以福可喜而祸可悲也[④]。人之所欲无穷，而物之可以足吾欲者有尽[⑤]。美恶之辨战乎中，而去取之择交乎前，则可乐者常少，而可悲者常多，是谓求祸而辞福[⑥]。夫求祸而辞福，岂人之情也哉！物有以盖之矣。彼游于物之内，而不游于物之外[⑦]；物非有大小也，自其内而观之，未有不高且大者也。彼其高大以临我，则我常眩乱反复，如隙中之观斗，又焉知胜负之所在[⑧]？是以美

恶横生，而忧乐出焉；可不大哀乎[9]！

予自钱塘移守胶西，释舟楫之安，而服车马之劳[10]，去雕墙之美，而蔽采椽之居[11]；背湖山之观，而适桑麻之野[12]。始至之日，岁比不登，盗贼满野，狱讼充斥[13]；而斋厨索然，日食杞菊，人固疑予之不乐也[14]。处之期年，而貌加丰，发之白者，日以反黑[15]。予既乐其风俗之淳，而其吏民亦安予之拙也[16]，于是治其园圃，洁其庭宇，伐安丘、高密之木，以修补破败，为苟全之计[17]。而园之北，因城以为台者旧矣，稍葺而新之，时相与登览，放意肆志焉[18]。南望马耳、常山，出没隐见，若近若远，庶几有隐君子乎[19]！而其东则卢山，秦人卢敖之所从遁也[20]。西望穆陵，隐然如城郭，师尚父、齐桓公之遗烈，犹有存者[21]。北俯潍水，慨然太息，思淮阴之功，而吊其不终[22]。台高而安，深而明，夏凉而冬温[23]。雨雪之朝，风月之夕，予未尝不在，客未尝不从。撷园蔬，取池鱼，酿秫酒，瀹脱粟而食之。曰：乐哉游乎[24]？

方是时，余弟子由适在济南[25]，闻而赋之，且名其台曰“超然”[26]。以见余之无所往而不乐者，盖游于物之外也。

【注释】

①可观：值得欣赏的地方。怪奇：奇特怪异。伟丽：宏伟壮丽。

②餔（bǔ）：食，吃。糟：酒糟。啜（chuò）：饮。醨（lí）：薄酒。

③推此类也：即“以此类推”。安往：去哪里。意为“不论干什么”。

④辞祸：避祸。

⑤所欲：欲望。足：满足。有尽：有限。

⑥战：斗争。中：内心。去取之择：取舍的选择。交：错杂。前：眼前。

⑦盖：掩盖。游：沉溺，处于。

⑧临：面对。眩乱：迷惑，看不清。隙：缝。

⑨横生：妄生，不断发生。大哀：很悲哀。

⑩钱塘：代指杭州。移：调任。守：做太守。胶西：代指密州。释：放弃。舟楫之安：指杭州的舒适生活。杭州多水，以行船为主要交通工具。服：从事。车马之劳：指密州穷苦的生活。

⑪去：舍弃。雕墙：墙上有装饰的华丽建筑。蔽：隐蔽，即居住。采椽：以栎木为椽的屋子。言其简朴。

⑫背：背离，离开。湖山之观：山水掩映的庙宇。适：往。桑麻之野：盛产桑麻的农村。密州属古鲁国，而鲁国“颇有桑麻之业”，故云。

⑬岁比：连年。比（bì），频。登：收

获。狱讼：官司。古以罪名相告为狱，财货相告为讼。充斥：多。

⑭斋厨：厨房。索然：空荡无物。杞菊：枸杞和菊花，其嫩芽可吃。

⑮期（jī）年：一年后。此文作于苏轼知密州的第二年。丰：胖。日：逐日。反：返。

⑯淳：淳厚，质朴。安：安于。拙：意为清静无为，不扰民。

⑰安丘：县名，在潍县南。高密：县名，在胶县西北。破败：指破旧的房屋。苟全：随便安生。

⑱因：紧靠。葺（qì）：修整。新：使之焕然一新。相与：相伴。放意肆志：放纵情思，毫无顾忌。

⑲马耳：山名，在诸城南五里。常山：在诸城南二十里。隐见（xiàn）：隐约可见。庶几：大概，或者。隐君子：隐逸的君子。

⑳卢山：在诸城县南三十里，本名故山，因卢敖而得名。卢敖：燕国人，秦始皇召为博士并派他求仙。后隐居卢山。所从遁：隐居的地方。遁，遁世，隐居。

㉑穆陵：关名，在山东临朐县南大岘山上。隐然：庄重的样子。师尚父：吕尚，辅佐周武王有功，尊为尚父，封于齐。齐桓公：春秋五霸之一。遗烈：前人的业绩。

㉒潍水：河名。出山东箕屋山，流经诸城、高密入海。韩信曾在这里大败楚军。慨然：充满感慨。太息：长叹。淮阴之功：指韩信在潍水击破楚将龙且二十万大兵。韩信被封淮阴侯，故称。吊：伤悼。不终：不得善终。指韩信功成未退，终被吕后所杀。

㉓安：安稳。明：敞亮。温：暖。

㉔撷（xié）：采摘。秫（shú）：黏高粱，可做烧酒。瀹（yuè）：煮。脱粟：脱壳的谷子。乐哉游乎：多么快乐的游玩。

㉕方：当。是时：此时。适：恰。济南：今山东历城县。苏辙此时任齐州太守李师中的掌书记，在济南府。

㉖赋之：苏辙有《超然台赋》。超然：苏辙原文为："《老子》曰：'虽有荣观，燕处超然。'尝试以'超然'命之，可乎？"

【解析】

苏轼二十一岁中举之后，签书凤翔府判官，后召至史馆。熙宁年间，王安石变法，苏轼上书论其不便，受到王安石的排斥。苏轼遂自请外放通判杭州，后来又转官密州知州（治所在山东诸城）。本文即作于密州任上。

超然台在密州北城上，苏轼以此为题，记述了他在密州的生活，从而抒发了他"游物于外"、"燕处超然"的观点和淡泊自适的生活态度。本文虽没有《赤壁赋》等文中的清丽描绘和抒情笔调，但由议论入手，层次严谨，结构绵密，议论雄辩，文气流畅，较好地反映出苏轼前期作品中那种浑浩流转、以神运笔的艺术风格。

前赤壁赋

壬戌之秋，七月既望[1]，苏子与客泛舟游于赤壁之下，清风徐来，水波不兴[2]。举酒属客，诵明月之诗，歌窈窕之章[3]。少焉，月出于东山之上，徘徊于斗牛之间[4]。白露横江，水光接天[5]。纵一苇之所如，凌万顷之茫然[6]。浩浩乎如冯虚御风，而不知其所止[7]；飘飘乎如遗世独立，羽化而登仙[8]。

于是饮酒乐甚，扣舷而歌之[9]。歌曰："桂櫂兮兰桨，击空明兮溯流光[10]。渺渺兮余怀，望美人兮天一方[11]。"客有吹洞箫者，倚歌而和之[12]。其声呜呜然，如怨，如慕，如泣，如诉，余音嫋嫋，不绝如缕[13]，舞幽壑之潜蛟，泣孤舟之嫠妇[14]。

苏子愀然，正襟危坐而问客曰："何为其然也[15]？"

客曰："'月明星稀，乌鹊南飞'，此非曹孟德之诗乎[16]？西望夏口，东望武昌，山川相缪，郁乎苍苍，此非孟德之困于周郎者乎[17]？方其破荆州，下江陵，顺流而东也，舳舻千里，旌旗蔽空[18]，酾酒临江，横槊赋诗，固一世之雄也[19]，而今安在哉！况吾与子渔樵于江渚之上，侣鱼虾而友麋鹿，驾一叶之扁舟，举匏樽以相属[20]，寄蜉蝣于天地，渺沧海之一粟[21]。哀吾生之须臾，羡长江之无穷，挟飞仙以遨游，抱明月而长终[22]——知不可乎骤得，托遗响于悲风[23]。"

苏子曰："客亦知夫水与月乎？逝者如斯，而未尝往也；盈虚者如彼，而卒莫消长也[24]。盖将自其变者而观之，则天地曾不能以一瞬[25]；自其不变者而观之，则物与我皆无尽也，而又何羡乎[26]！且夫天地之间，物各有主，苟非吾之所有，虽一毫而莫取。惟江上之清风，与山间之明月，耳得之而为声，目遇之而成色[27]；取之无禁，用之不竭，是造物者之无尽藏也，而吾与子之所共适[28]。"

客喜而笑，洗盏更酌[29]。肴核既尽，杯盘狼藉[30]。相与枕藉乎舟中，不知东方之既白[31]。

【注释】

①壬戌：宋神宗元丰五年。既望：农历十六日。既，过。望，十五日。

②苏子：苏轼自称。泛舟：划船。泛，漂浮。徐：缓慢。兴：起。

③属（zhǔ）：劝，请。明月之诗：指《诗经·陈风·月出》。窈窕之章：《月出》第一章曰："月出皎兮，佼人僚兮。舒窈纠兮，劳心悄兮。"

④少焉：不一会。斗牛：斗星和牛星。这是古人所称的两个星宿。

⑤白露：白色的水汽。水光接天：指水光与天色相融。

⑥纵：任凭。一苇：指小船。所如：所去，所往。凌：高出，在上。万顷：指宽阔的江面。茫然：宽广的样子。

⑦冯虚：凌空。冯（píng），同"凭"，依仗。御风：驾着风，乘风。

⑧遗世：离开尘世。独立：无牵无挂。羽化：飞升成仙。登仙：飞如仙境。

⑨乐甚：很高兴。扣：敲击。舷（xián）：船边。

⑩桂棹：桂木做的棹。棹（zhào）：划船工具。兰桨：兰木做的桨。空明：指倒映着月光的清澈江水。溯：逆流而上。流光：江面上浮动的月光。

⑪渺渺：辽远。余怀：我的心。美人：代指所思念的人。天一方：即天各一方，形容远在两地。

⑫倚：随着。和（hè）：同声相应，彼此对歌。

⑬怨：怨恨。慕：关爱。嫋嫋（niǎo）：形容绵绵不绝。缕：丝线。

⑭幽壑：深谷。潜蛟：隐藏的蛟龙。嫠（lí）妇：寡妇。

⑮愀（qiǎo）然：忧愁的样子。正襟：整好衣服。危坐：端坐。何为其然：为什么（曲调）如此（悲凉）。

⑯月明星稀乌鹊南飞：出自曹操《短歌行》。乌鹊，喜鹊。孟德：曹操的字。

⑰夏口：城名。武昌：即今湖北鄂城县。缪（liǎo）：盘绕。郁乎：草木茂盛。周郎：周瑜。

⑱方：当。其：指曹操。舳舻（zhú lú）：大船。蔽空：遮住天空。

⑲酾（shī）：饮酒。横槊赋诗：舞着长矛吟诗。槊（shuò），一种似矛的古代兵器。固：当然。一时之雄：当时的英雄。

⑳渔樵：打鱼砍柴。江渚：江边。扁（piān）舟：小船。匏樽：酒具。匏（páo），一种葫芦。

㉑寄蜉蝣于天地：在天地寄寓着像蜉蝣一样的短暂生命。蜉蝣，一种寿命很短的水生昆虫，古人认为它朝生暮死。渺：渺小。形容人的生命在宇宙间十分渺少。

㉒须臾：很短的时间。挟：带着，伴着。长终：永远。

㉓骤得：轻易得到。遗响：余音，这里指箫声。托：寄托。悲风：悲凉的秋风。

㉔逝者如斯：像水一样地流淌。逝，往，去。盈虚者：指月亮。盈，指月满。虚，指月缺。消长：减少或增加。

㉕自其变者：从变化的角度。曾不能以一瞬：一瞬间的停顿都没有。一瞬，一眨眼，形容极短的时间。

㉖物：自然万物。无尽：没有完结，不会消亡。

㉗得之：听到。遇之：看到。

㉘无禁：不受约束。造物者：自然。无

尽藏（zàng）：即佛家所谓“无尽藏海”，指无穷无尽的东西。适：享受。
㉙盏：杯盏。更酌：换酒。
㉚肴核：菜肴和果品。狼藉：凌乱。
㉛相与：彼此。枕藉：互相靠着。藉（jiè），垫着。既白：天已放亮。

【解析】

元丰二年，谏官何正臣等人以苏轼诗中有讽刺新法的诗句为由，将苏轼逮捕，交御史究办。因《后汉书·朱博传》中有“御史府中列柏树，常有野乌数千栖宿其上”。后人遂将御史府称为“乌台”，苏轼这桩案子也被称作“乌台诗案”。最后，以苏轼被贬为黄州团练副使结束了这桩官司。本文就是苏轼在黄州的第三年写下的。赤壁位于湖北黄冈县，离苏轼的贬所不远，但不是三国曹吴大战的遗址。苏轼在这里即景抒情，借题发挥，从历史的变迁、宇宙的盈虚，联想到人生的荣辱得失，从而表达了一种齐生死、等荣辱、随遇而安的超脱思想，这既可以看作是作者对自己身处困境的一种排遣，也可以看作是他对人生意义的一种参悟。

文章虽用赋体，但承转灵活，摇曳多姿，语言流畅，音节自然，写景生动，寓意巧妙，确如行云流水，虽曲折变化，无不尽意，却没有一点雕琢刻意之迹。所以，此文不仅被视为苏轼文章的代表，也成为后代许多其他艺术形成的题材，明人甚至以此为题，制作了精美的“核舟”，并产生出魏学洢的《核舟记》。

后赤壁赋

是岁十月之望，步自雪堂，将归于临皋[①]，二客从予，过黄泥之坂[②]。霜露既降，木叶尽脱，人影在地，仰见明月，顾而乐之，行歌相答[③]。已而叹曰：“有客无酒，有酒无肴，月白风清，如此良夜何[④]？”客曰：“今者薄暮，举网得鱼，巨口细鳞，状似松江之鲈，顾安所得酒乎[⑤]？”归而谋诸妇。妇曰：“我有斗酒，藏之久矣，以待子不时之需[⑥]。”

于是携酒与鱼，复游于赤壁之下。江流有声，断岸千尺。山高月小，水落石出[⑦]。曾日月之几何，而江山不可复识矣[⑧]！予乃摄衣而上，履巉岩，披蒙茸，踞虎豹，登虬龙[⑨]，攀栖鹘之危巢，俯冯夷之幽宫[⑩]，盖二客不能从焉。划然长啸[⑪]，草木震动，山鸣谷应，风起水涌。予亦悄然而悲，肃然而恐，凛乎其不可留也[12]。反而登舟，放乎中流，听其所止而休焉[13]。

时夜将半，四顾寂寥。适有孤鹤，横江东来[14]，翅如车轮，玄裳缟衣；戛然长鸣，掠予舟而西也[15]。须臾客去，予亦就睡[16]。梦一道士，羽衣蹁跹，过临皋之下，揖予而言曰："赤壁之游乐乎[17]？"问其姓名，俛而不答[18]。"呜呼！噫嘻！我知之矣！畴昔之夜，飞鸣而过我者，非子也耶[19]？"道士顾笑，予亦惊寤。开户视之，不见其处[20]。

【注释】

①是岁：这一年。承《赤壁赋》而言。雪堂：苏轼此时在黄州的新居。因其在大雪时落成，四壁绘有雪景，故名。临皋：亭名。苏轼曾在此住过。

②从：跟随。黄泥之坂：即黄泥坂。黄冈东面的山坡。

③木叶：树叶。顾：看着。行歌互答：边走边唱，互相应答。

④已而：过了一会。如此良夜何：意谓怎么度过这样一个良宵呢。

⑤松江之鲈：松江的鲈鱼，其味甚美。顾：这里作"但是"。安所：哪里，何处。

⑥谋诸妇：和妻子商量。诸，之于。斗：酒器。不时之需：意外的需要。

⑦断岸：绝壁。水落石出：江水退下，岸石显出。

⑧曾：才，刚。日月之几何：过了几天。不可复识：意谓景物变化太大。

⑨摄：牵拽。履：鞋，这里作"攀登"解。巉岩：险峻的山石。披：分开。蒙茸：杂乱的丛草。距：蹲。虎豹：指形似虎豹的山石。虬龙：指枝杈弯曲的树木。虬（qíu），龙的一种。

⑩栖鹘：睡在树上的鹘鸟。鹘（hú），一种凶猛的鸟。危巢：高高的鸟巢。冯（píng）夷：水神。幽：深。

⑪划然：像刀破物的声音。啸：吹口哨。

⑫悄然：悄悄地。肃然：因恐惧而收敛。凛乎：害怕的样子。

⑬反：同"返"。放：放纵（指船）。中流：江中心。听其所止：任凭船漂到什么地方。

⑭适：恰巧。横江：横穿大江。

⑮玄裳缟衣：指鹤的羽毛是白色，尾巴是黑的。玄，黑色。缟，白色。戛然：形容声音悠长。戛（jiá），象声词。掠：擦过。

⑯须臾：不久。就：入。

⑰羽衣：指道士的服装。道士穿鸟羽织成的衣服是取其升飞成仙之意。蹁跹：轻快跳跃的样子。揖：拱手施礼。

⑱俛：同"俯"。

⑲畴昔之夜：昨天晚上。

⑳寤（wù）：醒。户：门。不见其处：不知到他在哪里。

【解析】

元丰五年七月，苏轼与朋友泛舟赤壁之下，写下了《赤壁赋》。初冬十月，他又再游赤壁，写下本文，为了区别于前文，故命名《后赤壁赋》。

与《赤壁赋》不同，本文没有说理或谈玄的内容，而只是记述了初冬之夜，游赤壁江岸的过程、景致，末尾用道士化鹤之事收束，不仅出人意表而且凭添了几分神秘意味。全篇虽然没有刻意借景抒情，但字里行间所描绘的肃杀冬色，仍然使文章充盈着清冷、孤寂的氛围，从中人们不难窥出作者当时的心情。结尾化鹤道士的问候，似乎是对作者的一种慰藉。应该说，这篇文章虽然短小，但其刻画精细，余味悠长，不在《赤壁赋》之下。

记承天寺夜游

元丰六年十月十二日，夜，解衣欲睡，月色入户，欣然起行①。念无与乐者，遂至承天寺，寻张怀民②。怀民亦未寝，相与步于中庭③。

庭下如积水空明，水中藻荇交横④，盖竹柏影也。何夜无月，何处无竹柏，但少闲人如吾两人耳⑤。

【注释】

①欣然：高兴的样子。起行：起床散步。

②念：想。与乐：共同赏乐。承天寺：寺名。在黄州。张怀民：名张梦得，也是被贬黄州的官员。

③相与：相伴，共同。步：漫步。中庭：庭院。

④空明：比喻清澈透明。藻荇：水草。荇（xìng），水草的一种。

⑤闲人：指无事可做，但能领略风景的豁达之人。

【解析】

这是一则脍炙人口的短文，也是作于苏轼贬谪黄州时期。此时的苏轼，已度过了贬谪之初的打击与痛苦，在穷苦荒僻、与世隔绝的黄州平静了自己躁动不安的灵魂。这当中，佛道的思想起着重要的净化作用。在黄州期间，他每隔一两天都要到寺中焚香默坐，深自省察。

这则小品作于《赤壁赋》的第二年，如果说，在《赤壁赋》中作者尚在借景抒怀，阐述自己的见解，似乎在劝说那位悲观的吹箫者的同时，也在安抚自己。那么在这篇小品中，则表现了一种超凡脱俗、摒弃一切尘累的淡泊、宁静的情怀，未着一字，但清远之趣跃然纸上，正如前人所说："读之觉玉宇琼楼，高寒澄澈，仙笔也。"(《东坡集录》)整个文章随手写来，浑无经意之笔，然意韵酣畅，神态空灵，实在是苏轼所独有的慧心妙笔。

石钟山记

《水经》云："彭蠡之口，有石钟山焉[①]。"郦元以为"下临深潭，微风鼓浪，水石相搏，声如洪钟[②]。是说也，人常疑之[③]。今以钟磬置水中，虽大风浪，不能鸣也，而况石乎[④]？至唐李渤始访其遗踪，得双石于潭上，扣而聆之，南声函胡，北音清越[⑤]。枹止响腾，余韵徐歇，自以为得之矣[⑥]。然是说也，余尤疑之。石之铿然有声者，所在皆是也，而此独以钟名，何哉[⑦]？

元丰七年六月丁丑，余自齐安舟行适临汝[⑧]，而长子迈将赴饶之德兴尉，送之至湖口，因得观所谓石钟者[⑨]。寺僧使小童持斧于乱石间择其一二扣之，硿硿焉，余固笑而不信也[⑩]。至莫夜，月明，独与迈乘小舟至绝壁下。大石侧立千尺，如猛兽奇鬼，森然欲搏人，而山上栖鹘，闻人声亦惊起，磔磔云霄间[⑪]，又有若老人欬且笑于山谷中者，或曰："此鹳鹤也[⑫]。"余方心动欲还，而大声发于水上，噌吰如钟鼓不绝[⑬]，舟人大恐，徐而察之，则山下皆石穴罅，不知其深浅，微波入焉，涵澹澎湃而为此也[⑭]。舟回至两山间，将入港口，有大石当中流，可坐百人，空中而多窍，与风水相吞吐，有窾坎镗鞳之声，与向之噌吰者相应，如乐作焉[⑮]。因笑谓迈曰："汝识之乎？噌吰者，周景王之无射也[⑯]；窾坎镗鞳者，魏庄子之歌钟也。古之人不余欺也[⑰]。"

事不目见耳闻，而臆断其有无，可乎[⑱]？郦元之所见闻，殆与余同，而言之不详[⑲]。士大夫终不肯以小舟夜泊绝

壁之下，故莫能知；而渔工水师，虽知而不能言，此世所以不传也[20]；而陋者乃以斧斤考击而求之，自以为得其实[21]。余是以记之，盖叹郦元之简，而笑李渤之陋也。

【注释】

①水经：书名，是一部以水系为线索的地理书，相传为汉朝桑钦所著，原书已佚，现存的版本是北魏郦道元的注本，名为《水经注》。以下的引文是今本中所没有的。彭蠡：湖名，即鄱阳湖。

②郦元：即郦道元。相搏：相撞击。洪钟：大钟。

③是说：这种说法。人：后人。

④磬（qìng）：一种古代乐器。鸣：发出声响。

⑤李渤：唐朝人，曾任江州刺史，写过一篇《辨石钟山记》。遗迹：指石钟山的所在地。聆（líng）：听。函胡：声音厚重而含糊。清越：声音清亮而高亢。

⑥枹（fú）：鼓槌。腾：响。得之：找到名为石钟的原因。

⑦铿（kēng）然：形容敲击金石发出的声音。所在皆是：到处都有。

⑧丁丑：初九。齐安：黄州。适：往。临汝：汝州临汝郡。

⑨长子迈将赴饶之德兴尉：长子苏迈要到饶州德兴做县尉。得观：有机会看到。

⑩扣：敲击。硿硿（kōng）焉：石头落下的响声。固：连词，相当于“因而”。

⑪森然：阴森可怕的样子。搏人：向人扑来。磔磔（zhé zhé）：形容鹘的鸣叫声。

⑫欬（kài）：咳嗽。鹳（guàn）鹤：一种水鸟。

⑬心动：心惊。噌吰（zēng hóng）：形容洪亮而沉重的钟声。

⑭穴罅：洞穴和裂缝。罅（xià），裂缝。涵澹：水波动荡的样子。澎湃：波涛汹涌。为此：形成声响。

⑮两山：即上钟山与下钟山。当：对着。窍：窟窿。吞吐：指风与水进出石洞。窾坎（kuǎn kǎn）：击物声。镗鞳（táng tà）：击鼓声。乐作：音乐演奏。

⑯识（zhì）：记得。周景王：东周帝王，公元前544～前520在位。无射（yì）：周景王二十四周铸造的大钟。

⑰魏庄子：春秋晋国大夫魏绛，“庄子”是他的谥号。歌钟：编钟。史载：晋悼公将郑国赠送的歌钟等乐器半数送给大夫魏绛。不余欺：不骗我。

⑱臆断：根据主观的想法作判断。

⑲殆：大致。

⑳水师：划船的人。不传：没有传播开去。

㉑陋者：浅薄的人。这里指李渤。考：敲打。得其实：找到真正的原因。

【解析】

石钟山位于今江西湖口县鄱阳湖东岸，包括上钟山和下钟山两部分。元和七年，苏轼奉调从黄州移官汝州，途经湖口时写下这篇文章。

文章从探询“石钟山”命名之由入笔，写了古人对此的若干意见，又通过自己的亲自探访，认为是山下许多“空中而多窍”的大石在波浪的冲刷下发出了声响，其声如钟，故有此名。从而引发出“事不目见耳闻，而臆断其有无，可乎?”的议论。全文流畅自然，毫无牵强雕琢痕迹，其中对山水景致的描绘与《后赤壁赋》有异曲同工之妙，颇受后人称许。

顺便一提，后来有人提出不同于苏轼的观点，认为上钟山和下钟山均以山形似钟而得名，与声响无关。

方山子传

方山子，光、黄间闲人也①。少时慕朱家、郭解为人，闾里之侠皆宗之②。稍壮，折节读书，欲以此驰骋当世，然终不遇③。晚乃遁于光、黄间，曰岐亭，庵居蔬食，不与世相闻④。弃车马，毁冠服，徒步往来山中，人莫识也⑤。见其所著帽方耸而高，曰此岂古方山冠之遗像乎⑥？因谓之方山子。

余谪居于黄，过岐亭，适见焉。曰：“呜呼！此吾故人陈慥、季常也，何为而在此?”方山子亦矍然问余所以至此者，余告之故⑦。俯而不答，仰而笑，呼余宿其家，环堵萧然，而妻子奴婢皆有自得之意。余既耸然异之⑧。

独念方山子少时，使酒好剑，用财如粪土⑨。前十有九年，余在岐下，见方山子从两骑，挟二矢，游西山⑩。鹊起于前，使骑逐而射之，不获；方山子怒马独出，一发得之。因与余马上论用兵及古今成败，自谓一世豪士。今几日耳⑪？精悍之色，犹见于眉间，而岂山中之人哉⑫！

然方山子世有勋阀，当得官⑬。使从事于其间，今已显闻⑭。而其家在洛阳，园宅壮丽，与公侯等。河北有田，岁得帛千匹，亦足以富乐⑮。皆弃不取，独来穷山中，此岂无得而然哉⑯？

余闻光、黄间多异人，往往阳狂垢污，不可得而见。方山子傥见之欤⑰？

【注释】

①方山子：名陈慥，字季常，号方山子，是苏轼的朋友。因怀才不遇，遁

迹山林。光黄：光州和黄州。即今河南光州与湖北黄州一带。闲人：指没有官职的人。

②朱家郭解：西汉初年的侠士。闾里：乡里。宗：归从。

③折节：克制自己，改变旧行。驰骋：施展才能。不遇：才能不受赏识。

④遁：隐居。庵居：住在寺庵中。指居无定所。相闻：相来往。

⑤冠服：士人正式的服装。

⑥方耸：高耸的方形。方山冠：古代隐士的帽子。

⑦适：恰巧。矍（jué）然：吃惊的样子。故：贬谪黄州的原因。

⑧环堵：四壁。萧然：破旧的样子。自得之色：满足的表情。耸然：尊敬的样子。

⑨使酒：酒后使性。

⑩歧下：歧山下，在今陕西凤翔。当时苏轼任凤州通判。从：带着。骑（jì）：骑马的侍从。

⑪怒马：怒而拍马。今几日耳：距今天才几日。形容旧景宛在眼前。

⑫精悍：精明强干。山中之人：隐士。

⑬勋阀：指功臣的门第。宋制，功臣之后，可以酌情袭官。

⑭其间：指官场。显闻：名声很大。

⑮等：相同。岁：每年。帛：代指租赋。

⑯无得：没有收获。然：代指弃家隐居。

⑰异人：不同风俗的人。阳狂：假装狂人。垢污：埋没身份。傥（tǎng）：假如，或许。

【解析】

这是苏轼不多的人物记传之一，它记录了一个行为特异的隐士的形象。这篇文章的成功之处不在于其内容，而是其笔法结构的精心营造。

文章从传闻开端，引出方山子的不凡经历，继而以意外相见点破此人真实身份，然而在现实与回忆的场景切换中，逐渐充实着对方山子的描述，也同时丰满着人物形象的塑造。结尾时宕开一笔，在若不经意之间把方山子与光、黄之间的“异人”相提并论，不仅点破主题，而且全文有苍茫不尽之势。历代文论家都对此文给予很高的评价。明代茅坤称其：“烟波生色之处，能令人涕洟。”清人李刚己曰：“东坡文字长于议论，叙事之作不逮韩欧远甚，惟此篇跌宕有奇气，至于韵趣之奇逸，神气之超远，自是坡公本色。”

韩文公庙碑

匹夫而为百世师，一言而为天下法①，是皆有以参天地之化，关盛衰之运②。其生也自来，其逝也有所为③。故申、吕自岳降，傅说为列星，古今所传，不可诬也④。孟子曰：“我善养吾浩然之气⑤。”是气也，寓于寻常之中，而塞乎天

地之间[6]，卒然遇之，则王公失其贵，晋、楚失其富[7]，良、平失其智，贲、育失其勇，仪、秦失其辩[8]，是孰使之然哉？其必有不依形而立，不恃力而行，不待生而存，不随死而亡者矣。故在天为星辰，在地为河岳；幽则为鬼神，而明则复人为。此理之常，无足怪者[9]。

自东汉以来，道丧文弊，异端并起[10]，历唐贞观、开元之盛，辅以房、杜、姚、宋不能救[11]。独韩文公起布衣，谈笑而麾之，天下靡然从公，复归于正，盖三百年于此矣[12]。文起八代之衰，而道济天下之溺[13]，忠犯人主之怒[14]，而勇夺三军之帅[15]。此岂非参天地、关盛衰、浩然而独存者乎？

盖尝论天人之辨，以谓人无所不至，唯天不容伪[16]；智可以欺王公，不可以欺豚鱼[17]；力可以得天下，不可以得匹夫匹妇之心[18]。故公之精诚，能开衡山之云，而不能回宪宗之惑[19]；能驯鳄鱼之暴，而不能弭皇甫镈、李逢吉之谤[20]；能信于南海之民、庙食百世，而不能使其身一日安于朝廷之上[21]。盖公之所能者天也，其所不能者人也[22]。

始潮人未知学，公命进士赵德为之师[23]。自是，潮之祐士皆笃于文行，延及齐民，至于今，号称易治[24]。信乎孔子之言，“君子学道则爱人，小人学道则易使”也[25]。潮人之事公也，饮食必祭，水旱疾疫，凡有求必祷焉[26]。而庙在刺史公堂之后，民出入为艰[27]。前太守欲请诸朝，作新庙，不果[28]。元祐五年，朝散郎王君涤来守是邦，凡所以养士治民者，一以公为师[29]。民既悦服，则出令曰：“愿新公庙者听！”民讙趋之[30]。卜地于州城之南七里，期年而庙成[31]。

或曰：“公去国万里，而谪于潮，不能一岁而归[32]。没而有知，其不眷恋于潮也审矣[33]。”轼曰：“不然，公之神在天下者，如水之在地中，无所往而不在也[34]。而潮人独信之深、思之至，焄蒿凄怆，若或见之[35]。譬如凿井得泉，而曰水专在是，岂理也哉[36]！元丰七年，诏封昌黎伯，故榜曰：昌黎伯韩文公之庙[37]。潮人请书其事于石，因作诗之遗之，使歌以祀公[38]。

【注释】

①匹夫：普通人。百世师：历代之师。天下法：天下人都要遵循的法则。

②参天地之化：和天地共同化育万物。关：关系。盛衰：国家的兴亡。

③生也自来：与生俱来，天生。逝：去。为：作为。

④申吕：申伯和吕侯。周宣王时的贤人，据说他们出生时，有山岳降神的先兆。傅说：殷高宗的大臣。传说死后升天，成为星辰。说（yuè）。

⑤浩然之气：至大至刚之气。语出《孟子·公孙丑》。

⑥寻常：平常事物。塞：充满。

⑦卒然：突然。卒（cù），同“猝”。晋楚：战国时晋、楚两国。

⑧良平：西汉刘邦的两个重要谋臣张良、陈平。贲（bēn）育：传说中的两个勇士孟贲、夏育。仪、秦：战国时两位著名辩士张仪、苏秦。

⑨孰使之然：谁使他们（上面提到的诸人）这样。理之常，常理。无足怪：不值得奇怪。

⑩道丧：指儒家思想沦落不振。文弊：文风靡丽，文气衰败。异端：正统学说以外的观念，这里指佛、老之学。

⑪贞观：唐太宗年号。开元：唐玄宗年号。这是唐朝鼎盛的两个时期。房：房玄龄。杜：杜如晦。姚：姚崇。宋：宋璟。这四人分别是太宗和玄宗时的宰相。救：改变。

⑫布衣：平民。麾之：击退（浮艳文风）。麾（huī），同“挥”。靡然：像风吹草木一样闻风响应。正：正统。指古文传统。于此：至今。

⑬起：改变，重振。八代：东汉、魏、晋、宋、齐、梁、陈、隋。衰：没落。道：儒家之道。济：拯救。溺：陷落。

⑭忠犯人主之怒：指韩愈表切谏唐宪宗迎佛骨入禁而引得宪宗大怒之事。

⑮勇夺三军之帅：唐穆宗长庆元年，都知兵马使王庭凑杀成德军节度使田弘正，自领其位。朝廷无法征讨，派韩愈前往安抚，众人皆认为危险，韩愈独闯叛军，使王庭凑归顺朝廷。

⑯天人之辨：天与人的区别。无所不至：什么都可以做。天不容伪：不能瞒过上天。

⑰不可以欺豚鱼：《易·中孚》：“信及豚鱼。”豚（tún），小猪。

⑱匹夫匹妇：普通的男女。代指天下之人。

⑲精诚：真诚实意。开衡山之云：韩愈《谒衡山南岳庙》诗云：“我来正逢秋雨节，阴气晦昧无清风。潜心默祷若有应，岂非正直能感通。须臾尽扫群峰出，仰天突兀撑晴空。”回宪宗之惑：不能改变宪宗的迷惑。宪宗终迎佛骨，并将韩愈贬往潮州。

⑳驯鳄鱼之暴：潮州旧时鳄鱼肆虐，为害百姓。韩愈到任后，写了一篇《祭鳄鱼文》投入水中。据说，“是夕，暴风雷电起溪中，数日水尽涸。”鳄鱼也西迁六百里。弭（mǐ）：消除。皇甫镈：唐宪宗时宰相。韩愈到潮州后，又给宪宗上书，宪宗看后感悔，想起用韩愈，但皇甫镈忌妒，把韩愈改任袁州。李逢吉：唐穆宗时宰相。因与御史中丞李绅不合，挑拨李绅与韩愈相争，然后以此为由，贬韩愈为兵部侍郎，李绅为江西观察使。谤：诽谤，攻击。

㉑信：取得信任。南海：指潮州。庙食：受到后人立庙祭祀的礼遇。一日安于朝廷之上：韩愈从潮州回京后屡屡迁职，几无宁时。

㉒所能：意为取信于天。

㉓未知学：形容潮州的愚昧落后。赵德：潮州人，曾帮助韩愈编辑文章，被韩愈推荐为海阳县尉，办理州学，管教生徒。

㉔笃（dǔ）：专心致志。文行：文章与德行。延：扩展，影响。齐民：平民。易治：容易管理。

㉕信：确实。易使：容易管理。

㉖事公：指供奉韩愈之庙。

㉗公堂：办公之处。艰：不方便。

㉘请诸朝：向朝廷请示。不果：没有成功。

㉙朝散郎：从七品的文官。是邦：潮州。一：完全。

㉚悦服：满意顺从。新：更新，重建。听：听其自便。讙（huān）：同“欢”。趋：参加。

㉛卜地：选择地址。期年：一年以后。

㉜去国：离开朝廷。不能：不到。韩愈在潮州不到一年后即调任袁州刺史。

㉝没：去世。眷恋：留恋。审：肯定。

㉞无所往而不在：存在于任何地方（指韩愈的神灵）。

㉟思之至：非常思念。焄蒿（xūn）：原指祭品的气味，代指祭祀。凄怆：悲伤。若或：好像。

㊱理：道理。

㊲昌黎伯：宋神宗元丰七年，诏封韩愈为昌黎伯，因其祖籍在河北昌黎。榜：木匾，这里作动词。

㊳遗（wèi）：赠送。歌：作动词，唱。祀：祭祀。

【解析】

韩愈是唐代著名文学家，他所领导的“古文运动”对于纠正六朝以降的浮艳文风，确定唐宋散文革新，起到了不可磨灭的作用。韩愈力倡儒学，反对当时盛极朝野的佞佛之风。元和十四年，因力谏唐宪宗迎佛骨，被贬到潮州（今广东潮安县）。在潮州，韩愈关心民生，为百姓做了一些好事，当地百姓为怀念他，修庙纪念。因韩愈死后谥“文”，故后人称其“韩文公”。元祐五年，潮州知州王涤重修翰庙，请苏轼撰写庙碑。此时任翰林学士的苏轼一改“平生不为行状碑传”的习惯，写下了这篇碑文。

苏轼为韩愈立碑，除了服膺于韩愈在文学领域的巨大贡献，更重要的则是感佩于他刚直不苟、凛然难犯的正气和以天下道义为己任的胸襟气度。正因为如此，这篇碑文才写得激昂慷慨、气势磅礴，成为碑志中的精品。

本文通篇丰词丽句，气焰光彩，蹈厉飞扬，神采跌宕。起首“匹夫而为百世师”一句就平空挑起，一路气势奔涌、恣肆汪洋：反复出现的排比句式，更给人一种摄魂夺魄，难能自已的震撼力。前人称其“非东坡不能为此，非韩公不足当此。千古奇观也！”（吴楚材语）

苏 辙

苏辙（1039～1112），字子由，号栾城，眉山（今四川眉山）人，苏轼之弟。嘉祐年间与苏轼同科及第。因反对王安石变法，出河南为推官。宋哲宗时，“旧党”执政，召为右司谏，后累迁御史中丞、尚书右丞，进门下侍郎。后因事获罪，被贬雷州安置。晚年复大中大夫致仕，在许州筑室，自号“颍滨遗老”，卒谥“文定”。

苏辙的性格沉静简洁，为忠厚朴质。虽官至高位仍清简宁静。其文与其父苏洵、其兄苏轼并称“三苏”，文风“汪洋淡泊，深沉温粹，似其为人”（明人刘大谟）。有《栾城集》、《龙川志略》传世。

上枢密韩太尉书

太尉执事[①]：辙生好为文，思之至深，以为文者气之所形[②]，然文不可以学而能，气可以养而致[③]。孟子曰：“我善养吾浩然之气[④]。”今观其文章，宽厚宏博，充乎天地之间，称其气之小大[⑤]。太史公行天下，周览四海名山大川[⑥]，与燕、赵间豪俊交游，故其文疏荡，颇有奇气[⑦]。此二子者，岂尝执笔学如此之文哉？其气充乎其中而溢乎其貌，动乎其言而见乎其文，而不自知也[⑧]。

辙生十有九年矣。其居家所与游者，不过其邻里乡党之人[⑨]；所见不过数百里之间，无高山大野可登览以自广[⑩]；百氏之书，虽无所不读，然皆古人之陈迹[⑪]，不足以激发其志气。恐遂汩没，故决然舍去[⑫]，求天下奇闻壮观，以知天地之广大。过秦汉之故都，恣观终南、嵩、华之高[⑬]，北顾黄河之奔流，慨然想见古之豪杰[⑭]。至京师，仰观天子宫阙之壮，与仓廪府库城池苑囿之富且大也[⑮]，而后知天下之巨丽。见翰林欧阳公，听其议论之宏辩[⑯]，观其容貌之秀伟，与其门人贤士大夫游[⑰]，而后知天下之文章聚乎此也。太尉以才略冠天下，天下之所恃以无忧，四夷之所

惮以不敢发[18]，入则周公、召公[19]，出则方叔、召虎[20]。而辙也未之见焉。

且夫人之学也，不志其大，虽多而何为[21]？辙之来也，于山见终南、嵩、华之高，于水见黄河之大且深，于人见欧阳公，而犹以为未见太尉也。故愿得观贤人之光耀，闻一言以自壮[22]，然后可以尽天下之大观而无憾者矣。

辙年少，未能通习吏事。向之来，非有取于斗升之禄[23]。偶然得之，非其所乐[24]。然幸得赐归待选[25]，使得优游数年之间，将归益治其文，且学为政[26]。太尉苟以为可教而辱教之[27]，又幸矣！

【注释】

①太尉：宋朝的枢密使执掌兵权，与汉朝太尉相似，故用此称。韩琦当时是以检校太傅的身份充枢密使。执事：指左右服役的人。称人“执事”，是谦谨的说法，意为不敢直接麻烦主人，只能请左右的人代为转达。

②为文：做文章。气之所形：是作者气质、精神的外在表现。形，显现。

③不可以学而能：不可能靠练习、摹仿写好。能，善，好。养而致：通过修养获得。

④浩然之气：广博宽阔的气度。

⑤充：洋溢，充满。称（chèn）：相称，符合。

⑥太史公：司马迁。周览：遍游。

⑦燕赵：指战国时的燕国和赵国，相当于今天河南、河北、山东一带。豪俊：英雄、杰出的人。疏荡：洒脱奔放。奇气：脱俗的气质。

⑧溢乎其貌：洋溢在他的言谈举止、眉宇嘴角之间。见（xiàn）：外观。

⑨与游：交往。乡党：乡亲。古称五百家为党，一万二千五百家为乡。

⑩登览：攀登观赏。自广：开阔自己的心胸。

⑪百氏：诸子百家。陈迹：过去的事情，历史。

⑫汩（gǔ）没：埋没。决然：断然。

⑬秦汉之故都：秦都咸阳。汉都长安。恣观：尽情观赏。终南：山名，在陕西南部。嵩：嵩山，五岳之中岳，在河南登封。华：华山，五岳之西岳，在陕西华阴。

⑭慨然：充满感慨的。

⑮京师：指北宋首都开封。仓廪：粮仓。廪（lǐn），米仓。苑囿：园林。囿（yòu），动物园。

⑯欧阳公：指欧阳修，当时他以翰林学士主持嘉祐二年的京试。宏辩：宏廓雄辩。

⑰秀伟：清秀魁伟。门人：指当时聚集在欧阳修周围的梅尧臣。苏舜钦、曾巩等人。

⑱才略：才能谋略。冠：为众人之首。恃：倚仗。宋仁宗时，韩琦领兵防御西夏入侵，取得很大成功。四夷：各地的少数民族。发：作乱为患。

⑲人：入朝。周公：周武王之弟姬，曾

辅佐周武王、周成王。召公：周文王之子姬奭，周成王时与周公分陕而治，政绩很好。

⑳出：到边疆。方叔：周宣王时的重臣，曾平定“荆蛮之乱”。召虎：周宣王时大臣，曾佐宣王镇压“淮夷之乱”。

㉑不志其大：不立大志。何为：有什么用。

㉒光耀：丰采。自壮：激发自己的信心。谦语。

㉓通习：熟悉，通晓。吏事：为官之事。有取：想获得。斗升之禄：微薄的俸禄。代指品级不高的小官职。

㉔非其所乐。苏辙进士后被列下等，授商州军推官，他辞不就职。

㉕赐归待选：准许回家，等待朝廷的重新委任。

㉖优游：从容闲暇。益：更。治：研习，磨炼。学为政：学习从政的技巧。

㉗苟：如果。辱教：不以教导我而耻辱。谦语。

【解析】

嘉祐二年，这年苏辙与苏轼应试礼部，同时考中进士，本文就是作于此时。韩太尉，名琦，历仕仁、英、神三朝，曾任枢密使、宰相等要职，赐封魏国公，是北宋前期著名的重臣。

苏辙的这封信，是一封自荐信，希望能得到韩琦的接见。但文章平和稳重，雍容不迫，虽大气涵泳却疏宕从容，充分显示了与作者年龄不太相称的醇厚深沉。文中所提到的“文者气之所形”和“气可以养而致”的观点，更是受到后代许多研究者的推崇与赞许。

武昌九曲亭记

子瞻迁于齐安，庐于江上[①]。齐安无名山，而江之南武昌诸山[②]，陂陁蔓延，涧谷深密[③]，中有浮图精舍，西曰西山，东曰寒溪[④]，依山临壑，隐蔽松枥，萧然绝俗，车马之迹不至[⑤]。每风止日出，江水伏息，子瞻杖策载酒，乘渔舟乱流而南[⑥]。山中有二三子，好客而喜游，闻子瞻至，幅巾迎笑[⑦]，相携徜徉而上，穷山之深，力极而息[⑧]，扫叶席草，酌酒相劳，意适忘反[⑨]，往往留宿于山上。以此居齐安三年，不知其久也。

然将适西山，行于松柏之间，羊肠九曲而获少平[⑩]，游者至此必息。倚怪石，荫茂木[⑪]，俯视大江，仰瞻陵阜，旁瞩溪谷[⑫]，风云变化，林麓向背，皆效于左右[⑬]。有废亭焉，其遗址甚狭，不足以席众客[⑭]。其旁古木数十，其大皆百围

千尺，不可加以斤斧[15]。子瞻每至其下，辄睥睨终日[16]。一旦大风雷雨，拔去其一，斥其所据，亭得以广[17]。子瞻与客入山视之，笑曰："兹欲以成吾亭耶[18]？"遂相与营之。亭成而西山之胜始具[19]，子瞻于是最乐。

昔余少年，从子瞻游。有山可登，有水可浮，子瞻未始不褰裳先之[20]。有不得至，为之怅然移日[21]。至其翩然独往，逍遥泉石之上[22]，撷林卉，拾涧实[23]，酌水而饮之，见者以为仙也。盖天下之乐无穷，而以适意为悦[24]。方其得意，万物无以易之[25]，及其既厌，未有不洒然自笑者也[26]。譬之饮食，杂陈于前，要之一饱，而同委于臭腐[27]，夫孰知得失之所在[28]？惟其无愧于中，无责于外，而姑寓焉[29]。此子瞻之所以有乐于是也。

【注释】

①迁：贬谪。齐安：郡名，即黄州。庐：寓居、居住。苏轼到黄州后，先寓居定惠寺，后迁居临皋亭。

②武昌诸山：指樊山，在武昌郡南。

③陂陁（pō tuó）：险峻的山峦。深密：幽深。

④浮图：梵语的音译，指僧寺。精舍：修行的人所居之处，也即僧寺。西山：西山寺，在武昌县西。寒溪：寒溪寺，又名资圣寺，在樊山下寒溪畔。

⑤临壑：面临深谷。隐蔽松枥：隐蔽在松树和枥树之间。萧然：寂静的样子。绝俗：不与尘世交往。

⑥伏息：形容水波平静。杖策：扶着拐杖。策，手杖。载酒：带着酒。乱流：横渡。

⑦二三子：几个人。幅巾：以幅巾裹头，说明不拘形迹。

⑧相携：手拉手。形容亲密的样子。徜徉（cháng yáng）：自由地游玩。穷山之深：向山的深处走去。力极：筋疲力尽。

⑨扫叶：清扫落叶。席草：坐在草地上。相劳：相互慰劳。意适：心情舒畅。

⑩适：往。羊肠九曲：形容山路狭窄曲折。少平：一块稍微平坦之地。

⑪荫：遮蔽。茂木：茂盛的树木。

⑫陵阜：山峰。瞩：注视。

⑬林麓：山林。向背：指山林因朝阳或背阴而形成的颜色变化。效：呈现。

⑭废亭：指九曲亭遗址。席：坐。

⑮百围：形容树干很粗。围，两臂合拢的长度。斤斧：砍树的工具。

⑯辄：总是。睥睨（nì）：斜视的样子。

⑰一旦：一天。斥：开拓。所据：（树）所占的地方。广：扩大。

⑱兹欲以成吾亭：这是老天想帮助我整修九曲亭。

⑲相与：共同。营：经营，干活。胜：美景。具：完备。

⑳浮：泛舟水上。未始：总是。褰（qiān）：提起。裳：下衣。

㉑怅然：不愉快的样子。移日：整天。

㉒翩然：欣然自得的样子。逍遥：自由地游玩。

㉓撷（xié）：摘取。林卉：林中花朵。涧实：落在山涧的果实。

㉔以适意为悦：只要自己满意，就是开心的事。

㉕方其得意：当他心情舒畅的时候。无以易也：没有什么可以代替的。易，交换。

㉖既厌：满足之后。洒（xiǎn）然：吃惊的样子。

㉗杂陈：错杂地摆着。要之：都是。委于臭腐：意谓吃下去的东西都将变成废物。

㉘孰知得失之所在：意谓得失都将归于空无，没有质的区别。

㉙中：内心。外：别人。姑寓：姑且把自己的感情寄托在此。焉：代指上文所描绘的山水之乐。

【解析】

宋神宗元丰三年，苏轼因“乌台诗案”被贬至黄州。元丰五年，苏辙去黄州探望。本文即作于此时，对于这次兄弟相聚，两人的诗中都有记载，苏辙称：“千里到齐安，三夜语不足。”（黄州陪子瞻游武昌西山）苏轼也有《与子由同游寒溪西山诗》记述行历。

九曲亭在武昌西鄂城县九曲岭，是三国时东吴孙权的遗址。苏轼在黄州时曾给予重修。本文以苏轼发现并重修九曲亭的经过为线索，阐发了一种“天下之乐无穷，而以适意为悦”的生活态度。全篇语言平淡冲和，境界恬然自适。虽无雕琢之词，却显得兴味超妙，不落俗套。文章结构朴素，没有腾挪变化之功，亦不见咄咄逼人之势，然而，潺湲平叙之间，仍给读者以精警之叹和无穷回味。

黄州快哉亭记

江出西陵，始得平地，其流奔放肆大[①]，南合沅湘，北合汉沔，其势益张[②]；至于赤壁之下，波流浸灌，与海相若[③]。清河张君梦得，谪居齐安[④]，即其庐之西南为亭，以览观江流之胜，而余兄子瞻名之曰“快哉”[⑤]。盖亭之所见，南北百里，东西一舍，涛澜汹涌，风云开阖[⑥]；昼则舟楫出没于其前，夜则鱼龙悲啸于其下[⑦]；变化倏忽，动心骇目[⑧]，不可久视——今乃得玩之几席之上，举目而足[⑨]。西望武昌诸山，冈陵起伏，草木行列，烟消日出，渔夫樵父之舍，皆可指数[⑩]，此其所以为“快哉”者也。

至于长州之滨，故城之墟[⑪]，曹孟德、孙仲谋之所睥

睨[12]，周瑜、陆逊之所骋骛，其流风遗迹，亦足以称快世俗[13]。昔楚襄王从宋玉、景差于兰台之宫，有风飒然至者[14]，王披襟当之曰："快哉此风！寡人所与庶人共者耶？"宋玉曰："此独大王之雄风耳，庶人安得共之[15]？"玉之言，盖有讽焉[16]。夫风无雄雌之异，而人有遇不遇之变[17]；楚王之所以为乐，与庶人之所以为忧，此则人之变也，而风何与焉[18]？

士生于世，使其中不自得，将何往而非病[19]；使其中坦然，不以物伤性，将何适而非快[20]？今张君不以谪为患，窃会计之余功[21]，而自放山水之间，此其中宜有以过人者[22]：将蓬户瓮牖，无所不快[23]；而况乎濯长江之清流，揖西山之白云，穷耳目之胜以自适也哉[24]？不然，连山绝壑，长林古木，振之以清风，照之以明月，此皆骚人思士之所以悲伤憔悴而不能胜者，乌睹其为快也哉[25]！元丰六年十一月朔日赵郡苏辙记[26]。

【注释】

①西陵：西陵峡，长江三峡之一，在今湖北宜昌。始得平地：长江出西陵峡后，一脱两岸高山束缚，江面陡然开阔。肆大：水无阻挡而流势浩大。

②沅：沅水。湘：湘江。汉沔（miǎn）：汉水。益张：更加开阔。

③赤壁：指黄州赤鼻矶。浸灌：形容水势盛大。

④清河：郡名，在今河北清河县。张梦得：字怀民。与苏轼同时谪官黄州。

⑤即：靠近。胜：美景。

⑥一舍：三十里。风云开阖：风云变化。阖（hé），闭。

⑦鱼龙悲啸：指江水拍岸和江流涌动形成的声响。

⑧倏（shū）忽：迅急。动心骇目：触目惊心。

⑨玩：观赏。几席：案桌。举目而足：抬眼就能看个够。

⑩草木行列：成行的草木。指数：清晰可见，一一可数。

⑪长洲：指江边长条形的沙洲。故城：唐以前的旧城。唐朝以后，黄州城已迁移。墟：遗址。

⑫曹孟德：曹操。孙仲谋：孙权。睥睨：傲视。此处曾是魏吴大战之地，故云。骋骛（chěng wù）：纵横奔驰。引申为所向皆胜。周瑜曾在此大破曹军。陆逊亦在这一带袭关羽，败刘备，破曹休，故云。

⑬流风：流传后世的英名。称快世俗：令世人称赞。

⑭楚襄王：战国时的楚国君。宋玉景差：两位楚国的辞赋家。兰台：楚王的行宫，在今湖北钟祥县。飒然：风声。

⑮披襟：敞开衣襟。当：迎着。庶人：

百姓。共：共同享有。以上几句出自宋玉《风赋》。

⑯讽：讽喻，劝说。

⑰雄雌之异：宋玉在《风赋》中将风分出雄雌之别。遇不遇之变：幸运和不幸运的差别。遇，受到帝王公侯的赏识。

⑱人之变：当事人地位的差别，何与：有什么关系。

⑲中不自得：心中郁闷。何往而非病：不论到哪里都不愉快。病，忧愁。

⑳以物伤性：因为外界事物而影响心情。将何适而非快：不论到何处都不会不愉快。

㉑窃：忙里偷闲。会计：指张梦得的工作。他可能任主簿之类的职务。余功：闲暇。

㉒自放：放纵自己。宜：应该。过人：与凡人不同。

㉓将：即使。蓬户瓮牖（yǒu）：以蓬草为门瓮罐做窗的房屋。形容生活极其穷困。牖，窗。

㉔濯：洗涤。揖：揽。穷：极尽。自适：自己愉快。

㉕连山绝壑：连绵的山冈、深深的山谷。振：吹动。骚人思士：忧伤的文人或不得志的士大夫。胜：承受。乌睹其为快：哪里能看出什么快乐。

㉖朔日：阴历的每月初一。赵郡：指苏氏祖先的郡望赵郡栾城（今河北藁城）。

【解析】

这是苏辙元丰六年为当时贬官在黄州的张梦得所写的记文。文章从亭名“快哉”落笔，写出了登亭远眺的景致，说明“快哉”命名之由来。然后，笔锋一转，由此联想到当年宋玉和楚王所畅论的“披襟当风”的故事，并以此喻，阐述了人生在世，如何面对挫折的问题，得出了“使其中坦然，不以物伤性，将何适而非快”的结论。文章所表现的主旨，与《武昌九曲亭记》有相同之处，大抵在宣传旷达开朗的人生态度，以慰藉身在逆境中的友人。

文章融叙事、抒情、议论于一体，文势起伏跌宕，变化横生，于汪洋淡泊之中充溢着一股不平之气。

李格非

李格非，生卒年不详，字文叔，济南人。著名女词人李清照之父。宋神宗熙宁九年进士，先后任校书郎、著作佐郎、礼部员外郎等职。宋徽宗建中靖国元年，因涉及“党人”事而罢官，卒年六十一岁。

李格非留意经学，著有《礼记说》等文，可惜多已不传。《洛阳名园记》是他最具影响的作品。

书洛阳名园记后

洛阳处天下之中[①]，挟殽、渑之阻[②]，当秦、陇之襟喉，而赵、魏之走集[③]，盖四方必争之地也。天下常无事则已，有事则洛阳必先受兵[④]。予故尝曰：洛阳之盛衰，天下治乱之候也[⑤]。

方唐贞观、开元之间，公卿贵戚开馆列第于东都者，号千有余邸[⑥]。及其乱离，继以五季之酷[⑦]，其池塘竹树，兵车蹂践，废而为丘墟[⑧]，高亭大榭，烟火焚燎，化而为灰烬[⑨]，与唐共灭而俱亡，无余处矣。予故尝曰：园圃之废兴，洛阳盛衰之候也[⑩]。

且天下之治乱，候于洛阳之盛衰而知；洛阳之盛衰，候于园圃之废兴而得；则《名园记》之作，予岂徒然哉[⑪]？

呜呼！公卿大夫方进于朝，放乎一己之私意以自为[⑫]，而忘天下之治忽[⑬]，欲退享此乐，得乎[⑭]？唐之末路是矣[⑮]。

【注释】

①处：位于。天下之中：洛阳自东周时即为国都，其后历代各朝或以此为首都，或以此为陪都，是历代政治的中心。

②挟：挟持。殽（xiáo）：殽山，在河南境内。渑（miǎn）：渑池，亦在河南。阻：险阻。

③当：正对着。秦陇：今陕西、甘肃一带的地区。襟喉：比喻险要而关键的地方。赵魏：战国时的赵魏两国，即今河南、山西一带。走集：边防要地。

④常：正常。无事则已：没有战乱便罢。受兵：遭到战争。

⑤候：标志。

⑥方：正当。贞观：唐太宗年号，公元627～649年。开元：唐玄宗年号，公元713～741年。这两个时期是唐朝国力最强盛的阶段。开馆列第：建筑馆舍和府第。号：号称。邸：住宅。

⑦乱离：动乱忧患。五季之酷：五代残酷的战争。

⑧蹂践：蹂躏，践踏。丘墟：废墟。

⑨大榭：高大的楼台。灰烬：焚烧后残余。

⑩园圃：园林。

⑪候于：从……可以看出。徒然：没有意义。

⑫进于朝：入朝做官。放乎一己之私意：放纵自己的私欲。自为：为所欲为。

⑬治忽：治理或纷乱。

⑭此乐：指园林之乐。得乎：能够做到吗？

⑮唐之末路是矣：唐朝灭亡就是一个例子。

【解析】

《洛阳名园记》记录了北宋盛时洛阳城中的著名园林十九处，这些园林或属僧寺，或属富豪，或属达官，其中的名胜古迹和瑰丽景致都是中国园林艺术的精华，千年之下，人们只能从李格非的记叙中重温这些遗迹了。本文是全篇的后序，阐述了他写《名园记》的目的，这就是：从洛阳名园的兴废，看政治的盛衰，以及天下的治乱。其中因小见大，感慨良多，见解精辟，文辞精练。

李清照

李清照（1084～1155?），济南人，号易安居士。她的诗、词、散文均有较高成就，同时兼工书、画。通晓音律，是宋代杰出的作家。是宋代著名学者李格非之女。其夫赵明诚，精通金石。南渡后，赵明诚在颠沛中病死，李清照辗转避难于绍兴、奉化、杭州等地，晚年景况十分凄凉。

李清照最大的艺术成就表现在词的创作上，现存几十首词虽已不是其创作全貌，但其中的精致、婉约、缠绵、悱恻，在整个宋代词坛上可占一席之地。其散文仅存五篇，但文笔简洁，叙述条贯，充分显示出一个女性作家的敏感、细腻。现在的《漱玉集》是后人辑录的。

金石录后序

右《金石录》三十卷者何？赵侯德父所著书也①。取上自三代，下迄五季②：钟、鼎、甗、鬲、盘、匜、尊、敦之款识③；丰碑、大碣、显人、晦士之事迹，凡见于金石刻者二千卷④，皆是正讹谬，去取褒贬，上足以合圣人之道，下足以订史氏之失者，皆载之，可谓多矣⑤。

呜呼！自王播、元载之祸，书画与胡椒无异⑥；长舆、元凯之病，钱癖与传癖何殊⑦？名虽不同，其惑一也⑧。

余建中辛巳，始归赵氏⑨。时先君作礼部员外郎，丞相

作吏部侍郎，侯年二十一，在太学作学生[⑩]。赵、李族寒，素贫俭，每朔望谒告出，质衣取半千钱[⑪]，步入相国寺，市碑文、果实归，相对展玩咀嚼，自谓葛天氏之民也[⑫]。后二年，出仕宦，便有饭蔬衣练，穷遐方绝域，尽天下古文奇字之志[⑬]。日就月将，渐益堆积[⑭]。丞相居政府，亲旧或在馆阁[⑮]，多有亡诗逸史，鲁壁汲冢所未见之书[⑯]，遂尽力传写，浸觉有味，不能自已[⑰]。后或见古今名人书画，一代奇器，亦复脱衣市易[⑱]。尝记崇宁间，有人持徐熙牡丹图[⑲]，求钱二十万。当时虽贵家子弟，求二十万钱，岂易得耶？留信宿，计无所出而还之，夫妇相向惋怅者数日[⑳]。

后屏居乡里十年，仰取俯拾，衣食有余[㉑]。连守两郡，竭其俸入以事铅椠[㉒]。每获一书，即同共勘校，整集签题[㉓]；得书、画、彝、鼎，亦摩玩舒卷，指摘疵病，夜尽一烛为率[㉔]。故能纸札精致，字画完整，冠诸收书家[㉕]。余性偶强记，每饭罢，坐归来堂，烹茶，指堆积书史，言某事在某书某卷第几叶第几行，以中否角胜负，为饮茶先后[㉖]。中即举杯大笑，至茶倾覆怀中，反不得饮而起，甘心老是乡矣！故虽处忧患困穷而志不屈[㉗]。

收书既成，归来堂起书库大橱，簿甲乙，置书册，如要讲读，即请钥上簿，关出卷帙[㉘]。或少损污，必惩责揩完涂改，不复向时之坦夷也[㉙]。是欲求适意而反取憀栗[㉚]。余性不耐，始谋食去重肉，衣去重采，首无明珠翡翠之饰，室无涂金刺绣之具[㉛]。遇书史百家字不刓缺、本不讹谬者，辄市之，储作副本[㉜]。自来家传《周易》、《左氏传》，故两家者流，文字最备[㉝]。于是几案罗列，枕席枕藉，意会心谋，目往神授，乐在声色狗马之上[㉞]。

至靖康丙午岁，侯守淄川[㉟]，闻金寇犯京师，四顾茫然，盈箱溢箧，且恋恋，且怅怅，知其必不为己物矣[㊱]！建炎丁未春三月，奔太夫人丧南来[㊲]，既长物不能尽载，乃先去书之重大印本者，又去画之多幅者，又去古器之无款识者；后又去书之监本者，画之平常者，器之重大者[㊳]。凡屡减去，尚载书十五车。至东海，连舻渡淮，又渡江，至建

康[39]。青州故第尚锁书册什物，用屋十余间，期明年春再具舟载之[40]。十二月，金人陷青州，凡所谓十余屋者，已皆为煨烬矣[41]。

建炎戊申秋九月，侯起复，知建康府[42]。己酉春三月罢，具舟上芜湖，入姑孰，将卜居赣水上[43]。夏五月，至池阳，被旨知湖州，过阙上殿，遂驻家池阳，独赴召[44]。六月十三日，始负担舍舟，坐岸上，葛衣岸巾，精神如虎，目光烂烂射人，望舟中告别[45]。余意甚恶，呼曰："如传闻城中缓急，奈何[46]？"戟手遥应曰："从众。必不得已，先弃辎重，次衣被，次书册卷轴，次古器，独所谓宗器者，可自负抱，与身俱存亡，勿忘之[47]。"遂驰马去。途中奔驰，冒大暑，感疾。至行在，病痁[48]。七月末，书报卧病。余惊怛，念侯性素急，奈何病痁，或热，必服寒药，疾可忧[49]。遂解舟下，一日夜行三百里。比至，果大服柴胡、黄芩药，疟且痢，病危在膏肓[50]。余悲泣仓皇，不忍问后事。八月十八日，遂不起，取笔作诗，绝笔而终，殊无分香卖履之意[51]。

葬毕，余无所之。朝廷已分遣六宫，又传江当禁渡[52]。时犹有书二万卷，金石刻二千卷，器皿茵褥，可待百客，他长物称是[53]。余又大病，仅存喘息。事势日迫，念侯有妹婿任兵部侍郎，从卫在洪州，遂遣二故吏先部送行李往投之[54]。冬十二月，金寇陷洪州，遂尽委弃。所谓连舻渡江之书，又散为云烟矣[55]。独余少轻小卷轴、书帖，写本李、杜、韩、柳集，《世说》、《盐铁论》，汉、唐石刻副本数十轴，三代鼎鼐十数事[56]，南唐写本书数箧，偶病中把玩，搬在卧内者，岿然独存[57]。

上江既不可往，又虏势叵测[58]，有弟迒，任敕局删定官，遂往依之[59]。到台，守已遁[60]。之剡，出睦，又弃衣被。走黄岩，雇舟入海，奔行朝[61]。时驻跸章安，从御舟海道之温，又之越[62]。庚戌十二月，放散百官，遂之衢[63]。绍兴辛亥春三月，复赴越。壬子，又赴杭[64]。

先侯疾亟时，有张飞卿学士携玉壶过视侯，便携去，

其实珉也[65]。不知何人传道，遂妄言有颁金之语，或传亦有密论列者[66]。余大惶怖，不敢言，遂尽将家中所有铜器等物，欲赴外廷投进[67]。到越，已移幸四明[68]。不敢留家中，并写本书寄剡。后官军收叛卒，取去，闻尽入故李将军家。所谓岿然独存者，无虑十去五六矣[69]。惟有书、画、砚、墨可五、七簏，更不忍置他所，常在卧榻下，手自开阖[70]。在会稽，卜居土民钟氏舍。忽一夕，穴壁负五簏去[71]。余悲恸不已，重立赏收赎。后二日，邻人钟复皓出十八轴求赏，故知其盗不远矣。万计求之，其余遂不可出。今知尽为吴说运使贱价得之[72]。所谓岿然独存者，乃十去其七八。所有一二残零不成部帙书册，三数种平平书帖，犹复爱惜如护头目，何愚也耶[73]？

今日忽阅此书，如见故人。因忆侯在东莱静治堂，装卷初就，芸签缥带，束十卷作一帙[74]。每日晚吏散，辄校勘二卷，跋题一卷[75]。此二千卷，有题跋者五百二卷耳。今手泽如新，而墓木已拱[76]，悲夫！

昔萧绎江陵陷没，不惜国亡，而毁裂书画[77]；杨广江都倾覆，不悲身死，而复取图书[78]，岂人性之所著，死生不能忘之欤？或者天意以余菲薄，不足以享此尤物耶[79]？抑亦死者有知，犹斤斤爱惜，不肯留在人间耶[80]？何得之艰而失之易也！

呜呼！余自少陆机作赋之二年，至过蘧瑗知非之两岁[81]，三十四年之间，忧患得失，何其多也！然有有必有无，有聚必有散，乃理之常。人亡弓，人得之，又胡足道[82]！所以区区记其终始者，亦欲为后世好古博雅者之戒云[83]。

绍兴二年玄黓岁壮月朔甲寅易安室题[84]。

【注释】

①右：右边，以上。古代文字是从右往左直行写成的，故云。赵侯德父：指赵明诚，德父是其字，因赵明诚曾在莱州、淄州等地为官，故称其“侯”。

②三代：夏、商、周。五季：五代，即后梁、后唐、后晋、后汉、后周。

③钟：古代的青铜乐器。鼎：古代炊具，三足圆形两耳是其常见形制。甗

(yǎn)：古代炊具，分上下两层。鬲(lì)：与鼎相似的器具，足为空心。盘：古代盛水器具。匜（yí)：古代洗沐器具。尊：古代酒器，口如喇叭形。敦（duì)：古代食器，由两个半球组成。款识：指刻在上述器物上的文字，阴文为款，阳文为识。识(zhì)，记载。

④丰碑：大碑。碣（jié)：圆形的碑。显人：有名望的人。晦士：不为人知的人。卷：这里作“幅”解，指款识拓本。

⑤是正：订正。讹谬（é miù)：错误。去取褒贬：选择评价。合：印证。订：校正。

⑥王播：当为“王涯”，唐文宗时宰相，酷爱字画，据说他的收藏与皇室相等。甘露之变时被杀，人们破壁抢走了他搜刮的金玉珠宝，而将书画卷轴都弃之路旁。元载：唐代宗时宰相，以贪污被杀，抄家时发现仅胡椒便有八百多石。书画与胡椒无异：意谓在贪官眼里，书画和胡椒一样，只不过是财富的一种，都会招致杀身之祸。

⑦长舆：晋人和峤的字。和峤曾任颍川太守，家财富饶，但非常吝啬，人讥其有“钱癖”。元凯：晋人杜预的字，曾任都督荆南军事，著有《春秋左传集解》，自称有“左传癖”。殊：不同。

⑧名：名称。惑：痴迷。

⑨建中辛巳：宋徽宗建中靖国元年。归：嫁给。

⑩先君：指作者已故的父亲李格非。丞相：指赵明诚的父亲赵挺之。侯：指赵明诚。太学：指朝廷办的学校。

⑪族寒：家族贫寒。朔望：每月初一、十五。谒告：请假。谒（yè)，请。质：典当，抵押。

⑫相国寺：宋都汴京的著名佛寺，每月有五次庙会。市：买。碑文：墓碑拓本。果实：各种食物。葛天氏：传说中的远古帝王，那时的百姓无忧无虑，自得其乐。

⑬出仕宦：出来做官。饭蔬衣练：即省吃俭用。练（shū)，粗麻织物。遐方绝域：边远偏僻的地方。古文：秦以前的文字。奇字：异体字。

⑭日就月将：日积月累。渐益堆积：积累得越来越多。

⑮政府：中书省，当时国家发布政令的机构。赵挺之曾任中书侍郎。亲旧：亲戚朋友。馆阁：皇家藏书的地方。如史馆、昭文馆、龙图阁等。

⑯亡诗：《诗经》所未载的古诗。逸史：散佚的史书。鲁壁：汉武帝时，鲁恭王从孔子住宅的墙壁中发现了大量蝌蚪文字的经典。汲冢：晋武帝时，汲郡人从魏襄王墓中发掘出几十车竹简，世称《汲冢书》。

⑰传写：抄录。浸：渐渐。自已：控制自己。

⑱奇器：罕见的古代器物。脱衣市易：典当了衣服去交换。

⑲崇宁：宋徽宗年号。徐熙：南唐画家，擅花草虫鱼，花果尤佳。

⑳信宿：两夜。相向：相对。惋怅：惋惜遗憾。

㉑屏居：退隐。宋徽宗大观元年，赵挺之罢官去世，赵明诚回乡守孝。仰取俯拾：意为生活节俭。

㉒连守两郡：赵明诚后连续在莱州和淄州任太守。俸入：俸禄收入。铅椠：书籍。椠（qiàn)，书版。

㉓勘校（kān jiào)：比较不同版本，校定文字错误。整集：收拾整齐。签

题：在封面上题写书名。

㉔彝：酒器的总称。舒卷：把书画打开卷起。指摘：指出。夜尽一烛为率：每晚以点完一支蜡烛为时限。

㉕纸札：指书籍的纸张。冠：领先。收书家：书画收藏家。

㉖强记：记性好。归来堂：赵明诚在青州宅中的室名。角：争。

㉗甘心：愿意。老是乡：终身过这样的生活。忧患困穷：指赵家受蔡京排斥，时时担心被陷害之事。

㉘起：打造。簿：登记。甲乙：次序。请钥：索取钥匙。上簿：登记。关出：取出。

㉙惩责：惩罚。完：干净。坦夷：坦然。

㉚适意，愉快自得。憀栗（liáo lì）：心情紧张，顾虑重重。

㉛不耐：不愿受拘束。重肉：大鱼大肉。重采：花色复杂。涂金刺绣：指华美的装饰。

㉜刓缺：缺少，脱漏。刓（wán），削。

㉝自来：本来。两家者流：《易》、《左传》两类图书。备：齐全。

㉞几案：桌子、案头。罗列：堆积。枕藉：重叠。意会心谋目往神授：指全身心地沉浸在读书的乐趣之中。声色狗马：指音乐、美女和宠物之类的爱好。

㉟靖康丙午：宋钦宗靖康元年（1126）。这年金兵攻陷汴京，掳走徽、钦二帝。当时赵明诚任淄川知州。

㊱茫然：不知所措的样子。盈箱溢箧：形容字画文物很多，装满了箱柜。箧（qiè），箱子。怅怅：烦恼惋惜。

㊲建炎丁未：宋高宗建炎元年（1127）。奔太夫人丧：赵明诚的母亲在建康去世。

㊳长（zhàng）物：多余的东西。款识（zhì）：器物上的题字。监本：国子监印的书，也称“官本”，因印刷量较大，故价值较低。重大：分量重，体量大。

㊴东海：东海郡（今江苏东海县）。连舻：用多只渡船。

㊵故第：旧宅。什物：杂物。期：本想，准备。具舟：准备船只。

㊶煨（wēi）烬：灰烬。

㊷建炎戊申：建炎二年。起复：按制，父母之丧，应去官守三年之孝，服丧未满而起用，称为“起复”。

㊸已酉：建炎三年。姑孰：溪名，在今安徽当涂县。卜居：选择住所。赣水：赣江。

㊹池阳：池阳郡，在今安徽贵池县。被旨：接到皇帝之旨。过阙上殿：入朝见皇帝。

㊺负担舍舟：挑着行李离船。葛衣：穿着葛布衣服。岸巾：戴着头巾露出额，比喻无拘无束的样子。烂烂射人：形容目光明亮有神。

㊻意甚恶：心绪不宁，感觉不祥。缓急：情况紧急。奈何：怎么办。

㊼戟手：用手指着。遥应：远远地回答。从众：随大家一道。辎重：行李。辎（zī），载衣服的车。宗器：古代帝王在宗庙中行礼的器物，如钟、鼎。负抱：随手携带。

㊽感疾：染上疾病。行在：皇帝行宫所在之处，指建康。痁（diàn）：有热无寒的疟疾。

㊾书报：写信告知。怛（dá）：悲痛。寒药：寒性的药。疾可忧：病情值得担忧。痁病虽发热，但不能以寒药治疗。

㊿解舟：开船。下：由上游往下游行

进。比（bì）：等到。柴胡黄芩（qín）：都是性寒之药。膏肓（huāng）：药力无法达到的地方。古代医学家把心脏和隔膜之间称为“肓”。

51仓皇：忙乱。后事：病人死后的安排。殊：一点，完全。分香卖履：指安排后事的遗嘱。曹操临死，曾嘱将“余香分与诸夫人”，并让她们“学作履组卖也”。

52所之：去处。分遣：疏散。六宫：指皇后及众妃嫔。禁渡：不许过江。

53茵褥：床褥。可待百客：可供上百客人使用。称是：数量不相上下。

54念：想到。从卫：随从护卫。当时宋高宗命部队护从隆祐太后前往洪州。故吏：旧时部下。部送：护送。

55委弃：丢失。散为云烟：意灰飞烟灭，无处可寻。

56写本：手抄本。李杜韩柳集：李白、杜甫、韩愈、柳宗元的诗文集。世说：指南朝宋刘义庆编《世说新语》。盐铁论：西汉桓宽所著。鼐（nài）：大鼎。事：件。

57把玩：玩赏。卧内：卧室。岿（kuī）然：单独的样子。

58上江：长江上游。当时金兵已占据长江上游。虏势：敌情。叵测：难以预测。

59弟迒：李清照弟李迒，当时随高宗在台州。敕局删定官：主管圣旨诏书的官员。

60台：指台州，今浙江临海县。守已遁：史称，建炎四年正月丁卯，台州守臣晁公为弃城遁。

61剡（shàn）：今浙江嵊县。睦：今浙江建德县。黄岩：今浙江黄岩县。行朝：即行在，指高宗所在地。

62驻跸：皇帝在外的暂留地。跸（bì），帝王出行的车驾。章安：今浙江临海县东南。温：温州。越：越州，今浙江绍兴。

63庚戌：建炎四年。放散：遣散。建炎四年冬，高宗下令遣散百官，候春暖后赴行在。衢（qú）：衢州。

64绍兴辛亥：绍兴元年。壬子：绍兴二年。

65疾亟：病危。过：路过。珉（mín）：类似玉的石头。

66颁金之语：当时有人传言赵明诚把玉壶送给金人。颁：赐，赠。论列：议论并列举罪状。

67惶怖：恐慌。外廷：皇帝在外地听政之所。当时高宗在越州，故云。投进：进献。

68移幸：指皇帝转移。四明：代指明州，今浙江宁波。

69无虑：大概。

70可：大约。簏（lù）：竹箱。手自开阖：比喻亲手经管。

71会稽：今浙江绍兴。土民：当地居民。穴壁：穿透墙壁。

72重立赏：立下重赏。万计：千方百计。吴说运使：转运使吴说。是当时一位书法家。

73不成部帙：不成套的。帙，包书的套子。平平：一般的。头目：头和眼睛。

74东莱：莱州东莱郡，今山东掖县。静治堂：赵明诚在莱州做郡守的书斋名。装卷：装裱书画。就：完成。芸签：书签。古人以芸香驱逐书虫，又称书签为“云签”。缥带：浅青色的书带。

75跋题：在书籍、字画前面写的文字叫“题”，写在后面的叫“跋”。

⑯手泽：墨迹。墓木已拱：喻人死已久。拱，双手合抱。

⑰萧绎：南朝梁元帝，酷爱藏书，藏书近十万卷。亡国之际，他将所有图书一火焚之。江陵：今湖北江陵县。

⑱杨广：隋炀帝，平时爱书，多有收藏。据说隋亡后，唐太宗命人将炀帝所藏书册用船运往长安。负责监运的官员梦见炀帝，斥问为何要把书运走。第二天船遇大风，所有的图书全部沉没。监运官又梦炀帝，喜曰："我已得书。"江都：今江苏扬州。倾覆：亡国。

⑲著（zhuó）：附着，执著。菲薄：没有福气。尤物：特别好的东西。

⑳死者：指赵明诚。斤斤：非常在意。

㉑少陆机作赋之二年：十八岁。陆机是西晋著名文学家，相传他二十岁作《文赋》，一时流传。过蘧瑗知非之两岁：五十岁。蘧瑗（qú yuàn），字伯玉，春秋时卫国大夫，蘧伯玉五十而知四十九之非。

㉒人亡弓人得之：有人丢了弓，就有人拾到弓。胡足道：有什么值得说呢。

㉓区区：这里作"愚拙"、"平庸"解。博雅：博学高雅。戒：引为戒鉴。

㉔玄黓岁："太岁在壬曰'玄黓'。"（《尔雅·释天》）绍兴二年干支是壬子，故云。壮月：八月。朔甲寅：八月初一。易安室：李清照的书斋名。

【解析】

《金石录》是赵明诚有关金石集录和考订的专著，但尚未杀青，他即因病去世。后经李清照整理，最后定稿。这是宋代金石方面的重要著作，在整个金石研究史上有着特殊地位。

本文作为全书的后序，叙述了《金石录》编纂的由来，详细记述了赵明诚和李清照所藏书画的聚散过程，表达了作者睹物思人的悲怆心情。文字曲折周详，叙事细致生动，抒情真切感人，历来为人所推赏。清人李慈铭曾说："李易安《后序》一篇，叙致错综，笔墨疏秀，萧然出町畦之外。"

晁补之

晁补之（1053～1110），字无咎，济州钜野（今山东巨野县）人。十七岁时，曾受苏轼的赞赏，后与黄庭坚、秦观、张耒并称"苏门四学士"。进士后，曾先后历知齐州、河中府。还家后，修"归来园"，号"归来子"，安居林下。有《鸡肋集》和《晁无咎词》传世。

新城游北山记

去新城之北三十里，山渐深，草木泉石渐幽。初犹骑行石齿间[①]，旁皆大松，曲者如盖，直者如幢，立者如人，卧者如虬[②]。松下草间有泉，沮洳伏见，堕石井，锵然而鸣[③]。松间藤数十尺，蜿蜒如大蚖[④]。其上有鸟，黑如鸲鹆，赤冠长喙，俯而啄，磔然有声[⑤]。稍西，一峰高绝，有蹊介然，仅可步[⑥]。系马石嘴，相扶携而上。篁篠仰不见日，如四五里，乃闻鸡声[⑦]。有僧布袍蹑履来迎，与之语，瞑而顾，如麋鹿不可接[⑧]。顶有屋数十间，曲折依崖壁为栏楯，如蜗鼠缭绕乃得出，门牖相值[⑨]。既坐，山风飒然而至，堂殿铃铎皆鸣[⑩]。二三子相顾而惊，不知身之在何境也。且莫，皆宿[⑪]。

于时九月，天高露清，山空月明，仰视星斗皆光大，如适在人上[⑫]。窗间竹数十竿相摩戛，声切切不已[⑬]。竹间梅棕，森然如鬼魅离立突鬓之状[⑭]。二三子又相顾魄动而不得寐。迟明，皆去[⑮]。

既还家数日，犹恍惚若有遇，因追记之[⑯]。后不复到，然往往想见其事也。

【注释】

①石齿：山路上纵横的乱石。

②幢（chuáng）：圆伞状的仪仗。虬（qíu）：有角的小龙。

③沮洳（jù rù）：潮湿，这里指少许泉水。伏见（xiàn）：时隐时现。锵（qiāng）然：敲击金石的声音。

④蚖（yuán）：毒蛇。

⑤鸲鹆（qú yù）：即八哥。喙（huì）：嘴。磔（zhé）然：鸟啄木的声音。

⑥蹊：小路。介然：界限分明。仅可步：只能步行。

⑦石嘴：突出的石角。篁篠（huáng tiáo）：竹林。如：大约。

⑧蹑（niè）：踩，穿。瞑：同“愕”，惊讶的样子。接：接近，交际。

⑨栏楯（shǔn）：栏杆。纵者为栏，横者为楯。如蜗鼠缭绕乃得出：形容山路曲折。牖（yǒu）：窗。值：对着。

⑩飒然：风声。铎（duó）：大铃。

⑪且：将要。莫：即：“暮”。

⑫光大：又亮又大。适：正好。

⑬摩戛（jiá）：互相碰击。切切：急促。

⑭梅棕：梅树和棕榈树。森然：阴森的样子。鬼魅：鬼怪。离立：并立。突

鬓：鬓发张开。

⑮魄动：心惊。迟（zhì）：到，及。

⑯遇：看见。追忆：回忆。

【解析】

新城，在宋属杭州路，在今浙江桐庐县境内。本文是描写作者登新城北山的行纪。文章笔墨精工，意境幽邃，其凄冷之处，颇得柳宗元游记的神韵。尤其是文章以回忆的方式展开，削刻清逸之余，又添出几许恍惚。也许作者无心，但读罢全文，却给人一种恍若隔世的幽异感觉。

陆　游

陆游（1125～1210），字务观，号放翁，越州山阴（今浙江绍兴）人。陆游二十九岁时赴临安考进士，因其名列秦桧孙子之前，又“喜论恢复”，竟被秦桧除名。宋孝宗时，授枢密院编修，后因支持张浚北伐而被免职。中年入蜀，先后在王炎、范成大幕中襄理军务。其后又担任过提举福建常平茶盐公事、严州知事等官。淳熙十六年，六十五岁的陆游退隐乡里，过着清贫的生活，直到嘉定二年，八十六岁时去世。

陆游是一个有着强烈爱国感情的文人，他的诗词文章中，恢复中原、统一河山是最突出的主旋律，而豪迈奔放、慷慨激昂，则是其作品最鲜明的风格。陆游诗作很多，在南宋堪称大家；其词风格沉郁蕴藉，被列为豪放一派；他的文章语言精练，笔意含蓄，有较高造诣，虽不足以名家，但后人认为其成就不在苏洵、苏辙之下。有《剑南诗稿》、《渭南文集》、《老学庵笔记》、《南唐书》等。

入蜀记二则

二十一日

舟中望石门关，仅通一人行，天下至险也①。晚泊巴东县，江山雄丽，大胜秭归②。但井邑极于萧条，邑中才百余户③，自令廨而下，皆茅茨，了无片瓦④。权县事秭归尉、右迪功郎王康年，尉兼主簿、右迪功郎杜德先来，皆蜀人也⑤。

谒寇莱公祠堂⑥。登秋风亭，下临江山。是日重阴，微雪，天气飕飘⑦；复观亭名，使人怅然，始有流落天涯之叹⑧。遂登双柏堂白云亭，堂下旧有莱公所植柏，今已槁死。然南山重复，秀丽可爱，白云亭则天下幽奇绝境，群山环拥，层出间见⑨，古木森然，往往二三百年物⑩；栏外双瀑，泻石涧中，跳珠溅玉，冷入人骨⑪。其下是为慈溪，奔流与江会⑫。

予自吴入楚，行五千余里，过十五州，亭榭之胜，无如白云者，而止在县廨厅事之后⑬。巴东了无一事，为令者，可以寝饭于亭中，其乐无涯⑭。而阙令动辄二三年无肯补者，何哉⑮？

二十三日

过巫山凝真观，谒妙用真人祠⑯。真人，即世所谓巫山神女也。祠正对巫山，峰峦上入霄汉，山脚直插江中。议者谓太华、衡、庐，皆无此奇⑰。然十二峰者，不可悉见⑱。所见八九峰，惟神女峰最为纤丽奇峭，宜为仙真所托⑲。祝史云：每八月十五夜月明时，有丝竹之音，往来峰顶，山猿皆鸣，达旦方渐止⑳。庙后山半，有石坛平旷㉑。传云：夏禹见神女，授符书于此㉒。坛上观十二峰，宛如屏障。是日，天宇晴霁，四顾无纤翳㉓，惟神女峰上有白云数片，如鸾鹤翔舞，裴徊久之不散，亦可异也㉔。祠旧有乌数百，送迎客舟，自唐夔州刺史李贻诗已云："群乌幸胙余"矣㉕。近乾道元年，忽不至。今绝无一乌，不知其故㉖。泊清水洞，洞极深，后门自山后出，但黮闇，水流其中，鲜能入者㉗。岁旱祈雨颇应㉘。

权知巫山县、左文林郎冉徽之，尉、右迪功郎文庶几来㉙。

【注释】

①石门关：在四川奉节县东，两山相夹如门，故名。至：极，最。

②巴东县：今属湖北。秭归：今湖北秭归县。

③井邑：井市，街道。极于：极为。

④令廨：县衙。茅茨：草屋。茨（cí），以茅草盖的屋。了无：一点也没有。

⑤权：代理。县事：官名，即县知事。

宋制，以京官任地方官，号“权知”。迪功郎：官衔，从九品。冠之以“右”，说明是非科场出身，否则，冠之以“左”。主簿：掌管财物的官吏。

⑥谒（yè）：拜见。寇莱公：寇准。宋真宗时为宰相，封莱国公。他曾任巴东知县，体恤百姓，故当地人立祠纪念。

⑦重（chóng）阴：阴云密布的天气。飕（liáo）飘：寒冷多风。

⑧复观亭名：再看看亭子的名称（“秋风”两字往往令人产生萧瑟之感）。流落天涯：指四处漂泊。

⑨双柏堂：据说寇准在巴东时，曾亲手植下两棵柏树，当地人称之为“莱公柏”。槁（gǎo）：干枯。

⑩重复：指山峰重叠。绝境：绝佳胜境。间（jiàn）：不时显现。

⑪森然：茂盛、浓密。二三百年物：指树龄有二三百年。

⑫双瀑：两条瀑布。跳珠溅玉：形容水花在山石上撞击的样子。

⑬慈溪：水名，在县东山涧中。会：汇合。

⑭自吴入楚：作者从浙江（古属吴地）来湖北（古属楚国）。亭榭：亭台楼阁。县廨：县衙。厅事：办公大堂。

⑮为令者：做县令的人。寝饭：吃住。

⑯阙令：县令官职空阙。无肯补：无人愿来任职。

⑰凝真：观名。妙用真人：巫山神女。

⑱议者：代指某种观点。太华：西岳华山。衡：南岳衡山。庐：庐山。

⑲十二峰：巫山十二座有名的山峰：望霞、翠屏、朝云、松峦、集仙、聚鹤、净坛、上升、起云、飞凤、登龙、圣泉。

⑳神女峰：即望霞峰，在十二峰中最高。仙真：神女。

㉑祝史：祠中的司祝人员。达旦：到天明。

㉒山半：半山腰。石坛：石筑的高台。

㉓传：指《神女传》。符书：即符箓，指道家所传的秘密文书和符号。

㉔天宇：天空。纤翳：一丝云彩。翳（yì），遮盖。

㉕鸾鹤：鸾与鹤，相传是仙人乘坐的仙鸟。裴徊：即徘徊。

㉖乌：乌鸦。李贻：当作李贻孙。幸：庆幸，希望。胙：用作祭奠的肉食。

㉗乾道：宋孝宗年号。

㉘黮闇（dǎ nàn）：黑暗。

㉙岁旱：旱年。应：灵验。

㉚文林郎：从八品的官衔。

【解析】

宋孝宗乾道五年，陆游被任命为夔州通判，因病推迟到第二年五月才上路赴任。他把沿途所见的山川景致、风土人情记载下来，写成了《入蜀记》六卷。本文所选的是其中十月二十一、二十三两天的记叙。前篇描绘巴东县的江山画卷，后篇记叙了神女峰纤丽奇峭的景色和动人的传说。全文笔调清秀，刻画生动，“不异丹青图画，读之跃然”（明·何宇度《益部谈资》）。

跋李庄简公家书

李丈参政罢政归乡里时，某年二十矣[①]。时时来访先君，剧谈终日[②]。每言秦氏，必曰："咸阳"[③]，愤切慷慨，形于色辞[④]。

一日，平旦来，共饭[⑤]，谓先君曰："闻赵相过岭[⑥]，悲忧出涕。仆不然，谪命下，青鞋布袜行矣。岂能作儿女态耶[⑦]？"方言此时，目如炬，声如钟，其英伟刚毅之气，使人兴起[⑧]。

后四十年，偶读公家书，虽徙海表，气不少衰[⑨]，丁宁训戒之语，皆足垂范百世[⑩]，犹想见其道"青鞋布袜"时也。

淳熙戊申，五月己未，笠泽陆某书[⑪]。

【注释】

①丈：对长辈的尊称。李丈即李光。罢政归乡：绍兴十一年，李光因反对秦桧议和，被罢官回乡，不久，又被贬谪藤州，继又贬往琼州。此时，作者应为十七岁。"二十"之说当属误记。某：作者自称。

②先君：陆游父陆宰。剧谈：畅谈。

③秦氏：指秦桧。咸阳：秦朝国都，李光以此代指秦桧。

④愤切：悲愤痛心。形于色辞：表现在脸上和言辞中。

⑤平旦：清晨。共饭：一同进餐。

⑥赵相：赵鼎，高宗时曾两度为相。因得罪秦桧，被贬岭南，后绝食而死。岭：揭阳岭，在今广东揭阳县。赵鼎在此与子弟分别。

⑦仆：李光自称。青鞋布袜：指平民服装。儿女态：青年男女所表现出的依恋、惜别之态。说此话时，李光还没有接到谪命。

⑧方：正。兴起：感奋、激动。

⑨徙：谪迁。海表：海外。这里指琼州。气不少衰：刚毅之气一点也没减少。

⑩丁宁：即"叮咛"，嘱咐。垂范：为后人树立榜样。

⑪淳熙戊申：宋孝宗淳熙十五年。五日己未：五月二十四日。笠泽：江苏松江的别称。陆氏自唐代世居于此，故陆游以此为郡望。

【解析】

李庄简公，名李光，字泰发，越州上虞人。宋徽宗崇宁年间进士，官至吏部尚书，参知政事。他性情刚烈，力主抗战，曾当面斥责秦桧的卖国行为，因而受到打击迫害，被贬琼州八年，死谥"庄简"。这里所提到的家书，就是李光在琼州写的。李光是陆游父亲的好友，这篇跋文是陆游为李光家书所写的题记。

一般跋文都是就所题之书的内容或流传情况发表一些见解。本文则

完全不受这种惯例的束缚，撷取一两个片断，着意刻画了主人公的思想情操和人格魅力。作者抓住若干极具典型意义的关键之处，寥寥数笔，准确而传神地勾画出一个忠烈刚毅、磊落坦荡的人物形象，神情酷肖，声口宛然，深得太史公笔法。这种简约传神的手法，正可体现陆游散文创作的成功之处。

范成大

范成大（1126～1193），字致能，号石湖居士，吴县（今属江苏）人。宋高宗绍兴二十四年进士，累迁吏部员外郎、处州知州。宋孝宗乾道六年出使金国，为了维护南宋的尊严，他犯颜上书，使金廷上下深受震动。回宋后，先后升任四川制置使。知成都府、参知政事。晚年归隐石湖。

范成大素有文名，尤善于诗，是南宋四大诗家之一，其《四时田园杂兴》组诗，被视为古代田园诗的又一高峰。著有《石湖集》、《吴船录》、《揽辔录》等书。

峨眉山行纪

乙未，大霁[①]。过新店、八十四盘、娑罗平[②]。娑罗者，其木叶如海桐，又似杨梅，花红白色，春夏间开，惟此山有之[③]。初登山半，即见之；至此，满山皆是。大抵大峨之上，凡草木禽虫，悉非世间所有[④]。昔固传闻，今亲验之。余来以季夏，数日前雪大降，木叶犹有雪渍斓斑之迹[⑤]。草木之异，有如八仙而深紫，有如牵牛而大数倍，有如蓼而浅青[⑥]。闻春时异花尤多，但是时山寒，人鲜能识之[⑦]。草叶之异者，亦不可胜数。山高多风，木不能长，枝悉下垂[⑧]。古苔如乱发鬖鬖挂木上，垂至地，长数丈[⑨]。又有塔松，状似杉而叶圆细，亦不能高，重重偃蹇如浮图[⑩]，至山顶尤多。又断无鸟雀，盖山高，飞不能上[⑪]。

自娑罗平过思佛亭、软草平、洗脚溪，遂极峰顶光相寺[⑫]，亦板屋数十间，无人居，中间有普贤小殿[⑬]。以卯初登山，至此已申后[⑭]。初衣暑绤，渐高渐寒，到八十四盘则骤寒[⑮]。比及山

顶，亟挟纩两重，又加毳衲驼茸之裘，尽衣笥中所藏[16]，系重巾，蹑毡靴，犹凛栗不自持，则炽炭拥炉危坐[17]。山顶有泉，煮米不成饭，但碎如砂粒。万古冰雪之汁，不能熟物，余前知之[18]。自山下携水一缶来，财自足也[19]。

移顷，冒寒登天仙桥，至光明岩，炷香[20]。小殿上木皮盖之，王瞻叔参政尝易以瓦，为雪霜所薄，一年辄碎[21]。后复以木皮易之，翻可支二三年[22]。人云："佛现悉以午。"今已申后，不若归舍，明日复来[23]。逡巡，忽云出岩下傍谷中，即雷洞山也[24]。云行勃勃如队仗，既当岩则少驻[25]。云头现大圆光，杂色之晕数重[26]。倚立相对，中有水墨影若仙圣跨象者[27]。一碗茶顷，光没，而其傍复现一光如前，有顷亦没[28]。云中复有金光两道，横射岩腹，人亦谓之"小现"[29]。日暮，云物皆散，四山寂然。乙夜灯出，岩下遍满，弥望以千百计[30]。夜寒甚，不可久立。

丙申，复登岩眺望，岩后岷山万重[31]，少北则瓦屋山，在雅州[32]，少南则大瓦屋，近南诏，形状宛然瓦屋一间也[33]。小瓦屋亦有光相，谓之"辟支佛现"[34]。此诸山之后，即西域雪山，崔嵬刻削，凡数十百峰[35]。初日照之，雪色洞明，如烂银晃耀曙光中[36]。此雪自古至今未尝消也。山绵延入天竺诸蕃，相去不知几千里，望之但如在几案间[37]。瑰奇胜绝之观，真冠平生矣[38]。

复诣岸殿致祷，俄氛雾四起，混然一白。僧云："银色世界也[39]。"有顷，大雨倾注，氛雾辟易。僧云："洗岩雨也，佛将大现[40]。"兜罗绵云复布岩下，纷郁而上[41]，将至岩数丈，辄止，云平如玉地[42]。时雨点有余飞，俯视岩腹，有大圆光偃卧平云之上，外晕三重，每重有青、黄、红、绿之色[43]。光之正中，虚明凝湛[44]，观者各自见其形现于虚明之处，毫厘无隐，一如对镜，举手动足，影皆随形，而不见傍人。僧云："摄身光也[45]。"此光既没，前山风起云驰。风云之间，复出大圆相光，横亘数山，尽诸异色，合集成采，峰峦草木，皆鲜妍绚茜，不可正视[46]。云雾既散，而此光独明，人谓之"清现[47]"。凡佛光欲现，必先布云，所谓"兜罗绵世界"。光相依云而出；其不依云，则谓之"清现"，极难得。食顷，光渐移，过山而西。左顾雷洞山上，复出一光，如前而差小[48]。须臾，亦飞行过山外，至平野间转

徙，得得与岩正相值[49]，色状俱变，遂为金桥，大略如吴江垂虹，而两圯各有紫云捧之[50]。凡自午至未，云物净尽，谓之“收岩”，独金桥现至酉后始没[51]。

【注释】

①乙未：淳熙四年（1177）六月二十七日。霁（jì）：放晴。

②新店、八十四盘、娑（suō）罗平：峨眉山脚的三个地名。

③娑罗：树名。海桐：一种常绿灌木，多生于福建、广东海边。杨梅：一种常绿乔木，分布于苏、浙、赣、滇一带。

④大峨：峨眉山分大峨、中峨、小峨三山。悉：全部。

⑤季夏：阴历六月。古人将阴历四、五、六月称为夏季，对应分为孟夏、仲夏、季夏。渍（zì）：浸润。斓斑：点点斑迹。

⑥八仙：也叫“绣球花”，秋季开花，花呈球状，淡紫色。牵牛：藤本植物，花呈漏斗形。蓼（liǎo）：草本植物，花呈白色或浅红色。

⑦异花：奇异的花。是时：那时，当时。识：意为“看到”。

⑧枝悉下垂：树木都枝桠朝下。

⑨鬖鬖（sān）：毛发下垂的样子。

⑩偃蹇（yǎn jiǎn）：宛转屈曲。浮图：佛塔。

⑪断无：绝对没有。

⑫思佛亭、软草平、洗脚溪：峨眉山上的三个地名。极：到达。光相寺：旧名光普殿，俗称“金顶”。

⑬板屋：用木板代瓦建成的屋。后改用铜瓦，被称作“铜瓦殿”。普贤：佛教大乘经典中四大菩萨之一，在中国，峨眉山是其道场。

⑭卯初：清晨五时。申后：下午五时。

⑮暑绤：夏天的衣服。绤（xì），粗葛布。

⑯比：到。亟：赶快。挟（xié）：持，穿。纩（kuàng）：丝棉。毳（cuì）：鸟毛。衲（nà）：宽大的袍子。驼茸：细的骆驼毛。衣笥：衣箱。笥（sì），方形的竹箱。

⑰重（chóng）巾：两层头巾。蹑（niè）：穿。懔栗：冷得发抖。自持：控制自己。

⑱不能熟物：煮不熟食品。这是因为山顶气压低，水温达不到100°C，并非“万古冰雪之汁”的缘故。

⑲缶（fǒu）：陶罐。财：通“才”。自足：够自己用。

⑳移顷：不久。天仙桥、光明岩：两个地名。炷香：烧香。

㉑木皮：树皮。王瞻叔参政：王之望，字瞻叔，孝宗时曾官至参知政事。易：换。薄：侵蚀。

㉒翻：反而。支：经，耐。

㉓佛观：指峨眉山特有的景观“佛光”，即云海上出现的彩色圆环，观者在光环的中间可以看到自己的身影。归舍：回住处。

㉔逡（qūn）巡：徘徊，犹豫。傍：靠近。雷洞山：雷洞坪，有七十二洞，相传祈雨有灵。

㉕云行：云气翻滚。勃勃：旺盛的样子。队仗：仪仗。当岩：碰到岩壁。少驻：稍停。

㉖晕：光圈。

㉗倚立相对：人和圆光相对。仙圣跨

象：普贤菩萨的造像都是骑着大象。

㉘顷：时间。没（mò）：消失。

㉙岩腹：山腰。小现：人们把零散出现的佛光叫小现。

㉚四山：四周的群山。乙夜：二更时分。灯：峨眉山中所谓的“神灯”，即在无云的深夜，可以见到山林中点点萤火。弥望：满眼，一眼望去。

㉛丙申：二十八日。岷山：山脉，位于四川北部，绵延川陕边境。

㉜少北：稍微往北。瓦屋山：岷山的支脉。雅州：今四川雅安。

㉝大瓦屋：山峰名。南诏：古国名，在今云南大理一带。

㉞光相：又称“相光”，都是佛光的别称。辟支佛：没有师承、独自悟道的佛。

㉟西域：指新疆和中亚一带。崔嵬：高大。刻削：陡峭。

㊱洞明：透亮。烂银：光亮的银子。晃耀：闪耀。

㊲天竺：印度。诸蕃：各国。古人将中原之外的地方统称为“蕃”。几案：案头桌前。形容很近。

㊳瑰奇胜绝：珍奇美妙。冠平生：超过平生所见。

㊴岩殿：指光明岩上的小殿。致祷：祷告。俄：很短时间。氛雾：雾气。混（hún）然：茫茫无边。

㊵辟易：退却，散开。

㊶兜罗绵：兜罗树子中的絮状物，形如柳絮。兜罗，是梵语的音译。复布：布满。纷郁：旺盛的样子。

㊷将至岩数丈：距岩还有数丈。云平如玉地：形容云海平坦，像玉石的地面。

㊸余飞：残余的点滴。偃卧：平躺。

㊹虚明：空虚而明亮。凝湛：稳定而清澄。湛（zhàn），清。

㊺毫厘无隐：一点都不差。摄：摄取。

㊻尽诸异色：呈现出各种颜色。合集：聚合。鲜妍：鲜美丽。绚茜（xuàn qiàn）：绚烂鲜艳。

㊼清现：佛光中难得一见的景致，山谷中云气全无，只有一个光环高悬在青山翠岭之间。

㊽食顷：一顿饭的时间。差：稍微。

㊾须臾：很快。转徙：转移。得得：恰恰。相值：相遇。

㊿吴江垂虹：吴江上的垂虹桥。吴江是太湖的支流，又名“吴淞江”。垂虹桥在吴江县东，因桥上有亭名“垂虹亭”，故桥称“垂虹桥”。圯（yí）：指桥的两头。捧：围绕。

○51午：中午十一点到下午一点。未：下午一点到三点。酉：下午五点到七点。

【解析】

本文选自《吴船录》。宋孝宗淳熙四年，范成大由四川制置使任上奉诏回京，途中历时五个月，他将沿途所写的日记命名为《吴船录》。书中主要记录了沿途所见的古迹形胜。峨眉山位于四川峨眉西南，系岷山支脉，以两山相对，形似峨眉而得名，是著名的风景胜地。晋人王羲之便把游峨眉山称为“不朽之盛事”。范成大在本文中详细记述了他游历峨眉的过程，以其特有的清丽笔触，描绘了峨眉的壮丽景观和奇特见闻，读后给人一种亲切如画、令人神往的感觉。

朱　熹

朱熹（1130～1200），字元晦，号晦翁，祖籍徽州婺源（今江西婺源），生于福建。绍兴八年进士，授泉州同安县主簿。后历知南康军，提举浙东常平茶盐，提点江西刑狱，漳州、潭洲知州，荆湖南路安抚使，焕章阁侍制，侍讲。卒谥“文”，后人称其朱文公。

朱熹是宋代理学的代表人物，他开馆授徒，传播经学，在中国哲学思想史上占有很重要的地位。在他的哲学盛名的掩盖下，朱熹还写得一手好文章，其通透灵活之处，往往使人可以窥见这位思想家的另一面。著有《朱文公文集》、《朱子语类》等著作。

送郭拱辰序

世之传神写照者，能稍得其形似，已得称为良工①。今郭君拱辰叔瞻②，乃能并与其精神意趣而尽得之，斯亦奇矣③。

予顷见友人林择之、游诚之，称其为人，而招之不至④。今岁惠然来自昭武⑤，里中士夫数人，欲观其能⑥。或一写而肖，或稍稍损益，卒无不似⑦，而风神气韵，妙得其天致⑧。有可笑者，为予作大小二像，宛然麋鹿之姿、林野之性⑨，持以示人，计虽相闻而不相识者，亦有以知其为予也⑩。

然予方将东游雁荡，窥龙湫，登玉霄，以望蓬莱⑪；西历麻源，经玉笥，据祝融之绝顶，以临洞庭风涛之壮⑫；北出九江，上庐阜，入虎溪，访陶翁之遗迹，然后而思自休焉⑬。彼当有隐君子者，世人所不得见，而予幸将见之，欲图其形以归⑭，而郭君以岁晚思亲，不能久从予游矣⑮。予于是有遗恨焉。因其告行，书以为赠⑯。

淳熙元年九月庚子，晦翁书⑰。

【注释】

①传神：表现对象的神情态度。写照：　　画像。写，画。这里代指绘画。良

工：古代泛指技艺高超的人，这里指好的画家。

②郭拱辰：字叔瞻，三山人，擅长丹青绘画，曾与朱熹、楼钥等人交游。

③精神：指神态。意趣：指情趣。

④顷：不久前。林择之：名林用中，福建古田人，投师朱熹门下。朱熹称其修谨谨学，谓为“畏友”。游诚之：名游九言，福建建阳人，师从张栻，累仕至知光化军，卒谥“文清”，后人又称其为“默斋先生”。称其为人：称赞他（郭拱辰）的为人。招：请。

⑤惠然：“惠然肯来”的省语，常用作欢迎客人到来的敬辞。昭武：即邵武军，在今福建邵武县西。

⑥里中：乡里。士夫：士大夫的简称。其能：他的本领。

⑦一写：一挥而就。肖：像。损益：增减，修改。卒：最终。

⑧天致：天生的神气、态度。

⑨麋鹿之姿：比喻山野中人不拘俗礼的形象。林野之性：优游自适之性。

⑩计：估计。相闻：听说。有以：有办法。

⑪雁荡：山名，在浙江温州。龙湫：雁荡山中的著名瀑布。玉霄：山名，在浙江台州。蓬莱：神话传说中的仙山。

⑫历：经过。麻源：地名，在今江西建昌。玉笥：山名，一名石帆山，在湖南湘阴。据：登。祝融：山峰名，是南岳衡山的最高峰。绝顶：顶峰。洞庭：洞庭湖。

⑬九江：今江西九江，据说，长江至此分为九条支脉，故名。庐阜：庐山。传说殷周之际有匡姓兄弟七人结庐隐居在此，故名，又叫匡庐。虎溪：庐山名胜。传说晋朝慧远法师居东林寺，有泉水绕寺流入小溪，每次送客至此，都能听到虎啸，故名。陶翁：陶渊明。陶渊明隐居浔阳，曾到庐山与慧远游玩。自休：自得闲逸。

⑭彼：那些地方。指上面提到的各处名胜。隐君子：隐逸的君子。幸：有幸。图其形：为他们（隐君子）画像。

⑮岁晚：时近年末。久从予游：长时间跟我游玩。

⑯遗恨：遗憾。告行：告别，辞行。

⑰淳熙元年：公元 1174 年。庚子：十六日。这年朱熹五十三岁。

【解析】

朱熹的语录常常用通俗的文字、日常的口吻去阐释那些深奥的学理，给人耳目一新的感觉，甚至影响了宋代理学的表述方式。正因如此，朱熹文章中浅显的文字却往往包含了深刻的寓意，会令人产生不同的联想。清人林云铭评此文说：“从写真小记中发出如许大想头，盖彼时幅员日蹙，其东西北三面可一览而尽。……语虽壮而实悲，要于言外得之。其笔法亦从《史记》中来。”这段话对理解本文，不无参考。不过，就文章本身而言，其巧妙的构思和变化的行文，也足以给人文气轻灵的感觉。

陆九渊

陆九渊（1139～1192），字子静，抚州金溪（今江西金溪县）人。乾道八年进士，任敕令所删定官，后转台州崇道观主管，遂还乡，定居贵溪的象山，开坛讲学，自号象山翁，人称象山先生。卒谥“文安”。作为宋代理学的代表人物之一，陆九渊提倡“六经注我”的思维方式，他的学说富于思辨，对后世影响很大。他曾与朱熹在江西铅山附近的鹅湖山讨论学问，在思想史上传为佳话。有《象山集》传世。

送宜黄何尉序

民甚宜其尉，甚不宜其令；吏甚宜其令，甚不宜其尉，是令、尉之贤否不难知也[①]。尉以是不善于其令，令以是不善于其尉，是令、尉之曲直不难知也[②]。东阳何君坦尉宜黄，与其令臧氏子不相善，其贤否曲直，盖不难知者[③]。夫二人之争，至于有司，有司不置白黑于其间，遂以俱罢[④]。县之士民，谓臧之罪不止于罢，而幸其去；谓何之过不至于罢，而惜其去[⑤]。臧贪而富，且自知得罪于民，式遄其归矣[⑥]；何廉而贫，无以振其行李，县之士民，哀其穷而为之裹囊以饯之[⑦]，思其贤而为之歌诗以送之，何之归亦荣矣[⑧]！

比干剖心，恶来知政[⑨]；子胥鸱夷，宰嚭谋国[⑩]。爵刑舛施，德业倒植，若此者班班见于书传[⑪]。今有司所以处臧、何之贤否曲直者，虽未当乎人心，然揆之舛施倒植之事，岂不远哉[⑫]？况其民心士论，有以慰荐扶持如此其盛者乎[⑬]？何君尚何憾！

鲁士师如柳下惠，楚令尹如子文，其平狱治理之善，当不可胜纪[⑭]，三黜三已之间，其为曲直多矣[⑮]！而《语》、《孟》所称，独在于遗逸不怨，厄穷不悯，仕无喜色，已无愠色[⑯]。况今天子重明丽正，光辉日新[⑰]。大臣如德星御阴辅阳，以却氛祲[⑱]。下邑一尉，悉力卫其民，以迕墨令，适用吏文，与令俱罢，是岂终遗逸厄穷而已者乎[⑲]？何君尚

何憾！

虽然，何君誉处若此其盛者，臧氏子实为之也[20]。何君之志，何君之学，遽可如是而已乎[21]？何君是举亦勇矣！试率是勇以志乎道，进乎学，必居广居，立正位，行大道[22]，使富贵不能淫，贫贱不能移，威武不能屈，此吾所望于何君者[23]。不然，何君固无憾，吾将有憾于何君矣！

【注释】

①宜：适宜。意为赞赏，拥戴。尉：县里的副长官，在县令之下。吏：下级僚属。否（pǐ）：坏。

②不善于：不满意。曲直：是非。

③东阳：郡名，在今浙江金华，是何坦的郡望。宜黄：县名，即今江西宜黄县。臧氏子：县令姓臧，称其“臧氏子”含有否定之意。不相善：关系不合。

④有司：有关部门，指上司。不置白黑：不分是非。罢：免职。

⑤幸：庆幸。

⑥式遄：迅速。式，语助词，无义。遄（chuán），快。

⑦振：置办。裹：充实。囊：行装。饯：用酒食送行。

⑧歌诗：吟诵诗歌。荣：荣耀。

⑨比干：商纣王的叔父。剖心：传说比干因屡屡进谏，惹怒纣王，被剖心而死。恶来：商纣王的宠臣。知政：掌握大权。

⑩子胥：伍子胥，原是楚国人，为报杀父之仇，助吴王灭楚，后因反对吴王与越国议和，被吴王夫差赐死。鸱夷：皮袋。伍子胥死后，尸体被装在皮袋中投入江中。宰嚭（pǐ）：吴国太宰伯嚭，他以善于逢迎，深得吴王宠信。谋国：主持国政。

⑪爵刑：赏罚。舛施：滥用。舛（chuǎn），错。德业：德行和功业。倒植：是非颠倒。班班：清晰，明显。书传：史书。

⑫处：对待。当（dàng）：符合。揆（kuí）：比较。岂不远哉：意为两者之间有本质不同。

⑬慰荐：安慰，慰藉。扶持：帮助，鼓励。

⑭士师：古代掌刑狱的官。柳下惠：名展禽，鲁国大夫。令尹：楚国官职，相当于宰相。子文：名斗谷於菟，楚国大夫，曾任令尹。平狱：审理案件。不可胜纪：数不胜数。

⑮三黜三已：柳下惠和令尹子文都曾三次被罢官免职。其为曲直：其中不公平的地方。

⑯语孟：《论语》、《孟子》。称：称赞。《论语》和《孟子》中都有称赞柳下惠和令尹子文的话。遗逸：被遗弃。厄穷：困顿潦倒。悯：忧伤。任：做官。已：罢官。愠（yùn）：怒。

⑰重明丽正：光明不绝，合乎正道。日新：长盛不衰。

⑱德星：古人以景星、岁星为德星，它们的出现预示着国中有贤人出。御阴辅阳：居官辅政。却：抵御、消除。氛祲：妖气，邪气。祲（jìn），不祥之气。

⑲悉力：尽力。迕（wǔ），违背，触

犯。墨令：贪赃枉法的县令。适用：碰巧援用。吏文：管理官吏的条文。终遗逸厄穷：永不录用。

⑳誉处：意为声誉、名望。实为之：实际造成的。

㉑遽（jù）：岂，难道。如是而已：这样就满足了。已，止。

㉒是举：这样的举动，指为百姓而和县令相争。率：按照、发扬。志：追求。进：努力。广居：喻仁。正位：喻礼。大道：喻义。

㉓淫：扰乱，动摇。移：改变。屈：屈服。所望于何君者：对何君的期望。

【解析】

陆九渊的明友何坦任宜黄县尉时，为了维护县民的利益，与县令发生冲突，向上申诉，居然与县令一同被罢免。离任之前，陆九渊给他写下这篇序文。

文章从何坦的离任原因开始，通过何坦与县令的多方面对比，以民心向背证明何坦的去职正是他人格上的胜利和光荣，同时又以历史上的众多贤人被斥安慰何坦的不幸。最后则更进一步，勉励何坦坚守素志，修身养学。全文观点鲜明，立论雄辩，层次分明，推理严密，不仅体现出道义上的正大闳阔，也表现出论述上的坚实精微，而其文笔矫健，气韵沉郁，正可使人体会到这位理学大师的成就并不仅在其思想的深刻和理论的精奥。

文天祥

文天祥（1236～1282），字宋瑞，又字履善，号文山，吉州庐陵（今江西吉安）人。宋理宗时进士。开庆元年，因反对迁都不成，弃官归家。二次出山不久，又遭奸相贾似道排挤。宋度宗咸淳九年，任河南提刑，次年知赣州。宋恭帝德祐元年，元军大举南下。文天祥以家财作军费，率兵万人，进京勤王。被先后任命为平江、临安知州。德祐二年，宋帝在临安向元军投降，文天祥以右丞相兼枢密使的身份赴元营议和，被扣。不久，文天祥乘机逃脱，赶到福州，在此即位的宋端宗拜他为右丞相，率兵转战福建、江西。景炎三年，宋朝最后一个皇帝即位，加文天祥少保、信国公。同年十二月，文天祥在广东海丰被元兵俘获。元军统帅张弘范让他写信招降仍在抵抗的宋将，文天祥严辞拒绝，并写下了“人生自古谁无死，留取丹心照汗青”的诗句。宋亡后，文天祥被

押往元大都。在三年的囚禁中，他坚贞不屈，最后从容就义。有诗文集《文山先生全集》传世。

指南录后序

德祐二年正月十九日，予除右丞相，兼枢密使，都督诸路军马①。时北兵已迫修门外，战、守、迁皆不及施②。缙绅大夫士萃于左丞相府，莫知计所出③。会使辙交驰，北邀当国者相见④，众谓予一行为可以纾祸。国事至此，予不得爱身，意北亦尚可以口舌动也⑤。初，奉使往来，无留北者⑥。予更欲一觇北，归而求救国之策，于是辞相印不拜⑦。翌日，以资政殿学士行⑧。

初至北营，抗辞慷慨，上下颇惊动，北亦未敢遽轻吾国⑨。不幸吕师孟构恶于前，贾余庆献谄于后⑩，予羁縻不得还，国事遂不可收拾⑪。予自度不得脱，则直前诟虏帅失信，数吕师孟叔侄为逆⑫，但欲求死，不复顾利害⑬。北虽貌敬，实则愤怒⑭。二贵酋名曰馆伴，夜则以兵围所寓舍，而予不得归矣⑮。

未几，贾余庆等以祈请使诣北⑯。北驱予并往，而不在使者之目⑰。予分当引决，然而隐忍以行⑱。昔人云："将以有为也⑲。"

至京口，得间，奔真州⑳。即具以北虚实告东西二阃，约以连兵大举㉑，中兴机会，庶几在此㉒。留二日，维扬帅下逐客之令㉓。不得已，变姓名，诡踪迹，草行露宿㉔，日与北骑相出没于长淮间，穷饿无聊，追购又急㉕；天高地迥，号呼靡及㉖。已而得舟，避渚洲，出北海㉗，然后渡扬子江，入苏州洋，展转四明、天台，以至于永嘉㉘。

呜呼！予之及于死者不知其几矣！诋大酋当死，骂逆贼当死，与贵酋处二十日，争曲直，屡当死㉙。去京口，挟匕首以备不测，几自刭死㉚。经北舰十余里，为巡船所物色，几从鱼腹死㉛。真州逐之城门外，几彷徨死㉜。如扬州，过瓜洲扬子桥，竟使遇哨，无不死㉝。扬州城下，进退不

由，殆例送死[34]。坐桂公塘土围中，骑数千过其门，几落贼手死[35]。贾家庄几为巡徼所陵迫死[36]。夜趋高邮，迷失道，几陷死[37]。质明，避哨竹林中，逻者数十骑，几无所逃死[38]。至高邮，制府檄下，几以捕系死[39]。行城子河，出入乱尸中，舟与哨相后先，几邂逅死[40]。至海陵，如高沙，常恐无辜死[41]。道海安、如皋，凡三百里，北与寇往来其间，无日而非可死[42]。至通州，几以不纳死。以小舟涉鲸波，出无可奈何，而死固付之度外矣[43]。呜呼！死生，昼夜事也。死而死矣，而境界危恶，层见错出，非人世所堪[44]。痛定思痛，痛何如哉！

予在患难中，间以诗记所遭。今存其本，不忍废，道中手自抄录[45]。使北营，留北关外，为一卷；发北关外，历吴门、毗陵，渡瓜洲，复还京口，为一卷[46]；脱京口，趋真州、扬州、高邮、泰州、通州，为一卷；自海道至永嘉，来三山，为一卷。将藏之于家，使来者读之，悲予志焉[47]。

呜呼！予之生也幸，而幸生也何所为？求乎为臣，主辱臣死，有余僇[48]；所求乎为子，以父母之遗体，行殆而死，有余责[49]。将请罪于君，君不许；请罪于母，母不许；请罪于先人之墓。生无以救国难，死犹为厉鬼以击贼，义也。赖天之灵，宗庙之福，修我戈矛，从王于师，以为前驱，雪九庙之耻，复高祖之业[50]，所谓“誓不与贼俱生”，所谓“鞠躬尽瘁，死而后已”，亦义也[51]。嗟夫！若予者，将无往而不得死所矣。向也，使予委骨于草莽，予虽浩然无所愧怍，然微以自文于君亲，君亲其谓予何[52]？诚不自意，返吾衣冠，重见日月，使旦夕得正丘首，复何憾哉！复何憾哉[53]！

是年夏五，改元景炎，庐陵文天祥自序其诗，名曰《指南录》[54]。

【注释】

①德祐二年：公元 1276，正月，元军兵围临安，宋恭帝出城投降。除：任命，授官。都督：统帅。路：当时行政单位，相当于“省”。

②北兵：元军。迫：逼近。修门：国都之门。迁：迁都。施：实行。

③缙绅：官员。萃（cuì）：聚集。左丞相府：当时左丞相吴坚。计所出：有什么办法。

④会：当时。使辙：使者的车辙。交驰：来来往往。形容双方使者不断。北：元军方面。当国者：执政的人。

⑤谓：认为。一行：去一趟。纾祸：免除国家灾难。纾（shū），解除。爱身：顾惜自己。意：以为。以口舌动：用言语打动。

⑥初：当初。奉使：奉命出使。留北：被元军扣留。

⑦更：还。觇（chān）：观察。辞相印：辞掉右丞相的职务。不拜：不就任。

⑧翌（yì）日：第二天。史载，正月二十日，文天祥以资政殿学士的身份与吴坚一道赴元营。

⑨抗辞：不屈的言辞。上下：指元军从元帅伯颜到普通官员。遽（jù）：立刻。

⑩吕师孟：当时任宋兵部侍郎。构恶：作坏事。指吕师孟向元军纳币求和。贾余庆：当时任临安知府，文天祥北行后，由他继任右丞相。献谄：指贾余庆逢迎卖国，令天下各州降元。

⑪羁縻（jī mí）：软禁，拘留。不可收拾：形容无法挽救。

⑫度（duó）：估计。诟（gòu）：骂。虏帅：指统军的元丞相伯颜。失信：不讲信用。本来说事情办完即让文天祥回朝。数（shǔ）：责备。为逆：做叛逆之事。吕师孟的叔叔吕文焕也投降元朝。

⑬但：只。复：再。利害：利益和损害。

⑭貌敬：表面上尊敬。

⑮贵酋：元军贵族。指万户蒙古岱和宣抚索多。馆伴：陪同。归：回临安。

⑯祈请使：德祐二年二月初五，已降的宋恭帝派贾余庆等人为祈请使赴大都求降。诣（yì）：到达。

⑰并往：一同北上。贾余庆密告伯颜，唆使元人把文天祥送到沙漠拘留。目：名单。

⑱分（fèn）：理当。引决：自杀。隐忍：克制，忍耐。

⑲昔人：指唐朝名将南霁云。将以有为：准备有所作为。

⑳京口：地名，今江苏镇江市。间（jàn）：空隙。真州：地名，江苏仪征。

㉑具：全。虚实：内部的实际情况。东西二阃：淮东、淮西两个制置使。阃（kǔn），门槛。代指受命在外的统帅。制置使是当时主管军务的大官。连兵：联合部队。举：起事。

㉒中兴：重新兴盛。庶几：差不多，大概。

㉓维扬帅：淮东制置使李庭芝。逐客之令：文天祥到真州，与安抚使苗在成商议破敌之事，李庭芝听信谣言，命人杀文天祥。文天祥只得连夜逃走。

㉔变：改换。文天祥当时改名刘洙。诡踪迹：隐蔽行踪。草行：在草丛中走路。露宿：住在野外。

㉕出没：出现或隐藏。长淮间：指淮东路（今江苏中部江北地区）。穷：困窘。无聊：无所依靠。追购：追捕。

㉖迥（jiǒng）：远。靡：无。

㉗已而：后来。渚洲：江中的沙洲。北海：指黄海。

㉘苏州洋：上海附近的海。展转：来回曲折。四明：今浙江宁波。天台：今浙江天台。永嘉：今浙江温州。

㉙及于死：到达死亡边缘。几：几次。诋（dǐ）：骂。大酋：指元军统帅。曲直：是非。

㉚去：离开。不测：意想不到的情况。刭（jǐng）：刎颈。

㉛北舰：元军的战船。物色：搜寻。从鱼腹：指投江。

㉜徬徨：游移不定，不知去哪里。

㉝瓜洲：今扬州南四十里的江边。竟使：假使。

㉞不由：不能自主。殆：几乎。例：等于。

㉟桂公塘：在今扬州城附近。文天祥三月初三逃离扬州，初四到桂公塘。土围：指没有屋顶的残屋。

㊱贾家庄：在杨州以北。文天祥三月初五到贾家庄。巡徼：巡逻的哨兵。徼（jiào），巡察。陵迫：侮辱迫害。

㊲趋：往。高邮：今江苏高邮县。陷：陷在田地里。

㊳质明：天刚亮。逻者：巡逻的人。

㊴制府：指李庭芝的制置使府。檄（xí）：追捕公文。捕系：逮捕。无所：无处。

㊵城子河：在今高邮县西南。相后先：先后到达。邂逅（xiè hòu）：不期而遇。

㊶海陵：今江苏泰州市。如：到。高沙：在高邮县西南。无辜：无罪。引申为白白地。

㊷道：经过。海安：今江苏海安县。如皋：今江苏如皋。寇：土匪。

㊸通州：今江苏南通。不纳：不接纳。涉：渡。鲸波：巨浪。付之度外：不去考虑。

㊹昼夜事：很平常的事。层见错出：层出不穷，不断出现。人世所堪：常人所能忍受。

㊺间：有时。所遭：经历。本：诗稿。手自：亲手。

㊻北关：元兵进逼临安时，屯兵在城北关外的高亭山。吴门：苏州的别称。毗（pí）陵：常州。

㊼脱：逃出。三山：福州的别称。来者：以后的人。悲予志：为我的顽强之志悲悼。

㊽幸生：侥幸活下来。何所为：有什么用。主辱臣死：君王受辱，臣子应该以死报之。僇（lù）：侮辱。指自己未能为君而死。

㊾父母遗体：指自己的身体。古人认为身体是父母给的，不能受到侮辱或伤害。行殆：冒着危险。

㊿修：整治，准备。从：跟随。师：军队。前驱：先锋。九庙：列位先皇的宗庙。高祖：宋朝开国皇帝赵匡胤。

51誓不与贼俱生：唐宪宗元年十二月，朝廷将讨淮、蔡叛军，宰相裴度对宪宗说："臣誓不与此贼俱生。"鞠躬尽瘁，死而后已：语出诸葛亮《出师表》。

52向：昔日。委骨于草莽：死在路上。愧怍（zuò）：惭愧。微：无。自文：（没有功劳）来修饰自己。君亲：皇上和父母。谓予何：会怎样说我呢。

53不自意：没有想到。衣冠：礼仪之区，指宋朝统治区。正丘首：死在故土。

54夏五：夏五月。景炎：宋主赵的年号。

【解析】

本文是文天祥为其诗集《指南录》写的序文，因诗集前有一篇《自

序》，故此称《指南录后序》。《指南录》收录了文天祥从赴阙勤王到南下福州这一时期的诗作，这些诗记录了他在这一时期的艰苦历程和坎坷遭遇，表现了诗人强烈的的民族精神和忠君思想。本文则是以散文形式集中概括这一段艰难岁月的经历。因此时宋端宗在南方，而文天祥一路颠沛就是为了南下福州，故诗集命名为“指南”意为“指向南方”。

全文始终洋溢着诗人强烈的爱国激情和坚贞不屈、百折不挠的气节。文字精练，句式多变，节奏起伏，音律铿锵，字里行间涌动着不可遏制的激情和悲壮沉痛的情怀，读来字字泣血、句句动情，给人以强烈的震撼和感染，是流传千古的爱国名篇。

元明清编

元好问

元好问（1190～1257），字裕之，号遗山，秀容（今山西忻县）人。生于金代衰落之时，兴定五年（1221）中进士，做过几任县令。四十三岁时蒙古军攻陷汴京，元好问被俘，羁管聊城（今山东聊城）。后回到故乡，不再出仕，发愤著书，对金代文学及文献的保存与传播做出重大贡献。元好问是金元之际最负盛名的文学家，他论诗主张以“诚”为本，以“正”为宗，主张写出真感情，提倡清新自然。其文纡徐委备而不失深沉苍健，继承了北宋欧阳修之文风，但其文中那种伤世之感却非欧文所有。著有《元遗山集》、《中州集》、《壬辰杂编》等。

送秦中诸人引

关中风土完厚[①]，人质直而尚义[②]，风声习气，歌谣慷慨，且有秦汉之旧[③]。至于山川之胜，游观之富，天下莫与为比。故有四方之志者，多乐居焉。

予年二十许时，侍先人官略阳[④]，以秋试留长安八九月[⑤]。时纨绮气未除[⑥]，沉涵酒间[⑦]，知有游观之美而不暇也[⑧]。

长大来，与秦人游益多，知秦中事益熟，每闻谈周汉都邑[⑨]，及蓝田鄠杜间风物[⑩]，则喜色津津然动于颜间[⑪]。

二三君多秦人[⑫]，与余游，道相合而意相得也。常约近南山寻一牛田[⑬]，营五亩之宅，如举子结夏课时[⑭]，聚书深读；时时酿酒为具，从宾客游，伸眉高谈，脱屣世事[⑮]，览山川之胜概，考前世之遗迹，庶几不负古人者。然予以家在嵩前，暑途千里，不若二三君之便于归也。清秋扬鞭，先我就道[⑯]，矫首西望，长吁青云。

今夫世俗惬意事，如美食大官，高赀华屋[⑰]，皆众人所必争，而造物者之所甚靳[⑱]，有不可得者。若夫闲居之乐，淡乎其无味，漠乎其无所得，盖自放于方之外者之所贪[⑲]，人何所争，而造物者亦何靳耶？行矣诸君，明年春风，待我于辋川之上矣[20]。

【注释】

①关中：函谷关以西的地方，亦指陕西，即文题中所说的“秦中”。风土完厚：指气候条件好，土地肥沃。

②质直：性格淳朴正直。尚义：重义气。

③旧：传统。

④略阳：县名，即陇城县（今甘肃秦安境内）。

⑤秋试：即科举考试中的“乡试”，因为在秋天举行，故称。

⑥纨绮气：富贵人家子弟的习气。

⑦沉涵：沉溺。

⑧不暇：顾不上。

⑨周汉都邑：周代及汉代的京城。西周都城镐京在今陕西西安市西南，西汉都城长安亦在今陕西西安市一带。

⑩蓝田：今陕西蓝田。鄠（hù）：今陕西户县。杜：杜陵，今陕西西安市东南。

⑪津津然：高兴的样子。

⑫二三君：文题中所提及的“诸人”。

⑬南山：终南山，在陕西西安市南。牛田：不宜耕种，只能放牧的田地。

⑭夏课：古时候参加科举考试落第的举子在考试发榜后不离开京城，找寺庙或闲房居住，做文章复习，因时值夏季，所以称为“夏课”。具：筵席。

⑮脱屣（xǐ）：脱掉鞋子，引申为摆脱。

⑯嵩：指嵩山，在今河南登封。就道：上路。

⑰赀（zī）：资财、钱财。

⑱靳（jìn）：吝惜、吝啬。

⑲自放：放逸自己。方之外：世俗之外。

⑳辋川：水名，在陕西蓝田县南。

【解析】

引，是唐以后出现的一种由序发展而来的文体，也称“赠序”，主要用于赠人以言。从文章内容看，这篇作品大约作于金哀宗正大元年到二年（1224～1225）之间，是在诸友归秦中时，写来赠给他们的。

文章通过对关中风土人物、山川名胜的赞美以及对自己与秦中诸人的昔日游乐生活的追忆，表现了自己对平静、恬淡的田园生活的向往和一种超然世外的处世态度，同时批判了当时那些追逐名利的人，表现了自己淡泊名利、不与世俗同流的思想情趣。正大元年，元好问登博学鸿词科，被授予国史馆编修，但第二年即辞归嵩山。在此期间，他目睹了金代统治的日趋腐化没落，而自己却长期以来怀才不遇，心情极为郁闷，文章所体现的正是作者这一时期这种复杂的心态。本文在结构上自出机杼，虽为赠序，但却极少应酬告别之辞，而是另辟蹊径，写山川风物之美，借景抒情，构思极为精巧。同时，句式整饬而又富于变化，文笔清明雄健，语言跌宕起伏，富于韵味，是一篇优秀的抒怀言志之作。

刘　因

刘因（1249～1293），原名骃，字梦骥，后改名因，字梦吉，号静修，又号樵庵。容城（今河北容城）人。精通经学及宋儒理学，重节操，安贫乐道，数征不就。喜教诲后进。是元朝初年著名的学者和文学家。为文讲“大节”，讲“气骨”，颇有遗民气息，其文号称“醇正”。著有《静修文集》、《四库精要》等。

辋川图记

是图，唐、宋、金源诸画谱皆有[①]，评识者谓惟李伯时《山庄》可以比之[②]，盖维平生得意画也[③]。癸酉之春[④]，予得观之。唐史暨维集之所谓竹馆、柳浪等皆可考[⑤]，其一人与之对谈，或泛舟者，疑裴迪也[⑥]。江山雄胜，草木润秀，使人徘徊，抚卷而忘掩，浩然有结庐终焉之想，而不知秦之非吾土也[⑦]。物之移人，观者如是[⑧]，而彼方以是自嬉者，固宜疲精极思而不知其劳也[⑨]。

呜呼！古人于艺也，适意玩情而已矣[⑩]。若画，则非如书计、乐舞之可为修己治人之资，则又所不暇而不屑为者[⑪]。魏晋以来，虽或为之，然而如阎立本者，已知所以自耻矣[⑫]。维以清才位通显，而天下复以高人目之，彼方偃然以前身画师自居，其人品已不足道[⑬]。然使其移绘一水一石一草一木之精致，而思所以文其身，则亦不至于陷贼而不死，苟免而不耻，其紊乱错逆如是之甚也[⑭]！岂其自负者固止于此，而不知世有大节，将处己于名臣乎？斯亦不足议者。予特以当时朝廷之所以享盛名，而豪贵之所以虚左而迎[⑮]，亲王之所以师友而待者，则能诗能画、背主事贼之维辈也。如颜太师之守孤城，倡大义，忠诚盖一世，遗烈振万古，则不知其作何状，其时事可知矣[⑯]。

后世论者喜言文章以气为主，又喜言境因人胜。故朱子谓维诗虽清雅[⑰]，亦萎弱少气骨。程子谓绿野堂宜为后人

所存[18]，若王维庄虽取而有之可也。呜呼！人之大节一亏，百事涂地[19]，凡可以为百世之甘棠者，而人皆得以刍狗之[20]。彼将以文艺高逸自名者，亦当以此自反也。予以他日之经行，或有可以按之以考[21]。夫俯仰间已有古今之异者，欲如韩文公画记以谱其次第之大概而未暇[22]，姑书此于后。庶几士大夫不以此自负，而亦不复重此，而向之所谓豪贵王公或亦有所感而知所趋向焉[23]。三月望日记[24]。

【注释】

①金源：金国源起的地方，后用以指金国。

②评识者：作评论、写题跋的人。李伯时：名公麟，宋代著名画家，画有《龙眠山庄图》。

③维：即王维。

④癸酉：元世祖至元十年，宋度宗咸淳九年（1273）。

⑤唐史：新、旧《唐书》。维集：王维的作品集《王右丞集》。竹馆、柳浪：均为王维隐居的辋川别业中的景物。

⑥裴迪：唐代诗人，关中人。曾与王维等隐居终南山。

⑦结庐：意为隐居。终焉：老死于此。秦之非吾土也：秦，辋川所在之地，今属陕西。刘因写此文时，秦地已被元朝占据。

⑧移人：影响人，改变人。

⑨自嬉：自得其乐。疲精极思：用尽心思。

⑩适意：使心志舒畅。玩情：令情感愉快。

⑪书计：文字书法与筹划计算。修己：提高自己修养。不暇：没有时间。不屑：不愿。

⑫阎立本：唐朝初年著名画家。知耻：阎立本曾告诫他的孩子说：“勿习此末技（末技指绘画）。”

⑬清：清正廉洁。通显：显赫。高人：品德高洁于流俗之上的人。偃然：安然，坦然。

⑭精致：细密。文其身：修养他自己。苟且偷生。紊乱错逆：指王维接受伪职一事。

⑮虚左：空出左边的位置。古时候以左为尊，虚左就是表示恭敬的意思。

⑯颜太师：颜真卿，唐朝著名书法家。安禄山反叛时，他起兵抵抗。当时诸郡皆降，听到颜真卿独守孤城，玄宗说：我还不知道颜真卿“形状何如”。

⑰朱子：朱熹，字元晦，号晦庵，宋代著名理学家。

⑱程子：程颐，字正叔，人称“伊川先生”，宋代著名理学家。绿野堂：唐朝裴度的别墅，旧址在今河南洛阳。

⑲大节：指对国家与皇帝的忠诚气节。亏：损害。涂地：一败涂地。

⑳甘棠：宝贵的东西。《诗经·召南·甘棠》中说，召伯巡行南园，曾在甘棠树下休息，后人思其德，不忍伤此树。刍狗：轻贱无用的东西。古时祭祀结草成狗，用于祭祀，用完后即扔去。这两句的意思是：一旦气节有亏，原本宝贵的东西也会一钱不值。

㉑自名：作为自己的名气。自反：反省。经行：见识，阅历。按之以考：

考察图中的内容。

㉒韩文公：韩愈，字退之，唐代著名文学家，谥号为“文”，所以称为“韩文公”，他曾作有《画记》一文。次第之大概：大概的顺序。

㉓以此自负：以画自以为了不起。不复重此：不再看重绘画。有所感：触动，觉悟。趋向：追求推崇。

㉔望日：农历每月十五。

【解析】

《辋川图》是唐代著名诗人、画家王维的作品。王维，字摩诘，曾官至尚书右丞，在安史之乱中，因扈从不及，为叛军所获，被任以伪职。本文是刘因观《辋川图》后作的一篇文章。

文章首先简单地描述了王维《辋川图》在画史上的地位以及画面的基本情况，然后由画及人，严厉地批评了王维在安史之乱中不能守住节操，接受了叛军授予的伪职，而后来叛乱平定了，他却居然还以名臣自居的行为，对当时王公大臣对王维的殷勤恭敬予以了批评，表现出作者重节操的思想倾向，尤其是他对因抗敌而英勇献身的唐代名臣颜真卿的歌颂，非常鲜明地表现了他的这种思想。全文在构思上颇有新意，作者并不是简单地去描绘画面景致的优美，而是由画及人，由人及理，环环相扣，步步深入，层层推进，逐步表现自己的观点，同时，措辞由平和而逐渐严厉，气势波澜起伏，表现出理学大师的浓郁气息。文章还运用对比手法，以王维之接受伪职与颜真卿的大义凛然作比较，表现了作者重节操的倾向，以当时众人对王维的态度与对颜真卿的态度相比，反映世风的衰败，体现了作者看待问题的深刻性。全文议论犀利精当，推理清晰严密，语言简洁明快。《四库全书提要》评价刘因散文时所说的“醇正”，指的正是这一类文字。

李孝光

李孝光（1285～1350），初名同祖，字季和，后改名孝光，号五峰。乐清（今浙江乐清县）人。博学而多才，曾在雁荡山五峰下隐居，各地从其学习者众多。元顺帝至正二年（1343），他应诏入京，深受皇帝的赏识，官至文林郎秘书丞。李孝光是元代文学家，其记游之文颇具特色。著有《五峰集》。

大龙湫记

大德七年秋八月[1]，予尝从老先生来观大龙湫[2]。苦雨积日夜[3]，是日大风起西北，始见日出。湫水方大，入谷未到五里余，闻大声转出谷中[4]，从者心掉[5]。望见西北立石，作人俯势，又如大楹[6]。行过二百步，乃见更作两股相倚立。更进百数步，又如树大屏风。而其颠谽谺[7]，犹蟹两螯[8]，时一动摇，行者兀兀不可入[9]。转缘南山趾稍北，回视如树圭[10]。又折而入东崦[11]，则仰见大水从天上堕地，不挂著四壁，或盘桓久不下，忽迸落如震霆[12]。东岩趾有诺讵那庵[13]，相去五六步，山风横射，水飞著人。走入庵避，余沫进入屋，犹如暴雨至。水下捣大潭[14]，轰然万人鼓也[15]。人相持语[16]，但见口张，不闻作声，则相顾大笑。先生曰："壮哉！吾行天下，未见如此瀑布也。"是后，予一岁或一至，至，常以九月。十月，则皆水缩[17]，不能如向所见。

今年冬又大旱，客入，到庵外石矼上[18]，渐闻有水声。乃缘石矼下[19]，出乱石间，始见瀑布垂，勃勃如苍烟[20]，乍小乍大，鸣渐壮急。水落潭上洼石，石被激射，反红如丹砂[21]，石间无秋毫土气[22]，产木宜瘠[23]，反碧滑如翠羽凫毛[24]。潭中有斑鱼廿余头，闻转石声，洋洋远去[25]，闲暇回缓，如避世士然[26]。家僮方置大瓶石旁，仰接瀑水，水忽舞向人，又益壮一倍，不可复得瓶，乃解衣脱帽著石上，相持扼掔[27]，欲争取之，因大呼笑。西南石壁上，黄猿数十，闻声皆自惊扰，挽崖端偃木牵连下[28]，窥人而啼。纵观久之，行出瑞鹿院前[29]——今为瑞鹿寺。日已入，苍林积叶，前行，人迷不得路，独见明月，宛宛如故人[30]。

老先生谓南山公也。

【注释】

①大德七年：即 1303 年。大德是元成宗的年号。

②老先生：即文末所说的南山公。南山公名泰不华，蒙古人，好学能诗文，官至礼部尚书。大龙湫：在雁荡山西谷，是闻名于世的大瀑布。

③苦：苦恼。

④转：盘旋。

⑤心掉：心惊胆战。

⑥楹（yíng）：大柱子。

⑦谽谺（hān xiā）：谷中空旷的样子。

⑧螯（áo）：蟹钳。

⑨兀兀：心情紧张不安的样子。

⑩山趾：山脚树圭：立着的圭。圭，古时帝王所执的玉，上圆下方。

⑪东崦（yān）：东山。

⑫震霆：很大的雷声。

⑬诺讵那庵：即罗汉庵。诺讵那为佛教十六尊者之一。

⑭捣：冲击，撞击。

⑮万人鼓：指声音巨大。

⑯相持语：彼此拉着对方的手讲话。

⑰水缩：水小。

⑱石矼（gāng）：石桥。

⑲缘：沿着。

⑳勃勃：水汽升起的样子。

㉑反红：反照出红光。

㉒秋毫：形容极小。土气：泥土气息。

㉓瘠（jí）：瘦。

㉔翠羽凫毛：翠鸟和野鸭的羽毛。

㉕洋洋：舒缓自得的样子。

㉖避世士：隐士。

㉗扼掔（qiān）：同“扼腕”，用手握腕。

㉘偃木：横卧的树木。牵连：一个接一个。

㉙瑞鹿院：雁荡山中的一座寺院。

㉚宛宛：依依的意思。

【解析】

雁荡山在浙江省乐清、平阳县境内，分北雁、中雁、南雁，是我国东南著名的风景区，历来文人对此多有记诵。李孝光《雁山十论》就是记游北雁的，本文是其中的一篇优秀作品。

这篇游记描绘的是雁荡山大龙湫瀑布的奇特壮丽景观。文章选取作者两次游历大龙湫的经历来写。第一次写秋八月雨后之游，因是雨后之景，水大势猛，大龙湫瀑布具有一种雄奇的壮美；第二次写冬秋之游，因是枯水季节，水小势微，大龙湫瀑布展现出一种静谧清幽的柔美。通过两次游历的描述，作者展现了大龙湫瀑布变幻万千的奇特景观，反映了作者的独特心境。全文结构严谨，材料组织严密，作者所记的两次游历时间相隔虽久，看似毫不相关，但两次游历的所见都展现出大龙湫的奇特之景，在这种线索的贯穿之下，全文形似松散，而实则严谨，浑然一体。同时，作者在写景状物时善于抓住景物的时令特点来写，突出环境的变化，虽是同一场景，但一雄壮、一幽深，景色大相径庭。文章所用比喻形象而生动，新颖而贴切，交替运用白描手法和映衬手法，突出景物的特点，描写细腻生动，富有诗情画意。

钟嗣成

钟嗣成（1279？～1360?），字继先，号丑斋。原籍古汴（今河南开封），长期移居杭州。屡试不第，于是杜门不出，在家从事著述，以毕生精力，三易其稿，写成《录鬼簿》一书，记叙了元曲作家的事迹和作品，是研究元代戏曲的重要资料。钟嗣成是元代文学家，其散曲风格通俗豪放，其文亦颇有这种特点。著有《录鬼簿》等。

录鬼簿序

贤愚寿夭、死生祸福之理，固兼乎气数而言[①]，圣贤未尝不论也。盖阴阳之屈伸，即人鬼之生死。人而知夫生死之道，顺受其正[②]，又岂有岩墙、桎梏之厄哉[③]！虽然，人之生斯世也，但知以已死者为鬼，而未知未死者亦鬼也。酒罂饭囊、或醉或梦、块然泥土者[④]，则其人虽生，与已死之鬼何异？此固未暇论也。其或稍知义理[⑤]，口发善言，而于学问之道甘为自弃，临终之后，漠然无闻[⑥]，则又不若块然之鬼之愈也。

余尝见未死之鬼吊已死之鬼，未之思也，特一间耳[⑦]。独不知天地开辟，亘古迄今，自有不死之鬼在。何则？圣贤之君臣，忠孝之士子，小善大功，著在方册者[⑧]，日月炳焕，山川流峙，及乎千万劫无穷已[⑨]，是则虽鬼而不鬼者也。今因暇日，缅怀古人，门第卑微，职位不振[⑩]，高才博识，俱有可录。岁月弥久，湮没无闻[⑪]，遂传其本末，吊以乐章[⑫]。复以前乎此者，叙其姓名，述其所作。冀乎初学之士，刻意词章[⑬]，使冰寒乎水，青胜于蓝，则亦幸矣。名之曰《录鬼簿》。

嗟乎！余亦鬼也，使已死未死之鬼，作不死之鬼，得以传远，余又何幸焉！若夫高尚之士、性理之学[⑭]，以为得罪于圣门者。吾党且啖蛤蜊[⑮]，别与知味者道。

至顺元年，龙集庚午月建甲申二十二日辛未[⑯]，古汴钟继先自序[⑰]。

【注释】

①气数：命运。

②顺受其正：顺理而行，所受的便是正命。

③岩墙：危险之地。桎梏（zhì gù）：代指牢狱。厄：灾难。

④酒罂饭囊：即酒囊饭袋。罂（yīng），小口大肚的瓶子。块然泥土：像泥土一样无知、麻木。

⑤义理：这里指道理。善言：正确的言论。甘于自弃：不图进取。

⑥漠然无闻：寂然，无名声。

⑦一间：距离近，差距很小。

⑧方册：指典籍。

⑨炳焕：灿烂，光耀。流峙：像山川一样永恒。劫：佛教用语，梵语“劫波”的简称，佛教把天地的一成一败叫一劫，表示很长一段时间。

⑩门第：家世，出身。振：意为高。

⑪湮（yān）没：埋没。

⑫本末：生平事迹。吊：凭吊。

⑬冀：希望。刻意：留心。

⑭性理之学：即理学，宋代称理学为性理之学。

⑮吾党：我们这些人。啖（dàn）：吃。蛤（gé）蜊：一种水生物，可食。这里喻指一种独特的口味。

⑯龙集庚午：岁在庚午，即元文帝至顺元年，公元 1330 年。月建甲申：七月。

⑰古汴：即汴梁（今河南开封）。

【解析】

《录鬼簿》是钟嗣成所写的一部关于元代杂剧的史料著作，一共记述了一百五十二位作家，著录剧目四百多种。本文是这一部著作的序言。

文章一开始，作者就大谈生死之道，围绕一个“鬼”字展开论述，认为那些稀里糊涂苟活于人世的酒囊饭袋虽活于世，但无异于“鬼”，而那些已经去世的曲作家，人虽已死，且地位低微，但却凭借他们的优秀作品而与日月同辉。文章通过对那些“不死之鬼”的赞美，表现了作者不受世俗限制，不鄙视元曲作家的正确态度，体现了作者的进步观点。元代戏曲虽然十分繁荣，而且也很受市民的欢迎，但是元曲作家的地位却是低下的，曲作品也不被列入文学之林。钟嗣成的这些观点，在当时无疑具有挑战性。文章运用对比烘托的手法，以“未死者亦鬼”引出“不死之鬼”，以“未死者亦鬼”来突出“不死之鬼”的价值。同时，全文层次井然，结构严谨，主旨鲜明，行文挥洒自如，通俗而豪迈。

宋 濂

宋濂（1310～1381），字景濂，号潜溪，浦江（今浙江义乌）人。明初应太祖朱元璋之聘，任江南儒学提举，后历任《元史》纂修总裁、侍讲学士、翰林学士承旨、知制诰等职，后辞官回乡，宋濂是元末明初著名的文学家，明初朝廷的相关文章，大多由他执笔写成，刘基曾推举他为“当今文章第一”。他的散文从容简洁，富于变化。著有《宋文宪公全集》。

桃花涧修禊诗序

浦江县东行二十六里，有峰耸然而葱茜者[①]，玄麓山也[②]，山之西，桃花涧在焉。

至正丙申三月上巳[③]，郑君彦真将修禊事于涧滨[④]，且穷泉石之胜[⑤]，前一夕，宿诸贤士大夫。厥明日既出，相帅向北行，以壶觞随[⑥]。

约二里所[⑦]，始得涧流，遂沿涧而入。水蚀道几尽，肩不得比[⑧]，先后累累如鱼贯[⑨]。又三里所，夹岸皆桃花。山寒，花开迟，及是始繁。傍多髯松，入天如青云。忽见鲜葩点湿翠间[⑩]，焰焰欲然，可玩[⑪]。又三十步，诡石人立[⑫]，高可十尺余，面正平，可坐而箫，曰凤箫台。下有小泓[⑬]，泓上石坛广寻丈[⑭]，可钓；闻大雪下时，四围皆琼树、瑶林[⑮]，益清绝，曰钓雪矶。西垂苍壁，俯瞰台、矶间，女萝与陵苕轇轕[⑯]，赤纷绿骇[⑰]，曰翠霞屏。

又六七步，奇石怒出[⑱]，下临小洼，泉冽甚[⑲]，宜饮鹤，曰饮鹤川。自川导水为蛇行势，前出石坛下，锵锵作环佩鸣[⑳]，客有善琴者，不乐泉声之独清，鼓琴与之争；琴声与泉声相和，绝可听。又五六步，水左右屈盘，始南逝[㉑]，曰五折泉。

又四十步，从山趾斗折入涧底[㉒]，水汇为潭。潭左列石为坐，如半月；其上危岩墙峙[㉓]，飞泉中泻，遇石角激之，泉怒，跃起一二尺，细沫散潭中，点点成晕[㉔]，真若飞泉之

骤至，仰见青天镜净，始悟为泉，曰飞雨洞。洞旁皆山，峭石冠其巅，辽敻幽邃[25]，宜仙人居，曰蕊珠岩。遥望见之，病登陟之劳[26]，无往者。

还至石潭上，各敷韈席[27]，夹水而坐。呼童拾断樵，取壶中酒温之，实髹觞中[28]。觞有舟，随波沉浮，雁行下稍前[29]，有中断者，方次第取饮。其时轻飙东来，觞盘旋不进，甚至逆流而上，若相献酬状[30]。

酒三行，年最高者，命列觚翰[31]，人皆赋诗二首，即有不成，罚酒三巨觥[32]。众欣然如约，或闭目潜思；或拄颊上视霄汉[33]；或与连席者耳语不休；或运笔如风雨，且书且歌；或按纸伏崖石下，欲写复止；或句有未当，搔首蹙额向人[34]；或口吻作秋虫吟；或群聚兰坡，夺觚争先；或持卷授邻坐者观，曲肱看云而卧；皆一一可画。已而诗尽成，杯行无算[35]。

迨罢归，日已在青松下。

又明日，郑君以兹行良欢，集所赋诗而属濂以序。濂按《韩诗内传》[36]，三月上巳，桃花水下之时，郑之旧俗[37]，于溱洧两水之上[38]，招魂续魄[39]，执兰草以袚除不祥[40]。今去之二千载，虽时异地殊，而桃花流水，则今犹在也。其远裔能合贤士大夫以修禊事，岂或遗风尚有未泯者哉？虽然，无以自为也。为吾党者，当追浴沂之风徽，法舞雩之咏叹[41]，庶几情与境适，乐与道俱矣，可不勖哉[42]！濂既为序其游历之胜，而复申以规箴如此[43]。他若晋人兰亭之集，多尚清虚，亦无取焉[44]。

【注释】

①葱茜（qiàn）：青绿而茂密。

②玄麓山：浦江的旅游胜地。

③至正丙申：元惠宗至正十六年(1356)。上巳：农历三月初三，旧俗此日在水边洗濯污垢，祭祀祖先，叫做修禊。

④郑君彦真：郑铉，字彦真，元末明初浦江人。

⑤穷：穷尽。胜：景色。

⑥宿：安排住宿。厥：到。相帅：一个接一个。觞：酒具。

⑦所：表约数，左右。

⑧蚀：侵占。肩不得比：即不得并肩而行。

⑨累累：指一个接一个的样子。

⑩及是始繁：到这时才盛开。葩（pā）：花。

⑪焰焰：火烧的样子。玩：欣赏。

⑫诡石：奇异的石头。人立：像人一样直立。

⑬泓：深而广的水。

⑭寻：古代的计量单位，八尺为一寻。

⑮琼树、瑶林：洁白如玉的树林。

⑯女萝：松萝。陵苕（tiáo）：即凌霄，藤本植物。轇轕（jiāo gé）：纠缠在一起。

⑰赤纷绿骇：红红绿绿，颜色深重。

⑱怒：形容气势强盛。

⑲冽：寒，冷。

⑳环佩：佩在胸前的玉饰。

㉑屈盘：蜿蜒。南逝：向南流去。

㉒山趾：山脚。斗折：曲折。

㉓危：高。峙：立，直立。

㉔晕：圈，水波纹。

㉕辽敻（xiòng）幽邃：深远。

㉖病：担心，怕。登陟（zhì）：攀登。

㉗敷：铺。鞇（yīn）：垫子。

㉘实：装满。髹（xiū）觞：盛酒的漆器。

㉙舟：指托盘。雁行：像大雁一样次序前行。下稍：下游。

㉚轻飙（biāo）：轻风。献酬：主客相互敬酒。

㉛觚翰：纸笔。觚（gū），古时用来写字的木简。翰，毛笔。

㉜觥（gōng）：古代的一种酒器。

㉝拄颊：托腮。霄汉：天空。

㉞蹙额：皱眉。

㉟曲肱：弯曲胳臂。杯行：沿座行酒。

㊱嘱：托付。《韩诗内传》：西汉韩婴为《诗经》作解，作《内传》四卷，《外传》四卷。

㊲郑：春秋时的国名，都城在今沙南新郑。

㊳溱洧（zhēn wěi）：溱水和洧水，在郑国境内。

㊴招魂续魄：悼念死者。

㊵祓（fú）：古代为了除灾求福而举行的一种活动。

㊶追：学习。浴沂：孔子的学生曾皙把暮春时节在沂水沐浴当作自己的理想。风徽：风范。法：效法。舞雩：求雨的祭坛。曾皙的希望中还包括在祭坛上吹拂春风。

㊷庶几：将近、几乎。适：谐调。勖（xù）：勉励。

㊸申：申明，强调。规箴（zhēn）：劝诫。

㊹晋人兰亭之集：东晋穆帝永和九年，谢安、王羲之等在山阴兰亭集会，修禊作诗。清虚：清静虚无的思想。

【解析】

元朝至正年间，宋濂的朋友郑彦真约集一些朋友到浙江浦江城东的桃花涧修禊作诗。本文是宋濂为修禊诗写的一篇序言。修禊，即做禊的事。禊是去除不祥的一种祭礼，于农历三月三日进行。

文章论述了此次集会的由来，详细描述了桃花涧泉石之胜，众人游春行乐赋诗之盛，最后交代了自己受命作序的事。文章最后一段说自己不同于晋人，他所崇尚的是孔门的浴沂、舞雩，是儒家的修身养性之道，这在一定程度上体现了作者的思想取向。全文结构严谨，重点突出。文

章以时间的先后为序，由集会的由来写到会后的作序，同时突出泉石之胜和人物活动。线索清晰，层次分明，用词富丽，形象生动。

送东阳马生序

余幼时即嗜学[①]，家贫，无从致书以观[②]，每假借于藏书之家，手自笔录，计日以还[③]。天大寒，砚冰坚，手指不可屈伸，弗之怠[④]。录毕，走送之，不敢稍逾约[⑤]。以是人多以书假余，余因得遍观群书。既加冠[⑥]，益慕圣贤之道，又患无硕师、名人与游[⑦]，尝趋百里外，从乡之先达执经叩问[⑧]。先达德隆望尊[⑨]，门人弟子填其室，未尝稍降辞色[⑩]。余立侍左右，援疑质理，俯身倾耳以请；或遇其叱咄，色愈恭，礼愈至，不敢出一言以复[⑪]；俟其忻悦[⑫]，则又请焉。故余虽愚，卒获有所闻。

当余之从师也，负箧曳屣[⑬]，行深山巨谷中。穷冬烈风，大雪深数尺，足肤皲裂而不知[⑭]。至舍，四支僵劲不能动，媵人持汤沃灌，以衾拥覆，久而乃和[⑮]。寓逆旅主人[⑯]，日再食[⑰]，无鲜肥滋味之享。同舍生皆被绮绣[⑱]，戴朱缨宝饰之帽，腰白玉之环，左佩刀，右备容臭[⑲]，烨然若神人[⑳]。余则缊袍敝衣处其间[㉑]，略无慕艳意，以中有足乐者[㉒]，不知口体之奉不若人也[㉓]。盖余之勤且艰若此。今虽耄老[㉔]，未有所成，犹幸预君子之列[㉕]，而承天子之宠光，缀公卿之后[㉖]，日侍坐备顾问，四海亦谬称其氏名，况才之过于余者乎[㉗]？

今诸生学于太学，县官日有廪稍之供[㉘]，父母岁有裘葛之遗[㉙]，无冻馁之患矣；坐大厦之下而诵诗书，无奔走之劳矣；有司业、博士为之师，未有问而不告、求而不得者也。凡所宜有之书，皆集于此，不必若余之手录、假诸人而后见也。其业有不精、德有不成者，非天质之卑[㉚]，则心不若余之专耳，岂他人之过哉！

东阳马生君则，在太学已二年，流辈甚称其贤。余朝京师，生以乡人子谒余，撰长书以为贽[㉛]，辞甚畅达；与之

论辩，言和而色夷[32]。自谓少时用心于学甚劳，是可谓善学者矣。其将归见其亲也，余故道为学之难以告之。谓余勉乡人以学者，余之志也；诋我夸际遇之盛而骄乡人者，岂知余者哉[33]！

【注释】

①嗜学：好学，喜欢读书。

②无从致书以观：无法得到书来看。

③假：借。计日：约定时间。

④怠：懒惰。

⑤走：跑。逾约：超过约定的时间。

⑥加冠：即二十岁，或谓成年。古时男子二十岁即行加冠礼，谓之成年。

⑦硕师：学问渊博的老师。与游：交往。

⑧先达：有学问的前辈。执经：手持经书。

⑨德隆望尊：德高望重。

⑩填其室：形容满屋是人。稍降辞色：言辞、态度稍微和缓。

⑪援疑质理：提出问题，询问道理。俯身倾耳：恭敬的样子。叱咄：斥责。色：表情。

⑫俟（sì）：等到。忻悦：高兴。

⑬负箧（qiè）：背着装有书的小箱子。曳屣（yè xǐ）：拖着鞋。

⑭穷冬：严冬。皲（jūn）裂：皮肤寒冷干燥而裂开。

⑮四支：即四肢。僵劲：僵硬。媵（yìng）人：原指随嫁的女子，此指婢女。汤：热水。沃灌：冲洗。衾（qīn）：被子。和：暖和。

⑯寓逆旅主人：住在旅店主人那里。

⑰日再食：一日两餐。

⑱被：同“披”，穿。绮绣：锦锻。

⑲腰：作“佩带”解。容臭（xiù）：香囊。

⑳烨（yè）然：光彩、光亮的样子。

㉑缊（yùn）袍敝衣：旧棉袍，破衣服。缊，新旧混合的丝绵。

㉒略：一点。慕艳：羡慕。中：心中。

㉓口体之奉：吃穿方面的享受。

㉔耄老：年老。耄（mào），古人七十岁以上叫做耄。

㉕预：参与。

㉖宠光：厚遇。缀：装饰，点缀，意为跟随。

㉗顾问：咨询。谬称：不恰当的称赞。这是一种谦虚的说法。

㉘太学：古代设于京城的全国最高学府。廪稍之供：供给粮食。

㉙裘葛：指衣服。遗（wèi）：给予。

㉚天质：天资。

㉛乡人子：同乡人的后代。长书：长篇文章。贽：古时初次拜见尊长所献的礼物。

㉜夷：和平。

㉝诋：攻击。际遇：经历。

【解析】

马生，字君则，南京国子监学生，宋濂同乡。洪武十一年（1378），宋濂奉诏到金陵朝见明太祖朱元璋。马君则前来拜访他，于是宋濂就写了这篇赠序送给他。

文章叙述了自己年轻时求学的种种困难，借书和抄书的辛苦，从师和求教的不易，四出奔走的劳累，衣服和饮食的简陋，但是，自己靠一个“勤”字，终于学有所成。同时，作者指出，太学生学习条件极为优越，求学极为方便，只要肯下决心，不畏艰险，专心向学，虚心求教，持之以恒，定能有所收获。文章虽是写给马生的，但今天读这篇文章，仍有很大意义。文章的布局采用的是反客为主的方法，作者用了大量的篇幅来写自己年轻时访师求学的艰难与刻苦，以此来激励马生不要辜负太学的良好学习条件，这种由己及人的手法易于使人接受。文章在艺术上的另一特点是运用对比手法，以自己年轻时求学问师的艰苦条件与太学生的良好条件对比。全文描写生动，语言简洁、浅近，富于表现力。

刘 基

刘基（1311～1375），字伯温，青田（今属浙江）人。元至顺四年（1333）举进士，除高安县丞，后辞归。其后再起再辞，隐于青田山中。至正二十年（1360），受朱元璋之聘，遂为策谋，洪武三年（1370），迁弘文馆学士，授开国翊运守正文臣、资善大夫、上护军，封诚意伯。后为胡惟庸所谮，忧愤而死。谥文成。刘基通经世之学，尤精天文与兵法，也是元末明初的文学家，诗文都很有名。其散文风格古朴，文笔犀利，寓意深远，有不少优秀的讽刺作品，以短篇寓言著称。著有《诚意伯刘文成公文集》。

卖柑者言

杭有卖果者[①]，善藏柑，涉寒暑不溃[②]。出之烨然[③]，玉质而金色[④]。置于市，贾十倍[⑤]，人争鬻之[⑥]。予贸得其一[⑦]。剖之，如有烟扑口鼻。视其中，则干若败絮[⑧]。予怪而问之曰：“若所市于人者[⑨]，将以实笾豆[⑩]，奉祭祀，供宾客乎？将炫外以惑愚瞽也[⑪]？甚矣哉，为欺也！”

卖者笑曰：“吾业是有年矣，吾赖是以食吾躯[⑫]。吾售之，人取之，未尝有言，而独不足子所乎[⑬]？世之为欺者不寡矣，而独我也乎？吾子未之思也[⑭]。

“今夫佩虎符、坐皋比者[15]，洸洸乎干城之具也[16]，果能授孙吴之略耶[17]？峨大冠、拖长绅者[18]，昂昂乎庙堂之器也，果能建伊皋之业耶[19]？盗起而不知御，民困而不知救，吏奸而不知禁，法斁而不知理[20]，坐縻廪粟而不知耻[21]。观其坐高堂、骑大马，醉醇醲而饫肥鲜者[22]，孰不巍巍乎可畏[23]、赫赫乎可象也[24]？又何往而不金玉其外、败絮其中也哉！今子是之不察，而以察吾柑！”

予默然无以应。退而思其言，类东方生滑稽之流[25]。岂其愤世嫉邪者耶？而托于柑以讽耶？

【注释】

①杭：即今浙江杭州。果：水果。

②涉：经历，经过。溃：腐烂。

③烨（yè）然：光亮、光明的样子。

④玉质而金色：形容柑的色泽滋润澄黄。

⑤贾：同“价”。

⑥鬻（yù）：买。

⑦贸：交易，这里是买的意思。

⑧败絮：破棉絮。

⑨若：你。市：卖。

⑩实：装满。笾豆：古时祭祀或宴会时盛果品和肉类的食器。笾（biān），竹编的器具。豆，木制的器皿。

⑪愚瞽（gǔ）：愚人和瞎子。

⑫业是：从事这项职业。食（sì）：供养。

⑬子所乎：你所需要的。

⑭吾子：你。

⑮佩虎符、坐皋比者：喻将军。虎符即兵符。皋比（gāo pí），虎皮，将军座位上设有皋比。

⑯洸洸（guāng）：威武勇敢的样子。干城之具：保卫国家的人才。

⑰孙吴之略：军事谋略。孙武、吴起，春秋战国时有名的军事家。

⑱峨大冠、拖长绅者：喻士大夫。戴高耸的帽子，拖着长长的腰带，这是士大夫的装束。

⑲昂昂乎：气势不凡。伊皋之业：国家大业。伊尹曾辅佐商汤攻灭夏桀，皋陶曾辅佐虞舜。

⑳斁（dù）：破坏。理：治理。

㉑坐縻（mí）廪食：白白浪费国家粮食。

㉒醇醲（chún nóng）：味道醇厚的酒。肥鲜：指山珍海味。

㉓巍巍：高大的样子。畏：敬畏。

㉔赫赫：显赫的样子。象：模仿、学习。

㉕东方生：东方朔，汉武帝时的文人，性诙谐。滑稽：幽默。愤世：不满现实。嫉邪：痛恨邪恶。

【解析】

元末社会黑暗，官僚腐化堕落，民不聊生。作者对此深有感触，写了不少讽刺社会、揭露社会的小品，本文即为其中的优秀之作。文章大

约作于元末作者归隐之前，任江浙儒学副提举之际。

本文通过作者和卖柑者之间的对话，有力地抨击了那些坐高堂、骑大马而饱食终日的文官武将们，尖锐地揭露了他们“金玉其外、败絮其中”的腐朽本质，具有非常深刻的现实意义。文章在主题思想的表达上独具匠心，作者并不是由自己直接将主题揭示出来，而是通过自己与卖柑者之间的对话，通过卖柑者之口表达出当今社会的黑暗，运用准确形象的比喻，揭示了社会的本质。同时，由一件日常生活中常见的小事入手，虽看似平常却寓意深远，具有以小见大、由近及远、由表及里之特点，层层深入，加强了文章的说服力。全文篇幅短小，语言简洁，形象生动，具有较高的讽刺艺术。方孝孺在《明文珠玑》中评此文说：“覆瓿些言本为世情盗名者说，而却借卖柑者引起，何等委婉。且文字峻绝，豪迈不羁，真与东方生相浮。”

苦斋记

苦斋者，章溢先生隐居之室也①。室十有二楹②，覆之以茆③，在匡山之巅④。匡山在处之龙泉县西南二百里⑤，剑溪之水出焉⑥。山四面峭壁拔起，岩崿皆苍石⑦，岸外而臼中⑧。其下惟白云，其上多北风。风从北来者，大率不能甘而善苦，故植物中之⑨，其味皆苦，而物性之苦者亦乐生焉。

于是鲜支、黄蘗、苦楝、侧柏之木⑩，黄连、苦杕、亭历、苦参、钩夭之草⑪，地黄、游冬、葴、芑之菜⑫，槠、栎、草斗之实⑬，楛竹之笋⑭，莫不族布而罗生焉⑮。野蜂巢其间，采花髓作蜜，味亦苦，山中方言谓之黄杜，初食颇苦难，久则弥觉其甘，能已积热，除烦渴之疾⑯。其槚荼亦苦于常荼⑰，其泄水皆啮石出⑱，其源沸沸汩汩⑲，济潞曲折⑳，注入大谷。其中多斑文小鱼，状如吹沙㉑，味苦而微辛㉒，食之可以清酒㉓。

山去人稍远，惟先生乐游，而从者多艰其昏晨之往来，故遂择其窊而室焉㉔。携童儿数人，启陨箨以艺粟菽㉕，茹啖其草木之荑实㉖。间则蹑屐登崖㉗，倚修木而啸㉘，或降而临清泠㉙。樵歌出林，则拊石而和之㉚。人莫知其乐也。

先生之言曰：“乐与苦，相为倚伏者也，人知乐之为

乐，而不知苦之为乐，人知乐其乐，而不知苦生于乐，则乐与苦相去能几何哉！今夫膏粱之子[31]，燕坐于华堂之上[32]，口不尝荼蓼之味[33]，身不历农亩之劳，寝必重褥[34]，食必珍美，出入必舆隶[35]，是人之所谓乐也，一旦运穷福艾[36]，颠沛生于不测[37]，而不知醉醇饫肥之肠，不可以实疏粝[38]；籍柔覆温之躯[39]，不可以御蓬藋[40]，虽欲效野夫贱隶，跼跳窜伏[41]，偷性命于榛莽而不可得[42]，庸非昔日之乐，为今日之苦也耶？故孟子曰：'天之将降大任于是人也，必先苦其心志，劳其筋骨，饿其体肤。'赵子曰：'良药苦口利于病，忠言逆耳利于行。'彼之苦，吾之乐；而彼之乐，吾之苦也。吾闻井以甘竭[43]，李以苦存[44]，夫差以酣酒亡[45]，而勾践以尝胆兴[46]，无亦犹是也夫？"

刘子闻而悟之[47]，名其室曰苦斋，作《苦斋记》。

【注释】

①章溢：字三益，明末元初龙泉（今浙江龙泉）人，元末隐居于匡山，后与刘基等受朱元璋之聘，官至御史中丞。

②楹：柱子，房一间称一楹。

③茆：同茅，茅草。

④巅：山顶。

⑤处：处州府，治所在今浙江丽水。

⑥剑溪：匡山下的一条小河。

⑦崿（è）：山崖。

⑧臼中：中间低。臼（jiù），舂米的器具。

⑨不能甘而善苦：按照五行学说，北风气寒味咸水，按相克之理，易苦而难甘。中（zhòng）：受到影响。

⑩鲜支：栀子，一种常绿灌木，果实味苦。黄蘗：落叶乔木，树茎外皮灰白色，内皮黄色，可入药，味苦。苦楝：一种落叶乔木，树根、木皮、果实均可入药，味苦。侧柏：一种常绿乔木，嫩枝、叶、果实可入药，枝叶味苦。

⑪黄连：多年生草本植物，根可入药，味苦。苦杕（dì）：不详。亭历：一种草本植物，子可供药用，味苦。苦参：多年生草本植物，根实可入药，根味苦。钩夭：菊科宿根草，味苦。

⑫地黄：一种多年生草本植物，根可入药，味苦。游冬：一种菊科植物，茎叶折断有苦乳汁。葳（wēi）：苦葳。芑（qǐ）：一种苦菜。

⑬槠（zhū）：一种常绿乔木，种子生食苦涩。栎（lì）：一种落叶乔木，果实、木皮、树根均可入药，味苦。草斗：栎树的果实。

⑭楛竹之笋：即苦竹笋。

⑮族布：同类植物到处分布。罗生：罗列生长。

⑯已：消除，治愈。积热：中医的一种病，指邪热积滞出现的症状，需用性寒味苦的药驱除。烦渴之疾：心烦躁热的症状。

⑰榎（jiǎ）荼：榎树产的茶。一种茶树。荼：同“茶”。
⑱啮石：冲刷石缝。
⑲沸沸：水向上翻腾。汩汩（gǔ）：水流乱而急。
⑳滞潏（jié mì）：水势很急的样子。
㉑吹沙：一种鱼的名称，口大，常张开吹沙，因此称吹沙。
㉒辛：辛辣。
㉓清酒：醒酒。
㉔窊（wā）：地势低下的地方。
㉕启：清扫。陨箨（tuò）：脱落的笋壳。艺：种植。粟：谷子。菽（shū）：豆类。
㉖茹啖（rú dàn）：吃。荑（tí）：草木初生的嫩叶。
㉗间：有空的时候。蹑屐（niè jī）：踩着木底鞋。
㉘修木：高大的树。
㉙降：指走下（水边）。清泠（líng）：清凉的溪水。
㉚拊（fǔ）：拍打。
㉛膏粱之子：富贵人家的子弟。
㉜燕坐：安闲地坐着。华堂：华丽的屋舍。
㉝荼（tú）：一样苦菜。蓼（liǎo），一年生草本植物，茎叶味苦。
㉞重（chóng）：双层。
㉟舆隶：车马、仆役。
㊱穷：穷尽。艾：停止，完结。
㊲颠沛：形容生活艰难。不测：料想不到的事，多指祸患。
㊳醇：醇酒，美酒。饫（yù）：饱食。疏粝（lì）：粗劣的饭食。
㊴籍：通“藉”，垫。覆：盖。
㊵御：使用，穿。蓬藋（diào）：指粗劣的衣物。
㊶跼跳窜伏：形容随意、无拘无束的生活。跼（jú），局促。
㊷偷性命：苟且偷生。榛：一种小树。莽：茂密的草。
㊸甘：甜。竭：干枯。语出《庄子·山木》。
㊹李以苦存：李子果因为是苦的而没人去摘。据说晋人王戎小的时候。与小伙伴们一起玩，见路边李树结了很多果，小伙伴都去抢摘，独王戎不动，有人问他为什么不去，他说：“树在道边而多子，此必苦李。”
㊺夫差：春秋时吴国君，因沉溺酒色而被勾践所杀。
㊻勾践：春秋时越国君。因败于夫差而卧薪尝胆，以图复仇，后终灭吴。
㊼刘子：刘基自称。

【解析】

章溢是元末明初的名士，与刘基、宋濂、叶琛齐名，且都为朋友。本文是刘基为他的书斋所作的记。

文章从苦斋所属写起，介绍苦斋的环境，描述苦斋苦的环境中生长的苦的草木鱼虫，描述了苦斋生活中的乐趣，阐明苦与乐相倚伏，苦由乐来、乐由苦生的道理，表现了苦斋主人的远大志向。文章批评膏粱之子只求安逸享乐，一旦遇到逆境就不能生活，所以不如“劳其筋骨，饿其体肤”，反而可以去苦就乐。全文写景状物紧扣一个“苦”字来写，写苦的环境、苦的草木、苦的鱼虫、苦的生活，“苦”字贯穿全文，所选材料看似松散，实则严密地集中在“苦”字之下，结构严谨，中心明确，脉络清晰。同时，文章叙议结合，叙事细腻，有条理，议论精警，有深意，化景为趣，化趣为理，写景为议论的基础，议论由写景而带出，自然流畅，意味深远，情趣盎然。语言朴实，句式上以散为主，间杂以整饬，富于变化。

高　启

高启（1336～1374），字季迪，号槎轩，因元末避兵乱居吴淞江畔的青丘，又自号青丘子。长州（今江苏苏州）人。明洪武初年诏修《元史》，高启被荐入朝，为翰林院编修。后又升户部右侍郎，力辞不就，归居家乡，教书度日，其后因魏观案而被杀。高启是元末明初优秀的诗人，他与杨基、张羽、徐贲合称“吴中四杰”。其散文峻洁雄健，长于叙事，也有一定的成就。著有《高太史大全集》。

书博鸡者事

博鸡者袁人[①]，素无赖[②]，不事产业，日抱鸡呼少年博市中，任气好斗[③]，诸为里侠者皆下之[④]。

元至正间[⑤]，袁有守多惠政[⑥]，民甚爱之。部使者臧[⑦]，新贵[⑧]，将按郡至袁[⑨]。守自负年德，易之[⑩]，闻其至，笑曰：“臧氏之子也[⑪]。”或以告臧，臧怒，欲中守法[⑫]。会袁有豪民尝受守杖，知使者意嗛守[⑬]，即诬守纳己赇。使者遂逮守，胁服夺其官[⑭]。袁人大愤，然未有以报也[⑮]。

一日，博鸡者遨于市。众知有为，因让之曰：“若素名勇，徒能藉贫孱者耳[⑯]。彼豪民恃其赀，诬去贤使君，袁人失父母。若诚丈夫，不能为使君一奋臂耶[⑰]？”博鸡者曰：“诺！”即入闾左呼子弟素健者[⑱]，得数十人，遮豪民于道[⑲]。豪民方华衣乘马，从群奴而驰。博鸡者直前捽下提殴之[⑳]。奴惊，各亡去。乃褫豪民衣自衣[㉑]，复自策其马，麾众拥豪民马前，反接，徇诸市[㉒]，使自呼曰：“为民诬太守者视

此!”一步一呼，不呼则杖其背，尽创。豪民子闻难，鸠宗族僮奴百许人[23]，欲要篡以归[24]。博鸡者遂谓曰：“若欲死而父，即前斗；否则阖门善俟[25]，吾行市毕即归若父，无恙也。”豪民子惧遂杖杀其父，不敢动，稍敛众以去[26]。袁人相聚从观，欢动一城。郡录事骇之，驰白府[27]。府佐快其所为，阴纵之[28]，不问。日暮，至豪民第门，捽使跪，数之曰：“若为民不自谨，冒使君，杖汝，法也。敢用是为怨望[29]！又投间蔑污使君[30]，使罢，汝罪宜死。今姑贷汝[31]，后不善自改，且复妄言，我当焚汝庐，戕汝家矣!”豪民气尽，以额叩地，谢不敢[32]。乃释之。

博鸡者因告众曰：“是足以报使君未耶?”众曰：“若所为诚快，然使君冤未白，犹无益也。”博鸡者曰：“然。”即连楮为巨幅，广二丈，大书一“屈”字，以两竿夹揭之，走诉行御史台[33]。台臣弗为理[34]。乃与其徒日张“屈”字游金陵市中。台臣惭，追受其牒[35]，为复守官而黜臧使者[36]，

方是时，博鸡者以义闻东南[37]。

高子曰：余在史馆[38]，闻翰林天台陶先生言博鸡者之事。观袁守虽得民，然自喜轻上，其祸非外至也。臧使者枉用三尺[39]，以仇一言之憾，固贼戾之士哉[40]！第为上者不能察[41]，使匹夫攘袂群起以伸其愤[42]；识者固知元政紊弛而变兴自下之渐矣[43]。

【注释】

①博鸡：斗鸡。袁：指元朝的袁州路，在今江西宜春一带。

②无赖：游手好闲，不讲道理。

③产业：经营买卖。任气：意气用事。

④为里侠者：在乡里充当好汉的。下：居于（博鸡者）之下，佩服。

⑤至正：元顺帝年号（1341～1368）。

⑥守：长官。惠政：好的政绩。

⑦部使者臧：指江西湖东道肃政廉访司姓臧的。

⑧新贵：新近当了高官。

⑨按郡：巡视州郡地方。

⑩年德：年高德重。易：轻视，看不起。

⑪臧氏之子：鲁平公要去看孟子，宠臣臧仓阻之。乐正子将此事告诉孟子，孟子说：“吾之不遇鲁侯，天也，臧氏之子焉能使予不遇哉?”指太守用此典故嘲笑部使者。

⑫中（zhòng）：合乎。指用律条来指控。

⑬豪民：土豪。嗛（xián）：怀恨。

⑭纳：接受。赇（qiú）：贿赂。胁服：逼迫认罪。

⑮报：对付。这句话意为：没有对付的办法。

⑯遨：游逛。有为：有办法。让：责备。素：一向。徒能：只能。藉：践踏，欺侮。

⑰奋臂：举臂，振臂。意为动手帮忙。

⑱闾左：此指贫民居住地。

⑲遮：阻住。

⑳捽（zuó）：揪。华衣：华丽的服装。

㉑亡：逃走。褫（chǐ）：脱去，夺去。

㉒反接：反绑双手。徇诸市：让他在市场上游街示众。

㉓鸠：聚集，纠集。

㉔要篡：拦路抢夺。要（yāo），同“腰”。

㉕阖（hé）：关闭。善俟：好好等着。

㉖行市：游街。敛：收聚。

㉗郡录事：当地的文书官。白：报告。

㉘府佐：副官。阴：暗地里。纵：放纵。

㉙数：责备。若：你。自谨：自己小心。冒：冒犯。敢用是为怨望：竟敢因此而怀恨。

㉚投间：趁机。

㉛使罢：使使君被罢职。贷：饶恕。

㉜气尽：气焰消尽。谢：认罪。

㉝楮（chǔ）：纸的代称。揭：高举。

㉞台臣：御史台官员。理：受理。

㉟牒：状子。

㊱复：恢复。黜（chù）：贬黜。

㊲方是时：当时。闻：闻名，有名望。

㊳史馆：官署名，掌监修国史之事。

㊴其祸非外至：意为自己招灾。枉用三尺：乱用法律。

㊵贼戾：凶残。

㊶第：但。

㊷攘袂：捋起袖子。

㊸紊弛：紊乱松弛。变兴：变革。

【解析】

“书博鸡者事”，即记博鸡者的事，博鸡者就是以斗鸡为赌博的人。据林纾所说：“魏叔子书大铁椎近小说，此作乃近《史记》。”此文所写当为史实。

文章记叙了一个下层市民打抱不平，向当地的土豪展开斗争的故事。文中叙袁州路总管被当地土豪所陷害，博鸡者在当地市民的鼓动下，将土豪杖打游街，并上书为总管申冤，最终获得胜利，使总管得到解放。文章既反映了元末统治的黑暗腐朽，元末社会的动荡，也表现了人民的抗争精神。其中博鸡者的侠义性格塑造得比较鲜明。作者塑造人物时善于突出人物矛盾统一的性格特征，善于运用烘托、对比的手法，使博鸡者见义勇为的特点得到突出，而文章开头写博鸡者的“素无赖”，到后来的“以义闻东南”，形成了鲜明的对照。文章情节曲折生动，叙事明畅。值得注意的是，下层市民的形象作为正面人物、作为故事的主要人物出现在正统文人的笔下，这是比较早的一篇。

方孝孺

方孝孺（1375～1402），字希直，一字希古，人称正学先生，宁海（今浙江宁海）人。洪武年间任汉中府教授，建文帝时任侍讲学士。后因拒绝为燕王朱棣写登基诏书，被杀。方孝孺是明代著名的理学家、散文家。其散文文风雄健豪放。著有《逊志斋集》。

吴　士

吴士好夸言，自高其能，谓举世莫及。尤善谈兵①，谈必推孙吴②。遇元季乱③，张士诚称王姑苏④，与国朝争雄⑤。兵未决。士谒士诚曰⑥：“吾观今天下形势莫便于姑苏，粟帛莫富于姑苏，甲兵莫利于姑苏；然而不霸者，将劣也⑦。今大王之将，皆任贱丈夫⑧，战而不知兵，此鼠斗耳⑨。王果能将吾，中原可得，于胜小敌何有⑩！”士诚以为然，俾为将⑪，听自募兵，戒司粟吏勿与较赢缩⑫。

士尝游钱塘，与无赖懦人交⑬，遂募兵于钱塘，无赖士皆起从之，得官者数十人，月靡粟万计，日相与讲击刺坐作之法⑭。暇则斩牲、具酒燕饮⑮。其所募士，实未尝能将兵也。

李曹公破钱塘⑯，士及麾下，遁去不敢少格⑰。搜得，缚至辕门诛之。垂死犹曰：“吾善孙吴法。”

【注释】

①谈兵：谈论用兵的方法。

②孙吴：即孙武、吴起，均为春秋战国时有名的军事家。

③元季：元末。

④张士诚姑苏称王：张士诚（1321～1367），泰州白驹场人，盐贩出身。1353年占据苏州，称吴王，后为朱元璋所败，自缢死。

⑤国朝：即明朝。

⑥谒：拜见。

⑦将劣：将领的本事太差。

⑧贱丈夫：没有本事的人。

⑨鼠斗：老鼠互相打架。

⑩何者：有什么难的。

⑪俾：使。

⑫司粟吏：管粮草的官。赢缩：财物的

多少。意为保证粮草供应。

⑬钱塘：杭州。无赖：游手好闲的人。懦人：胆量小的人。交：交往。

⑭靡：消耗，耗费。坐作：坐与起。古代练兵科目之一。

⑮斩牲：杀牛宰羊。燕：同“宴”。

⑯李曹公：李文忠，朱元璋姐姐的儿子，官至大督府左都督，封曹国公。

⑰麾（huī）下：部下。少：稍许。格：搏斗。

【解析】

在元末农民起义军中，张士诚的军队是一支较有实力的派别。据《续资治通鉴》，张士诚网罗天下之士。“士有至者，无问贤不肖，辄重其赠遗，舆马居室靡不充足，士多往趋之。”可见张士诚所信任的人大多是不肖的。

文章写了一个夸夸其谈的吴士，自称有“孙、吴”之才，得到张士诚的器重，享受荣华富贵，但真的打起仗来，却连些许抵抗都没有。文章通过对吴士兴衰的描述，批判、讽刺了那些夸夸其谈的人。本文在刻画人物和材料组织上都能抓住人物的特点来进行。吴士的特点是夸夸其谈，而没有本事，作者安排较大篇幅来写吴士向张士诚游说的情况，以突出他的“夸夸其谈”，而用很少的笔墨来写他的失败，以反衬他的无能。同时，文章首尾呼应，讽刺意味十分明显。

马中锡

马中锡（1446～1512），字天禄，号东田，故城（今河北故城）人。成化十一年（1475）进士，历官刑科给事中、右副都御史、大同巡抚、古都御史等职，为人刚直。他是明代文学家，是当时著名的文学家李梦阳、康海的老师。其散文横逸奇崛。著有《东田集》。

中山狼传

赵简子大猎于中山[①]，虞人导前[②]，鹰犬罗后[③]，捷禽鸷兽应弦而倒者不可胜数[④]。有狼当道，人立而啼。简子垂手登车[⑤]，援乌号之弓[⑥]，挟肃慎之矢[⑦]，一发饮羽[⑧]，狼失声而逋[⑨]。简子怒，驱车逐之，惊尘蔽天，足音鸣雷，十里之外，不辨人马。

时，墨者东郭先生[⑩]，将北适中山以干仕[⑪]，策蹇驴[⑫]，囊图书，夙行失道[⑬]，望尘惊悸。狼奄至，引首顾曰[⑭]：“先生岂有志于济物哉？昔毛宝放龟而得渡[⑮]，隋侯救蛇而获珠，龟蛇固弗灵于狼也[⑯]。今日之事，何不使我得早处囊中以苟延残喘乎？异时倘得脱颖而出，先生之恩，生死而肉骨也，敢不努力以效龟蛇之诚[⑰]！”先生曰：“嘻，私汝狼以犯世卿，忤权贵，祸且不测，敢望报乎[⑱]？然墨之道，兼爱为本，吾终当有以活汝，脱有祸，固所不辞也[⑲]！”乃出图书，空囊橐，徐徐焉实狼其中[⑳]，前虞跋胡[㉑]，后恐疐尾[㉒]，三纳之而未克，徘徊容与[㉓]，追者益近。狼请曰：“事急矣！先生果将揖逊救焚溺[㉔]，而鸣銮避寇盗耶？惟先生速图[㉕]！”乃跼蹐四足，引绳而束缚之[㉖]，下首至尾，曲脊掩胡，猬缩蠖屈，蛇盘龟息[㉗]，以听命先生。先生如其指，内狼于囊，遂括囊口[㉘]，肩举驴上，引避道左[㉙]，以待赵人之过。

已而简子至，求狼弗得，盛怒，拔剑斩辕端示先生，骂曰：“敢讳狼方向者[㉚]，有如此辕！”先生伏踬就地，匍匐以进，跽而言曰[㉛]：“鄙人不慧，将有志于世，奔走遐方，自迷正途，又安能发狼踪，以指示夫子鹰犬也！然尝闻之，大道以多歧亡羊[㉜]。夫羊，一童子可制之，如是其驯也，尚以多歧而亡；狼非羊比，而中山之歧，可以亡羊者何限？乃区区循大道以求之，不几于守株缘木乎[㉝]？况田猎，虞人之所事也，君请问诸皮冠[㉞]，行道之人何罪哉？且鄙人虽愚，独不知夫狼乎？性贪而狠，党豺为虐[㉟]，君能除之，固当窥左足以效微劳[㊱]，又肯讳之而不言哉！”简子默然，回车就道。先生亦驱驴，兼程而进[㊲]。

良久，羽旄之影渐没，车马之音不闻，狼度简子之去已远，而作声囊中曰：“先生可留意矣，出我囊，解我缚，拔矢我臂，我将逝矣[㊳]！”先生举手出狼，狼咆哮谓先生曰：“适为虞人逐，其来甚远，幸先生生我。我馁甚[㊴]，馁不得食，亦终必亡而已。与其饥死道路，为群兽食，毋宁毙于虞人，以俎豆于贵家[㊵]。先生既墨者，摩顶放踵[㊶]，思一利天下，又何吝一躯啖我而全微命乎[㊷]？”遂鼓吻奋爪以向先

生[43]。先生仓卒以手搏之[44]，且搏且却，引蔽驴后[45]，便旋而走，狼终不得有加于先生[46]，先生亦极力拒，彼此俱倦，隔驴喘息。先生曰："狼负我！狼负我！"狼曰："吾非固欲负汝，天生汝辈，固需吾辈也！"相持既久，日晷渐移[47]，先生窃念天色向晚，狼复群至，吾死矣夫！因绐狼曰[48]："民俗，事疑必询三老，第行矣[49]，求三老而问之，苟谓我当食即食，不可即已。"狼大喜，即与偕行。

逾时，道无人行，狼馋甚，望老木僵立路侧，谓先生曰："可问是老！"先生曰："草木无知，叩焉何益？"狼曰："第问之，彼当有言矣！[50]"先生不得已，揖老木，具述始末，问曰："若然，狼当食我邪？"木中轰轰有声，谓先生曰："我杏也。往年老圃种我时，费一核耳，逾年华，再逾年实[51]，三年拱把，十年合抱[52]，至于今二十年矣！老圃食我，老圃之妻子食我，外至宾客，下至奴仆，皆食我。又复鬻实于市[53]，以规利于我[54]。其有功于老圃甚巨。今老矣，不能敛华就实[55]，贾老圃怒[56]，伐我条枚，芟我枝叶[57]，且将售我工师之肆取直焉[58]。噫！樗朽之材[59]，桑榆之景[60]，求免于斧钺之诛而不可得，汝何德于狼，乃觊免乎[61]？是固当食汝。"言下，狼复鼓吻奋爪以向先生。先生曰："狼爽盟矣，矢询三老[62]，今值一杏，何遽见迫邪[63]？"复与偕行。

狼愈急，望见老牸，曝日败垣中[64]，谓先生曰："可问是老！"先生曰："向者草木无知，谬言害事，今牛，禽兽耳，更何问焉？"狼曰："第问之，不问，将咥汝[65]！"先生不得已，揖老牸，再述始末以问。牛皱眉瞪眼，舐鼻张口，向先生曰："老杏之言不谬矣！老牸茧栗少年时[66]，筋力颇健，老农卖一刀以易我，使我贰群牛、事南亩[67]。既壮，群牛日以老惫[68]，凡事我都任之。彼将驰驱，我伏田车，择便途以急奔趋[69]。彼将躬耕，我脱辐衡，走郊坰以辟榛荆[70]。老农视我犹左右手。衣食仰我而给，婚姻仰我而毕，赋税仰我而输，仓庾仰我而实[71]。我亦自谅，可得帷席之敝如马狗也[72]。往年家储无担石，今麦秋多十斛矣；往年穷居无顾藉，今掉臂行村社矣[73]；往年尘卮罂，涸唇吻，盛酒瓦盆，

半生未接[74]，今酝黍稷，据樽罍，骄妻妾矣[75]；往年衣短褐，侣木石，手不知揖，心不知学，今持《兔园册》，戴笠子，腰韦带，衣宽博矣[76]。一丝一粟，皆我力也。顾欺我老弱，逐我郊野，酸风射眸，寒日吊影[77]，瘦骨如山，老泪如雨，涎垂而不可收，足挛而不可举，皮毛俱亡，疮痍未瘥[78]。老农之妻妒且悍，朝夕进说曰：'牛之一身，无废物也。肉可脯，皮可鞟，骨角可切磋为器[79]。'指大儿曰：'汝受业庖丁之门年矣，胡不砺刃于硎以待[80]？'迹是观之，是将不利于我，我不知死所矣[81]！夫我有功，彼无情乃若是，行将蒙祸；汝何德于狼，觊幸免乎？"言下，狼又鼓吻奋爪以向先生。先生曰："毋欲速！"

遥望老子杖藜而来，须眉皓然，衣冠闲雅，盖有道者也[82]。先生且喜且愕，舍狼而前，拜跪啼泣，致辞曰："乞丈人一言而生。"丈人问故，先生曰："是狼为虞人所窘，求救于我，我实生之。今反欲咥我，力求不免，我又当死之，欲少延于片时，誓定是于三老。初逢老杏，强我问之，草木无知，几杀我。次逢老牸，强我问之，禽兽无知，又几杀我。今逢丈人，岂天之未丧斯文也[83]。敢乞一言而生。"因顿首杖下，俯伏听命。丈人闻之，欷歔再三[84]。以杖叩狼曰："汝误矣！夫人有恩而背之，不祥莫大焉。儒谓受人恩而不忍背者，其为子必孝，又谓虎狼知父子。今汝背恩如是，则并父子亦无矣！"乃厉声曰："狼，速去！不然将杖杀汝！"狼曰："丈人知其一未知其二，请诉之，愿丈人垂听。初，先生救我时，束缚我足，闭我囊中，压以诗书，我鞠躬不敢息，又蔓辞以说简子，其意盖将死我于囊，而独窃其利也[85]。是安可不咥？"丈人顾先生曰："果如是，是羿亦有罪焉[86]？"先生不平，具状其囊狼怜惜之意。狼亦巧辩不已以求胜。丈人曰："是皆不足以执信也。试再囊之，我观其状，果困苦否[87]。"狼欣然从之，信足先生。先生复缚置囊中，肩举驴上，而狼未之知也。丈人附耳谓先生曰"有匕首否？"先生曰："有！"于是出匕。丈人目先生，使引匕刺狼。先生曰："不害狼乎？"丈人笑曰："禽兽负恩如是，而犹不忍杀。子固仁者，然愚亦甚矣！从井以救人，解衣以活友，于彼计则得，其如就死地何[37]？先生其此类乎？仁陷于愚，固君子之所不与也。"言已大笑，先生亦笑。遂举手助先生操刃，共殪狼[38]，弃道上而去。

【注释】

①赵简子：春秋时晋国的赵鞅，谥号"简"。

②虞人：掌管山泽狩猎的官。导前：在前面做向导。

③罗后：成群地跟在后面。

④骇禽：惊飞的鸟。鸷（zhì）兽：凶猛的野兽。应弦：随着弓弦的响声。

⑤人立：像人一样站立。垂手：往手上吐唾沫。垂，同"唾"。

⑥乌号之弓：古代的好弓。

⑦肃慎：古国名，所出产的箭很有名。

⑧饮：没。羽：箭尾的羽毛。

⑨逋（bū）：逃。不辨人马：形容尘土飞扬的样子。

⑩墨者：信仰墨家学说的人。东郭：复姓。

⑪适：往，去。干仕：求官。

⑫策：赶。蹇（jiǎn）驴：跛足的驴子。

⑬囊：用口袋装。夙行：清晨赶路。失道：迷路。

⑭奄：突然。引首：伸着脖子。

⑮济物：救助别人。毛宝：东晋时人，因曾得一白龟，放于江中，后遇难，得龟所救。

⑯隋侯救蛇：隋侯曾救治过一条受伤的大蛇，这条蛇从江中衔出一颗大珠子，来报答。灵：灵验。

⑰早处：尽早躲进。苟延残喘：保留生命。脱颖而出：比喻出头之日。生死：让死者复生。骨肉：让枯骨生肉。

⑱私：庇护。世卿：世代承袭的贵族。忤（wǔ）：冒犯。

⑲兼爱：同等地爱各种人物。这是墨家学说的核心。脱：万一，即使。

⑳囊橐（tuó）：口袋。徐徐：慢慢地。实：装。

㉑虞：担心。跋：践踏。胡：颔下的垂肉。

㉒疐（zhì）：被绊倒。

㉓徘徊容与：迟疑不决，动作缓慢。

㉔请：恳求。揖逊救焚溺：救火、救落水者时作揖讲礼貌。

㉕鸣銮避寇盗：逃避强盗的时候，却让所驾的车响起丁丁当当的铃声。速图：赶快想办法。

㉖跼蹐（jú jí）：蜷曲。引：拿。

㉗下首：把头低下。曲脊掩胡：弯曲脊梁，遮住垂肉。猥缩：像刺猬那样缩起。蠖（huò）屈：像只蠖爬行时那样弯曲起来。龟息：像龟那样调节呼吸。

㉘内：同"纳"。括：扎住。

㉙道左：路边。

㉚已而：一会儿。盛怒：大怒。讳：隐瞒。

㉛伏踬（zhì）：趴下。跽（jì）：跪。

㉜不慧：无能，不才。遐方：远方。岐：岔路。亡羊：走失羊群。

㉝区区：局限。几于：近似于。守株：守株待兔。缘木：缘木求鱼。

㉞皮冠：狩猎官的代称。

㉟狠：残忍。党豺：与豺为党。

㊱窥左足：举足之劳。窥（kuǐ）：同"跬"，一小步。

㊲兼程：加速赶路。
㊳羽旄：指旗帜。度（duó）：估计。留意：关心。
㊴生我：救了我。馁：饿。
㊵俎（zǔ）豆于贵家：在贵家作祭祀时的食品。
㊶摩顶放踵（zhǒng）：从头到脚都受折磨。
㊷啖（dàn）我：给我吃。全：成全。
㊸吻：嘴巴。
㊹仓卒：同“仓猝”，匆忙。
㊺却：退却。引蔽：躲藏。
㊻便旋：回转。有加：占上风。
㊼晷（guǐ）：日影。
㊽窃念：心中盘算。绐（dài）：骗。
㊾第行：可以做。第，但。
㊿逾时：过了一会儿。叩：问。
51具述：详细说。老圃：种树的老人。逾年：隔年。华：开花。实：结果。
52拱把：两手合围那样粗。合抱：两臂合围。
53鬻（yù）：卖。
54规利于我：从我身上谋利。
55敛华就实：开花后结果。
56贾（gǔ）：引起。
57条枚：支干。芟（shān）：砍，除。
58工师之肆：工匠的铺子。取直：赚钱。
59樗（chū）朽之材：无用的树木。
60桑榆之景：喻晚年时光。
61何德于狼：对狼有什么恩德。觊（jì）：非分的希望。
62爽盟：违约。矢：誓。
63值：仅仅。遽（jù）：马上。见迫：相逼。
64牸（zì）：母牛。曝（pù）日：晒太阳。败垣（yuán）：破墙。
65啀（dié）：咬。
66茧栗：指牛角初生时，像蚕茧和栗子一样小。
67易：交换。贰：帮助。事南亩：在农田里耕作。
68惫：疲劳。
69伏：驾。便途：近道。
70辐衡：指车。辐，车轮中直木。衡，车辕横木。坰（jiōng）：郊野。辟榛荆：开荒。
71仰：依靠。仓庾：谷仓，粮仓。实：充实。
72自谅：自信。帷席之敝：用帐子和席子来遮盖。
73顾藉（jiè）：顾惜。掉臂：摇摆手臂，逍遥自在。
74尘：落满灰尘。卮（zhì）：酒杯。罂（yīng）：腹大口小的容器。涸（hé）：干。唇吻：嘴唇。半生未接：很久没有碰到（酒）。
75酿黍稷：酿酒。据：手持。樽罍（léi）酒具。
76兔园册：古代村塾所用浅易的识字课本。韦带：皮带。宽博：宽大舒适。
77顾：但是。酸风：刺人的寒人。吊影：孤单的样子。
78挛（luán）：蜷曲。痍（yí）：创伤。瘥（chài）：病愈。
79脯：肉干。鞟（kuò）：去毛的皮。切磋：打磨。
80受业：学习。庖丁：厨师。砺：磨。硎（xíng）：磨刀石。
81迹是：由此。不知死所：不知死于何处。
82杖藜：拄着拐杖。皓然：洁白。闲雅：整齐雅致。
83窘：困。啀（dié）：咬。斯文：指儒者。
84欷歔（xī xū）：叹息。不祥：凶兆。

㊺鞠躬：弓着身子。息：喘气。蔓辞：说话啰唆。

㊻羿亦有罪：相传逢蒙向羿学习射箭，逢蒙学会就把羿射死了。这句话的意思是，认为羿传授技艺而不知择人，是有罪的。

㊼执信：使人相信。果：果真。

㊽就死地：陷入绝境。

㊾殪（yì）：杀。

【解析】

“东郭先生与狼”的故事在中国可谓妇孺皆知，本文就是作者马中锡在前人创作的基础上写的一篇寓言。

文章叙述了一个迂腐软弱的墨者东郭先生不惜触犯赵简子而救一只走投无路的狼，结果险些被狼吃掉的故事，批判了中山狼的忘恩负义：当它遇到危险时，装出一副可怜相，花言巧语地迷惑人；而当它安全了，没有危险了，它又翻脸不认人，甚至要把救命恩人吃掉。文章告诫人们：狼的本性是不会改变的，对于吃人的狼，必须坚决消灭它。其中所包含的哲理是深刻的，那就是对于恶人绝不能心慈手软。全文具有较高的艺术成就，一是塑造了一组栩栩如生、各具特色的人物形象，如东郭先生的迂腐软弱，杖藜老人的沉着坚定，而中山狼虽为动物，但作者却也赋予了它狡猾残忍的性格，使其寓意更为生动深刻。二是行文诙谐有趣，举事用典多有故意不合常规的地方，表现了作者巧妙的艺术构思，也显示了作者的深厚功力，是明代散文中思想性和艺术性都较强的作品。

王守仁

王守仁（1472～1528），字伯安，世称阳明先生。余姚（今浙江余姚）人。明弘治十二年（1499）进士，任刑部、兵部主事。因上疏弹劾宦官刘瑾，被贬为贵州龙场驿丞。后复起用，历官庐陵知县、左佥都御史、南京兵部尚书，因镇压农民起义和平定宗室朱宸濠叛乱有功，封为新建伯，谥“文成”。王守仁是明代著名的哲学家、文学家，心学的主要人物。其文不依傍古人，自抒胸臆，俊爽畅达。著有《王文成公全书》。

瘗旅文

维正德四年秋月三日[①]，有吏目云自京来者[②]，不知其

名氏，携一子一仆，将之任，过龙场[3]，投宿土苗家[4]。予从篱落间望见之，阴雨昏黑，欲就问讯北来事，不果[5]。明早，遣人觇之[6]，已行矣。

薄午[7]，有人自蜈蚣坡来，云："一老人死坡下，傍两人哭之哀。"予曰："此必吏目死矣，伤哉！"薄暮[8]，复有人来，云："坡下死者二人，傍一人坐叹。"询其状，则其子又死矣。明早，复有人来，云："见坡下积尸三焉。"则其仆又死矣。呜呼伤哉！

念其暴骨无主[9]，将二童子持畚、锸往瘗之[10]。二童子有难色然。予曰："嘻！吾与尔犹彼也。"二童闵然涕下[11]，请往。就其傍山麓为三坎[12]，埋之。又以只鸡、饭三盂，嗟吁涕洟而告之，曰：

呜呼伤哉！繄何人[13]，繄何人！吾龙场驿丞余姚王守仁也。吾与尔皆中土之产[14]。吾不知尔郡邑，尔乌为乎来为兹山之鬼乎[15]？古者重去其乡[16]，游宦不逾千里[17]。吾以窜逐而来此[18]，宜也，尔亦何辜乎？闻尔官吏目耳，俸不能五斗[19]，尔率妻子躬耕可有也。乌为乎以五斗而易尔七尺之躯[20]？又不足，而益以尔子与仆乎？呜呼伤哉！

尔诚恋兹五斗而来[21]，则宜欣然就道，乌为乎吾昨望见尔容蹙然[22]，盖不任其忧者。夫冲冒雾露，扳援崖壁，行万峰之顶，饥渴劳顿，筋骨疲惫，而又瘴疠侵其外[23]，忧郁攻其中，其能以无死乎？吾固知尔之必死，然不谓若是其速，又不谓尔子尔仆亦遽尔奄忽也[24]。皆尔自取，谓之何哉！吾念尔三骨之无依而来瘗尔，乃使吾有无穷之怆也[25]。呜呼伤哉！

纵不尔瘗，幽崖之狐成群，阴壑之虺如车轮[26]，亦必能葬尔于腹，不致久暴露尔。尔既已无知，然吾何能为心乎？自吾去父母乡国而来此，三年矣，历瘴毒而苟能自全，以吾未尝一日之戚戚也[27]。今悲伤若此，是吾为尔者重，而自为者轻也。吾不宜复为尔悲矣。

吾为尔歌，尔听之。歌曰：连峰际天兮[28]，飞鸟不通。游子怀乡兮，莫知西东。莫知西东兮，维天则同。异域殊方兮，环海之中。达观随寓兮，奚必予宫[29]。魂兮魂兮，无

悲以恫[30]！

又歌以慰之曰：与尔皆乡土之离兮，蛮之人言语不相知兮。性命不可期[31]，吾苟死于兹兮，率尔子仆，来从予兮。吾与尔遨以嬉兮，骖紫彪而乘文螭兮[32]，登望故乡而嘘唏兮[33]。吾苟获生归兮，尔子尔仆，尚尔随兮，无以无侣悲兮！道旁之冢累累兮[34]，多中土之流离兮，相与呼啸而徘徊兮。餐风饮露[35]，无尔饥兮。朝友麋鹿，暮猿与栖兮。尔安尔居兮，无为厉于兹墟兮[36]！

【注释】

①正德四年：1509 年，正德是明武宗年号。

②吏目：官名，明时在知州之下设吏目，掌出纳文书等事。

③之任：上任。龙场：在今贵州修文县境内。

④土苗：当地苗族居民。

⑤果：成功。篱落：篱笆。

⑥觇（chān）：观测，窥视。

⑦薄午：将近中午。

⑧薄暮：将近天黑。

⑨暴：通“曝”（pù），晒。

⑩畚：（běn）畚箕。锸（chā）：铁锹。瘗（yì）：埋葬。

⑪难色：为难的表情。吾与尔犹彼：我和你同他们本是一样的。闵然：哀怜的样子。

⑫坎：坑，穴。涕洟：哭泣。

⑬繄（yī）：是。

⑭中土：中原一带。产：生。

⑮乌为乎：为什么。兹：这。

⑯重：不轻易。去：离开。

⑰游宦：到外地做官。

⑱窜逐：斥逐，流放。

⑲俸：俸禄。五斗：五斗米，指县令的薪水。

⑳易：交换。

㉑诚：如果。恋：贪恋。

㉒欣然：高兴时的样子。蹙（cù）然：愁苦的样子。不任：不胜。

㉓瘴（zhàng）：瘴气，热带山林中的湿热空气。疠（lì）：瘟疫。

㉔遽尔：很快。奄忽：死亡。

㉕怆（chuàng）：悲伤。

㉖虺（huǐ）：毒蛇。

㉗何能为心：怎么能安心。戚戚：悲哀。

㉘际：接近，到。

㉙达观：想得开。奚必：何必。宫：指房屋。

㉚恫（tōng）：痛。

㉛期：预定。

㉜遨以嬉矣：遨游嬉戏。骖（cān）：驾驭。彪：小老虎。文螭：彩色的龙。螭（chī），古代传说中一种没有角的龙。

㉝嘘唏（xū xī）：哽咽，抽噎。

㉞尚尔：尚且。累累：多。

㉟流离：无处可归。餐：吸。

㊱厉：厉鬼。墟：山丘。

【解析】

明正德元年（1506）冬，王守仁上疏要求严惩阉官，触怒了当时炙手可热的宦官刘瑾，被杖四十，谪为贵州龙场驿丞，“贵州三年，百难备尝”。本文即作于王守仁贬居贵州龙场驿期间。

这是一篇祭文。文中记叙三个陌生人客死异乡，作者不但掩埋了他们的尸体，而且为他们写了这样一篇感情真挚动人的祭文。中原吏人客死异乡的悲惨遭遇引发了作者的深切同情，更激起了他“同是天涯沦落人”的心理共鸣，他的掩埋死者，他的鸡饭之祭，他的涕泗哀告，他的故怀悲歌，既是为死者，也是为生者。同时，作者对三位陌生人那种为了微薄的薪俸而万里跋涉，终于不幸倒毙坡下的不幸遭遇，表现了无限的同情。其中亦体现出作者远离父母乡国、心情沉痛的悲愤心情。全文感情深沉真挚，叙事简洁而生动逼真。文章最后“歌以慰之”一段，韵密而调哀，情真而意楚，给人以无限低回而又一唱三叹的艺术感受。

崔铣

崔铣（xiǎn）（1478～1541），字子钟，一字仲凫，安阳（今河南安阳）人。明弘治十八年中进士，历任编修、吏部主事、南京国子监祭酒、南京礼部右侍郎等职。为人刚正，因宦官专权而未得重用。一生真正做官的时间少，治学的时间多，修撰过《孝宗实录》，著有《文苑春秋》、《崔氏小尔雅》、《晦庵文钞续集》等。

记王忠肃公翱事

公一女，嫁为畿辅某官某妻[①]。公夫人甚爱女，每迎女，婿固不遣[②]，恚而语女曰[③]：“而翁长铨[④]，迁我京职，则汝朝夕侍母；且迁我如振落叶耳，而固吝者何[⑤]？”女寄言于母[⑥]。夫人一夕置酒，跪白公[⑦]。公大怒，取案上器击伤夫人，出，驾而宿于朝房[⑧]，旬乃还第[⑨]。婿竟不调。

公为都御史[⑩]，与太监某守辽东。某亦守法，与公甚相得

也[11]。后公改两广，太监泣别，赠大珠四枚。公固辞[12]。太监泣曰："是非贿得之。昔先皇颁僧保所货西洋珠于侍臣[13]，某得八焉，今以半别公[14]，以固知某不贪也[15]。"公受珠，内所著披袄中[16]，纫之[17]。后还朝，求太监后[18]，得二从子[19]。公劳之曰[20]："若翁廉[21]，若辈得无苦贫乎？"皆曰："然。"公曰："如有营[22]，予佐尔贾[23]。"二子心计，公无从办，特示故人意耳[24]。皆阳应曰[25]："诺。"公屡促之，必如约。乃伪为屋券[26]，列贾五百金，告公。公拆袄，出珠授之，封识宛然[27]。

【注释】

①畿辅：京城周围一带。

②固：坚持。遣：打发走。

③恚（huì）：恨，怒。

④而：尔，你。翁：指其父亲。长铨：担任吏部长官。铨（quán），古代政府审查官员的资历，确定其级别、职位的工作。这是吏部的工作。

⑤如振落叶：形容很容易。吝：吝惜，小气。

⑥寄言：托人带话。

⑦白：告诉。

⑧驾：坐车。朝房：官吏上朝前休息的房子。

⑨旬：十天。第：府第。

⑩都御史：都察院的长官。

⑪得：融洽。

⑫固：坚决。辞：拒绝。

⑬先皇：指明成祖。颁：赏赐。僧保：太监名，当指永乐年间下西洋的郑和。货：买。侍臣：皇帝左右的近臣，包括太监。

⑭别：赠别。

⑮固：本来。

⑯内：通"纳"，放入。

⑰纫（rèn）：缝好。

⑱后：后代，这里指太监的继承人。

⑲从子：侄子。

⑳劳：慰问。

㉑若：你们。

㉒营：经营。

㉓贾：通"价"，钱。

㉔心计：心里盘算。无从：无法。示：表示。故人意：故人之情。

㉕阳：表面上，假装。

㉖券：契约。

㉗封识：封好的记号。识（zhì），通"帜"，标志，记号。

【解析】

王翱是明代名臣，曾任吏部尚书等职，为人刚正廉洁，谥"忠肃"。本文是崔铣所记的关于王翱生平中的一些生活小事。

文章的主旨是展现王翱的刚正廉洁。作者选取了两件事。第一件是王翱断然拒绝夫人的请求，不把女婿调任京职。第二件事写王翱为一朋友藏珠，最后又将珠还给朋友后代，体现了王翱廉洁自守、对朋友忠实

的美德。本文在艺术上主要有两个特点：一是善于选择生活小事来表现人物性格。文章所选取的两件事均为日常生活之事，但是作者在选材上始终围绕着展示王翱刚正廉洁的美德来取舍，因而中心明确，结构严谨。二是运用白描手法来表现人物性格。文章用极为俭省的语言记叙了王翱的动作、神态、对话，写出他的刚正廉洁，也表现了作者对他的歌颂。

唐顺之

唐顺之（1507～1560），字应德，一字义修。也称荆川先生。武进（今江苏常州市）人。嘉靖八年（1529）会试第一，因不肯通关节，录为二甲，授翰林院庶吉士，历翰林院编修。因不附大学士张璁，被罢职。嘉靖十八年（1539），复被起用为吏部主事，因联名上疏请求参见太子，被削职为民，退居阳羡山中。嘉靖三十三年（1554），倭寇入侵，唐顺之被任为职方郎中，和浙江巡抚胡宗宪共同抵御倭寇，功绩卓著，升为太仆少卿，右通政。后巡视江海，病逝舟中。唐顺之为明代唐宋派代表作家，为文主张“直抒胸臆，信手写出”，“便是宇宙间一样绝好文字”，其文取法唐宋，有的文章波澜意度，与唐宋之文颇为相似。著有《荆川集》。

答茅鹿门知县二

熟观鹿门之文[①]，及鹿门与人论文之书，门庭路径，与鄙意殊有契合；虽中间小小异同，异日当自融释，不待喋喋也[②]。

至如鹿门所疑于我本是欲工文字之人，而不语人以求工文字者，此则有说[③]。鹿门所见于吾者，殆故吾也[④]，而未尝见夫槁形灰心之吾乎[⑤]？吾岂欺鹿门者哉！其不语人以求工文字者，非谓一切抹杀，以文字绝不足为也，盖谓学者先务[⑥]，有源委本末之别耳[⑦]。文莫犹人，躬行未得，此一段公案[⑧]，姑不敢论[⑨]，只就文章家论之。虽其绳墨布置[⑩]，奇正转折[⑪]，自有专门师法，至于中一段精神命脉骨

髓[12]，则非洗涤心源[13]，独立物表[14]，具今古只眼者[15]，不足以与此[16]。今有两人，其一人心地超然[17]，所谓具千古只眼人也，即使未尝操纸笔呻吟，学为文章，但直据胸臆，信手写出，如写家书，虽或疏卤[18]，然绝无烟火酸馅习气[19]，便是宇宙间一样绝好文字。其一人犹然尘中人也，虽其专专学为文章[20]，其于所谓绳墨布置，则尽是矣，然番来覆去，不过是这几句婆子舌头语，索其所谓真精神与千古不可磨灭之见，绝无有也，则文虽工而不免为下格[21]。此文章本色也。即如以诗为谕，陶彭泽未尝较声律[22]，雕句文，但信手写出，便是宇宙间第一等好诗。何则？其本色高也。自有诗以来，其较声律，雕句文，用心最苦而立说最严者，无如沈约[23]，苦却一生精力，使人读其诗，只见其捆缚龌龊[24]，满卷累牍[25]，竟不曾道出一两句好话。何则？其本色卑也[26]。本色卑，文不能工也，而况非其本色者哉？

且夫两汉而下，文之不如古者，岂其谓绳墨转折之精之不尽如哉？秦、汉以前，儒家者有儒家本色，至如老、庄家有老、庄本色，纵横家有纵横本色，名家、墨家、阴阳家皆有本色，虽其为术也驳[27]，而莫不皆有一段千古不可磨灭之见。是以老家必不肯剿儒家之说[28]，纵横必不肯借墨家之谈，各自其本色而鸣之为言[29]。其所言者，其本色也。是以精光注焉[30]，而其言遂不泯于世[31]。唐、宋而下，文人莫不语性命，谈治道，满纸炫然[32]，一切自托儒家，然非其涵养畜聚之素[33]，非真有一段千古不可磨灭之见，而影响剿说，盖头窃尾[34]，如贫人借富人之衣，庄农作大贾之饰，极力装做，丑态尽露，是以精光枵焉[35]，而其言遂不久湮废。然则秦、汉而上，虽其老、墨、名、法、杂家之说，而犹传，今诸子之书是也。唐、宋而下，虽其一切语性命谈治道之说，而亦不传，欧阳永叔所见唐四库书目百不存一焉者是也[36]。后之文人，欲以立言为不朽计者，可以知所用心矣。

然则吾之不语人以求工文字者，乃其语人以求工文字者也，鹿门其可以信我矣。虽然，吾槁形而灰心焉久矣，而又敢与知文乎[37]？今复纵言至此，吾过矣[38]，吾过

矣。此后鹿门更见我之文，其谓我之求工于文者耶，非求工于文者耶？鹿门当自知我矣，一笑。鹿门东归后，正欲待使节西上时得一面晤，倾倒十年衷曲[39]，乃乘夜过此，不已急乎？仆三年积下二十余篇文字债，许诺在前，不可负约，欲待秋冬间病体稍苏，一切涂抹[40]，更不敢计较工拙，只是了债。此后便得烧却毛颖[41]，碎却端溪，兀然作一不识字人矣[42]。而鹿门之文方将日进，而与古人为徒未艾也[43]。异日吾倘得而观之，老耄尚能识其用意处否耶[44]？并附一笑。

【注释】

①熟观：仔细观察。鹿门：即茅坤。

②门庭路经：指做文章的方法。鄙意：我的意思。契合：一致。融释：解释清楚。喋喋（dié）：形容说话多。

③欲工文字：讲究文字。语人以求工：要求别人讲究。有说：有必要说明。

④故吾：当年的旧我。

⑤槁形灰心之吾：忘掉了旧躯体的新我。意谓自己的思想观念已发生了变化，与以前不同。

⑥先务：最紧要的事务。

⑦源委本末：主要的和次要的。

⑧文莫犹人：文章不如人。躬行未得：努力不见成果。公案：有纠纷的事。

⑨姑：暂且。

⑩绳墨：规矩，准则。布置：安排。

⑪奇正：异常和正常。

⑫精神命脉骨髓：指文章是根本的东西。

⑬洗涤心源：把心底的陈旧观念洗净。

⑭独立物表：即独立于物表之外，不受事物外表的影响、限制。

⑮具今古只眼：具有和古今一般的人所不同的认识、见解。

⑯不足以与此：不足以谈论这个问题。

⑰超然：心地远离世俗。千古只眼：即“今古只眼”。

⑱疏卤：粗疏愚钝。

⑲烟火酸馅习气：指文章的迂腐气或寒酸气。

⑳专专：非常专心。

㉑婆子舌头语：陈辞滥调。索：寻找。下格：下等。

㉒以诗为谕：用诗来说明。陶彭泽：即陶渊明。陶渊明曾为彭泽县令。

㉓沈约：南朝梁时著名文学家，为诗提出著名的“四声八病”，对格律诗的形成做出了很大贡献。

㉔龌龊（wò chuò）：局促。

㉕满卷累牍：全部文章。

㉖卑：卑下，低下。

㉗驳：杂乱。

㉘剿（chāo）：套用窃取别人的观点、言论。

㉙鸣：发表。

㉚精光：指真精神和真见解。

㉛泯：消失。

㉜性命：本性和天命。治道：治世的道理。炫然：光彩夺目。

㉝自托：有所依托。涵养畜聚之素：很深的修养和研究。

㉞盖头窃尾：意为抄袭别人的观点而略加修改，便把它当作自己的东西。

㉟枵（xiāo）：中空的树根，意为空虚。

㊱欧阳永叔所见唐四库书目百不存一：欧阳修于《新唐书·艺文志序》中谈到，唐及唐前的书到北宋初年有书名而无书的已占十之五六。

㊲敢与知文：敢于参与谈论做文章的道理。

㊳纵言：畅谈。过：过分。

㊴倾倒：倾诉。衷曲：心事。

㊵苏：康复。涂抹：胡乱写。

㊶毛颖：即毛笔。

㊷端溪：指砚台，广东高要端溪所产砚台为砚中上品。兀然：昏然无知的样子。

㊸方与日进：与日俱进。与古人为徒：向古人学习。未艾：没有停止。

㊹老耄：年老。耄（mào），古人七十以上称耄。

【解析】

茅鹿门即茅坤，与唐顺之同为明代唐宋派的主要代表人物。在《荆川先生文集》卷七中收有唐顺之给茅坤的两封回信，本文是其中的第二篇，实际上是唐顺之的一篇比较有代表性的文学理论论文。

作者在文章中认为，文章要有“精神命脉骨髓”，也就是要有“真精神与千古不可磨灭之见”，这是文章的“本色”，要达到这样的“本色”，作家必须做到“洗涤心源，独立物表，具今古只眼”。这些观点就是要求作家在创作时要有高超的见解，要抒发真实感情。全文以书信的形式表现，语言活泼自然，如对友谈心，通俗而生动，于轻松氛围中阐发深刻的道理，体现了他的“直抒胸臆，信手写出，如写家书”的理论主张。李开先在《闲居集》中评其文曰：“虽从笔底写成，却自胸中流出，如说家常话而作家庭书，所谓见理明而用功深者，乃始得之也。”

宗　臣

宗臣（1525～1560），字子相，号方域山人。扬州兴化（今江苏兴化）人。嘉靖二十九年（1550）进士，历吏部主事、吏部考功郎等职，因得罪严嵩，被流放福建，任布政参议，因抗倭有功，升为福建提学副使，死于任上。宗臣是明代文学家，与李攀龙、王世贞合称“后七子”，诗文主张复古，“文必秦汉，诗必盛唐”，这在一定程度上打击了八股文和“台阁体”，但却又把诗文引向了模拟的道路上，因而成就不大。著有《宗子相集》。

报刘一丈书

数千里外，得长者时赐一书，以慰长想[①]，即亦甚幸矣，何至更辱馈遗？则不才益将何以报焉[②]？

书中情意甚殷，即长者之不忘老父，知老父之念长者深也。至以“上下相孚，才德称位”语不才[③]，则不才有深感焉。夫才德不称，固自知之矣，至于不孚之病，则尤不才为甚。

且今世之所谓孚者何哉？日夕策马，候权者之门，门者故不入[④]，则甘言媚词作妇人状，袖金以私之[⑤]，即门者持刺入[⑥]，而主者又不即出见，立厩中仆马之间，恶气袭衣裾，即饥寒毒热不可忍，不去也。抵暮，则前所受赠金者出，报客曰：“相公倦，谢客矣，客请明日来。”即明日，又不敢不来。夜披衣坐，闻鸡鸣即起，盥栉[⑦]，走马抵门。门者怒曰：“为谁？”则曰：“昨日之客来。”则又怒曰：“何客之勤也！岂有相公此时出见客乎？”客心耻之[⑧]，强忍而与言曰：“亡奈何矣，姑容我入。”门者又得所赠金，则起而入之。又立向所立厩中。幸主者出，南面召见，则惊走匍匐阶下。主者曰：“进。”则再拜，故迟不起，起则上所上寿金。主者故不受，则固请；主者故固不受，则又固请，然后命吏纳之。则又再拜，又故迟不起，起则五六揖始出。出揖门者曰：“官人幸顾我，他日来，幸勿阻我也。”门者答揖。大喜，奔出。马上遇所交识，即扬鞭语曰：“适自相公家来，相公厚我厚我[⑨]。”且虚言状。即所交识亦心畏相公厚之矣[⑩]。相公又稍稍语人曰：“某也贤，某也贤。”闻者亦心计交赞之[⑪]。此世所谓上下相孚也。长者谓仆能之乎[⑫]？

前所谓权门者，自岁时伏腊一刺之外[⑬]，即经年不往也。间道经其门，则亦掩耳闭目，跃马疾走过之，若有所追逐者。斯则仆之褊哉[⑭]。以此常不见悦于长吏[⑮]，仆则愈益不顾也。每大言曰：“人生有命，吾惟守分尔矣。”长者闻此，得无厌其为迂乎[⑯]？

乡园多故，不能不动客子之愁[17]。至于长者之抱才而困[18]，则又令我怆然有感。天之与先生者甚厚，亡论长者不欲轻弃之[19]，即天意亦不欲长者之轻弃之也，幸宁心哉[20]！

【注释】

①长者：即刘一丈。长想：长久的思念。

②馈遗（wèi）：赠送礼物。不才：谦称。

③上下相孚，才德称位：此为刘一丈信中之言，意思是上下级相互信任，才德跟自己的地位相称。孚，为人所信服。

④门者：守门的下人。故：故意。

⑤袖金：藏在袖子里的钱。私之：偷偷送给他。

⑥刺：名帖，名片。

⑦盥栉（guàn zhì）：洗脸梳头。

⑧心耻之：心里觉得耻辱。

⑨交识：相识的人，朋友。厚我：很看重我，待我很好。

⑩虚言状：夸大受接待的情形。畏相公厚之：为他受相公的重视而敬畏。

⑪闻者：听到这句话的人。心计：心里盘算。交赞：互相称赞。

⑫某：指客。仆：自称。

⑬权门者：权贵。岁时：过年。伏腊：伏日，三伏天。腊日，腊八节。一刺：投上名帖。

⑭间：偶尔。褊（biǎn）：狭隘。

⑮不见悦：被……不喜欢。长吏：当官的。

⑯守分：安守本分。迂：迂腐。

⑰多故：指人们的生活多变故。客子之愁：思乡之情。

⑱抱才而困：即怀才不遇。

⑲亡论：且不说。

⑳宁心：心情平静，安心。

【解析】

刘一丈，即刘墀石，宗臣父亲的朋友，有学识，有抱负，隐居于家乡。他曾给宗臣来过一封信，因信中称赞宗臣时有“上下相孚”之语，引发了宗臣无限的感慨，本文即是给刘墀石的回信。

明嘉靖中叶，严嵩父子掌权，政治极为黑暗，贿赂成风，一些无耻之徒争相奔走其门，暮夜乞怜，白昼骄人，丑态百出，贻羞士林。作者在文章中对官场中所谓“相孚”的内幕和本质进行了深刻的揭露，并描绘了那些利欲熏心的人不惜忍辱含垢，奴颜婢膝，以博取上司好感的丑态，揭示了上司居官倨傲的伪善嘴脸。作者通过对权贵的贪污纳贿，士人的钻营投靠，奴才的敲诈勒索的嘲讽，表现了他对当时黑暗政治现实的深沉感慨，也表现了他不与世俗同流合污的高尚品质。文章善于通过简练的语言来刻画人物，并善于选择具有典型性的细节来展示人物的性格。全文结构严谨，概括力强，语言精练，感情强烈，具有很强的现实

意义，因而被《古文观止》评为“有关世教之文”。林云铭在《古文析义》中评曰：“昏暮乞哀，骄人白日，舍此别无可进身处。余生平以耻字沦落，读此为之面热汗下。”

归有光

归有光（1506～1571），字熙甫，号震川。昆山（今江苏昆山）人。嘉靖十九年（1540）徙居嘉定，教书授徒二十余年，嘉靖四十四年（1565）中进士，官长兴知县，后为南京太仆寺丞，留掌内阁制敕，修《世宗实录》。归有光是明朝优秀的散文家，“唐宋派”代表人物。其文受司马迁和欧阳修的影响，但又有自己的特色。他善于用疏淡的笔墨描写家人、朋友之间在日常生活中的一些琐碎之事，言近旨远，感情真挚，记事生动，不事雕琢。但其文多记身边琐事，题材略显狭窄。著有《震川先生集》。

项脊轩志

项脊轩，旧南阁子也。室仅方丈[①]，可容一人居。百年老屋，尘泥渗漉[②]，雨泽下注；每移案[③]，顾视无可置者。又北向不能得日[④]，日过午已昏。余稍为修葺[⑤]，使不上漏，前辟四窗，垣墙周庭[⑥]，以当南日，日影反照，室始洞然[⑦]。又杂植兰桂竹木于庭，旧时栏楯[⑧]，亦遂增胜。借书满架，偃仰啸歌，冥然兀坐[⑨]，万籁有声，而庭阶寂寂，小鸟时来啄食，人至不去。三五之夜，明月半墙，桂影斑驳，风移影动，珊珊可爱[⑩]。然予居于此，多可喜，亦多可悲。

先是，庭中通南北为一，迨诸父异爨，内外多置小门墙，往往而是[⑪]。东犬西吠，客逾庖而宴[⑫]，鸡栖于厅。庭中始为篱，已为墙，凡再变矣。家有老妪，尝居于此。妪，先大母婢也[⑬]，乳二世[⑭]。先妣抚之甚厚[⑮]。室西连于中闺[⑯]，先妣尝一至。妪每谓予曰：“某所，而母立于兹。”妪又曰：“汝姊在吾怀，呱呱而泣；娘以指扣门扉，曰：‘儿

寒乎？欲食乎？’吾从板外相为应答。”语未毕，余泣，妪亦泣。

余自束发[17]，读书轩中。一日，大母过余曰：“吾儿，久不见若影，何竟日默默在此，大类女郎也？[18]”比去，以手阖门[19]，自语曰：“吾家读书久不效，儿之成，则可待乎？”顷之，持一象笏至[20]，曰：“此吾祖太常公宣德间执此以朝，他日汝当用之。”瞻顾遗迹[21]，如在昨日，令人长号不自禁[22]。

轩东故尝为厨；人往，从轩前过。余扃牖而居[23]，久之，能以足音辨人。

轩凡四遭火，得不焚，殆有神护者。

项脊生曰：“蜀清守丹穴，利甲天下，其后秦皇帝筑女怀清台[24]。刘玄德与曹操争天下[25]，诸葛孔明起陇中[26]。方二人之昧昧于一隅也[27]，世何足以知之？余区区处败屋中，方扬眉瞬目[28]，谓有奇景，人知之者，其谓与坎井之蛙何异[29]？”

余既为此志[30]，后五年，吾妻来归[31]。时至轩中，从余问古事，或凭几学书[32]。吾妻归宁[33]，述诸小妹语曰[34]：“闻姊家有阁子，且何谓阁子也？”

其后六年，吾妻死，室坏不修。其后二年，余久卧病无聊，乃使人复葺南阁子，其制稍异于前。然自后余多在外，不常居。

庭有枇杷树，吾妻死之年所手植也[35]，今已亭亭如盖矣[36]。

【注释】

①方丈：面积一丈见方。

②渗漉：慢慢渗漏。漉（lù），渗。

③雨泽：雨水。案：长桌。

④北向：向北，朝北。得日：照到太阳。昏：光线昏暗。

⑤修葺（qì）：修补。

⑥周：环绕，周围。

⑦当：挡。洞然：明亮的样子。

⑧栏楯（shǔn）：栏杆。增胜：增加光彩。

⑨偃仰：俯仰。啸歌：吟唱，这里指诵读诗文。冥然兀坐：静静地端坐。

⑩三五之夜：农历十五的晚上。斑驳：色彩错杂。珊（shān）珊：慢慢移动。

⑪迨（dài）：等到。诸父：众位叔伯。异爨：分家。爨（cuàn），烧火做饭。往往而是：到处都是。

⑫东犬西吠：指分家后，原来的亲人变成了陌生人。庖（páo）：厨房。

⑬先大母：已去世的祖母。

⑭乳：养育。二世：指两代。

⑮先妣（bǐ）：已去世的母亲。抚之甚厚：对她很好。

⑯中闺：妇女居住的内室。

⑰束发：绾起头发，意指孩子进入少年阶段。

⑱若：你。大类：很像。

⑲比去：等到离去。阖（hé）：关闭。

⑳象笏：亦称象简、手版，古时大臣觐见皇帝时手拿此物。

㉑瞻顾：看，回忆。

㉒长号：大哭。自禁：忍不住。

㉓扃牖（jiōng yǒu），关着窗。

㉔怀清台：蜀地一叫清的妇女，其丈夫找到一出产朱砂的矿穴进行开采，获得巨利，丈夫死后，她能保持产业，不让他人侵犯。秦始皇为表彰她，筑一座“女怀清台”。

㉕刘玄德：即刘备。

㉖诸葛孔明：即诸葛亮。陇中：即隆中，诸葛亮曾隐居于此。

㉗昧昧：暗，不明亮。这里是默默无名之意。隅：角落。

㉘扬眉瞬目：高兴的样子。

㉙坎井之蛙：浅井之蛙，喻目光短浅而又自高自大的人。

㉚志：即以上的文章，为正文部分，以下为补记部分。

㉛来归：嫁过来。归，古时女子出嫁叫“归”。

㉜凭：靠着。几：矮小的书案。学书：学写字。

㉝归宁：出嫁的女子回娘家。

㉞述：转述。

㉟手植：亲手种植。

㊱盖：伞。

【解析】

“项脊轩”是归有光的书斋名。归有光的远祖归道隆住在太仓（今江苏太仓）的项脊泾，项脊轩即由此而命名。另有一说是指项脊轩短窄，如在颈背之间。这篇文章分正文和补记两部分。

这篇文章是归有光的代表之作，文章先后记叙了旧居项脊轩的变化和发生在其中的几件生活小事，包括项脊轩的修复，诸父分居后庭中的凌乱，老妪说亡母事，祖母对自己的关怀，妻子嫁过来后的生活等，既写出了亲人对自己的关怀，又抒发了作者怀念亲人的深厚感情。文章所记虽是日常琐事，但以一阁而记三代人的遗迹，睹物思人，笔墨极清淡而感情极深挚，制作出一种诗一般的意境，体现了归有光散文的风格。本文构思精巧，形散而精聚，全文以项脊轩为经，以一家三代细事为纬，经纬交织。同时，善于选用感人的细节，将去世的亲人写得形神兼备。在语言的运用上，既平淡又准确生动。林纾在评点《古文辞类纂》时说：“震川之述老妪语，至琐细，至无关紧要，然自少失母之儿读之，匪不流涕矣。由其情景逼真，人人以为决有此状。”

寒花葬志

婢[①]，魏孺人媵也[②]。嘉靖丁酉五月四日死[③]，葬虚邱[④]，事我而不卒[⑤]，命也夫！

婢初媵时，年十岁，垂双鬟，曳深绿布裳[⑥]。一日天寒，爇火煮荸荠熟[⑦]，婢削之盈瓯。余入自外，取食之，婢持去不与[⑧]，魏孺人笑之。孺人每令婢倚几旁饭，即饭，目眶冉冉动[⑨]，孺人又指余以为笑。回思是时[⑩]，奄忽便已十年[⑪]，吁！可悲也已！

【注释】

①婢：即寒花。

②魏孺人：归有光之妻。明时七品以下职官的妻子封为孺人。媵（yìng）：随嫁的婢女。

③嘉靖丁酉：嘉靖十六年（1537）。

④虚邱：大土丘。

⑤事：侍奉。卒：完毕，结束，这里是到底的意思。

⑥媵（yìng）：陪嫁。鬟（huán）：环形的发结。曳（yè）：拉，拖。

⑦爇（ruò）：烧。

⑧盈：满。瓯（ōu）：盛物的小盆。不与：不给。

⑨饭：吃饭。冉冉：逐渐，慢慢地。

⑩是时：那个时候。

⑪奄忽：忽然，快。

【解析】

寒花是归有光妻子魏孺人的随嫁婢女。

文章通过寒花的三件事（初来时的打扮、削荸荠时的顽皮、吃饭时的神态），表达了对婢女的悼念和对亡妻的深切怀念。文章虽仅一百多字，但却表现出归有光散文艺术上的独特魅力。在选材上，这篇文章选取的是寒花生前日常生活中的一些细微小事，但是却能将一个天真可爱的女孩子活脱脱地展现在读者面前，而这与作者在细节描写上的高明又是分不开的。作者非常注意人物行为的细微之处，抓住人物的特征来写，借助于这些精练的语言，作者给我们描绘的是一个天真活泼、顽皮可爱的小女孩。胡怀琛在《古文笔法百篇》中评价这篇文章说："能将婢女神态曲折描写出来，着墨不多，而神采生动，此是震川擅长文字，所谓于太史公所深会处也。"姚鼐亦称此文是"文中有画"，都说出了这篇文章在艺术上的独特之处。全文虽篇幅短小，但却能熔记叙、议论、抒情于一炉，表现了作家高超的艺术表现力。

茅 坤

茅坤（1512～1601），字顺甫，号鹿门，归安（今浙江吴兴）人。嘉靖十七年（1538）进士。累官广西兵备佥事。迁大名兵备副使。罢归家居五十余年。喜谈兵，擅长古文，于同时作家中最佩服唐顺之，他们两人都喜欢“唐宋八大家”的文章，是明朝唐宋派的代表作家。著有《茅鹿门先生文集》，还编有《史记钞》。

唐宋八大家文钞总序

孔子之系《易》[①]，曰：“其旨远，其辞文。”斯固所以教天下后世为文者之至也。然而及门之士[②]，颜渊、子贡以下[③]，并齐、鲁间之秀杰也[④]，或云，身通六艺者七十余人，文学之科，并不得与，而所属者仅子游、子夏两人焉[⑤]。何哉？盖天生贤哲，各有独禀[⑥]，譬则泉之温，火之寒，石之结绿，金之指南。人于其间，以独禀之气，而又必为之专一，以致其至，伶伦之于音[⑦]，裨灶之于占[⑧]，养由基之于射[⑨]，造父之于御[⑩]，扁鹊之于医[⑪]，僚之于丸[⑫]，秋之于弈[⑬]，彼皆以天纵之智，加之以专一之学，而独得其解，斯固以之擅当时而名后世[⑭]，而非他所得而相雄者。

孔子没而游、夏辈各以其学授之诸侯之国，已而散逸不传。而秦人燔经坑学士[⑮]，而六艺之旨几辍矣[⑯]。汉兴，招亡经，求学士，而晁错、贾谊、董仲舒、司马迁、刘向、扬雄、班固辈，始乃稍稍出[⑰]，而西京之文，号为尔雅[⑱]。崔、蔡以下，非不矫然龙骧也[⑲]，然六艺之旨渐流失。魏、晋、宋、齐、梁、陈、隋、唐之间，文日以靡，气日以弱，强弩之末，且不及鲁缟矣，而况于穿札乎[⑳]？

昌黎韩愈，首出而振之，柳柳州又从而和之[㉑]，于是始知非六经不以读，非先秦两汉之书不以观。其所著书、论、序、记、碑、铭、颂、辩诸什，故多所独开门户，然大较并寻六艺之遗略，相上下而羽翼之者[㉒]。贞元以后，唐且中

坠，沿及五代，兵戈之际，天下寥寥矣[23]。宋兴百年，文运天启，于是欧阳公修[24]，从隋州故家覆瓿中[25]，偶得韩愈书，手读而好之，而天下之士，始知通经博古为高，而一时文人学士，彬彬然附离而起[26]，苏氏父子兄弟，及曾巩、王安石之徒，其间材旨小大，音响缓亟，虽属不同，而要之于孔子所删六艺之遗，则共为家习而户眇之者也[27]。

由今观之，譬则世之走骎衮骐骥于千里之间[28]，而中及二百里三百里而辍者有之矣，谓涂之蓟而辕之粤则非也[29]，世之操觚者，往往谓文章与时相高下，而唐以后且薄不足为[30]。噫！抑不知文特以道相盛衰，时非所论也。其间工不工，则又系乎斯人者之禀，与其专一之致否何如耳？如所云，则必太羹玄酒之尚，茅茨土簋之陈[31]，而三代而下，明堂玉带，云罍牺樽之设，皆骈枝也已[32]！孔子之所谓“其旨远”，即不诡于道也；“其辞文”，即道之灿然，若象纬者之曲而布也[33]。斯固庖牺以来人文不易之统也，而岂世之云乎哉[34]！

我明弘治、正德间[35]，李梦阳崛起北地，豪隽辐凑[36]，已振诗声，复揭文轨，而曰，吾《左》、吾《史》与《汉》矣[37]，已而又曰，吾黄初、建安矣[38]。以予观之，特所谓词林之雄耳，其于古六艺之遗，岂不湛淫涤滥，而互相剽裂已乎[39]！

予于是手掇韩公愈、柳公宗元、欧阳公修、苏公洵、轼、辙、曾公巩、王公安石之文，而稍为批评之，以为操觚者之券[40]，题之曰《八大家文钞》。家各有引，条疏如左。嗟乎！之八君子者，不敢遽谓尽得古六艺之旨，而予所批评，亦不敢自以得八君子者之深，要之大义所揭，指次点缀，或于道不相戾已。谨书之以质世之知我者[41]。

【注释】

①系：指传为孔子所作的《易·系辞》。

②及门之士：指孔子门下优秀的弟子。

③颜渊：名回，字子渊。子贡：春秋时卫国人，端木氏，名赐。两人均为孔子学生。

④并：都是，一并。秀杰：杰出人才。

⑤子游：春秋时吴国人，言氏，名偃。子夏：春秋时晋国人，卜氏，名商。

两人均为孔子学生。

⑥禀：禀性。以致其至：从而达到最好的程度。

⑦伶伦：传说是黄帝时作律的人。音：音律。

⑧裨灶：春秋时晋人，精于占卜。

⑨养由基：春秋时楚国大夫，以善射闻名。

⑩造父：周穆王时人，善御。御：驭马。

⑪扁鹊：传说黄帝时的名医。

⑫僚：弄丸人的名字。

⑬秋：善弈之人，亦称弈秋。弈：下棋。

⑭天纵：天所赋予。智：聪明。擅当时：当时享有名声。

⑮没：去世。燔经坑学士：即焚书坑儒。燔（fán），焚烧。

⑯六艺：指儒学的诗、书、礼、易、乐、春秋。辍：废止。

⑰亡经：散失的经典。“晁错”等七人：都是西汉著名的文学家。稍稍：渐渐。

⑱西京：指汉都长安，代指西汉。尔雅：典雅，醇正。崔：崔瑗，字子玉，东汉书法家。蔡：蔡邕，字伯喈，东汉文学家。

⑲龙骧：喻气概威武。

⑳靡：华美。鲁缟：很薄的丝织品。札：做箭靶的木片。

㉑柳柳州：柳宗元。和：响应。

㉒遗略：遗存。羽翼：辅佐。

㉓贞元：唐德宗年号（785～805）。中坠：衰落。兵戈：战争。寥寥：寂寞空虚。

㉔欧阳公修：欧阳修。

㉕覆瓿：盖瓶子的废纸。瓿（bù），小瓮。

㉖通经：学习儒家经典。博古：博览古书。彬彬：文雅的样子。附离：依附。

㉗苏氏父子兄弟：即苏洵、苏轼、苏辙。家习而户眇：指人人都学习。眇（miǎo），细视。

㉘騕褭（yǎo niǎo）：骏马。骐骥：骏马。

㉙辍（chuò）：停。涂：同“途”。之：去。蓟：古地名，在今北京城西南角。辕：代指车。这一句的意思是“南辕北辙”。

㉚操觚（gū）：拿木简写文章。与时高下：和时代发展同步。薄不足为：浅薄得不值一读。

㉛太羹：最原始的食物。玄酒：水。茅茨：茅草屋。土簋（guǐ）：土制的盛黍稷的器具。

㉜云罍（léi）：上刻云纹的酒具。牺樽：上刻凤凰之形的酒器。骈枝：比喻多余的东西。

㉝诡：欺骗。象纬：象数谶纬之学。

㉞庖（fú）牺：即伏羲，传说中的上古帝王。不易之统：不可改变的正统。

㉟弘治：明孝宗年号（1488～1506）。正德：明武宗年号（1506～1522）。

㊱李梦阳：字献吉，号空同子，明“前七子”之首。北地：北方。豪隽：文坛上的著名人物。辐凑：聚集。

㊲振：振奋。揭：提倡。文轨：写文章的法则。

㊳黄初：魏文帝年号（220～226）。建安：汉献帝年号（196～220）。

㊴词林之雄：玩弄词藻的好手。湛淫：泛滥。涤滥：放荡。剽裂：窃，割裂。

㊵批评：评说。操觚者之券：写文章者的参考。

㊶戾（lì）：违背。质：问。

【解析】

茅坤与唐顺之均为明代唐宋派的代表作家，而茅坤于当时最推崇唐顺之。两人都喜欢“唐宋八大家”之文，唐顺之编《文编》，选取由周朝到宋朝的文章，于唐宋只收韩柳等八家之文。茅坤选文，则直标《唐宋八大家文钞》，正式提出了八家之名，并以此为楷模。本文是茅坤为其所编之书作的序。

在这篇序文中，茅坤非常鲜明地表露了自己的观点。他认为，写文章不能离开孔子六艺之旨，古文之所以为古文，首先在于它能够发明儒家的道。六艺垂绝，文章即衰；六艺之旨得到重视，文章即盛。自魏晋以降，文日以靡，气日以弱。而唐代韩、柳崛起，接续古文传统，至宋代，又有欧、苏、王、曾等人为古文，于是唐宋古文形成一大潮流。茅坤还认为，古文虽发源于周、秦、西汉，但却也是随时代的发展而不断向前发展。就作者来说，主要是看才能和造诣，也不受时代的限制。茅坤的这些观点对于纠正“七子”主张，纠正文坛风气有一定帮助。全文主旨鲜明，思路清晰，结构严谨，语言简朴。

李 贽

李贽（1527～1602），原名林载贽，后改姓李，名贽，号卓吾。泉州晋江（今福建晋江）人，出身商人世家。二十六岁中举，官至云南姚安府知府。后辞官，以讲学著书为生，并以思想“异端”自居，后以“敢倡乱道，惑世诬民”的罪名下狱，自杀于狱中。李贽是明代著名的思想家。为文主张“童心说”，即强调“真心”。其文往往脱口而出，直道心中事，不假雕饰，富于创新，具有较高的思想性和艺术性。著有《焚书》、《藏书》等，评点《三国演义》、《水浒传》。

题孔子像于芝佛院

人皆以孔子为大圣，吾亦以为大圣；皆以老、佛为异端[①]，吾亦以为异端。人人非真知大圣与异端也，以所闻于父师之教者熟也[②]；父师非真知大圣与异端也，以所闻于儒

先之教者熟也[③]；儒先亦非真知大圣与异端也，以孔子有是言也。其曰“圣则吾不能[④]”，是居谦也[⑤]。其曰“攻乎异端[⑥]”，是必为老与佛也。

先儒先亿度而言之[⑦]，父师沿袭而诵之[⑧]，小子矇聋而听之[⑨]。万口一词，不可破也[⑩]；千年一律，不自知也。不曰“徒诵其言[⑪]”，而曰“已知其人[⑫]”；不曰“强不知以为知[⑬]”，而曰“知之为知之[⑭]”。至今日，虽有目，无所用矣！

余何人也，敢谓有目？亦从众耳[⑮]。既从众而圣之[⑯]，亦众而事之[⑰]，是故吾从众事孔子于芝佛之院。

【注释】

①老：即道家学说。佛：即佛教。异端：与正统不合。

②以：因为。熟：熟悉，知道。

③儒先：儒学的先辈。

④圣则吾不能：我还不能当圣人。这是孔子所说之话。

⑤居谦：表示谦虚。

⑥攻乎异端：研究异端学说。这也是孔子的一句话。

⑦亿度：臆测，推测。

⑧沿袭：按照惯例。诵：诵说。

⑨矇聋：昏乱模糊。

⑩破：破除，改变。

⑪徒诵其言：只是背诵他的话。

⑫已知其人：已经知道他这个人。

⑬强不知以为知：不懂硬要装懂。

⑭知之为知之：知道就是知道。这是孔子说过的话。

⑮从众：追随众人。

⑯圣之：把他当圣人。

⑰事：供奉、侍奉。

【解析】

芝佛院在湖北麻城。万历十三年（1585）春，李贽由黄安移居麻城，只身住在环境幽静的龙潭芝佛院，从事著述讲学十余年，此文即写于此时。

在古代社会，孔子被当作圣人来崇拜。本文对这一现象作了深刻的剖析，指出人们把孔子当成圣人来对待是一种盲目的崇拜，而造成这种现象的原因是万口一词，千年一律，不敢有自己的独立思考。在当时，孔孟的地位是至高无上的，是圣人，而作者竟然讥笑人们对孔子的崇拜是“万口一词”，“千年一律”，从中表现出的正是作者那种大胆的思想，在程朱理学盛行于天下的时候，这种观点无疑具有着深远的意义。文章在写作上善于运用“以子之矛，攻子之盾”的手法，把孔子的原话搬出来，作为讽刺的武器。全文句式整饬而又富于变化，讽刺意味极强。袁中道评曰：“其为文不阡不陌，摅其胸中之独见，精光凛凛，不可迫视。”

这篇文章表现出的正是这种独特的见解和高超的艺术。

童心说

龙洞山农叙《西厢》末语云[①]："知者勿谓我尚有童心可也。"夫童心者，真心也。若以童心为不可，是以真心为不可也。夫童心者，绝假纯真[②]，最初一念之本心也[③]。若失却童心，便失却真心；失却真心，便失却真人。人而非真，全不复有初矣。

童子者，人之初也[④]！童心者，心之初也。夫心之初曷可失也！然童心胡然而遽失也[⑤]？盖方其始也，有闻见从耳目而入，而以为主于其内而童心失[⑥]。其长也，有道理从闻见而入，而以为主于其内而童心失。其久也，道理闻见日以益多，则所知所觉日以益广，于是焉又知美名之可好也，而务欲以扬之而童心失；知不美之名之可丑也，而务欲以掩之而童心失[⑦]。失道理闻见，皆自多读书、识义理而来也[⑧]。古之圣人，曷尝不读书哉！然纵不读书，童心固自在也，纵多读书，亦以护此童心而使之勿失焉耳，非若学者反以多读书识义理而反障之也[⑨]。夫学者既以多读书、识义理障其童心矣，圣人又何用多著书立言以障学人为耶？童心既障，于是发而为言语，则言语不由衷；见而为政事，则政事无根柢；著而为文辞，则文辞不能达。非内含于章美也，非笃实生辉光也，欲求一句有德之言，卒不可得[⑩]。所以者何？以童心既障，而以从外入者闻见道理为之心也。

夫既以闻见道理为心矣，则所言者皆闻见道理之言，非童心自出之言也。言虽工，于我何与[⑪]？岂非以假人言假言，而事假事文假文乎？盖其人既假，则无所不假矣。由是而以假言与假人言，则假人喜；以假事与假人道，则假人喜；以假文与假人谈，则假人喜。无所不假，则无所不喜，满场是假，矮人何辨也？然则虽有天下之至文，其湮灭于假人而不尽见于后世者[⑫]，又岂少哉！何也？天下之至文，未有不出于童心焉者也。苟童心常存，则道理不行[⑬]，

闻见不立[14]，无时不文，无人不文，无一样创制体格文字而非文者。诗何必古选，文何必先秦。降而为六朝，变而为近体[15]，又变而为传奇[16]，变而为院本[17]，为杂剧[18]，为《西厢曲》，为《水浒传》，为今之举子业，皆古今至文，不可得而时势先后论也[19]。故吾因是而有感于童心者之自文也。更说甚么六经[20]，更说甚么《语》、《孟》乎[21]？

夫六经、《语》、《孟》，非其史官过为褒崇之词，则其臣子极为赞美之语。又不然，则其迂阔门徒，懵懂弟子[22]，记忆师说，有头无尾，得后遗前，随其所见，笔之于书[23]。后学不察，便谓出自圣人之口也，决定目之为经矣，孰知其大半非圣人之言乎[24]？纵出自圣人，要亦有为而发，不过因病发药，随时处方，以救此一等懵懂弟子、迂阔门徒云耳。药医假病，方难定执[25]，是岂可遽以为万世之至论乎[26]？然则六经、《语》、《孟》，道学之口实[27]，假人之渊薮[28]，断断乎其不可以语于童心之言明矣。呜呼！吾又安得真正大圣人童心未曾失者而与之一言文哉！

【注释】

①龙洞山农：明代哲学家颜钧，学于王艮，为王学左派人物。

②绝假：没有任何虚假。

③本心：未受外界影响的出自本然的是非之心，好恶之念。

④人之初：指人的婴儿时期。

⑤曷：何。

⑥可好：值得赞赏。扬之：宣扬，显示。掩：掩盖。

⑦以为主于其内：在思想深处做主宰。

⑧义理：理学。

⑨学者：指后代的理学家障：阻隔，蒙蔽。

⑩笃（dǔ）实：老实，实在。卒：终究。

⑪工：精巧。于我何与：和我有什么关系。

⑫湮（yān）：埋没。

⑬至文：最好的文章。行：实行。

⑭闻见：道听途说。立：存在。

⑮近体：近体诗。

⑯传奇：指唐代的传奇小说。

⑰院本：金代“行院”演剧时用的脚本。

⑱杂剧：戏曲名称。

⑲举子业：从事于科举的文字。不可得而时势先后论：不能以时间先后评判优劣。

⑳六经：六部儒家经典，即《诗》、《书》、《礼》、《乐》、《易》、《春秋》。

㉑《语》、《孟》：即儒家经典著作《论语》、《孟子》。

㉒迂阔：迂腐而不切实际。懵（měng）懂：糊涂。

㉓笔：写，记录。

㉔后学：后来的学者。察：发觉。目：看作，当成。

㉕方难定执：难以确定药方。

㉖遽（jù）：就。

㉗口实：假托的理由。

㉘渊薮：事物聚集的地方。

【解析】

明代后期，社会上出现了资本主义的萌芽，左派王学成为当时知识分子反抗封建传统的进步力量，李贽的文学思想正是在这种历史条件和哲学基础上产生的。本文即是阐述其文学思想的重要作品。

作者认为，童心就是赤子之心和真情实感，只有具有童心的文学才是真文学，否则就是假文学。但是社会上很多文人学士失去了童心，从文学来说，他们以明道、载道为名，代古人立言，却写不出发自内心的真情实感。同时，作者指出，文学是随着时代的发展而发展的，评价文学应当以童心为标准，而不能以时势的先后作为评价的标准。自古至今，只要有童心的作品，便都是好作品，诗文、辞赋、传奇、杂剧、小说，都是如此。这些观点在当时来看具有一定的现实意义。文章中心论点鲜明突出，开门见山，同时运用正反材料作论据，论证观点，说理分析，层次井然，逻辑严密。在句式上整散结合，既富于变化，又有一定的气势。

袁宏道

袁宏道（1568～1610），字中郎，号石公。公安（今湖北公安）人。明万历二十年进士，历任吴县知县、顺天教授、礼部主事、稽勋郎中等职。袁宏道是明代公安派代表作家，受李贽“童心说”的影响，为文主张“独抒性灵，不拘格套”。在袁氏兄弟三人（袁宗道、袁宏道、袁中道）中成就最高，名声最大。袁宏道曾游历吴越，登匡庐、嵩、华诸名山，写了不少优秀的游记。其文多写士大夫闲适生活和自然景物，真情自然流露，语言清新明快，不事雕琢，其游记清新俊逸，即景生议，善于抓住景物的特点。著有《袁中郎全集》。

满井游记

燕地寒[①]，花朝节后[②]，余寒犹厉。冻风时作，作则飞

沙走砾，局促一室之内[3]，欲出不得。每冒风驰行，未百步辄返。

廿二日天稍和，偕数友出东直，至满井。高柳夹堤，土膏微润[4]，一望空阔，若脱笼之鹄[5]。于时冰皮始解，波色乍明，鳞浪层层，清澈见底，晶晶然如镜之新开而冷光之乍出于匣也[6]。山峦为晴雪所洗，娟然如拭[7]，鲜妍明媚，如倩女之靧面而髻鬟之始掠也[8]。柳条将舒未舒，柔梢披风[9]。麦田浅鬣寸许[10]。游人虽未盛，泉而茗者[11]、罍而歌者[12]、红装而蹇者[13]，亦时时有。风力虽尚劲，然徒步则汗出浃背。凡曝沙之鸟、呷浪之鳞[14]，悠然自得，毛羽鳞鬣之间[15]，皆有喜气。始知郊田之外，未始无春，而城居者未之知也。

夫能不以游堕事[16]，而潇然于山石草木之间者[17]，惟此官也。而此地适与余近，余之游将自此始，恶能无记[18]？己亥之二月也[19]。

【注释】

①燕：指北京。

②花朝节：古时以农历二月十二为百花生日，称花朝节。

③冻风：寒风。作：起。砾：小石子。局促：拘束。

④和：暖和。东直：东直门。土膏：肥沃的土地。

⑤若脱笼之鹄（hú）：好像出笼的鸟。

⑥冰皮：水面的一层冻冰，覆盖在水上，像水的皮一样。镜之新开：古人多用铜镜，使用前都要磨光，称之为开镜。

⑦娟然：姿态美好的样子。

⑧靧（huì）面：洗脸。髻鬟始掠：头发刚梳好。掠，梳理。

⑨披风：在风中散开。

⑩浅鬣：喻麦苗不高。鬣（liè），兽类领上的长毛。

⑪泉而茗者：打泉水煮茶的人。

⑫罍而歌者：拿着酒杯唱歌的人。罍（léi），酒杯。

⑬红装而蹇者：艳装骑驴的妇女。蹇（jiǎn），驴子。

⑭曝沙之鸟：在沙地里晒太阳的鸟。呷浪之鳞：指吞吸水的鱼。

⑮毛羽鳞鬣：鸟的羽毛和鱼的鳞鳍。

⑯堕事：误事。堕（huī），耽误。

⑰潇然：无所牵挂。

⑱适：恰好。恶能无记：哪能没有记游的文章。恶，安，哪。

⑲己亥：即万历二十七年（1599）。

【解析】

满井是北京城东北三里外的一口古井，关于这口井的情况，《嘉庆一统志》说："井径五尺余，清泉涌出，冬夏不竭。好事者凿栏以束之，水常浮起，散温四溢。"万历二十七年（1599）期间，袁宏道任顺天府教授、国子监助教，本文作于此时。

这篇游记描写了北京郊区初春的景色。作者从水光、山色、柳条、麦田几个方面来描绘满井风光，在作者笔下，自然界一派欣欣向荣，春意盎然，生机勃勃。而这一切，又与作者久蛰之后又得复与大自然接触的愉快心情结合在一起，轻松愉快的心情与美丽迷人的自然景物相互映衬，景因人美，人看景亦心情畅快，达到了情景交融的境界。文章直抒胸臆，笔墨酣畅，意境清新，文字简洁，结构精巧，于自然洒脱中显示出布局的严整，是一篇广为传诵的名作。沈千秋评曰："满井小小野趣耳，一经中郎描出，水色山光，便似领略不尽。"

虎丘记

虎丘去城可七八里[①]。其山无高岩邃壑，独以近城故，箫鼓楼船[②]，无日无之。凡月之夜、花之晨、雪之夕，游人往来，纷错如织，而中秋为尤胜。

每至是日，倾城阖户，连臂而至[③]。衣冠士女，下迨蔀屋[④]，莫不靓妆丽服，重茵累席[⑤]，置酒交衢间[⑥]，从千人石上至山门[⑦]，栉比如鳞[⑧]。檀板丘积，樽罍云泻[⑨]，远而望之，如雁落沙，霞铺江上，雷辊电霍[⑩]，无得而状。

布席之初，唱者千百，声若聚蚊，不可辨视。分曹部署[⑪]，竞以歌喉相斗；雅俗既陈，妍媸自别[⑫]。未几而摇手顿足者，得数十人而已。已而明月浮空，石光如练，一切瓦釜[⑬]，寂然停声，属而和者，才三四辈。一箫，一寸管，一人缓板而歌，竹肉相发[⑭]，清声亮彻，听者魂销。比至夜深，月影横斜，荇藻凌乱[⑮]，则箫板亦不复用；一夫登场，四座屏息，音若细发，响彻云际。每度一字，几尽一刻，飞鸟为之徘徊，壮士听而下泪矣。

剑泉深不可测[⑯]，飞岩如削。千顷云得天池诸山作

案[17]，峦壑竞秀，最可觞客[18]。但过午则日光射人，不堪久坐耳。文昌阁亦佳，晚树尤可观。面北为平远堂旧址，空旷无际，仅虞山一点在望[19]。堂废已久，余与江进之谋所以复之[20]，欲祠韦苏州、白乐天诸公于其中[21]；而病寻作，余既乞归，恐进之之兴亦阑矣[22]。山川兴废，信有时哉。

吏吴两载[23]，登虎丘者六。最后与江进之、方子公同登，迟月生公石上[24]。歌者闻令来，皆避匿去。余因谓进之曰："甚矣，乌纱之横[25]，皂隶之俗哉[26]！他日去官，有不听曲此石上者，如月！"今余幸得解官称吴客矣。虎丘之月，不知尚识余言否耶[27]？

【注释】

①虎丘：山名，在今江苏苏州。相传春秋时吴王阖闾葬于此，三日而虎踞其上，故称虎丘。去：距离。

②邃壑：深涧。箫鼓楼船：载着音乐歌舞的大船。

③倾城阖户：意谓全城关门闭户。连臂：手拉手，肩并肩。

④衣冠士女：代指富人。衣冠，士大夫的服饰。蔀（pǒu）屋：原指贫民人家昏暗的房屋，此借指贫民。

⑤重茵累席：许多座垫和席子。茵，座垫。

⑥交衢：交通大道，大路。

⑦千人石：一块大盘石，在虎丘山半，传说是梁时高僧竺道生讲佛法之处。

⑧栉比如鳞：喻人多。栉（zhì）比：像梳子一样排列。

⑨檀板：一种乐器。丘积：堆成小山，形容很多。樽罍（léi）：装酒的器具。云泻：像云一样奔涌，也是极言其多。

⑩雷辊（gǔn）电霍：雷鸣电闪。无得以状：无法形容。

⑪分曹：分队，分批。

⑫妍媸（chī）：好坏。

⑬瓦釜：粗俗之歌调。

⑭竹肉：箫管与歌喉。

⑮比至：等到。荇藻：水草，这里指树影。

⑯剑泉：又名剑池，在千人石下，相传是秦始皇用剑劈开的。

⑰千顷云：山名，在虎丘山上。天池：山名，在苏州阊门外三十里。作案：当作案桌。

⑱觞：原指酒器，这里是饮酒的意思。

⑲虞山：在江苏常熟西北。一点在望：只能看到一点山影。

⑳江进之：名盈科，字进之，湖南桃源人，万历年间进士，曾任长洲（今苏州）县令。复之：恢复。

㉑韦苏州、白乐天：即唐代诗人韦应物、白居易，两人均曾做过苏州刺史。

㉒寻作：不久发作。乞归：辞职。阑：残尽，将尽。

㉓吏吴：在吴地做小官。

㉔迟月生公石上：坐在生公石上等待月亮出来。迟，等待。

㉕乌纱：指官吏。横：霸道。
㉖皂隶：衙门中的差役。
㉗识（zhì）：记住。

【解析】

明万历二十三年，袁宏道为吴县令，为令一年，因公务过于繁冗而借故辞职，并用三个月时间泛游吴越各地名胜。从任职期间到辞去吴县县令之后，两年之间，袁宏道六游虎丘。本文即是追记这几次的虎丘之游。

本文是一篇游记性散文，但是作者并不是像一般的游记文那样去写，而是重在写社会风俗。文章重点描写的是中秋月夜虎丘的山色和游人的欢歌笑语，突出表现游人玩乐时聚饮斗歌的场面。作者同时写到自己身为官吏，怀着与民同乐的心情来游虎丘山，但民众对他“避匿”如仇，使他深有感慨。文中表现的是作者鄙弃官场生活，渴望得到解脱的心情。文章的写法独具特色，作者在描写上重点分明，对于虎丘山的描写只是寥寥几笔，而把大量的篇幅用在对百姓豪饮斗歌场面的描写，同时，在描写斗歌场面时善用比喻，形象生动而贴切，使人有身临其境之感。语言简洁秀丽，句式整散结合，以四字句为主，亦用二字句、三字句和五字句，参差成文，节奏明快。陆云龙在《翠娱阁评选十六家小品》中评价此文时说：“虎丘之胜，已尽于笔端矣。现绘事不如读此之灵活。”闵伯弢亦称此文是“笔底更带烟霞之色”，赞誉极高。

徐文长传

余一夕坐陶太史楼[①]，随意抽架上书，得《阙编》诗一帙，恶楮毛书[②]，烟煤败黑[③]，微有字形，稍就灯间读之。读未数首，不觉惊跃，急呼周望：《阙编》何人作者？今耶？古耶？周望曰：“此余乡徐文长先生书也。”两人跃起，灯影下，读复叫，叫复读。僮仆睡者皆惊起。盖不佞生三十年[④]，而始知海内有文长先生。噫，是何相识之晚也，因以所闻于越人士者，略为次第，为徐文长传。

徐渭，字文长，为山阴诸生[⑤]，声名藉甚[⑥]。薛公蕙校越时[⑦]，奇其才，有国士之目[⑧]。然数奇，屡试辄蹶[⑨]。中丞胡公宗宪闻，客诸幕[⑩]。文长每见，则葛衣乌巾，纵谈天下事。胡公大喜。是时公督数边兵[⑪]，威振东南，介胄之

士[12]，膝语蛇行，不敢举头，而文长以部下一诸生傲之，议者方之刘真长、杜少陵云[13]。会得白鹿，属文长作表，表上，永陵喜。公以是益奇之，一切疏记，皆出其手[14]。文长自负才略，好奇计，谈兵多中，视一世士无可当意者。然竟不偶[15]。

文长既已不得志于有司，遂乃放浪麹蘖[16]，恣情山水，走齐鲁燕赵之地，穷览朔漠[17]。其所见山奔海立、沙起云行、风鸣树偃、幽谷大都[18]、人物鱼鸟，一切可惊可愕之状，一一皆达之于诗。其胸中又有勃然不可磨灭之气，英雄失路、托足无门之悲。故其为诗，如嗔如笑，如水鸣峡[19]，如种出土，如寡妇之夜哭，羁人之寒起；虽其体格时有卑者，然匠心独出，有王者气，非彼巾帼而事人者所敢望也。文有卓识，气沉而法严，不以模拟损才，不以议论伤格，韩曾之流亚也[20]。文长既雅不与时调合，当时所谓骚坛主盟者，文长皆叱而奴之。故其名不出于越[21]，悲夫！

喜作书[22]，笔意奔放如其诗，苍劲中姿媚跃出[23]，欧阳公所谓妖韶女老自有余态者也[24]。间以其余，旁溢为花鸟[25]，皆超逸有致[26]。

卒以疑杀其继室[27]，下狱论死。张太史元汴力解[28]，乃得出。晚年愤益深，佯狂益甚，显者至门[29]，或拒不纳。时携钱至酒肆，呼下隶与饮[30]。或自持斧击破其头，血流被面[31]，头骨皆折，揉之有声。或以利锥锥其两耳，深入寸余，竟不得死。

周望言晚岁诗文益奇，无刻本，集藏于家。余同年有官越者，托以钞录，今未至。余所见者，《徐文长集》、《阙编》二种而已。然文长竟以不得志于时，抱愤而卒。

石公曰[32]：先生数奇不已，遂为狂疾；狂疾不已，遂为囹圄[33]。古今文人牢骚困苦，未有若先生者也。虽然，胡公间世豪杰，永陵英主，幕中礼数异等，是胡公知有先生矣；表上人主悦[34]，是人主知有先生矣，独身未贵耳。先生诗文崛起，一扫近代芜秽之习，百世而下，自有定论，胡为不遇哉？梅客生尝寄余书曰[35]：“文长吾老友，病奇于人，人奇于诗。”余谓文长无之而不奇者也，无之而不奇，斯无之而不奇也[36]，悲夫。

【注释】

①陶太史：陶望龄，字周望，号石篑。袁宏道之友。万历中进士，授翰林编修，不久告归乡居。

②恶楮：坏纸。楮（chǔ），树名，皮可制纸，故作纸之代称。毛书：装订粗糙的书。

③烟煤：指墨迹。

④不佞（nìng）：不才，谦称。

⑤山阴：今浙江绍兴。

⑥声名藉甚：名声很大。

⑦薛公蕙：即薛蕙，曾任吏部考功司郎中。校越：主考越中。

⑧国士之目：看作国中英杰。

⑨数奇（jī）：指命不好。辄：总是。蹶（jué）：受挫，指考试不中。

⑩中丞胡公宗宪：胡宗宪，时任浙江巡抚。客诸幕：请他做幕僚。

⑪数边兵：多支边防的军队。

⑫介胄之士：士兵。介胄，军服。

⑬方：比。刘真长：刘惔，东晋人。杜少陵：杜甫，唐代诗人。

⑭会得白鹿：嘉靖三十七年，有人献白鹿给胡宗宪，胡命徐渭作《进白鹿表》两篇，献给皇帝。永陵：明世宗。疏记：文章。

⑮谈兵多中：谈论军事，往往言中。当意：中意、满意。不偶：命运不好。指得不到重用。

⑯有司：指主考官。放浪。麴糵：酗酒。麴糵（qū niè），酒。

⑰朔漠：北方大漠。

⑱偃：倒下。大都：大都市。

⑲水鸣峡：水过峡谷发生巨大的声音。

⑳体格：诗的形式。卑：不高雅。韩：韩愈。曾：曾巩。两人均是“唐宋八大家”中的人。流亚：同一类人。

㉑奴之：看作奴才。越：浙江东部一带。

㉒书：书法。

㉓姿媚：飘逸可爱。

㉔妖韶：美艳。见欧阳修《水谷夜行寄子美圣俞》。

㉕旁溢：在书法之外。

㉖超逸有致：高远而有情致。

㉗卒：最后。继室：后妻。徐渭曾被控杀妻下狱。

㉘张太史元汴：张元汴，字子盖，别号阳和，隆庆年间进士。

㉙显者：有名望的人。

㉚下隶：地位低下的人。与饮：共饮。

㉛被：披，意为流满。

㉜石公：袁宏道号石公。

㉝囹圄（líng yǔ）：监狱。

㉞人主：皇帝。

㉟梅客生：梅国桢，万历十一年进士，官至兵部左待郎，总督大同、山西军事。

㊱无之而不奇，斯无之而不奇也：意为没有什么是不奇异的，所以没有什么是顺利的。后一个“奇”（jī），意为不顺利。

【解析】

徐文长即徐渭，是明代著名的文学家、书法家、画家，也是晚明文学反复古思潮的先驱。袁宏道对徐文长很是推崇，本文是他为徐文长所

作的传记，有节选。

文章对徐文长的生平、遭遇和文艺上的成就作了扼要、明快的叙述与评价，从中表现出作者对他的性格的钦佩和对他的遭遇的同情。在对徐文长生平、遭遇和成就进行叙述时，作者抓住了一个“奇”字来写，并通过一些具有“奇”的特点的事件来展现他的才华：在胡宗宪手下时，他衣着奇，言行奇，人们也“奇之”，其诗文、绘画、书法亦与当时不同，而他后来的“佯狂”更是大大地与众不同，是大奇。通过这样的描绘，生动地表现出徐文长放荡不羁的性格，也写出了他悲惨的遭遇。文章语言清丽，形象生动，比喻新颖贴切。如其在论述徐文长的诗歌风格时，连用了几种人们不常用的形象化比喻，“如嗔如笑，如水鸣峡，如种出土，如寡妇之夜哭，羁人之寒起”，生动地表现了徐文长诗歌的艺术特色。

魏学洢

魏学洢（1596～1625），字子敬，嘉善（今浙江嘉善）人。明末诸生，一生未仕，好学，工于文。其父魏大中因弹劾魏忠贤而入狱，为救其父，他曾多方奔走，但其父终死于狱中，他晨夕号泣，悲愤而死。著有《茅檐集》。

核舟记

明有奇巧人曰王叔远[①]，能以径寸之木为宫室器皿人物，以至鸟兽木石，罔不因势象形[②]，各具情态。尝贻余核舟一[③]，盖大苏泛赤壁云[④]。

舟首尾长约八分有奇，高可二黍许[⑤]。中轩敞者为舱，箬篷覆之[⑥]，旁开小窗，左右各四，共八扇。启窗而观，雕栏相望焉[⑦]。闭之，则右刻“山高月小，水落石出”，左刻“清风徐来，水波不兴”。石青糁之[⑧]。

船头坐三人：中峨冠而多髯者为东坡，佛印居右[⑨]，鲁直居左[⑩]。苏、黄共阅一手卷[⑪]，东坡右手执卷端，左手抚鲁直背；鲁直左手执卷末，右手指卷，如有所语。东坡现右足[⑫]，鲁直现左足，各微侧，其两膝相比者[⑬]，各隐卷底

衣褶中。佛印绝类弥勒[14]，袒胸露乳，矫首昂视，神情与苏、黄不属[15]，卧右膝，诎右臂支船[16]，而竖其左膝，左臂挂念珠倚之，珠可历历数也。

舟尾横卧一楫，楫左右舟子各一人：居右者椎髻仰面，左手倚一衡木[17]，右手攀右趾，若啸呼状；居左者右手执蒲葵扇，左手抚炉，炉上有壶，其人视端容寂，若听茶声然。

其船背稍夷，则题名其上，文曰："天启壬戌秋日[18]，虞山王毅叔远甫刻。"细若蚊足，钩画了了[19]，其色墨。又用篆章一，文曰："初平山人。"其色丹。

通计一舟，为人五；为窗八；为箬篷、为楫、为炉、为壶、为手卷、为念珠，各一；对联题名并篆文，为字共三十有四；而计其长，曾不盈寸。盖简桃核修狭者为之[20]。

魏子详瞩既毕，诧曰："嘻！技亦灵怪矣哉！庄、列所载，称惊犹鬼神者良多，然谁有游削于不寸之质，而须麋瞭然者[21]？假有人焉，举我言以复于我，亦必疑其诳，乃今亲睹之。繇斯以观，棘刺之端，未必不可为母猴也[22]。嘻！技亦灵怪矣哉！"

【注释】

①奇巧：特殊的技艺。

②罔（wǎng）：无。因势象形：根据材料的形状摹仿不同的事物。

③贻（yí）：赠给。

④大苏：即苏轼。苏轼字子瞻，号东坡。泛赤壁：坐船游赤壁。苏轼曾两次游赤壁。

⑤奇（jī）：零数。二黍：两个米粒。

⑥轩：高起。敞：宽敞。箬（ruò）篷：竹叶做的船篷。

⑦相望：相对。

⑧石青：一种青色的颜料。糁（sǎn）：涂抹。

⑨佛印：了元和尚，与苏轼要好。

⑩鲁直：宋代著名文学家黄庭坚，字鲁直，苏轼的朋友。

⑪手卷：横幅画卷。

⑫现：露出。

⑬比：接近，靠近。

⑭类：像。弥勒：弥勒佛。

⑮矫：昂着。属：相同。

⑯诎（qū）：弯曲。

⑰椎髻：一种发型。衡：同"横"。

⑱夷：平。天启壬戌：天启二年（1622）。

⑲了了：清晰。

⑳曾：还。简：捡。修：长。

㉑魏子：作者自称。详瞩：仔细观察。须麋：胡须眉毛。麋（méi），通"眉"。瞭然：清楚。

㉒繇（yóu）：同"由"。棘刺之端，未必不可为母猴：据《韩非子》，有人

在燕王面前夸口，说他可以在棘刺的尖上刻成一个母猴。

【解析】

核舟，即用桃核雕刻的一艘船。明人王叔远雕刻了这艘核舟，并将之送给魏学洢。魏学洢认为雕刻得很好，就写了这篇文章。

文章非常细致地描绘了核舟的情形，从其外形，到船上的三个主要人物和两个舟子的神情形态，以至船背所刻的字、章，都作了全面的描述，展示了这件艺术珍品的外形、特征，反映了民间艺术家制作的工艺美术品的艺术高度，歌颂了我国民间艺人卓越的艺术技巧。全篇记事，条理清晰，层次分明。作者先对核舟作全面描述，然后又从船头写到船尾，这是正面的，然后又写船背，次序井然。同时，文间描写细致而不呆板，语言平易精练，富于表现力。陆次云在《古今文绘》中评曰："刻核舟者神于技，记核舟者神于文。摩拟人物于纤微，意态神情毕出，何异道子写生？君曰：'技亦灵怪矣哉！'余曰：'文亦灵怪甚矣！'"

钟　惺

钟惺（1574～1625），字伯敬，号退谷，别号退庵，又称止公居士、晚知居士，临终受戒，法名断残。祖籍江西永丰，迁于竟陵（今湖北天门）。万历三十八年进士，历工部主事、南京礼部仪制司郎中、福建提学佥事等职。钟惺是明代竟陵派主要作家，论诗主张"幽情单绪，孤行静寄"，提倡一种幽深孤峭的风格。但由于过度追求形式，其大部分作品流于冷僻苦涩。著有《隐秀轩文集》。

浣花溪记

出成都南门，左为万里桥[①]，西折纤秀长曲，所见如连环、如玦、如带、如规、如钩，色如鉴、如琅玕[②]、如绿沉瓜[③]，窈然深碧、潆回城下者[④]，皆浣花溪委也[⑤]。然必至草堂[⑥]，而后浣花有专名，则以少陵浣花居在焉耳[⑦]。

行三四里为青羊宫[⑧]，溪时远时近，竹柏苍然[⑨]，隔岸阴森者尽溪，平望如荠[⑩]，水木清华，神肤洞达[⑪]。自宫以

西，流汇而桥者三，相距各不半里。舁夫云通灌县[12]，或所云“江从灌口来”是也[13]。

人家住溪左，则溪蔽不时见，稍断则复见溪，如是者数处，缚柴编竹，颇有次第。桥尽，一亭树道左，署曰“缘江路”。过此则武侯祠[14]，祠前跨溪为板桥一，覆以水槛，乃睹“浣花溪”题榜。过桥，一小洲横斜插水间如梭，溪周之[15]，非桥不通，置亭其上，题曰“百花潭水”。由此亭还度桥，过梵安寺[16]，始为杜工部祠。像颇清古，不必求肖，想当尔尔[17]。石刻像一，附以本传，何仁仲别驾署华阳时所为也[18]。碑皆不堪读。

钟子曰：杜老二居，浣花清远，东屯险奥，各不相袭[19]。严公不死，浣溪可老[20]，患难之于朋友大矣哉！然天遣此翁增夔门一段奇耳[21]。穷愁奔走，犹能择胜，胸中暇整[22]，可以应世，如孔子微服主司城贞子时也[23]。时万历辛亥十月十七日[24]，出城欲雨，顷之霁。使客游者，多由监司郡邑招饮[25]，冠盖稠浊[26]，磬折喧溢[27]，迫暮趣归[28]。是日清晨，偶然独往。楚人钟惺记。

【注释】

①万里桥：在四川成都市南。

②如规：如圆规，指圆形。如鉴：像镜子一样。琅玕（láng gān）：美石名，诗人多以青琅玕来比竹。

③绿沉瓜：一种瓜，呈深绿色。

④窈然：幽深。潆（yíng）回：水流回旋的样子。

⑤委：江河下游。

⑥草堂：杜甫寓居成都时，曾在浣花溪畔盖了所草堂。

⑦少陵：杜甫于诗中自称“少陵野老”。在焉：在这里。

⑧青羊宫：道观名，在浣花溪附近，相传老子乘青羊到这里。

⑨苍然：幽深碧绿的样子。

⑩荠（jì）：一种野菜。

⑪水木清华：水光树色清幽美丽。神肤洞达：指清新舒爽。

⑫流汇成桥者三：溪水流经三座桥。舁夫：轿夫。舁（yú），抬。

⑬江从灌口来：这是杜甫《野望固过常少仙》一诗中的句子。

⑭缚柴编竹：用柴竹做门墙。颇有次第：很整齐。武侯祠：即诸葛亮祠。

⑮周：环绕。覆以水槛：桥上有顶盖。

⑯梵安寺：在成都市南，与杜甫草堂相连，又叫草堂寺。

⑰杜工部祠：宋时吕大防重建杜甫草堂，画杜甫像，立祠纪念。想当尔尔：想象而已。

⑱何仁仲：万历时为夔州通判。别驾：即通判。署：代理或暂任。

⑲钟子：作者自称。东屯：夔州东瀼溪，因东汉时公孙述在此屯田，故称。唐代宗永泰元年（765），严武卒，次年秋后杜甫迁东屯。相袭：相同。

⑳严公：即严武，官剑南节度使，与杜甫友善，曾予以接济。浣溪可老：指杜甫可以在浣溪养老。

㉑夔门：夔门峡。

㉒暇整：安详，心情不烦乱。应世：应对世间万事。

㉓微服：穿着便衣。司马贞子：陈国大夫。孔子流亡到陈国时，曾住在司城贞子家。

㉔万历辛亥：明神宗三十九年（1611）。

㉕监司：监察州郡之官。郡邑：指地方官。

㉖冠盖：古代官吏的帽子和车盖，借指官吏。稠浊：多而繁乱。

㉗磬折：敬礼的情状。喧溢：嘈杂，喧闹。

㉘迫：接近。趣（cù）：急速，同“促”。

【解析】

浣花溪又称百花潭，在成都西部，唐朝大诗人杜甫曾卜居于此，并在溪畔建有草堂。本文是钟惺游览成都浣花溪杜工部祠后写的一篇游记。

文章细腻生动地描绘了自己游览浣花溪杜工部祠的情况，以简洁清秀的笔调，写出了浣花溪流过的自然风景、名胜古迹的特色，在简要地描写了杜工部祠后，作者又大发感想，对诗人杜甫在穷愁奔走中犹能择胜境而居住的安详胸怀表示赞赏。文章体现出了钟惺创作的个性特点，“是日清晨，偶然独往”，一路行来，幽深无人。可谓“孤行静穷”，而后面对“磬折喧溢”的厌烦，却又表现的是“幽情单绪”。文章描写细腻，曲折有致，以游踪为线索，结构井然。同时，文末议论，虽受宋代欧苏的影响，但却也使文章增色不少，比之单纯记游散文内涵意蕴要深刻丰富。陆云龙在《翠娱阁评选十六家小品》中评价此文时说：“声色清冷幽悄，似与浣花溪争胜。”这种“清冷”正是作者“幽情”的表现。

谭元春

谭元春（1568～1637），字友夏，号鹄湾，又号寒河。竟陵（今湖北天门）人。天启七年湖北乡试解元。谭元春是明代竟陵派的代表作家，年少时与钟惺为友，共选《诗归》，论诗文主张“灵迥朴润”，“性灵之言”，“不忘汉初，不轻唐后”。其小品文为世所称道。著有《谭友夏合集》。

再游乌龙潭记

潭宜澄[①]，林映潭者宜静，筏宜稳，亭阁宜朗[②]，七夕宜星河[③]，七夕之客宜幽适无累，然造物者岂以予为此拘拘者乎[④]！茅子越中人[⑤]，家童善篙楫，至中流，风妒之[⑥]，不得至河荡。旋近钓矶[⑦]，系筏垂下，雨霏霏湿幔[⑧]，犹无上岸意。已而雨注下，客七人，姬六人，各持盖立幔中[⑨]，湿透衣表，风雨一时至，潭不能主。姬惶恐求上[⑩]，罗袜无所惜，客乃移席新轩[⑪]。坐未定，雨飞自林端，盘旋不去，声落水上，不尽入潭而如与潭击。雷忽震，姬人皆掩耳欲匿至深处[⑫]。电与雷相后先，电尤奇幻，光煜煜入水中[⑬]，深八丈尺，而吸其波光以上于雨，作金银珠贝影，良久乃已。潭龙窟宅之，内危疑未释。是时风物倏忽[⑭]，耳不及于谈笑，视不及于阴森；咫尺相乱，而客之有致者反以为极畅[⑮]。乃张灯行酒，稍敌风雨雷电之气。忽一姬昏黑来赴，始知苍茫历乱，已尽为潭所有，亦或即为潭所生。而问之女郎来路，曰“不尽然[⑯]”，不亦异乎？

招客者为洞庭吴子凝甫，而冒子伯麟、许子无念、宋子献孺、洪子仲韦及予与止生为六客，合凝甫而七。

【注释】

①澄：清，明净。

②朗：明亮。

③七夕：农历七月初七。传为牛郎织女相会的日子。星河：传说中的银河。

④无累：没有牵挂。拘拘：限制。

⑤茅子：茅元仪，字止生，归安（今浙江湖州）人，茅坤之孙。越中：这里指浙江。

⑥妒：意思是风吹阻挡。

⑦旋：不久。钓矶：钓鱼时坐的石头。

⑧霏霏：形容雨密。幔：船篷。

⑨盖：伞，雨具。

⑩求上：请求上岸。

⑪无所惜：顾不上爱惜。轩：有窗的小屋。

⑫匿：躲起来。

⑬煜（yù）煜：明亮的样子。

⑭倏（shū）忽：一瞬间。

⑮咫尺相乱：形容雷电在身边喧闹。有致：有兴致。

⑯尽为潭所有：意为风雨雷电只发生在乌龙潭上。

【解析】

乌龙潭位于江苏南京城内，虽处大都市，但却幽僻而人迹罕至。明万历四十七年（1619）秋，谭元春居住南京期间，曾与友人三游乌龙潭，并写下了《初游乌龙潭记》、《再游乌龙潭记》、《三游乌龙潭记》三篇文章，本文即其中的第二篇。

文章写暴雨中的乌龙潭，从感觉、视觉、听觉以及幻觉等多种角度细致地描绘了风雨雷电之中的乌龙潭，突出了乌龙潭与平时所不同的独特韵味，表现了乌龙潭的壮美奇观。全文描写细腻生动，有声有色，作者善于将对景物的描写和对游者的动作、心情的记叙有机地结合起来，相互渗透，达到了情景交融的境界。同时，作者善于抓住景物的特点来写，既描述了乌龙潭的美景，又体现了暴雨时乌龙潭独特的魅力，营造出幽峭奇奥的气氛，充分展示了竟陵派散文的风格。

王思任

王思任（1574～1646），字季重。号遂东，山阴（今浙江绍兴）人。万历三十二年进士，历兴平、当涂、青浦三县知县，后调刑部、工部主事，鲁王监国时，授礼部侍郎。清顺治三年，绍兴城为清军所破，王思任不肯投降，绝食而死。王思任是明末文学家，为文直抒胸臆，清新自然，亦庄亦谐，颇似其人。著有《王季重十种》。

剡　溪

浮曹娥江上[①]，铁面横波[②]，终不快意。将至三界址[③]，江色狎人[④]，渔火村灯，与白月相下上，沙明山静，犬吠声若豹，不自知身在板桐也[⑤]。

昧爽[⑥]，过清风岭[⑦]，是溪江交代处[⑧]，不及一唁贞魂[⑨]。山高岸束，斐绿叠丹，摇舟听鸟，杳小清绝，每奏一音，则千峦嗜答[⑩]。秋冬之际，想更难为怀，不识吾家子猷何故兴尽[⑪]？雪溪无妨子猷，然大不堪戴，文人薄行，往往借他人爽厉心脾[⑫]，岂其可？

过画图山，是一兰苕盆景[13]。自此万壑相招赴海，如群诸侯敲玉鸣裾[14]。逼折久之，始得豁眼一放地步[15]。山城崖立，晚市人稀，水口有壮台作砥柱。力脱帻往登，凉风大饱[16]。

城南百丈桥翼然虹饮[17]，溪逗其下，电流雷语。移舟桥尾，向月碛枕嗽取甜，而舟子以为何不傍彼岸，方喃喃怪事我也。[18]

【注释】

①浮：漂浮，此指行船。曹娥江：水名，位于浙江绍兴境内。因东汉孝女曹娥投江寻父而得名，其中一段又称剡（shàn）溪。

②铁面横波：指水势汹涌险恶。

③三界：集市名，为上虞、会稽、嵊三县之界。

④狎：亲近。

⑤板桐：船。

⑥昧爽：黎明，拂晓。

⑦清风岭：在嵊县北灵芝乡。

⑧交代处：指剡溪与曹娥江交汇处。

⑨唁：凭吊。贞魂：指曹娥。

⑩斐：五色错杂。嗜（mòu）：应答。

⑪子猷：即王徽之。兴尽：兴致已尽。王子猷在一大雪夜想起戴逵，于是乘小舟至剡，但到门口又返回，有人问起，他说："我本乘兴而来，兴致过了就回，何必见戴逵呢？"

⑫雪溪：雪中的郯溪。薄行：轻薄的品行。爽厉：伤害。

⑬画图山：在嵊县东北。山苕盆景：形容山色秀丽，如盆景。苕（tiáo），即紫葳，又叫凌霄花。

⑭敲玉鸣裾：古时候尊贵之人衣裾上佩有玉，走时相碰而发出有节奏的声音，此指水声。

⑮逼折：狭窄。豁眼一放：眼界大开。

⑯壮台：即文星台，据《嵊县志》："文星台，在拱明门外……为剡县砥柱。"帻（zé）：头巾。

⑰百丈桥：即嵊县南门桥。翼然：像翅膀一样。虹饮：指桥的两端沉入水中，好像长虹吸水。

⑱逗：停留。向月碛：沙滩名。枕漱：即枕石漱流。怪：埋怨。事我：为我划船。

【解析】

剡溪地处浙江嵊县南边，源出天台诸山，下流为曹娥江。晋时王徽之（子猷）曾于雪夜拜访戴逵至此，所以又称"戴溪"。

作者由剡溪清幽美丽迷人的自然景色，联想到晋时王子猷雪夜自山阴乘舟至剡县访戴逵，未进门即因兴尽而返回的故事，在写景思古中，蕴含讽喻之意，自然成趣。文章既清新诙谐，又联想丰富，妙趣横生，寓讽世之意于诙谐谑浪之中，写景、状物、抒情融为一体，具有很高的

艺术感染力。陈继儒在《晚香堂小品》中评曰："王季重笔悍而神清，胆怒而眼俊。"

徐弘祖

徐弘祖（1586～1641），字振之，号霞客，又号霞逸，清朝时因避乾隆皇帝弘历名讳，改写为宏祖。江阴（今江苏江阴）人。幼年时喜好奇书，大量阅读了古今史籍、地志、山海图经等书。长大后无意于仕途，而漫游各地，搜访奇山异水，自二十二岁至去世，三十余年间历尽艰苦，足迹遍及今天的华东、华北及西南等地，是明代著名的旅行家、地理学家。他将其游历经过一一记叙，编为《徐霞客游记》。

游黄山日记

戊午九月初三日[①]。出白岳榔梅庵[②]，至桃源桥。从小桥右下，陡甚，即旧向黄山路也[③]。七十里，宿江村[④]。

初四日。十五里至汤口[⑤]，五里至汤寺[⑥]，浴于汤池[⑦]。扶杖望朱砂庵而登[⑧]，十里上黄泥岗，向时云里诸峰[⑨]，渐渐透出，亦渐渐落吾杖底。转入石门[⑩]，越天都之胁而下[⑪]，则天都、莲花二顶[⑫]，俱秀出天半。路旁一歧东上[⑬]，乃昔所未至得，前趋直上，几达天都侧。复北上，行石罅中，石峰片片夹起，路宛转石间，塞者凿之，陡者级之[⑭]，断者架木通之，悬者植梯接之。下瞰峭壑阴森，枫松相间，五色纷披，灿若图绣[⑮]。因念黄山当生平奇览，而有奇若此，前未一探，兹游快且愧矣。时夫仆俱阻险行后[⑯]，余亦停弗上。乃一路奇景，不觉引余独往。

既登峰头，一庵翼然，为文殊院[⑰]，亦余昔年欲登未登者。左天都，右莲花，背倚玉屏风[⑱]，两峰秀色，俱可手揽。四顾奇峰错列，众壑纵横，真黄山绝胜处。非再至，焉知其奇若此？遇游僧澄源至，兴甚勇。时已过午，奴辈

适至[19]，立庵前指点两峰，庵僧谓天都虽近而无路，莲花可登而路遥，只宜近盼天都[20]，明日登莲顶。余不从，决意游天都。挟澄源、奴子，仍下峡路[21]，至天都侧，从流石蛇行而上，攀草牵棘，石块丛起则历块[22]，石崖侧削则援崖[23]，每至手足无可着处，澄源必先登垂接。每念上既如此，下何以堪？终亦不顾，历险数次，遂达峰顶。惟一石顶，壁起犹数十丈，澄源寻视其侧得级，挟予以登，万峰无不下伏，独莲花与抗耳。

时浓雾半作半止，每一阵至，则对面不见，眺莲花诸峰，多在雾中。独上天都，予至其前，则雾徙于后[24]；予越其右[25]，则雾出于左。其松犹有曲挺纵横者，柏虽大干如臂，无不平贴石上，如苔藓然。山高风巨，雾气去来无定，下盼诸峰，时出为碧峤[26]，时没为银海。再眺山下，则日光晶晶，别一区宇也[27]。日渐暮，遂前其足，手向后据地，坐而下。脱至险绝处，澄源并肩手相接。度险下至山坳，暝色已合[28]，复从峡度栈以上，止文殊院。

初五日。平明[29]，从天都峰坳中北下二里，石壁岈然[30]，其下莲花洞[31]，正与前坑石笋对峙[32]，一坞幽然[33]。别澄源下山，至前歧路侧，向莲花峰而趋。一路沿危壁西行，凡再降升，将下百步云梯，有路可直跻莲花峰[34]，既陟而磴绝[35]，疑而复下。隔峰一僧高呼曰："此正莲花道也！"乃从石坡侧度隙，径小而峻，峰顶皆巨石鼎峙[36]，中空如室，从其中迭级直上，级穷洞转，屈曲奇诡，如下上楼阁中，忘其峻出天表也[37]。一里，得茅庐，倚石罅中，方徘徊欲升，则前呼道之僧至矣。僧号凌虚，结茅于此者，遂与把臂陟顶。顶上一石，悬隔二丈，僧取梯以度[38]。其颠廓然，四望空碧，即天都亦俯首矣。盖是峰居黄山之中，独出诸峰上，四面岩壁环耸，遇朝阳霁色，鲜映层发，令人狂叫欲舞。久之，返茅庵，凌虚出粥相饷，啜一盂乃下[39]。至歧路侧，过大悲顶[40]，上天门[41]，三里，至炼丹台[42]。循台嘴而下，观玉屏风、三海门诸峰[43]，悉从深坞中壁立起。其丹台一冈中垂，颇无奇峻，惟瞰翠微之背[44]，坞中峰峦错耸，上下周

映，非此不尽瞻眺之奇耳。还过平天矼[45]，下后海[46]，入智空庵，别焉。三里，下狮子林[47]，趋石笋矼[48]，至向年所登尖峰上，倚松而坐，瞰坞中峰石回攒[49]，藻缋满眼[50]，始觉匡庐、石门[51]，或具一体[52]，或缺一面，不若此之闳博富丽也。久之，上接引崖，下眺坞中，阴阴觉有异。复至冈上尖峰侧，践流石，援棘草，随坑而下，愈下愈深，诸峰自相掩蔽，不能一目尽也。日暮，返狮子林。

初六日。别霞光[53]，从山坑向丞相原[54]。下七里，至白沙岭[55]，霞光复至。因余欲观牌楼石[56]，恐白沙庵无指者[57]，追来为导。遂同上岭，指岭右隔坡，有石丛立，下分上并，即牌楼石也。余欲逾坑溯涧，直造其下[58]。僧谓棘迷路绝，必不能行，若从坑直下丞相原，不必复上此岭；从仙灯而往[59]，不若即由此岭东向。余从之，循岭脊行，岭横亘天都、莲花之北，狭甚，旁不容足，南北皆崇峰夹映。岭尽北下，仰瞻右峰罗汉石，圆头秃顶，俨然二僧也。下至坑中，逾涧以上。共四里，登仙灯洞。洞南向，正对天都之阴[60]，僧架阁连板于外，而内犹穹然[61]，天趣未尽刊也[62]。复南下三里，过丞相原，山间一夹地耳。其庵颇整，四顾无奇，竟不入。复南向循山腰行，五里，渐下。涧中泉声沸然，从石涧九级下泻，每级一下，有潭渊碧，所谓九龙潭也[63]。黄山无悬流飞瀑，惟此耳。又下五里，过苦竹滩[64]，转循太平路[65]，向东北行。

【注释】

①戊午：明万历四十六年（1618）。

②白岳：山名，在黄山西南。

③旧：过去。万历四十四年（1616），作者曾游黄山。

④宿：住。江村：镇名，在黄山东北。

⑤汤口：在黄山脚下，为登黄山必经之地。

⑥汤寺：即祥符寺，因近汤泉，所以俗称汤寺。

⑦汤池：即汤泉。

⑧扶杖：拄着拐棍。朱砂庵：又叫慈光寺，在朱砂峰下。

⑨向时：原来。

⑩石门：石门峰。

⑪胁：旁边，侧面。

⑫天都、莲花：天都峰、莲花峰，并称黄山两大峰。

⑬歧：岔路。

⑭罅（xià）：山缝。级：砌石级。

⑮峭壑：险峻的山谷。纷披：错杂。

⑯仆：随从。
⑰翼然：临空飞架。文殊院：在天都与莲花二峰之间的一座寺庙。
⑱玉屏风：即玉屏峰。
⑲兴甚勇：兴致很高。奴辈：奴仆，随从。
⑳盼：望。
㉑挟：扶持。
㉒历：经过，这里指踩或抓。
㉓援：拉，拽。
㉔徙（xǐ）：迁移。
㉕越：经过，到。
㉖碧峤（jiào）：喻满山松柏，青翠蔚然。
㉗别一区宇：另一番景象。
㉘暝：天黑。
㉙平明：天亮。
㉚岈（xiā）然：山谷深空的样子。
㉛莲花洞：在莲花峰下。
㉜石笋：石笋峰。
㉝坞（wù）：四面高中间低的山地。
㉞跻（jī）：登。
㉟陟（zhì）：登，上。磴绝：石磴没有了。
㊱鼎峙：像鼎一样三足而立。
㊲级穷：阶梯的尽头。天表：天上。
㊳绨：同“梯”，绳梯。
㊴饷：给别人食物。啜（chuò）：吃。
㊵大悲顶：山峰名。
㊶上天门：在天都峰下。
㊷炼丹台：在炼丹峰上。相传黄帝曾在此炼丹。
㊸三海门：山峰名，在石门峰与炼丹峰之间。
㊹翠微：峰名，在清潭峰北。
㊺平天矼：在炼丹峰。
㊻后海：后海峰。别焉：在此分别。
㊼狮子林：在炼丹峰左边。
㊽石笋矼：在始信峰上。
㊾回攒：曲折簇聚。
㊿藻缋：即藻绘，文采。
51匡庐：江西庐山。石门：浙江青田石门山。
52具：具备。一体：一种面貌。
53霞光：和尚名。
54丞相原：在石门峰与钵盂峰之间。传说宋理宗丞相程元凤曾在此读书。
55白沙岭：在皮篷岭与丞相原之间。
56牌楼石：天牌石，俗称“仙人榜”。
57白沙庵：在白沙岭下。指：指引，指路。
58造：到。
59仙灯：仙灯洞，在钵盂峰下。
60阴：北面。
61穹然：大而深。
62刊：削除。
63九龙潭：在丞相原附近。
64苦竹滩：苦竹溪，在九龙潭下。
65太平：今安徽太平县。

【解析】

《徐霞客游记》是徐弘祖据其三十余年游历所见编成的一部游记作品，其中既反映了祖国河山的壮丽优美，也表现了作者对大自然的热爱之情。本文即为其中的一篇。

黄山是我国著名的风景区，在安徽省歙县境内，有三十六峰，其中尤以天都峰、莲花峰的景色最为迷人。本文是徐弘祖游黄山的记实。文章叙述了自己攀登游览天都、莲花二主峰的经过，具体生动地描绘了天

都、莲花二主峰千岩竞秀、松涛云海的动人景色，细腻地刻画了黄山多松柏、多怪石、多云烟弥漫的特色。全文以时间的推移为框架，以游踪的变化为线索，有条不紊地描述黄山天都、莲花二主峰的迷人景色，既要言不烦，而又能紧紧抓住景物的特点来写。全文生动活泼，文笔细腻，清峭脱俗，富有浓郁的抒情性，在真实的描写中又有丰富的想象，给人一种身临其境的艺术感受。杨名时在《徐霞客游记序》中这样评价徐霞客的游记："其所记游迹，计日按程，凿凿有稽，文词繁委，要为道所经历，不失质实详密之体，而形容物态，摹绘情景，时复雅丽自赏，是移人情。"本文正体现了这种特点。

张　溥

张溥（1602～1641），字天如。太仓（今江苏太仓）人。崇祯四年进士，改庶吉士，后以葬亲故请假回乡，与同乡张采等组织复社，讥评时政，声势很盛，并成为复社领袖。张溥是明末文学家，在文学上提出"兴复古学"的主张，同时也强调"居今之世"，必须"为今之言"，"名为有用"。其文内容充实，风格朴质，长于议论。著有《七录斋集》，编辑《汉魏六朝百三名家集》。

五人墓碑记

五人者，盖当蓼洲周公之被逮[①]，激于义而死焉者也。至于今，郡之贤士大夫请于当道[②]，即除魏阉废祠之址以葬之[③]，且立石于其墓之门，以旌其所为[④]。呜呼！亦盛矣哉！夫五人之死，去今之墓而葬焉，其为时，止十有一月耳。夫十有一月之中，凡富贵之子、慷慨得志之徒，其疾病而死，死而湮没不足道者，亦已众矣。况草野之无闻者欤！独五人之皦皦[⑤]，何也？

予犹记周公之被逮，在丁卯三月之望[⑥]。吾社之行为士先者，为之声义，敛赀财以送其行[⑦]，哭声震动天地。缇骑按剑而前[⑧]，问谁为哀者，众不能堪，抶而仆之[⑨]。是时以大中丞抚吴者，为魏之私人，周公之逮所由使也，吴之民方痛心焉[⑩]。于是趁其厉声以呵，则噪而相逐，中丞匿于溷藩以免[⑪]。既而以吴民之乱，请于朝，按诛五人，曰颜佩韦、杨念如、马杰、沈杨、周文元，即今之傫然在墓者也[⑫]。然五人之当刑也，意气扬扬，呼中丞之名而詈之[⑬]，谈笑以死。断头置城上，颜色不少变。有贤士大夫，发五十金，买五人之脰而函之[⑭]，卒与尸合，故今之墓中，全乎为五人也。

嗟夫！大阉之乱，缙绅而能不易其志者[⑮]，四海之大，有几人欤？而五人生于编伍之间[⑯]，素不闻诗书之训，激昂大义，蹈死不顾，亦曷故哉？且矫诏纷出，钩党之捕[⑰]，遍于天下，卒以吾郡之发愤一击，不敢复有株治[⑱]。大阉亦逡巡畏义[⑲]，非常之谋[⑳]，难于猝发。待圣人之出[㉑]，而投缳道路[㉒]，不可谓非五人之力也。

由是观之，则今之高爵显位，一旦抵罪，或脱身以逃，不能容于远近；而又有剪发杜门[㉓]、佯狂不知所之者，其辱人贱行[㉔]，视五人之死，轻重固何如哉？是以蓼洲周公，忠义暴于朝廷[㉕]，赠谥美显[㉖]，荣于身后；而五人亦得以加其土封[㉗]，列其姓名于大堤之上，凡四方之士，无有不过而拜且泣者，斯固百世之遇也。不然，令五人者，保其首领，以老于户牖之下[㉘]，则尽其天年，人皆得以隶使之，安能屈豪杰之流，扼腕墓道，发其志士之悲哉？故余与同社诸君子，哀斯墓之徒有其石也，而为之记；亦以明死生之大，匹夫之有重于社稷也。

贤士大夫者，冏卿因之吴公[㉙]，太史文起文公[㉚]，孟长姚公也[㉛]。

【注释】

①蓼（liǎo）洲周公：即周顺昌，其号为蓼洲，明熹宗时任吏部员外郎，因得罪魏忠贤，被捕，死于狱中。

②郡：指苏州。当道：执政者。

③除：整理。魏阉废祠：魏忠贤当权时，各地无耻的官吏为其建生祠（给活人修的祠堂），魏忠贤死后，其生祠即废。

④旌（jīng），表扬。

⑤皦皦（jiǎo）：光明显耀。

⑥丁卯：即天启七年（1627）。三月之望：农历三月十五，望即每月十五。

⑦我社：应社，张溥当时在常熟成立的带有政治色彩的社团。行为士先者：行为能成为士人表率的人。声义：伸张正义。赀（zī）财：钱财。

⑧缇绮：朝廷派出去捕人的穿红衣服的马队。缇（tí），橘红色。

⑨堪：忍受。抶（chì）：击。

⑩以大中丞抚吴者：即江苏巡抚毛一鹭。私人：亲信。痛心：痛恨。

⑪溷（hùn）：厕所。藩：篱、墙。

⑫请于朝：向朝廷请示。傫（lěi）然：聚集的样子。

⑬詈（lì）：骂。

⑭脰（dòu）：指头。函：用木匣装起来。

⑮大阉：指宦官魏忠贤。缙绅：做官的人。不易其志：不改志向。

⑯编伍：指民间，古时编制户口，以五家为“伍”。

⑰曷：何。矫诏：假借皇帝名义发出的诏书。钩党：有牵连的人。

⑱株治：株连治罪。

⑲逡（qūn）巡：有所顾虑。

⑳非常之谋：指魏忠贤妄图篡位窃国的阴谋。

㉑圣人之出：指明毅宗（崇祯）即位。

㉒投缳道路：崇祯皇帝即位后即贬魏忠贤去凤阳守皇陵，魏忠贤行至河北阜城时畏罪自杀。

㉓剪发杜门：出家为僧，闭门不出。

㉔辱人贱行：可耻的人格和卑贱的行为。

㉕暴（pù）：显露。

㉖谥：古时帝王或官员死后，给予表示褒贬的称号。

㉗加其土封：重新安葬，修建一座大坟。

㉘户牖（yǒu）：门和窗，此指居家。

㉙冏（jiǒng）卿因之吴公：即吴默。字因之。

㉚太史文起文公：即文震孟，字文起。

㉛孟长姚公：即姚希孟，字孟长。

【解析】

明末政治黑暗，宦官专权，正直的士大夫如杨涟、左光斗、魏大中等先后被害，周顺昌因接待过魏大中，亦被捕杀。周顺昌被捕时曾激起苏州市民的愤怒，群起而打死差人。魏忠贤的爪牙、江苏巡抚毛一鹭捕杀了颜佩韦等五位市民。第二年，魏忠贤伏诛，此事得到平反。苏州人为五人重修坟墓，由张溥撰写了这篇碑记。

本文记叙了颜佩韦等五位义士“激于义而死”的原因和经过，歌颂了苏州市民不畏强暴、不怕牺牲，敢于同恶势力斗争的英雄事迹，批判了甘心附逆的官僚士大夫的卑劣行径，并由此生发开去，阐述了生死价值问题。文章表现了作者作为一位复社文人，关心国事，坚决与魏党斗争的立场。全文慷慨激昂，淋漓酣畅，富有强烈的感染力量，叙议结合，使事、理、情交融并茂，并运用了对比的手法来刻画人物形象。《古文观止》评此文“议论随叙事而入，感情淋漓，激昂尽致，当与史公（司马迁）伯夷、屈原二传并垂不朽”。

夏完淳

夏完淳（1631～1647），原名复，字存古。松江华亭（今上海松江）人。其父夏允彝，与张溥、陈子龙等在当时极负盛名。明亡后，与其父、师起兵抗清，事败，其父、师先后死难，他则继续从事抗清活动。顺治四年，因人告发被捕，解送南京后，不屈而死，年十六。夏完淳是明末文学家，所著诗文具有慷慨激昂的风格。著有《夏完淳集》。

狱中上母书

不孝完淳今日死矣，以身殉父，不得以身报母矣。痛自严君见背[①]，两易春秋[②]。冤酷日深[③]，艰辛历尽。本图复见天日，以报大仇，恤死荣生，告成黄土[④]。奈天不佑我，钟虐先朝[⑤]。一旅才兴，便成齑粉[⑥]。去年之举[⑦]，淳已自分必死[⑧]，谁知不死，死于今日也！斤斤延此二年之命[⑨]，菽水之养无一日焉[⑩]。致慈君托迹于空门[⑪]，生母寄生于别姓[⑫]，一门漂泊，生不得相依，死不得相问。淳今日又溘然先从九京[⑬]，不孝之罪，上通于天。

呜呼！双慈在堂，下有妹女，门祚衰薄[⑭]，终鲜兄弟[⑮]。淳一死不足惜，哀哀八口[⑯]，何以为生？虽然，已矣。淳之身，父之所遗；淳之身，君之所用。为父为君，死亦何负于双慈？但慈君推干就湿[⑰]，教礼习诗，十五年如一日；嫡母慈惠，千古所难。大恩未酬，令人痛绝。慈君托之义融女兄[⑱]，生母托之昭南女弟[⑲]。

淳死之后，新妇遗腹得雄[⑳]，便以为家门之幸；如其不然，万勿置后[㉑]。会稽大望[㉒]，至今而零极矣[㉓]。节义文章[㉔]，如我父子者几人哉？立一不肖后如西铭先生[㉕]，为人所诟笑，何如不立之为愈耶[㉖]？呜呼！大造茫茫[㉗]，总归无后，有一日中兴再造，则庙食千秋[㉘]，岂止麦饭豚蹄[㉙]，不为馁鬼而已哉[㉚]？若有妄言立后者，淳且与先文忠在冥冥诛殛顽嚚[㉛]，决不肯舍！

兵戈天地㉜，淳死后，乱且未有定期。双慈善保玉体，无以淳为念㉝。二十年后，淳且与先文忠为北塞之举矣㉞。勿悲勿悲！相托之言，慎勿相负。武功甥将来大器㉟，家事尽以委之㊱。寒食盂兰㊲，一杯清酒，一盏寒灯，不至作若敖之鬼㊳，则吾愿毕矣。新妇结缡二年㊴，贤孝素著，武功甥好为我善待之。亦武功渭阳情也㊵。

语无伦次，将死言善。痛哉痛哉！人生孰无死，贵得死所耳。父得为忠臣，子得为孝子，含笑归太虚㊶，了我分内事。大道本无生，视身若敝屣㊷。但为气所激㊸，缘悟天人理㊹。恶梦十七年，报仇在来世。神游天地间，可以无愧矣。

【注释】

①严君：指父亲。夏完淳之父夏允彝于1945年抗清失败后投河自尽。见背：指长辈去世。

②两易春秋：两年过去了。

③冤酷：仇恨与惨痛。

④恤（xù）：意为告慰。荣生：使活着的人（指其母）光荣。成：事情成功。黄土：代指祖先。

⑤钟虐：灾祸集中。钟，聚集。虐，灾难。先朝：指明朝。

⑥一旅：义军。齑（jī）粉：粉末。意指失败。

⑦去年之举：指1646年吴易起兵之事。举：行动。

⑧分：料想。

⑨斤斤：仅仅。

⑩菽水之养：指对父母的供养。

⑪慈君：指嫡母。托迹：安身。空门：佛门。

⑫生母：夏完淳的生母陆氏，为夏允彝的侧室。寄生：寄住。别姓：别人家。

⑬溘（kè）然：忽然，很快。九京：指地下。

⑭门祚：家运。

⑮鲜：少。

⑯哀哀：非常可怜的样子。

⑰双慈：指嫡母和生母。推干就湿：喻父母抚育子女的劳苦。

⑱义融女兄：指作者之姐夏淑吉。

⑲昭南女弟：指作者之妹夏惠吉。

⑳新妇：指作者之妻钱秦篆。得雄：生儿子。

㉑置后：立后嗣，即把别人的儿子过继为自己的儿子。

㉒大望：有声望的大族。

㉓零：衰败。

㉔节义文章：品德和学问。

㉕不肖：品行不好。西铭先生：即张溥，号西铭。

㉖愈：好。

㉗大造：天地。

㉘中兴再造：指恢复明朝天下。庙食：在庙中享受祭食。

㉙麦饭豚蹄：祭奠死者的一般食品。豚蹄，猪蹄。

㉚馁鬼：饿鬼。

㉛先文忠：作者的父亲夏允彝死后谥“文忠”。殛（jí）：杀死。顽嚚

(yín)：愚蠢而顽固的人。

㉜兵戈天地：到处都在打仗。

㉝无：通“毋”，不要。为念：记挂。

㉞北塞之举：出师北伐。

㉟武功甥：作者的外甥侯檠，字武功。大器：大才。

㊱委：托付。

㊲寒食：寒食节，在清明节前一两天，是祭扫坟墓的日子。盂兰：梵语，解救倒悬。佛教徒在七月十五日举行盂兰盆法会，超度祖先亡灵。

㊳若敖之鬼：没有后代的饿鬼。春秋时楚令尹子文为敖歼氏后人，他担心侄子越椒会灭其宗，临死前对其族人说：“鬼犹求食，若敖氏之鬼，不其馁而！”后越椒果然给若敖氏带来灭族之祸。

㊴结缡：指女子出嫁。缡（lí），古代妇女的佩巾。

㊵渭阳情：甥舅之情谊。渭阳，《诗经·秦风》篇名，内容为晋公子重耳逃亡在外，秦穆公接待了他，后其归国时，其甥帮康公送至渭水之阳，作《渭阳》诗。后人即以“渭阳”喻甥舅之情谊。

㊶太虚：天上。

㊷敝屣（xǐ）：破鞋子。

㊸气：精神。

㊹天人理：天意人事的道理。

【解析】

顺治四年（1647），夏完淳不幸被捕，押往南京。这篇文章是他在南京狱中临刑前写给母亲的诀别信。

文章表现了作者忠孝不能两全的矛盾思想。作者叙述自己奔走国事，生时对母亲无一日之养，而死后家庭又定会遭受更大的变故，这使自己的心里非常难过，但一想到自己是因国事而死，又觉得自己死得其所，一无遗憾。文章既充满了国破家亡的悲愤，又表现出视死如归的英雄气概和至死不渝的战斗意志。而文中所提到的一些家事，都归结到爱国复仇的大义上，虽为诀别书，却没有一点儿英雄气短、儿女情长的伤感。全篇洋溢着乐观主义的精神和至死不渝的战斗意志。感情真挚，血泪交融，具有动人心魄的力量。以忠孝为主线，纯任自然，看似散乱，实则严谨。语言精练，句式整饬，富于气势。郭沫若在《历史人物·夏完淳》中评价说：“被捕后之文，如《土室余论》、《狱中上母书》、《遗夫人书》，亦均是血性文字。”

张　岱

张岱（1597～1679），一名维城，初字宗子，后字石公，号陶庵。又号蝶庵。山阴（今浙江绍兴）人。其先世居蜀，故张

岱亦自称蜀人。他早年生长于仕宦繁华之地，过着游山玩水、读书品艺的纨绔生活。明亡后避居剡溪山中，从事著述。其散文小品尤为人所称道。其文各体兼备，尤其长于人物传记，具有“酷肖其人”的特点，生动形象，贴近生活。著有《琅玡文集》、《陶庵梦忆》、《西湖梦寻》、《石匮书后集》等。

西湖七月半

西湖七月半[①]，一无可看，止可看看七月半之人。看七半之人，以五类看之。其一楼船箫鼓，峨冠盛筵，灯火优傒[②]，声光相乱，名为看月而实不见月者，看之。其一亦船亦楼，名娃闺秀[③]，携及童娈[④]，笑啼杂之，还坐露台，左右盼望[⑤]，身在月下而实不看月者，看之。其一亦船亦声歌，名妓闲僧，浅斟低唱，弱管轻丝，竹肉相发[⑥]，亦在月下，亦看月而欲人看其看月者，看之。其一不舟不车，不衫不帻[⑦]，酒醉饭饱，呼群三五，跻入人丛，昭庆断桥[⑧]，嚣呼嘈杂[⑨]，装假醉，唱无腔曲，月亦看，看月者亦看，不看月者亦看，而实无一看者，看之。其一小船轻幌[⑩]，净几暖炉，茶铛旋煮[⑪]，素瓷静递，好友佳人，邀月同坐，或匿影树下[⑫]，或逃嚣里湖[⑬]，看月而人不见其看月之态，亦不作意看月者，看之。

杭人游湖，巳出酉归，避月如仇[⑭]。是夕好名，逐队争出，多犒门军酒钱，轿夫擎燎[⑮]，列俟岸上[⑯]。一入舟，速舟子急放断桥[⑰]，赶入胜会。以故二鼓以前，人声鼓吹，如沸如撼，如魇如呓[⑱]，如聋如哑，大船小船一齐凑岸，一无所见，止见篙击篙、舟触舟、肩摩肩、面看面而已。少刻兴尽，官府席散，皂隶喝道去[⑲]，轿夫叫，船上人怖以关门[⑳]，灯笼火把如列星，一一簇拥而去。岸上人亦逐队赶门[㉑]，渐稀渐薄，顷刻散尽矣。吾辈始舣舟近岸[㉒]，断桥石磴始凉，席其上，呼客纵饮，此时月如镜新磨，山复整妆，湖复颒面[㉓]，向之浅斟低唱者出，匿影树下者亦出，吾辈往通声气，拉与同坐，韵友来[㉔]，名妓至，杯箸安，竹肉发。月色苍凉，东方将白，客方散去。吾辈纵舟，酣睡于十里

荷花之中，香气拍人，清梦甚惬[25]。

【注释】

①七月半：农历七月十五，俗称中元节，亦叫鬼节。

②峨冠：头戴高冠，指士大夫。优傒：歌妓和仆役。

③名娃：名门的美女。闺秀：原指有才德的女子，后指代小姐。

④童娈（luán）：即娈童，美童。

⑤还：通“环”。露台：指船的前部的平台。盼望：张望。

⑥竹肉相发：箫管与歌声相伴。竹，指竹制的管乐器。肉，指歌喉。

⑦帻（zé）：头巾。

⑧昭庆：即昭庆寺，在西湖东北隅岸上。断桥：在西湖白堤上。

⑨嚣（xiāo）呼：大喊大叫。

⑩幌（huǎng）：布幔。

⑪茶铛：煮茶的锅。铛（chēng）：一种铁锅。旋：随时。

⑫匿（nì）影：藏身。

⑬逃嚣：避开喧哗。里湖：在苏堤西部，孤山北边。

⑭巳出归：巳时，上午九点到十一点。酉时，下午五点到七点。

⑮犒（kào）：犒劳，慰问。门军：守门军士。擎（qíng）燎：举着火把。燎（liào），古代用以照明的火炬。

⑯列俟（sì）：排队等待。

⑰速舟子：催促船夫。

⑱如魇如呓：好像梦中惊叫和说梦话。魇（yǎn），做噩梦而惊叫。呓（yì），说梦话。

⑲皂隶：旧时衙门里的差役。喝道：旧时官员出行，前面引路的差役喝令行人让道，以示威风。

⑳怖：恐吓。关门：关城门。

㉑赶门：赶在城门关闭前回到城里。

㉒舣（yǐ）舟：停船靠岸。

㉓颒（huì）：洗脸。

㉔韵友：高雅的朋友。

㉕惬（qiè）：心意满足。

【解析】

这是一篇游记，作者描绘了杭州人七月十五游西湖的盛况，通过对各种类型游客的看月情态的描写，表现了对显贵达官、名娃闺秀以及附庸风雅的无赖子弟的嘲讽，对市井百姓凑热闹的俗气的鄙夷，同时也表现了士大夫自命清高、赏玩美景的悠闲意趣和超尘脱俗的情致。文章结构谨严，笔触细腻，文笔简练，语言生动活泼，清新流丽，其中夹杂一些俚词俗句，颇有创新意义。作者还善于寓情于记叙之中，记事、写景和抒情三者结合，表现出一种清新的风格。祁彪佳评曰：“其所记游，有郦道元之博奥，有刘同人之生辣，有袁中郎之清丽，有王季重之诙谐。”

湖心亭看雪

崇祯五年十二月[1]，余住西湖。大雪三日，湖中人鸟声

俱绝。是日更定矣[2]，余拏一小舟[3]，拥毳衣炉火[4]，独往湖心亭看雪。雾凇沆砀[5]，天与云、与山、与水，上下一白，湖上影子，惟长堤一痕、湖心亭一点、与余舟一芥[6]、舟中人两三粒而已。到亭上，有两人铺毡对坐。一童子烧酒炉正沸。见余大喜曰："湖中焉得更有此人!"拉余同饮。余强饮三大白而别[7]。问其姓氏，是金陵人，客此[7]。及下船，舟子喃喃曰："莫说相公痴，更有痴似相公者。"

【注释】

①崇祯五年：即公元1632年。

②更定：晚七时后。

③拏（ná）：牵引，意指驾舟。

④毳衣：皮衣。毳（cuì），鸟兽细毛。

⑤雾凇：寒天冷时雾凝聚在树枝叶上形成白色松散的冰晶。沆砀（hàng dàng）：广大无边。

⑥芥（jiè）：小草，比喻舟之小。

⑦大白：大酒杯。

⑧客此：客居杭州。

【解析】

湖心亭在西湖之中，据说是宋代疏浚西湖时，以湖泥堆成小山，后于山上建成亭阁，叫湖心亭。这是观赏西湖风景的好地方。

本文写西湖雪景之佳，使用"一痕"、"一点"、"一芥"、"两三粒"四个譬喻，形象地描绘了雪雾之中西湖上的长堤、亭阁、小舟、游人。文章写西湖雪夜的景色，抓住上下一白与湖上的黑影，形成色调对比，构成了白茫茫与夜茫茫的特异画面。全文篇幅短小，语言精练，清新活泼，形象生动，富于诗情画意。祁彪佳在《古今义列传序》中评曰："其点染之妙，凡当要害，在余子宜一二百言者，宗子能数十字辄尽情状，乃穷事际，反若有千百言在笔下。"

柳敬亭说书

南京柳麻子[1]，黧黑[2]，满面疤瘤[3]，悠悠忽忽，土木形骸[4]。善说书。一日说书一回，定价一两。十日前先送书帕下定[5]，常不得空。南京一时有两行情人[6]，王月生[7]、柳麻子是也。

余听其说景阳岗武松打虎白文[8]，与本传大异[9]。其描写刻画，微入毫发[10]，然又找截干净[11]，并不唠叨。哱夬声如巨钟[12]。说至筋节处[13]，叱咤叫喊，汹汹崩屋[14]。武松到店沽酒，店内无人，謈地一吼[15]，店中空缸空甓[16]，皆瓮瓮有声。闲中着色[17]，细微至此。主人必屏息静坐，倾耳听之，彼方掉舌[18]，稍见下人呫哔耳语，听者欠伸有倦色[19]，辄不言，故不得强。每至丙夜[20]，拭桌剪灯，素瓷静递[21]，款款言之，其疾徐轻重，吞吐抑扬，入情入理，入筋入骨，摘世上说书之耳，而使之谛听，不怕其不龇舌死也[22]。

柳麻子貌奇丑，然其口角波俏，眼目流利，衣服恬静，直与王月生同其婉娈[23]，故其行情正等。

【注释】

①柳麻子：即柳敬亭，本姓曹，名遇春，号敬亭，江苏泰州人，十五岁时因得罪地方官吏而逃至盱眙，改姓柳，以说书为生，人称柳麻子。

②黧（lí）黑：脸色黄黑。

③癗（lěi）：小疙瘩。

④土木形骸：喻不加修饰。

⑤书帕：原意是书和盖书的巾帕。明以后代指礼物或金银。这里代定金。下定：预定节目。

⑥行情人：受欢迎的人。

⑦王月生：当时南京名妓。

⑧白文：大书。说书分两种：大书和小书，大书全是白文，不唱，小书则说唱兼有，更重唱。

⑨本传：即《水浒传》。

⑩微入毫发：非常细腻。

⑪找：补充。截：剪裁。

⑫哱夬（bó guài）：大声吆喝。

⑬筋节处：关键处。

⑭汹汹：迅猛。

⑮謈（páo）：大声喊叫。

⑯甓（pì）：砖。

⑰闲中：不太引人注意的地方。着色：描画。

⑱掉舌：开口。

⑲呫哔（chèbì）：耳语。欠伸：伸懒腰。

⑳丙夜：半夜。

㉑素瓷静递：默默地饮茶。

㉒龇（zé）舌：咬舌。即自杀。

㉓婉娈：美好。

【解析】

柳敬亭是明末清初著名的说书艺人。

本文主要是记叙柳敬亭说书的情景，刻画其高超的艺术才能。作者先叙述柳敬亭的外貌形状，然后以自己的亲身经历来描述其说书的情景，其中描写的细腻生动，不仅再现了打虎英雄武松的形象，而且把柳敬亭说书的高超艺术活灵活现地描绘出来，使读者有一种身临其境的感觉，真正达到了如见其人、如闻其声的地步。文章运用白描手法，虚实结合。语言生动活泼，极富表现力。在当时，钱谦益、吴伟业、黄宗羲、周容等名士均对柳麻子有所记述，而张岱此文独出机杼，

把人物的声容笑貌写得妙肖如生，在同类题材的作品中脱颖而出，确有其过人之处。

侯方域

侯方域（1618～1654），字朝宗，商邱（今属河南）人。少有才名，与方以智、冒襄、陈贞慧号称“四公子”。崇祯十二年赴南京应乡试，与张溥、夏允彝等交游，参与草拟了揭发阉党余孽阮大铖的《留都防乱揭》。后阮大铖当权，侯方域逃往扬州等地。清顺治八年（1651），为免祸而应河南乡试，得中副榜，其后不久即病逝。侯方域早有文名，与魏禧、汪琬并称清初三大家。其文善将唐宋古文之法与传奇小说的笔法熔于一炉，敢于放言，无所拘忌，自成蹊径。著有《壮悔堂文集》和《回忆堂诗集》等。

马伶传

马伶者，金陵梨园部也[①]。金陵为明之留都[②]，社稷百官皆在[③]，而又当太平盛时，人易为乐，其士女之问桃叶渡、游雨花台者，趾相错也[④]。梨园以技鸣者[⑤]，无论数十辈，而其最著者二：曰兴化部，曰华林部。

一日，新安贾合两部为大会[⑥]，遍征金陵之贵客文人，与夫妖姬静女[⑦]，莫不毕集。列兴化于东肆[⑧]，华林于西肆。两肆皆奏鸣凤[⑨]，所谓椒山先生者。迨半奏[⑩]，引商刻羽[⑪]，抗坠疾徐[⑫]，并称善也。当两相国论河套[⑬]，而西肆之为严嵩相国者曰李伶，东肆则马伶。坐客乃西顾而叹，或大呼命酒，或移坐更近之，首不复东。未几更进[⑭]，则东肆不复能终曲[⑮]，询其故，盖马伶耻出李伶下，已易衣遁矣[⑯]。马伶者，金陵之善歌者也，既去，而兴化部又不肯辄以易之，乃竟辍其技不奏，而华林部独著[⑰]。

去后且三年而马伶归，遍告其故侣，请于新安贾曰：“今日幸为开宴，招前日宾客，愿与华林部更奏鸣凤，奉一日欢。”既奏，已而论河套，马伶复为严嵩相国以出。李伶忽失声，匍匐前称弟子。兴化部是日遂凌出华林部远甚[18]。

其夜，华林部过马伶曰[19]：“子，天下之善技也，然无以易李伶，李伶之为严相国至矣，子又安从授之而掩其上哉?”马伶曰：“固然[20]，天下无以易李伶，李伶即又不肯授我。我闻今相国昆山顾秉谦者[21]，严相国俦也[22]。我走京师，求为其门卒三年，日侍昆山相国于朝房，察其举止，聆其语言，久而得之，此吾之所为师也。”华林部相与罗拜而去[23]。

马伶，名锦，字云将，其先西域人，当时犹称马回回云。

侯方域曰：异哉，马伶之自得师也。夫其以李伶为绝技，无所干求[24]，乃走事昆山，见昆山犹之见分宜也，以分宜教分宜，安得不工哉[25]？呜呼！耻其技之不若，而去数千里，为卒三年，倘三年犹不得，即犹不归尔。其志如此，技之工又须问耶?

【注释】

①金陵：今江苏南京。梨园部：戏班。

②留都：明初建都南京，成祖后迁都北京，以南京为留都，其建制与北京一样。

③社稷：国家代称。社，土神；稷，谷神。

④问：探访。趾相错：脚趾相互交错，指人多。

⑤鸣：出名。

⑥新安贾：新安商人。

⑦妖姬：美艳的妇女。静女：未出嫁的淑女，此指才女。

⑧肆：此指剧场。

⑨鸣凤：即《鸣凤记》，相传为王世贞所作的传奇戏，演杨继盛（椒山先生）弹劾严嵩之故事。

⑩迨（dài）：等到。半奏：中间。

⑪刻商引羽：指演奏音乐。商、羽，均为五音之一。

⑫抗坠疾徐：声调抑扬顿挫，变化多端。

⑬两相国论河套：明世宗时，陕西总督曾铣建议收复河套，当时宰相夏言赞成，严嵩反对。《鸣凤记》第六出《两丁争朝》即演此事。

⑭西顾：望西看。指被李伶的演出吸引。命酒：叫人拿酒。更进：继续进行下去。

⑮终曲：演完。

⑯易衣：换衣。遁：逃走。

⑰辄以易之：轻易换人。辍（chuò）：停止。独著：独享盛名。

⑱凌出：超过，超出。

⑲过：拜访。

⑳固然：确实这样。

㉑顾秉谦：昆山人，依附魏忠贤，先后为文渊阁大学士、建极殿大学士。

㉒俦（chóu）：同类。

㉓罗拜：环列致敬。

㉔干求：请求，求取。

㉕分宜：指严嵩，他是江西分宜人。工：精致。

【解析】

马伶，姓马的伶人。明熹宗天启年间的戏剧演员。

本文记叙戏剧演员马伶在与李伶的对台戏中失败后负气出走京师，到实际生活中去体验、学习，经过三年，他技艺大进，重返京师，在对台戏中反败为胜，战胜李伶，终于获得了成功。文章塑造了马伶这一人物形象，他虽地位不高，但在失败之后并不灰心丧气，反而更加刻苦钻研，并亲身到实际生活中去观察体验，以此提高自己的演技，并终于获得成功。这一形象的意义在于，他的成功告诉我们，只要努力学习和不断实践，就一定会成功。当然，本文还暗寓深义，即对当朝宰相顾秉谦的贬斥。文章明畅流利，人物形象栩栩如生，故事性也很强，详略得当，中心突出，材料集中。在语言上，本文受当时文风的影响，把市民小说的语言运用于文中，清新别致，富于创新。

李姬传

李姬者[①]，名香，母曰贞丽[②]。贞丽有侠气，尝一夜博[③]，输千金立尽；所交接皆当世豪杰，尤与阳羡陈贞慧善也[④]。姬为其养女，亦侠而慧[⑤]，略知书，能辨别士大夫贤否，张学士溥[⑥]、夏吏部允彝亟称之[⑦]。少风调皎爽不群[⑧]。十三岁，从吴人周如松受歌玉茗堂四传奇[⑨]，皆能尽其音节，尤工《琵琶词》[⑩]，然不轻发也。

雪苑侯生[⑪]，己卯来金陵[⑫]，与相识。姬尝邀侯生为诗，而自歌以偿之[⑬]。初，皖人阮大铖者[⑭]，以阿附魏忠贤论城旦[⑮]，屏居金陵[⑯]，为清议所斥。阳羡陈贞慧、贵池吴应箕实首其事，持之力[⑰]。大铖不得已，欲侯生为解之，乃假所善王将军[⑱]，日载酒食与侯生游。姬曰："王将军贫，非结客者，公子盍叩之[⑲]？"侯生三问，将军乃屏人述大铖意[⑳]。姬私语侯生曰："妾少从假母识阳羡君，其人有高义，闻吴君尤铮铮[㉑]，今皆与公子善，奈何以阮公负至交乎？且

以公子之世望[22]，安事阮公？公子读万卷书，所见岂后于贱妾耶[23]？”侯生大呼称善，醉而卧。王将军者殊怏怏[24]，因辞去，不复通[25]。

未几，侯生下第[26]。姬置酒桃叶渡[27]，歌《琵琶词》以送之，曰：“公子才名文藻，雅不减中郎。中郎学不补行[28]，今《琵琶词》所传词固妄，然尝昵董卓[29]，不可掩也。公子豪迈不羁，又失意，此去相见未可期，愿终自爱，无忘妾所歌《琵琶词》也！妾亦不复歌矣！”

侯生去后，而故开府田仰者[30]，以金三百锾[31]，邀姬一见。姬固却之[32]。开府惭且怒，且有中伤姬。姬叹曰：“田公宁异于阮公乎？吾向之所赞于侯公子者谓何[33]？今乃利其金而赴之，是妾卖公子矣[34]！”卒不往。

【注释】

①李姬：明末秦淮名妓李香君，名香。

②贞丽：李贞丽，字淡如，明末秦淮名妓。

③博：赌博。

④阳羡：古地名，故城在今江苏宜兴南。陈贞慧，字定生，明末复社“四公子”之一。

⑤慧：聪明，有才智。

⑥张学士溥：即张溥，因其曾为明朝进士，故称学士。

⑦夏吏部允彝：即夏允彝，“几社”创始人之一，因曾在吏部任职，故称。

⑧风调皎爽不群：风韵格调，开朗豪迈，与众不同。

⑨周如松：即苏昆生，明末清初著名昆曲家。玉茗堂四传奇：即汤显祖的代表作《紫钗记》、《还魂记》（《牡丹亭》）、《南柯记》、《邯郸记》。

⑩琵琶词：指元末明初作家高明的《琵琶记》。

⑪雪苑侯生：侯方域自号“雪苑”，故称。

⑫己卯：明崇祯十二年（1639）。

⑬偿：答谢。

⑭阮大铖：字圆海，怀宁（今安徽安庆）人，先入东林党，后附魏忠贤，崇祯末投靠马士英，后降清。阿附：逢迎依附。

⑮论：论罪，判处。城旦：秦汉时所设立的一种劳役，白天御寇，晚上筑城。这里代指流放。

⑯屏（bǐng）居：退居。清议：公正的舆论。

⑰贵池吴应箕：吴应箕，字次尾，明末复社领袖之一。首其事：首先发起这件事。持之力：非常坚持。

⑱假：借。所善：所要好的朋友。

⑲结客：结交朋友。盍（hé）：何不。叩：问。

⑳屏人：叫他人回避。

㉑假母：指妓院的老鸨。铮铮：人品刚直。

㉒世望：家世与声望。侯方域之父曾参加东林党反对阉党。事：侍奉。

㉓后：落在后面，比不上。

㉔怏怏：郁闷不乐。

㉕通：交往。

㉖下第：科举落第。

㉗桃叶渡：渡口名，在南京秦淮河与清溪合流处。因晋王献之曾在此送其爱妾桃叶而得名。

㉘中郎：即蔡邕，蔡邕曾任左中郎将。学不补行：谓学问上的成就无法弥补品德上的瑕疵。

㉙昵：亲近。

㉚开府：明清时各省巡抚称为开府。田仰：马士英亲戚，南明弘光时任淮阳巡抚。

㉛锾（huán）：古代重量单位。

㉜固却：坚决推辞。

㉝中伤：恶意攻击。赞：劝。

㉞卖：负心。

【解析】

李姬即李香君，也就是孔尚任的戏曲《桃花扇》中的主人公。与侯方域交往甚密。

作品叙述了自己与李香君的交往，歌颂了李香君明大义、识大体、不依附权贵的高尚品德。文章先叙李香君的性格，然后叙述了李香君劝自己不要接近阮大铖，李香君与自己分手桃叶渡以及拒绝田仰之邀等事情，从多方面描述了李香君能辨别士大夫贤否的情形。全文五处写她的善辨，即一辨侯生，二辨阮大铖，三辨陈贞慧、吴应箕，四辨蔡邕，五辨田仰，这样不仅突出了李香君的基本品格，而且使人物形象更加鲜明、生动。为塑造李香君的形象，作者运用了对比的手法，以自己的弱点来反衬李香君的优点。作者这样写，更烘托出李香君品质的高贵。同时，本文选材讲究，条理有序，明为“传”，但文章只选取了最能表现、突出李香君性格的几件事，结构严谨，主干更为突出。同时，注意通过特定场合下个性化的对话来刻画人物，叙事流畅，文笔精练，形象生动。所有这些都使本文成为孔尚任创作《桃花扇》这一名剧的蓝本。

钱谦益

钱谦益（1582～1664），字受之，号牧斋，又自称牧翁、蒙叟、绛云老人、东涧遗老。常熟（今江苏常熟）人。明万历三十八年进士，官至礼部侍郎。清军攻陷南京，钱谦益迎降，被封为礼部右侍郎，管秘书院事。不久告病南归。其诗名很大，被推为一代宗匠，是宗宋派的领袖。其文在明末清初亦颇具特点，其题跋文字，极富感情。著有《初学集》、《有学集》、《投笔集》等。

徐霞客传

徐霞客者，名弘祖，江阴梧塍里人也[①]。高祖经[②]，与唐寅同举除名[③]。寅尝以倪云林画卷偿博进三千[④]，手迹犹在其家。霞客生里社[⑤]，奇情郁然[⑥]，玄对山水[⑦]，力耕奉母，践更徭役[⑧]，蹙蹙如笼鸟之触隅[⑨]，每思飏去[⑩]。年三十，母遣之出游。每岁三时出游，秋冬觐省[⑪]，以为常。东南佳山水，如东西洞庭、阳羡、京口、金陵、吴兴、武林[⑫]，浙西径山、天目[⑬]，浙东五泄、四明、天台、雁宕、南海落伽[⑭]，皆几案衣带间物耳。有两三至，有数至，无仅一至者。其行也，从一奴或一僧，一杖、一襆被，不治装，不裹粮，能忍饥数日，能遇食即饱，能徒步走数百里。凌绝壁，冒丛菁[⑮]，扳援下上[⑯]，悬度绠汲[⑰]，捷如青猿，健如黄犊，以崟岩为床席[⑱]，以溪涧为饮沐[⑲]，以山魅、木客、王孙、玃父为伴侣[⑳]，俦俦粥粥[㉑]，口不能道词，与之论山经，辨水脉，搜讨形胜，则划然心开。居平未尝鞶帨为古文辞[㉒]，行游约数百里，就破壁枯树，燃松拾穗[㉓]，走笔为记，如甲乙之簿，如丹青之画，虽才笔之士，无以加也[㉔]。

游台、宕还[㉕]，过陈木叔小寒山[㉖]。木叔问："曾造雁山绝顶否？"霞客唯唯[㉗]。质明[㉘]，已失其所在。十日而返，曰："吾取间道，扪萝上龙湫[㉙]，三十里，有宕焉，雁所家也[㉚]。扳绝磴上十数里[㉛]，正德间白云、云外两僧团瓢尚在[㉜]。复上二十余里，其颠罡风逼人[㉝]，有麋鹿数百群，围绕而宿，三宿而始下。"其与人争奇逐胜，欲赌身命，皆此类也。

已而游黄山、白岳、九华、匡庐[㉞]；入闽，登武夷[㉟]，泛九鲤湖[㊱]；入楚，谒玄岳[㊲]，北游齐、鲁、燕、冀、嵩、雒[㊳]；上华山[㊴]，下青柯坪[㊵]，心动趣归，则其母正属疾，啮指相望也[㊶]。母丧服阕[㊷]，益放志远游。访黄石斋于闽[㊸]，穷闽山之胜，皆非闽人所知。登罗浮[㊹]，谒曹溪[㊺]，归而追石斋于黄山。往复万里，如步武耳。由终南背走峨嵋[㊻]，从

野人采药，栖宿岩穴中，八日不火食。抵峨嵋，属奢酋阻兵[47]，乃返。只身戴釜，访恒山于塞外[48]，尽历阨塞[49]。归，过余山中[50]，剧谈四游四极[51]，九州九府，经纬分合，历历如指掌。谓："昔人志星官、舆地[52]，多承袭傅会[53]，江、河二经[54]，山、川两戒[55]，自纪载来，多囿于中国一隅，欲为昆仑海外之游，穷流沙而后返[56]。"小舟如叶，大雨淋湿，要之登陆[57]，不肯，曰："譬如涧泉暴注，撞击肩背，良足快耳[58]。"

丙子九月，辞家西迈[59]。僧静闻愿登鸡足礼迦叶[60]，请从焉。遇盗于湘江，闻被创死，函其骨[61]，负之以行。泛洞庭[62]，上衡岳[63]，穷七十二峰。再登峨嵋，北抵岷山[64]，极于松潘。又南过大渡河[65]，至黎、雅[66]，登瓦屋、晒经诸山[67]，复寻金沙江[68]，极于犛牛徼外[69]。由金沙南泛澜沧[70]，由澜沧北寻盘江[71]，大约在西南诸夷境，而贵竹、滇南之观[72]，亦几尽矣。过丽江[73]，憩点苍、鸡足[74]，瘗静闻骨于迦叶道场[75]，从宿愿也。由鸡足而西，出玉门关数千里[76]，至昆仑山，穷星宿海[77]，去中夏三万四千三百里[78]。登半山，风吹衣欲堕，望见方外黄金宝塔。又数千里，至西番[79]，参大宝法王[80]。鸣沙以外[81]，咸称胡国，如迷庐、阿耨诸名，由旬不能悉[82]。《西域志》称沙河阻远[83]，望人马积骨为标识，鬼魅热风，无得免者。玄奘法师[84]，受诸魔折，具载本传[85]。霞客信宿往返，如适莽苍[86]。

还至峨嵋山下，托估客，附所得奇树虬根以归，并以《溯江纪源》一篇寓余。言《禹贡》岷山导江，乃泛滥中国之始，非发源也[87]。中国入河之水，为省五[88]；入江之水，为省十一。计其吐纳，江倍于河。按其发源，河自昆仑之北，江亦自昆仑之南，非江源短而河源长也。又辨三龙大势[89]：北龙夹河之北，南龙抱江之南，中龙中界之，特短；北龙只南向，半支入中国，唯南龙磅礴半宇内，其脉亦发于昆仑，与金沙江相并，南下环滇池以达五岭。龙长则源脉亦长，江之所以大于河也。其书数万言，皆订补桑《经》、郦《注》及汉宋诸儒疏解《禹贡》所未及。余撮其大略如此[90]。

霞客还滇南，足不良行[91]，修《鸡足山志》，三月而毕。丽江木太守，偫糇粮具笋舆以归[92]。病甚，语问疾者曰："张骞凿空[93]，未睹昆仑；唐玄奘、元耶律楚材[94]，衔人主之命，乃得西游。吾以老布衣，孤筇双屦[95]，穷河沙，上昆仑，历西域，题名绝国[96]，与三人而为四，死不恨矣！"

余之识霞客也，因漳人刘履丁。履丁为余言：霞客西归，气息支缀。闻石斋下诏狱，遣其长子间关往视[97]。三月而返，具述石斋颂系状，据床浩叹，不食而卒。其为人若此[98]。

梧下先生曰：昔柳公权记三峰事[99]，有王玄冲者，访南坡僧义海，约登莲花峰。某日届山趾[100]，计五千仞，为一旬之程；既上，爇烟为信[101]。海如期宿桃林[102]，平晓[103]，岳色清明，伫立数息[104]，有白烟一道，起三峰之顶。归二旬而玄冲至，取玉井莲落叶数瓣，及池边铁舡寸许遗海[105]，负笈而去[106]。玄冲初至，海谓之曰："兹山削成，自非驭风凭云[107]，无有去理。"玄冲曰："贤人勿谓天不可登，但虑无其志耳。"霞客不欲以张骞诸人自命，以玄冲拟之，并为三清之奇士，殆庶几乎？

霞客纪游之书，高可隐几[108]。余属其从兄仲昭雠勘而存之，当为古今游记之最。霞客死时，年五十有六。西游归，以庚辰六月卒，以辛巳正月[109]，葬江阴之马湾。亦履丁云。

【注释】

①江阴：今江苏江阴。塍（chéng）里：地名。

②高祖经：高祖父徐经。

③唐寅：字伯虎，明代著名文学家、书画家。同举：一起考中举人。除名：弘治十二年京城会考，唐寅和徐经一同卷入贿考案，又被双双除名下狱。

④倪云林：倪瓒，字元镇，号云林居士，元朝诗人、画家。偿博进：偿还赌博输掉的钱财。

⑤里社：乡里。

⑥奇情：超俗的思想。郁然：茂盛、充沛的样子。

⑦玄对山水：对山水有雅致。

⑧践更徭役：出钱请人代服徭役。

⑨蹩躠：局促的样子。触隅：碰撞墙角。

⑩飏（yáng）：飞起来。

⑪三时：春、夏、秋三季。觐（jìn）省：看望侍奉。

⑫东西洞庭：东洞庭山和西洞庭山，在江苏太湖。阳羡：今江苏宜兴。京口：今江苏镇江。金陵：今江苏南京。吴兴：今浙江吴兴。武林：今浙江杭州。

⑬浙西：浙江西部。径山：天目山的东北峰，在今浙江余杭西北五十里。天目：天目山，在浙江临安西北五十里。

⑭浙东：浙江东部。五泄：山名，在浙江诸暨西五十里。四明：山名，在浙江鄞县西南一百五十里。天台：山名，在浙江天台县北。雁宕：山名，在浙江乐清东九十里。南海落迦：即普陀山，在浙江定海东一百五十里海中。

⑮皆几案衣带间物：形容都是平常简单的事。

⑯菁（jīng）：原指韭菜的花，此指竹林。扳：同“攀”。

⑰悬度：估计。绠汲（gěng jí）：抓住绳子拉上去。

⑱崟（yín）岩：高耸的岩石。

⑲饮沐：饮用和洗漱。

⑳山魅：山鬼。木客：山精。王孙：猴子。玃（jué）父：大猿。

㉑儚儚（méng）：心不明的样子。粥粥：柔弱的样子。

㉒搜讨形胜：探访各地风景。划然心开：形容思路开阔。

㉓居平：平时。鞶帨（pán shuì）：这里指刻意修饰。燃松拾穗：烧松枝以其烟为墨，拾禾穗以作书。

㉔甲乙之簿：像账本一样清楚。加：超过。

㉕台：天台山。宕：雁荡山。

㉖陈木叔：陈函辉，字木叔，号寒山，明末临海人。

㉗造：到达。唯唯：不置可否的应答。

㉘质明：天亮时。

㉙间道：小道。扪（mén）：摸，拉住。萝：藤蔓。龙湫：雁荡山著名的瀑布。

㉚宕：积水的洼地。雁所家焉：大雁的巢就在那里。

㉛磴：山头石阶。

㉜正德：明武宗的年号。团瓢：草屋。

㉝颠：山顶。罡（gāng）风：道家所称极高空的风，也指强烈的风。

㉞黄山：在安徽歙县西北。白岳：山名，在安徽休宁西四十里。九华：九华山，在安徽青阳西南四十里。匡庐：庐山，江西九江南。

㉟武夷：山名，在福建武夷山市南三十里。

㊱九鲤湖：在福建仙游东北。

㊲玄岳：即湖北武当山。

㊳嵩：嵩山，在河南登封北。雒（luò）：洛阳。

㊴华山：西岳，在陕西华阴南十里。

㊵青柯坪：在华山西峰下。

㊶啮指：咬着手指。形容母亲对儿子的思念。

㊷服阕（què）：服丧期满。

㊸黄石斋：黄道周，字幼平，号石帝，明朝漳浦人。

㊹罗浮：山名，在广东增城。

㊺曹溪：在广东曲江东南五十里，为禅宗六祖慧能建塔之地。

㊻步武：很短的距离。古人六尺为步，半步为武。终南：终南山，在陕西。峨嵋：山名，在四川峨眉。

㊼属：遇上。奢酋：奢崇明，时为四川永宁土司。

㊽戴釜：带着炊具。恒山：北岳，在山西东北部。

㊾阨（è）塞：险要之地。

㊿过余：拜访我。

51剧谈：畅谈。四游四极：都是指四方极远的地方。

52志：记载。星官：指天文。舆地：指地理。

53傅会：附会。

54江：长江。河：黄河。

55戒：同“界”。

56囿（yòu）：局限。中国：指中原一带。流沙：指西域。

57要：邀。

58良：实在。

59丙子：崇祯九年（1636）。迈：行。

60鸡足：山名，在云南宾川西北一百里。礼：朝拜。迦叶：释伽牟尼的弟子之一，相传是中国禅宗始祖。鸡足山有其遗迹。

61被创：受伤。函：用匣子装。

62洞庭：湖南洞庭湖。

63衡岳：衡山，亦即南岳。山有七十二峰，在湖南衡阳。

64岷山：在四川。

65大渡河：在四川西部。

66黎：今四川汉源。雅：今四川雅安。

67瓦屋：瓦屋山，在四川荥经东南一百二十里。晒经：山名，在四川嶲县东北一百里。

68金沙江：长江上游。

69犛（lí）牛：牦牛。徼外：边远之地。

70澜沧：澜沧江，源于西藏，流经云南。

71盘江：南北盘江，流经云南及贵州、广西。

72贵竹：贵州一带。滇南：云南一带。

73丽江：金沙江在云南丽江境内称丽江。

74点苍：大理山，在云南大理。

75瘗（yì）：埋葬。

76玉门关：今甘肃敦煌西一百五十里阳关的西北。

77星宿（xiù）海：在青海鄂陵湖以西，浅湖分布，如星排列，故名。

78中夏：中原。

79西番：青海、甘肃一带藏族居住区。

80大宝法王：喇嘛教萨迦派首领。

81鸣沙：鸣沙山，在甘肃敦煌东南。

82由旬：印度计里程单位。这里指道路远近。

83《西域志》：晋道安著，已佚。

84玄奘法师：唐朝僧人，曾到印度取经。

85本传：指《大慈恩寺三藏法师传》。

86信宿：住两夜。适：去。莽苍：郊野之景。这里代指很近的地方。

87估客：商人。寓：寄给。禹贡：《尚书》篇名，记述九州江河情况。岷山导江：《禹贡》认为，岷山是长江的源头。徐霞客指出了它的错误。

88为省五：有五个省。

89三龙：这里指黄河之北、长江之南及两者之间的由西向东行的三大山脉。

90桑《经》：汉桑钦作《水经》。郦《注》：北魏郦道元作《水经注》。汉宋诸儒疏解《禹贡》：汉有孔安国、郑玄，宋有毛晃、程大昌等为《禹贡》作注。撮（cuō）：摘取。

91足不良行：脚病，不能走路。

92偫（zhì）：储备，准备。糇（hóu）粮：干粮。笋舆：竹轿。

93张骞：汉朝汉中人，汉武帝时曾出使西域。凿空：开辟道路。

94耶律楚材：元朝名臣，曾随元太祖出征西域。

95筇（qióng）：竹名，可做手杖。

96题名：指留名。绝国：极边远的

地方。

⑨⑦气息支缀：呼吸困难。诏狱：关押钦犯的牢狱。间关：辗转托人。

⑨⑧颂系：入狱而未加刑具。据床：靠着床。浩叹：长叹。

⑨⑨梧下先生：作者自称。柳公权：唐代书法家，字诚悬。三峰：指华山莲花峰、落雁峰、朝阳峰。

⑩⑩届：到达。

⑩①爝（gòu）：举火。信：信号。

⑩②桃林：桃林坪，在华山谷口以南五里，为登山必经之处。

⑩③平晓：天亮时。

⑩④岳：指华山。数息：一会儿。

⑩⑤遗（wèi）：赠给。

⑩⑥笈（jí）：书籍。

⑩⑦驭风凭云：驾风乘云。

⑩⑧隐：隐蔽。几：案几。从兄：堂兄。雠（chóu）勘：校对。

⑩⑨庚辰：崇祯十三年（1640）。辛巳：崇祯十四年（1641）。三峰：指华山的莲花峰、落雁峰、朝阳峰。

【解析】

徐霞客是我国明代著名的地理学家和旅行家，他一生旅行近三十年，足迹几乎踏遍全中国，其所著《徐霞客游记》对我国地理学有很大的贡献，其中也不乏优秀的文学作品。本文就是钱谦益为其所作的传记。

文章先从徐霞客的身世、性格写起，先后叙述了他游历东南江浙山水，南游安徽、江西、福建、湖北及川、滇、贵诸省名山，北游山东、河北、河南、陕西名山等事迹，表现了他不辞劳苦、不畏艰险、勇于探索的精神。全文融叙事、议论为一体，在叙述徐霞客的游踪时，连带写他的性格、为人以及他的见解和议论，夹叙夹议，叙议结合。在叙述徐霞客生平时以概括为主，而又辅以具体描绘，概中有详。笔触细腻，刻画生动，文笔精彩，字里行间透露出作者对徐霞客的崇敬之情。

周　容

周容（1619～1679），字茂山。鄞县（今浙江鄞县）人。明末诸生，博学多才。明亡后，一度剃发为僧。后来清廷开博学鸿词科，朝臣争相推荐他去应试，但他以死力辞不去，表现了强烈的遗民思想。周容是明末清初的文学家，工于书画，能为诗文。其文寓意深远，有强烈的现实意义。著有《春酒堂诗集》、《春酒堂文集》。

芋老人传

芋老人者，慈水祝渡人也[①]。子佣出[②]，独与妪居渡口。一日，有书生避雨檐下，衣湿袖单[③]，影乃益瘦[④]。老人延入坐[⑤]，知从郡城就童子试归[⑥]，老人略知书，与语久，命妪煮芋以进；尽一器[⑦]，再进。生为之饱，笑曰："他日不忘老人芋也。"雨止，别去。

十余年，书生用甲第为相国[⑧]。偶命厨者进芋，辍箸叹曰[⑨]："何向者祝渡老人之芋之香而甘也[⑩]！"使人访其夫妇，载以来。丞、尉闻之[⑪]，谓老人与相国有旧[⑫]，邀见，讲钧礼[⑬]。子不佣矣。至京，相国慰劳曰："不忘老人芋，今乃烦尔妪一煮芋也。"已而妪煮芋进，相国亦辍箸曰："何向者之香而甘也！"

老人前曰："犹是芋也，而向之香且甘者，非调和之有异[⑭]，时、位之移人也。相公昔自郡城走数十里，困于雨，不择食矣；今者堂有炼珍[⑮]，朝分尚食[⑯]，张筵列鼎[⑰]，尚何芋是甘乎？老人犹喜相公之止于芋也。老人老矣，所闻实多：村南有夫妇守贫者，织纺井臼[⑱]，佐读勤苦；幸获名成，遂宠妾媵[⑲]，弃其妇，致郁郁死。是芋视乃妇也[⑳]。城东有甲乙同学者，一砚、一灯、一窗、一榻，晨起不辨衣履。乙先得举[㉑]，登仕路，闻甲落魄，笑不顾，交以绝[㉒]。是芋视乃友也。更闻谁氏子[㉓]，读书时，愿他日得志，廉干如古人某[㉔]，忠孝如古人某。及为吏，以污贿不饬罢[㉕]。是芋视乃学也。是犹可言也。老人邻有西塾[㉖]，闻其师为弟子说前代事，有将、相，有卿、尹，有刺史、守、令，或绾黄纡紫[㉗]，或揽辔褰帷[㉘]，一旦事变中起[㉙]，衅孽外乘[㉚]，辄屈膝叩首迎款[㉛]，惟恐或后，竟以宗庙、社稷、身名、君宠，无不同于芋焉。然则世之以今日而忘其昔日者，岂独一箸间哉！"

老人语未毕，相国遽惊谢曰[㉜]："老人知道者！"厚资而遣之[㉝]。于是芋老人之名大著。

赞曰：老人能于倾盖不意[34]，作缘相国[35]，奇已！不知相国何似，能不愧老人之言否。然就其不忘一芋，固已贤夫并老人而芋视之者。特怪老人虽知书，又何长于言至是，岂果知道者欤？或传闻之过实耶？嗟夫！天下有缙绅士大夫所不能言，而野老鄙夫能言之者，往往而然。

【注释】

①慈水：在今浙江慈溪。祝渡：祝家渡，在慈溪西南三十里。
②佣：受别人雇用。
③袖单：衣服单薄。
④影：身影。
⑤延：请。
⑥童子试：科举中录取秀才的考试，考生称为童生。
⑦尽：吃完。器：指盛芋的容器。
⑧用甲第：凭借科举考试头等的成绩。
⑨辍箸：放下筷子。
⑩向者：以前。
⑪丞、尉：县丞、主簿等，均为知县的佐理官。
⑫旧：交情。
⑬讲钧礼：以平等之礼相对待。
⑭调和：指煮的方法。
⑮炼珍：精美的食物。
⑯朝分尚食：从朝廷分得皇帝赏赐的食物。
⑰张筵列鼎：大摆筵席，列鼎而食。
⑱织纺井臼：指过着勤苦的日子。
⑲妾媵：泛指妾。媵（yìng），原指陪嫁的女子。
⑳芋视乃妇：把他的妻子看作芋。
㉑举：科考得第。
㉒交：交情。绝：断绝。
㉓更闻：又听说。谁氏：某人。
㉔廉干（gàn）：廉洁而有才干。
㉕污贿不饬（chì）：贪污受贿，行为不检。罢：免官。
㉖西塾：私人设立的学舍。按古礼主位在东，宾位在西，故称西塾。
㉗绾黄纡紫：指大官的服饰。绾（wǎn），系。黄，金印。纡（yū），系，结。紫，紫色的绶带。
㉘揽辔褰帷：指大官的车马。辔（pèi），驾驭牲口用的缰绳。褰（qiān），揭起，撩起。
㉙事变中起：指朝中发生变化。
㉚衅孽外乘：外寇入侵。衅（xìn），灾祸；孽（niè），坏事。
㉛迎款：投降，归顺。
㉜遽：赶紧。
㉝知道：懂得道理。厚资：给很多的钱。
㉞倾盖不意：无意之中相遇。
㉟作缘：结缘。

【解析】

本文是一篇著名的寓言。文章叙述一个士子在未做官时，偶遇芋老人，吃其芋，觉得很好吃。后来他做相国，再来吃芋，就怎么也不香了。作者借助芋老人与相国之间食芋的故事，形象地说明了“时、位移人”的道理，并通过芋老人之口，讽谕了由于地位的变化，“世之以今日而忘其昔日者”

的丑恶现象，批判了那些不能尽守节操之人，在一定程度上也表现了作者高尚的品质。故事生动，所包含的道理显豁而深刻，发人警省，令人深思。文章主旨鲜明，寓意深远，以小见大，构思新颖，作者虽然说的是一则小故事，但却能以“芋”这么一个小食物反映出世态人情。全文叙事、议论相结合，叙事简洁生动，议论深刻透辟。芋老人与相国所说的一段话，分析尤其深刻，在语言上也极具特色，连用几次“是芋视乃妇（友、学）”，有一唱而三叹之妙，深刻地表现了作者的认识。

魏　禧

魏禧（1624～1680），字冰叔，一字叔子，号勺庭。宁都（今江西宁都）人。明末诸生，明亡后，隐居翠微峰，攻经史，作古文，为清初散文三大家之一。其文凌厉雄杰，慷慨激昂。描写淋漓尽致而又富含韵味，文字简洁。著有《魏叔子文集》等。

大铁椎传

大铁椎，不知何许人。北平陈子灿省兄河南[①]，与遇宋将军家。宋，怀庆青华镇人[②]，工技击[③]，七省好事者皆来学[④]，人以其雄健，呼“宋将军”云。宋弟子高信之亦怀庆人，多力善射，长子灿七岁，少同学，故尝与过宋将军[⑤]。时座上有健啖客[⑥]，貌甚寝[⑦]，右肋夹大铁椎，重四五十斤，饮食拱揖不暂去[⑧]；柄铁折叠环复如锁上练，引之长丈许[⑨]。与人罕言语[⑩]，语类楚声。扣其乡及姓字[⑪]，皆不答。

既同寝，夜半，客曰：“吾去矣！”言讫不见。子灿见窗户皆闭，惊问信之。信之曰：“客初至，不冠不袜，以蓝手巾裹头，足缠白布，大铁椎外，一物无所持，而腰多白金。吾与将军俱不敢问也。”子灿寐而醒[⑫]，客则鼾睡炕上矣。

一日，辞宋将军曰：“吾始闻汝名，以为豪，然皆不足用。吾去矣！”将军强留之，乃曰：“吾尝夺取诸响马物[⑬]，

不顺者辄击杀之。众魁请长其群[14]，吾又不许，是以仇我。久居此，祸必及汝。今夜半，方期我决斗某所[15]。”宋将军欣然曰：“吾骑马挟矢以助战！”客曰：“止！贼能且众，吾欲护汝，则不快吾意。”宋将军故自负[16]，且欲观客所为，力请客。客不得已，与偕行。

将至斗处，送将军登空堡上，曰：“但观之，慎勿声，令贼知汝也！”时鸡鸣月落，星光照旷野，百步见人。客驰下，吹觱篥数声[17]。顷之，贼二十余骑四面集，步行负弓矢从者百许人。一贼提刀纵马奔客，曰：“奈何杀吾兄！”言未毕，客呼曰：“椎！”贼应声落马，人马尽裂。众贼环而进，客从容挥椎，人马四面仆地下，杀三十许人。宋将军屏息观之，股栗欲堕[18]。忽闻客大呼曰：“吾去矣！”尘滚滚东向驰去。后遂不复至。

魏禧论曰：子房得沧海君力士[19]，椎秦皇帝博浪沙中。大铁椎其人与？天生异人，必有所用之。予读陈同甫《中兴遗传》[20]，豪俊侠烈魁奇之士，泯泯然不见功名于世者[21]，又何多也！岂天之生才，不必为人用与？抑用之自有时与？子灿遇大铁椎为壬寅岁[22]，视其貌，当年三十，然则大铁椎今四十耳。子灿又尝见其写市物贴子[23]，甚工楷书也。

【注释】

①北平：即今北京，明初改元大都为北平。省（xǐng）：探望。

②怀庆：明朝府名，在今河南沁阳。

③工：擅长。技击：搏击之术。即武术。

④七省：泛指河北、河南一带。好事者：喜欢技击的人。

⑤尝：曾经。过：拜访。

⑥健啖客：饭量很大的客人。啖（dàn），吃。

⑦寝：相貌丑陋。不暂去：一刻也不放下（铁椎）。

⑧拱揖：拱手作揖。

⑨引之：拉开它。

⑩罕：少。

⑪楚声：楚地（湖北一带）的口音。扣：通“叩”，询问。乡及姓字：籍贯和姓名。

⑫寐：睡。

⑬响马：拦路抢劫的强盗。

⑭长其群：做他们的首领。

⑮期：约会。某所：某地。

⑯能且众：本领高强且人数众多。故：素来。

⑰觱篥（bìlì）：古时用竹做管、芦苇做嘴的乐器，代指口哨。

⑱栗：战栗，哆嗦。

⑲子房：汉留侯张良，字子房。

⑳陈同甫：南宋文学家陈亮，字同甫。

㉑泯泯然：衰微湮灭的样子。

㉒壬寅岁：康熙元年（1662）。

㉓市场帖子：买东西的单子。

【解析】

秦灭六国后，六国子弟屡屡想方设法为其先人报国，张良欲为国报仇，请一大力士以铁椎狙击秦始皇于博浪沙。魏禧是明代遗民，而且能始终坚持民族气节。但其反清复明的理想却未能实现，他只好将希望寄托在“大铁椎”式的人物身上，本文就是他为“大铁椎”所作的传记。

文章由陈子灿河北省兄写起，叙述陈子灿在宋将军家见到大铁椎以及大铁椎的种种奇异行为，并详细描述了大铁椎与贼人决斗的场面。通过对大铁椎事迹的描述，表现了作者反清复明的理想。大铁椎实际是作者塑造的一个艺术形象，但是，作者为了加强作品的真实性，以陈子灿的见闻来写，以宋将军贯穿于大铁椎故事始终，使主人公的言行连成有机的整体。在人物塑造上，作者善于通过人物的外貌、语言、行动来刻画人物性格。大铁椎在外貌上显示出朴实，语言上表现出深沉和自信，行动上则表现出豪迈和武艺的高超。同时，作者还运用对比烘托的手法来突出人物的性格，即宋将军作为衬托、参照，以宋将军的“豪”来反衬大铁椎的朴实、豪迈，以宋将军观战时的“股栗欲堕”来反衬大铁椎的沉稳、自信与武艺高强。全文描写细致，文笔生动而精练。

李　渔

李渔（1611～1679?），字笠鸿，一字谪凡，号笠翁，别署笠道人、随庵主人、新亭樵客、湖上笠翁。浙江兰溪人，出生于江苏如皋，长期生活在杭州、金陵等地。一生只当过短期幕僚，没有做过官，以开书店、办戏班维持生活，开设芥子园书坊，精印书画，广交文友，晚年寓居杭州西湖云居山东麓。李渔是清代著名文学家，并在戏曲创作和戏曲理论上做出了巨大的贡献。在创作上，李渔竭力要求内容新奇，结构严密，语言新颖，反对陈词滥调。他的作品给人以一种新鲜、活泼的感觉。著有《笠翁十种曲》、《十二楼》、《一家言》等。

芙　蕖

芙蕖与草本诸花似觉稍异[1]，然有根无树，一岁一生，其性同也。谱云[2]：“产于水者曰草芙蓉，产于陆者曰旱莲。”则谓非草本不得矣。予夏季倚此为命者[3]，非故效颦于茂叔而袭成说于前人也[4]。以芙蕖之可人[5]，其事不一而足，请备述之[6]。

群葩当令时[7]，只在花开之数日，前此后此皆属过而不问之秋矣[8]。芙蕖则不然，自荷钱出水之日[9]，便为点缀绿波。及其茎叶既生，则又日高日上，日上日妍[10]。有风既作飘摇之态，无风亦呈袅娜之姿，是我于花之未开，先享无穷逸致矣[11]。迨至菡萏成花[12]，娇姿欲滴，后先相继，自夏徂秋[13]，此则在花为分内之事，在人为应得之资者也[14]。及花之既谢，亦可告无罪于主人矣，乃复蒂下生蓬，蓬中结实，亭亭独立，犹似未开之花，与翠叶并擎[15]，不至白露为霜而能事不已。此皆言其可目者也。

可鼻，则有荷叶之清香，荷花之异馥[16]，避暑而暑为之退，纳凉而凉逐之生。

至其可人之口者，则莲实与藕皆并列盘餐而互芬齿颊者也[17]。

只有霜中败叶，零落难堪，似成弃物矣，乃摘而藏之，又备经年裹物之用。

是芙蕖也者，无一时一刻不适耳目之观，无一物一丝不备家常之用者也。有五谷之实而不有其名，兼百花之长而各去其短，种植之利有大于此者乎？

予四命之中[18]，此命为最。无如酷好一生，竟不得半亩方塘为安身立命之地[19]。仅凿斗大一池，植数茎以塞责，又时病其漏[20]，望天乞水以救之，殆所谓不善养生而草菅其命者哉[21]。

【注释】

①芙蕖（qú）：又叫荷花、莲花、芙蓉。

②谱：明王象晋有《群芳谱》，但无所引之文，不明是指何书。

③倚此为命：靠此才能活下去。

④效颦：效仿。茂叔：宋周敦颐，字茂叔，曾作《爱莲说》。

⑤可人：适合人的心意。

⑥备：全面地，都。

⑦葩（pā）：花。当令：正当时。

⑧秋：时期。

⑨荷钱：初生的小荷叶，其形状似铜钱。

⑩妍：容色姣好。

⑪逸致：舒适的意境。

⑫菡萏（hàn dàn）：荷花的花苞。

⑬徂（cú）：到。

⑭资：资财。

⑮擎（qíng）：向上举。此指耸立于水上。

⑯馥（fù）：香气。

⑰互芬齿颊：使人的牙齿和嘴边都感到芬芳。

⑱四命：据李渔自已所说，春之水仙、兰花，夏之莲，秋之秋海棠，冬之蜡梅，是其四命。

⑲无如：无奈。酷好（hào）：非常喜爱。

⑳塞责：应付。病其漏：以水池之水向地下渗为不足。

㉑殆：大概。草菅其命：把其命看似野草一样随意处理。菅（jiān），草名。

【解析】

芙蕖，也叫荷花、莲花、芙蓉，为历代文人所爱之物。

本文的主要内容是说明芙蕖的可人之处。作者从芙蕖的可目、可鼻、可口以及败叶可备经年裹物之用等优点逐一说明了芙蕖之用极大，自己极爱芙蕖，视其为四命之最。李渔的写作主张之一是求新，要求与他人不同。本文即体现了作者的这一主张。首先是立意新，作者写荷，不落窠臼，不仅写荷“当时令”的“娇姿”，而且也写了荷凋谢之后的莲蓬。从荷钱出水一直写到荷叶衰败，不仅从花香写，而且从荷之食、用方面来写，表现出其大胆求新之处。语言上也与众不同，作者别出心裁，自造新语，如“可目”、“可鼻”。此外，在结构上，作者亦自出机杼，自辟新章，别具匠心，文章将记叙与说明相结合，将荷由荷钱到荷叶衰败与荷之可目、可鼻、可口、可用四种功用相结合，构思巧妙新颖，与众不同。

顾炎武

顾炎武（1613～1682），原名绛，字忠清。明亡后，改名炎

武，字宁人，号亭林，别号蒋山庸，昆山（今江苏昆山）人。早年参加复社，清兵南下后，从事抗清活动，曾被鲁王授为兵部司务。明亡后仍不忘兴复，游遍华北各省，考察边塞山川形势，访求各地风俗民情，并垦荒于雁门之北。平生为学，主张“博学于文，行己有耻”，论文亦主张经世致用，主张“文须有益于天下”。其诗风格沉郁苍凉，激昂悲壮。其文则不事雕琢，纯朴感人。著有《亭林诗文集》、《日知录》、《天下郡国利病书》、《音学五书》等。

复庵记

旧中涓范君养民[①]，以崇祯十七年夏，自京师徒步入华山为黄冠[②]。数年，始克结庐于西峰之左，名曰复庵。华下之贤士大夫多与之游，环山之人皆信而礼之[③]。而范君固非方士者流也[④]。幼而读书，好《楚辞》，诸子及经史多所涉猎。为东宫伴读[⑤]。方李自成之挟东宫二王以出也[⑥]，范君知其必且西奔，于是弃其家走之关中，将尽厥职焉[⑦]。乃东宫不知所之，而范君为黄冠矣。

太华之山，悬崖之巅，有松可荫，有地可蔬，有泉可汲，不税于官，不隶于宫观之籍[⑧]。华下之人或助之材，以创是庵而居之。有屋三楹[⑨]，东向以迎日出。

余尝一宿其庵。开户而望，大河之东，雷首之山苍然突兀[⑩]，伯夷叔齐之所采薇而饿者，若揖让乎其间，固范君之所慕而为之者也[⑪]。自是而东，则汾之一曲[⑫]，绵上之山出没于云烟之表[⑬]，如将见之，介子推之从晋公子，既反国而隐焉，又范君之所有志而不遂者也[⑭]。又自是而东，太行、碣石之间[⑮]，宫阙山陵之所在[⑯]，去之茫茫，而极望之不可见矣，相与泫然[⑰]。

作此记，留之山中。后之君子登斯山者，无忘范君之志也。

【注释】

①中涓：内侍太监。

②崇祯十七年：公元 1644 年。黄冠：

原指道士的装束，这里借指道士。

③华下：华山之下。礼：尊敬。

④方士：方术之士。古代自称能访仙炼丹、长生不老之人。

⑤涉猎：泛泛地接触和了解。东宫：借指太子。

⑥李自成之挟东宫二王以出：1644 年 5 月，李自成撤离北京时，将太子朱慈烺、定王朱慈炯及永王朱慈炤都带走了。

⑦厥职：他的职责。厥，其，他的。

⑧隶：属于。宫观之籍：道士们管辖的范围。宫观，道士们居住的地方。

⑨楹（yíng）：柱子，这里引申为房屋一间。

⑩大河：黄河。雷首之山：即首阳山，在今山西永济南，相传为伯夷、叔齐采薇绝食的地方。

⑪固范君之所慕而为之者也：意为伯夷、叔齐的做法是范养民所羡慕并照做的。

⑫汾之一曲：汾河的一个曲折处。

⑬绵上之山：即介山。绵上，古地名，春秋时属晋国，在今山西介休。

⑭又范君之所有志而不遂者也：意为范养民弃家去找太子，也想和介之推从晋公子重耳流亡一样，最后达到复国的目的，但他的这一目的没有达到。

⑮太行、碣石之间：此指北京。

⑯宫阙：皇宫。山陵：皇帝的陵墓。

⑰泫（xuàn）然：流泪。

【解析】

“复庵”是明朝遗民范养民在华山西峰左边的住处。范养民在其房子的门楣上书“复庵”二字，表现出他渴望复明之心不死。这一“复”字，也正引起了顾炎武的共鸣。

文章记叙了复庵建立的经过及其主人的志向。范养民本为宫中太监，为追随主人而进入关中，后于华山西峰建此“复庵”，以“复”为庵名，表现了其渴望恢复故国的心情。作者通对复庵的建立及其主人心态的描绘，表现了范养民的遗民心事，亦表现出作者念念不忘明室，渴望恢复明室的心情，具有强烈的民族意识。这篇文章无疑较好地体现了顾炎武所提出的文须有益于天下的主张。文章结构独特，手法精巧，作者先用烘托手法展现范养民在华山的受人尊敬，再引出其身世及抱负，使文章重点突出，构思新颖，引人入胜。全文内容充实，行文流畅，感情真挚强烈。

汪　琬

汪琬（1624～1690），字苕文，号钝庵，又号尧峰。长洲（今江苏苏州市）人。顺治十二年进士，官户部主事、刑部郎

中，康熙年间任翰林院编修，参加《明史》的编纂，后辞归隐居于尧峰山。其文以传记见长，叙事有法，朴实流畅，为“清初三大家”之一。著有《尧峰文钞》、《钝翁类稿》。

江天一传

江天一，字文石，徽州歙县人[①]。少丧父，事其母及抚弟天表[②]，具有至性[③]。尝语人曰：“士不立品者[④]，必无文章。”前明崇祯间，县令傅岩奇其才，每试，辄拔置第一[⑤]。年三十六，始得补诸生。家贫屋败[⑥]，躬畚土筑垣以居[⑦]，覆瓦不完，盛暑则暴酷日中[⑧]，雨至，淋漓蛇伏，或张敝盖自蔽[⑨]。家人且怨且叹，而天一挟书吟诵自若也。天一虽以文士知名，而深沉多智，尤为同郡金佥事公声所知[⑩]。

当是时，徽人多盗[⑪]。天一方佐佥事公[⑫]，用军法团结乡人子弟，为守御计[⑬]。而会张献忠破武昌[⑭]，总兵官左良玉东遁[⑮]，麾下狼兵哗于途[⑯]，所过焚掠。将抵徽，徽人震恐，佥事公谋往拒之，以委天一。天一腰刀帓首[⑰]，黑夜跨马，率壮士，驰数十里，与狼兵鏖战祁门[⑱]，斩馘大半[⑲]，悉夺其马牛器械，徽赖以安。

顺治二年夏五月[⑳]，江南大乱，州县望风内附[㉑]，而徽人犹为明拒守。六月，唐藩自立于福州[㉒]，闻天一名，授监纪推官。先是，天一言于佥事公曰：“徽为形胜之地，诸县皆有阻隘可恃[㉓]；而绩溪一面当孔道[㉔]，其地独平迤[㉕]，是宜筑关于此，多用兵据之，以与他县相犄角[㉖]。”遂筑丛山关。已而清师攻绩溪，天一日夜援兵登陴[㉗]，不少怠，间出逆战，所杀伤略相当[㉘]。于是清师以少骑缀天一于绩溪[㉙]，而别从新岭入[㉚]，守岭者先溃，城遂陷。

大帅购天一甚急[㉛]。天一知事不可为，遽归[㉜]，属其母于天表[㉝]。出门，大呼：“我江天一也！”遂被执。有知天一者，欲释之。天一曰：“若以我畏死耶！我不死，祸且族矣[㉞]！”遇佥事公于营门，公目之曰：“文石，女有老母在[㉟]，不可死！”笑谢曰：“焉有与人共事而逃其难者乎？公幸勿为吾母虑也!”至江宁，总督者欲不问[36]，天一昂首曰：“我为若计[37]，若不如杀我，我不死，必复起兵!”。遂牵诣通济门[38]。既至，大呼“高皇帝”者三[39]，南向再拜讫，坐而受刑。观者无不叹息泣下。越数日，天表往收其尸瘗之[40]，而佥事公亦于是日死矣!

当狼兵之被杀也，凤阳督马士英怒[41]，疏劾徽人杀官军状，将致佥事公于死[42]。天一为赍辩疏，诣阙上之[43]。复作《吁天说》，流涕诉诸贵人，其事始得白。自兵兴以来，先后治乡兵三年，皆在佥事公幕。是时，幕中诸侠客号知兵者以百数，而公独推重天一[44]，凡内外机事，悉取决焉[45]。其后竟与公同死。虽古义烈之士，无以尚也[46]。予得其始末于翁君汉津[47]，遂为之传。

汪琬曰：方胜国之末[48]，新安士大夫死忠者[49]，有汪公伟、凌公駉与佥事公三人，而天一独以诸生殉国[50]。予闻天一游淮安[51]，淮安民妇冯氏者，刲肝活其姑[52]，天一征诸名士作诗文表章之。欲疏于朝，不果[53]。盖其人好奇尚气类如此[54]。天一本名景，别自号石嫁樵夫。翁君汉津云。

【注释】

①歙县：今安徽歙县。

②事：侍奉。抚：抚养。

③至性：天性善良。

④品：道德品行。

⑤傅岩：字野渚，浙江义乌人，崇祯年间进士。拔置：选拔。

⑥补：递。诸生：在县学中学习的生员败：破烂。

⑦畚（běn）土：用畚运土。垣：墙。

⑧完：完全。暴：通“曝”，晒。

⑨敝盖：破伞。

⑩金佥事公声：金声，字正希，明末休宁人，崇祯年间进士，清军人关后在家乡组织义军抗清，兵败被杀。

⑪盗：强盗或造反的农民。

⑫佐：辅佐。

⑬计：打算。

⑭会：适逢。张献忠，字秉吾，号敬轩，明末农民起义领袖之一，建立大西国。后为清军所杀。

⑮左良玉：字昆山，曾与义军作战，封宁南伯。遁：逃。

⑯麾下：部下。狼兵：广西西部东兰、南丹等土司以狼人为兵，称狼兵，强悍善战。狼人指广西西部的一个少数民族。哗：哗变。

⑰帓（mò）首：以巾裹头。

⑱鏖（áo）战：激战。

⑲馘（guó)：割下已死敌人的左耳。

⑳顺治二年：1645 年。

㉑内附：指投降清军。

㉒唐藩：明宗室唐王朱聿键。他于 1645

年在福州即位称帝。

㉓阴隘：险要的地势。恃：依靠，依赖。

㉔孔道：通道。

㉕平迤：平坦。

㉖相掎角：相互支援。

㉗援兵：带兵。陴（pí）：女墙。

㉘间出：多次出去。逆战：迎战。略：大致。相当：相等，指敌我双方损失程度。

㉙缀：牵制。

㉚新岭：在休宁县南七十里。

㉛大帅：指清军总兵张天禄。购：悬赏缉捕。

㉜事不可为：指抗清之事难以坚持下去。遽：急。

㉝属：托付。

㉞且：将。族：灭族。

㉟目之：看着他。女：同“汝”，你。

㊱江宁：南京。总督者：此指洪承畴。洪承畴降清后当时任内阁大学士、兵部尚书、总督军务，招抚江南各省。不问：即不问罪。

㊲若：你。

㊳诣：往。通济门：南京城南面偏西的城门。

㊴高皇帝：明太祖朱元璋谥高皇帝。

㊵瘗（yì）：埋葬。

㊶马士英：字瑶草，贵州贵阳人，万历进士，南明时期官右佥都御史、兵部侍郎、东阁大学士，后被清军杀死。

㊷疏劾：上疏弹劾。

㊸赍（jī）：送。辩疏：辩白的奏章。诣阙：到朝廷。指南京。

㊹幕：幕府。号知兵者：号称懂军事的人。

㊺机事：重要的事。取决：由他决定。

㊻尚：超过。

㊼翁君汉津：翁汉津，其事不详。

㊽胜国：已亡之国，这里指明朝。

㊾新安：新安郡，即徽州府。

㊿汪公伟：汪伟，字叔度，休宁人，崇祯间进士，李自成攻破北京时，自缢而死。凌公駉：凌駉，字龙翰，歙县人，崇祯间进士，福王时守归德，清军破城后自缢而死。

51淮安：淮安府，府治在今江苏淮安。

52刲（kuī）：割。活：救活，治好。姑：婆婆。

53表章：表彰。疏：上报。

54尚气：重气节。

【解析】

江天一是明末清初的爱国志士。汪琬虽曾身仕清廷，但却长期心系故国，写了一些抗清志士的传记，本文即为其中有代表性的一篇。

江天一是明末抗清义士。清军南下后，江天一在家乡徽州协助金声组织义军，抗击清军，后兵败被俘，不屈而死。文章先概括介绍江天一安贫、好学的为人，描写他足智多谋，为保卫乡民的安全出了很大的力，然后以大量篇幅叙述江天一为抗清救国，坚持与清军作战，终于兵败被俘，壮烈牺牲的事迹。文章表现了明末清初人们反清复明的愿望，反映了作者心系故明的心情。全文在材料组织上颇见匠心，作者为江天一作传，主要围绕江天一有才能、有品德，而且是抗清义士这一中心来写，

只写那些在作者看来是有价值的东西，因而显得重心突出，结构严谨。在文章的布局上，文章采用按时间先后顺序和倒叙、插叙的写法，江天一就义前是按时间先后顺序来写，而他受到金声的器重，为金声辩白上书，则是采用倒叙的手法，淮安民妇一事在赞中提及，则是插叙的手法。这样的布局既有利于突出文章的重心，又显得灵活而富于变化。文章措辞讲究，议论亦极为巧妙，叙述江天一的事迹，作者只写事实而不加评论，避免了清廷的猜疑，但在字里行间，却处处渗透着作者强烈的爱憎。

黄宗羲

黄宗羲（1610～1695），字太冲，号梨洲，又号南雷。余姚（今浙江余姚）人。其父黄尊素为明末著名的东林党人。黄宗羲早年即继承东林余绪，参与对阉党的斗争，几遭残杀。清兵南下后，他与其弟宗炎在故乡招募义兵进行武装抵抗。后返故里，著书讲学，拒应清廷之聘。他是明清之际的思想家、史学家，为学主张穷经、读史、博通古今，讲究经世致用。为文主张反映现实，表达真情实感，著有《宋元学案》、《明儒学案》、《明夷待访录》、《南雷文案》等。

柳敬亭传

余读《东京梦华录》[①]、《武林旧事》[②]，记当时演史小说者数十人[③]。自此以来，其姓名不可得闻。乃近年共称柳敬亭之说书。

柳敬亭者，扬之泰州人[④]，本姓曹。年十五，犷悍无赖[⑤]，犯法当死，变姓柳，之盱眙市中为人说书[⑥]，已能倾动其市人。久之，过江，云间有儒生莫后光见之[⑦]，曰："此子机变，可使以其技鸣[⑧]。"于是谓之曰："说书虽小技，然必勾性情[⑨]，习方俗[⑩]，如优孟摇头而歌[⑪]，而后可以得志。"敬亭退而凝神定气，简练揣摩[⑫]，期月而诣莫生[⑬]。生曰："子之说，能使人欢咍嗢噱矣[⑭]。"又期月，生曰："子之说，能使人慷慨涕泣矣。"又期月，生喟然曰[⑮]："子言未

发而哀乐具乎其前，使人之性情不能自主，盖进乎技矣[16]。”由是之扬，之杭，之金陵，名达于缙绅间[17]。华堂旅会，闲亭独坐[18]，争延之使奏其技，无不当于心称善也[19]。

宁南南下，皖帅欲结欢宁南[20]，致敬亭于幕府。宁南以为相见之晚，使参机密。军中亦不敢以说书目敬亭[21]。宁南不知书[22]，所有文檄，幕下儒生设意修词，援古证今，极力为之，宁南皆不悦。而敬亭耳剽口熟[23]，从委巷话套中来者[24]，无不与宁南意合。尝奉命至金陵，是时朝中皆畏宁南，闻其使人来，莫不倾动加礼[25]，宰执以下俱使之南面上坐[26]，称柳将军，敬亭亦无所不安也。其市井小人昔与敬亭尔汝者[27]，从道旁私语：“此故吾侪同说书者也[28]，今富贵若此！”

亡何，国变，宁南死。敬亭丧失其资略尽，贫困如故时，始复上街头理其故业[29]。敬亭既在军中久，其豪猾大侠、杀人亡命、流离遇合、破家失国之事[30]，无不身亲见之，且五方土音[31]，乡俗好尚，习见习闻，每发一声，使人闻之，或如刀剑铁骑，飒然浮空[32]，或如风号雨泣，鸟悲兽骇，亡国之恨顿生，檀板之声无色，有非莫生之言可尽者矣。

【注释】

①《东京梦华录》：宋孟元老著，记北宋京都汴梁景况，有较高的史料价值。

②《武林旧事》：宋周密著，记南宋都城临安事，有较高的史料价值。

③演史小说者：即说唱艺人。

④扬：扬州府，府治在今江苏扬州。泰州：今江苏泰州。

⑤犷悍：粗犷凶悍。

⑥盱眙（xū yí）：在今江苏西部。

⑦云间：松江府别称。

⑧机变：机智灵活。以其技鸣：凭他的手艺（指说书）出名。

⑨勾性情：勾画出人物的性格感情。

⑩方俗：各地方的风俗。

⑪优孟：优伶名孟，春秋时楚国艺人，善以谈笑讽刺。

⑫简练揣摩：用心练习、琢磨。

⑬期（jī）月：一个月。

⑭咍（hāi）：欢笑。噱噱（wà jué）：大笑不止。

⑮喟（kuì）然：叹息的样子。

⑯进乎技：达到精巧的程度。

⑰名达于：名声传到。缙绅：官僚绅士阶层。

⑱华堂：华丽的厅堂。旅会：大聚会。旅，众，人多。

⑲延：邀请。奏其技：表演说书。当于心：称心如意。

⑳宁南：左良玉，字昆山，明末山东临清人。封宁南侯。皖帅：安徽提督杜宏域，他与柳敬亭是故交。

㉑目：看，有看待之意。

㉒不知书：没有文化。

㉓耳剽口熟：经常听，经常说。

㉔委巷话套：指市民粗俗之语。

㉕加礼：以恭敬之礼接待。

㉖宰执：执政的大官。南面：面向南。这是尊者之位。

㉗尔汝：亲昵，不分你我。

㉘侪（chái）：同辈，同类的人。

㉙亡（wú）何：不久。国变：指明朝灭亡。资略：财产。理其故业：重操旧业。

㉚豪猾：强横狡猾。流离遇合：悲欢离合。

㉛五方：各地。土音：方言。

㉜飒（sà）然：形容风雨之声。

㉝檀板：说书人手中的道具。

【解析】

本文是明末清初说书家柳敬亭的传记。柳敬亭为宋以后说书最有成就者之一，与明末复社中人时有往来，具有强烈的爱国热情。对于柳敬亭的事迹，明末清初不少文人均有记述，如吴伟业、张岱等，可知其人在当时影响之大。

文章主要记叙柳敬亭的卓越技艺和这种技艺取得的原因，抓住三个方面来写，即刻苦学习、为左府幕宾、说书抒愤。作者指出，柳敬亭技艺不断提高的原因主要有两个方面，一是得益于莫后光的指导，一是自己的不断刻苦研习，精益求精。同时，作者还指出他的个人遭遇对他说书技艺有很大的影响。本文剪裁精当，重点突出。柳敬亭是说书的，但作者并未正面描写其说书的情景，而是花费大量笔墨来突出他的经历，为他说书技艺的高超奠定基础。同时，全文在记叙柳敬亭的生平上也始终以说书艺术为指归，因而中心突出，脉络清晰，结构谨严，选材精妙。此外，文章在对人物的描写上，还采用烘云托月之法，以突出柳敬亭名声之大，技艺之高超。

原　君

有生之初[①]，人各自私也，人各自利也。天下有公利而莫或兴之[②]，有公害而莫或除之。有人者出，不以一己之利为利，而使天下受其利；不以一己之害为害，而使天下释其害[③]，此其人之勤劳必千万于天下之人。夫以千万倍之勤劳，而己又不享其利，必非天下之人情所欲居也[④]。故古之

人君，量而不欲入者[⑤]，许由、务光是也[⑥]；入而又去之者，尧、舜是也[⑦]；初不欲入而不得去者，禹是也[⑧]。岂古之人有所异哉！好逸恶劳，亦犹夫人之情也。

后之为人君者不然。以为天下利害之权皆出于我，我以天下之利尽归于己，以天下之害尽归于人，亦无不可。使天下之人不敢自私，不敢自利，以我之大私为天下之公。始而惭焉，久而安焉，视天下为莫大之产业，传之子孙，受享无穷。汉高帝所谓“某业所就，孰与仲多”者[⑨]，其逐利之情，不觉溢之于辞矣[⑩]。此无他，古者以天下为主，君为客，凡君之所毕世而经营者[⑪]，为天下也。今也以君为主，天下为客，凡天下之无地而得安宁者，为君也。是以其未得之也，屠毒天下之肝脑[⑫]，离散天下之子女，以博我一人之产业，曾不惨然[⑬]。曰：“我固为子孙创业也。”然则为天下之大害者，君而已矣。向使无君，人各得自私也，人各得自利也。呜呼！岂设君之道固如是乎？

古者天下之人爱戴其君，比之如父，拟之如天，诚不为过也[⑭]。今也天下之人，怨恶其君，视之如寇仇[⑮]，名之为独夫，固其所也[⑯]。而小儒规规焉以君臣之义无所逃于天地之间[⑰]，至桀纣之暴[⑱]，犹谓汤武不当诛之，而妄传伯夷、叔齐无稽之事[⑲]，乃兆人万姓崩溃之血肉[⑳]，曾不异夫腐鼠[㉑]。岂天地之大，于兆人万姓之中，独私其一人一姓乎[㉒]？是故武王，圣人也；孟子之言，圣人之言也。后世之君，欲以如父如天之空名，禁人之窥伺者，皆不便于其言，至废孟子而不立，非导源于小儒乎[㉓]！

虽然，使后之为君者，果能保此产业，传之无穷，亦无怪乎其私之也[㉔]。既以产业视之，人之欲得产业，谁不如我？摄缄縢[㉕]，固扃鐍[㉖]，一人之智力，不能胜天下欲得之者之众，远者数世，近者及身，其血肉之崩溃在其子孙矣。昔人愿世世无生帝王家，而毅宗之语公主，亦曰：“若何为生我家[㉗]！”痛哉斯言！回思一时，其欲得天下之心，有不废然摧沮者乎[㉘]！是故明乎为君之职分，则唐虞之世，人人能让，许由、务光非绝尘也[㉙]。不明乎为君之职分，则市井之间，人人可欲，许由、务光所以旷后世而不闻也[30]。然君之职分难明，以俄顷淫乐不易无穷之悲[31]，虽愚者亦明之矣。

【注释】

①有生：有生命，指人类出现。
②莫或：没有什么人。兴：举办。
③释：消除。
④居：处于那个地位。
⑤量：思考。
⑥许由：传说尧要把帝位传给许由，许由辞谢，隐居山中。务光：商汤要把天下让给务光，务光坚决拒绝，投水自杀。
⑦尧、舜是也：尧把天下让给舜，舜把天下让给禹。
⑧禹：舜把天下让给禹后，禹把天下传给了他儿子启。
⑨某业所就，孰与仲多：我所成就的家业，与老二相比，谁多呢？这是刘邦当皇帝后与他父亲说的话。
⑩溢之于辞：充分流露于言语之中。
⑪毕世：一生。
⑫屠毒：杀害。肝脑：代指人民。
⑬曾不惨然：一点也不感到凄惨。
⑭诚：实在。
⑮视之如寇仇：把他当作强盗、仇敌来看待。
⑯独夫：众叛亲离的人。固其所也：是他本来应得的。
⑰小儒：眼光狭小的读书人。规规焉：拘谨地。君臣之义无所逃于天地之间：君臣之间的关系存在于天地之间，无可逃避。
⑱桀：夏国暴君，被商汤所灭。纣：商国暴君，被周武王所灭。
⑲伯夷、叔齐：商朝贵族孤竹君的两个儿子，传说周武王伐纣时，他们曾拦住武王，认为臣不当伐君。
⑳兆：百万。万姓：老百姓。
㉑腐鼠：庸流之辈所珍视的轻贱的东西。
㉒私：偏爱。
㉓窥伺：暗暗地寻找机会。废孟子而不立：宋儒对孟子学说中“民重君轻”的观点很不满，并将孟子从儒家圣人的行列中剔除。
㉔私之：据（天下）为己有。
㉕摄缄縢：紧紧地捆好。摄，收紧。缄（jiān），封。縢（téng），绳。
㉖固扃𫔎：牢牢锁好。扃（jiōng），关钮。𫔎（jué），锁钥。
㉗毅宗：即崇祯皇帝。这句话是崇祯自杀前对长公主所言。
㉘废然摧沮：灰心丧气。
㉙绝尘：超绝尘世、高于世上之人。
㉚旷：绝。
㉛俄顷：片刻。

【解析】

《明夷待访录》是黄宗羲一部抨击封建君主专制制度的著作，写成于1663年，全书在君臣、官制、立法、学校、选举、田制、兵制、财政等方面提出了一系列的改革方法。《原君》是其中的第一篇。

在这篇文章中，黄宗羲对古代设立君主的本意和君主的真正职责进行了探讨。文章先依据古代传说中的尧舜等人禅让和“天下为公”的思想，叙说古代君主的设立是尚公利而除公害，而后世的君主却以天下为一己之私产，是子孙万世之基业，于是残酷剥削以至屠毒天下百姓，造成无数的罪恶，从而得出古人爱戴君主、后人怨恶君主的道理，并指出后世君主免不了亡国灭家的命运。文章把矛头鲜明地指向封建社会的最高统治者，向封建社会的政治制度、道德、伦理观念挑战，表现了黄宗羲学说的民主精神和强烈的现实斗争意义。全文以视天下为公利还是私产立论，以“明乎为君之职分”作结，结构严谨，气势恢宏，处处对比，观点鲜明，猛烈地抨击了封建专制，具有很高的价值。

林嗣环

林嗣环，号铁厓，福建晋江人。清顺治六年（1649）进士。生卒年及仕履均不详，仅知其因事被贬谪，戍守边疆，后遇赦放还，客死武林（今浙江杭州）。著有《铁厓文集》、《湖舫存稿》、《秋声诗》等。

口　技

京中有善口技者。会宾客大宴[①]，于厅事之东北角[②]，施八尺屏幛[③]，口技人坐屏幛中，一桌、一椅、一扇、一抚尺而已[④]。众宾团坐[⑤]。少顷，但闻屏幛中抚尺一下，满座寂然，无敢哗者。

遥闻深巷中犬吠，便有妇人惊觉欠伸，其夫呓语[⑥]，既而儿醒，大啼。夫亦醒，令妇抚儿乳，儿含乳啼，妇拍而鸣之。夫起溺[⑦]，妇亦抱儿起溺。床上又一大儿醒，狺狺不止[⑧]。当是时，妇手拍儿声，口中呜声，儿含乳啼声，大儿初醒声，床声，夫叱大儿声，溺瓶中声，溺桶中声，一齐凑发，众妙毕备。满座宾客，无不伸颈侧目，微笑默叹，以为妙绝也。

既而夫上床寝。妇又呼大儿溺，毕，都上床寝。小儿亦渐欲睡。夫齁声起，妇拍儿亦渐拍渐止。微闻有鼠作作索索，盆器倾侧，妇梦中咳嗽之声。宾客意少舒⑨，稍稍正坐。

忽一人大呼："火起！"夫起大呼，妇亦起大呼。两儿齐哭。俄而百千人大呼，百千儿哭，百千犬吠。中间力拉崩倒之声⑩，火爆声，呼呼风声，百千齐作；又夹百千求救声，曳屋许许声⑪，抢夺声，泼水声。凡所应有，无所不有。虽人有百手，手有百指，不能指其一端；人有百口，口有百舌，不能名其一处也⑫。于是宾客无不变色离席，奋袖出臂⑬，两股战战，几欲先走。

而忽然抚尺一下，众响毕绝。撤屏视之，一人、一桌、一椅、一扇、一抚尺而已。

【注释】

①会：碰上，适逢。
②厅事：私人住宅的堂屋。
③施：设置。
④抚尺：即"醒木"，说书人表演时用的木板，拍案以引起听众的注意。
⑤团：围着。
⑥欠伸：打哈欠。呓语：说梦话。
⑦呜之：哄孩子。溺（niào）：小便。
⑧猜猜（yín）：指喊叫声。
⑨少舒：稍稍放松。
⑩中间：其中夹杂。
⑪曳（yè）：拉。许许（hǔ）：象声词。
⑫名：说。
⑬奋：举起来。

【解析】

本文是作者《〈秋声诗〉自序》中的一部分。作者本是为其诗作序，所以，他是借口技艺人的"善画声"来说明他的《秋声诗》的"善画声"的。

文章描述了口技艺人一次精彩的口技表演。这次表演有两个高潮，一是模仿一家人于夜睡中发出的种种声音，一是模仿一次火灾中发出的各种声响，通过这两个高潮，展现了口技艺人高超的技艺。全文在描写上善于运用正面描写与侧面烘托相结合的手法来展现主题。作者运用了大量的篇幅来写口技艺人的表演，非常生动、形象、细腻地描绘了口技艺人发出的各种声音，使人有身临其境之感，这是正面描写，也是文章的主要表现手法。而为了突出口技艺人技艺的高超，作者在描述表演的同时，不断穿插听众的种种反应，以此来烘托口技艺人高超的技艺。同时，文章首尾呼应，点出口技艺人所凭借道具的简单，以映衬其精湛的

技艺。全文以口技艺人表演的先后为序，脉络分明，层次井然，句式骈散结合，呈现出波澜起伏的节奏，语言平易而精练，富有表现力。

邵长蘅

邵长蘅（1637～1704），字子湘，别号青门山人。武进（今江苏武进）人。明末诸生，十岁考中秀才，后因事除名。江苏巡抚宋荦以礼聘致幕中，讲艺论文。以诗及古文闻名于世。曾选王士祯及宋荦诗为《二家诗钞》，著有《青门集》。

阎典史传

阎典史者[①]，名应元，字丽亨，其先浙江绍兴人也。四世祖某，为锦衣校尉[②]，始家北直隶之通州[③]，为通州人。应元起掾史[④]，官京仓大使[⑤]。崇祯十四年[⑥]，迁江阴县典史[⑦]。始至，有江盗百艘，张帜乘潮阑入内地[⑧]，将薄城[⑨]，而会县令摄篆旁邑[⑩]，丞、簿选懦怖急[⑪]，男女奔窜。应元带刀鞬出[⑫]，跃马大呼于市曰："好男子，从我杀贼护家室！"一时从者千人。然苦无械，应元又驰竹行呼曰[⑬]："事急矣，人假一竿[⑭]，值取诸我[⑮]！"千人者，布列江岸，矛若林立，士若堵墙。应元往来驰射，发一矢辄殪一贼[⑯]，贼连毙者三，气慑[⑰]，扬帆去。巡抚状闻[⑱]，以钦依都司掌徼巡县尉[⑲]，得张黄盖[⑳]，拥纛，前驱清道而后行[㉑]。非故事[㉒]，邑人以为荣。久之，仅循资迁广东英德县主簿[㉓]，而陈明选代为尉。应元以母病未行，亦会国变[㉔]，挈家侨居邑东之砂山[㉕]。是岁乙酉五月也。

当是时，本朝定鼎改元二年矣[㉖]。豫王大军渡江[㉗]，金陵降，君臣出走。弘光帝寻被执[㉘]。分遣贝勒及他将，略定东南郡县[㉙]。守土吏或降或走，或闭门旅拒[㉚]，攻之辄拔。速者功在漏刻，迟不过旬日，自京口以南[㉛]，一月间下名城大县以百数。而江阴以弹丸下邑，死守八十余日而后下，盖应元之谋计居多[㉜]。

初，薙发令下，诸生许用德者[33]，以闰六月朔悬明太祖御容于明伦堂[34]，率众拜且哭，士民蛾聚者万人[35]，欲奉新尉陈明选主城守。明选曰："吾智勇不如阎君，此大事，须阎君来。"乃夜驰骑往迎应元。应元投袂起[36]，率家丁四十人夜驰入城。是时城中兵不满千，户裁及万，又饷无所出。应元至，则料尺籍[37]，治楼橹[38]，令户出一男子乘城[39]，余丁传餐[40]。已乃发前兵备道曾化龙所制火药火器贮堞楼[41]，已乃劝输巨室[42]，令曰："输不必金，出粟、菽、帛、布及他物者听。"国子上舍程璧首捐二万五千金[43]，捐者麇集[44]。于是围城中有火药三百罂[45]，铅丸、铁子千石[46]，大炮百，鸟机千张[47]，钱千万缗[48]，粟、麦、豆万石，他酒、酤、盐、铁、刍、藁称是[49]。已乃分城而守：武举黄略守东门，把总某守南门，陈明选守西门，应元自守北门，仍徼巡四门。部署甫定，而外围合[50]。

时大军薄城下者已十万，列营百数，四面围数十重，引弓仰射，颇伤城上人。而城上礌炮、机弩[51]，乘高下，大军杀伤甚众。乃架大炮击城，城垣裂。应元命用铁叶裹门板，贯铁缅护之[52]，取空棺实以土，障隤处[53]。又攻北城，北城穿[54]。下令"人运一大石块，于城内更筑坚垒"。一夜成。会城中矢少，应元乘月黑，束藁为人，人竿一灯，立陴睨间[55]，匝城[56]，兵士伏垣内，击鼓叫噪，若将缒城斫营者[57]。大军惊，矢发如雨，比晓，获矢无算[58]。又遣壮士夜缒城入营，顺风纵火，军乱，自蹂践相杀死者数千[59]。

大军却，离城三里止营。帅刘良佐拥骑至城下，呼曰："吾与阎君雅故，为我语阎君，欲相见[60]。"应元立城上与语。刘良佐者，故弘光四镇之一[61]，封广昌伯，降本朝总兵者也。遥语应元："弘光已走，江南无主，君早降，可保富贵。"应元曰："某明朝一典史耳，尚知大义，将军胙土分茅[62]，为国重镇，不能保障江淮，乃为敌前驱，何面目见吾邑义士民乎？"良佐惭退。

应元伟躯干，面苍黑，微髭。性严毅，号令明肃，犯法者，鞭笞贯耳[63]，不稍贳[64]。然轻财，赏赐无所吝。伤者

手为裹创，死者厚棺殓，酹醊而哭之[65]。与壮士语，必称好兄弟，不呼名。陈明选宽厚呕煦[66]，每巡城，拊循其士卒[67]，相劳苦，或至流涕。故两人皆能得士心，乐为之死。

先是，贝勒统军略地苏、松者[68]，既连破大郡，济师来攻[69]。面缚两降将，跪城下说降，涕泗交颐[70]。应元骂曰："败军之将，被禽不速死，奚喋喋为[71]！"又遣人谕令："斩四门首事各一人，即撤围。"应元厉声曰："宁斩吾头，奈何杀百姓！"叱之去。会中秋，给军民赏月钱，分曹携具，登城痛饮，而许用德制乐府《五更转曲》，令善讴者曼声歌之。歌声与刁斗、笳吹声相应，竟三夜罢。

贝勒既觇知城中无降意[72]，攻愈急。梯冲死士[73]，铠胄皆镔铁[74]，刀斧及之，声铿然，锋口为缺。炮声彻昼夜，百里内，地为之震。城中死伤日积，巷哭声相闻。应元慷慨登陴，意气自若。旦日[75]，大雨如注，至日中，有红光一缕起土桥，直射城西。城俄陷，大军从烟焰雾雨中蜂拥而上。应元率死士百人，驰突巷战者八，所当杀伤以千数。再夺门，门闭不得出，应元度不免，踊身投前湖，水不没顶，而刘良佐令军中，必欲生致应元[76]，遂被缚。良佐箕踞乾明佛殿[77]，见应元至，跃起持之哭，应元笑曰："何哭？事至此，有一死耳！"见贝勒，挺立不屈。一卒持枪刺应元贯胫[78]，胫折踣地[79]。日暮，拥至栖霞院，院僧夜闻大呼"速斫我"不绝口。俄而寂然，应元死。

凡攻守八十一日，大军围城者二十四万，死者六万七千，巷战死者又七千，凡损卒七万五千有奇[80]。城中死者，无虑五六万，尸骸枕藉[81]，街巷皆满，然竟无一人降者。

城破时，陈明选下骑搏战，至兵备道前被杀，身负重创，手握刀，僵立倚壁上不仆。或曰阖门投火死。

论曰：《尚书·序》曰[82]："成周既成[83]，迁殷顽民[84]。"而后之论者，谓于周则顽民，殷则义士。夫跖犬吠尧[85]，邻女詈人[86]，彼固各为其主。予童时，则闻人啧啧谈阎典史事，未能记忆也，后五十年，从友人家见黄晞所为死守孤城状，乃摭其事而传之[87]。微夫应元，固明朝一典史也，顾其树立，乃卓卓如是[54]！呜呼！可感也哉！

【注释】

①典史：知县的属官。

②锦衣校尉：锦衣卫的校尉。

③北直隶之通州：今北京通县。

④起：最初。掾（yuán）史：地方长官手下的属吏。

⑤京仓大使：首都仓库粮食总管。

⑥崇祯十四年：1641年。

⑦江阴：今江苏江阴。

⑧张帜：挂着旗子。阑入：擅自闯入。

⑨薄：逼近。

⑩摄篆：代管。旁邑：别的城市。

⑪选懦（nuò）：怯弱。选，通“巽”，柔弱。

⑫鞬（jiān）：弓箭袋。

⑬竹行（háng）：售竹的商店。

⑭假：借。

⑮值取诸我：钱向我索要。

⑯殪（yì）：杀死。

⑰气慑：畏惧。

⑱巡抚：清代省级军政长官。状闻：写奏章上报皇帝。

⑲钦：皇帝的命令。都司：官名，地方军事指挥。徼（jiào）巡：巡察。

⑳黄盖：黄伞。

㉑纛（dào）：旗。前驱清道：前面有人开路。这些都是官员的仪仗。

㉒故事：旧的规章制度。非故事，意为破例。

㉓循资：按照资历。

㉔国变：指明亡，清军入关。

㉕挈（qiè）：带领。砂山：江阴东四十里。

㉖定鼎：指清朝建立。改元：指年号由明崇祯改为清顺治。

㉗豫王：多铎，清太祖第十五子。

㉘寻：不久。弘光帝：福王朱由崧，1644年即帝位于南京。

㉙贝勒：清封爵名，在郡王之下，贝子之上。略定：攻克平定。

㉚旅拒：聚人抵抗。

㉛漏刻：形容很短时间。京口：今江苏镇江。

㉜弹丸下邑：很小的城池。

㉝薙（tì）发令：剃发留辫的命令。诸生：明时称考取秀才入学的生员为诸生。

㉞御容：画像。明伦堂：县学的正殿。

㉟蛾（yǐ）聚：像蚁一样聚集在一起。蛾，古“蚁”字。

㊱投袂（mèi）：甩动衣袖。

㊲料尺籍：整理军中的文书。

㊳治楼橹：修整守城的工事。

㊴乘城：守城。

㊵传餐：传送饭食。

㊶已乃：不久就。贮堞（dié）楼：存放在城楼上。

㊷劝输巨室：劝大户人家捐献财物。听：随意。

㊸国子上舍：国子监的监生。

㊹麇集：群集。

㊺罂（yīng）：一种小口腹大的瓦器。

㊻石（dàn）：十斗。

㊼鸟机：鸟铳。

㊽缗（mín）：用来穿钱的绳子。

㊾酤（gū）：一夜即制成的酒。刍，藁：喂牲口的草。称是：与此相当。

㊿甫：刚刚。合：合围。

[51]礧（léi）炮：发射巨石的炮。

[52]铁絙（gēng）：粗铁索。

[53]障：阻挡。隤（tuí）处：崩坏的

地方。
(54)穿：穿了一个洞。
(55)陴院（pí nì）：城上的矮墙。
(56)匝（zā）：围绕。
(57)缒城斫（zhuó）营：从城上用绳将士兵放下去偷袭敌人。
(58)比晓：等到天亮。无算：无数。
(59)缒（zhuì）城：顺绳爬下城墙。入营：潜入敌营。蹂践：践踏。
(60)雅故：旧友，故旧。
(61)弘光四镇：南明弘光时分江北一带为四个军事辖区，刘良佐驻临淮，辖凤寿，刘泽清驻淮北，辖淮海，高杰驻泗水，辖徐泗，寅得功驻庐州，辖滁和。
(62)胙（zuò）土分茅：分封给土地，意即做大官。
(63)贯耳：古代军中的一种刑罚，用短箭插在犯法者耳朵上示众。
(64)贳（shì）：饶恕。
(65)酹醊（lèi zhuì）：把酒洒在地上以示祭奠。
(66)呕煦：和悦可亲。
(67)拊循：安抚。
(68)苏：苏州府。松：松江府。
(69)济：助，增添。
(70)颐：下巴。
(71)禽：通“擒”。喋喋（dié）：多说话。
(72)觇（chān）知：观察发现。
(73)梯：云梯。冲：冲车。死士：敢死队。
(74)铠胄：铁甲和头盔。
(75)旦日：第二天。
(76)生致：活捉。
(77)箕踞：两手据膝伸腿而坐。意为傲慢地坐着。
(78)贯：穿过。胫：小腿。
(79)踣（bó）：跌倒。
(80)有奇：有余。
(81)无虑：大约，总共。枕藉：互相枕叠。
(82)《尚书·序》：指《尚书·多士》序。
(83)成周：今河南洛阳北。西周成王时，周公旦筑城于此。
(84)顽民：不顺从的人。
(85)跖（zhí）：古代传说中的大盗。
(86)詈（lì）：骂。
(87)摭（zhí）：摘取。
(88)树立：建立的业绩。卓卓：杰出不凡。

【解析】

明代末年，清军入关南下，许多高官贵族为保全身家性命而屈膝投降。但也有许多义士为保卫家乡，组织义军，与清军进行了不屈的斗争。阎应元就是这样一个位卑而未敢忘国忧的英雄。本文即是为阎应元作的一篇传记。

文章从阎典史的身世写起，揭示其英勇机智、多谋善断的特点，然后全面细致地描述了阎典史组织军民反抗清军，死守江阴城，最后城破而壮烈牺牲。作者通过这一事件的叙述，热情地歌颂了阎典史反抗强暴、坚毅不屈、宁死不降的精神。同时，作者身当清朝统治之时，能为抗击清军的民族英雄立传，歌颂其崇高的气节，斥责清人的强暴，充分展现了作者的爱憎，这在当时殊为难得。文章在塑造人物上善于在尖锐激烈的矛盾冲突中，选择富有特征的语言、行动、表情、神态，来表现人物

的性格特征，并运用对比烘托的手法，使人物刻画得栩栩如生。同时，文章在描述阎典史的卓异时，多用具体事例，所以显得真实而生动，具有强大的感染力量。全文形象鲜明，情节生动，感人至深。

朱彝尊

朱彝尊（1627～1709），字锡鬯，号竹垞，又号金风亭长、小长芦钓鱼师，秀水（今浙江嘉兴）人。康熙时举博学鸿词科，授检讨，入直南书房，出典江南行省。罢归后，专心著述。曾参加修《明史》。他是清代著名的文学家，能诗词，长于古文。其诗清新浑朴，与王士祯并称为南北两大诗人。其词学姜夔和张炎，讲究字句声律，是浙西词派之祖。著有《曝书亭集》、《日下旧闻》、《经义考》等。

池北书库记

池北书库者，今少詹事新城王先生聚书之室也[①]。新城王氏，门望甲齐东[②]，先世遗书不少矣[③]，然兵火后散佚者半。先生自始仕迄今[④]，目耕肘书[⑤]，借观辄录其副[⑥]。每以月之朔望玩慈仁寺[⑦]，日中集奉钱所入[⑧]，悉以购书[⑨]，盖三十年而书库尚未充也[⑩]。

自唐以前，书多藏之于官。刘歆之《七略》[⑪]，郑默、荀勖之《中经》、《新簿》[⑫]，其后四部、《七录》[⑬]，代有消长。民间所藏，赐书之外[⑭]，无多焉尔。自雕本盛行而书籍易得[⑮]，民间镂版[⑯]，未贡天府者且十之九[⑰]，由是官书反不若民间之多。古之拥万卷者，自诩比南面百城[⑱]。今则操一囊金，入江浙之市，万卷可立致。然自博览者观之，若无所睹也[⑲]。夫宋元雕本日就泯灭[⑳]，幸而仅存于水火劫夺之余，藉钞本流传。顾士之勤于钞写[㉑]，百人之中，一二人而已。习举子业者[㉒]，诵四子书[㉓]，治一经[㉔]，不过四五十卷，可立取科第。而贾人斫利[㉕]，亦惟近乎举子业者是求，非是则不顾，至以覆酱[㉖]、裹面、糊蚕箔[㉗]。古之人竭心力

为之者，今人全不之惜，任其湮没，此士君子䀌伤于心[28]，而先生书库之设，藏之惟恐不亟也[29]。

彝尊经乱[30]，先世之遗书莫有存者。及壮，糊口四方[31]，经过都市，残编断帙，至典衣予直[32]，积之二十年矣。以验藏书家目录，则仅有其十之二三焉，然未尝无出于藏书家目录之外者。譬之于海，九川四渎无不趋焉[33]。而滮池瀏汋之水[34]，聚而勿涸[35]，鸟见之饮啄，鱼得之泳游，亦可自乐其乐，而忘其身世之穷焉。明年归矣，将寻先生之书库，借钞所未有者。奉先生之命，遂为先生记之。

【注释】

①少詹事：詹事府的副长官，太子宫中的属官。王先生：即王士祯，字贻上，号阮亭，别号渔洋山人，山东新城人，清代著名诗人。

②门望：门第、族望。甲：第一。齐东：山东东部。

③先世：祖上。

④始仕：开始做官。

⑤目耕：读书。肘书：抄写。

⑥副：复本。

⑦朔：阴历初一。望：阴历十五。慈恩寺：通称报国寺，在今北京广安门内。

⑧日中：整天。奉钱：俸禄。

⑨悉：全部。

⑩充：满。

⑪刘歆：字子骏，西汉目录学家。《七略》：刘歆曾总校群书，撰成《七略》，分为《辑略》、《六艺略》、《诸子略》、《诗赋略》、《兵书略》、《术数略》、《方技略》七部。

⑫郑默：三国魏秘书郎，作《甲经》。荀勖（xù）：晋秘书监，作《新簿》。

⑬四部：我国古代图书分类的体例，自《隋书·经籍志》确立四部名称为经、史、子、集后，历代相传。《七录》：南朝梁阮孝绪所撰，分《经典》、《记传》、《子兵》、《文集》、《术技》、《佛法》、《仙道》七录。

⑭赐书：皇帝赏赐的书。

⑮雕本：刻本，雕版印刷的书。

⑯镂版：雕刻书版。

⑰天府：皇宫中的府库。

⑱南面百城：形容统治者的尊荣富贵。南面，称王；百城，拥有广大土地。

⑲若无所睹：好像什么也没看见。

⑳日就泯灭：一天天消亡。

㉑顾：只是。

㉒习：学习，攻读。举子业：应科举考试。

㉓四子书：即四书：《大学》、《中庸》、《论语》、《孟子》。

㉔治一经：研习五经中的一经。五经即《易经》、《尚书》、《诗经》、《礼记》、《春秋左氏传》。

㉕贾（gǔ）人：商人。斫利：追求利益。

㉖惟近乎举子业者是求：只知道尽量满足科举考试的需求。覆酱：盖酱罐。

㉗蚕箔（bó）：养蚕的竹席。

㉘譆（xì），伤痛。

㉙亟（jí）：急。

㉚乱：战乱，指明清之际的战乱。

㉛糊口四方：为谋生到处奔波。

㉜帙（zhì）：书套。指书。典：典当。直：通“值”，价钱。

㉝九川四渎：泛指大河。九川指弱、黑、河、漾、江、沇、淮、渭、洛。四渎指江、河、淮、济。

㉞滮（biāo）池瀱汋：泛指小水。滮池，古水名，在今西安市北。瀱汋（jì zhuó）：时有水时无水的井。

㉟涸（hé）：干枯，枯竭。

【解析】

池北书库是清初文学家王士祯藏书的地方。王士祯是著名的诗人，喜欢读书、买书、藏书，池北书库在新城（今山东桓台）城内他住宅西部的小园内，池之北。本文是朱彝尊为其书库所写的一篇记。

文章虽是为池北书库所作的记，但写书库建置、内容的话不多。作者由池北书库之所属和藏书情况写起，然后具体叙述了历代官府和民间藏书的情况，指出当时人急功近利，不以藏书读书为业，反以功利为目，是一种短视行为。揭示了当时的社会状况，并以此说明设库藏书的重要性。同时指出，由于今人不爱惜书籍，造成大量书籍的散失，以此又说明了设库藏书的刻不容缓。最后作者叙述自己的爱书和藏书，并由借钞而回到说池北书库，既写出了王士祯藏书之丰，也表现了自己对他的赞颂，同时还体现了自己对书的喜好。全文主旨鲜明，虽为记书库，但重点在议论藏书的意义，言简而意深。以藏书作为全文的线索组织材料，结构严谨，条理清晰。语言简洁凝练，整散结合，富于变化。

王士祯

王士祯（1631～1711），原名士禛，因避清世宗胤禛讳，改名士祯，字子真，一字贻上，号阮亭，又号渔洋山人。新城（今山东桓台）人。顺治十二年（1655）进士，为扬州推官，后历任礼部员外郎、户部郎中、国子祭酒、刑部尚书。他是清代著名的诗人，论诗提倡“神韵说”，具有很大的影响。他的散文也写得颇为明净。著有《带经堂集》、《蚕尾集》、《渔洋山人精华录》等。

焦山题名记

来焦山有四快事：观返照吸江亭①，青山落日，烟水苍茫中，居然米家父子笔意②；晚望月孝然祠外③，太虚一碧④，长江万里，无复微云点缀；听晚梵声出松杪⑤，悠然有遗世之想⑥；晓起观海门日出，始从远林微露红晕，倏忽跃起数千丈，映射江水，悉成明霞⑦，演漾不定⑧。《瘗鹤铭》在雷轰石下⑨，惊涛骇浪，朝夕喷激。予来游，以冬月江水方落，乃得踏危石于潮汐汩没之中，披剔尽致⑩，实无不幸也。

【注释】

①返照：夕照。吸江亭：在焦山之巅，清顺治时改亭为楼。

②居然：正是。米家父子：指宋代大书画家米芾、米友仁父子。其画天真发露，不求工细，多用水墨加以点染，具无穷意蕴。笔意：书画或诗文中所表现的作者的意境。

③孝然祠：在焦山上。

④太虚：天空。一碧：全碧。

⑤梵声：和尚念经之声。杪（miǎo）：树枝的细梢。

⑥遗世：离开尘世。

⑦悉：全部。

⑧演漾：水波长而摇动。

⑨《瘗鹤铭》：六朝摩崖正书石刻，上皇山樵书，刻于焦山，为著名碑石之一。后因山崩碑石没入水中。

⑩汩（gǔ）没：沉没。披剔：指除去石碑上的污物。

【解析】

焦山，在今江苏镇江东北的长江之中，因东汉末年焦光隐居于此而得名。山高七十余米，如中流砥柱般耸立于滚滚白浪之中，气势恢弘。王士祯中进士后，首为扬州推官，本文当作于此时。

文章叙述了游焦山的四快事，即在吸江亭观夕照、孝然祠外欣赏月夜美景、听松林传出的梵音、观海上日出，全文虽仅百余字，但却从声、色、图、像诸方面简洁而生动地表现了焦山朝夕变幻的景致，从中亦展现了作者踌躇满志、潇洒豪迈的气度。文章语言简洁精练，描写生动传神，富有韵味，以景抒情，情景合一，颇有“舍不尽之意见于言外”的风范，具有一种清新秀逸之气，一如其诗歌之风格。

蒲松龄

蒲松龄（1640～1715），字留仙，一字剑臣，别号柳泉居士，世称聊斋先生。山东淄川（今山东省淄博市）蒲家庄人，出身于书香家庭。青年时热衷功名，十九岁应童子试，县、府、道三试第一，此后却屡试不第，至七十一岁才援例当了一名贡生，一生没有做过官，以教书和做幕宾为生。蒲松龄是清代著名的文学家，才华横溢，以短篇小说集《聊斋志异》而闻名于世，此外尚有散文、诗、词、曲、戏剧等多种文学作品传世，在创作上做过多方面的尝试。著有《蒲松龄集》。

聊斋志异自序

披萝带荔[1]，三闾氏感而为骚[2]；牛鬼蛇神[3]，长爪郎吟而成癖[4]。自鸣天籁[5]，不择好音，有由然矣[6]。松落落秋萤之火[7]，魑魅争光[8]；逐逐野马之尘[9]，魍魉见笑[10]。才非干宝[11]，雅爱搜神；情类黄州[12]，喜人谈鬼。闻则命笔[13]，遂以成编。久之，四方同人，又以邮筒相寄，因而物以好聚，所积益伙[14]。甚者人非化外[15]，事或奇于断发之乡[16]；睫在眼前，怪有过于飞头之国[17]。遄飞逸兴[18]，狂固难辞；永托旷怀，痴且不讳[19]。展如之人[20]，得毋向我胡卢耶[21]？然五父衢头[22]，或涉滥听；而三生石上[23]，颇悟前因。放纵之言[24]，有未可概以人废者。松悬弧时[25]，先大人梦一病瘠瞿昙[26]，偏袒入室[27]，药膏如钱，圆粘乳际。寤而松生，果符墨志。且也少羸多病[28]，长命不犹[29]，门庭之凄寂，则冷淡如僧；笔墨之耕耘，则萧条似钵。每搔头自念，勿亦面壁人果是吾前身耶[30]？盖有漏根因[31]，未结人天之果；而随风荡堕，竟成藩溷之花[32]。茫茫六道[33]，何可谓无其理哉！独是子夜荧荧[34]，灯昏欲蕊[35]；萧斋瑟瑟[36]，案冷疑冰。集腋为裘，妄续幽冥之录[37]；浮白载笔[38]，仅成孤愤之书[39]。寄托如此，亦足悲矣。嗟乎，惊霜寒雀，抱树无温；吊月秋虫，偎阑自热[40]。知我者，其在青林黑塞间乎[41]！康熙己

未春日[42]。

【注释】

①萝：女萝，即松萝。荔：薜荔，即木莲。屈原《九歌·山鬼》："披薜荔兮带女萝。"

②三闾氏：屈原，仕于楚怀王，为三闾大夫。感：感发。骚：指《离骚》。

③牛鬼蛇神：指李贺诗歌中有很多虚幻怪诞之辞。

④长爪郎：指李贺。吟而成癖：传说李贺吟诗成癖。

⑤天籁：大自然的声音。

⑥由然：由来。

⑦松：蒲松龄自称。落落：孤独的样子。秋萤之火：微小的光。

⑧魑魅争光：传说晋时嵇康在灯下弹琴，见一鬼，就吹灭灯光，说："吾耻与魑魅争光。"这句话的意思是说自己才疏学浅。

⑨逐逐：追逐。野马之尘：尘埃。见《庄子·逍遥游》。

⑩魍魉见笑：为鬼怪所嘲笑。

⑪干宝：字令升，晋时人，小说家，著有《搜神记》。

⑫黄州：指苏轼。苏轼贬谪黄州时喜听人谈鬼神。

⑬命笔：用笔。

⑭伙：多。

⑮化外：政令教化所达不到的地方。

⑯断发之乡：偏僻之地。

⑰飞头之国：传说古代南方有人能让其头离身飞去。

⑱遄飞逸兴：兴致高迈。狂固难辞：难以摆脱"狂"的评价。

⑲旷怀：开阔的胸怀。讳：避忌。

⑳展如之人：诚实之人。

㉑胡卢：笑。

㉒五父衢头：古代衢名，这里是道听途说的意思。

㉓三生石上：前世因缘。据袁郊《甘泽谣》：唐时李源与僧圆观为友，圆观临死前约李源十二年后于天竺寺外相见。李源如期而往，见一牧童，即圆观所转世，作歌曰："三生石上旧精魂，赏月吟风不要论，惭愧情人远相访，此身虽异性长存。"

㉔放纵之言：荒诞之言。

㉕悬弧：出生时。

㉖瘠：瘦弱。瞿昙：佛祖释迦牟尼之姓，这里借指和尚。

㉗偏袒：和尚穿袈裟时左肩套在袖里，左肩裸露。

㉘羸（léi）：瘦弱。

㉙长：长大。命不犹：命运不如人。

㉚面壁人：相传达摩到中土传法，于少林寺面壁。这里借指和尚。

㉛漏：佛法用语，意为烦恼。

㉜藩：篱笆。溷：粪坑。

㉝六道：佛教认为，人死后要在六道里轮回，即天道、人道、阿修罗道、地狱道、饿鬼道、畜生道。

㉞荧荧：灯光不明亮。

㉟蕊：花蕊，这里指结灯花的意思。

㊱萧斋：书房。瑟瑟：风声。

㊲幽冥之录：《幽冥录》，南朝宋刘义庆著，是一部记鬼怪的书。

㊳浮白：饮酒。

㊴孤愤之书：韩非子因遭人忌害，忠直而不得用，作《孤愤》一篇。这里指蒲松龄借狐鬼故事抒发不平之感。

㊵偎阑：依着栏杆。自热：自我安慰。

㊶青林黑塞：喻鬼魂所在之地。

㊷康熙己未：康熙十八年（1679）。

【解析】

《聊斋志异》是蒲松龄著名的短篇小说集，也是中国文言短篇小说的优秀作品集，具有进步的思想内容和高超的艺术成就。本文是作者为其作品集所作的序。

在这篇序言中，蒲松龄叙述了他创作《聊斋志异》搜集素材和命笔的过程，同时，以一个离奇的说法——说自己的前生是一个苦行僧——来描述自己的凄凉生活，表现自己甘愿被人视为“狂”夫“痴”人，也要做这种潦倒的事业，既有悲凉之情而又不乏自负之心。全文虽短短几百字，却包含了小说创作的基本经验，即小说创作必须具有进步的思想内容，必须继承优良的文学传统以及学习民间口头创作。文章抒发了自己的孤愤之情，字里行间流露出其郁郁不得志的情思。作为一篇骈文佳作，文章对仗工整，句式整饬，同时全文虽大量用典，但不以典实害意，驱使自如。大量使用联想和夸饰，感情真挚流畅，笔意清新隽永。

方　苞

方苞（1668～1749），字凤九，一字灵皋，号望溪。桐城（今属安徽）人。少有声名，康熙四十五年进士，曾因戴名世《南山集》案而入狱，后遇赦，累官至礼部右侍郎。曾受命编定《钦定四书文》。他是桐城派的创始人之一，“桐城三祖”之首。论文主张“义法”，即所谓“言有物”和“言有序”。其文多是阐道翼教、通经明理的论文和墓志碑传之类，而一些记事小品和山水游记，则具较高文学价值，简洁可读。著有《方望溪全集》。

狱中杂记

康熙五十一年三月[①]，余在刑部狱，见死而由窦出者[②]，日四三人。有洪洞令杜君者[③]，作而言曰[④]：“此疫作也[⑤]。今天时顺正[⑥]，死者尚稀，往岁多至日十数人。”余叩所以[⑦]，杜君曰：“是疾易传染，遘者虽戚属[⑧]，不敢同卧起。而狱中为老监者四，监五室[⑨]。禁卒居中央[⑩]，牖其前

以通明[11]，屋极有窗以达气[12]。旁四室则无之，而系囚常二百余[13]。每薄暮下管键[14]。矢溺皆闭其中[15]，与饮食之气相薄[16]。又，隆冬，贫者席地而卧，春气动，鲜不疫矣[17]。狱中成法[18]，质明启钥[19]。方夜中，生人与死者并踵顶而卧[20]，无可旋避。此所以染者众也。又可怪者，大盗、积贼、杀人重囚，气杰旺[21]，染此者十不一二，或随有瘳[22]。其骈死[23]，皆轻系及牵连佐证[24]，法所不及者。"余曰："京师有京兆狱，有五城御史司坊，何故刑部系囚之多至此?"杜君曰："迩年狱讼[25]，情稍重，京兆、五城即不敢专决；又九门提督所访缉纠诘，皆归刑部；而十四司正副郎好事者，及书吏、狱官、禁卒，皆利系者之多[26]。少有连，必多方钩致[27]。苟入狱，不问罪之有无，必械手足，置老监，俾困苦不可忍[28]，然后导以取保[29]，出居于外。量其家之所有以为剂[30]，而官与吏剖分焉。中家以上[31]，皆竭资取保；其次，求脱械居监外板屋，费亦数十金。惟极贫无依，则械系不稍宽，为标准以警其余。或同系，情罪重者，反出在外，而轻者、无罪者罹其毒[32]。积忧愤，寝食违节[33]，及病又无医药，故往往至死。"

余伏见圣上好生之德，同于往圣，每质狱辞[34]，必于死中求其生，而无辜者乃至此。倘仁人君子为上昌言[35]，"除死刑及发塞外重犯，其轻系及牵连未结正者[36]，别置一所以羁之，手足毋械。"所全活可数计哉！或曰："狱旧有室五，名曰现监，讼而未结正者居之。倘举旧典，可小补也。"杜君曰："上推恩：凡职官居板屋，今贫者转系老监，而大盗有居板屋者，此中可细诘哉？不若别置一所，为拔本塞源之道也[37]。"余同系朱翁、余生及在狱同官僧某[38]，遘疫死，皆不应重罚。又某氏以不孝讼其子，左右邻械系入老监，号呼达旦。余感焉，以杜君言泛讯之[39]，众言同，于是乎书。

凡死刑狱上，行刑者先俟于门外，使其党人索财物，名曰"斯罗"。富者就其戚属，贫则面语之[40]。其极刑[41]，曰："顺我，即先刺心；否则，四肢解尽，心犹不死。"其

绞缢，曰："顺我，始缢即气绝；否则，三缢加别械，然后得死。"惟大辟无可要[42]，然犹质其首[43]。用此，富者赂数十百金，贫亦罄衣装[44]；绝无有者，则治之如所言。主缚者亦然[45]，不如所欲，缚时即先折筋骨。每岁大决[46]，勾者十四三，留者十六七，皆缚至西市待命。其伤于缚者，即幸留，病数月乃瘳，或竟成痼疾[47]。

余尝就老胥而问曰："彼于刑者、缚者，非相仇也，期有得耳；果无有，终亦稍宽之，非仁术乎[48]？"曰："是立法以警其余，且惩后也；不如此，则人有幸心[49]。"主梏扑者亦然[50]，余同逮以木讯者三人[51]：一人予三十金，骨微伤，病间月[52]；一人倍之，伤肤，兼旬愈[53]；一人六倍，即夕行步如平常[54]。或叩之曰："罪人有无不均，既各有得，何必更以多寡为差[55]？"曰："无差，谁为多与者！"孟子曰："术不可不慎。"信夫！

部中老胥，家藏伪章，文书下行直省，多潜易之，增减要语，奉行者莫辨也。其上闻及移关诸部[56]，犹未敢然。功令[57]：大盗未杀人，及他犯同谋多人者，止主谋一二人立决；余经秋审，皆减等发配。狱辞上，中有立决者，行刑人先俟于门外。命下，遂缚以出，不羁晷刻[58]。有某姓兄弟，以把持公仓，法应立决，狱具矣[59]。胥某谓曰："予我千金，吾生若。"叩其术，曰："是无难，别具本章[60]，狱辞无易，取案末独身无亲戚者二人易汝名，俟封奏时潜易之而已。"其同事者曰："是可欺死者，而不能欺主谳者[61]；倘复请之，吾辈无生理矣。"胥某笑曰："复请之，吾辈无生理，而主谳者亦各罢去。彼不能以二人之命易其官，则吾辈终无死道也。"竟行之，案末二人立决。主者口呿舌挢[62]，终不敢诘。余在狱，犹见某姓，狱中人群指曰："是以某某易其首者。"胥某一夕暴卒，众皆以为冥谪云。

凡杀人，狱辞无谋、故者，经秋审入矜疑[63]，即免死。吏因以巧法。有郭四者，凡四杀人，复以矜疑减等，随遇赦。将出，日与其徒置酒酣歌达曙。或叩以往事，一一详述之，意色扬扬，若自矜诩[64]。噫！渫恶吏忍于鬻狱[65]，无

责也；而道之不明，良吏亦多以脱人于死为功，而不求其情。其枉民也，亦甚矣哉！

奸民久于狱，与胥卒表里，颇有奇羡[66]。山阴李姓，以杀人系狱，每岁致数百金。康熙四十八年，以赦出，居数月，漠然无所事。其乡人有杀人者，因代承之。盖以律非故杀，必久系，终无死法也。五十一年，复援赦减等谪戍[67]。叹曰："吾不得复入此矣！"故例，谪戍者移顺天府羁修，时方冬，停遣，李具状求在狱，俟春发遣，至再三，不得所请，怅然而出。

【注释】

①康熙五十一年：1712 年。

②窦出：从洞口抬出。

③洪洞（tóng）：今山西洪洞县。

④作：起。

⑤疫：瘟疫。作：发作。

⑥时：气候。顺正：正常。

⑦叩：问。所以：原因。

⑧遘（gòu）：遭遇，染上。戚属：亲属。

⑨监五室：每个老监管五间房屋。

⑩禁卒：狱卒。

⑪牖（yǒu）：原指窗户，这里指开设窗户。

⑫屋极：屋顶。

⑬系：关押。

⑭薄暮：傍晚。管键：锁钥。

⑮矢溺（niào）：屎尿。

⑯相薄：相混杂。

⑰鲜：很少。

⑱成法：老规矩。

⑲质明：天明。

⑳踵顶：头脚相靠。

㉑气杰旺：精神特别旺盛。

㉒瘳（chōu）：病好了。

㉓骈：并列。

㉔轻：轻罪。法所不及：不会受到法律制裁的人。

㉕京兆狱：京师地区的监狱。五城御史司坊：五城兵马司下属的监狱。迩年：近年。

㉖利：以……为有利。

㉗连：牵连。勾致：拘捕。

㉘俾：使。

㉙导：劝导，劝诱。

㉚量：估量。剂：标准。

㉛中家：中产人家。

㉜标准：榜样。罹（lí）：遭受。

㉝寝食违节：睡觉吃饭都不正常。

㉞往圣：历代贤君。质：询问。

㉟昌言：善言，正当的言论。

㊱结正：结案。

㊲推恩：广施仁爱。拔本塞源：从根本上解决问题。

㊳同官：今陕西铜川。

㊴泛讯之：广泛地询问狱中囚犯。

㊵就其戚属：和他亲属谈。面语：和犯人当面谈。

㊶极刑：分裂肢体的酷刑。

㊷大辟（bì）：砍头。要：索取钱物。

㊸质其首：以其头颅作交易。

㊹罄（qìng）：卖完。

㊺主缚者：掌管捆绑犯人的。

㊻大决：秋决。

㊼痼疾：治不好的病。

㊽胥：狱卒。仁术：好心。

㊾幸心：侥幸的心理。

㊿主梏扑者：掌管给犯人戴手铐、用板子打犯人的人。

(51)木讯：用板子、夹棍审问。

(52)间：间隔。

(53)兼旬：二十天。

(54)即夕：当天晚上。

(55)差：等级。

(56)直省：各省。上闻：上奏皇帝的。移关：转交关文。

(57)功令：政府的法令。

(58)不羁晷刻：一时一刻都不停留。晷（guǐ），时刻。

(59)狱具矣：罪案已经成立。

(60)别具：另外准备。

(61)主谳者：主审此案的官员。谳（yàn），审案，判罪。

(62)口呿舌挢：指惊骇的样子。呿（qū），张开口。挢（jiǎo），举。

(63)矜疑：其情可怜，其罪可疑。

(64)矜诩：夸耀。

(65)渫（xiè）：污。鬻（yù）：卖。

(66)表里：里应外合。奇（jī）羡：赢余。

(67)谪戍：发配充军。

【解析】

康熙五十年（1711），因受戴名世《南山集》案的牵连，方苞被捕入江宁狱，同年十一月被押解送京师刑部监狱，至第二年三月才获释。本文是作者被关进刑部狱后所见所闻的真实笔录。

文章真实地揭露了狱中的种种黑暗情况，既有狱中因起居与卫生条件极端恶劣所造成的疾疫大作，又有狱中的刽子手、主缚者、狱卒利用职权，敲诈勒索；既有役吏私改文书，贪赃枉法，玩忽人命，还有在狱中住久了的犯罪坏分子与差役、狱卒互相勾结，狼狈为奸，以监狱为牟利之所。作者指出，正因为狱中胥吏狱卒互相勾结，索贿枉法，导致了狱中出现种种黑暗的情况，使得那些恶棍地痞、杀人大盗得以逍遥法外，而那些良善之民则蒙受种种冤屈。文章通过对监狱的种种黑暗现实的描述，既表现了作者对为非作歹的狱吏的强烈憎恨，也表现了作者对含冤负屈、贫而无告的受害者的深切同情。全文所记头绪纷繁，材料丰富，看似信手拈来，实则杂而不乱，作者始终围绕着揭露刑部狱的腐败黑暗这一中心来组织材料，叙述有条不紊，井然有序。语言生动简洁，文笔平易自然，无论写人写事，均扣人心弦，具有较高的艺术性。

左忠毅公逸事

先君子尝言[①]：乡先辈左忠毅公视学京畿[②]，一日，风雪严寒，从数骑出，微行入古寺，庑下一生伏案卧[③]，文方

成草。公阅毕，即解貂覆生，为掩户。叩之寺僧，则史公可法也[④]。及试，吏呼名至史公，公瞿然注视，呈卷，即面署第一[⑤]。召入，使拜夫人，曰："吾诸儿碌碌，他日继吾志者，惟此生耳。"

及左公下厂狱[⑥]，史朝夕狱门外。逆阉防伺甚严，虽家仆不得近。久之，闻左公被炮烙[⑦]，旦夕且死。持五十金，涕泣谋于禁卒，卒感焉。一日，使史更敝衣草屦[⑧]，背筐，手长镵，为除不洁者，引入，微指左公处[⑨]，则席地倚墙而坐，面额焦烂不可辨，左膝以下，筋骨尽脱矣。史前跪，抱公膝而呜咽。公辨其声而目不可开，乃奋臂以指拨眦[⑩]，目光如炬，怒曰："庸奴，此何地也？而汝来前！国家之事，糜烂至此，老夫已矣，汝复轻身而昧大义，天下事谁可支拄者[⑪]！不速去，无俟奸人构陷[⑫]，吾今即扑杀汝！"因摸地上刑械，作投击势。史噤不敢发声[⑬]，趋而出。后常流涕述其事以语人，曰："吾师肺肝，皆铁石所铸造也！"

崇祯末，流贼张献忠出没蕲、黄、潜、桐间[⑭]，史公以凤庐道奉檄守御[⑮]。每有警，辄数月不就寝，使壮士更休，而自坐幄幕外。择健卒十人，令二人蹲踞而背倚之，漏鼓移，则番代[⑯]。每寒夜起立，振衣裳，甲上冰霜迸落，铿然有声。或劝以少休，公曰："吾上恐负朝廷，下恐愧吾师也。"

史公治兵，往来桐城，必躬造左公第[⑰]，候太公、太母起居[⑱]，拜夫人于堂上。

余宗老涂山[⑲]，左公甥也，与先君子善，谓狱中语，乃亲得之于史公云。

【注释】

①先君子：即方苞之父方仲舒。

②乡先辈：同乡中的前辈。视学：巡视学校。京畿：都城及其附近地区。

③微行：行迹不为人知。庑（wǔ）：厢房。

④貂：貂皮大衣。史可法：明末爱国将领。以兵部尚书身份率部在扬州抗击清军，城陷被杀。

⑤瞿（jù）然：吃惊地注视。面署：当面批准。

⑥东厂：明时特务机构东厂所设立的监狱。

⑦炮烙：酷刑，即用烧红的铁炙烧犯人。

⑧敝衣：破衣。屦（jù）：用麻、葛等制成的鞋。

⑨长镵（chán）：一种长柄的掘土工具。除不洁者：打扫卫生的人。微指：暗指。

⑩眦（zì）：眼眶。

⑪糜烂：受破坏。已矣：已经完了。昧：不明。支：支撑。

⑫无俟：不等。构陷：想方设法加以陷害。

⑬噤（jìn）：闭口，不说话。

⑭蕲、黄、潜、桐：指湖北的蕲春、黄冈，安徽的潜山、桐城。

⑮凤庐道：凤阳、庐州道员。奉檄：奉旨。

⑯更休：轮换休息。番代：轮流代替。

⑰躬造：亲自造访。

⑱太公、太母：左光斗的父母。

⑲宗老：同一宗族的老前辈。涂山：方苞族祖的号。

【解析】

左忠毅公，名光斗，字遗直，号浮丘，明朝安徽桐城人。明熹宗天启四年（1624），与杨涟一起奏劾宦官魏忠贤，被削除仕籍，次年被诬入狱，死于狱中。明思宗追谥为“忠毅”。本文是记叙其事迹的小品。

文章通过京畿视学、狱中斥史、史公治兵三件逸事记叙了左光斗和史可法之间的关系，既表现了左光斗识才、惜才、为国选才、以国为重的品格以及不顾个人生死与魏忠贤阉党作坚决斗争的精神，又展现了作者对左光斗、史可法两人的崇敬之情。方苞虽为清廷御用文人，但生于清初，仍深受抗清运动的影响，对同乡前辈的孤忠大节极为景仰，本文即体现了他的这种思想。文章以“逸事”为题，决定了它必须是选择主人公一生中具有典型性的片断，全文以左光斗为主，以史可法为宾，通过人物的语言、行为和肖像的刻画来表现人物的精神面貌，并运用烘托映衬的手法，成功地塑造了左光斗的动人形象。全文内容充实，章法严密，文笔简洁，剪裁精审，描写生动而细致，善以典型细节刻画人物，是一篇优秀的人物传记小品。

全祖望

全祖望（1705～1755），字绍衣，号谢山。鄞县（今浙江鄞县）人。乾隆元年（1736）进士，选庶吉士，一年后，左迁外补以知县用，辞归，后不再出仕，以著述讲学为事，先后主讲于绍兴蕺山书院和广东端溪书院。全祖望为人伉直有志节，一生致力于经史的研究，写了不少歌颂忠义的文章，对具有民族

气节的志士大加赞赏。曾多次修订过黄宗羲的《宋元学案》，校订过《水经注》，著有《鲒埼亭集》。

梅花岭记

顺治二年乙酉四月[①]，江都围急。督相史忠烈公知势不可为[②]，集诸将而语之曰："吾誓与城为殉，然仓皇中不可落于敌人之手以死，谁为我临期成此大节者[③]？"副将军史德威慨然任之。忠烈喜曰："吾尚未有子，汝当以同姓为吾后。吾上书太夫人，谱汝诸孙中[④]。"二十五日城陷，忠烈拔刀自裁，诸将果争前抱持之。忠烈大呼德威，德威流涕不能执刃，遂为诸将所拥而行。至小东门，大兵如林而至。马副使鸣騄，任太守民育及诸将刘都督肇基等皆死。忠烈乃瞠目曰："我史阁部也[⑤]。"被执至南门，和硕豫亲王以先生呼之[⑥]，劝之降，忠烈大骂而死。初，忠烈遗言："我死，当葬梅花岭上。"至是，德威求公之骨不可得，乃以衣冠葬之。

或曰："城之破也，有亲见忠烈青衣乌帽，乘白马出天宁门投江死者，未尝殒于城中也。"自有是言，大江南北，遂谓忠烈未死。已而英、霍山师大起[⑦]，皆托忠烈之名，仿佛陈涉之称项燕[⑧]。吴中孙公兆奎，以起兵不克[⑨]，执至白下[⑩]。经略洪承畴与之有旧[⑪]，问曰："先生在兵间，审知故扬州阁部史公果死耶，抑未死耶[⑫]？"孙公答曰："经略从北来，审知故松山殉难督师洪公果死耶，抑未死耶？"承畴大恚，急呼麾下驱出斩之[⑬]。

呜呼！神仙诡诞之说，谓颜太师以兵解[⑭]，文少保亦以悟大光明法蝉蜕[⑮]，实未尝死。不知忠义者圣贤家法[⑯]，其气浩然，常留天地之间，何必出世入世之面目！神仙之说，所谓为蛇画足。即如忠烈遗骸，不可问矣。百年而后，予登梅花岭上，与客述忠烈遗言，无不泪下如雨，想见当日围城光景。此即忠烈之面目，宛然可遇，是不必问其果解脱否也，而况冒其未死之名者哉！

墓旁有丹徒钱烈女之冢，亦以乙酉在扬，凡五死而得绝[17]。时告其父母火之，无留骨秽地，扬人葬之于此。江右王猷定、关中黄遵岩、粤东屈大均，为作诗铭哀词。

顾尚有未尽表章者[18]：予闻忠烈兄弟，自翰林可程下[19]，尚有数人，其后皆来江都省墓。适英、霍山师败，捕得冒称忠烈者，大将发至江都，令史氏男女来认之。忠烈第八弟已亡，其夫人年少有色，守节，亦出视之。大将艳其色，欲强娶之，夫人自裁而死。时以其出于大将之所逼也，莫敢为之表章者。呜呼，忠烈尝恨可程在北，当易姓之间[20]，不能仗节[21]，出疏纠之[22]，岂知身后乃有弟妇，以女子而踵兄公之余烈乎[23]！梅花如雪，芳香不染，异日有作忠烈祠者，副使诸公[24]，谅在从祀之烈，当另为别室以祀夫人，附以烈女一辈也。

【注释】

①顺治二年：1645年。

②江都：明扬州府府治所在地。督相史忠烈公：即史可法。清兵入关后，南明福王封史可法为兵部尚书、大学士，督师扬州。其殉国后，福王封其谥号为“忠烈”。势不可为：形势无法挽回。

③仓皇：匆忙。成此大节：完成自杀的任务。

④谱汝诸孙中：把你列入史家家谱。

⑤瞠目：瞪着眼睛。阁部：明时称大学士为阁部。

⑥和硕豫亲王：清太祖努尔哈赤第十五子，名多铎。

⑦英霍山师：义军首领冯弘图、侯应龙等先后在霍山（今属安徽）、英山（今属湖北）一带起兵抗清，假托史可法的名义号召群众，后皆失败。

⑧陈涉之称项燕：秦末陈胜起义时曾假托楚将项燕的名义。

⑨克：取胜，战胜。

⑩白下：南京的别称。

⑪经略洪承畴：洪承畴字亨九，原为明蓟辽总督。曾传说他已经殉难，崇祯皇帝还曾哭祭过他。

⑫审知：确实知道。抑：还是。

⑬恚（huì）：恼怒。麾（huī）下：部下。

⑭颜太师：即唐朝的太子太师颜真卿，传说他被叛将李希烈杀后升仙。兵解：死于兵刃而成仙。

⑮文少保：即文天祥。大光明法：道家的一种出世法。蝉蜕：像蝉脱壳一样离开躯体而成仙。

⑯家法：古代学者师徒相传的学术理论和治学方法。此指准则。

⑰丹徒钱烈女：名淑贤，扬州城破时，壮烈殉难，轰动一时。丹徒为镇江府府治所在地。五死：自杀五次。

⑱章：彰。

⑲可程：史可法之弟，明崇祯时进士，李自成入京时投降义军。

⑳易姓之间：即改朝换代之际。

㉑仗节：守住节操。

㉒出疏纠之：史可法曾上疏弘光帝，纠弹可程降贼之罪。

㉓踵：跟随。

㉔副使诸公：指与史可法一起殉难的部将。

【解析】

梅花岭在江苏江都（今江苏扬州）广储门外。明末史可法守扬州，城破殉国，第二年，其家人将其衣冠葬于梅花岭上。本文即是为歌颂表彰史可法等民族英雄的壮烈事迹而作。

本文围绕史可法殉难这一中心，叙述了与其有关的几件事。一是扬州城被围时，史可法决心以身殉城及城破后英勇就义的情况；二是史德威遵照其遗嘱葬其衣冠于岭上；三是英霍山义军假托其名起兵抗清等“忠烈未死”的传闻。通过这样几件事，歌颂了史可法舍生取义、视死如归的忠烈行为和崇高的民族气节。文章题目虽似是游记，却蕴含象征之义，史可法等英雄们的坚贞节操，正如梅花那样冰清玉洁、傲斗霜雪。全文线索清晰，结构严谨，通过人物的言行来展示人物的性格，并运用烘托手法塑造人物形象，熔叙事、议论、抒情于一炉，文字简练含蓄，具有较高的艺术价值。

彭端淑

彭端淑（生卒年不详），字乐斋。四川丹棱人。雍正十一年（1733）进士，历任吏部郎中、顺天乡试同考官、广东肇罗道道员。为官有一定政绩。后辞官回乡，从事古文辞研究，并主讲于四川锦江书院，名重一时。工诗文，推崇司马迁、韩愈，其文气势雄厚，笔力刚健。著有《白鹤堂文摘》、《白鹤堂诗集》、《雪夜诗谈》。

为学一首示子侄

天下事有难易乎？为之，则难者亦易矣；不为，则易者亦难矣。人之为学有难易乎[①]？学之，则难者亦易矣；不学，则易者亦难矣。

吾资之昏[②]，不逮人也[③]，吾材之庸[④]，不逮人也；旦旦而学之[⑤]，久而不怠焉[⑥]，迄乎成[⑦]，而亦不知其昏与庸

也。吾资之聪，倍人也[8]，吾材之敏，倍人也；屏弃而不用[9]，其与昏与庸无以异也。圣人之道[10]，卒于鲁也传之[11]。然则昏庸聪明之用，岂有常哉[12]！

蜀之鄙[13]，有二僧：其一贫，其一富。贫者语于富者曰："吾欲之南海，何如?"富者曰："子何恃而往[14]?"曰："吾一瓶一钵足矣。"富者曰："吾数年来欲买舟而下，犹未能也。子何恃而往!"越明年[15]，贫者自南海还，以告富者，富者有惭色。西蜀之去南海，不知几千里也，僧之富者不能至，而贫者至焉。人之立志，顾不如蜀鄙之僧哉[16]！

是故聪与敏，可恃而不可恃也；自恃其聪与敏而不学者，自败者也[17]。昏与庸，可限而不可限也；不自限其昏与庸而力学不倦者，自力者也[18]。

【注释】

①为学：做学问。
②资：资质。昏：愚钝。
③逮：及，超过。
④材：才能。
⑤旦旦：天天。
⑥怠（dài）：懒惰。
⑦迄乎成：一直到成功。
⑧倍人：数倍于他人，高于别人。
⑨屏（bǐng）弃：抛弃。
⑩圣人之道：指孔子之道。
⑪卒：终于。于：由。鲁：愚钝，此借指孔子学生曾参。
⑫常：固定的。
⑬鄙：偏僻的地方。
⑭恃：凭。
⑮越：过。
⑯顾：反而。
⑰自败者：自甘失败的人。
⑱自力者：力求上进的人。

【解析】

这是一篇写给晚辈人看的劝学文章，讲述做学问的道理。清朝乾嘉时期，学者们潜心学问，不务声名，治学严谨，形成一代学风。本文所表现的思想与当时的风尚是一致的。

难与易，聪明与昏庸，这并不是一成不变的，两者之间是可以互相转化的，转化的关键就在于人的主观努力与不努力。本文即论述了这两者之间的辩证关系，作者从正反两方面来论述难和易、昏庸和聪明的相互转化，并通过蜀僧的寓言来论证他的观点，以此勉励人们要有坚定的意志，不论聪明或是昏庸，都应该努力学习。这种观点在我们今天仍具有积极的意义。文章说理透彻，运用事例论证，加强了文章的生动性和说服力，语言简洁，句式整散相间，富于变化。

郑　燮

郑燮（1693～1765），字克柔，号板桥。兴化（今江苏兴化）人。乾隆元年（1736）进士，历任范县、潍县知县十余年，后因为民请求赈济，得罪上司而罢官，寄居扬州，靠卖画自给。郑燮能诗善画，尤工书法，是清代著名的画家、书法家、文学家，“扬州八怪”之一。为文主张直抒胸臆，不事雕琢，反对模拟，反对形式主义。其文多忠厚之语，直见性情。其家书尤具特色，真挚自然，平易亲切，体现了其“自出己意”的主张。著有《郑板桥集》。

范县署中寄舍弟墨第四书

十月二十六得家书，知新置田获秋稼五百斛[①]，甚喜。而今而后，堪为农夫以没世矣[②]！要须制碓、制磨、制筛罗簸箕、制大小扫帚、制升斗斛[③]。家中妇女，率诸婢妾，皆令习舂揄蹂簸之事[④]，便是一种靠田园、长子孙气象[⑤]。天寒冰冻时，穷亲戚朋友到门，先泡一大碗炒米送手中，佐以酱姜一小碟，最是暖老温贫之具[⑥]。暇日咽碎米饼，煮糊涂粥，双手捧碗，缩颈而啜之[⑦]，霜晨雪早[⑧]，得此周身俱暖。嗟乎！嗟乎！吾其长为农夫以没世乎！

我想天地间第一等人，只有农夫，而士为四民之末[⑨]。农夫上者种地百亩，其次七八十亩，其次五六十亩，皆苦其身，勤其力，耕种收获，以养天下之人。使天下无农夫，举世皆饿死矣。我辈读书人，入则孝，出则弟[⑩]，守先待后[⑪]，得志泽加于民[⑫]，不得志修身见于世[⑬]，所以又高于农夫一等。今则不然，一捧书本，便想中举、中进士、做官，如何攫取金钱、造大房屋、置多田产。起手便错走了路头[⑭]，后来越做越坏，总没有个好结果。其不能发达者，乡里作恶，小头锐面[⑮]，更不可当。夫束修自好者[⑯]，岂无其人；经济自期[⑰]，抗怀千古者[⑱]，亦所在多有。而好人为坏人所累，遂令我辈开不得口；一开口，人便笑曰：“汝辈

书生，总是会说，他日居官，便不如此说了。”所以忍气吞声，只得捱人笑骂。工人制器利用，贾人搬有运无[19]，皆有便民之处。而士独于民大不便，无怪乎居四民之末也！且求居四民之末，而亦不可得也！

愚兄平生最重农夫，新招佃地人[20]，必须待之以礼。彼称我为主人，我称彼为客户，主客原是对待之义，我何贵而彼何贱乎？要礼貌他，要怜悯他；有所借贷，要周全他；不能偿还，要宽让他。尝笑唐人七夕诗[21]，咏牛郎织女，皆作会别可怜之语，殊失命名本旨。织女，衣之源也；牵牛，食之本也。在天星为最贵；天顾重之，而人反不重乎！其务本勤民，呈像昭昭可鉴矣[22]。吾邑妇人，不能织绸织布，然而主中馈[23]，习针线，犹不失为勤谨。近日颇有听鼓儿词，以斗叶为戏者[24]，风俗荡轶[25]，亟宜戒之。

吾家业地虽有三百亩，总是典产[26]，不可久恃。将来须买田二百亩，予兄弟二人，各得百亩足矣，亦古者一夫受田百亩之义也。若再求多，便是占人产业，莫大罪过。天下无田无业者多矣，我独何人，贪求无厌，穷民将何所措足乎！或曰：“世上连阡越陌[27]，数百顷有余者，子将奈何？”应之曰：“他自做他家事，我自做我家事，世道盛则一德遵王，风俗偷则不同为恶[28]，亦板桥之家法也[29]。”哥哥字。

【注释】

①置：购买。斛（hú）：量器。

②没世：终身。

③碓（duì）：用木、石制成的捣米用具。

④揄（yóu）：往臼中放谷或由臼中取米。蹂（róu）：同“揉”，用手来回搓或擦。

⑤长子孙：养育子孙。

⑥暖老温贫：使老人、穷人温暖。

⑦啜（chuò）：喝。

⑧霜晨雪早：指寒冷的早晨。

⑨四民：指士农工商。

⑩弟：亦作“悌”，顺从兄长。

⑪守先待后：守先王之道以传给后人。

⑫泽：恩惠。

⑬修身：独善其身的意思。

⑭起手：一开始。路头：道路。

⑮小头锐面：无孔不入，善于钻营。

⑯束修自好：约束自己的言行，爱惜自己的声名。

⑰经济自期：以治理国家来要求自己。经济，经世济民。

⑱抗怀千古：高尚的情怀高于古人之上。
⑲贾人：商人。
⑳佃地人：佃户，租地来种的农民。
㉑七夕诗：写农历七月初七牛郎织女鹊桥相会题材的诗歌。
㉒呈像：指牛郎织女星的形状，即表现为耕织。昭昭可鉴：明白清楚。
㉓中馈（kuì）：饮食之事。这里指主持家务。
㉔斗叶：斗牌，明清时称纸牌为叶子。
㉕荡轶（yì）：放荡而不守规矩。
㉖典产：出钱典当的土地，到期原主可以赎回。
㉗连阡越陌：指土地很多。
㉘偷：败坏，不好。
㉙家法：治家的原则，法则。

【解析】

《郑板桥集》共收郑燮家书十六封，这封信是作者于清乾隆九年（1744）在山东范县任知县时写给他弟弟郑墨的第四封信。

在这封信中，郑燮表现了他的平等思想，表现了他对农民的重视。文章指出，农民在四等人中应居于首位，而工人、贾人次之，读书人则为四民之末。作者认为，读书人“一捧书便想中举、中进士、做官，如何攫取金钱、造大房子、置多田产”，那些不能做官的，也在乡里横行作恶，而农民辛勤劳动，“以养天下之人”，因此，应该尊重农民，轻视读书人。信中反映了作者蔑视权贵、尊重农民、反对土地兼并的思想。这在当时具有一定的进步意义。文章运用对比的手法，将读书人之行径与农民的行为作对比，表现农民价值、意义之大，具有很强的说服力。全文无论叙事、议论、抒情或是写景，都如说家常，信笔随之，不事雕琢，直抒胸臆，真挚而亲切。在语言运用上，全文行文带有口语成分，浅显易懂，平易自然，清新流畅，真正体现了作者所主张的“自出己意”，“文必切于日用”的观点。

刘大櫆

刘大櫆（1698～1779），字才甫，一字耕南，号海峰，桐城（今属安徽）人。虽经方苞、张廷玉等人屡次推荐，但却屡试不第。任黟县教谕，数年后告归。刘大櫆为方苞的著籍弟子，其文甚有时誉，在“桐城三祖”中上承方苞，下启姚鼐，为文主张“明义理，适世用”，重视文人的“能事”，即创作的才能。其文道学气没有方苞的那样浓重，比较注重词藻，风格清峻，自成一体。著有《海峰文集》、《海峰诗集》、《论文偶记》。

游三游洞记

出夷陵州治[①]，西北陆行二十里，濒大江之左，所谓下牢之关也[②]，路狭不可行，舍舆登舟[③]。舟行里许，闻水声汤汤[④]，出于两崖之间。复舍舟登陆，循仄径曲折以上[⑤]。穷山之颠，则又自上缒危滑以下[⑥]。其下地渐平，有大石覆压当道，乃伛俯径石腹以出[⑦]。出则豁然平旷，而石洞穹起[⑧]，高六十余尺，广可十二丈。二石柱屹立其口，分为三门，如三楹之室焉[⑨]。

中室如堂[⑩]，右室如厨，左室如别馆[⑪]。其中一石，乳而下垂，扣之[⑫]，其声如钟。而左室外小石突立正方，扣之如磬。其地石杂以土，撞之则逢逢然鼓音[⑬]。背有石如床，可坐，予与二三子浩歌其间，其声轰然，如钟磬助之响者。下视深溪，水声泠然出地底[⑭]。溪之外翠壁千寻[⑮]，其下有径，薪采者负薪行歌[⑯]，缕缕不绝焉。

昔白乐天自江州司马徙为忠州刺史[⑰]，而元微之适自通州将北还[⑱]，乐天携其弟知退[⑲]，与微之会于夷陵，饮酒欢甚，留连不忍别去，因其游此洞，洞以此三人得名。其后欧阳永叔暨黄鲁直二公皆以摈斥流离[⑳]，相继而履其地[㉑]，或为诗文以纪之。予自顾而嘻，谁摈斥予乎？谁使予之流离而至于此乎？偕予而来者，学使陈公之子曰伯思、仲思[㉒]。予非陈公，虽欲至此无由，而陈公以守其官未能至，然则其至也，其又有幸有不幸邪？

夫乐天、微之辈，世俗之所谓伟人，能赫然取名位于一时，故凡其足迹所经，皆有以传于后世，而地得因人以显。若予者，虽其穷幽陟险，与虫鸟之适去适来何异[㉓]？虽然，山川之胜，使其生于通都大邑[㉔]，则好游者踵相接也[㉕]；顾乃置之于荒遐僻陋之区[㉖]，美好不外见，而人亦无以亲炙其光[㉗]。呜呼！此岂一人之不幸也哉？

【注释】

①夷陵州治：夷陵州的州城。夷陵州即今之宜昌市。

②下牢：隋以前，夷陵郡的郡治在下牢戍，即今宜昌市西北。

③舆（yú）：车或轿。

④汤（shāng）汤：水流的声音。

⑤仄：狭窄。

⑥缒（zhuì）：用绳索将人或物由上往下送。

⑦伛（yǔ）：弯腰。俯：低头。

⑧穹起：高起成拱形。穹（qióng），隆起的样子。

⑨楹（yíng）：这里指房屋一间。

⑩堂：正屋。

⑪别馆：客馆。

⑫扣：敲打。

⑬逄逄（páng）：象声词。

⑭泠（líng）然：指水声之清。

⑮寻：古代计量单位，八尺为一寻。

⑯薪采者：打柴的人。

⑰白乐天：白居易，字乐天，唐代著名文学家。江州：今江西九江。忠州：今四川忠县。

⑱元微之：元稹：字微之，唐代文学家。通州：今四川达县。

⑲知退：白行简，字知退，白居易之弟。

⑳欧阳永叔：欧阳修，字永叔，宋代著名文学家。黄鲁直：黄庭坚，字鲁直，宋代著名文学家，江西诗派宗主，与苏轼齐名，为苏门四学士之一。摈（bìn）斥：被斥逐。

㉑履：踏，行走在……上。

㉒学使：提督学政。陈公：陈浩，字紫澜，号未斋。乾隆十八年（1753）视学湖北。伯思：陈浩长子陈本忠，字伯思。仲思：陈浩次子陈本敬，字仲思。两人均为乾隆年间进士。

㉓陟（zhì）：登，上。适：偶然。

㉔通都：四通八达的都市。大邑：大的州郡。

㉕踵（zhǒng）：脚后跟。

㉖遐：远。

㉗亲炙（zhì）：亲自领略。

【解析】

三游洞在现在的湖北宜昌。唐宪宗元和十四年（819），著名诗人白居易和元稹以及白居易之弟白行简三人会于夷陵，同游此洞，故称此洞为三游洞。据清李元度《国朝先正事略·刘海峰先生事略》所说，刘大櫆“试辄不遇”，“京朝官提督学政者率聘之校文，因历天下佳山水”，本文中亦说：“予非（学使）陈公，虽欲至此无由。”由此可知这篇文章大约是在上述情况下写的。

文章由去三游洞时路中的经历写起，记叙了游三游洞的所见所闻，突出了三游洞的幽静，追忆当年白居易、元稹、白行简以及欧阳修、黄庭坚来此的情况，并对三游洞由位置之偏僻而不为世人所领略其优美风光而大发感慨，从中表现出作者“试辄不遇”的苦闷心境。本文虽是一篇游记，但手法却与通常以写景为主的游记不同，它既生动地记叙了游

历三游洞的经过，又在此基础上用相当的篇幅抒写了因游历而引起的感慨。全文熔叙事、议论、抒情于一炉，情景交融，议论精警。描写生动细致，写景状物亦能抓住景物的特点。托物言志，以景抒情，这是本文在艺术上的主要特色。

袁　枚

袁枚（1716～1797），字子才，号简斋，又号随园老人，钱塘（今浙江杭州）人。乾隆元年（1736）应博学鸿词科落选，却由此出名。乾隆四年举进士，改翰林院庶吉士，后历任溧水、江浦、沭阳、江宁等地知县。乾隆十四年辞官家居，于江宁（今江苏南京）小仓山筑随园，过着论文赋诗优游自在的游乐生活。袁枚是清代著名的文学家，是“性灵说”的创立者，他论诗主张抒写“性灵”，不拘格套，为文要“自出心裁”。袁枚之文感情充沛，直抒胸臆，想象丰富。其抒情文委婉纡徐，记叙文波澜起伏，故事性极强。著有《小仓山房诗文集》、《随园诗话》和笔记小说《子不语》等。

黄生借书说

黄生允修借书，随园主人授以书而告之曰[①]：

书非借不能读也。子不闻藏书者乎？七略四库[②]，天子之书，然天子读书者有几？汗牛塞屋[③]，富贵家之书，然富贵人读书者有几？其他祖父积子孙弃者，无论焉。非独书为然，天下物皆然。非夫人之物而强假焉[④]，必虑人逼取，而惴惴焉摩玩之不已[⑤]，曰：“今日存，明日去，吾不得而见之矣。”若业为吾所有，必高束焉[⑥]，庋藏焉[⑦]，曰：“姑俟异日观”云尔[⑧]。

余幼好书，家贫难致[⑨]。有张氏，藏书甚富，往借不与，归而形诸梦[⑩]。其切如是，故有所览辄省记[⑪]。通籍后[⑫]，俸去书来，落落大满[⑬]，素蟫灰丝[⑭]，时蒙卷轴，然后叹借者之用心专，而少时之岁月为可惜也！

今黄生贫类予，其借书亦类予，惟予之公书与张氏之吝书若不相类[15]。然则予固不幸而遇张乎？生固幸而遇予乎？知幸与不幸，则其读书也必专，而其归书也必速。

为一说，使与书俱。

【注释】

①随园主人：袁枚自谓。

②七略：汉成帝时刘向奉旨校中秘书，搜求天下遗书。刘向每校毕一书，就把书的篇目和大意写一篇叙录，奏给皇帝。刘向死后，其子刘歆继承其事业。刘歆总括群篇，撮其指要，著为《七略》：一辑略，二六艺略，三诸子略，四诗赋略，五兵书略，六术数略，七方技略。四库：唐玄宗时于长安、洛阳各聚书四部，以甲、乙、丙、丁为次，列经、史、子、集四库。

③汗牛塞屋：形容书籍多。

④夫人：这个人。强假：硬要借。

⑤惴（zhuì）惴：忧恐的样子。

⑥高束：高高藏起，束之高阁。

⑦庋（guǐ）：收藏。

⑧俟：等待。

⑨致：得到。

⑩形诸梦：梦见。

⑪切：迫切。省记：了解，记忆。

⑫通籍：做了官。

⑬落落大满：意为到处都是书。

⑭素蟫（yín）：白色的蠹鱼。蠹鱼，一种咬衣服书籍的小虫。

⑮公书：把自己的书公开借给别人。

【解析】

“说”是古代的一种文体，也称杂说，属于随笔一类。青年黄允修向袁枚借书，袁枚就写了这篇文章，连同所借之书一起给了他。

文章的中心论点是“书非借不能读”，其目的是劝勉青年要珍惜书籍，珍惜时间，专心学习。作者指出，藏书、吝书的人未必真能爱书、读书，如天子有书不读，富贵人有书不读。而借书学习，倒更能促使自己抓紧时间去读书，用心去钻研，并记牢书中的内容，因为是借来的，担心“今日存，明日去”，自然会加倍珍惜，努力学习。文章所论观点当然不是一般的规律，但是作者在论述中从上至天子，下至自己，一旦有书，就产生“俟异日观”的心理进行分析，既有大量事实作论据，又能进行透彻的分析，因而具有很强的说服力。这一观点对于今天的读者仍有一定的教育意义。文章反复运用对比的手法，类比推理，纵横捭阖，信笔所之，亲切自然，而其中的“天子读书者有几”更是大胆放言，浑忘避忌，以致史称其“名盛而胆放，才多而手滑”。

祭妹文

乾隆丁亥冬①，葬三妹素文于上元之羊山②，而奠以文曰：

呜呼！汝生于浙而葬于斯，离吾乡七百里矣，当时虽觭梦幻想③，宁知此为归骨所耶！

汝以一念之贞，遇人仳离，致孤危托落④。虽命之所存，天实为之⑤；然而累汝至此者，未尝非予之过也。予幼从先生授经，汝差肩而坐⑥，爱听古人节义事；一旦长成，遽躬蹈之⑦，呜呼！使汝不识诗书，或未必艰贞若是。

余捉蟋蟀，汝奋臂出其间；岁寒虫僵，同临其穴。今予殓汝、葬汝，而当日之情形憬然赴目⑧。予九岁，憩书斋⑨，汝梳双髻，披单缣来⑩，温《缁衣》一章⑪。适先生奓户入，闻两童子音琅琅然，不觉莞尔，连呼则则⑫。此七月望日事也⑬，汝在九原⑭，当分明记之。予弱冠粤行⑮，汝掎裳悲恸⑯。逾三年，予披宫锦还家，汝从东厢扶案出，一家瞠视而笑，不记语从何起，大概说长安登科，函使报信迟早云尔⑰。凡此琐琐，虽为陈迹，然我一日未死，则一日不能忘⑱。旧事填膺，思之凄梗⑲，如影历历，逼取便逝⑳。悔当时不将嫛婗情状，罗缕纪存㉑，然而汝已不在人间，则虽年光倒流，儿时可再，而亦无与为证印者矣㉒。

汝之义绝高氏而归也，堂上阿奶仗汝扶持，家中文墨眣汝办治㉓。尝谓女流中最少明经义谙雅故者，汝嫂非不婉嫕㉔，而于此微缺然。故自汝归后，虽为汝悲，实为予喜。予又长汝四岁，或人间长者先亡，可将身后托汝，而不谓汝之先予以去也！

前年予病，汝终宵刺探，减一分则喜，增一分则忧。后虽小差㉕，犹尚殗殜，无所娱遣㉖。汝来床前，为说稗官野史可喜可愕之事，聊资一欢㉗。呜呼！今而后吾将再病，教从何处呼汝耶！

汝之疾也，予信医言无害，远吊扬州。汝又虑戚吾心，

阻人走报[28]。乃至绵惙已极[29]，阿奶问望兄归否，强应曰："诺"。已予先一日梦汝来诀，心知不祥，飞舟渡江。果予以未时还家，而汝以辰时气绝。四支犹温，一目未瞑，盖犹忍死待予也[30]。呜呼痛哉！早知诀汝，则予岂肯远游，即游亦尚有几许心中言要汝知闻，共汝筹画也[31]。而今已矣！除吾死外，当无见期。吾又不知何日死，可以见汝，而死后之有知无知，与得见不得见，又卒难明也。然则抱此无涯之憾，天乎，人乎，而竟已乎！

汝之诗，吾已付梓[32]；汝之女，吾已代嫁；汝之生平，吾已作传[33]；惟汝之窀穸尚未谋耳[34]。先茔在杭，江广河深，势难归葬，故请母命而宁汝于斯[35]，便祭扫也。其旁葬汝女阿印[36]。其下两冢，一为阿爷侍者朱氏[37]，一为阿兄侍者陶氏[38]。羊山旷渺，南望原隰[39]，西望栖霞[40]，风雨晨昏，羁魂有伴[41]，当不孤寂。所怜者，吾自戊寅年读汝哭侄诗后[42]，至今无男；两女牙牙，生汝死后，才周晬耳[43]。予虽亲在未敢言老，而齿危发秃，暗里自知，知在人间尚复几日！阿品远官河南，亦无子女，九族无可继者[44]。汝死我葬，我死谁埋？汝倘有灵，可能告我？

呜呼！身前既不可想，身后又不可知，哭汝既不闻汝言，奠汝又不见汝食。纸灰飞扬，朔风野大，阿兄归矣，犹屡屡回头望汝也。呜呼哀哉！呜呼哀哉！

【注释】

①乾隆丁亥：即乾隆三十一年（1767）。

②素文：袁枚三妹名机，字素文。上元：地名，今属江苏南京市。

③觭（jī）梦：做梦。

④一念之贞：贞节的信念。仳（pǐ）离：离别，特指女子被丈夫所抛弃而分开。袁机与高氏为婚，因不堪折磨而离婚回娘家。孤危托落：孤独无寄托。

⑤存：注定天实为之：上天的支配。

⑥差（cī）肩：并肩。

⑦遽躬蹈之：就亲身去实行。

⑧憬（jǐng）然：醒悟的样子。

⑨憩（qì）：休息。

⑩缣（jiān）：细绢。

⑪温：温习。《缁衣》：《诗经·郑风》篇名。

⑫奓（zhà）户：开门。莞尔：微笑。则则：叹息声。

⑬七月望日：农历七月十五日。望日即农历每月十五。

⑭九原：原是春秋时晋国卿大夫的墓地

名，后来泛指墓地，这里指阴间。

⑮弱冠：古时男子二十行冠礼，意为开始成人。粤行：袁枚二十一岁到广西探望叔父袁鸿。

⑯掎（jǐ）：牵住，拉。

⑰披宫锦：指进士及第。瞠（chēng）视：惊讶地看着。长安登科：代指中举之事。

⑱凡此琐琐：所有这些琐事。

⑲填膺：充满胸怀。凄梗：凄凉哀伤得心里阻塞。梗，阻塞。

⑳历历：一一可数。逼取便逝：想去把握它，它立即消逝了。

㉑嫛婗（yīní）：婴儿。引申为儿时。罗缕：罗列详细。纪存：保存下来。

㉒可再：可以重来一次。

㉓义绝高氏：指离婚。阿奶：指母亲章氏。文墨：文字工作。眣（shùn）：以目示意，此指期望。

㉔明经义：通晓经书。谙雅故：熟悉典故。婉嫕（yì）：和婉柔顺，性情和善可亲。

㉕刺探：意为探视看望。差（chài）：同“瘥”，病愈。

㉖殗殜（yè dié）：半卧半起，意谓病未痊愈。娱遣：娱乐消遣。

㉗稗官野史：小说杂闻。聊资：暂且用来。

㉘吊：游览。戚：忧愁，担心。走报：送信。

㉙绵惙：病情严重，气息微弱。惙（chuò），气息短弱。

㉚未时：下午一到三时。辰时：上午七时至九时。支：同“肢”。忍死：临终不肯咽气。

㉛筹画：即筹划。

㉜付梓：刻板印刷。袁枚将袁素文的诗附在《小仓山房诗文集》中。

㉝作传：《小仓山房文集》卷七收有《女弟素文传》。

㉞窀穸（zhūn xī）：墓穴。

㉟先茔（yíng）：祖坟。江广河深：言路途阻隔。宁：安葬。

㊱阿印：素文有两女，一名阿印，早死。另一则由袁枚代嫁。

㊲阿爷：袁枚父亲。侍者：侍妾。

㊳阿兄：袁枚自谓。

㊴望：对着。原隰（xí）：原野低湿的地方。

㊵栖霞：山名，在今南京市东北。

㊶羁（jī）魂：寄居在外的灵魂。

㊷戊寅年：乾隆二十三年（1758）。是年袁枚丧子。

㊸周晬：周岁。晬（zuì），小孩出生一周岁。

㊹阿品：袁枚之弟。九族：代指家族。

【解析】

袁枚的三妹袁机，字素文，别号青琳居士，喜诗能文。与如皋高氏指腹为婚，后因丈夫放荡无行，备受其害，乃回居娘家。本文是袁枚为其所写的祭文，是中国古代三大名“祭文”之一。

文章着重写兄妹之间的亲密关系，以时间先后为序，记叙了兄妹同读诗书，共捉蟋蟀，兄出行，妹悲恸，兄归妹笑，兄病妹“刺探”，妹“气绝”，仍“一目未瞑”，忍死待兄等等生活细节，表现了兄妹之间真挚亲密的感情，表现出作者的极度悲哀之情。袁枚生性多情善感，极重骨

肉之情、同胞之谊、夫妻之家，一旦有亲人丧葬之悲，便能掀起其感情的波澜。尤其在袁枚诸姊妹中，袁素文是最具才情、与其感情最深笃的，她之去世，自然令袁枚悲痛至极。文章选材讲究，虽琐碎却易见真情，叙事、抒情、描写三者紧密结合，情真意切，哀婉酸楚，借用《古文观止》卷八评韩愈《祭十二郎文》之言评本文亦十分恰当："情之至者，自然流为至文，读此等文，须想其一面哭一面写，字字是血，字字是泪。"

汪　中

汪中（1744～1794），字容甫，江苏江都（今江苏扬州）人。出身贫苦，少年时以助人贩书而得遍读经史百家典籍。乾隆时拔贡，曾在两湖总督毕沅幕府任职，又曾在浙江文澜阁校过《四库全书》。汪中学无师承，且目空一切，被人讥为狂生。其为学主张经世致用。是清代著名的骈文大家，其为文能于桐城派盛极之时，自为一体，古文、骈文无所依傍，卓然自成一家，不事雕琢，感情真挚，气势雄厚。著有《述学》、《汪容甫诗文集》等。

哀盐船文

乾隆三十五年十二月乙卯[①]，仪征盐船火[②]，坏船百有三十，焚及溺死者千有四百。是时盐纲皆直达[③]，东自泰州[④]，西极于汉阳[⑤]，转运半天下焉。惟仪征绾其口[⑥]，列樯蔽空[⑦]，束江而立，望之隐若城郭[⑧]。一夕并命[⑨]，郁为枯腊[⑩]，烈烈厄运，可不悲邪？

于是玄冥告成[⑪]，万物休息；穷阴涸凝[⑫]，寒威凛栗[⑬]；黑眚拔来[⑭]，阳光西匿。群饱方嬉，歌咢宴食[⑮]，死气交缠，视面惟墨[⑯]。夜漏始下，惊飙勃发，万窍怒号[⑰]，地脉荡决[⑱]，大声发于空廓[⑲]，而水波山立。

于斯时也，有火作焉。摩木自生[⑳]，星星如血。炎光一灼，百舫尽赤。青烟睒睒[㉑]，熛若沃雪[㉒]。蒸云气以为霞，炙阴崖而焦爇[㉓]。始连樯以下碇[㉔]，乃焚如以俱没。跳踯火

中，明见毛发。痛謈田田[25]，狂呼气竭。转侧张皇[26]，生涂未绝[27]。倏阳焰之腾高[28]，鼓腥风而一吷[29]。洎埃雾之重开[30]，遂声销而形灭。齐千命于一瞬，指人世以长诀。发冤气之焄蒿[31]，合游氛而障日[32]。行当午而迷方，扬沙砾之嫖疾[33]。衣缯败絮[34]，墨查炭屑[35]，浮江而下，至于海不绝。

京有没者善游，操舟若神，死丧之威[36]，从井有仁[37]，旋入雷渊[38]，并为波臣[39]。又或择音无门[40]，投身急濑[41]，知蹈水之必濡[42]，犹入险而思济[43]。挟惊浪以雷奔，势若跻而终坠[44]，逃灼烂之须臾[45]，乃同归乎死地。积哀怨于灵台[46]，乘精爽而为厉[47]。出寒流以浃辰[48]，目睊睊而犹视[49]。知天属之来抚[50]，慭流血以盈眦[51]。诉强死之悲心[52]，口不言而以意。

若其焚剥支离，漫漶莫别[53]。圜者如圈[54]，破者如玦[55]。积埃填窍，攦指失节[56]。嗟狸首之残形[57]，聚谁何而同穴。收然灰之一抔[58]，辨焚余之白骨。呜呼，哀哉！

且夫众生乘化[59]，是云天常[60]。妻孥环之[61]，气绝寝床。以死卫上[62]，用登明堂[63]。离而不惩[64]，祀为国殇[65]。兹也无名，又非其命。天乎何辜，罹此冤横[66]！游魂不归，居人心绝[67]。麦饭壶浆[68]，临江呜咽。日堕天昏，凄凄鬼语。守哭迍邅[69]，心期冥遇[70]。惟血嗣之相依[71]，尚腾哀而属路[72]；或举族之沉波，终狐祥而无主[73]。悲夫！丛冢有坎[74]，泰厉有祀[75]，强饮强食，冯其气类[76]。尚群游之乐，而无为妖祟。人逢其凶也邪？天降其酷也邪？夫何为而至于此极哉！

【注释】

①乾隆三十五年：1770 年。十二月乙卯：农历十二月十九日。此时间当已是公历 1771 年初。

②仪征：今江苏仪征。

③盐纲：即盐船。

④泰州：今江苏泰州。

⑤汉阳：今湖北武汉市汉阳。

⑥绾（wǎn）：连结。指控制。

⑦樯（qiáng）：船上的桅杆。

⑧束：捆，绑。意思是船太多，拦住了江。隐若：好像。

⑨并命：同时死亡。

⑩郁为枯腊（xī）：在烈火的炙烧下，人的尸体变成了焦枯的干肉。

⑪玄冥：主冬令之神。告成：完成使命，意为冬天开始。

⑫穷阴：极阴冷。涸凝：指阴气很盛，几乎凝结。

⑬凛栗：寒冷令人战栗。

⑭眚（shěng）：眼睛生翳子，这里指天空的黑色云雾。拔来：突然而至。

⑮歌咢：又歌又唱。咢（è），只击鼓而不歌唱。

⑯墨：指人的气色晦暗。

⑰夜漏：黑夜。万窍怒号：千孔万穴一齐怒号。

⑱地脉：地面上的江河。荡决：震荡奔诵。

⑲空郭：空旷。

⑳摩木自生：木与木相摩擦而发生了火灾。

㉑睒睒（shān）：火光闪耀。

㉒熛若沃雪：形容火势极猛，像沸水浇雪一样迅速蔓延。熛（biāo），飞火。

㉓爇（ruò）：灼。

㉔连楫：把船连在一起。碇：泊船时沉于水中以稳定船只的石块。

㉕謈（pò）：痛楚的喊叫声。田田：哀哭声。

㉖张皇：惊慌失措。

㉗涂：同“途”。

㉘倏：忽然。阳焰：明亮的火焰。

㉙吷（xuè）：微小的声音。

㉚洎（jì）：等到。

㉛焄（xūn）：气。蒿：气蒸发的样子。

㉜游氛：凶气。

㉝当午：正午。嫖疾：轻快。嫖，同“僄”，轻。

㉞缯（zēng）：丝织品，指衣服。

㉟墨查：烧焦的木头。

㊱死丧之威：死亡的威胁。

㊲从井有仁：冒死去援救别人。

㊳旋：很快。雷渊：此指深渊。

㊴波臣：水族中的臣民，这里指淹死于水中。

㊵音：通“荫”，荫蔽处。

㊶急濑（lài）：急流。

㊷濡：原指沾湿，这里指淹死。

㊸济：活命。

㊹跻：爬上。

㊺灼烂：烧烂。须臾：一会儿。

㊻灵台：指心。

㊼精爽：人死之后的魂魄。厉：恶鬼。

㊽浃（jiā）辰：古时以干支纪日，十二日为一浃辰。

㊾睊睊：斜视的样子。

㊿天属：至亲。抚：悼念。

51慭（yìn）：哀伤。眦：眼眶。

52强死：暴毙。

53焚剥支离：肢体烧得残缺不全。漫漶（huàn）：模糊不清。

54圜：同“环”。

55玦（jué）：缺口的玉环。

56攦（lì）：折断。

57狸首：肢体不全。

58然：同“燃”。一抔（póu）：一把，一捧。

59乘化：顺应自然的变化。

60天常：正常现象。

61孥：儿女。环之：围绕。

62卫：保卫。上：君主。

63明堂：古代天子举行朝会、祭祀等活动的场所。

64离而不惩：身首异处而不悔。

65国殇：为国捐躯的烈士。

66罹：遭受。冤横：冤枉的横祸。

67居人：活着的人。心绝：绝望。

68麦饭壶浆：死者的亲人带着祭品来祭奠他们。

69迍邅（zhūn zhān）：徘徊难行，依恋

不忍离去。

⑦⓪冥遇：在阴间相遇。

⑦①血嗣：直系子孙。

⑦②腾哀：高声痛哭。属路：路上接连不断。

⑦③举族：整个家族。狐祥：彷徨无依。

⑦④丛冢：许多人埋在一起的乱葬坟。

⑦⑤泰厉：死而无后的鬼。

⑦⑥冯：同“凭”。

【解析】

乾隆三十五年岁末，当时的水路盐运仪征（今江苏仪征）发生一场大火，使百余艘盐船被烧毁，千余船民被烧死。汪中目睹了这次骇人听闻的惨案，并写下了这篇文章，表达他难以释怀的哀悯之情。

文章非常具体而细致地描绘了这次盐船失火的经过，描写了大灾之中、大火之后的种种惨状，生动形象地描绘了大火之中船民们狂呼哀号、跳踯逃避，却纷纷丧生的景象。作者对死难船民蒙受的惨祸一再唏嘘感叹，同时作者还注意表现船民的心理，写他们对死的抗争，对无辜遭焚的冤愤。表现了作者对死难者的同情。本文是一篇骈文杰作，具有高超的艺术技巧。既讲究声韵、对仗、句法，但又不受此束缚，散句与骈句结合，富于变化。虽用典故，但数量极少，而且不用生僻之典，而运用通行的文学语言写景状物，特别是将许多民间风俗加以提炼，运用于文中，描摹细腻，形神兼具，洁净晓畅，婉转自然。感情充沛，笔力浑厚。此文一出，在当时即大受赞赏，当时的骈文大家杭世骏特意为之作序，称此文为“采遗制于《大招》，激哀音于变徵，可谓惊心动魄，一字千金者矣”。

钱大昕

钱大昕（1728～1804），字晓徵，一字辛楣，号竹汀。嘉定（今上海嘉定）人。清乾隆年间进士。官至少詹事。乾隆四十年（1775）以后，先后主讲钟山、娄东、紫阳等书院，是清代著名学者，学识渊博，在音韵、训诂方面多有创见，长于诗文。著有《潜研堂文集》。

弈喻

予观弈于友人所[①]，一客数败，嗤其失算[②]，辄欲易置

之[③]，以为不逮己也[④]。顷之，客请与予对局，予颇易之[⑤]。甫下数子，客已得先手，局将半，予思益苦，而客之智尚有余。竟局数之[⑥]，客胜予十三子，予赧甚[⑦]，不能出一言。后有招予观弈者，终日默坐而已。

今之学者，读古人书，多訾古人之失[⑧]，与今人居，亦乐称人失。人固不能无失，然试易地以处，平心而度之[⑨]，吾果无一失乎？吾能知人之失而不能见吾之失，吾能指人之小失而不能见吾之大失。吾求吾失且不暇，何暇论人哉！弈之优劣有定也，一著之失[⑩]，人皆见之，虽护前者不能讳也[⑪]。理之所在，各是其所是，各非其所非，世无孔子，谁能定是非之真[⑫]？然则人之失者未必非得也[⑬]，吾之无失者未必非大失也，而彼此相嗤无有已时[⑭]，曾观弈者之不若已。

【注释】

①弈：下棋。所：住所。
②嗤：讥笑。
③易置之：与之对局。
④不逮己：比不上自己。
⑤易：轻视。
⑥竟局：终局，下完棋。数：计算。
⑦赧（nǎn）：因羞愧而脸红。
⑧訾（zǐ）：诋毁。
⑨度（duó）：推测。
⑩著（zhāo）：同“着”。
⑪前：前面的失误。
⑫真：真理。
⑬得：收获。
⑭已时：停止的时候。

【解析】

本文以下棋为喻，生动地说明了这样一个生活中的哲理，即观人之失易，见己之失难。作者通过自己一次下棋的事，说明只有易地而处，平心而度之，才能比较客观公正地评价事物，如果各执己见，以己为准，互不相让，容不得别人的观点，甚至彼此互相讥笑，那是永远也不会得出正确结论的。文章以小见大，寓意深远，说明作者善于在一些日常生活中常见的现象中提取深刻的哲理，既通俗易懂，又具有哲理性，易于被人接受，具有说服力。全文篇幅短小，语言简洁生动，议论精辟，分析透彻，具有较高的艺术价值，体现了作者的学者风范。

洪亮吉

洪亮吉（1746～1809），字君直，又字稚存，号北江，阳湖（今江苏常州市）人。乾隆五十五年（1790）进士，授翰林院编修，督学贵州。后因上书指斥朝政，被流放伊犁，赦还后自号更生居士。工诗及骈文，少与黄景仁齐名，世称“洪黄”。其骈文轻倩清新，用典灵活，且时参以散句，与孙星衍齐名，号为常州体。著有《洪北江诗文集》。

治平篇

人未有不乐为治平之民者也[①]，人未有不乐为治平既久之民者也。治平至百余年，可谓久矣。然言其户口，则视三十年以前增五倍焉，视六十年以前增十倍焉，视百年、百数十年以前不啻增二十倍焉。

试以一家计之：高、曾之时[②]，有屋十间，有田一顷，身一人，娶妇后不过二人。以二人居屋十间，食田一顷，宽然有余矣。以一人生三计之，至子之世而父子四人，各娶妇即有八人，八人即不能无佣作之助[③]，是不下十人矣。以十人而居屋十间，食田一顷，吾知其居仅仅足，食亦仅仅足也。子又生孙，孙又娶妇，其间衰老者或有代谢，然已不下二十余人。以二十余人而居屋十间，食田一顷，即量腹而食[④]，度足而居[⑤]，吾以知其必不敷矣。又自此而曾焉[⑥]，自此而元焉[⑦]，视高、曾时口已不下五六十倍，是高、曾时为一户者，至曾、元时不分至十户不止。其间有户口消落之家，即有丁男繁衍之族，势亦足以相敌。

或者曰：“高、曾之时，隙地未尽辟，闲廛未尽居也[⑧]。”然亦不过增一倍而止矣，或增三倍五倍而止矣，而户口则增至十倍二十倍，是田与屋之数常处其不足[⑨]，而户与口之数常处其有余也。又况有兼并之家，一人据百人之屋，一户占百户之田，何怪乎遭风雨霜露饥寒颠踣而死者之比比乎[⑩]？

曰：天地有法乎？曰：水旱疾疫，即天地调剂之法也。然民之遭水旱疾疫而不幸者，不过十之一二矣。曰：君相有法乎？曰：使野无闲田，民无剩力，疆土之新辟者，移种民以居之[11]，赋税之繁重者，酌今昔而减之，禁其浮靡，抑其兼并，遇有水旱疾疫，则开仓廪、悉府库以赈之，如是而已，是亦君相调剂之法也。

要之，治平之久，天地不能不生人，而天地之所以养人者，原不过此数也；治平之久，君相亦不能使人不生，而君相之所以为民计者，亦不过前此数法也。然一家之中有子弟十人，其不率教者常有一二[12]，又况天下之广，其游惰不事者何能一一遵上之约束乎[12]？一人之居以供十人已不足，何况供百人乎？一人之食以供十人已不足，何况供百人乎？此吾所以为治平之民虑也。

【注释】

①治平：社会安定。治，不乱。
②高曾：高祖、曾祖。
③佣作：雇工。
④量腹：计算人的食量。
⑤度（duó）足：量脚所占地方。
⑥曾：曾孙。
⑦元：玄孙，通“玄”，因避康熙（名玄烨）名讳，改写“元”。
⑧闲廛（chǎn）：空户。
⑨处：处在。
⑩颠踣（bó）：流离失所。比比：到处都是。
⑪种民：租田种的人。
⑫率教：听话。
⑬不事：不工作，不务业。

【解析】

“治平”即社会安定太平。本文是我国历史上第一篇论述人口问题的文章，写于清乾隆五十八年（1793），比英国经济学家马尔萨斯的《人口论》（发表于1798年）的发表早了五年。

文章以“治平”为题，论述的是“治平”中不治平的因素，即“治平”中潜伏着的严重的人口问题。中国在明末清初时人口还比较少，但在经过了康乾盛世之后，由于政治局面比较稳定，人口迅速增长。作者指出，人口的增长使人们在住、吃、用等方面都带来了严重的问题，原来一人住“屋十间”，但到“曾、元”时却有“十户不止”的人来住，其他吃、用方面也都如此。本文作者看到了因人口增加而引起的贫困问题，指出了“治平”中潜伏着严重的矛盾，这在当时可说是有先见之明的，

即使是今天，也仍有值得我们借鉴的地方。文章体现出作者对国事的高度关心。全文布局严谨，文字明白晓畅，平易亲切，通俗易懂。

姚鼐

姚鼐（nài）（1731～1815），字姬传，一字梦谷，因以惜抱为轩名，人称惜抱先生。桐城（今属安徽）人。乾隆二十八年（1763）进士，选翰林院庶吉士，散馆授兵部主事，转礼部主事，历任山东、湖南乡试副考官、刑部郎中，《四库》馆纂修官。不久即辞官，历主梅花、敬敷、紫阳、钟山等书院讲席，凡四十年。姚鼐为“桐城三祖”之一，为文主张上承方苞，提出“义理、考证、文章”三者并重的主张，并在创作中实践这一主张，成为桐城派的集大成者。著有《惜抱轩全集》。

登泰山记

泰山之阳①，汶水西流②；其阴③，济水东流④。阳谷皆入汶⑤，阴谷皆入济⑥，当其南北分者，古长城也⑦。最高日观峰，在长城南十五里。

余以乾隆三十九年十二月⑧，自京师乘风雪，历齐河、长清⑨，穿泰山西北谷，越长城之限⑩，至于泰安。是月丁未⑪，与知府朱孝纯子颍由南麓登⑫。四十五里，道皆砌石为磴⑬，其级七千有余。泰山正南面有三谷，中谷绕泰安城下，郦道元所谓环水也⑭。余始循以入⑮，道少半⑯，越中岭⑰，复循西谷，遂至其巅。古时登山，循东谷入，道有天门⑱。东谷者，古谓之天门溪水，余所不至也。今所经中岭，及山巅崖限当道者⑲，世皆谓之天门云。道中迷雾冰滑，磴几不可登。及既上，苍山负雪，明烛天南⑳，望晚日照城郭，汶水、徂徕如画㉑，而半山居雾若带然㉒。

戊申晦五鼓㉓，与子颍坐日观亭待日出㉔。大风扬积雪击面，亭东自足下皆云漫㉕。稍见云中白若樗蒱数十立者㉖，山也。极天㉗，云一线异色，须臾成五采，日上，正

赤如丹，下有红光，动摇承之。或曰：此东海也。回视日观以西峰，或得日，或否，绛皜驳色[28]，而皆若偻[29]。

亭西岱祠[30]，又有碧霞元君祠[31]。皇帝行宫在碧霞元君祠东。是日，观道中石刻，自唐显庆以来[32]，其远古刻尽漫失。僻不当道者，皆不及往。

山多石，少土，石苍黑色，多平方，少圜。少杂树，多松，生石罅[33]，皆平顶。冰雪，无瀑水，无鸟兽音迹。至日观，数里内无树，而雪与人膝齐。

【注释】

①阳：山之南水之北，此指南面。

②汶水：大汶河，发源于山东莱芜市东北的原山。

③阴：此指泰山北面。

④济（jǐ）水：也称沇水，发源于河南济源市的王屋山。

⑤阳谷：山南面山谷里的水。

⑥阴谷：山北面山谷里的水。

⑦古长城：战国时齐国所筑的长城。

⑧乾隆三十九年：1774年。

⑨齐河：今山东齐河县。长清：今山东长清县。

⑩限：此指城墙。

⑪丁未：农历十二月二十八日。

⑫朱孝纯子颍：朱孝纯，字子颍，山东历城人，乾隆间进士，时任泰安知府。他与姚鼐均为刘大櫆弟子。

⑬磴（dèng）：石级。

⑭郦道元：字善长，北朝人，著有《水经注》。

⑮循以入：沿着进去。

⑯少半：不到一半。

⑰中岭：中溪山。

⑱天门：即西天门、中天门、南天门。

⑲崖限：像门一样的山崖。

⑳明烛：明亮的光照耀着。

㉑徂徕（cú lái）：山名，在泰安城东南四十里。

㉒居雾：停留着的雾。

㉓戊申晦：当月最后一天，即指农历十二月二十九日。戊申日为这个月的最后一天，农历每月最后一天叫“晦”。

㉔日观亭：泰山日观峰上的一个亭子。

㉕漫：弥漫。

㉖樗蒱（chū pú）：古时的赌具。

㉗极天：天边。

㉘绛皜驳色：红色白色相杂。皜（hào），白色。驳：错杂。

㉙偻（lǚ）：曲。驼背。

㉚岱祠：东岳庙。泰山又称岱宗，故名。

㉛碧霞元君：神话人物，据说是东岳大帝之女。

㉜显庆：唐高宗年号（656～660）。

㉝罅（xià）：裂缝。

【解析】

泰山，五岳之首，也是历来文人骚客喜爱之地。本文就是姚鼐所写的一篇关于泰山的游记散文。

文章叙述了作者的泰山之游。姚鼐这篇文章写在他刚刚辞官还归故里之时，他将登泰山的时间安排在除夕之夜，元旦清晨，表现的是他对新生活的憧憬。文中作者形象地描绘了泰山深冬景色的雄伟壮丽，尤其是夕阳晚照的斑斓多姿，旭日初升的奇妙瑰丽，把读者引入一种雄伟壮丽的境界，也体现出他在辞旧迎新的特殊时刻的特殊情感。全文以时间为序，以游踪为线索，采取移步换形的手法来展现深冬泰山的美景，结构严谨，层次井然，脉络清晰。为了突出作者心境与物境的融合，作者在写行踪上惜墨如金，对山、石、松、石刻、建筑等景物只是简单勾勒，而对于晚日尤其是朝阳的描写却是浓墨重彩，描写细腻、生动、形象。同时，作者善于抓住景物的时令特点，突出泰山深冬与平时不同的景象，以“雪”来展示泰山的迷人风姿。文章以阳刚为主，辅以阴柔，观日出一段境界开阔，气势恢宏，而写夕阳晚照一节，则又充满阴柔之气。全文语言简练精粹，形象生动鲜明，体现了桐城派古文的特点。

复鲁洁非书

桐城姚鼐顿首，洁非先生足下[①]。相知恨少，晚遇先生。接其人[②]，知为君子矣。读其文，非君子不能也。往与程鱼门、周书昌尝论古今才士惟为古文者最少[③]，苟为之，必杰士也，况为之专且善如先生乎！辱书引义谦而见推过当，非所敢任。鼐自幼迄衰，获侍贤人长者为师友，剽取见闻，加臆度为说，非真知文能为文也，奚辱命之哉？盖虚怀乐取者，君子之心；而诵所得以正于君子，亦鄙陋之志也[④]。

鼐闻天地之道，阴阳刚柔而已。文者，天地之精英，而阴阳刚柔之发也。惟圣人之言，统二气之会而弗偏[⑤]，然而《易》、《诗》、《书》、《论语》所载，亦间有可以刚柔分矣。值其时其人，告语之体各有宜也[⑥]。自诸子而降，其为文无弗有偏者。其得于阳与刚之美者，刚其文如霆，如电，如长风之山谷，如崇山峻崖，如决大川，如奔骐骥；其光也，如杲日[⑦]，如火，如金镠铁[⑧]；其于人也，如冯高视远[⑨]，如君而朝万众[⑩]，如鼓万勇士而战之。其得于阴与柔之美者，则其文如升初日，如清风，如云、如

霞、如烟，如幽林曲涧，如沦[11]、如漾，如珠玉之辉，如鸿鹄之鸣而入寥廓[12]；其于人也，漻乎其如叹[13]，邈乎其如有思[14]，暖乎其如喜[15]，愀乎其如悲[16]。观其文，讽其音，则为文者之性情形状举以殊焉。且夫阴阳刚柔，其本二端，造物者糅而气有多寡进绌[17]，则品次亿万，以至于不可穷，万物生焉。故曰：一阴一阳之为道。夫文之多变，亦若是已。糅而偏胜可也，偏胜之极，一有一绝无，与夫刚不足为刚，柔不足为柔者，皆不可以言文。今夫野人孺子闻乐[18]，以为声歌统管之会尔；苟善乐者闻之，则五音十二律[19]，必有一当，接于耳而分矣。夫论文者，岂异于是乎？宋朝欧阳、曾公之文[20]，其才皆偏于柔之美者也。欧公能取异己者之长而时济之[21]；曾公能避所短而不犯。观先生之文，殆近于二公焉。抑人之学文，其功力所能至者，陈理义必明当[22]，布置取舍繁简廉肉不失法[23]，吐辞雅驯，不芜而已[24]。古今至此者，盖不数数得，然尚非文之至；文之至者通乎神明，人力不及施也。先生以为然乎？

惠奇之文，刻本固当见与，抄本谨封还。然抄本不能胜刻者，诸体中书疏赠序为上，记事之文次之，论辩又次之。鼐亦窃识数语于其间[25]，未必当也。《梅崖集》果有逾人处[26]，恨不识其人。郎君令甥，皆美才未易量，听所好恣为之，勿拘其途可也[27]。于所寄文，辄妄评说，勿罪勿罪。秋暑惟体中安否？千万自爱。七月朔日[28]。

【注释】

①洁非先生：鲁九皋，字洁非，乾隆间进士，官山西夏县知县，有《山木集》四卷。

②接：接触。

③程鱼门：程晋芳，字鱼门，号蕺园，安徽歙县人，乾隆间进士，学古文于刘大櫆。周书昌：周永年，字书昌，历城人。乾隆进士，官编修。为学淹博，不存稿，也不著书。

④辱书：指来信，谦词。见推：对我的推崇。虚怀：虚心。鄙陋：自称的谦词。

⑤二气：指阴气和阳气。

⑥告语之体：说话的方式。

⑦杲：(gǎo)：明亮。

⑧镠（liú）：成色好的金子。

⑨冯：同“凭”。

⑩如君：像皇帝一样。

⑪沦：微波。

⑫鸿鹄：天鹅。寥廓：辽阔，空旷。

⑬漻（liáo）：清澈。

⑭邈：远。

⑮暖：温和。

⑯愀（qiǎo）：凄怆。

⑰糅（róu）：掺杂。绌（chù）：退。

⑱野人孺子：粗鄙之人。

⑲五音：即宫、商、角、徵、羽。十二律：即黄钟、太蔟、姑洗、蕤宾、夷则、无射、林钟、南吕、应钟、大吕、夹钟、仲吕等十二律。五音指音，十二律指调。

⑳欧阳：即宋代文学家欧阳修。曾公：即宋代文学家曾巩。

㉑济：帮助。

㉒陈：陈述。

㉓廉肉：古代音乐上的术语，孔颖达《礼记·乐记正义》："廉，谓廉棱；肉，谓肥满。"

㉔芜：芜杂。

㉕识（zhì）：题词。

㉖《梅崖集》：朱仁琇，字斐瞻，建宁人，乾隆间进士，工古文，有《梅崖居士文集》。

㉗令甥：陈用光，字硕士，新城人，嘉庆进士，鲁洁非之甥，姚鼐门人，著有《太乙舟文集》。听：听任。拘其途：局限他的发展。

㉘惟：思念。朔日：农历每月初一。

【解析】

姚鼐是清代"桐城三祖"之一，也是桐城派的集大成者。他在文学风格理论上提出了阴柔和阳刚两大类型，在中国文学理论批评史上具有重要的意义。这篇文章就是他全面阐释自己这一理论的详细论述。

姚鼐认为，文章的风格是作家才能和气质的表现，从这一基础出发，他认为人的才性和气质禀之于天，而天地之道，阴阳相生，阴柔而阳刚，便成了文学作品风格的两大类型。同时，文章还描述了阴柔、阳刚两种不同的风格美和它们在语言艺术上的特色，论述了阴柔和阳刚两种风格美之间的区别以及两者之间的相互联系。全文论述结构严谨，分析细腻，语言朴实无华。运用大量的比喻和对比手法，尤其是论述阴柔和阳刚两种不同的风格美和它们在语言艺术上的特点，既突出了两者的区别，也更容易让人理解其观点。同时，作为一封书信，全文亲切自然，无造作之嫌，充分体现了姚鼐文学创作的特色。

刘 开

刘开（1784～1824），字明东，又字方来，号孟涂。桐城（今安徽桐城）人。小时家贫，当牧牛童，喜偷听书塾老师朗读

文章。十四岁时拿自己的文章去拜谒桐城派主要作家姚鼐，受姚鼐赏识、提携，成为桐城派有名的作家之一，与方东树、梅曾亮等齐名，著有《孟涂诗文集》。

问　说

君子之学必好问。问与学，相辅而行者也，非学无以致疑[①]，非问无以广识[②]。好学而不勤问，非真能好学者也。理明矣，而或不达于事[③]，识其大矣，而或不知其细，舍问，其奚决焉[④]？

贤于己者，问焉以破其疑[⑤]，所谓“就有道而正”也[⑥]。不如己者，“问焉以求一得”[⑦]，所谓“以能问于不能，以多问于寡”也[⑧]。等于己者，问焉以资切磋，所谓交相问难[⑨]，“审问而明辨之”也[⑩]。《书》不云乎：“好问则裕[⑪]。”孟子论“求放心”，而并称曰“学问之道[⑫]”，学即继以问也。子思言“尊德性”，而归于“道问学[⑬]”，问且先于学也。

古之人虚中乐善[⑭]，不择事而问焉，不择人而问焉，取其有益于身而已。是故狂夫之言，圣人择之[⑮]；刍荛之微，先民询之[⑯]，舜以天子而询于匹夫[⑰]，以大知而察及迩言[⑱]，非苟为谦，诚取善之弘也[⑲]。三代而下，有学而无问；朋友之交，至于劝善规过足矣[⑳]；其以义理相咨访[㉑]，孜孜焉唯进修是急[㉒]，未之多见也。况流俗乎[㉓]？

是己而非人[㉔]，俗之同病。学有未达，强以为知，理有未安[㉕]，妄以臆度[㉖]，如是，则终身几无可问之事。贤于己者，忌之而不愿问焉；不如己者，轻之而不屑问焉；等于己者，狎之而不甘问焉[㉗]。如是，则天下几无可问之人。人不足服矣，事无可疑矣，此唯师心自用耳[㉘]。夫自用，其小者也；自知其陋而谨护其失[㉙]，宁使学终不进，不欲虚以下人[㉚]，此为害于心术者大，而蹈之者常十之八九[㉛]。

不然，则所问非所学焉：询天下之异文鄙事以快言论[㉜]；甚且心之所已明者，问之人以试其能；事之至难解者，问之人以穷其短[㉝]。而非是者，虽有切于身心性命之

事，可以收取善之益，求一屈己焉而不可得也[34]。嗟乎！学之所以不能几于古者[35]，非此之由乎？

且夫不好问者，由心不能虚也；心之不虚，由好学之不诚也。亦非不潜心专力之故，其学非古人之学，其好亦非古人之好也，不能问宜也。

智者千虑，必有一失。圣人所不知，未必不为愚人之所知也；愚人之所能，未必非圣人之所不能也。理无专在[36]，而学无止境也，然则问可少耶？《周礼》："外朝以询万民[37]"，国之政事尚问及庶人[38]。是故贵可以问贱，贤可以问不肖，而老可以问幼，唯道之所成而已矣。孔文子不耻下问[39]，夫子贤之[40]。古人以问为美德，而并不见其有可耻也，后之君子反争以问为耻，然则古人所深耻者，后世且行之而不以为耻者多矣，悲夫！

【注释】

①致疑：发现疑问。

②广识：增加知识。

③达：通达。

④奚：何。决：判断。

⑤破：解开，除去。

⑥正：纠正。

⑦一得：收获。

⑧能：才能。多、寡：兼指道德方面。

⑨问难（nàn）：诘问。

⑩审：详细。

⑪裕：丰富。

⑫放心：放纵散漫的心。

⑬德性：品德。道：经由。

⑭虚中乐善：虚心采纳善言善事。中，内心。

⑮狂夫：狂妄的普通人。

⑯刍荛：樵夫。刍，割草，荛（ráo）：砍柴。微：微不足道的意见。

⑰匹夫：指平民。

⑱迩言：浅近的话。

⑲弘：大。

⑳劝善规过：规劝行好事不行坏事。

㉑义理：道理。咨访：咨询，探讨。

㉒孜孜：急切的样子。进修：进德修业。

㉓流俗：世俗的人。

㉔是己：以己为是。非人：以人为非。

㉕安：安定，稳妥。

㉖臆度（duó）：主观猜测。

㉗狎：亲近而不敬重。

㉘师心：以己心为师。

㉙谨护其失：严密地掩盖自己的过错。

㉚虚以下人：不耻下问。

㉛蹈：实行。

㉜异文鄙事：奇字僻典和琐屑事物。

㉝甚且：甚至。穷其短：显示别人的短处。

㉞取善：得到教益。屈己：委屈自己，压低自己。

㉟几（jī）：接近。

㊱理无专在：真理不能由某人独占。

㊲外朝，朝堂之外。

㊳庶人：平民。

㊴孔文子：卫国大夫孔圉，谥“文”。

㊵夫子贤之：孔子认为他是贤士。

【解析】

唐代著名文学家韩愈曾写过一篇有名的文章《师说》，提出从师学习的重要。一千年后，刘开写了这篇《问说》，刻意模仿韩愈之文，指出求学应当勤问。

文章先由学与问的相辅相成写起，从正反两方面论述了好学尤当勤问，正的方面分两层，一是为什么要问，问有什么好处；一是举古人为典范，认为古人都好问。反的方面亦分两层，一是批评有些人师心自用，有学而不问；一是批评另一种错误，问不以其道，所问非所学。作者最后强调，为学决不能少问，不应以问为耻，应当学习古人，以好问为美德。本文在艺术上的最大特点是运用正反对比论证的方法，以“古之人”与“今人”对比，涉及“问”的各个方面。语言古朴，句式上骈散交替运用，奇偶互现，错落有致，波澜起伏，气势雄壮。因此，本文无论在命题、立意、论证方法或语言风格上，都可以看出有模仿韩愈《师说》的痕迹。

龚自珍

龚自珍（1792～1841），字尔玉，又字璱人。更名易简，字伯定；又更名巩祚。号定庵，又号羽琌山民。仁和（今浙江杭州）人。其祖、父皆进士出身，其母为段玉裁女。龚自珍于嘉庆十五年（1810）应顺天乡试，中副榜，二十三年应浙江乡试，中举，道光九年（1829）中进士。后为内阁中书、礼部主事等职，辞官南归，主讲江苏丹阳云阳书院。龚自珍在政治上反对封建制度的腐朽和专制，要求进行社会改革，曾与林则徐、魏源等结宣南诗社，讲求经世救国之学。他是中国近代文学的先驱，其诗气势磅礴，色彩瑰丽，散文多抒发其政治、社会思想，才情纵横，意气飞扬。由于看不到变革现实的力量，文中也出现了一些消极隐退和谈禅的作品。著有《龚定庵全集》。

病梅馆记

江宁之龙蟠[①]，苏州之邓尉[②]，杭州之西溪[③]，皆产梅。或曰：梅以曲为美，直则无姿；以欹为美[④]，正则无景；以疏为美，密则无态。固也[⑤]。此文人画士，心知其意，未可明诏大号[⑥]，以绳天下之梅也[⑦]；又不可以使天下之民，斫直、删密、锄正[⑧]，以夭梅、病梅为业以求钱也。梅之欹、之疏、之曲，又非蠢蠢求钱之民，能以其智力为也。

有以文人画士孤癖之隐，明告鬻梅者[⑨]，斫其正，养其旁条；删其密，夭其稚枝[⑩]；锄其直，遏其生气[⑪]；以求重价，而江、浙之梅皆病。文人画士之祸之烈至此哉！

予购三百盆[⑫]，皆病者，无一完者[⑬]。既泣之三日，乃誓疗之、纵之、顺之[⑭]。毁其盆，悉埋于地，解其棕缚，以五年为期，必复之全之[⑮]。予本非文人画士，甘受诟厉[⑯]，辟病梅之馆以贮之。呜呼！安得使予多暇日，又多闲田，以广贮江宁、杭州之病梅，穷予生之光阴以疗梅也哉？

【注释】

①江宁：今江苏南京市。龙蟠：即钟山，又称紫荆山。

②邓尉（yù）：山名，在今江苏苏州西南。

③西溪：小河名，在今浙江杭州西北。

④欹（qī）：倾斜。

⑤固也：诚然，本来是这样。

⑥明诏大号：公开明白地大加号召。

⑦绳：这里指约束、矫正（实是束缚）。

⑧斫：用刀斧砍。

⑨鬻（yù）：卖。

⑩夭：摧折。稚枝：嫩枝。

⑪遏（è）：抑制。

⑫予：我。

⑬完：完好、健康。

⑭纵：放开，任其所为。

⑮复：恢复。全：痊愈，治好。

⑯诟厉：辱骂。诟（gòu），骂。

【解析】

本文又名《疗梅记》。写于1839年龚自珍辞官南归之后，是其散文的名作。

清代中后期，政治日趋腐化，在封建专制的统治下，人才遭到摧残，生机被扼杀。文章借文人画士不爱健康的梅花，偏爱病态之梅，以致健康的梅花被斫、被删、被锄正、受棕缚而变得歪斜曲折，毫无生气，造

成病态，来影射清王朝种种制度的摧残人才。同时，作者在文中表示要决心疗梅、救梅，要恢复梅花的本来面目，表现了他对于被损害者的同情和敢于正视冷酷现实的战斗精神，反映了他反对封建束缚、主张个性解放的思想。本文在艺术上的突出特点是托物言志，作者以梅喻人，托梅喻政，表面上句句讲梅，实际上处处都有言外之意。运用浅近的比喻来说明比较抽象的道理，寓意深刻而不隐晦。全文风格刚健有力，含义似隐而实显，具有言简而意远的特色。同时，用词准确而形象，显示出深厚的功力。

己亥六月重过扬州记

居礼曹[①]，客有过者曰：卿知今日之扬州乎？读鲍照《芜城赋》[②]，则遇之矣[③]。余悲其言。明年，乞假南游，抵扬州，属有告籴谋[④]，舍舟而馆。

既宿，循馆之东墙，步游得小桥，俯溪，溪声欢；过桥，遇女墙啮可登者[⑤]，登之，扬州三十里，首尾屈折高下见。晓雨沐屋，瓦鳞鳞然，无零甃断甓[⑥]，心已疑礼曹过客言不实矣。入市，求熟肉，市声欢[⑦]，得肉，馆人以酒一瓶、虾一筐馈。醉而歌，歌宋、元长短言乐府[⑧]，俯窗呜呜，惊对岸女夜起，乃止。

客有请吊蜀冈者[⑨]，舟甚捷，帘幕皆文绣，疑舟窗蠡觳也[⑩]，审视，玻璃五色具。舟人时时指两岸曰：某园故址也，某家酒肆故址也，约八九处，其实独倚虹园圮无存[⑪]。曩所信宿之西园[⑫]，门在，题榜在，尚可识，其可登临者尚八九处；阜有桂[⑬]，水有芙渠菱芡[⑭]，是居扬州城外西北隅，最高秀。南览江，北览淮[⑮]，江、淮数十州县治，无如此治华也。忆京师言，知有极不然者[⑯]。

归馆，郡之士皆知余至，则大欢，有以经义请质难者，有发史事见问者，有就询京师近事者，有呈所业若文、若诗、若笔、若长短言、若杂著、若丛书乞为序、为题辞者，有状其先世事行乞为铭者[⑰]，有求书册子、书扇者，填委塞户牖[⑱]，居然嘉庆中故态。谁得曰今非承平时耶[⑲]？惟窗外

船过，夜无笙琶声，即有之，声不能彻旦。然而女子有以栀子华发为贽求书者[20]，爰以书画环瑱互通问[21]，凡三人，凄馨哀艳之气，缭绕于桥亭舰舫间，虽澹定，是夕魂摇摇不自持[22]。

余既信信[23]，拿流风，捕余韵，乌睹所谓风号雨啸、鼯狖悲、鬼神泣者[24]？嘉庆末，尝于此和友人宋翔风侧艳诗[25]，闻宋君病，存亡弗可知。又问其所谓赋诗者，不可见，引为恨。卧而思之，余齿垂五十矣[26]，今昔之慨，自然之运，古之美人名士富贵寿考者几人哉？抑予赋侧艳则老矣；甄综人物，搜辑文献，仍以自任[27]，固未老也。天地有四时，莫病于酷暑，而莫善于初秋，澄汰其繁缛淫蒸[28]，而与之为萧疏澹荡，泠然瑟然[29]，而不遽使人有苍莽寥泬之悲者[30]，初秋也。今扬州，其初秋也欤？予之身世，虽乞籴，自信不遽死，其尚犹丁初秋也欤[31]？作《己亥六月重过扬州记》。

【注释】

①礼曹：礼部官署。时龚自珍为礼部主事。

②鲍照：字明远，南朝宋文学家。《芜城赋》：鲍照名作，写扬州在经历战乱后的荒凉景象。

③遇：感触，感受。

④属：手下。告籴（dí）：指请求资助。谋：办法。

⑤女墙：矮墙。啮（niè）：缺口。

⑥甃（zhòu）：用砖修井，此指砖。甓（pì）：砖。

⑦欢：喧哗。

⑧长短言乐府：词的别称。

⑨吊：游览。蜀冈：在扬州市西北四里。

⑩蠡縠（luóquè）：即螺壳。这句意思是以为是用贝壳装饰的。

⑪圮（pǐ）：毁坏。

⑫曩（nǎng）：往昔，从前。所信宿：住过两晚上。

⑬阜（fù）：土山。

⑭芙渠：荷花。菱：一年生草本植物，生在池沼中。芡（qiàn）：一年生草本植物，生在水池中。

⑮江：长江。淮：淮河。

⑯冶（yě）华：繁华。极不然：非常不对。

⑰质难：询问疑难。发：提出。所业：所写。状其先业事行：描述了自己先人的事迹。铭：墓志铭。

⑱填委：堆积。户牖（yǒu）：门窗。代指房屋。

⑲居然：很像。嘉庆：清仁宗年号（1796～1821）。故态：旧时景象。承平：太平。

⑳栀子：常绿灌木或小乔木，花供观赏。贽：古时初次拜见长辈的礼物。求书：求我的书法。

㉑瑱（zhèn）：戴在耳垂上的玉。通问：传达讯息。

㉒澹（dàn）定：恬淡沉静。不自持：难免心动。

㉓信信：连住四晚。

㉔乌睹：哪里看见。鼯（wú）：灰鼠。狖（yòu）：黑色长尾猿。

㉕和（hè）：唱和。宋翔凤：字于庭，龚自珍好友，长州人。侧艳：浮华艳丽。

㉖齿垂五十：将近五十岁。

㉗侧艳：艳丽轻佻的诗文。甄（zhēn）综：鉴别、评价。自任：当作自己的责任。

㉘澄汰：清洗。繁缛：繁琐。淫蒸：暑热。

㉙萧疏澹荡：淡远空寂。泠（líng）然：清凉的样子。瑟然：爽洁的样子。

㉚寥泬（xuè）：即泬寥，寥阔空虚。

㉛遽（jù）：很快。丁：正值。

【解析】

1839年，龚自珍任礼部主事时因抨击时政、支持禁烟派，忤逆上司，被迫辞官南归。六月，到达扬州。本文即作于此时。

1820年，龚自珍曾到过扬州。而此次重到扬州，却已是鸦片战争的前一年。文章描绘了扬州城表面一派歌舞升平景象，但这种表面的繁华反而引起了作者的深思，并感受到了扬州城的衰败，产生了萧瑟凄凉的秋气之感。文章通过重过扬州的感受，描叙了鸦片战争前期扬州的社会状况，并揭示了此时中国社会的衰败，既表现了对时局的忧虑，也反映了深刻的认识。文章内容看似平淡，但却处处透露出作者的忧虑。同时，运用今昔的对比，揭示扬州城的似盛实衰的本质。写酷暑季节热闹的扬州，却又从中感到一股萧瑟的秋气，烘托反衬，寓意深刻。